KB153745

에듀윌과 함께 시작하면,
당신도 합격할 수 있습니다!

이 일 저 일 전전하다 관리자가 되려고 시작해
최고득점으로 동차 합격한 퇴직자

4살 된 딸아이가 어린이집에 있는 동안 공부해
고득점으로 합격한 전업주부

밤에는 대리운전, 낮에는 독서실에서 공부하며
에듀윌의 도움으로 거머쥔 주택관리사 합격증

누구나 합격할 수 있습니다.
시작하겠다는 '다짐' 하나면 충분합니다.

마지막 페이지를 덮으면,

에듀윌과 함께
주택관리사 합격이 시작됩니다.

15년간
베스트셀러 1위

기초서

기본서

기출문제집

핵심요약집

문제집

네컷회계

주택관리사
교재 보기

베스트셀러 1위 교재로
따라만 하면 합격하는 커리큘럼

STEP 1	STEP 2	STEP 3	STEP 4
기초 이론	이론 완성 1 이론 완성 2	핵심 이론 문제 풀이	마무리 특강 동형 모의고사
시작에 필요한 기초 개념 확인	기본서 반복으로 탄탄한 이론 완성	빈출이론&문제 한 번에 정리	다양한 실전 연습으로 쉬운 합격 완성

* 커리큘럼의 명칭 및 내용은 변경될 수 있습니다.

업계 유일 5년 연속
최고득점자 배출

에듀윌 주택관리사의 우수성, 2023년에도 입증했습니다!

2019 주택관리관계법규 김○영 합격생

2020 주택관리관계법규 김○령 합격생 공동주택관리실무 김○민 합격생

2021 주택관리관계법규 최○진 합격생 공동주택관리실무 정○헌 합격생

2022 공동주택관리실무 송○호 합격생

2023 공동주택관리실무 김○우 합격생

2023 최고득점자

제26회 시험 공동주택관리실무 최고득점자

김○우 합격생

과목별로 최고의 교수님들을 다수 보유하고 있다 보니 그중 제게 맞는 교수님을 선택해서 수강할 수 있었습니다. 2019년부터 매년 과목별 최고 득점자들을 배출했다는 말을 듣고 망설임 없이 에듀윌 주택관리사를 선택하게 됐습니다. 게다가 합격 이후 취업까지 도와주는 '주택 취업지원센터'가 있다는 것도 큰 장점이 아닌가 싶습니다. 에듀윌 교수님들 덕분에 원하는 목표 이상의 성과를 이뤄냈습니다. 에듀윌의 완벽한 교육 시스템에 본인의 노력을 더한다면 분명 누구나 원하는 목표를 달성할 수 있으리라 생각합니다.

주택관리사, 에듀윌을 선택해야 하는 이유

오직 에듀윌에서만 가능한 합격 신화
5년 연속 최고득점자 배출

2023 최고득점

합격을 위한 최강 라인업
주택관리사 명품 교수진

회계원리 윤재옥 | 시설개론 이강일 | 민법 신의영 | 시설개론 신명 | 관계법규 윤동섭 | 관리실무 김영곤

주택관리사

합격부터 취업까지!
에듀윌 주택취업지원센터 운영

합격생들이 가장 많이 선택한 교재
15년간 베스트셀러 1위

1위

주택관리사, 단기간에 이론을 끝내고 싶다면

공동주택관리실무 요약집 *8주 완성* 플래너

* 공동주택관리실무 핵심요약집 권장학습기간인 8주는 에듀윌 이론강의에 기반하였습니다.
* 학습 내용 란에 한 주마다의 학습계획을 작성하고, 학습이 끝난 후 성취도 란에 표시합니다.

1주차   월 일 ~ 월 일

학습 내용	성취도
예시) PART 1 행정관리 - CHAPTER 01	%
	%
	%
	%
	%
	%

2주차   월 일 ~ 월 일

학습 내용	성취도
	%
	%
	%
	%
	%
	%

3주차   월 일 ~ 월 일

학습 내용	성취도
	%
	%
	%
	%
	%
	%

4주차   월 일 ~ 월 일

학습 내용	성취도
	%
	%
	%
	%
	%
	%

5주차	월　일　~　월　일

학습 내용	성취도
	%
	%
	%
	%
	%
	%

6주차	월　일　~　월　일

학습 내용	성취도
	%
	%
	%
	%
	%
	%

7주차	월　일　~　월　일

학습 내용	성취도
	%
	%
	%
	%
	%
	%

8주차	월　일　~　월　일

학습 내용	성취도
	%
	%
	%
	%
	%
	%

시작하는 방법은
말을 멈추고
즉시 행동하는 것이다.

– 월트 디즈니(Walt Disney)

➕ 합격할 때까지 책임지는 개정법령 원스톱 서비스!

기준 및 법령 개정이 잦은 주택관리사 시험,
개정사항을 어떻게 확인해야 할지 막막하고 걱정스러우신가요?
에듀윌에서는 필요한 개정법령만을 빠르게! 한번에! 제공해 드립니다.

에듀윌 도서몰 접속 (book.eduwill.net)	▶	도서자료실 클릭

개정법령
확인하기

2024
에듀윌 주택관리사
핵심요약집
2차 공동주택관리실무 이론편

시험 안내

주택관리사, 무슨 일을 하나요?

주택관리사란?	주택관리사(보) 합격증서	+	대통령령으로 정하는 주택 관련 실무 경력	→	주택관리사 자격증 발급

하는 일은?	공동주택, 아파트 등의 관리사무소장은 물론, 주택관리 전문 공무원, 공동주택 또는 건물관리 용역 업체 창업 등 취업의 문이 넓습니다.

주택관리사(보) 시험에서는 어떤 과목을 보나요?

제1차 (2024년 6월 29일 시행 예정)

1교시 (총 100분)	회계원리	세부과목 구분 없이 출제 ※ 회계처리 등과 관련된 시험문제는 한국채택국제회계기준(K-IFRS)을 적용하여 출제
	공동주택 시설개론	목구조·특수구조를 제외한 일반건축구조와 철골구조, 홈네트워크를 포함한 건축설비개론 및 장기수선계획 수립 등을 위한 건축적산 포함
2교시 (총 50분)	민법	총칙, 물권, 채권 중 총칙·계약총칙·매매·임대차·도급·위임·부당이득·불법행위

▶ 과목별 각 40문항이며, 전 문항 객관식 5지 택일형으로 출제됩니다.

제2차 (2024년 9월 28일 시행 예정)

1교시 (총 100분)	주택관리 관계법규	다음의 법률 중 주택관리에 관련되는 규정: 「주택법」, 「공동주택관리법」, 「민간임대주택에 관한 특별법」, 「공공주택 특별법」, 「건축법」, 「소방기본법」, 「화재의 예방 및 안전관리에 관한 법률」, 「소방시설 설치 및 관리에 관한 법률」, 「승강기 안전관리법」, 「전기사업법」, 「시설물의 안전 및 유지관리에 관한 특별법」, 「도시 및 주거환경정비법」, 「도시재정비 촉진을 위한 특별법」, 「집합건물의 소유 및 관리에 관한 법률」
	공동주택 관리실무	시설관리, 환경관리, 공동주택회계관리, 입주자관리, 공동주거관리이론, 대외업무, 사무·인사관리, 안전·방재관리 및 리모델링, 공동주택 하자관리(보수공사를 포함한다) 등

▶ 과목별 각 40문항이며, 객관식 5지 택일형 24문항, 주관식 16문항으로 출제됩니다.

상대평가, 어떻게 시행되나요?

선발예정인원 범위에서 선발!

국가에서 정한 선발예정인원(선발예정인원은 매해 시험 공고에 게재됨) 범위에서 고득점자 순으로 합격자가 결정됩니다.

※2024년 제27회 선발예정인원 1,600명

제1차는 평균 60점 이상 득점한 자, 제2차는 고득점자 순으로 선발!

제1차	매 과목 40점 이상, 전 과목 평균 60점 이상 득점한 사람 중에서 선발합니다.
제2차	매 과목 40점 이상, 전 과목 평균 60점 이상 득점한 사람 중에서 선발하며, 그중 선발예정인원 범위에서 고득점자 순으로 결정합니다. 선발예정인원에 미달하는 경우 전 과목 40점 이상자 중 고득점자 순으로 선발하며, 동점자로 인하여 선발예정인원을 초과하는 경우에는 동점자 모두를 합격자로 결정합니다.

2020년 상대평가 시행 이후 제2차 시험 합격선은?

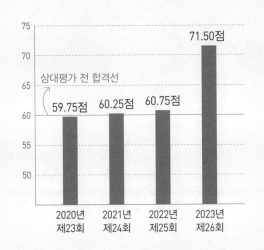

4개년 합격선 평균 63.1점!

상대평가 시행 이후 제25회 시험까지는 합격선이 60점 내외로 형성되었지만, 제26회에는 평균 71.50점에서 합격선이 형성되며 합격에 필요한 점수가 상당히 올라갔습니다. 에듀윌에서 예측한 그대로입니다. 앞으로도 에듀윌은 변화하는 수험 환경에 맞는 학습 커리큘럼과 교재를 통해 수험자 여러분들을 합격의 길로 이끌겠습니다.

에듀윌 핵심요약집이 효율적인 이유!

"시작하기에 너무 늦지는 않았을까?"

"양이 너무 많아서 뭐부터 공부해야 할지 모르겠어…"

고민은 그만, 에듀윌 핵심요약집으로 해결하세요!

베스트셀러 1위, 합격생이 인정한 교재

베스트셀러 **1위**

* YES24 수험서 자격증 주택관리사 핵심요약 베스트셀러 1위
(공동주택시설개론 2024년 4월 월별베스트)

합격생 A

변별력을 위한 문제를 제외하고 핵심요약집에 모든 내용이 담겨 있어 전체적인 내용 파악을 편하게 할 수 있었어요.

합격생 B

공부해야 할 양이 만만치 않아 시험 한 달 전까지도 자신이 없었는데, 핵심요약집과 강의를 중점적으로 학습하여 좋은 결과를 얻을 수 있었어요.

방대한 주택관리사, 핵심만 담은 집약이론

건축설비?　소음관리?

구제명령과 이행강제금?　확정급여형 퇴직연금?

관리조직?　관리규약?

급수설비?　관리주체?

핵심	입주자대표회의 구성 및 운영
핵심	근로자퇴직급여 보장법
핵심	지능형 홈네트워크 설비
핵심	건축물의 에너지절약 설계기준

넓은 범위, 수많은 주제와 키워드

핵심만 싹 모은 **진짜 요약서!**

합격을 위한 최종병기, 차별화된 복습자료

빈칸 채우기로 CHAPTER 마무리

1차 과목의 요약이론 중에서도 CHAPTER별로 반드시 알아야 하는 빈출이론은 빈칸을 채워가며 최종적으로 복습하고, 나만의 요약이론으로 활용할 수 있습니다.

주택관리관계법규 체계도

방대한 양의 주택관리관계법규 이론을 체계도로 간단명료하게 정리할 수 있습니다.

공동주택관리실무 문제편

공동주택관리실무 핵심이론을 간단 문제로 확실히 정리할 수 있습니다.

➕ PLUS · 핵심요약집, 함께하면 좋은 책은?

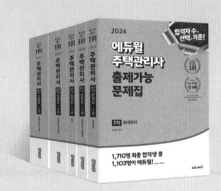

약점체크 기출문제집(2종)

주택관리사(보) 최근 기출문제로 약점 극복,
실전 완벽 대비!

출제가능 문제집(5종)

주택관리사(보) 최근문제 해결 능력 확실히 키우기!

구성과 특징

이론편

❶ 핵심이론
기출 분석을 기반으로 과목별로 가장 핵심적인 이론을 본문에 실었습니다.

❷ 연계학습
더 깊이 학습하고 싶다면, 기본서 연계학습 페이지로 이동하여 학습할 수 있습니다.

❸ 회독체크
반복학습을 할 때마다 회독 체크표에 표시하세요.

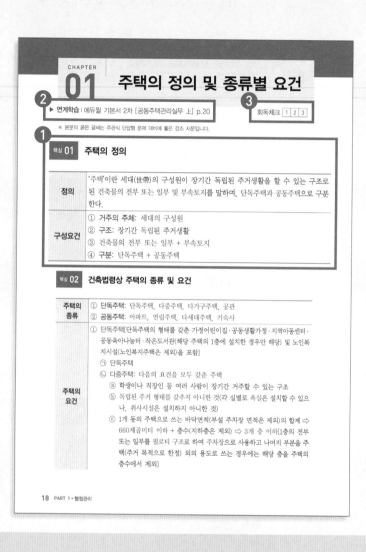

CHAPTER

01 주택의 정의 및 종류별 요건

▶ ❷ 연계학습 | 에듀윌 기본서 2차 [공동주택관리실무 上] p.20

❸ 회독체크 1 2 3

❶ ※ 본문의 굵은 글씨는 주관식 단답형 문제 대비에 좋은 강조 지문입니다.

핵심 01 주택의 정의

정의	'주택'이란 세대(世帶)의 구성원이 장기간 독립된 주거생활을 할 수 있는 구조로 된 건축물의 전부 또는 일부 및 부속토지를 말하며, 단독주택과 공동주택으로 구분한다.
구성요건	① 거주의 주체: 세대의 구성원 ② 구조: 장기간 독립된 주거생활 ③ 건축물의 전부 또는 일부 + 부속토지 ④ 구분: 단독주택 + 공동주택

핵심 02 건축법령상 주택의 종류 및 요건

주택의 종류	① 단독주택: 단독주택, 다중주택, 다가구주택, 공관 ② 공동주택: 아파트, 연립주택, 다세대주택, 기숙사
주택의 요건	① 단독주택[단독주택의 형태를 갖춘 가정어린이집·공동생활가정·지역아동센터·공동육아나눔터·작은도서관(해당 주택의 1층에 설치한 경우만 해당) 및 노인복지시설(노인복지주택은 제외)을 포함] ㉠ 단독주택 ㉡ 다중주택: 다음의 요건을 모두 갖춘 주택 　ⓐ 학생이나 직장인 등 여러 사람이 장기간 거주할 수 있는 구조 　ⓑ 독립된 주거 형태를 갖추지 아니한 것(각 실별로 욕실은 설치할 수 있으나, 취사시설은 설치하지 아니한 것) 　ⓒ 1개 동의 주택으로 쓰는 바닥면적(부설 주차장 면적은 제외)의 합계 ⇨ 660제곱미터 이하 + 층수(지하층은 제외) ⇨ 3개 층 이하[1층의 전부 또는 일부를 필로티 구조로 하여 주차장으로 사용하고 나머지 부분을 주택(주거 목적으로 한정) 외의 용도로 쓰는 경우에는 해당 층을 주택의 층수에서 제외]

18 PART 1 · 행정관리

특별제공

8주 완성 플래너
가장 먼저 한 주마다의 학습계획을 작성하고 성취도를 적어 보세요. 계획적인 학습이 성공의 지름길입니다.

기출기반 합격자료
최근 5개년 출제경향과 2023년 제26회 시험 리포트로 본격적인 학습 시작 전 최신 출제경향을 파악해 보세요.

문제편

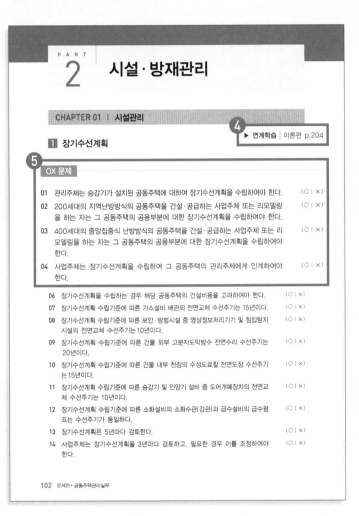

❹ 이론편과 연계학습

CHAPTER별로 헷갈리거나 모르는 내용은 이론편과 연계하여 학습할 수 있도록 페이지를 달아 놓았습니다.

❺ OX 문제

객관식의 진위형 문제를 대비하기 위한 OX 문제가 준비되어 있습니다. 틀린 문제는 다시 확인하여 확실히 이해하고 넘어가세요.

PART
2 시설·방재관리

CHAPTER 01 | 시설관리

❹ ▶ 연계학습 | 이론편 p.204

1 장기수선계획

❺ OX 문제

01 관리주체는 승강기가 설치된 공동주택에 대하여 장기수선계획을 수립하여야 한다. (○ | ×)

02 200세대의 지역난방방식의 공동주택을 건설·공급하는 사업주체 또는 리모델링을 하는 자는 그 공동주택의 공용부분에 대한 장기수선계획을 수립하여야 한다. (○ | ×)

03 400세대의 중앙집중식 난방방식의 공동주택을 건설·공급하는 사업주체 또는 리모델링을 하는 자는 그 공동주택의 공용부분에 대한 장기수선계획을 수립하여야 한다. (○ | ×)

04 사업주체는 장기수선계획을 수립하여 그 공동주택의 관리주체에게 인계하여야 한다. (○ | ×)

06 장기수선계획을 수립하는 경우 해당 공동주택의 건설비용을 고려하여야 한다. (○ | ×)

07 장기수선계획 수립기준에 따른 가스설비 배관의 전면교체 수선주기는 15년이다. (○ | ×)

08 장기수선계획 수립기준에 따른 보안·방범시설 중 영상정보처리기기 및 침입탐지시설의 전면교체 수선주기는 10년이다. (○ | ×)

09 장기수선계획 수립기준에 따른 건물 외부 고분자도막방수 전면수리 수선주기는 20년이다. (○ | ×)

10 장기수선계획 수립기준에 따른 건물 내부 천장의 수성도료칠 전면도장 수선주기는 15년이다. (○ | ×)

11 장기수선계획 수립기준에 따른 승강기 및 인양기 설비 중 도어개폐장치의 전면교체 수선주기는 10년이다. (○ | ×)

12 장기수선계획 수립기준에 따른 소화설비의 소화수관(강관)과 급수설비의 급수펌프는 수선주기가 동일하다. (○ | ×)

13 장기수선계획은 5년마다 검토한다. (○ | ×)

14 사업주체는 장기수선계획을 3년마다 검토하고, 필요한 경우 이를 조정하여야 한다. (○ | ×)

PART별 분석전략

최근 5개년 출제경향을 반영한 PART별 분석자료를 확인하고 전략적으로 학습해 보세요.

기출기반 합격자료 I 최근 5개년 시험 분석

PART별 평균 출제비율

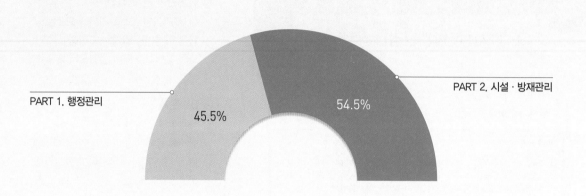

PART 1. 행정관리 45.5%

PART 2. 시설 · 방재관리 54.5%

CHAPTER별 평균 출제비율 & 빈출 키워드

PART 1 행정관리 (총 45.5%)

CHAPTER	출제비율	빈출 키워드
01. 주택의 정의 및 종류별 요건	1%	「민간임대주택에 관한 특별법」 및 「공공주택 특별법」에 따른 임대주택 등의 종류
02. 공동주택관리의 기준	3%	「공동주택관리법」의 정의, 다른 법률과의 관계, 관리규약
03. 공동주택의 관리방법	6.5%	공동주택관리법령에 의한 공동주택의 관리방법 등, 민간임대주택에 관한 특별법령상 민간임대주택의 관리
04. 공동주택의 관리조직	9%	「공동주택관리법」상 관리조직

05. 주택관리사제도	1.5%	주택관리사등의 자격, 주택관리사등의 행정처분
06. 공동주택관리법상 벌칙사항	0%	–
07. 입주자관리	1.5%	공동주택관리 분쟁조정위원회, 임대주택분쟁조정위원회
08. 사무 및 인사관리	18%	노무관리, 사회보험
09. 대외업무관리 및 리모델링	3%	대외업무관리 등, 공동주택의 리모델링
10. 공동주거관리이론	0%	공동주거관리
11. 공동주택회계관리	2%	공동주택관리법령에 의한 관리비 및 회계운영

PART 2 **시설 · 방재관리** (총 54.5%)

CHAPTER	출제비율	빈출 키워드
01. 시설관리	43%	공동주택관리법령에 의한 시설관리제도, 주택의 건설기준 등, 건축설비관리
02. 환경 · 안전 · 방재관리	11.5%	실내공기질관리 및 수질관리, 소음관리, 「시설물의 안전 및 유지관리에 관한 특별법」에 의한 안전관리

기출기반 합격자료 Ⅱ

PART 1 행정관리_CHAPTER별 출제비율

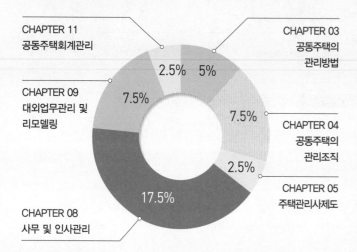

행정관리 PART 총 17문항(42.5%) 중 사무 및 인사관리에서 근로계약, 국민건강보험법, 고용보험법, 산업재해보상보험법, 최저임금법상 최저임금액, 배우자 출산휴가, 부당노동행위에 관한 문제가 총 7문항(17.5%) 출제되었습니다.

다음으로 대외업무관리 및 리모델링에서 3문항(7.5%)이 출제되어 최근 몇 년 동안 가장 높은 출제 비율을 보였으며, 지방자치단체의 장의 감사, 관리사무소장으로 배치받은 주택관리사등의 교육, 관리주체의 공개 의무 등에 관한 문제가 출제되었습니다.

이어서 전통적으로 출제 비중이 높은 공동주택의 관리조직에 관한 문제가 총 3문항(7.5%) 출제되었고, 공동주택의 관리방법에 관한 문제가 2문항(5.0%) 출제되었습니다.

PART 2 시설 · 방재관리_CHAPTER별 출제비율

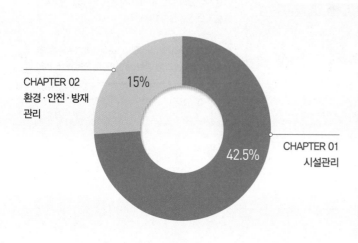

시설 · 방재관리 PART 총 23문항(57.5%) 중 출제 비율이 가장 높았던 CHAPTER는 역시 시설관리였습니다. 그중 승강기, 급탕설비, 난방설비, 소방시설, 배수설비 등을 포함한 다양한 건축설비관리에 관한 문제가 11문항(27.5%), 주택의 건설기준 등에 관한 문제가 3문항(7.5%), 공동주택관리법령에 의한 시설관리제도가 3문항(7.5%) 출제되었습니다.

환경관리에서는 실내공기질관리, 재생에너지, 건축물의 에너지절약설계기준의 용어, 먹는물 수질기준 및 검사 등에 관한 규칙의 수돗물 수질기준에 관한 문제가 총 4문항(10%) 출제되었습니다.

전반적인 출제경향

에듀윌 수강생이라면 고득점을 노릴 수 있는 객관식 문제

이번 제26회 공동주택관리실무는 행정관리 PART와 시설·방재관리 PART 모두 에듀윌의 기본서와 출제가능 문제집에서 응용되어 출제되었습니다. 지엽적인 지식을 묻기보다는 전반적인 이해도를 측정하는 문제들이 대거 출제되었기 때문에, 에듀윌의 기본서와 문제집을 충실히 학습한 수험생이라면 문제를 비교적 수월하게 풀었을 것으로 보입니다.

에듀윌 문제집에서 크게 벗어나지 않은 주관식 문제

강의 시간에 여러 번 풀어보았거나 에듀윌 출제가능 문제집에서 다루었던 문제들이 상당수 주관식 문제로 출제되었습니다. 지엽적인 사항을 물었던 24, 25회 시험과는 달리, 객관식과 마찬가지로 전반적인 이해도를 묻는 문제들이 많아 에듀윌의 커리큘럼을 충실히 따른 수험생들이라면 그다지 어렵게 느끼지 않았을 것으로 생각합니다.

총평

이번 제26회 공동주택관리실무 시험은 대부분의 문제가 에듀윌의 출제가능 문제집에서 크게 벗어나지 않았습니다. 따라서 에듀윌의 학습시스템과 교재를 통해 수험 준비를 하신 분들이라면 충분히 고득점을 받으셨을 것으로 생각합니다. 앞으로도 기본서를 통해 이론을 다지고 문제집을 통해 실전에 대비하는 학습 자세가 필요할 것으로 보입니다.

에듀윌 수강생들은 고득점이 예상되는 시험

기본서와 문제집 위주의 학습이 중요

차례

| 이론편 |

PART 1 | 행정관리

CHAPTER 01 | 주택의 정의 및 종류별 요건
01 주택의 정의　18
02 건축법령상 주택의 종류 및 요건　18
03 주택법령상 주택의 종류 및 요건　20
04 민간임대주택에 관한 특별법령상 주택의 종류　23
05 공공주택 특별법령상 주택의 종류　24

CHAPTER 02 | 공동주택관리의 기준
01 공동주택관리법의 총칙　26
02 관리규약　27
03 공동체 생활의 활성화　31
04 전자적 방법을 통한 의사결정　31

CHAPTER 03 | 공동주택의 관리방법
01 공동주택관리법령상 공동주택의 관리방법　33
02 사업주체의 관리　35
03 자치관리　37
04 위탁관리　38
05 주택관리업자의 행정처분
　⇨ 시장 · 군수 · 구청장　41
06 공동관리 및 구분관리　44
07 혼합주택단지의 관리　45
08 공동주택관리기구의 구성　46
09 민간임대주택의 관리　47
10 주택임대관리업　47

CHAPTER 04 | 공동주택의 관리조직
01 입주자대표회의 구성 및 운영　52
02 관리주체　59
03 관리사무소장　69
04 공제사업　73
05 임차인대표회의　74

CHAPTER 05 | 주택관리사제도　77

CHAPTER 06 | 공동주택관리법상 벌칙사항
01 행정형벌　80
02 과태료　81

CHAPTER 07 | 입주자관리
01 공동주택관리 분쟁조정위원회　85
02 임대주택분쟁조정위원회　92

CHAPTER 08 | 사무 및 인사관리
01 문서보존기간　94
02 근로기준법의 총칙　95
03 근로계약 및 취업규칙　96
04 근로기준법상 해고제도　99
05 근로기준법상 근로조건　103
06 최저임금법　110
07 근로자퇴직급여 보장법　112
08 남녀고용평등과 일 · 가정 양립 지원에
　관한 법률　118
09 노동조합 및 노동관계조정법　125
10 고용보험 및 산업재해보상보험의
　보험료징수 등에 관한 법률　133
11 산업재해보상보험법　138
12 고용보험법　147
13 국민연금법　156
14 국민건강보험법　163

CHAPTER 09 | 대외업무관리 및 리모델링
01 관리비용의 지원　168
02 공동주택 모범관리단지 및
　공동주택 우수관리단지　168
03 공동주택관리정보시스템　168
04 공동주택관리에 관한 감독 및
　공동주택 관리비리 신고센터　169
05 주택관리사단체(협회)　172
06 공동주택관리법령상 법정교육　172
07 용도 외 사용 등의 행위허가 등 기준 등　176
08 리모델링　188

CHAPTER 10 | 공동주거관리이론　194

CHAPTER 11 | 공동주택회계관리
01 관리비등 회계관리　197

PART 2 | 시설 · 방재관리

CHAPTER 01 | 시설관리

01 장기수선충당금 및 특별수선충당금		204
02 장기수선계획		208
03 하자담보책임 및 하자보수 등		209
04 균열		229
05 백화현상		232
06 결로		233
07 방수공사		234
08 단열공사		237
09 주택단지 · 부대시설 · 복리시설의 정의		238
10 주택의 구조		240
11 발코니 ⇨ 대피공간의 설치기준		241
12 부대시설의 설치기준		242
13 복리시설의 설치기준		247
14 공동주택성능등급 등		248
15 에너지절약형 친환경주택 등		249
16 건축설비의 개요		250
17 물에 관한 일반사항		250
18 급수설비		252
19 급수설비의 위생조치		262
20 펌프		264
21 급탕설비		268
22 배수 · 통기설비		274
23 위생기구		283
24 배관재료		284
25 오수정화시설		287
26 난방설비		289
27 냉동설비		295
28 배기 및 배연설비		297
29 환기설비		299
30 소방시설 설치 및 관리에 관한 법률		302
31 화재안전기술기준		311
32 화재의 예방 및 안전관리에 관한 법률		331
33 가스설비		337
34 전기설비		340
35 전기설비 일반		347
36 피뢰설비		350
37 조명설비		351
38 지능형 홈네트워크 설비		352
39 승강기 설치기준		357
40 승강기 안전관리법령		360

CHAPTER 02 | 환경 · 안전 · 방재관리

01 환경관리	370
02 실내공기질 관리법	371
03 먹는 물의 수질기준	373
04 소음관리	374
05 건축물의 에너지절약 설계기준	377
06 공동주택관리법령상 안전관리	384
07 시설물의 안전 및 유지관리에 관한 특별법	386
08 어린이놀이시설 안전관리법	391

| 문제편 |

PART 1 | 행정관리

CHAPTER 01	주택의 정의 및 종류별 요건	5
CHAPTER 02	공동주택관리의 기준	10
CHAPTER 03	공동주택의 관리방법	12
CHAPTER 04	공동주택의 관리조직	23
CHAPTER 05	주택관리사제도	38
CHAPTER 06	공동주택관리법상 벌칙사항	40
CHAPTER 07	입주자관리	43
CHAPTER 08	사무 및 인사관리	48
CHAPTER 09	대외업무관리 및 리모델링	89
CHAPTER 10	공동주거관리이론	98
CHAPTER 11	공동주택회계관리	99

PART 2 | 시설 · 방재관리

CHAPTER 01	시설관리	102
CHAPTER 02	환경 · 안전 · 방재관리	184

PART 1

행정관리

CHAPTER 01 주택의 정의 및 종류별 요건

CHAPTER 02 공동주택관리의 기준

CHAPTER 03 공동주택의 관리방법

CHAPTER 04 공동주택의 관리조직

CHAPTER 05 주택관리사제도

CHAPTER 06 공동주택관리법상 벌칙사항

CHAPTER 07 입주자관리

CHAPTER 08 사무 및 인사관리

CHAPTER 09 대외업무관리 및 리모델링

CHAPTER 10 공동주거관리이론

CHAPTER 11 공동주택회계관리

최근 5개년
평균 출제문항 수

18.2개

최근 5개년
평균 출제비중

45.5%

핵심주제

| CHAPTER 03 공동주택의 관리방법 평균 2.6문항(6.5%) | 공동주택관리법령상 공동주택의 관리방법, 사업주체의 관리, 자치관리, 위탁관리, 주택관리업자의 행정처분 ⇨ 시장·군수·구청장, 공동관리 및 구분관리, 혼합주택단지의 관리, 공동주택관리기구의 구성, 민간임대주택의 관리, 주택임대관리업 |

| CHAPTER 04 공동주택의 관리조직 평균 3.6문항(9%) | 입주자대표회의 구성 및 운영, 관리주체, 관리사무소장, 공제사업, 임차인대표회의 |

| CHAPTER 08 사무 및 인사관리 평균 7.2문항(18%) | 문서보존기간, 근로기준법의 총칙, 근로계약 및 취업규칙, 근로기준법상 해고제도, 근로기준법상 근로조건, 최저임금법, 근로자퇴직급여 보장법, 남녀고용평등과 일·가정 양립 지원에 관한 법률, 노동조합 및 노동관계조정법, 고용보험 및 산업재해보상보험의 보험료징수 등에 관한 법률, 산업재해보상보험법, 고용보험법, 국민연금법, 국민건강보험법 |

합격전략

PART 1 행정관리는 이론 문제보다 법률 문제의 구성 비율이 높아 상대적으로 시설·방재관리 PART에 비해 출제범위가 넓지 않으므로, 행정관리 PART에서 많은 점수를 확보하는 전략을 세워야 합니다. 또한, 공동주택관리법령상 관리규정은 주택관리관계법규와 중첩되므로 연계하여 학습하면 학습 효율을 높일 수 있습니다. 노무관리와 4대보험에 관한 사항은 수험생들이 가장 어려워하는 부분이지만 기출문제 유형에 맞추어 기본서를 학습하면 많은 도움이 될 것입니다.

01 주택의 정의 및 종류별 요건

▶ **연계학습** | 에듀윌 기본서 2차 [공동주택관리실무 上] p.20

※ 본문의 **굵은 글씨**는 주관식 단답형 문제 대비에 좋은 강조 지문입니다.

핵심 01 주택의 정의

정의	'주택'이란 세대(世帶)의 구성원이 장기간 독립된 주거생활을 할 수 있는 구조로 된 건축물의 전부 또는 일부 및 부속토지를 말하며, 단독주택과 공동주택으로 구분한다.
구성요건	① 거주의 주체: 세대의 구성원 ② 구조: 장기간 독립된 주거생활 ③ 건축물의 전부 또는 일부 + 부속토지 ④ 구분: 단독주택 + 공동주택

핵심 02 건축법령상 주택의 종류 및 요건

주택의 종류	① 단독주택: 단독주택, 다중주택, 다가구주택, 공관 ② 공동주택: 아파트, 연립주택, 다세대주택, 기숙사
주택의 요건	① 단독주택[단독주택의 형태를 갖춘 가정어린이집·공동생활가정·지역아동센터·공동육아나눔터·작은도서관(해당 주택의 1층에 설치한 경우만 해당) 및 노인복지시설(노인복지주택은 제외)을 포함] 　㉠ 단독주택 　㉡ 다중주택: 다음의 요건을 모두 갖춘 주택 　　ⓐ 학생이나 직장인 등 여러 사람이 장기간 거주할 수 있는 구조 　　ⓑ 독립된 주거 형태를 갖추지 아니한 것(각 실별로 욕실은 설치할 수 있으나, 취사시설은 설치하지 아니한 것) 　　ⓒ 1개 동의 주택으로 쓰는 바닥면적(부설 주차장 면적은 제외)의 합계 ⇨ 660제곱미터 이하 + 층수(지하층은 제외) ⇨ 3개 층 이하[1층의 전부 또는 일부를 필로티 구조로 하여 주차장으로 사용하고 나머지 부분을 주택(주거 목적으로 한정) 외의 용도로 쓰는 경우에는 해당 층을 주택의 층수에서 제외]

ⓓ 적정한 주거환경을 조성하기 위하여 건축조례로 정하는 실별 최소 면적, 창문의 설치 및 크기 등의 기준에 적합할 것

ⓒ **다가구주택**: 다음의 요건을 모두 갖춘 주택 + 공동주택에 해당하지 아니하는 것

    ⓐ 주택으로 쓰는 층수(지하층은 제외) ⇨ 3개 층 이하[1층의 전부 또는 일부를 필로티 구조로 하여 주차장으로 사용하고 나머지 부분을 주택(주거 목적으로 한정) 외의 용도로 쓰는 경우에는 해당 층을 주택의 층수에서 제외]

    ⓑ 1개 동의 주택으로 쓰는 바닥면적의 합계 ⇨ 660제곱미터 이하

    ⓒ 19세대 이하 거주

ⓓ **공관**

② **공동주택**[공동주택의 형태를 갖춘 가정어린이집·공동생활가정·지역아동센터·공동육아나눔터·작은도서관·노인복지시설(노인복지주택은 제외) 및 소형 주택을 포함, 다만, 아래 ㉠이나 ㉡에서 층수를 산정할 때 1층 전부를 필로티 구조로 하여 주차장으로 사용하는 경우에는 필로티 부분을 층수에서 제외하고, ㉢에서 층수를 산정할 때 1층의 전부 또는 일부를 필로티 구조로 하여 주차장으로 사용하고 나머지 부분을 주택(주거 목적으로 한정) 외의 용도로 쓰는 경우에는 해당 층을 주택의 층수에서 제외하며, ㉠부터 ㉣까지의 규정에서 층수를 산정할 때 지하층을 주택의 층수에서 제외]

㉠ **아파트**: 주택으로 쓰는 층수 ⇨ 5개 층 이상

㉡ **연립주택**: 주택으로 쓰는 1개 동의 바닥면적의 합계 ⇨ 660제곱미터 초과 + 층수 ⇨ 4개 층 이하

㉢ **다세대주택**: 주택으로 쓰는 1개 동의 바닥면적의 합계 ⇨ 660제곱미터 이하 + 층수 ⇨ 4개 층 이하

㉣ **기숙사**: 다음의 어느 하나에 해당하는 건축물로서 공간의 구성과 규모 등에 관하여 국토교통부장관이 정하여 고시하는 기준에 적합한 것. 다만, 구분소유된 개별 실(室)은 제외

    ⓐ **일반기숙사**: 학교 또는 공장 등의 학생 또는 종업원 등을 위하여 사용하는 것으로서 해당 기숙사의 공동취사시설 이용 세대수가 전체 세대수(건축물의 일부를 기숙사로 사용하는 경우에는 기숙사로 사용하는 세대수로 한다. 이하 같다)의 50퍼센트 이상인 것(교육기본법에 따른 학생복지주택을 포함한다)

    ⓑ **임대형기숙사**: 「공공주택 특별법」에 따른 공공주택사업자 또는 「민간임대주택에 관한 특별법」에 따른 임대사업자가 임대사업에 사용하는 것으로서 임대 목적으로 제공하는 실이 20실 이상이고 해당 기숙사의 공동취사시설 이용 세대수가 전체 세대수의 50퍼센트 이상인 것

③ 주택의 요건비교

구분	면적	층수	독립구조
아파트	–	5개 층 이상	○
연립주택	660제곱미터 초과	4개 층 이하	○
다세대주택	660제곱미터 이하	4개 층 이하	○
다가구주택	660제곱미터 이하	3개 층 이하	○
다중주택	660제곱미터 이하	3개 층 이하	×
기숙사	공동취사시설 이용 세대수가 전체의 50% 이상		×

핵심 03 주택법령상 주택의 종류 및 요건

단독주택	① 정의: 1세대가 하나의 건축물 안에서 독립된 주거생활을 할 수 있는 구조로 된 주택을 말한다. ② 종류: 단독주택, 다중주택, 다가구주택(공관×)
공동주택	① 정의: 건축물의 벽·복도·계단·설비 등의 전부 또는 일부를 공동으로 사용(공용부분)하는 각 세대가 하나의 건축물 안에서 각각 독립된 주거생활을 할 수 있는 구조(전유부분)로 된 주택을 말한다. ② 종류: 아파트, 연립주택, 다세대주택(기숙사×)
준주택	① 정의: 주택 외의 건축물 + 부속토지 ⇨ 주거시설로 이용 가능한 시설 등 ② 종류: 기숙사, 다중생활시설(제2종 근린생활시설, 숙박시설), 노인복지주택, 오피스텔

국민주택 및 국민주택 규모	① 국민주택의 정의: 다음의 어느 하나에 해당하는 주택으로서 국민주택규모 이하인 주택을 말한다.
	  ㉠ 국가·지방자치단체, 한국토지주택공사 또는 지방공사가 건설하는 주택
	  ㉡ 국가·지방자치단체의 재정 또는 주택도시기금으로부터 자금을 지원받아 건설되거나 개량되는 주택
	② 국민주택규모
	  ㉠ 주거전용면적이 1호 또는 1세대당 85제곱미터 이하인 주택
	  ㉡ 「수도권정비계획법」에 따른 수도권을 제외한 도시지역이 아닌 읍 또는 면 지역은 1호 또는 1세대당 주거전용면적이 100제곱미터 이하인 주택

민영주택	국민주택을 제외한 주택을 말한다.
임대주택	임대를 목적으로 하는 주택으로서, 공공임대주택과 민간임대주택으로 구분한다.
토지임대부 분양주택	토지의 소유권은 사업계획의 승인을 받아 토지임대부 분양주택 건설사업을 시행하는 자가 가지고, 건축물 및 복리시설 등에 대한 소유권은 주택을 분양받은 자가 가지는 주택을 말한다.
세대구분형 공동주택	① 정의: 공동주택의 주택 내부 공간의 일부를 세대별로 구분하여 생활이 가능한 구조로 하되, 그 구분된 공간 일부에 대하여 구분소유를 할 수 없는 주택을 말한다. ② 건설기준 등 　㉠ 「주택법」에 따른 사업계획의 승인을 받아 건설하는 공동주택의 경우: 다음의 요건을 모두 충족할 것 　　ⓐ 세대별로 구분된 각각의 공간마다 별도의 욕실, 부엌과 현관을 설치할 것 　　ⓑ 하나의 세대가 통합하여 사용할 수 있도록 세대 간에 연결문 또는 경량구조의 경계벽 등을 설치할 것 　　ⓒ 세대구분형 공동주택의 세대수가 해당 주택단지 안의 공동주택 전체 세대수의 3분의 1을 넘지 않을 것 　　ⓓ 세대별로 구분된 각각의 공간의 주거전용면적 합계가 해당 주택단지 전체 주거전용면적 합계의 3분의 1을 넘지 않는 등 국토교통부장관이 정하여 고시하는 주거전용면적의 비율에 관한 기준을 충족할 것 　㉡ 「공동주택관리법」에 따른 행위의 허가를 받거나 신고를 하고 설치하는 공동주택의 경우: 다음의 요건을 모두 충족할 것 　　ⓐ 구분된 공간의 세대수는 기존 세대를 포함하여 2세대 이하일 것 　　ⓑ 세대별로 구분된 각각의 공간마다 별도의 욕실, 부엌과 구분 출입문을 설치할 것 　　ⓒ 세대구분형 공동주택의 세대수가 해당 주택단지 안의 공동주택 전체 세대수의 10분의 1과 해당 동의 전체 세대수의 3분의 1을 각각 넘지 않을 것. 다만, 시장·군수·구청장이 부대시설의 규모 등 해당 주택단지의 여건을 고려하여 인정하는 범위에서 세대수의 기준을 넘을 수 있다. 　　ⓓ 구조, 화재, 소방 및 피난안전 등 관계 법령에서 정하는 안전 기준을 충족할 것 ③ 세대수 산정방법: 세대구분형 공동주택으로 건설 또는 설치되는 주택과 관련하여 주택건설기준 등을 적용 ⇨ 세대구분형 공동주택의 세대수는 그 구분된 공간의 세대에 관계없이 하나의 세대로 산정한다.

**도시형
생활주택**
	① 정의: 300세대 미만의 국민주택규모에 해당하는 주택
	② 종류: 도시지역에 건설하는 다음의 주택을 말한다.
	  ㉠ 소형 주택: 다음의 요건을 갖춘 공동주택(아파트, 연립주택, 다세대주택)
	    ⓐ 세대별 주거전용면적 ⇨ 60제곱미터 이하
	    ⓑ 세대별로 독립된 주거가 가능 ⇨ 욕실, 부엌을 설치(주차장, 보일러실×)
	    ⓒ 지하층에 세대를 설치하지 아니할 것
	  ㉡ 단지형 연립주택
	    ⓐ 소형 주택이 아닌 연립주택
	    ⓑ 건축위원회의 심의를 받은 경우에는 주택으로 쓰는 층수 ⇨ 5개 층까지 건축
	  ㉢ 단지형 다세대주택
	    ⓐ 소형 주택이 아닌 다세대주택
	    ⓑ 건축위원회의 심의를 받은 경우에는 주택으로 쓰는 층수 ⇨ 5개 층까지 건축
	③ 하나의 건축물에서 도시형 생활주택의 건축제한	

원칙	도시형 생활주택 + 그 밖의 주택		함께 건축할 수 없다.
예외	소형 주택 + 85제곱미터를 초과하는 주택 1세대		함께 건축할 수 있다.
	준주거지역, 상업지역	소형 주택 + 도시형 생활주택을 제외한 주택	함께 건축할 수 있다.
		소형 주택 + 도시형 생활주택	함께 건축할 수 없다.
하나의 건축물에 단지형 연립주택 또는 단지형 다세대주택 + 소형 주택			함께 건축할 수 없다.

에너지 절약형 친환경주택	저에너지 건물 조성기술 등 대통령령으로 정하는 기술을 이용하여 에너지 사용량을 절감하거나 이산화탄소 배출량을 저감할 수 있도록 건설된 주택을 말한다.
건강친화형 주택	① 정의: 건강하고 쾌적한 실내환경의 조성을 위하여 실내공기의 오염물질 등을 최소화할 수 있도록 건설된 주택을 말한다. ② 건강친화형 주택 건설기준: '건강친화형 주택'이란 오염물질이 적게 방출되는 건축자재를 사용하고 환기 등을 실시하여 새집증후군 문제를 개선함으로써 거주자에게 건강하고 쾌적한 실내환경을 제공할 수 있도록 일정수준 이상의 실내 공기질과 환기성능을 확보한 주택으로서, 의무기준을 모두 충족하고 권장기준 1호 중 2개 이상, 2호 중 1개 이상의 항목에 적합한 주택을 말한다.

장수명 주택	① **정의:** 구조적으로 오랫동안 유지·관리될 수 있는 내구성을 갖추고, 입주자의 필요에 따라 내부 구조를 쉽게 변경할 수 있는 가변성과 수리 용이성 등이 우수한 주택을 말한다. ② **장수명 주택 건설·인증기준:** '장수명 주택'이란 내구성, 가변성, 수리 용이성에 대하여 장수명 주택 성능등급 인증기관의 장이 장수명 주택의 성능을 확인하여 인증한 주택을 말한다.

핵심 04 민간임대주택에 관한 특별법령상 주택의 종류

민간 임대주택	① **정의:** 임대 목적으로 제공하는 주택(토지를 임차하여 건설된 주택 및 '오피스텔 등 대통령령으로 정하는 준주택' 및 '대통령령으로 정하는 일부만을 임대하는 주택'을 포함)으로서 임대사업자가 등록한 주택을 말하며, 민간건설임대주택과 민간매입임대주택으로 구분한다. ② **준주택의 범위:** 위 ①에서 '오피스텔 등 대통령령으로 정하는 준주택'이란 다음의 건축물(준주택)을 말한다. 　　㉠ 「주택법」에 따른 주택 외의 건축물을 「건축법」에 따라 「주택법 시행령」의 기숙사 중 일반기숙사로 리모델링한 건축물 　　㉡ 「주택법 시행령」의 기숙사 중 임대형기숙사 　　㉢ 다음의 요건을 모두 갖춘 「주택법 시행령」의 오피스텔 　　　　ⓐ 전용면적 ⇨ 120제곱미터 이하일 것 　　　　ⓑ 상하수도 시설이 갖추어진 전용 입식 부엌, 전용 수세식 화장실 및 목욕시설(전용 수세식 화장실에 목욕시설을 갖춘 경우를 포함)을 갖출 것 ③ **일부만을 임대하는 주택의 범위:** 위 ①에서 '대통령령으로 정하는 일부만을 임대하는 주택'이란 다가구주택으로서 임대사업자 본인이 거주하는 실(室)(한 세대가 독립하여 구분 사용할 수 있도록 구획된 부분)을 제외한 나머지 실 전부를 임대하는 주택을 말한다.
민간건설 임대주택	다음의 어느 하나에 해당하는 민간임대주택을 말한다. ① 임대사업자가 임대를 목적으로 건설하여 임대하는 주택 ② 「주택법」에 따라 등록한 주택건설사업자가 사업계획승인을 받아 건설한 주택 중 사용검사 때까지 분양되지 아니하여 임대하는 주택
민간매입 임대주택	임대사업자가 매매 등으로 소유권을 취득하여 임대하는 민간임대주택을 말한다.

CHAPTER 01 • 주택의 정의 및 종류별 요건 **23**

공공지원 민간 임대주택	임대사업자가 민간임대주택을 10년 이상 임대할 목적으로 취득하여 「민간임대주택에 관한 특별법」에 따른 임대료 및 임차인의 자격 제한 등을 받아 임대하는 민간임대주택을 말한다.
장기일반 민간 임대주택	임대사업자가 공공지원민간임대주택이 아닌 주택을 10년 이상 임대할 목적으로 취득하여 임대하는 민간임대주택[아파트(주택법의 도시형 생활주택이 아닌 것을 말한다)를 임대하는 민간매입임대주택은 제외]을 말한다.
복합지원 시설	공공지원민간임대주택에 거주하는 임차인 등의 경제활동과 일상생활을 지원하는 시설로서 대통령령으로 정하는 시설을 말한다.

핵심 05 공공주택 특별법령상 주택의 종류

공공주택	① 정의: 공공주택사업자가 국가 또는 지방자치단체의 재정이나 주택도시기금을 지원받아 「공공주택 특별법」 또는 다른 법률에 따라 건설, 매입 또는 임차하여 공급하는 다음에 해당하는 주택을 말한다. 　㉠ **공공임대주택**: 임대 또는 임대한 후 분양전환을 할 목적으로 공급하는 「주택법」에 따른 주택으로서 '대통령령으로 정하는 주택' 　㉡ **공공분양주택**: 분양을 목적으로 공급하는 주택으로서 「주택법」에 따른 국민주택규모 이하의 주택 ② **공공임대주택의 종류**: 위 ①의 ㉠에서 '대통령령으로 정하는 주택'이란 다음의 주택을 말한다. 　㉠ **영구임대주택**: 국가나 지방자치단체의 재정을 지원받아 최저소득 계층의 주거안정을 위하여 50년 이상 또는 영구적인 임대를 목적으로 공급하는 공공임대주택 　㉡ **국민임대주택**: 국가나 지방자치단체의 재정이나 주택도시기금의 자금을 지원받아 저소득 서민의 주거안정을 위하여 30년 이상 장기간 임대를 목적으로 공급하는 공공임대주택 　㉢ **행복주택**: 국가나 지방자치단체의 재정이나 주택도시기금의 자금을 지원받아 대학생, 사회초년생, 신혼부부 등 젊은 층의 주거안정을 목적으로 공급하는 공공임대주택 　㉣ **통합공공임대주택**: 국가나 지방자치단체의 재정이나 주택도시기금의 자금을 지원받아 최저소득 계층, 저소득 서민, 젊은층 및 장애인·국가유공자 등 사회 취약계층 등의 주거안정을 목적으로 공급하는 공공임대주택 　㉤ **장기전세주택**: 국가나 지방자치단체의 재정이나 주택도시기금의 자금을 지원받아 전세계약의 방식으로 공급하는 공공임대주택 　㉥ **분양전환공공임대주택**: 일정기간 임대 후 분양전환할 목적으로 공급하는 공공임대주택

	⊗ **기존주택등매입임대주택**: 국가나 지방자치단체의 재정이나 주택도시기금의 자금을 지원받아 기존주택을 매입하여 「국민기초생활 보장법」에 따른 수급자 등 저소득층과 청년 및 신혼부부 등에게 공급하는 공공임대주택 ◎ **기존주택전세임대주택**: 국가나 지방자치단체의 재정이나 주택도시기금의 자금을 지원받아 기존주택을 임차하여 「국민기초생활 보장법」에 따른 수급자 등 저소득층과 청년 및 신혼부부 등에게 공급하는 공공임대주택
공공건설 임대주택	공공주택사업자가 직접 건설하여 공급하는 공공임대주택
공공매입 임대주택	공공주택사업자가 직접 건설하지 아니하고 매매 등으로 취득하여 공급하는 공공임대주택
지분적립형 분양주택	공공주택사업자가 직접 건설하거나 매매 등으로 취득하여 공급하는 공공분양주택으로서 주택을 공급받은 자가 20년 이상 30년 이하의 범위에서 대통령령으로 정하는 기간 동안 공공주택사업자와 주택의 소유권을 공유하면서 대통령령으로 정하는 바에 따라 소유 지분을 적립하여 취득하는 주택
이익공유형 분양주택	공공주택사업자가 직접 건설하거나 매매 등으로 취득하여 공급하는 공공분양주택으로서 주택을 공급받은 자가 해당 주택을 처분하려는 경우 공공주택사업자가 환매하되 공공주택사업자와 처분 손익을 공유하는 것을 조건으로 분양하는 주택

핵심 **01** **공동주택관리법의 총칙**

정의

① **공동주택**: 다음의 주택 및 시설을 말한다. 이 경우 일반인에게 분양되는 복리시설은 제외한다.
  ㉠ 「주택법」에 따른 공동주택
  ㉡ 「건축법」에 따른 건축허가를 받아 주택 외의 시설과 주택을 동일 건축물로 건축하는 건축물
  ㉢ 「주택법」에 따른 부대시설 및 복리시설
② **의무관리대상 공동주택**: 해당 공동주택을 전문적으로 관리하는 자를 두고 자치의결기구를 의무적으로 구성하여야 하는 등 일정한 의무가 부과되는 공동주택으로서, 다음 중 어느 하나에 해당하는 공동주택을 말한다.
  ㉠ 300세대 이상의 공동주택(승강기× + 개별난방)
  ㉡ 150세대 이상으로서 승강기가 설치된 공동주택
  ㉢ 150세대 이상으로서 중앙집중식 난방방식 또는 지역난방방식의 공동주택
  ㉣ 건축허가를 받아 주택 외의 시설과 주택을 동일 건축물로 건축한 건축물로서 주택이 150세대 이상인 건축물
  ㉤ 위 ㉠부터 ㉣까지에 해당하지 아니하는 공동주택 중 입주자등이 대통령령으로 정하는 기준(전체 입주자등의 3분의 2 이상이 서면으로 동의하는 방법)에 따라 동의하여 정하는 공동주택(의무관리대상 전환 공동주택)
③ **혼합주택단지**: 분양을 목적으로 한 공동주택과 임대주택이 함께 있는 공동주택단지를 말한다.
④ **입주자**: 공동주택의 소유자 또는 그 소유자를 대리하는 배우자 및 직계존비속을 말한다.
⑤ **사용자**: 공동주택을 임차하여 사용하는 사람(임대주택의 임차인은 제외) 등을 말한다.
⑥ **입주자등**: 입주자와 사용자를 말한다.
⑦ **입주자대표회의**: 공동주택의 입주자등을 대표하여 관리에 관한 주요사항을 결정하기 위하여 구성하는 자치의결기구를 말한다.

	⑧ **관리주체**: 공동주택을 관리하는 다음의 자를 말한다. 　㉠ 자치관리기구의 대표자인 공동주택의 관리사무소장 　㉡ 관리업무를 인계하기 전의 사업주체 　㉢ 주택관리업자 　㉣ 임대사업자 　㉤ 「민간임대주택에 관한 특별법」에 따른 주택임대관리업자(시설물 유지·보수·개량 및 그 밖의 주택관리업무를 수행하는 경우에 한정) ⑨ **주택관리업**: 공동주택을 안전하고 효율적으로 관리하기 위하여 입주자등으로부터 의무관리대상 공동주택의 관리를 위탁받아 관리하는 업(業)을 말한다. ⑩ **주택관리업자**: 주택관리업을 하는 자로서 등록한 자를 말한다. ⑪ **장기수선계획**: 공동주택을 오랫동안 안전하고 효율적으로 사용하기 위하여 필요한 주요 시설의 교체 및 보수 등에 관하여 수립하는 장기계획을 말한다.
다른 법률과의 관계	① 공동주택의 관리에 관하여 「공동주택관리법」에서 정하지 아니한 사항에 대하여는 「주택법」을 적용한다. ② 임대주택의 관리에 관하여 「민간임대주택에 관한 특별법」 또는 「공공주택 특별법」에서 정하지 아니한 사항에 대하여는 「공동주택관리법」을 적용한다.

핵심 02 관리규약

정의	'관리규약'이란 공동주택의 입주자등을 보호하고 주거생활의 질서를 유지하기 위하여 입주자등이 정하는 자치규약을 말한다.
관리규약의 준칙	특별시장·광역시장·특별자치시장·도지사 또는 특별자치도지사('시·도지사') ⇨ 공동주택의 관리 또는 사용에 관하여 준거가 되는 관리규약의 준칙을 정하여야 한다.
관리규약의 준칙에 포함되는 사항	관리규약의 준칙에는 다음의 사항이 포함되어야 한다. 이 경우 입주자등이 아닌 자의 기본적인 권리를 침해하는 사항이 포함되어서는 안 된다. ① 입주자등의 권리 및 의무(입주자등 ⇨ 관리주체에게 동의를 받아야 하는 의무를 포함) ② 입주자대표회의의 구성·운영(회의의 녹음·녹화·중계 및 방청에 관한 사항을 포함한다)과 구성원의 의무 및 책임(관리와 관련한 분쟁조정위원회의 구성·운영×) ③ 동별 대표자의 선거구·선출 절차·해임 사유·절차 등에 관한 사항(임기×) ④ 선거관리위원회의 구성·운영·업무·경비, 위원의 선임·해임 및 임기 등에 관한 사항 ⑤ 입주자대표회의의 소집 절차, 임원의 해임 사유·절차 등에 관한 사항

⑥ 입주자대표회의의 운영경비의 용도 및 사용금액(운영·윤리교육 수강비용을 포함)

⑦ **자치관리기구(위탁관리기구×)의 구성·운영** 및 관리사무소장과 그 소속 직원의 자격요건·인사·보수·책임

⑧ 입주자대표회의 또는 관리주체가 작성·보관하는 자료의 종류 및 그 열람방법 등에 관한 사항

⑨ 위·수탁관리계약에 관한 사항

⑩ 입주자등이 관리주체의 동의를 받아야 하는 행위에 대한 관리주체의 동의기준

⑪ **관리비예치금의 관리 및 운영방법**

⑫ 관리비등의 세대별 부담액 산정방법, 징수, 보관, 예치 및 사용절차

⑬ **관리비등을 납부하지 아니한 자에 대한 조치 및 가산금의 부과**

⑭ 장기수선충당금의 **요율 및 사용절차**(적립금액 및 사용×, 하자보수보증금×)

⑮ 회계관리 및 회계감사에 관한 사항

⑯ 회계관계 임직원의 책임 및 의무(재정보증에 관한 사항을 포함)

⑰ 각종 공사 및 용역의 발주와 물품구입의 절차

⑱ **관리 등으로 발생한 수입의 용도 및 사용절차**(광고수입 등)

⑲ 공동주택의 관리책임 및 비용부담

⑳ 관리규약을 위반한 자 및 공동생활의 질서를 문란하게 한 자에 대한 조치

㉑ **공동주택의 어린이집 임대계약**(지방자치단체에 무상임대하는 것을 포함)에 대한 다음의 임차인 선정기준. 이 경우 그 기준은 「영유아보육법」에 따른 국공립어린이집 위탁체 선정관리기준에 따라야 한다.

    ㉠ 임차인의 신청자격

    ㉡ 임차인 선정을 위한 심사기준

    ㉢ 어린이집을 이용하는 입주자등 중 어린이집 임대에 동의하여야 하는 비율 (입주자대표회의가 구성되기 전에 어린이집 임대계약을 체결하려 할 때 입주예정자가 동의하여야 하는 비율×)

    ㉣ **임대료 및 임대기간**

    ㉤ 그 밖에 어린이집의 적정한 임대를 위하여 필요한 사항

㉒ 공동주택의 층간소음 및 간접흡연에 관한 사항

㉓ 주민공동시설의 위탁에 따른 방법 또는 절차에 관한 사항

㉔ 주민공동시설을 인근 공동주택단지 입주자등도 이용할 수 있도록 허용하는 경우에 대한 다음의 기준

    ㉠ 입주자등 중 허용에 동의하여야 하는 비율

    ㉡ 이용자의 범위

    ㉢ 그 밖에 인근 공동주택단지 입주자등의 이용을 위하여 필요한 사항

㉕ 혼합주택단지의 관리에 관한 사항

㉖ 전자투표의 본인확인 방법에 관한 사항

㉗ 공동체 생활의 활성화에 관한 사항

㉘ 공동주택의 주차장 임대계약 등에 대한 다음의 기준

　㉠ 「도시교통정비 촉진법」에 따른 승용차 공동이용을 위한 주차장 임대계약의
　　경우

　　ⓐ 입주자등 중 주차장의 임대에 동의하는 비율

　　ⓑ 임대할 수 있는 주차대수 및 위치

　　ⓒ 이용자의 범위

　　ⓓ 그 밖에 주차장의 적정한 임대를 위하여 필요한 사항

　㉡ 지방자치단체와 입주자대표회의 간에 체결한 협약에 따라 지방자치단체 또
　　는 「지방공기업법」 제76조에 따라 설립된 지방공단이 직접 운영·관리하거
　　나 위탁하여 운영·관리하는 방식으로 입주자등 외의 자에게 공동주택의 주
　　차장을 개방하는 경우

　　ⓐ 입주자등 중 주차장의 개방에 동의하는 비율

　　ⓑ 개방할 수 있는 주차대수 및 위치

　　ⓒ 주차장의 개방시간

　　ⓓ 그 밖에 주차장의 적정한 개방을 위하여 필요한 사항

㉙ 경비원 등 근로자에 대한 괴롭힘의 금지 및 발생 시 조치에 관한 사항

㉚ 「주택건설기준 등에 관한 규정」 제32조의2에 따른 지능형 홈네트워크 설비(이
하 '지능형 홈네트워크 설비'라 한다)의 기본적인 유지·관리에 관한 사항

㉛ 그 밖에 공동주택의 관리에 필요한 사항

관리규약의 제정	입주자등은 관리규약의 준칙을 참조하여 관리규약을 정한다. 이 경우 「주택법」에 따라 공동주택에 설치하는 어린이집의 임대료 등에 관한 사항은 관리규약의 준칙, 어린이집의 안정적 운영, 보육서비스 수준의 향상 등을 고려하여 결정하여야 한다.
관리규약의 제정방법	① 제정안의 제안시기: 사업주체는 입주예정자와 관리계약을 체결할 때 관리규약 제정안을 제안하여야 한다. 다만, 사업주체가 입주자대표회의가 구성되기 전에 어린이집·다함께돌봄센터·공동육아나눔터의 임대계약을 체결하려는 경우에는 입주개시일 3개월 전부터 관리규약 제정안을 제안할 수 있다. ② 제정방법: 공동주택 분양 후 최초의 관리규약은 사업주체가 제안한 내용을 해당 입주예정자의 과반수가 서면으로 동의하는 방법으로 결정한다. ③ 제안내용의 공고 및 통지: 사업주체는 해당 공동주택단지의 인터넷 홈페이지(인터넷 홈페이지가 없는 경우에는 인터넷 포털을 통해 관리주체가 운영·통제하는 유사한 기능의 웹사이트 또는 관리사무소의 게시판을 말한다)에 제안내용을 공고하고 입주예정자에게 개별 통지해야 한다.

	④ 의무관리대상 전환 공동주택의 관리규약 제정안의 제안: 의무관리대상 전환 공동주택의 관리규약 제정안은 의무관리대상 전환 공동주택의 관리인이 제안하고, 그 내용을 전체 입주자등 과반수의 서면동의로 결정한다. 이 경우 관리규약 제정안을 제안하는 관리인은 위 ③의 방법에 따라 공고·통지해야 한다.
관리규약의 개정방법	① 개정안의 공고 및 통지: 관리규약을 개정하려는 경우에는 다음의 사항을 기재한 개정안을 공고·통지를 거쳐 아래 ②의 방법으로 결정한다. ㉠ 개정 목적 ㉡ 종전의 관리규약과 달라진 내용 ㉢ 관리규약의 준칙과 달라진 내용 ② 개정방법(관리방법의 결정방법을 준용): 관리규약의 개정은 다음의 어느 하나에 해당하는 방법으로 한다. ㉠ 입주자대표회의의 의결로 제안하고 전체 입주자등의 과반수가 찬성 ㉡ 전체 입주자등의 10분의 1 이상이 서면으로 제안하고 전체 입주자등의 과반수가 찬성
효력	관리규약은 입주자등의 지위를 승계한 사람에 대하여도 그 효력이 있다(없다×).
보관 및 열람	공동주택의 관리주체는 관리규약을 보관하여 입주자등이 열람을 청구 또는 자기의 비용으로 복사를 요구하면 응하여야 한다.
관리규약 등의 신고	① 신고사항: 입주자대표회의의 회장(관리규약의 제정 ⇨ 사업주체 또는 의무관리대상 전환 공동주택의 관리인)은 다음의 사항을 시장·군수·구청장에게 신고(승인×)하여야 한다. 신고한 사항이 변경되는 경우에도 또한 같다. 다만, 의무관리대상 전환 공동주택의 관리인이 관리규약의 제정 신고를 하지 아니하는 경우에는 입주자등의 10분의 1 이상이 연서하여 신고할 수 있다. ㉠ 관리규약의 제정·개정 ㉡ 입주자대표회의의 구성·변경 ㉢ 그 밖에 필요한 사항으로서 대통령령으로 정하는 사항 ② 관리규약의 제정 및 개정 등 신고 ㉠ 신고기한: 입주자대표회의의 회장(관리규약의 제정 ⇨ 사업주체 또는 의무관리대상 전환 공동주택의 관리인)은 관리규약이 제정·개정되거나 입주자대표회의가 구성·변경된 날부터 30일 이내에 신고서를 시장·군수·구청장에게 제출하여야 한다. ㉡ 신고방법: 입주자대표회의의 회장(관리규약의 제정 ⇨ 사업주체 또는 의무관리대상 전환 공동주택의 관리인)은 시장·군수·구청장에게 관리규약의 제정 및 개정 등 신고서를 제출할 때에는 다음의 구분에 따른 서류를 첨부하여야 한다. ⓐ 관리규약의 제정·개정을 신고하는 경우: 관리규약의 제정·개정 제안서 및 그에 대한 입주자등의 동의서

ⓑ 입주자대표회의의 구성·변경을 신고하는 경우: 입주자대표회의 구성현황(임원 및 동별 대표자의 성명·주소·생년월일 및 약력과 그 선출에 관한 증명서류를 포함)

③ 시장·군수·구청장은 위 ①에 따른 신고를 받은 날부터 7일 이내에 신고수리 여부를 신고인에게 통지하여야 한다.

④ 시장·군수·구청장이 위 ③에서 정한 기간 내에 신고수리 여부 또는 민원 처리 관련 법령에 따른 처리기간의 연장을 신고인에게 통지하지 아니하면 그 기간(민원 처리 관련 법령에 따라 처리기간이 연장 또는 재연장된 경우에는 해당 처리기간을 말한다)이 끝난 날의 다음 날에 신고를 수리한 것으로 본다.

핵심 03 공동체 생활의 활성화

조직의 구성	공동주택의 입주자등은 입주자등의 소통 및 화합 증진 등을 위하여 필요한 활동을 자율적으로 실시할 수 있고, 이를 위하여 필요한 조직을 구성하여 운영할 수 있다.
경비의 지원	① 경비의 지원: 입주자대표회의 또는 관리주체는 공동체 생활의 활성화에 필요한 경비의 일부를 재활용품의 매각 수입 능 공동주택을 관리하면서 부수적으로 발생하는 수입에서 지원할 수 있다. ② 지원의 결정: 경비의 지원은 관리규약으로 정하거나 관리규약에 위배되지 아니하는 범위에서 입주자대표회의의 의결로 정한다.

핵심 04 전자적 방법을 통한 의사결정

의사결정 사항	① 입주자등은 동별 대표자나 입주자대표회의의 임원을 선출하는 등 공동주택의 관리와 관련하여 의사를 결정하는 경우(서면동의에 의하여 의사를 결정하는 경우를 포함) 전자적 방법(전자문서 및 전자거래 기본법에 따른 정보처리시스템을 사용하거나 그 밖에 정보통신기술을 이용하는 방법을 말한다)을 통하여 그 의사를 결정할 수 있다. ② 의무관리대상 공동주택의 입주자대표회의, 관리주체 및 선거관리위원회는 입주자등의 참여를 확대하기 위하여 위 ①에 따른 공동주택의 관리와 관련한 의사결정에 대하여 전자적 방법을 우선적으로 이용하도록 노력하여야 한다.
본인확인 방법	입주자등은 전자적 방법으로 의결권을 행사(이하 '전자투표'라 한다)하는 경우 다음의 어느 하나에 해당하는 방법으로 본인확인을 거쳐야 한다. ① 휴대전화를 통한 본인인증 등 「정보통신망 이용촉진 및 정보보호 등에 관한 법률」에 따른 본인확인기관에서 제공하는 본인확인의 방법

	② 전자서명 또는 인증서를 통한 본인확인의 방법
	③ 관리규약에서 「전자문서 및 전자거래 기본법」에 따른 전자문서를 제출하는 등 본인확인절차를 정하는 경우에는 그에 따른 본인확인의 방법
고지사항	관리주체, 입주자대표회의, 의무관리대상 전환 공동주택의 관리인 또는 선거관리위원회는 전자투표를 실시하려는 경우 다음의 사항을 입주자등에게 미리 알려야 한다.
	① 전자투표를 하는 방법
	② 전자투표 기간
	③ 그 밖에 전자투표의 실시에 필요한 기술적인 사항

핵심 01 공동주택관리법령상 공동주택의 관리방법

관리의무	입주자등은 의무관리대상 공동주택을 자치관리하거나 주택관리업자에게 위탁하여 관리하여야 한다.
의무관리 대상 공동주택의 전환	① 전환신고 　㉠ 신고의무: 의무관리대상 공동주택으로 전환되는 공동주택(이하 '의무관리대상 전환 공동주택'이라 한다)의 관리인[관리단이 관리를 개시하기 전인 경우에는 집합건물의 소유 및 관리에 관한 법률 제9조의3 제1항에 따라 공동주택을 관리하고 있는 자(분양자)를 말한다]은 대통령령으로 정하는 바에 따라 관할 특별자치시장·특별자치도지사·시장·군수·구청장(이하 '시장·군수·구청장'이라 한다)에게 의무관리대상 공동주택 전환신고를 하여야 한다. 다만, 관리인이 신고하지 않는 경우에는 입주자등의 10분의 1 이상이 연서하여 신고할 수 있다. 　㉡ 신고기한: 의무관리대상 공동주택 전환 신고를 하려는 자는 입주자등의 동의를 받은 날부터 30일 이내에 관할 특별자치시장·특별자치도지사·시장·군수·구청장(구청장은 자치구의 구청장을 말하며, 이하 '시장·군수·구청장'이라 한다)에게 '국토교통부령으로 정하는 신고서'를 제출해야 한다. ② 입주자대표회의 구성 및 관리방법 결정: 의무관리대상 전환 공동주택의 입주자등은 관리규약의 제정 신고가 수리된 날부터 3개월 이내에 입주자대표회의를 구성하여야 하며, 입주자대표회의의 구성 신고가 수리된 날부터 3개월 이내에 공동주택의 관리방법을 결정하여야 한다. ③ 주택관리업자의 선정: 의무관리대상 전환 공동주택의 입주자등이 공동주택을 위탁관리할 것을 결정한 경우 입주자대표회의는 입주자대표회의의 구성 신고가 수리된 날부터 6개월 이내에 주택관리업자를 선정하여야 한다. ④ 의무관리대상 공동주택 제외 신고 　㉠ 신고의무: 의무관리대상 전환 공동주택의 입주자등은 해당 공동주택을 의무관리대상에서 제외할 것을 정할 수 있으며, 이 경우 입주자대표회의의 회장(직무를 대행하는 경우에는 그 직무를 대행하는 사람을 포함)은 대통령령으로 정하는 바에 따라 시장·군수·구청장에게 의무관리대상 공동주택 제외 신고를 하여야 한다.

	ⓛ **신고기한:** 의무관리대상 공동주택 제외 신고를 하려는 입주자대표회의의 회장(직무를 대행하는 경우에는 그 직무를 대행하는 사람을 포함)은 입주자 등의 동의를 받은 날부터 30일 이내에 시장·군수·구청장에게 '국토교통부 령으로 정하는 신고서'를 제출해야 한다.
	⑤ **신고방법:** 위 ①의 ⓛ 및 ④의 ⓛ에서 '국토교통부령으로 정하는 신고서'란 각 각 의무관리대상 공동주택 전환 등 신고서를 말하며, 해당 신고서를 제출할 때 에는 다음의 서류를 첨부해야 한다.
	㉠ 제안서 및 제안자 명부
	ⓛ 입주자등의 동의서
	ⓒ 입주자등의 명부
	⑥ **신고수리 여부의 통지 등**
	㉠ 시장·군수·구청장은 위 ① 및 ④에 따른 신고를 받은 날부터 10일 이내에 신고수리 여부를 신고인에게 통지하여야 한다.
	ⓛ 시장·군수·구청장이 위 ㉠에서 정한 기간 내에 신고수리 여부 또는 민원 처리 관련 법령에 따른 처리기간의 연장을 신고인에게 통지하지 아니하면 그 기간(민원 처리 관련 법령에 따라 처리기간이 연장 또는 재연장된 경우 에는 해당 처리기간을 말한다)이 끝난 날의 다음 날에 신고를 수리한 것으 로 본다.
관리방법 결정요구	① **사업주체의 요구:** 의무관리대상 공동주택을 건설한 사업주체는 입주예정자의 과반수가 입주할 때까지 그 공동주택을 관리하여야 하며, 입주예정자의 과반수 가 입주하였을 때에는 입주자등에게 그 사실을 통지하고 해당 공동주택을 관리 할 것을 요구하여야 한다.
	② **입주사실 통지방법:** 사업주체 ⇨ 과반수가 입주한 사실을 통지할 때에는 다음 의 사항을 기재하여야 한다.
	㉠ 총 입주예정세대수 + 총 입주세대수
	ⓛ 동별 입주예정세대수 + 동별 입주세대수
	ⓒ 공동주택의 관리방법에 관한 결정의 요구
	ⓔ 사업주체의 성명·주소(법인 ⇨ 명칭·소재지)
	③ **임대주택의 관리요구:** 임대사업자는 다음의 어느 하나에 해당하는 경우에는 위 ②를 준용하여 입주자등에게 통지하여야 한다.
	㉠ 민간건설임대주택을 임대사업자 외의 자에게 양도하는 경우로서 해당 양도 임대주택 입주예정자의 과반수가 입주하였을 때
	ⓛ 공공건설임대주택에 대하여 분양전환을 하는 경우로서 해당 공공건설임대 주택 전체 세대수의 과반수가 분양전환된 때

입주자대표 회의의 구성	① **구성시기:** 입주자등이 사업주체로부터 관리할 것을 요구받았을 때에는 그 요구를 받은 날부터 3개월 이내에 입주자를 구성원으로 하는 입주자대표회의를 구성하여야 한다. ② **협력의무:** 사업주체 및 임대사업자는 입주자대표회의의 구성에 협력하여야 한다.
관리방법의 결정방법	공동주택 관리방법의 결정 또는 변경은 다음의 어느 하나에 해당하는 방법으로 한다. ① 입주자대표회의의 의결로 제안하고 전체 입주자등의 과반수가 찬성 ② 전체 입주자등의 10분의 1 이상이 서면으로 제안하고 전체 입주자등의 과반수가 찬성
관리방법 결정 등의 신고	① **신고의무:** 입주자대표회의의 회장(직무를 대행하는 경우에는 그 직무를 대행하는 사람을 포함)은 입주자등이 해당 공동주택의 관리방법을 결정(위탁관리하는 방법을 선택 ⇨ 주택관리업자의 선정을 포함)한 경우에는 이를 사업주체 또는 의무관리대상 전환 공동주택의 관리인에게 통지하고, 관할 시장·군수·구청장에게 신고하여야 한다. 신고한 사항이 변경되는 경우에도 또한 같다. ② **신고기한:** 입주자대표회의의 회장은 공동주택 관리방법의 결정 또는 변경결정에 관한 신고를 하려는 경우에는 그 결정일 또는 변경결정일부터 30일 이내에 신고서를 시장·군수·구청장에게 제출하여야 한다. ③ **신고방법:** 입주자대표회의의 회장은 시장·군수·구청장에게 관리방법의 결정 및 변경결정 신고서를 제출할 때에는 관리방법의 제안서 및 그에 대한 입주자등의 동의서를 첨부하여야 한다. ④ **신고수리 여부의 통지 등** 　㉠ 시장·군수·구청장은 위 ①에 따른 신고를 받은 날부터 7일 이내에 신고수리 여부를 신고인에게 통지하여야 한다. 　㉡ 시장·군수·구청장이 위 ㉠에서 정한 기간 내에 신고수리 여부 또는 민원처리 관련 법령에 따른 처리기간의 연장을 신고인에게 통지하지 아니하면 그 기간(민원 처리 관련 법령에 따라 처리기간이 연장 또는 재연장된 경우에는 해당 처리기간을 말한다)이 끝난 날의 다음 날에 신고를 수리한 것으로 본다.

핵심 02 **사업주체의 관리**

관리기간	의무관리대상 공동주택을 건설한 사업주체는 입주예정자의 과반수가 입주할 때까지 그 공동주택을 관리하여야 하며, 입주예정자의 과반수가 입주하였을 때에는 입주자등에게 대통령령으로 정하는 바에 따라 그 사실을 통지하고 해당 공동주택을 관리할 것을 요구하여야 한다.

관리상 의무	① 관리계약 체결 및 관리비예치금의 징수: 사업주체는 입주예정자의 과반수가 입주할 때까지 공동주택을 직접 관리하는 경우에는 입주예정자와 관리계약을 체결하여야 하며, 그 관리계약에 따라 관리비예치금을 징수할 수 있다. ② 어린이집 등의 임대계약 체결 　㉠ 임대계약의 체결: 시장·군수·구청장은 입주자대표회의가 구성되기 전에 　　다음의 주민공동시설의 임대계약 체결이 필요하다고 인정하는 경우에는 　　사업주체로 하여금 입주예정자 과반수의 서면동의를 받아 해당 시설의 임 　　대계약을 체결하도록 할 수 있다. 　　ⓐ 「영유아보육법」에 따른 어린이집 　　ⓑ 「아동복지법」에 따른 다함께돌봄센터 　　ⓒ 「아이돌봄 지원법」에 따른 공동육아나눔터 　㉡ 공고 및 개별통지: 사업주체는 위 ㉠에 따라 임대계약을 체결하려는 경우 　　에는 해당 공동주택단지의 인터넷 홈페이지에 관련 내용을 공고하고 입주 　　예정자에게 개별 통지하여야 한다. 　㉢ 선정기준: 사업주체는 위 ㉠에 따라 임대계약을 체결하는 경우에는 관리규 　　약 및 관계 법령의 규정에 따라야 한다. 이 경우 어린이집은 관리규약 중 　　「공동주택관리법 시행령」 제19조 제1항 제21호 다목의 사항(어린이집을 　　이용하는 입주자등 중 어린이집 임대에 동의하여야 하는 비율)을 적용하지 　　않는다. ③ 사업주체의 주택관리업자 선정: 사업주체는 입주자대표회의로부터 관리방법 결정에 관한 통지가 없거나 입주자대표회의가 자치관리기구를 구성하지 아니 하는 경우에는 주택관리업자를 선정하여야 한다. 이 경우 사업주체는 입주자 대표회의 및 관할 시장·군수·구청장에게 그 사실을 알려야 한다.
관리업무의 인수·인계 절차	① 사업주체의 관리업무 인계 　㉠ 관리업무의 인계: 사업주체 또는 의무관리대상 전환 공동주택의 관리인은 　　다음의 어느 하나에 해당하는 경우에는 해당 관리주체에게 공동주택의 관 　　리업무를 인계하여야 한다. 　　ⓐ 입주자대표회의의 회장으로부터 주택관리업자의 선정을 통지받은 경우 　　ⓑ 자치관리기구가 구성된 경우 　　ⓒ 사업주체에 의해 주택관리업자가 선정된 경우 　㉡ 관리업무 인계기한: 사업주체 또는 의무관리대상 전환 공동주택의 관리인 　　은 위 ㉠의 어느 하나에 해당하게 된 날부터 1개월 이내에 해당 공동주택의 　　관리주체에게 공동주택의 관리업무를 인계하여야 한다. ② 관리주체 변경 시 관리업무 인계 　㉠ 관리업무의 인계: 공동주택의 관리주체가 변경되는 경우에 기존 관리주체 　　는 새로운 관리주체에게 해당 공동주택의 관리업무를 인계하여야 한다.

ⓛ 인계기한: 새로운 관리주체는 기존 관리의 종료일까지 공동주택관리기구를 구성하여야 하며, 기존 관리주체는 해당 관리의 종료일까지 공동주택의 관리업무를 인계하여야 한다.

ⓒ 인계기한의 예외: 기존 관리의 종료일까지 인계·인수가 이루어지지 아니한 경우 기존 관리주체는 기존 관리의 종료일(기존 관리의 종료일까지 새로운 관리주체가 선정되지 못한 경우에는 새로운 관리주체가 선정된 날)부터 1개월 이내에 새로운 관리주체에게 공동주택의 관리업무를 인계하여야 한다. 이 경우 그 인계기간에 소요되는 기존 관리주체의 인건비 등은 해당 공동주택의 관리비로 지급할 수 있다.

③ 관리업무 인수·인계서: 입주자대표회의의 회장 및 1명 이상의 감사의 참관하에 인계자와 인수자가 인계·인수서에 각각 서명·날인하여 다음의 서류를 인계하여야 한다.

ⓐ 설계도서, 장비의 명세, 장기수선계획 및 안전관리계획

ⓛ 관리비·사용료·이용료의 부과·징수현황 및 이에 관한 회계서류

ⓒ 장기수선충당금의 적립현황(사용내역×)

ⓔ 관리비예치금의 명세

ⓜ 세대 전유부분을 입주자에게 인도한 날의 현황

ⓗ 관리규약과 그 밖에 공동주택의 관리업무에 필요한 사항(입주자대표회의록, 하자보수보증금 관련 서류×)

핵심 03 자치관리

구성시기	① 사업주체의 관리요구에 따른 구성시기: 입주자대표회의는 사업주체로부터 해당 공동주택에 대한 관리요구가 있은 날부터(의무관리대상 공동주택으로 전환되는 경우에는 입주자대표회의의 구성 신고가 수리된 날을 말한다) 6개월 이내 (3개월 이내×)에 공동주택의 관리사무소장을 자치관리기구의 대표자로 선임하고, 기술인력 및 장비를 갖춘 자치관리기구를 구성하여야 한다. ② 관리방법 변경에 따른 구성시기: 주택관리업자에게 위탁관리하다가 자치관리로 관리방법을 변경하는 경우 입주자대표회의는 그 위탁관리의 종료일까지 (6개월 이내×) 자치관리기구를 구성하여야 한다.
관리사무소장의 선임 등	자치관리기구의 대표자 ⇨ 관리사무소장 선임방법 ① 선임방법: 입주자대표회의(입주자등×) ⇨ 구성원 과반수 찬성(3분의 2 찬성×)으로 선임한다(구성원 수 ⇨ 관리규약으로 정한 정원을 말하며, 해당 입주자대표회의 구성원의 3분의 2 이상이 선출되었을 때에는 그 선출된 인원).

	② 재선임 시한: 입주자대표회의는 관리사무소장이 해임 또는 결원이 되었을 때에는 그 사유가 발생한 날부터 30일 이내에 새로운 관리사무소장을 선임하여야 한다(주택관리업자 ⇨ 15일 이내).
관리기구가 갖추어야 할 기술인력 및 장비의 기준	① 기술인력: 관리주체가 입주자대표회의의 동의를 얻어 관리업무 일부를 전문용역업체에 용역하는 경우에는 해당 기술인력을 갖추지 아니할 수 있다. 　㉠ 승강기가 설치된 공동주택: 승강기 자체검사자격자 1명 이상 　㉡ 건축설비 종류 및 규모: 「전기안전관리법」·「고압가스 안전관리법」·「액화석유가스의 안전관리 및 사업법」·「도시가스사업법」·「에너지이용 합리화법」·「소방기본법」·「화재의 예방 및 안전관리에 관한 법률」·「소방시설 설치 및 관리에 관한 법률」 및 「대기환경보전법」 등 관계 법령에 의하여 갖추어야 할 기준 인원 이상의 기술자 ② 장비 　㉠ 비상용 급수펌프(=수중펌프) 1대 이상(5마력 이상 양수기×) 　㉡ 절연저항계(=누전측정기) 1대 이상 　㉢ 안전점검의 보유장비: 망원경, 카메라, 돋보기, 콘크리트 균열폭측정기, 5미터 이상용 줄자, 누수탐지기 각 1대 이상 ③ 비고 　㉠ 관리사무소장과 기술인력 상호간에는 겸직할 수 없다. 　㉡ 기술인력 상호간에는 겸직할 수 없다. 다만, 입주자대표회의가 구성원 과반수의 찬성으로 의결하는 방법으로 다음의 겸직을 허용한 경우에는 그러하지 아니하다. 　　ⓐ 해당 법령에서 국가기술자격의 취득을 선임요건으로 정하고 있는 기술인력과 국가기술자격을 취득하지 않아도 선임할 수 있는 기술인력의 겸직 　　ⓑ 해당 법령에서 국가기술자격을 취득하지 않아도 선임할 수 있는 기술인력 상호간의 겸직
감독 및 겸임금지	① 감독: 자치관리기구는 입주자대표회의의 감독을 받는다. ② 겸직금지: 입주자대표회의 구성원은 자치관리기구의 직원을 겸할 수 없다.

위탁관리

정의	① 주택관리업: 공동주택을 안전하고 효율적으로 관리하기 위하여 입주자등으로부터 의무관리대상 공동주택의 관리를 위탁받아 관리하는 업을 말한다. ② 주택관리업자: 주택관리업을 하는 자로서 등록한 자를 말한다.

주택관리 업자의 선정	① **선정기준**: 의무관리대상 공동주택의 입주자등이 공동주택을 위탁관리할 것을 정한 경우에는 입주자대표회의는 다음의 기준에 따라 주택관리업자를 선정하여야 한다. 　㉠ 「전자문서 및 전자거래 기본법」에 따른 정보처리시스템을 통하여 선정(이하 '전자입찰방식'이라 한다)할 것(예외: 선정방법 등이 전자입찰방식을 적용하기 곤란한 경우로서 국토교통부장관이 정하여 고시하는 경우 ⇨ 전자입찰방식으로 선정하지 아니할 수 있다) 　㉡ 다음의 구분에 따른 사항에 대하여 전체 입주자등의 과반수의 동의를 얻을 것 　　ⓐ **경쟁입찰**: 입찰의 종류 및 방법, 낙찰방법, 참가자격 제한 등 입찰과 관련한 중요사항 　　ⓑ **수의계약**: 계약대상자 선정, 계약 조건 등 계약과 관련한 중요사항 　㉢ 그 밖에 '입찰의 방법 등 대통령령(아래 ③)으로 정하는 방식'을 따를 것 ② **세부기준**: 전자입찰방식의 세부기준, 절차 및 방법 등은 국토교통부장관이 정하여 고시한다. ③ **입찰의 방법 등(대통령령)**: 위 ①의 ㉢에서 '입찰의 방법 등 대통령령으로 정하는 방식'이란 다음에 따른 방식을 말한다. 　㉠ **경쟁입찰**: 국토교통부장관이 정하여 고시하는 경우 외에는 경쟁입찰로 할 것. 이 경우 다음의 사항은 국토교통부장관이 정하여 고시한다. 　　ⓐ 입찰의 절차 　　ⓑ 입찰 참가자격 　　ⓒ 입찰의 효력 　　ⓓ 그 밖에 주택관리업자의 적정한 선정을 위하여 필요한 사항 　㉡ **입찰과정의 참관**: 입주자대표회의의 감사가 입찰과정 참관을 원하는 경우에는 참관할 수 있도록 할 것 　㉢ **계약기간**: 계약기간은 장기수선계획의 조정 주기를 고려하여 정할 것 ④ **기존 주택관리업자의 입찰참가 제한** 　㉠ **입찰참가 제한의 요구**: 입주자등은 기존 주택관리업자의 관리 서비스가 만족스럽지 못한 경우에는 새로운 주택관리업자 선정을 위한 입찰에서 기존 주택관리업자의 참가를 제한하도록 입주자대표회의에 요구할 수 있다. 이 경우 입주자대표회의는 그 요구에 따라야 한다. 　㉡ **입찰참가 제한의 절차**: 입주자등이 새로운 주택관리업자 선정을 위한 입찰에서 기존 주택관리업자의 참가를 제한하도록 입주자대표회의에 요구하려면 전체 입주자등 과반수의 서면동의가 있어야 한다.
등록절차	① **등록의무**: 주택관리업을 하려는 자는 시장·군수·구청장에게 등록하여야 하며, 등록사항이 변경되는 경우에는 변경신고를 하여야 한다. ② **재등록 제한**: 주택관리업자가 그 등록이 말소된 후 2년이 지나지 아니한 때에는 다시 등록할 수 없다.

	③ **등록신청 및 등록요건**: 등록은 주택관리사(임원 또는 사원의 3분의 1 이상이 주택관리사인 상사법인을 포함)가 신청할 수 있다. 이 경우 주택관리업을 등록하려는 자는 다음의 요건을 갖추어야 한다.
	㉠ 자본금(법인이 아닌 경우 자산평가액을 말한다)이 2억원 이상으로서 대통령령(2억원)으로 정하는 금액 이상일 것
	㉡ 대통령령으로 정하는 인력·시설 및 장비를 보유할 것
	④ **등록기준**
	㉠ 자본금: 2억원 이상
	㉡ 기술인력
	ⓐ 전기분야 기술자: 전기산업기사 이상의 기술자 1명 이상
	ⓑ 연료사용기기 취급 관련 기술자: 에너지관리산업기사 이상의 기술자 또는 에너지관리기능사 1명 이상
	ⓒ 고압가스 관련 기술자: 가스기능사 이상의 자격을 가진 사람 1명 이상
	ⓓ 위험물 취급 관련 기술자: 위험물기능사 이상의 기술자 1명 이상
	㉢ 주택관리사: 1명 이상
	㉣ 시설·장비: 5마력 이상의 양수기 1대 이상 + 절연저항계(= 누전측정기) 1대 이상 + 사무실
	⑤ **등록의 신청**: 주택관리업의 등록을 하려는 자는 신청서(전자문서에 의한 신청서를 포함)를 시장·군수·구청장에게 제출하여야 한다.
	⑥ **등록사항 변경신고서 제출**: 등록사항 변경신고를 하려는 자는 변경사유가 발생한 날부터 15일 이내에 주택관리업 등록사항 변경신고서에 변경내용을 증명하는 서류를 첨부하여 시장·군수·구청장에게 제출하여야 한다.
명칭사용 금지	주택관리업자가 아닌 자는 주택관리업 또는 이와 유사한 명칭을 사용하지 못한다.
지위에 관한 준용	주택관리업자의 지위에 관하여 「공동주택관리법」에 규정이 있는 것 외에는 「민법」 중 위임(사무관리, 도급×)에 관한 규정을 준용한다.
간섭금지	입주자대표회의는 주택관리업자의 직원인사·노무관리 등의 업무수행에 부당하게 간섭해서는 아니 된다.
관리상 의무	① **주택관리사등의 재배치**: 주택관리업자는 배치된 주택관리사등이 해임 그 밖의 사유로 결원이 된 때에는 그 사유가 발생한 날부터 15일 이내에 새로운 주택관리사등을 배치하여야 한다. ② **관리기구의 구성**: 주택관리업자는 공동주택을 관리할 때 법정 기술인력 및 장비를 갖추고 있어야 한다.
교육의무	주택관리업자는 시·도지사로부터 공동주택관리에 관한 교육과 윤리교육을 받아야 한다(등록일 ⇨ 3개월 이내).

행정처분의 사유	필요적 등록말소	등록말소하여야 한다. ① 거짓·부정 ⇨ 등록한 경우 ② 영업정지기간 중 ⇨ 주택관리업을 영위한 경우 ③ 최근 3년간 2회 이상 영업정지 ⇨ 그 정지처분을 받은 기간이 합산하여 12개월을 초과하는 경우 ④ 다른 자에게 자기의 성명 또는 상호를 사용하여 「공동주택관리법」에서 정한 사업이나 업무를 수행하게 하거나 그 등록증을 대여한 경우 **핵심암기법** 필요적 등록말소 ⇨ 거, 지, 대, 합 • 거: 거짓 부정 등록 • 지: 영업정지기간 중 영업 • 대: 등록증 대여 등 • 합: 3년간 2회 합산 12개월 초과
	필요적 영업정지	1년 이내의 기간을 정하여 영업의 전부 또는 일부의 정지를 명하여야 한다. ① 부정하게 재물 또는 재산상 이익을 취득하거나 제공한 경우 ② 관리비·사용료와 장기수선충당금 ⇨ 「공동주택관리법」에 따른 용도 외의 목적으로 사용 **핵심암기법** 필요적 영업정지 ⇨ 외, 부(외부로는 영업정지가 필요해) • 외: 용도 외 사용(장, 사, 관) • 부: 부정 재물
	임의적 등록말소	등록을 말소하거나 1년 이내의 기간을 정하여 영업의 전부 또는 일부의 정지를 명할 수 있다. ① 고의 또는 과실로 공동주택을 잘못 관리하여 소유자 및 사용자에게 재산상의 손해를 입힌 경우 ② 매년 12월 31일을 기준으로 최근 3년간 관리실적이 없는 경우 ③ 등록요건에 미달하게 된 경우 ④ 「공동주택관리법」 제52조 제4항에 따른 관리방법 및 업무내용 등을 위반하여 공동주택을 관리한 경우 ⑤ 공동주택관리에 관한 감독에 따른 보고, 자료의 제출, 조사 또는 검사를 거부·방해 또는 기피하거나 거짓으로 보고한 경우 ⑥ 입주자등의 감사요청에 의한 지방자치단체의 감사를 거부·방해 또는 기피한 경우

행정처분의 일반기준	① 위반행위의 횟수에 따른 행정처분의 기준 ⇨ 최근 1년간 같은 위반행위로 처분을 받은 경우에 적용한다(기준 적용일은 위반행위에 대한 행정처분일과 그 처분 후에 한 위반행위가 다시 적발된 날을 기준). ② 위 ①에 따라 가중된 처분을 하는 경우 가중처분의 적용 차수는 그 위반행위 전 처분 차수(①에 따른 기간 내에 처분이 둘 이상 있었던 경우에는 높은 차수를 말한다)의 다음 차수로 한다. ③ 같은 주택관리업자가 둘 이상의 위반행위를 한 경우 ⇨ 각각의 처분기준이 다른 경우 　㉠ 가장 무거운 위반행위에 대한 처분기준이 등록말소 ⇨ 등록말소 처분 　㉡ 각 처분기준이 영업정지인 경우에는 가장 중한 처분 ⇨ 2분의 1까지 가중 (각 처분기준을 합산한 기간을 초과할 수 없고, 합산한 영업정지기간이 1년을 초과할 때는 1년) ④ 동기·내용·횟수 및 위반의 정도를 고려 ⇨ 행정처분을 가중하거나 감경할 수 있다. 　㉠ 영업정지의 가중 또는 감경범위: 처분기준의 2분의 1의 범위 ⇨ 가중(가중한 영업정지기간은 1년을 초과×) 또는 감경 　㉡ 등록말소(필요적 등록말소는 제외)의 감경범위: 6개월 이상 ⇨ 영업정지 　㉢ 가중사유 　　ⓐ 위반행위가 고의나 중대한 과실에 따른 것으로 인정 　　ⓑ 내용과 정도가 중대하여 입주자등 소비자에게 주는 피해가 크다고 인정 　㉣ 감경사유 　　ⓐ 위반행위가 사소한 부주의나 오류에 따른 것으로 인정 　　ⓑ 내용과 정도가 경미하여 입주자등 소비자에게 미치는 피해가 적다고 인정 　　ⓒ 처음 위반행위를 한 경우로서 3년 이상 해당 사업을 모범적으로 해 온 사실이 인정 　　ⓓ 검사로부터 기소유예 처분 또는 법원으로부터 선고유예 판결(집행유예×) 　　ⓔ 해당 사업과 관련 지역사회의 발전 등에 기여한 사실이 인정 　　ⓕ 등록요건에 미달하게 된 주택관리업자가 「공동주택관리법」에 따른 청문 또는 「행정절차법」에 따른 의견제출 기한까지 등록기준을 보완하고 그 증명서류를 제출하는 경우
행정처분의 개별기준	① 1차 행정처분기준: 등록말소 ⇨ 거, 지, 대, 합, 실, 등록(거지가 대합실을 등록하면 1차에 등록말소시켜야 돼) 　㉠ 거 – 거짓이나 그 밖의 부정한 방법으로 등록을 한 경우(필요) 　㉡ 지 – 영업정지기간 중 주택관리업을 영위한 경우(필요) 　㉢ 대 – 성명, 상호, 등록증의 대여 등을 한 경우(필요)

   ② 합 – 최근 3년간 2회 이상의 영업정지처분 ⊏> 정지처분을 받은 기간이 합산하여 12개월을 초과한 경우(필요)

   ⑩ 실 – 최근 3년간 공동주택관리 실적이 없는 경우(임의)

   ⑭ 등록 – 등록요건 미달로 영업정지처분을 받은 후 보완하지 아니한 경우(임의)

② **경고 및 영업정지처분기준**: 1 ⊏> 영업정지 1개월, 2 ⊏> 영업정지 2개월, 3 ⊏> 영업정지 3개월, 6 ⊏> 영업정지 6개월, 1년 ⊏> 영업정지 1년

구분	신	경	제	기	거	감	주	중	등	장	부	고
1차	경고						2	3			6	
2차	1				2		3	6			1년	
3차	1	2	3		6	3	말소	6	1년	-		

 ⊙ 신 – 공동주택관리에 관한 신고 또는 보고를 게을리한 경우

 ⊙ 경 – 경미한 과실로 공동주택을 잘못 관리하여 소유자 및 사용자에게 재산상의 손해를 입힌 경우

 ⊙ 제 – 보고 및 자료제출 등의 명령을 이행하지 아니한 경우

 ⊙ 기 – 기술인력 및 장비를 갖추지 아니하고 공동주택을 관리한 경우

 ⊙ 거 – 조사 또는 검사를 거부·방해 또는 기피하거나 거짓으로 보고를 한 경우

 ⊙ 감 – 감사를 거부·방해 또는 기피한 경우

 ⊙ 주 – 배치된 주택관리사등이 해임 등의 사유로 결원이 된 때에 그 사유가 있는 날부터 15일 이내에 주택관리사등을 배치하지 아니한 경우

 ⊙ 중 – 중대한 과실로 공동주택을 잘못 관리하여 소유자 및 사용자에게 재산상의 손해를 입힌 경우

 ⊙ 등 – 등록요건에 미달하게 된 날부터 1개월이 지날 때까지 이를 보완하지 않은 경우

 ⊙ 장 – 관리비, 사용료, 장기수선충당금을 용도 외의 목적으로 사용한 경우

 ⊙ 부 – 부정하게 재물 또는 재산상의 이익을 취득하거나 제공한 경우

 ⊙ 고 – 고의로 공동주택을 잘못 관리하여 입주자 및 사용자에게 재산상의 손해를 입힌 경우

통보	① 주택관리업자에 대하여 등록말소 또는 영업정지처분을 하려는 때에는 처분일 1개월 전까지 해당 주택관리업자가 관리하는 공동주택의 입주자대표회의에 그 사실을 통보하여야 한다. ② 지방자치단체의 장은 주택관리업자가 등록말소 또는 영업정지에 해당하게 된 사실을 발견한 경우에는 그 사실을 지체 없이 그 주택관리업을 등록한 시장·군수·구청장에게 통보해야 한다.

과징금의 부과	① 과징금 부과: 시장·군수·구청장 ⇨ 영업정지(필요적 등록말소, 필요적 영업정 지는 제외)에 갈음하여 2천만원 이하의 과징금을 부과할 수 있다. ② 과징금 부과기준: 1일당 3만원, 영업정지 1개월은 30일 기준, 2천만원을 초과 하여 부과할 수 없다. ③ 납부기한: 과징금의 부과를 통지받은 날부터 30일 이내에 납부(천재지변 등 부 득이하게 납부할 수 없는 때 ⇨ 그 사유가 없어진 날부터 7일 이내) ④ 체납금: 과징금을 기한까지 내지 아니한 때 ⇨ 「지방행정제재·부과금의 징수 등에 관한 법률」에 따라 징수

핵심 06 공동관리 및 구분관리

공동관리 및 구분관리	입주자대표회의는 인접한 공동주택단지(임대주택단지를 포함)와 공동으로 관리 하게 하거나 500세대 이상의 단위로 나누어 관리하게 할 수 있다.
통지사항	입주자대표회의는 공동주택을 공동관리하거나 구분관리하려는 경우에는 다음의 사항을 입주자등에게 통지하고 입주자등의 서면동의를 받아야 한다. ① 공동관리 또는 구분관리의 필요성 ② 공동관리 또는 구분관리의 범위 ③ 공동관리 또는 구분관리에 따른 다음의 사항 　㉠ 입주자대표회의의 구성 및 운영 방안 　㉡ 공동주택 관리기구의 구성 및 운영 방안 　㉢ 장기수선계획의 조정 및 장기수선충당금의 적립 및 관리 방안 　㉣ 입주자등이 부담하여야 하는 비용변동의 추정치 　㉤ 그 밖에 공동관리 또는 구분관리에 따라 변경될 수 있는 사항 중 입주자대 　　표회의가 중요하다고 인정하는 사항 ④ 그 밖에 관리규약으로 정하는 사항
서면동의 요건	① **공동관리**: 단지별로 입주자등의 과반수의 서면동의. 다만, 시장·군수·구청장 이 지하도, 육교, 횡단보도, 그 밖에 이와 유사한 시설의 설치를 통하여 단지 간 보행자 통행의 편리성 및 안전성이 확보되었다고 인정하여 공동관리하는 경우에는 단지별로 입주자등 3분의 2 이상의 서면동의를 받아야 한다. ② **구분관리**: 구분관리 단위별 입주자등의 과반수의 서면동의. 다만, 관리규약으 로 달리 정한 경우에는 그에 따른다.
공동관리의 기준	① 위임규정: 공동관리는 단지별로 입주자등의 과반수의 서면동의를 받은 경우 (임대주택단지의 경우에는 임대사업자와 임차인대표회의의 서면동의를 받은 경우를 말한다)로서 국토교통부령(아래 ②)으로 정하는 기준에 적합한 경우에 만 해당한다.

	② **공동관리의 기준**: 공동관리의 기준이란 다음의 기준을 말한다. 다만, 시장·군수·구청장이 지하도, 육교, 횡단보도, 그 밖에 이와 유사한 시설의 설치를 통하여 단지 간 보행자 통행의 편리성 및 안전성이 확보되었다고 인정하는 경우에는 아래 ⓒ의 기준은 적용하지 아니한다. 　⑦ 세대수: 1,500세대 이하(예외: 의무관리대상 공동주택 + 300세대 미만 공동주택 ⇨ 제한 없음) 　ⓒ 제한시설: 단지 사이에 다음의 시설이 없을 것 　　ⓐ 철도·고속도로·자동차전용도로 　　ⓑ 폭 20미터 이상 일반도로 　　ⓒ 폭 8미터 이상 도시계획예정도로 　　ⓓ 위 ⓐ부터 ⓒ까지의 시설에 준하는 것 ⇨ 대통령령으로 정하는 시설
관리기구의 설치	입주자대표회의 또는 관리주체는 공동주택을 공동관리하거나 구분관리하는 경우에는 공동관리 또는 구분관리 단위별(단지별×)로 공동주택관리기구를 구성하여야 한다.
결정통보	입주자대표회의는 공동주택을 공동관리하거나 구분관리할 것을 결정한 경우에는 지체 없이 그 내용을 특별자치시장·특별자치도지사·시장·군수·구청장(사업주체×, 시·도지사×)에게 통보(신고×)하여야 한다.

핵심 07 혼합주택단지의 관리

관리에 관한 사항의 결정 및 협의	입주자대표회의와 임대사업자는 혼합주택단지의 관리에 관한 사항을 공동으로 결정하여야 한다. 이 경우 임차인대표회의가 구성된 혼합주택단지에서는 임대사업자가 임대사업자와 임차인대표회의 간의 협의사항에 관하여 임차인대표회의와 사전에 협의하여야 한다.
공동 결정사항	① 관리방법의 결정 및 변경 ② 주택관리업자의 선정 ③ 장기수선계획의 조정 ④ 장기수선충당금 및 특별수선충당금을 사용하는 주요 시설의 교체 및 보수에 관한 사항 ⑤ 관리비등을 사용하여 시행하는 각종 공사 및 용역에 관한 사항
각자 결정사항	① 각자 결정요건: 다음의 요건을 모두 갖춘 혼합주택단지에서는 입주자대표회의와 임대사업자가 각자 결정할 수 있다. 　⑦ 분양을 목적으로 한 공동주택과 임대주택이 별개의 동으로 배치되는 등의 사유로 구분하여 관리가 가능할 것

	© 입주자대표회의와 임대사업자가 공동으로 결정하지 아니하고 각자 결정하기로 합의하였을 것
	② 각자 결정사항 ③ 장기수선충당금 및 특별수선충당금을 사용하는 주요 시설의 교체 및 보수에 관한 사항 © 관리비등을 사용하여 시행하는 각종 공사 및 용역에 관한 사항
합의가 이루어지지 않는 경우로서 관리에 관한 사항의 결정방법	공동으로 결정하기 위한 입주자대표회의와 임대사업자 간의 합의가 이루어지지 않는 경우에는 다음의 구분에 따라 혼합주택단지의 관리에 관한 사항을 결정한다. ① 관리방법의 결정 및 변경, 주택관리업자의 선정: 해당 혼합주택단지 공급면적의 2분의 1을 초과하는 면적을 관리하는 입주자대표회의 또는 임대사업자가 결정 ② 장기수선계획의 조정, 장기수선충당금 및 특별수선충당금을 사용하는 주요 시설의 교체 및 보수에 관한 사항, 관리비등을 사용하여 시행하는 각종 공사 및 용역에 관한 사항: 해당 혼합주택단지 공급면적의 3분의 2 이상을 관리하는 입주자대표회의 또는 임대사업자가 결정. 다만, 다음의 요건에 모두 해당하는 경우에는 해당 혼합주택단지 공급면적의 2분의 1을 초과하는 면적을 관리하는 자가 결정한다. ③ 해당 혼합주택단지 공급면적의 3분의 2 이상을 관리하는 입주자대표회의 또는 임대사업자가 없을 것 © 제33조에 따른 시설물의 안전관리계획 수립대상 등 안전관리에 관한 사항일 것 © 입주자대표회의와 임대사업자 간 2회의 협의에도 불구하고 합의가 이루어지지 않을 것
분쟁조정의 신청	입주자대표회의 또는 임대사업자는 혼합주택단지의 관리에 관한 결정이 이루어지지 아니하는 경우에는 공동주택관리 분쟁조정위원회에 분쟁의 조정을 신청할 수 있다.

핵심 08 공동주택관리기구의 구성

구성	입주자대표회의 또는 관리주체는 공동주택 공용부분의 유지·보수 및 관리 등을 위하여 공동주택관리기구(자치관리기구를 포함)를 구성하여야 한다.

핵심 09 민간임대주택의 관리

의무관리	① 의무관리: 임대사업자는 민간임대주택이 '300세대 이상의 공동주택 등 대통령령으로 정하는 규모' 이상에 해당하면 주택관리업자에게 관리를 위탁하거나 자체관리하여야 한다. ② 규모: 위 ①에서 '300세대 이상의 공동주택 등 대통령령으로 정하는 규모'란 민간임대주택단지별로 다음의 어느 하나에 해당하는 규모의 민간임대주택을 말한다. 　㉠ 300세대 이상의 공동주택 　㉡ 150세대 이상의 공동주택으로서 승강기가 설치된 공동주택 　㉢ 150세대 이상의 공동주택으로서 중앙집중식 난방방식 또는 지역난방방식인 공동주택
자체관리	임대사업자가 민간임대주택을 자체관리하려면 기술인력 및 장비를 갖추고 시장·군수·구청장의 인가를 받아야 한다.
공동관리	① 공동관리의 실시: 임대사업자(둘 이상의 임대사업자를 포함)가 동일한 시(특별시·광역시·특별자치시·특별자치도를 포함)·군 지역에서 민간임대주택을 관리하는 경우에는 공동으로 관리할 수 있다. ② 공동관리의 요건: 단지별로 임차인대표회의 또는 임차인 과반수(임차인대표회의를 구성하지 않은 경우)의 서면동의를 받은 경우로서 둘 이상의 민간임대주택단지를 공동으로 관리하는 것이 합리적이라고 특별시장, 광역시장, 특별자치시장, 특별자치도지사, 시장 또는 군수가 인정하는 경우로 한다. ③ 기술인력 및 장비의 기준: 위 ②에 따라 공동관리하는 둘 이상의 민간임대주택단지에 기술인력 및 장비 기준을 적용할 때에는 둘 이상의 민간임대주택단지를 하나의 민간임대주택단지로 본다. 다만, 특별시장, 광역시장, 특별자치시장, 특별자치도지사, 시장 또는 군수가 민간임대주택단지 간의 거리 및 안전성 등을 고려하여 민간임대주택단지마다 갖출 것을 요구하는 경우에는 그렇지 않다.

핵심 10 주택임대관리업

정의	① '주택임대관리업'이란 주택의 소유자로부터 임대관리를 위탁받아 관리하는 업(業)을 말하며, 다음과 같이 구분한다. 　㉠ 자기관리형 주택임대관리업: 주택의 소유자로부터 주택을 임차하여 자기책임으로 전대하는 형태의 업 　㉡ 위탁관리형 주택임대관리업: 주택의 소유자로부터 수수료를 받고 임대료 부과·징수 및 시설물 유지·관리 등을 대행하는 형태의 업 ② '주택임대관리업자'란 주택임대관리업을 하기 위하여 등록한 자를 말한다.

| | 주택임대
관리업의
등록 | ① **등록의 의무**: 주택임대관리업을 하려는 자는 시장·군수·구청장에게 등록할 수 있다. 다만, 100호 이상의 범위에서 '대통령령으로 정하는 규모' 이상으로 주택임대관리업을 하려는 자(국가, 지방자치단체, 공공기관, 지방공사는 제외)는 등록하여야 한다. |

① **등록의 의무**: 주택임대관리업을 하려는 자는 시장·군수·구청장에게 등록할 수 있다. 다만, 100호 이상의 범위에서 '대통령령으로 정하는 규모' 이상으로 주택임대관리업을 하려는 자(국가, 지방자치단체, 공공기관, 지방공사는 제외)는 등록하여야 한다.

② **등록대상**: 위 ①에서 '대통령령으로 정하는 규모'란 다음의 구분에 따른 규모를 말한다.

    ㉠ 자기관리형 주택임대관리업: 단독주택 ⇨ 100호, 공동주택 ⇨ 100세대
    ㉡ 위탁관리형 주택임대관리업: 단독주택 ⇨ 300호, 공동주택 ⇨ 300세대

③ **등록기준**

구분		자기관리형 주택임대관리업	위탁관리형 주택임대관리업
자본금		1억 5천만원 이상	1억원 이상
전문 인력	변호사, 법무사, 공인회계사, 세무사, 감정평가사, 건축사, 공인중개사, 주택관리사 자격을 취득한 후 해당 분야에 2년 이상 종사한 사람	2명 이상	1명 이상
	부동산 관련 분야의 석사학위 이상 소지자로서 부동산 관련 업무에 3년 이상 종사한 사람		
	부동산 관련 회사에서 5년 이상 근무한 사람으로서 부동산 관련 업무에 3년 이상 종사한 사람		
시설		사무실	

④ **구분등록**: 등록하는 경우에는 자기관리형 주택임대관리업과 위탁관리형 주택임대관리업을 구분하여 등록하여야 한다. 자기관리형 주택임대관리업을 등록한 경우에는 위탁관리형 주택임대관리업도 등록한 것으로 본다.

⑤ **등록사항 변경 및 말소신고**

    ㉠ **신고의무**: 등록한 자가 등록한 사항을 변경하거나 말소하고자 할 경우 시장·군수·구청장에게 신고하여야 한다. 다만, 자본금의 증가 등 국토교통부령(자본금 또는 전문인력의 수가 증가한 경우)으로 정하는 경미한 사항은 신고하지 아니하여도 된다.

    ㉡ **신고기한**: 주택임대관리업자는 등록한 사항이 변경된 경우에는 변경 사유가 발생한 날부터 15일 이내에 시장·군수·구청장(변경 사항이 주택임대관리업자의 주소인 경우 ⇨ 전입지의 시장·군수·구청장)에게 신고하여야 하며, 주택임대관리업을 폐업하려면 폐업일 30일 이전에 시장·군수·구청장에게 말소신고를 하여야 한다.

	ㄷ 신고수리 ⓐ 시장·군수·구청장은 위 ㄱ에 따른 신고를 받은 날부터 5일 이내에 신고수리 여부를 신고인에게 통지하여야 한다. ⓑ 시장·군수·구청장이 위 ⓐ에서 정한 기간 내에 신고수리 여부 또는 민원 처리 관련 법령에 따른 처리기간의 연장을 신고인에게 통지하지 아니하면 그 기간이 **끝난 날의 다음 날**에 신고를 수리한 것으로 본다.
주택임대 관리업의 결격사유	다음의 어느 하나에 해당하는 자는 주택임대관리업의 등록을 할 수 없다. 법인의 경우 그 임원 중 다음의 어느 하나에 해당하는 사람이 있을 때에도 또한 같다. ① 파산선고를 받고 복권되지 아니한 자 ② 피성년후견인 또는 피한정후견인 ③ 주택임대관리업의 등록이 말소된 후 2년이 지나지 아니한 자. 이 경우 등록이 말소된 자가 법인인 경우에는 말소 당시의 원인이 된 행위를 한 사람과 대표자를 포함한다. ④ 「민간임대주택에 관한 특별법」, 「주택법」 또는 「공공주택 특별법」 또는 「공동주택관리법」을 위반하여 금고 이상의 실형을 선고받고 집행이 종료(집행이 종료된 것으로 보는 경우를 포함)되거나 그 집행이 면제된 날부터 3년이 지나지 아니한 사람 ⑤ 「민간임대주택에 관한 특별법」, 「주택법」 또는 「공공주택 특별법」 또는 「공동주택관리법」을 위반하여 형의 집행유예를 선고받고 그 유예기간 중에 있는 사람
업무범위	① 수행업무: 주택임대관리업자는 임대를 목적으로 하는 주택에 대하여 다음의 업무를 수행한다. ㄱ 임대차계약의 체결·해제·해지·갱신 및 갱신거절 등 ㄴ 임대료의 부과·징수 등 ㄷ 임차인의 입주 및 명도·퇴거 등(공인중개사법에 따른 중개업은 제외) ② 부수적인 수행업무: 주택임대관리업자는 임대를 목적으로 하는 주택에 대하여 부수적으로 다음의 업무를 수행할 수 있다. ㄱ 시설물 유지·보수·개량 및 그 밖의 주택관리업무 ㄴ 임차인이 거주하는 주거공간의 관리 ㄷ 임차인의 안전 확보에 필요한 업무 ㄹ 임차인의 입주에 필요한 지원 업무
현황신고	① 현황신고: 주택임대관리업자는 분기마다 그 분기가 끝나는 달의 다음 달 말일까지 '자본금, 전문인력, 관리 호수 등 대통령령으로 정하는 정보'를 시장·군수·구청장에게 신고하여야 한다. 이 경우 신고받은 시장·군수·구청장은 국토교통부장관에게 이를 보고하여야 한다.

	② **현황신고 대상 정보**: 위 ①의 '자본금, 전문인력, 관리 호수 등 대통령령으로 정하는 정보'란 다음의 정보를 말한다. 　㉠ 자본금 　㉡ 전문인력 　㉢ 사무실 소재지 　㉣ 위탁받아 관리하는 주택의 호수·세대수 및 소재지 　㉤ 보증보험 가입사항(자기관리형 주택임대관리업을 등록한 자만 해당한다) 　㉥ 계약기간, 관리수수료 등 위·수탁 계약조건에 관한 정보 ③ **보고기한**: 주택임대관리업자로부터 자본금, 전문인력, 관리 호수 등 대통령령으로 정하는 정보를 신고받은 시장·군수·구청장은 신고받은 날부터 30일 이내에 국토교통부장관에게 보고하여야 한다.
위·수탁 계약서 등	① **위·수탁계약서의 교부 및 보관**: 주택임대관리업자는 업무를 위탁받은 경우 위·수탁계약서를 작성하여 주택의 소유자에게 교부하고 그 사본을 보관하여야 한다. ② **위·수탁계약서 포함사항**: 위·수탁계약서에는 계약기간, 주택임대관리업자의 의무 등 다음의 사항이 포함되어야 한다. 　㉠ 관리수수료(위탁관리형 주택임대관리업자만 해당) 　㉡ 임대료(자기관리형 주택임대관리업자만 해당) 　㉢ 전대료(轉貸料) 및 전대보증금(자기관리형 주택임대관리업자만 해당) 　㉣ 계약기간 　㉤ 주택임대관리업자 및 임대인의 권리·의무에 관한 사항 　㉥ 그 밖에 주택임대관리업자의 업무 외에 임대인·임차인의 편의를 위하여 추가적으로 제공하는 업무의 내용
보증상품	① **보증상품의 가입**: 자기관리형 주택임대관리업을 하는 주택임대관리업자는 임대인 및 임차인의 권리보호를 위하여 보증상품에 가입하여야 한다. ② **보증상품**: 자기관리형 주택임대관리업자는 다음의 보증을 할 수 있는 보증상품에 가입하여야 한다. 　㉠ **임대인의 권리보호를 위한 보증**: 자기관리형 주택임대관리업자가 약정한 임대료를 지급하지 아니하는 경우 약정한 임대료의 3개월분 이상의 지급을 책임지는 보증 　㉡ **임차인의 권리보호를 위한 보증**: 자기관리형 주택임대관리업자가 임대보증금의 반환의무를 이행하지 아니하는 경우 임대보증금의 반환을 책임지는 보증

	필요적 등록말소 사유 (등록을 말소하여야 한다)	임의적 등록말소 사유 (등록을 말소하거나 1년 이내의 기간을 정하여 영업의 전부 또는 일부의 정지를 명할 수 있다)
행정처분 사유	① 거짓이나 그 밖의 부정한 방법으로 등록을 한 경우 ② 영업정지기간 중에 주택임대관리업을 영위한 경우 또는 최근 3년간 2회 이상의 영업정지처분을 받은 자로서 그 정지처분을 받은 기간이 합산하여 12개월을 초과한 경우 ③ 다른 자에게 자기의 명의 또는 상호를 사용하여 「민간임대주택에 관한 특별법」에서 정한 사업이나 업무를 수행하게 하거나 그 등록증을 대여한 경우	① 고의 또는 중대한 과실로 임대를 목적으로 하는 주택을 잘못 관리하여 임대인 및 임차인에게 재산상의 손해를 입힌 경우 ② 정당한 사유 없이 최종 위탁계약 종료일의 다음 날부터 1년 이상 위탁계약 실적이 없는 경우 ③ 등록기준을 갖추지 못한 경우. 다만, 일시적으로 등록기준에 미달하는 등의 경우는 그러하지 아니하다. ④ 국토교통부장관 또는 지방자치단체의 장의 보고, 자료의 제출 또는 검사를 거부·방해 또는 기피하거나 거짓으로 보고한 경우
통보	시장·군수·구청장 ⇨ 주택임대관리업 등록의 말소 또는 영업정지 처분을 하려면 처분 예정일 1개월 전까지 해당 주택임대관리업자가 관리하는 주택의 임대인 및 임차인에게 그 사실을 통보하여야 한다.	
과징금의 부과	① **과징금 부과**: 시장·군수·구청장 ⇨ 영업정지(필요적 등록말소는 제외)를 갈음하여 1천만원 이하의 과징금을 부과할 수 있다. ② **과징금의 부과기준**: 과징금은 영업정지기간 1일당 3만원을 부과하되, 영업정지 1개월은 30일을 기준으로 한다. 이 경우 과징금은 1천만원을 초과할 수 없다. ③ **과징금의 납부기한**: 과징금 납부통지를 받은 자는 통지를 받은 날부터 30일 이내에 과징금을 시장·군수·구청장이 정하는 수납기관에 내야 한다. 다만, 천재지변이나 그 밖의 부득이한 사유로 그 기간 내에 과징금을 낼 수 없을 때에는 그 사유가 해소된 날부터 7일 이내에 납부하여야 한다. ④ **체납과징금의 징수**: 시장·군수·구청장 ⇨ 과징금을 기한까지 내지 아니하면 「지방행정제재·부과금의 징수 등에 관한 법률」에 따라 징수한다.	

| 핵심 **01** | **입주자대표회의 구성 및 운영** |

정의	'입주자대표회의'란 공동주택의 입주자등을 대표하여 관리에 관한 주요 사항을 결정하기 위하여 구성하는 자치의결기구를 말한다.
구성시기	입주자등은 사업주체로부터 해당 공동주택을 관리할 것을 요구받은 날부터 3개월 이내에 입주자를 구성원으로 하는 입주자대표회의를 구성하여야 한다.
구성원	입주자대표회의는 4명 이상으로 구성하되, 동별 세대수에 비례하여 관리규약으로 정한 선거구에 따라 선출된 대표자(이하 '동별 대표자'라 한다)로 구성한다. 이 경우 선거구는 2개 동 이상으로 묶거나 통로나 층별로 구획하여 정할 수 있다.
순차적 구성	하나의 공동주택단지를 여러 개의 공구로 순차적으로 건설(임대주택은 분양전환된 경우) ⇨ 먼저 입주한 공구의 입주자등은 입주자대표회의를 구성할 수 있다. 다만, 다음 공구의 입주예정자의 과반수가 입주한 때에는 다시 입주자대표회의를 구성하여야 한다.
동별 대표자	① 동별 대표자의 피선거권 및 선거권 　㉠ **피선거권 및 선거권**: 동별 대표자는 동별 대표자 선출공고에서 정한 각종 서류 제출 마감일을 기준으로 다음의 요건을 갖춘 입주자(입주자가 법인인 경우에는 그 대표자를 말한다) 중에서 선거구 입주자등의 보통·평등·직접·비밀선거를 통하여 선출한다. 다만, 입주자인 동별 대표자 후보자가 없는 선거구에서는 다음 및 대통령령으로 정하는 요건(아래 ㉡을 갖춘 사용자도 동별 대표자로 선출될 수 있다. 　　ⓐ 해당 공동주택단지 안에서 주민등록을 마친 후 계속하여 3개월 이상 거주하고 있을 것(최초의 입주자대표회의를 구성하거나 순차적으로 구성하기 위하여 동별 대표자를 선출하는 경우는 제외) 　　ⓑ 해당 선거구에 주민등록을 마친 후 거주하고 있을 것 　㉡ **사용자의 피선거권**: 사용자는 위 ㉠에 따라 2회의 선출공고(직전 선출공고일부터 2개월 이내에 공고하는 경우만 2회로 계산)에도 불구하고 입주자(입주자가 법인인 경우에는 그 대표자를 말한다)인 동별 대표자의 후보자가 없는 선거구에서 직전 선출공고일부터 2개월 이내에 선출공고를 하는 경우로서 위 ㉠의 ⓐ, ⓑ와 다음의 어느 하나에 해당하는 요건을 모두 갖춘 경우에는 동별 대표자가 될 수 있다. 이 경우 입주자인 후보자가 있으면 사용자는 후보자의 자격을 상실한다.

ⓐ 공동주택을 임차하여 사용하는 사람일 것. 이 경우 법인인 경우에는 그 대표자를 말한다.

ⓑ 위 ⓐ의 전단에 따른 사람의 배우자 또는 직계존비속일 것. 이 경우 위 ⓐ의 전단에 따른 사람이 서면으로 위임한 대리권이 있는 경우만 해당한다.

② **동별 대표자의 선출방법**: 동별 대표자는 선거구별로 1명씩 선출하되, 그 선출방법은 다음의 구분에 따른다.

㉠ **후보자가 2명 이상인 경우**: 해당 선거구 전체 입주자등의 과반수가 투표하고 후보자 중 최다득표자를 선출

㉡ **후보자가 1명인 경우**: 해당 선거구 전체 입주자등의 과반수가 투표하고 투표자 과반수의 찬성으로 선출

③ **동별 대표자의 결격사유 및 자격의 상실사유**: 서류 제출 마감일을 기준

㉠ 미성년자·피성년후견인·피한정후견인

㉡ 파산자 ⇨ 복권되지 아니한 사람

㉢ 「공동주택관리법」 또는 「주택법」, 「민간임대주택에 관한 특별법」, 「공공주택 특별법」, 「건축법」, 「집합건물의 소유 및 관리에 관한 법률」을 위반한 범죄로 금고 이상의 실형 선고를 받고 그 집행이 끝나거나(집행이 끝난 것으로 보는 경우를 포함) 집행이 면제된 날부터 2년이 지나지 아니한 사람

㉣ 금고 이상의 형의 집행유예선고를 받고 그 유예기간 중에 있는 사람

㉤ 「공동주택관리법」 또는 「주택법」, 「민간임대주택에 관한 특별법」, 「공공주택 특별법」, 「건축법」, 「집합건물의 소유 및 관리에 관한 법률」을 위반한 범죄로 벌금형을 선고받은 후 2년이 지나지 아니한 사람

㉥ 선거관리위원회 위원(사퇴하거나 해임 또는 해촉된 사람으로서 그 남은 임기 중에 있는 사람을 포함)

㉦ 공동주택의 소유자가 서면으로 위임한 대리권이 없는 배우자나 직계존비속

㉧ 해당 공동주택 관리주체의 소속 임직원과 해당 공동주택의 관리주체에 용역을 공급하거나 사업자로 지정된 자의 소속 임원(관리주체가 주택관리업자인 경우에는 해당 주택관리업자를 기준으로 판단)

㉨ 해당 공동주택의 동별 대표자를 사퇴한 날부터 1년(해당 동별 대표자에 대한 해임이 요구된 후 사퇴한 경우에는 2년)이 지나지 아니하거나 해임된 날부터 2년이 지나지 아니한 사람

㉩ 관리비등을 3개월 이상 연속하여 체납한 사람

㉪ 동별 대표자로서 임기 중에 위 ㉩에 해당하여 아래 ④에 따라 퇴임한 사람으로서 그 남은 임기(남은 임기가 1년을 초과하는 경우에는 1년을 말한다) 중에 있는 사람

④ **퇴임사유:** 동별 대표자가 임기 중에 위 ①에 따른 자격요건을 충족하지 아니하게 된 경우나 위 ③에 따른 결격사유에 해당하게 된 경우에는 당연히 퇴임한다.

⑤ **대리자 등의 결격사유:** 공동주택 소유자 또는 공동주택을 임차하여 사용하는 사람의 결격사유는 그를 대리하는 자에게 미치며, 공유(共有)인 공동주택 소유자의 결격사유를 판단할 때에는 지분의 과반을 소유한 자의 결격사유를 기준으로 한다.

⑥ **위임규정:** 동별 대표자의 임기나 그 제한에 관한 사항, 동별 대표자 또는 입주자대표회의 임원의 선출이나 해임 방법 등 입주자대표회의의 구성 및 운영에 필요한 사항과 입주자대표회의의 의결 방법은 대통령령으로 정한다.

⑦ **동별 대표자의 임기 등**

ㄱ **동별 대표자의 임기:** 동별 대표자의 임기는 2년으로 한다. 다만, 보궐선거 또는 재선거로 선출된 동별 대표자의 임기는 다음의 구분에 따른다.

ⓐ 모든 동별 대표자의 임기가 동시에 시작하는 경우: 2년

ⓑ 그 밖의 경우: 전임자 임기(재선거의 경우 재선거 전에 실시한 선거에서 선출된 동별 대표자의 임기를 말한다)의 남은 기간

ㄴ **임기횟수:** 동별 대표자는 한 번만 중임할 수 있다. 이 경우 보궐선거 또는 재선거로 선출된 동별 대표자의 임기가 6개월 미만인 경우에는 임기의 횟수에 포함하지 아니한다.

ㄷ **중임규정의 예외:** 위 ㄴ에도 불구하고, 2회의 선출공고(직전 선출공고일부터 2개월 이내에 공고하는 경우만 2회로 계산)에도 불구하고 동별 대표자의 후보자가 없거나 선출된 사람이 없는 선거구에서 직전 선출공고일부터 2개월 이내에 선출공고를 하는 경우에는 동별 대표자를 중임한 사람도 해당 선거구 입주자등의 과반수의 찬성으로 다시 동별 대표자로 선출될 수 있다. 이 경우 후보자 중 동별 대표자를 중임하지 않은 사람이 있으면 동별 대표자를 중임한 사람은 후보자의 자격을 상실한다.

임원

① **위임규정:** 입주자대표회의에는 대통령령으로 정하는 바에 따라 회장, 감사 및 이사를 임원으로 둔다.

② **회장 자격의 제한:** 위 ①에도 불구하고 사용자인 동별 대표자는 회장이 될 수 없다. 다만, 입주자인 동별 대표자 중에서 회장 후보자가 없는 경우로서 선출 전에 전체 입주자 과반수의 서면동의를 얻은 경우에는 그러하지 아니하다.

③ **임원의 구성:** 입주자대표회의에는 다음의 임원을 두어야 한다.

ㄱ 회장 1명

ㄴ 감사 2명 이상

ㄷ 이사 1명 이상

④ **입주자대표회의 임원의 선출:** 임원은 동별 대표자 중에서 다음의 구분에 따른 방법으로 선출한다.

㉠ 회장 선출방법
　　　ⓐ 입주자등의 보통·평등·직접·비밀선거를 통하여 선출
　　　ⓑ **후보자가 2명 이상인 경우:** 전체 입주자등의 10분의 1 이상이 투표하고 후보자 중 최다득표자를 선출
　　　ⓒ **후보자가 1명인 경우:** 전체 입주자등의 10분의 1 이상이 투표하고 투표자 과반수의 찬성으로 선출
　　　ⓓ 다음의 경우에는 입주자대표회의 구성원 과반수의 찬성으로 선출하며, 입주자대표회의 구성원 과반수 찬성으로 선출할 수 없는 경우로서 최다득표자가 2인 이상인 경우에는 추첨으로 선출
　　　　ⅰ) 후보자가 없거나 위 ⓐ부터 ⓒ까지의 규정에 따라 선출된 자가 없는 경우
　　　　ⅱ) 위 ⓐ부터 ⓒ까지의 규정에도 불구하고 500세대 미만의 공동주택단지에서 관리규약으로 정하는 경우
　　㉡ 감사 선출방법
　　　ⓐ 입주자등의 보통·평등·직접·비밀선거를 통하여 선출
　　　ⓑ **후보자가 선출필요인원을 초과하는 경우:** 전체 입주자등의 10분의 1 이상이 투표하고 후보자 중 다득표자 순으로 선출
　　　ⓒ **후보자가 선출필요인원과 같거나 미달하는 경우:** 후보자별로 전체 입주자등의 10분의 1 이상이 투표하고 투표자 과반수의 찬성으로 선출
　　　ⓓ 다음의 경우에는 입주자대표회의 구성원 과반수의 찬성으로 선출하며, 입주자대표회의 구성원 과반수의 찬성으로 선출할 수 없는 경우로서 최다득표자가 2인 이상인 경우에는 추첨으로 선출
　　　　ⅰ) 후보자가 없거나 위 ⓐ부터 ⓒ까지의 규정에 따라 선출된 자가 없는 경우(선출된 자가 선출필요인원에 미달하여 추가선출이 필요한 경우를 포함한다)
　　　　ⅱ) 위 ⓐ부터 ⓒ까지의 규정에도 불구하고 500세대 미만의 공동주택단지에서 관리규약으로 정하는 경우
　　㉢ **이사 선출방법:** 입주자대표회의 구성원 과반수의 찬성으로 선출하며, 입주자대표회의 구성원 과반수의 찬성으로 선출할 수 없는 경우로서 최다득표자가 2인 이상인 경우에는 추첨으로 선출
⑤ **공동체 생활의 활성화에 관한 업무 담당 이사의 선임:** 입주자대표회의는 입주자등의 소통 및 화합의 증진을 위하여 그 이사 중 공동체 생활의 활성화에 관한 업무를 담당하는 이사를 선임할 수 있다.
⑥ **임원의 업무**
　㉠ **회장:** 입주자대표회의 ⇨ 대표, 회의 ⇨ 의장
　㉡ **이사:** 회장 ⇨ 보좌, 회장 ⇨ 직무대행

	ⓒ 감사 　　ⓐ 관리비·사용료·장기수선충당금 등의 부과·징수·지출·보관 등 회계관계업무와 관리업무 전반 감사 ⇨ **관리주체의 업무 감사** 　　ⓑ 감사를 한 경우에는 감사보고서를 작성 + 입주자대표회의와 관리주체에게 제출 + 인터넷 홈페이지 및 동별 게시판에 공개 　　ⓒ 입주자대표회의에서 의결한 안건이 관계 법령 및 관리규약에 위반된다고 판단 시 ⇨ 입주자대표회의에 재심의를 요청할 수 있다. 　　ⓓ 재심의를 요청받은 입주자대표회의는 지체 없이 해당 안건을 다시 심의하여야 한다.
해임절차	**동별 대표자 및 입주자대표회의 임원의 해임**: 관리규약으로 정한 사유 ⇨ 다음의 구분에 따른 방법으로 해임한다. ① **동별 대표자**: 해당 선거구 전체 입주자등의 **과반수**가 투표하고 투표자 **과반수의** 찬성으로 해임 ② **입주자대표회의의 임원**: 다음의 구분에 따른 방법으로 해임 　ⓖ **회장 및 감사**: 전체 입주자등의 10분의 1 이상이 투표하고 투표자 **과반수의** 찬성으로 해임. 다만, 500세대 미만의 공동주택 단지에서 관리규약으로 정하는 경우 입주자대표회의에서 선출된 회장 및 감사는 **관리규약으로 정하는 절차에 따라 해임** 　ⓛ **이사**: 관리규약으로 정하는 절차에 따라 해임
선거관리	① **구성**: 입주자등은 동별 대표자나 입주자대표회의의 임원을 선출하거나 해임하기 위하여 선거관리위원회를 구성한다. ② **위원의 결격사유 및 자격 상실사유**: 다음의 어느 하나에 해당하는 사람은 선거관리위원회 위원이 될 수 없으며, 그 자격을 상실한다. 　ⓖ 동별 대표자 또는 그 후보자 　ⓛ 위 ⓖ에 해당하는 사람의 **배우자 또는 직계존비속** 　ⓒ 미성년자, 피성년후견인 또는 피한정후견인 　ⓔ 동별 대표자를 사퇴하거나 그 지위에서 해임된 사람 또는 퇴임한 사람으로서 그 남은 임기 중에 있는 사람 　ⓜ 선거관리위원회 위원을 사퇴하거나 그 지위에서 해임 또는 해촉된 사람으로서 그 남은 임기 중에 있는 사람 ③ **선거관리위원회의 구성원 수**: 선거관리위원회는 입주자등(서면으로 위임된 대리권이 없는 공동주택 소유자의 배우자 및 직계존비속이 그 소유자를 대리하는 경우를 포함) 중에서 위원장을 포함하여 다음의 구분에 따른 위원으로 구성한다. 　ⓖ **500세대 이상인 공동주택**: 5명 이상 9명 이하 　ⓛ **500세대 미만인 공동주택**: 3명 이상 9명 이하

	④ **위원장**: 위원 중에서 호선한다. ⑤ **위원의 위촉**: 500세대 이상인 공동주택은 「선거관리위원회법」에 따른 선거관리위원회 소속 직원 1명을 **관리규약**으로 정하는 바에 따라 위원으로 위촉**할 수 있다**. ⑥ **선거관리위원회의 의사결정**: 선거관리위원회는 그 구성원 **과반수의 찬성**으로 그 의사를 결정한다. 이 경우 「공동주택관리법 시행령」 및 관리규약으로 정하지 아니한 사항은 선거관리위원회 규정으로 정할 수 있다. ⑦ **운영 등에 필요한 사항**: 선거관리위원회의 구성·운영·업무(동별 대표자 결격사유의 확인을 포함)·경비, 위원의 선임·해임 및 임기 등에 관한 사항은 **관리규약**으로 정한다. ⑧ **선거지원 요청**: 선거관리위원회는 선거관리를 위하여 「선거관리위원회법」에 따라 해당 소재지를 관할하는 구·시·군선거관리위원회에 투표 및 개표 관리 등 선거지원을 요청**할 수 있다**.
범죄경력 조회	① **동별 대표자 후보자에 대한 범죄경력의 확인**: 선거관리위원회 위원장(선거관리위원회가 구성되지 아니하였거나 위원장이 사퇴·해임 등으로 궐위된 경우에는 **입주자대표회의 회장**을 말하며, 입주자대표회의 회장도 궐위된 경우에는 **관리사무소장**을 말한다)은 동별 대표자 후보자에 대하여 동별 대표자의 자격요건 충족 여부와 결격사유 해당 여부를 확인하여야 하며, 결격사유 해당 여부를 확인하는 경우에는 동별 대표자 후보자의 동의를 받아 범죄경력을 관계 기관의 장에게 확인하여야 한다. ② **동별 대표자 범죄경력의 확인**: 선거관리위원회 위원장은 동별 대표자에 대하여 자격요건 충족 여부와 결격사유 해당 여부를 확인할 수 있으며, 결격사유 해당 여부를 확인하는 경우에는 **동별 대표자의 동의를 받아** 범죄경력을 관계 기관의 장에게 확인하여야 한다. ③ **확인 절차**: 선거관리위원회 위원장은 동별 대표자 후보자 또는 동별 대표자에 대한 범죄경력의 확인을 **경찰관서의 장**에게 요청하여야 한다. 이 경우 후보자 또는 대표자의 **동의서를 첨부**하여야 한다. ④ **범죄경력의 회신**: 위 ③에 따른 요청을 받은 경찰관서의 장은 동별 대표자 후보자 또는 동별 대표자가 범죄의 경력이 있는지 여부를 확인하여 회신해야 한다. ⑤ **고유식별정보의 처리**: 선거관리위원회의 위원장은 동별 대표자의 결격사유 확인에 관한 사무를 수행하기 위하여 불가피한 경우 「개인정보 보호법 시행령」에 따른 주민등록번호가 포함된 자료를 처리할 수 있다.
의결	① **의결방법**: 입주자대표회의는 입주자대표회의 구성원 **과반수의 찬성**으로 의결한다. ② **위임규정** 　㉠ 입주자대표회의의 의결사항은 관리규약, 관리비, 시설의 운영에 관한 사항 등으로 하며, 그 구체적인 내용은 대통령령으로 정한다.

ⓛ 위 ① 및 ②의 ㉠에도 불구하고 입주자대표회의의 구성원 중 사용자인 동별
　　대표자가 과반수인 경우에는 대통령령으로 그 의결방법 및 의결사항을 달리
　　정할 수 있다.
③ 의결사항: 구성원 과반수의 찬성
　　㉠ 관리규약 개정안(제정안×)의 제안(제안서에는 개정안의 취지, 내용, 유효기
　　　　간, 제안자 등을 포함)
　　㉡ 관리규약에서 위임한 사항과 시행에 필요한 규정의 제정·개정 및 폐지
　　㉢ 공동주택 관리방법의 제안
　　㉣ 관리비등의 집행을 위한 사업계획 및 예산의 승인(변경승인을 포함)
　　㉤ 공용시설물의 이용료 부과기준의 결정
　　㉥ 관리비등의 회계감사 요구 및 회계감사보고서의 승인
　　㉦ 관리비등의 결산 승인
　　㉧ 전기·도로·상하수도·주차장·가스설비·냉난방설비 및 승강기 등의 유지
　　　　및 운영기준
　　㉨ 자치관리기구(위탁관리기구×) 직원의 임면
　　㉩ 장기수선계획에 따른 공용부분의 보수·교체 및 개량
　　㉪ 공동주택 공용부분의 행위허가 또는 신고행위 제안
　　㉫ 공동주택 공용부분의 담보책임의 종료 확인
　　㉬ 「주택건설기준 등에 관한 규정」에 따른 주민공동시설(어린이집·다함께돌봄
　　　　센터·공동육아나눔터는 제외)의 위탁 운영 제안
　　㉭ 인근 공동주택단지 입주자등의 주민공동시설 이용에 대한 허용 제안
　　㉮ 장기수선계획 및 안전관리계획의 수립 또는 조정(비용지출을 수반하는 경우
　　　　로 한정)
　　㉯ 입주자등 상호간에 이해가 상반되는 사항의 조정
　　㉰ 공동체 생활의 활성화 및 질서유지에 관한 사항
　　㉱ 관리와 관련하여 관리규약으로 정하는 사항
④ **사용자인 동별 대표자의 의결제한:** 입주자대표회의 구성원 중 사용자인 동별 대
　　표자가 과반수인 경우에는 위 ③의 ㉫에 관한 사항(공동주택 공용부분의 담보책
　　임의 종료 확인)은 의결사항에서 제외하고, 위 ③의 ㉮ 중 장기수선계획의 수립
　　또는 조정에 관한 사항은 전체 입주자 과반수의 서면동의를 받아 그 동의 내용대
　　로 의결한다.
⑤ **의결의 제한:** 입주자대표회의 ⇨ 의결할 때에는 입주자등이 아닌 자로서 해당
　　공동주택의 관리에 이해관계를 가진 자의 권리를 침해하여서는 아니 된다.
⑥ **부당 간섭 금지:** 입주자대표회의 ⇨ 주택관리업자의 직원인사·노무관리 등의
　　업무수행에 부당하게 간섭하여서는 아니 된다.

⑦ 회의소집: 관리규약이 정하는 바에 따라 회장이 그 명의로 소집한다. 다만, 다음의 어느 하나에 해당하는 때에는 회장은 해당일로부터 14일 이내에 소집하여야 하며, 회장이 회의를 소집하지 아니하는 경우에는 관리규약으로 정하는 이사가 회의를 소집하고 회장의 직무를 대행한다.

    ㉠ 입주자대표회의 구성원 3분의 1 이상(4분의 1×) 청구

    ㉡ 입주자등 10분의 1 이상 요청

    ㉢ 전체 입주자의 10분의 1 이상이 요청하는 때(위 ③의 ㉮ 장기수선계획의 수립 또는 조정에 관한 사항만 해당)

⑧ **입주자대표회의 회의록**

    ㉠ 작성 및 보관: 입주자대표회의는 그 회의를 개최한 때에는 회의록을 작성하여 관리주체에게 보관하게 하여야 한다. 이 경우 입주자대표회의는 관리규약으로 정하는 바에 따라 입주자등에게 회의를 실시간 또는 녹화·녹음 등의 방식으로 중계하거나 방청하게 할 수 있다.

    ㉡ 공개: 300세대 이상인 공동주택의 관리주체는 관리규약으로 정하는 범위·방법 및 절차 등에 따라 회의록을 입주자등에게 공개하여야 하며, 300세대 미만인 공동주택의 관리주체는 관리규약으로 정하는 바에 따라 회의록을 공개할 수 있다. 이 경우 관리주체는 입주자등이 회의록의 열람을 청구하거나 자기의 비용으로 복사를 요구하는 때에는 관리규약으로 정하는 바에 따라 이에 응하여야 한다.

핵심 02   관리주체

정의	관리주체란 공동주택을 관리하는 다음의 자를 말한다. ① 자치관리기구의 대표자 ⇨ 관리사무소장 ② 관리업무를 인계하기 전 ⇨ 사업주체 ③ 주택관리업자 ④ 임대사업자 ⑤ 주택임대관리업자(시설물 유지·보수·개량 및 그 밖의 주택관리업무를 수행하는 경우에 한정) ❍ 입주자대표회의, 주택조합장 ⇨ 관리주체×
의무	관리주체는 공동주택을 효율적이고 안전하게 관리하여야 한다.
수행업무	관리주체는 다음의 업무를 수행한다. 이 경우 필요한 범위 ⇨ 공용부분을 사용할 수 있다. ① 공동주택의 공용부분(전유부분×)의 유지·보수·안전관리 ② 공동주택단지 안의 경비·청소·소독 및 쓰레기 수거

	③ 관리비 및 사용료의 징수와 공과금 등의 납부대행
	④ 장기수선충당금(하자보수보증금×)의 징수·적립 및 관리
	⑤ 관리규약으로 정한 사항의 집행(의결×)
	⑥ 입주자대표회의에서 의결한 사항의 집행
	⑦ 공동주택관리업무의 공개·홍보 및 공동시설물의 사용방법에 관한 지도·계몽
	⑧ 입주자등의 공동사용에 제공되는 토지·부대시설 및 복리시설에 대한 무단점유 행위의 방지 및 위반행위 시의 조치
	⑨ 공동주택단지 안에서 발생한 안전사고 및 도난사고 등에 대한 대응조치
	⑩ 하자보수청구 등의 대행
법령준수	관리주체 ⇨ 공동주택을 「공동주택관리법」 + 「공동주택관리법」에 따른 명령에 따라 관리하여야 한다(위반 시 ⇨ 500만원 이하의 과태료).
문서관리	① 입주자대표회의 회의록 ㉠ 작성 및 보관: 입주자대표회의는 그 회의를 개최한 때에는 회의록을 작성하여 관리주체에게 보관하게 하여야 한다. 이 경우 입주자대표회의는 관리규약으로 정하는 바에 따라 입주자등에게 회의를 실시간 또는 녹화·녹음 등의 방식으로 중계하거나 방청하게 할 수 있다. ㉡ 공개: 300세대 이상인 공동주택의 관리주체는 관리규약으로 정하는 범위·방법 및 절차 등에 따라 회의록을 입주자등에게 공개하여야 하며, 300세대 미만인 공동주택의 관리주체는 관리규약으로 정하는 바에 따라 회의록을 공개할 수 있다. 이 경우 관리주체는 입주자등이 회의록의 열람을 청구하거나 자기의 비용으로 복사를 요구하는 때에는 관리규약으로 정하는 바에 따라 이에 응하여야 한다. ② 회계서류 등 ㉠ 작성 및 보관: 의무관리대상 공동주택의 관리주체는 다음의 구분에 따른 기간 동안 해당 장부 및 증빙서류를 보관하여야 한다. 이 경우 관리주체는 「전자문서 및 전자거래 기본법」 제2조 제2호에 따른 정보처리시스템을 통하여 장부 및 증빙서류를 작성하거나 보관할 수 있다. ⓐ 관리비등의 징수·보관·예치·집행 등 모든 거래 행위에 관하여 월별로 작성한 장부 및 그 증빙서류: 해당 회계연도 종료일부터 5년간 ⓑ 주택관리업자 및 사업자 선정 관련 증빙서류: 해당 계약 체결일부터 5년간 ㉡ 열람대상 정보의 범위: 의무관리대상 공동주택의 관리주체는 입주자등이 관리비등의 징수·보관·예치·집행 등 모든 거래 행위에 관한 장부나 증빙서류, 주택관리업자 및 사업자 선정 관련 증빙서류, 관리비등의 사업계획, 예산안, 사업실적서 및 결산서의 열람을 요구하거나 자기의 비용으로 복사를 요구하는 때에는 관리규약으로 정하는 바에 따라 이에 응하여야 한다. 다만, 다음의 정보는 제외하고 요구에 응하여야 한다.

ⓐ 「개인정보 보호법」에 따른 고유식별정보 등 개인의 사생활의 비밀 또는
자유를 침해할 우려가 있는 정보

ⓑ 의사결정과정 또는 내부검토과정에 있는 사항 등으로서 공개될 경우 업
무의 공정한 수행에 현저한 지장을 초래할 우려가 있는 정보

③ **관리규약의 보관**: 관리주체는 관리규약을 보관하여 입주자등이 열람을 청구하
거나 자기의 비용으로 복사를 요구하면 이에 응하여야 한다.

④ **설계도서의 보관 등**

㉠ **설계도서 등의 보관**: 의무관리대상 공동주택의 관리주체는 공동주택의 체계
적인 유지관리를 위하여 공동주택의 설계도서 등을 보관하고, 공동주택시설
의 교체·보수 등의 내용을 기록·보관·유지하여야 한다.

㉡ **보관서류**: 의무관리대상 공동주택의 관리주체는 다음의 서류를 기록·보관·
유지하여야 한다.

ⓐ 사업주체로부터 인계받은 설계도서 및 장비의 명세

ⓑ 안전점검 결과보고서

ⓒ 「주택법」에 따른 감리보고서

ⓓ 공용부분 시설물의 교체, 유지보수 및 하자보수 등의 이력관리 관련 서
류·도면 및 사진

㉢ **이력관리 및 등록**: 의무관리대상 공동주택의 관리주체는 공용부분에 관한
시설의 교체, 유지보수 및 하자보수 등을 한 경우에는 그 실적을 시설별로
이력관리하여야 하며, 공동주택관리정보시스템에도 등록하여야 한다.

㉣ **등록대상 서류**: 의무관리대상 공동주택의 관리주체는 공용부분 시설물의 교
체, 유지보수 및 하자보수 등을 한 경우에는 다음의 서류를 공동주택관리정
보시스템에 등록하여야 한다.

ⓐ 이력 명세

ⓑ 공사 전·후의 평면도 및 단면도 등 주요 도면

ⓒ 주요 공사 사진

⑤ **하자보수청구 서류 등의 보관 등**

㉠ **보관**: 하자보수청구 등에 관하여 입주자 또는 입주자대표회의를 대행하는
관리주체는 하자보수 이력, 담보책임기간 준수 여부 등의 확인에 필요한 것
으로서 하자보수청구 서류 등 대통령령으로 정하는 서류(아래 ㉡)를 대통령
령으로 정하는 바에 따라 보관하여야 한다.

㉡ **보관서류**: 위 ㉠에서 '하자보수청구 서류 등 대통령령으로 정하는 서류'란 다
음의 서류를 말한다.

ⓐ 하자보수청구 내용이 적힌 서류

ⓑ 사업주체의 하자보수 내용이 적힌 서류

ⓒ 하자보수보증금 청구 및 사용 내용이 적힌 서류

  ⓓ 하자분쟁조정위원회에 제출하거나 하자분쟁조정위원회로부터 받은 서류
  ⓔ 그 밖에 입주자 또는 입주자대표회의의 하자보수청구 대행을 위하여 관리주체가 입주자 또는 입주자대표회의로부터 제출받은 서류
 © **보관형태 및 등록**: 입주자 또는 입주자대표회의를 대행하는 관리주체(자치관리기구의 대표자인 공동주택의 관리사무소장, 관리업무를 인계하기 전의 사업주체, 주택관리업자인 관리주체를 말한다)는 위 ⊙에 따라 위 ⓒ의 서류를 문서 또는 전자문서의 형태로 보관해야 하며, 그 내용을 하자관리정보시스템에 등록해야 한다.
 ② **보관기간**: 위 ⓒ에 따른 문서 또는 전자문서와 하자관리정보시스템에 등록한 내용은 관리주체가 사업주체에게 하자보수를 청구한 날부터 10년간 보관해야 한다.
 ◎ 공동주택의 관리주체가 변경되는 경우 기존 관리주체는 새로운 관리주체에게 해당 공동주택의 하자보수청구 서류 등을 인계하여야 한다.

예산의 승인 및 결산절차

① **사업계획 및 예산안**
 ⊙ 의무관리대상 공동주택의 관리주체 ⇨ 다음 회계연도에 관한 관리비등의 사업계획 및 예산안을 매 회계연도 개시 1개월 전까지 입주자대표회의에 제출하여 승인을 받아야 한다(승인사항에 변경 ⇨ 변경승인을 받아야 한다).
 ⓒ 사업주체 또는 의무관리대상 전환 공동주택의 관리인으로부터 공동주택의 관리업무를 인계받은 관리주체 ⇨ 지체 없이 다음 회계연도가 시작되기 전까지의 기간에 대한 사업계획 및 예산안을 수립하여 입주자대표회의의 승인을 받아야 한다. 다만, 다음 회계연도가 시작되기 전까지의 기간이 3개월 미만인 경우로서 입주자대표회의 의결이 있는 경우에는 생략할 수 있다.
② **사업실적서 및 결산서**: 의무관리대상 공동주택의 관리주체 ⇨ 회계연도마다 사업실적서 및 결산서를 작성하여 회계연도 종료 후 2개월 이내에 입주자대표회의에 제출하여야 한다.

관리비등 집행을 위한 사업자 선정방법

① **사업자 선정기준**: 의무관리대상 공동주택의 관리주체 또는 입주자대표회의는 관리비, 사용료 등, 장기수선충당금에 해당하는 금전 또는 하자보수보증금과 그 밖에 해당 공동주택단지에서 발생되는 모든 수입에 따른 금전(이하 '관리비등'이라 한다)을 집행하기 위하여 사업자를 선정하려는 경우 다음의 기준을 따라야 한다.
 ⊙ 전자입찰방식으로 사업자를 선정할 것. 다만, 선정방법 등이 전자입찰방식을 적용하기 곤란한 경우로서 국토교통부장관이 정하여 고시하는 경우에는 전자입찰방식으로 선정하지 아니할 수 있다.
 ⓒ 그 밖에 입찰의 방법 등 대통령령으로 정하는 방식(아래 ③)을 따를 것
② **전자입찰의 세부기준**: 전자입찰방식의 세부기준, 절차 및 방법 등은 국토교통부장관이 정하여 고시한다.

③ **입찰의 방법**

  ㉠ **경쟁입찰**: 국토교통부장관이 정하여 고시하는 경우 외에는 경쟁입찰로 할 것. 이 경우 다음의 사항은 국토교통부장관이 정하여 고시한다.

    ⓐ 입찰의 절차

    ⓑ 입찰 참가자격

    ⓒ 입찰의 효력

    ⓓ 그 밖에 주택관리업자의 적정한 선정을 위하여 필요한 사항

  ㉡ **참관**: 입주자대표회의의 감사가 입찰과정의 참관을 원하는 경우에는 참관할 수 있도록 할 것

④ **사업자 선정방법**: 관리주체 또는 입주자대표회의 ⇨ 다음의 구분에 따라 사업자를 선정(계약체결을 포함)하고 집행해야 한다.

  ㉠ 관리주체가 사업자를 선정하고 집행하는 사항

    ⓐ 청소, 경비, 소독, 승강기유지, 지능형 홈네트워크, 수선·유지(냉방·난방시설의 청소를 포함)를 위한 용역 및 공사

    ⓑ 주민공동시설의 위탁, 물품의 구입과 매각, 잡수입의 취득(어린이집·다함께돌봄센터·공동육아나눔터의 임대에 따른 잡수입의 취득은 제외), 보험계약 등 국토교통부장관이 정하여 고시하는 사항

  ㉡ 입주자대표회의가 사업자를 선정하고 집행하는 사항

    ⓐ 하자보수보증금을 사용하여 보수하는 공사

    ⓑ 사업주체로부터 지급받은 공동주택 공용부분의 하자보수비용을 사용하여 보수하는 공사

  ㉢ 입주자대표회의가 사업자를 선정하고 관리주체가 집행하는 사항

    ⓐ 장기수선충당금을 사용하는 공사

    ⓑ 전기안전관리(전기안전관리법에 따라 전기설비의 안전관리에 관한 업무를 위탁 또는 대행하게 하는 경우)를 위한 용역

⑤ **입찰참가의 제한**: 입주자등은 기존 사업자(용역 사업자만 해당)의 서비스가 만족스럽지 못한 경우에는 전체 입주자등의 과반수의 서면동의로 새로운 사업자의 선정을 위한 입찰에서 기존 사업자의 참가를 제한하도록 관리주체 또는 입주자대표회의에 요구할 수 있다. 이 경우 관리주체 또는 입주자대표회의는 그 요구에 따라야 한다.

| 계약서의 공개 | 관리주체 또는 입주자대표회의는 선정한 주택관리업자 또는 공사, 용역 등을 수행하는 사업자와 계약을 체결하는 경우 계약 체결일부터 1개월 이내에 그 계약서를 해당 공동주택단지의 인터넷 홈페이지 및 동별 게시판에 공개하여야 한다. 이 경우 「개인정보 보호법」에 따른 고유식별정보 등 개인의 사생활의 비밀 또는 자유를 침해할 우려가 있는 정보는 제외하고 공개하여야 한다. |

관리비등의 내역공개

① **공개내역**: 관리주체는 다음의 내역(항목별 산출내역을 말하며, **세대별 부과내역은 제외**)을 해당 공동주택단지의 인터넷 홈페이지(인터넷 홈페이지가 없는 경우 ⇨ 인터넷 포털을 통하여 관리주체가 운영·통제하는 유사한 기능의 웹사이트 또는 관리사무소의 게시판) 및 동별 게시판(통로별 게시판이 설치된 경우에는 이를 포함)과 국토교통부장관이 구축·운영하는 **공동주택관리정보시스템**에 공개하여야 한다. 다만, 공동주택관리정보시스템에 공개하기 곤란한 경우로서 대통령령으로 정하는 경우에는 해당 공동주택단지의 인터넷 홈페이지 및 동별 게시판에만 공개할 수 있다.

   ㉠ 관리비(난방비·급탕비의 사용량을 포함)

   ㉡ 사용료 등[전기료(공동으로 사용하는 시설물의 전기료 포함)·수도료(공동으로 사용하는 수도료 포함)·가스사용료·지역난방방식인 공동주택의 난방비와 급탕비의 사용량을 포함]

   ㉢ 장기수선충당금과 적립금액(적립요율 및 사용한 금액을 포함)

   ㉣ 그 밖의 대통령령으로 정하는 사항

② **의무관리대상이 아닌 공동주택의 공개**

   ㉠ 의무관리대상이 아닌 공동주택으로서 '대통령령으로 정하는 세대수'(아래 ㉡의 ⓐ) 이상인 공동주택의 관리인은 관리비등의 내역을 위 ①의 공개방법에 따라 공개하여야 한다. 이 경우 **공동주택관리정보시스템 공개는 생략**할 수 있으며, 구체적인 공개내역·기한 등은 대통령령(아래 ㉡의 ⓑ)으로 정한다.

   ㉡ **대통령령**

      ⓐ **공개 세대수**: 위 ㉠에서 '대통령령으로 정하는 세대수'란 50세대(주택 외의 시설과 주택을 동일 건축물로 건축한 건축물의 경우 주택을 기준으로 한다)를 말한다.

      ⓑ **공개방법**: 위 ㉠에 따른 공동주택의 관리인은 다음의 관리비등을 아래 ③의 방법(공동주택관리정보시스템은 제외)에 따라 **다음 달 말일까지** 공개해야 한다.

        ⅰ) 관리비의 비목별 월별 합계액

        ⅱ) 장기수선충당금

        ⅲ) 사용료(세대수가 50세대 이상 100세대 미만인 공동주택의 경우에는 각각의 사용료의 합계액을 말한다)

        ⅳ) 잡수입

③ **공개방법**: 관리주체 ⇨ 그 명세를 다음 달 말일까지 해당 공동주택단지의 인터넷 홈페이지 및 동별 게시판과 공동주택관리정보시스템에 공개해야 한다. 잡수입(재활용품의 매각 수입, 복리시설의 이용료 등 공동주택을 관리하면서 부수적으로 발생하는 수입)의 경우에도 동일한 방법으로 공개해야 한다.

<table>
<tr>
<td></td>
<td>

④ 지방자치단체의 장의 적정성 확인 등
　　㉠ 적정성 확인: 지방자치단체의 장은 위 ①에 따라 공동주택관리정보시스템에 공개된 관리비등의 적정성을 확인하기 위하여 필요한 경우 관리비등의 내역에 대한 점검을 대통령령(아래 ㉡)으로 정하는 기관 또는 법인으로 하여금 수행하게 할 수 있다.
　　㉡ 점검기관 등: 위 ㉠에서 '대통령령으로 정하는 기관 또는 법인'이란 다음의 어느 하나에 해당하는 기관 또는 법인을 말한다.
　　　ⓐ 공동주택관리 지원기구
　　　ⓑ 지역공동주택관리지원센터
　　　ⓒ 공동주택관리정보시스템의 구축·운영 업무를 위탁받은 「한국부동산원법」에 따른 한국부동산원
　　　ⓓ 그 밖에 관리비 등 내역의 점검을 수행하는 데 필요한 전문인력과 전담조직을 갖추었다고 지방자치단체의 장이 인정하는 기관 또는 법인
　　㉢ 개선권고: 지방자치단체의 장은 위 ㉠에 따른 점검 결과에 따라 관리비등의 내역이 부적정하다고 판단되는 경우 공동주택의 입주자대표회의 및 관리주체에게 개선을 권고할 수 있다.
　　㉣ 위임규정: 위 ㉠에 따른 점검의 내용·방법·절차 및 위 ㉢에 따른 개선권고 등에 필요한 사항은 국토교통부령으로 정한다.

</td>
</tr>
<tr>
<td>외부회계
감사</td>
<td>

① 회계감사: 의무관리대상 공동주택의 관리주체는 대통령령으로 정하는 바에 따라 「주식회사 등의 외부감사에 관한 법률」에 따른 감사인(이하 '감사인'이라 한다)의 회계감사를 매년 1회 이상 받아야 한다. 다만, 다음의 구분에 따른 연도에는 그러하지 아니하다.
　　㉠ 300세대 이상인 공동주택: 해당 연도에 회계감사를 받지 아니하기로 입주자등의 3분의 2 이상의 서면동의를 받은 경우 그 연도
　　㉡ 300세대 미만인 공동주택: 해당 연도에 회계감사를 받지 아니하기로 입주자등의 과반수의 서면동의를 받은 경우 그 연도
② 동의서
　　㉠ 관리주체는 위 ①의 단서에 따라 서면동의를 받으려는 경우에는 회계감사를 받지 아니할 사유를 입주자등이 명확히 알 수 있도록 동의서에 기재하여야 한다.
　　㉡ 관리주체는 위 ㉠에 따른 동의서를 관리규약으로 정하는 바에 따라 보관하여야 한다.
③ 회계감사의 기한 및 재무제표의 범위: 회계감사를 받아야 하는 공동주택의 관리주체는 매 회계연도 종료 후 9개월 이내에 다음의 재무제표에 대하여 회계감사를 받아야 한다.

</td>
</tr>
</table>

ⓖ 재무상태표

ⓛ 운영성과표

ⓒ 이익잉여금처분계산서(또는 결손금처리계산서)

ⓔ 주석(註釋)

④ 회계처리기준

  ⓖ **회계처리기준**: 재무제표를 작성하는 회계처리기준은 국토교통부장관이 정하여 고시한다.

  ⓛ **업무의 위탁**: 국토교통부장관은 회계처리기준의 제정 또는 개정의 업무를 외부 전문기관에 위탁할 수 있다.

⑤ 회계감사기준

  ⓖ **회계감사기준**: 회계감사는 공동주택 회계의 특수성을 고려하여 제정된 회계감사기준에 따라 실시되어야 한다.

  ⓛ **회계감사기준의 승인**: 회계감사기준은 한국공인회계사회가 정하되, 국토교통부장관의 승인을 받아야 한다.

⑥ 감사보고서의 제출

  ⓖ **관리주체에게 제출**: 감사인은 관리주체가 회계감사를 받은 날부터 1개월 이내에 관리주체에게 감사보고서를 제출하여야 한다.

  ⓛ **시장·군수·구청장에게 제출**: 회계감사의 감사인은 회계감사 완료일부터 1개월 이내에 회계감사 결과를 해당 공동주택을 관할하는 시장·군수·구청장에게 제출하고, 공동주택관리정보시스템에 공개하여야 한다.

⑦ **회계감사결과의 보고 및 공개**: 관리주체는 회계감사를 받은 경우에는 감사보고서 등 회계감사의 결과를 제출받은 날부터 1개월 이내에 입주자대표회의에 보고하고, 해당 공동주택단지의 인터넷 홈페이지 및 동별 게시판에 공개하여야 한다.

⑧ **설명요청**: 입주자대표회의는 감사인에게 감사보고서에 대한 설명을 하여 줄 것을 요청할 수 있다.

⑨ **감사인의 선정**: 회계감사의 감사인은 입주자대표회의가 선정한다. 이 경우 입주자대표회의는 시장·군수·구청장 또는 「공인회계사법」에 따른 한국공인회계사회에 감사인의 추천을 의뢰할 수 있으며, 입주자등의 10분의 1 이상이 연서하여 감사인의 추천을 요구하는 경우 입주자대표회의는 감사인의 추천을 의뢰한 후 추천을 받은 자 중에서 감사인을 선정하여야 한다.

⑩ **관리주체의 금지행위**: 회계감사를 받는 관리주체는 다음의 어느 하나에 해당하는 행위를 하여서는 아니 된다.

  ⓖ 정당한 사유 없이 감사인의 자료 열람·등사·제출 요구 또는 조사를 거부·방해·기피하는 행위

	© 감사인에게 거짓 자료를 제출하는 등 부정한 방법으로 회계감사를 방해하는 행위
관리현황의 공개	관리주체는 다음의 사항(입주자등의 세대별 사용명세 및 연체자의 동·호수 등 기본권 침해의 우려가 있는 것은 제외한다)을 그 공동주택단지의 인터넷 홈페이지 및 동별 게시판에 각각 공개하거나 입주자등에게 개별 통지해야 한다. 이 경우 동별 게시판에는 정보의 주요내용을 요약하여 공개할 수 있다. ① 입주자대표회의의 소집 및 회의에서 의결한 사항 ② 관리비등의 부과명세(관리비, 사용료 및 이용료 ⇨ 항목별 산출내역) 및 연체내용 ③ 관리규약 및 장기수선계획·안전관리계획의 현황 ④ 입주자등의 건의사항에 대한 조치결과 등 주요 업무의 추진상황 ⑤ 동별 대표자의 선출 및 입주자대표회의의 구성원에 관한 사항 ⑥ 관리주체 및 공동주택관리기구 조직에 관한 사항
주민공동 시설의 위탁운영	① 주민공동시설의 위탁운영: 관리주체는 입주자등의 이용을 방해하지 아니하는 한도에서 주민공동시설을 관리주체가 아닌 자에게 위탁하여 운영할 수 있다. ② 위탁의 절차: 관리주체는 주민공동시설을 위탁하려면 다음의 구분에 따른 절차를 거쳐야 한다. 관리주체가 위탁 여부를 변경하는 경우에도 또한 같다.

대상	요건
사업계획승인을 받아 건설한 공동주택 중 건설임대주택을 제외한 공동주택	• 제안: 입주자대표회의의 의결 또는 입주자등의 10분의 1 이상의 요청 • 동의: 입주자등의 과반수
건설임대주택	• 제안: 임대사업자(임차인대표회의×)의 요청 또는 임차인의 10분의 1 이상의 요청 • 동의: 임차인의 과반수
건축허가를 받아 주택 외의 시설과 주택을 동일 건축물로 건축한 건축물	• 제안: 입주자대표회의의 의결 또는 입주자등의 10분의 1 이상의 요청 • 동의: 입주자등의 과반수

인근 공동주택 단지 입주자등의 주민공동 시설 이용	① 운영: 관리주체는 입주자등의 이용을 방해하지 아니하는 한도에서 주민공동시설을 인근 공동주택단지 입주자등도 이용할 수 있도록 허용할 수 있다. 이 경우 영리를 목적으로 주민공동시설을 운영해서는 아니 된다. ② 절차: 관리주체가 주민공동시설을 인근 공동주택단지 입주자등도 이용할 수 있도록 허용하려면 다음의 구분에 따른 절차를 거쳐야 한다. 관리주체가 허용 여부를 변경하는 경우에도 또한 같다.

대상	요건
사업계획승인을 받아 건설한 공동주택 중 건설임대주택을 제외한 공동주택	• 제안: 입주자대표회의의 의결 또는 입주자등의 10분의 1 이상의 요청 • 동의: 과반의 범위에서 관리규약으로 정하는 비율 이상의 입주자등의 동의
건설임대주택	• 제안: 임대사업자의 요청 또는 임차인의 10분의 1 이상의 요청 • 동의: 과반의 범위에서 관리규약으로 정하는 비율 이상의 임차인의 동의
건축허가를 받아 주택 외의 시설과 주택을 동일 건축물로 건축한 건축물	• 제안: 입주자대표회의의 의결 또는 입주자등의 10분의 1 이상의 요청 • 동의: 과반의 범위에서 관리규약으로 정하는 비율 이상의 입주자등의 동의

관리주체의 동의사항

① 동의사항: 입주자등은 다음의 행위를 하려는 경우에는 관리주체의 동의를 받아야 한다.

㉠ 국토교통부령으로 정하는 다음의 경미한 행위로서 주택 내부의 구조물과 설비를 교체하는 행위

ⓐ 창틀·문틀의 교체

ⓑ 세대 내 천장·벽·바닥의 마감재 교체

ⓒ 급·배수관 등 배관설비의 교체

ⓓ 세대 내 난방설비의 교체(시설물의 파손·철거는 제외)

ⓔ 구내통신선로설비, 경비실과 통화가 가능한 구내전화, 지능형 홈네트워크 설비, 방송수신을 위한 공동수신설비 또는 영상정보처리기기의 교체(폐쇄회로텔레비전과 네트워크 카메라 간의 교체를 포함)

ⓕ 보안등, 자전거보관소 또는 안내표지판, 담장(축대는 제외) 또는 보도블록의 교체

ⓖ 폐기물보관시설(재활용품 분류보관시설을 포함), 택배보관함 또는 우편함의 교체

ⓗ 조경시설 중 수목의 일부 제거 및 교체

ⓘ 주민운동시설의 교체(다른 운동종목을 위한 시설로 변경하는 것을 말하며, 면적이 변경되는 것은 제외)

ⓙ 부대시설 중 각종 설비나 장비의 수선·유지·보수를 위한 부품의 일부 교체

ⓚ 위 ⓐ부터 ⓙ까지의 규정에서 정한 사항과 유사한 행위로서 시장·군수·구청장이 인정하는 행위

㉡ 「소방시설 설치 및 관리에 관한 법률」 제16조 제1항에 위배되지 아니하는 범위에서 공용부분에 물건을 적재하여 통행·피난 및 소방을 방해하는 행위

	<div style="border:1px solid black; padding:8px;">**피난시설, 방화구획 및 방화시설의 관리(소방시설 설치 및 관리에 관한 법률 제16조 제1항)** 특정소방대상물의 관계인은 「건축법」 제49조에 따른 피난시설, 방화구획 및 방화시설에 대하여 정당한 사유가 없는 한 다음에 해당하는 행위를 하여서는 아니 된다. 1. 피난시설, 방화구획 및 방화시설을 폐쇄하거나 훼손하는 등의 행위 2. 피난시설, 방화구획 및 방화시설의 주위에 물건을 쌓아두거나 장애물을 설치하는 행위 3. 피난시설, 방화구획 및 방화시설의 용도에 장애를 주거나 「소방기본법」 제16조에 따른 소방활동에 지장을 주는 행위 4. 그 밖에 피난시설, 방화구획 및 방화시설을 변경하는 행위</div>

ⓒ 광고물·표지물 또는 표지 등을 부착하는 행위

ⓔ 가축(장애인 보조견은 제외)을 사육하거나 방송시설 등을 사용하여 공동주거생활에 피해를 미치는 행위

ⓜ 발코니 난간이나 공동주택 외벽에 돌출물을 설치하는 행위

ⓗ 전기실·기계실·정화조시설 등에 출입하는 행위

ⓢ 「환경친화적 자동차의 개발 및 보급 촉진에 관한 법률」에 따른 전기자동차의 이동형 충전기를 이용하기 위한 차량무선인식장치[전자태그(RFID Tag)를 말한다]를 콘센트 주위에 부착하는 행위

② 행위제한: 「주택건설기준 등에 관한 규정」에 따라 세대 안에 냉방설비의 배기장치를 설치할 수 있는 공간이 마련된 공동주택의 경우 입주자등은 냉방설비의 배기장치를 설치하기 위하여 돌출물을 설치하는 행위를 해서는 아니 된다.

지하층의 유지관리	공동주택의 지하층은 주민공동시설로 활용할 수 있다. 이 경우 관리주체는 대피시설로 사용하는 데 지장이 없도록 유지·관리하여야 한다.

핵심 03 관리사무소장

관리사무 소장 배치	① 배치의무: 의무관리대상 공동주택을 관리하는 다음의 자 ⇨ 주택관리사를 관리사무소장으로 배치하여야 한다(예외: 500세대 미만의 공동주택 ⇨ 주택관리사를 갈음하여 주택관리사보를 관리사무소장으로 배치할 수 있다). ⓐ 입주자대표회의(자치관리의 경우에 한한다) ⓑ 관리업무를 인계하기 전의 사업주체 ⓒ 주택관리업자 ⓓ 임대사업자 ② 관리사무소장의 보조자: 위 ①의 자는 주택관리사등을 관리사무소장의 보조자로 배치할 수 있다.

집행업무	① 관리사무소장의 집행업무: 관리사무소장 ⇨ 다음의 업무를 집행한다. 　㉠ 입주자대표회의에서 의결하는 다음의 업무 　　ⓐ 공동주택의 운영·관리·유지·보수·교체·개량 　　ⓑ 관리비·장기수선충당금 그 밖의 경비의 청구·수령·지출 및 그 금액을 관리하는 업무 　㉡ 하자의 발견 및 하자보수의 청구, 장기수선계획의 조정(수립×), 시설물의 안전관리계획의 수립, 건축물의 안전점검의 업무. 다만, 비용지출 수반 시 ⇨ 입주자대표회의 의결을 거쳐야 한다. 　㉢ 관리사무소 업무의 지휘·총괄 　㉣ 관리주체의 수행업무(입주자대표회의 의결사항×)를 지휘·총괄하는 업무 　㉤ 입주자대표회의 및 선거관리위원회의 운영에 필요한 업무지원 및 사무처리 　㉥ 안전관리계획의 조정 ⇨ 3년마다 조정한다(예외: 입주자대표회의 구성원 과반수의 서면동의 ⇨ 3년이 지나기 전에 조정할 수 있다). 　㉦ 관리비등이 예치된 금융기관으로부터 매월 말일을 기준으로 발급받은 잔고증명서의 금액과 관리비등의 징수·보관·예치·집행 등 모든 거래 행위에 관하여 월별로 작성한 장부상 금액이 일치하는지 여부를 관리비등이 부과된 달의 다음 달 10일까지 확인하는 업무 ② 입주자대표회의의 대리행위: 관리사무소장 ⇨ 위 ①의 ㉠의 ⓐ 및 ⓑ와 관련하여 입주자대표회의를 대리하여 재판상 또는 재판 외의 행위를 할 수 있다.
선관주의	관리사무소장은 선량한 관리자의 주의로 그 직무를 수행하여야 한다.
배치 등 신고	① 신고의무: 관리사무소장 ⇨ 그 배치내용과 업무의 집행에 사용할 직인을 국토교통부령(조례×)으로 정하는 바에 따라 시장·군수·구청장에게 신고하여야 한다. 신고한 배치내용과 직인을 변경할 때에도 또한 같다. ② 배치신고절차: 관리사무소장 ⇨ 배치된 날부터 15일 이내에 관리사무소장 배치 및 직인신고서에 다음의 서류를 첨부하여 주택관리사단체에 제출하여야 한다. 　㉠ 관리사무소장 교육 또는 주택관리사등의 교육 이수현황(주택관리사단체가 해당 교육 이수현황을 발급하는 경우에는 제출하지 아니할 수 있다) 1부 　㉡ 임명장 사본 1부. 다만, 배치된 공동주택의 전임 관리사무소장이 배치종료 신고를 하지 아니한 경우에는 배치를 증명하는 다음의 구분에 따른 서류를 함께 제출하여야 한다. 　　ⓐ 공동주택의 관리방법이 자치관리인 경우: 근로계약서 사본 1부 　　ⓑ 공동주택의 관리방법이 위탁관리인 경우: 위·수탁 계약서 사본 1부 　㉢ 주택관리사보자격시험 합격증서 또는 주택관리사 자격증 사본 1부 　㉣ 주택관리사등의 손해책임을 보장하기 위한 보증설정을 입증하는 서류 1부

③ **변경신고절차**: 신고한 배치내용과 업무의 집행에 사용하는 직인을 변경하려는 관리사무소장은 변경사유가 발생한 날부터 15일 이내에 관리사무소장 배치 및 직인 변경신고서에 변경내용을 증명하는 서류를 첨부하여 주택관리사단체에 제출하여야 한다.

④ **접수현황의 보고**: 신고 또는 변경신고를 접수한 주택관리사단체 ⇨ 관리사무소장의 배치내용 및 직인 신고(변경신고하는 경우를 포함) 접수현황을 분기별로 시장·군수·구청장에게 보고하여야 한다.

⑤ **신고증명서 발급**: 주택관리사단체 ⇨ 관리사무소장이 배치신고 또는 변경신고에 대한 증명서 발급을 요청하면 즉시 관리사무소장의 배치 및 직인 신고증명서(변경신고증명서)를 발급하여야 한다.

부당간섭 배제 등	① **업무에 대한 부당간섭금지**: 입주자대표회의(구성원을 포함한다) 및 입주자등은 관리사무소장의 업무에 대하여 다음의 어느 하나에 해당하는 행위를 하여서는 아니 된다. 　㉠「공동주택관리법」또는 관계 법령에 위반되는 지시를 하거나 명령을 하는 등 부당하게 간섭하는 행위 　㉡ 폭행, 협박 등 위력을 사용하여 정당한 업무를 방해하는 행위 ② **보고 및 사실조사 의뢰 등**: 관리사무소장은 입주자대표회의 또는 입주자등이 위 ①을 위반한 경우 입주자대표회의 또는 입주자등에게 그 위반사실을 설명하고 해당 행위를 중단할 것을 요청하거나 부당한 지시 또는 명령의 이행을 거부할 수 있으며, 시장·군수·구청장에게 이를 보고하고, 사실 조사를 의뢰할 수 있다. ③ **행정관청의 조사 등**: 시장·군수·구청장은 위 ②에 따라 사실 조사를 의뢰받은 때에는 지체 없이 조사를 마치고, 위 ①을 위반한 사실이 있다고 인정하는 경우「공동주택관리법」제93조(공동주택관리에 관한 감독)에 따라 입주자대표회의 및 입주자등에게 필요한 명령 등의 조치를 하여야 한다. 이 경우 범죄혐의가 있다고 인정될 만한 상당한 이유가 있을 때에는 수사기관에 고발할 수 있다. ④ **결과의 통보**: 시장·군수·구청장은 사실 조사 결과 또는 필요한 명령 등의 조치 결과를 지체 없이 입주자대표회의, 해당 입주자등, 주택관리업자 및 관리사무소장에게 통보하여야 한다. ⑤ **해임 등의 금지**: 입주자대표회의는 위 ②에 따른 보고나 사실 조사 의뢰 또는 위 ③에 따른 명령 등을 이유로 관리사무소장을 해임하거나 해임하도록 주택관리업자에게 요구하여서는 아니 된다.

경비원 등 근로자의 업무 등	① 종사업무 　㉠ 위임규정: 공동주택에 경비원을 배치한 경비업자(경비업법 제4조 제1항에 따라 허가를 받은 경비업자를 말한다)는 「경비업법」 제7조 제5항에도 불구하고 대통령령(아래 ㉡의 ⓐ)으로 정하는 공동주택 관리에 필요한 업무에 경비원을 종사하게 할 수 있다. 　㉡ 경비원이 예외적으로 종사할 수 있는 업무 등 　　ⓐ 위 ㉠에서 '대통령령으로 정하는 공동주택 관리에 필요한 업무'란 다음의 업무를 말한다. 　　　ⅰ) 청소와 이에 준하는 미화의 보조 　　　ⅱ) 재활용 가능 자원의 분리배출 감시 및 정리 　　　ⅲ) 안내문의 게시와 우편수취함 투입 　　ⓑ 공동주택 경비원은 공동주택에서의 도난, 화재, 그 밖의 혼잡 등으로 인한 위험발생을 방지하기 위한 범위에서 주차 관리와 **택배물품 보관**(배달 ×) 업무를 수행할 수 있다. ② **경비원 등 근로자의 처우개선 등**: 입주자등, 입주자대표회의 및 관리주체 등은 경비원 등 근로자에게 적정한 보수를 지급하고, 처우개선과 인권존중을 위하여 노력하여야 한다. ③ **명령 등의 금지**: 입주자등, 입주자대표회의 및 관리주체 등은 경비원 등 근로자에게 다음의 어느 하나에 해당하는 행위를 하여서는 아니 된다. 　㉠ 「공동주택관리법」 또는 관계 법령에 위반되는 지시를 하거나 명령을 하는 행위 　㉡ 업무 이외에 부당한 지시를 하거나 명령을 하는 행위 ④ **근로 서비스의 제공**: 경비원 등 근로자는 입주자등에게 수준 높은 근로 서비스를 제공하여야 한다.
손해배상	① **손해배상책임**: 주택관리사등은 관리사무소장의 업무를 집행하면서 고의 또는 과실로 입주자등에게 재산상 손해를 입힌 경우에는 그 손해를 배상할 책임이 있다. ② **입증서류의 제출**: 주택관리사등은 보증보험 또는 공제에 가입하거나 공탁을 한후 해당 공동주택의 관리사무소장으로 **배치된** 날에 다음의 자에게 보증보험 등에 가입한 사실을 입증하는 서류를 제출하여야 한다. 　㉠ 입주자대표회의의 **회장** 　㉡ 임대주택 ⇨ **임대사업자** 　㉢ 입주자대표회의가 없는 경우 ⇨ **시장·군수·구청장** ③ **공탁금의 회수금지**: 공탁한 공탁금은 주택관리사등이 관리사무소장의 직을 사임·해임·사망한 날부터 3년 이내에 회수할 수 없다. ④ **손해배상책임의 보장**: 관리사무소장으로 배치된 주택관리사등은 손해배상책임을 보장하기 위하여 다음의 구분에 따른 금액을 보장하는 보증보험 또는 공제에 가입하거나 공탁을 하여야 한다.

         ㉠ 500세대 미만의 공동주택: 3천만원

         ㉡ 500세대 이상의 공동주택: 5천만원

⑤ **보증설정의 변경 등**

    ㉠ **보증설정의 변경:** 보증설정을 이행한 주택관리사등은 그 보증설정을 다른 보증설정으로 변경하려는 경우에는 해당 보증설정의 효력이 있는 기간 중에 다른 보증설정을 하여야 한다.

    ㉡ **기간만료에 따른 재설정:** 보증보험 또는 공제에 가입한 주택관리사등으로서 보증기간이 만료되어 다시 보증설정을 하려는 자는 보증기간이 만료되기 전에 다시 보증설정을 하여야 한다.

⑥ **보증보험금 등의 지급:** 입주자대표회의는 손해배상금으로 보증보험금·공제금 또는 공탁금을 지급받으려는 경우에는 다음의 어느 하나에 해당하는 서류를 첨부하여 보증보험회사, 공제회사 또는 공탁기관에 손해배상금의 지급을 청구하여야 한다.

    ㉠ 입주자대표회의와 주택관리사등 간의 손해배상합의서 또는 화해조서

    ㉡ 확정된 법원의 판결문 사본

    ㉢ 위 ㉠ 또는 ㉡에 준하는 효력이 있는 서류

⑦ **손해배상에 따른 재설정:** 주택관리사등은 보증보험금·공제금·공탁금으로 손해배상을 한 때에는 15일 이내에 보증보험 또는 공제에 다시 가입하거나 공탁금 중 부족하게 된 금액을 보전하여야 한다.

핵심 04   공제사업

사업의 주체 및 승인	① 주택관리사단체는 관리사무소장의 손해배상책임과 공동주택에서 발생하는 인적·물적 사고, 그 밖에 공동주택관리업무와 관련한 종사자와 사업자의 손해배상책임 등을 보장하기 위하여 공제사업을 할 수 있다. ② 주택관리사단체는 공제사업을 하려면 공제규정을 제정하여 국토교통부장관의 승인을 받아야 한다. 공제규정을 변경하려는 경우에도 또한 같다.

공제규정	공제규정에는 다음의 사항이 포함되어야 한다.
	① **공제계약의 내용**
	    ㉠ 주택관리사단체의 공제책임
	    ㉡ 공제금, 공제료(공제사고 발생률 및 보증보험료 등을 종합적으로 고려하여 정한다), 공제기간
	    ㉢ 공제금의 청구와 지급절차, 구상 및 대위권, 공제계약의 실효
	    ㉣ 그 밖에 공제계약에 필요한 사항

	② 회계기준: 공제사업을 손해배상기금과 복지기금으로 구분하여 각 기금별 목적 및 회계원칙에 부합되는 기준 ③ 책임준비금의 적립비율: 공제료 수입액의 100분의 10 이상(공제사고 발생률 및 공제금 지급액 등을 종합적으로 고려하여 정한다)
기타사항	① 회계관리: 주택관리사단체는 공제사업을 다른 회계와 구분하여 별도의 회계로 관리하여야 하며, 책임준비금을 다른 용도로 사용하려는 경우에는 국토교통부장관의 승인을 받아야 한다. ② 공제사업 운용실적의 공시: 주택관리사단체는 다음의 사항이 모두 포함된 공제사업 운용실적을 매 회계연도 종료 후 2개월 이내에 국토교통부장관에게 보고하고, 일간신문 또는 주택관리사단체의 인터넷 홈페이지에 공시하여야 한다. ㉠ 재무상태표, 손익계산서 및 감사보고서 ㉡ 공제료 수입액, 공제금 지급액, 책임준비금 적립액 ㉢ 그 밖에 공제사업의 운용에 관한 사항 ③ 시정명령: 국토교통부장관은 주택관리사단체가 「공동주택관리법」 및 공제규정을 지키지 아니하여 공제사업의 건전성을 해칠 우려가 있다고 인정되는 경우에는 시정을 명하여야 한다. ④ 공제사업에 관한 검사: 금융감독원 원장은 국토교통부장관이 요청한 경우에는 주택관리사단체의 공제사업에 관하여 검사를 할 수 있다.

핵심 05 임차인대표회의

구성	① 구성범위: 임대사업자가 20세대 이상의 범위에서 '대통령령으로 정하는 세대' 이상의 민간임대주택을 공급하는 공동주택단지에 입주하는 임차인은 임차인대표회의를 구성할 수 있다. 다만, 임대사업자가 150세대 이상의 민간임대주택을 공급하는 공동주택단지 중 '대통령령으로 정하는 공동주택단지'에 입주하는 임차인은 임차인대표회의를 구성하여야 한다.
	② 구성범위
	 ㉠ 임의적 구성범위: 위 ①에서 '대통령령으로 정하는 세대'란 20세대를 말한다.
	 ㉡ 의무적 구성범위: 위 ①의 단서에서 '대통령령으로 정하는 공동주택단지'란 다음의 어느 하나에 해당하는 공동주택단지를 말한다.
	  ⓐ 300세대 이상의 공동주택단지
	  ⓑ 150세대 이상의 공동주택으로서 승강기가 설치된 공동주택
	  ⓒ 150세대 이상의 공동주택으로서 중앙집중식 난방방식 또는 지역난방방식인 공동주택

③ **입주현황 등의 통지:** 임대사업자는 입주예정자의 과반수가 입주한 때에는 과반수가 입주한 날부터 30일 이내에 입주현황과 임차인대표회의를 구성할 수 있다는 사실 또는 구성하여야 한다는 사실을 입주한 임차인에게 통지하여야 한다. 다만, 임대사업자가 본문에 따른 통지를 하지 아니하는 경우 시장·군수·구청장이 임차인대표회의를 구성하도록 임차인에게 통지할 수 있다.

④ **지원**

ㄱ 위 ①의 단서에 따라 임차인대표회의를 구성하여야 하는 임차인이 임차인대표회의를 구성하지 아니한 경우 임대사업자는 임차인이 임차인대표회의를 구성할 수 있도록 대통령령으로 정하는 바(아래 ㄴ)에 따라 지원하여야 한다.

ㄴ 임대사업자는 위 ①의 단서에 따른 임차인이 임차인대표회의를 구성하지 않는 경우에 임차인대표회의를 구성해야 한다는 사실과 협의사항 및 임차인대표회의의 구성·운영에 관한 사항을 반기 1회 이상 임차인에게 통지해야 한다.

운영

① **협의사항:** 임차인대표회의가 구성된 경우 임대사업자는 다음의 사항에 관하여 협의하여야 한다.

ㄱ 민간임대주택 관리규약의 제정 및 개정

ㄴ 관리비

ㄷ 민간임대주택의 공용부분·부대시설 및 복리시설의 유지·보수

ㄹ 임대료 증감

ㅁ 하자보수

ㅂ 공동주택의 관리에 관하여 임대사업자와 임차인대표회의가 합의한 사항

ㅅ 임차인 외의 자에게 민간임대주택 주차장을 개방하는 경우 다음의 사항

ⓐ 개방할 수 있는 주차대수 및 위치

ⓑ 주차장의 개방시간

ⓒ 주차료 징수 및 사용에 관한 사항

ⓓ 그 밖에 주차장의 적정한 개방을 위해 필요한 사항

② **협의요청:** 임대사업자는 임차인대표회의가 협의를 요청하면 성실히 응하여야 한다.

③ **민간임대주택 주차장의 외부개방:** 임대사업자는 위 ①의 ㅅ에 따라 임차인대표회의와 협의하여 결정한 사항에 대해 전체 임차인 과반수의 서면동의를 받은 경우 지방자치단체와 협약을 체결하여 주차장을 개방할 수 있다. 이 경우 개방하는 민간임대주택 주차장의 운영·관리자는 지방자치단체, 「지방공기업법」에 따라 설립된 지방공단 또는 지방자치단체의 장이 지정하는 자 중에서 지방자치단체와의 협약에 따라 정한다.

세부구성	① **구성원**: 임차인대표회의는 민간임대주택의 동별 세대수에 비례하여 선출한 대표자(이하 '동별 대표자'라 한다)로 구성한다. ② **동별 대표자의 자격**: 동별 대표자가 될 수 있는 사람은 해당 민간임대주택단지에서 6개월 이상 계속 거주하고 있는 임차인으로 한다. 다만, 최초로 임차인대표회의를 구성하는 경우에는 그러하지 아니하다. ③ **임원의 구성**: 임차인대표회의는 회장 1명, 부회장 1명 및 감사 1명을 동별 대표자 중에서 선출하여야 한다.
회의절차	① **소집절차**: 임차인대표회의를 소집하려는 경우에는 소집일 5일 전까지 회의의 목적·일시 및 장소 등을 임차인에게 알리거나 공고하여야 한다. ② **주요업무의 추진 상황 공고**: 임차인대표회의는 그 회의에서 의결한 사항, 임대사업자와의 협의결과 등 주요 업무의 추진 상황을 지체 없이 임차인에게 알리거나 공고하여야 한다. ③ **회의록의 작성 및 보관**: 임차인대표회의는 회의를 개최하였을 때에는 회의록을 작성하여 보관하고, 임차인이 회의록의 열람을 청구하거나 자기의 비용으로 복사를 요구할 경우에는 그에 따라야 한다.

▶ **연계학습** | 에듀윌 기본서 2차 [공동주택관리실무 上] p.133

회독체크 1 2 3

주택 관리사보	① **정의:** '주택관리사보'란 주택관리사보 합격증서를 발급받은 사람을 말한다. ② **합격증서의 발급:** 주택관리사보가 되려는 사람은 국토교통부장관이 시행하는 자격시험에 합격한 후 시·도지사(대도시 ⇨ 시장)로부터 합격증서를 발급받아야 한다.
주택 관리사	① **정의:** '주택관리사'란 주택관리사 자격증을 발급받은 사람을 말한다. ② **자격증의 발급:** 주택관리사는 다음의 요건을 갖추고 시·도지사로부터 주택관리사 자격증을 발급받은 사람으로 한다. 　㉠ 주택관리사보 합격증서를 발급받았을 것 　㉡ 주택 관련 실무경력이 있을 것 ③ **실무경력:** 시·도지사는 자격시험에 합격하기 전이나 합격한 후에 다음의 경력을 갖춘 자에 대하여 주택관리사 자격증을 발급한다. 　㉠ 사업계획승인을 받아 건설한 50세대 이상 500세대 미만의 공동주택(건축허가를 받아 주택과 주택 외의 시설을 동일 건축물로 건축한 건축물 중 주택이 50세대 이상 300세대 미만인 건축물을 포함)의 관리사무소장 ⇨ 근무경력 3년 이상 　㉡ 사업계획승인을 받아 건설한 50세대 이상의 공동주택(건축허가를 받아 주택과 주택 외의 시설을 동일 건축물로 건축한 건축물 중 주택이 50세대 이상 300세대 미만인 건축물을 포함)의 관리사무소의 직원(경비원, 청소원, 소독원은 제외) 또는 주택관리업자의 임직원 ⇨ 주택관리업무 종사경력 5년 이상 　㉢ 한국토지주택공사 또는 지방공사 직원 ⇨ 주택관리업무 종사경력 5년 이상 　㉣ 공무원 ⇨ 주택 관련 지도·감독 및 인·허가 업무 등의 종사경력 5년 이상 　㉤ 주택관리사단체와 공동주택관리와 관련된 단체의 임직원 ⇨ 주택 관련 업무 등의 종사경력 5년 이상 　㉥ 위 경력을 합산한 기간 ⇨ 5년 이상
결격사유	다음에 해당하는 자는 주택관리사등이 될 수 없으며, 그 자격을 상실한다. ① 피성년후견인 또는 피한정후견인(미성년자×) ② 파산선고 ⇨ 복권되지 아니한 사람 ③ 금고 이상의 실형의 선고 ⇨ 집행이 끝나거나 면제된 날부터 2년이 지나지 아니한 사람

	④ 금고 이상의 형의 집행유예선고 ⇨ 유예기간 중에 있는 사람 ⑤ 주택관리사등 자격취소 ⇨ 3년이 지나지 아니한 사람(위 ① 및 ②에 해당하여 주택관리사등의 자격이 취소된 경우는 제외)
주택관리사 등의 행정처분 (시·도지사)	①「공동주택관리법」: 필요적 자격취소(취소하여야 한다) ⇨ 거, 금, 이, 자, 대여 　㉠ 거짓이나 부정 ⇨ 자격취득 　㉡ 금고 이상의 형(벌금형×) ⇨ 공동주택의 관리업무 　㉢ 이중취업 ⇨ 의무관리대상 공동주택에 취업한 주택관리사등이 다른 공동주택 및 상가·오피스텔 등 주택 외의 시설에 취업 　㉣ 자격정지기간 ⇨ 공동주택관리업무수행 　㉤ 대여 ⇨ 명의·자격증 ②「공동주택관리법 시행령」 ⇨ 행정처분의 일반기준 　㉠ 위반행위의 횟수에 따른 행정처분의 기준 ⇨ 최근 1년간 같은 행위로 처분을 받은 경우에 적용(기준 적용일은 위반행위에 대한 행정처분일과 그 처분 후에 한 위반행위가 다시 적발된 날을 기준) 　㉡ 위 ㉠에 따라 가중된 처분을 하는 경우 가중처분의 적용 차수는 그 위반행위 전 처분 차수(㉠에 따른 기간 내에 처분이 둘 이상 있었던 경우에는 높은 차수를 말한다)의 다음 차수로 한다. 　㉢ 같은 주택관리사등이 둘 이상의 위반행위 ⇨ 각 처분기준이 다른 경우 　　ⓐ 가장 무거운 위반행위에 대한 처분기준이 자격취소 ⇨ 자격취소 　　ⓑ 각 처분기준이 자격정지 ⇨ 가장 중한 처분의 2분의 1까지 가중(처분기준을 합산한 기간 초과× + 합산한 정지기간이 1년을 초과 ⇨ 1년) 　㉣ 시·도지사 ⇨ 위반행위의 동기·내용·횟수·위반의 정도 등을 고려하여 자격정지인 경우에는 2분의 1의 범위에서 가중(1년을 초과×)하거나 감경 + 자격취소(필요적 자격취소는 제외)인 경우에는 6개월 이상의 자격정지처분으로 감경할 수 있다. 　㉤ 가중사유 　　ⓐ 위반행위 ⇨ 고의 또는 중대한 과실에 따른 것으로 인정 　　ⓑ 위반의 내용과 정도 ⇨ 중대하여 소비자에게 피해가 크다고 인정 　㉥ 감경사유 　　ⓐ 위반행위 ⇨ 사소한 부주의 또는 오류에 따른 것으로 인정 　　ⓑ 위반의 내용과 정도 ⇨ 경미하여 소비자에게 피해가 적다고 인정 　　ⓒ 처음 위반행위를 한 경우로서 주택관리사로서 3년 이상 관리사무소장을 모범적으로 해 온 사실이 인정 　　ⓓ 검사 ⇨ 기소유예 처분 또는 법원 ⇨ 선고유예(집행유예×)의 판결

ⓔ 중대한 과실(고의×)로 주택을 잘못 관리하여 재산상의 손해를 입힌 경우에 따른 자격정지처분 ⇨ 위반행위자가 손해배상책임을 보장하는 금액을 2배 이상 보장하는 보증보험가입·공제가입·공탁을 한 경우

③ 행정처분의 개별기준

　㉠ 1차 행정처분기준: 자격취소 ⇨ 거, 금, 이, 자, 대여

　　ⓐ 거: 거짓이나 그 밖의 부정한 방법으로 자격을 취득한 경우

　　ⓑ 금: 공동주택의 관리업무와 관련하여 금고 이상의 형을 선고받은 경우

　　ⓒ 이: 의무관리대상 공동주택에 취업한 주택관리사등이 다른 공동주택 및 상가·오피스텔 등 주택 외의 시설에 취업한 경우(이중취업)

　　ⓓ 자: 자격정지기간에 공동주택관리업무를 수행한 경우

　　ⓔ 대여: 다른 사람에게 자기의 명의를 사용하여 업무를 수행하게 하거나 자격증을 대여한 경우

　㉡ 자격정지: 제, 거, 감사, 중, 금, 고(에 갇히면 자격정지야)

기준	제	거	감사	중	금	고
1차	경고			3	6	
2차	1	2		6	1년	
3차	2	3		6	–	

　　ⓐ 제: 보고 또는 자료제출 등의 명령을 이행하지 아니한 경우

　　ⓑ 거: 조사 또는 검사를 거부·방해 또는 기피하거나 거짓으로 보고를 한 경우

　　ⓒ 감사: 감사를 거부·방해 또는 기피한 경우

　　ⓓ 중: 중대한 과실로 주택을 잘못 관리하여 소유자 및 사용자에게 재산상의 손해를 입힌 경우

　　ⓔ 금: 주택관리사등이 업무와 관련하여 금품수수 등 부당이득을 취한 경우

　　ⓕ 고: 고의로 공동주택을 잘못 관리하여 소유자 및 사용자에게 재산상의 손해를 입힌 경우

청문실시 대상	① 행위허가의 취소 ② 주택관리업의 등록말소 ③ 주택관리사등의 자격취소

핵심 **01** 행정형벌

3년 이하 징역 또는 3천만원 이하 벌금	입주자대표회의와 관리사무소장이 공모하여 부정하게 재물 또는 재산상의 이익을 취득하거나 제공한 경우(그 위반행위로 얻은 이익의 100분의 50에 해당하는 금액이 3천만원을 초과하는 자는 3년 이하의 징역 또는 그 이익의 2배에 해당하는 금액 이하의 벌금)
2년 이하 징역 또는 2천만원 이하 벌금	① 등록을 하지 아니하고 주택관리업을 운영한 자 또는 거짓이나 그 밖의 부정한 방법으로 등록한 자 ② 공동주택의 관리와 관련하여 입주자등·관리주체·입주자대표회의·선거관리위원회(위원을 포함)가 부정하게 재물 또는 재산상의 이익을 취득하거나 제공한 자(그 위반행위로 얻은 이익의 100분의 50에 해당하는 금액이 2천만원을 초과하는 자는 2년 이하의 징역 또는 그 이익의 2배에 해당하는 금액 이하의 벌금) **핵심암기법** 부정 등록 거, 부(거짓, 부정)
1년 이하 징역 또는 1천만원 이하 벌금	① 회계감사를 받지 아니하거나 부정한 방법으로 받은 자 ② 회계감사를 받는 관리주체로서 정당한 사유 없이 감사인의 자료열람·등사·제출 요구 또는 조사를 거부·방해·기피하는 행위, 감사인에게 거짓 자료를 제출하는 등 부정한 방법으로 회계감사를 방해하는 행위를 한 자 ③ 회계장부 및 증빙서류를 작성 또는 보관하지 아니하거나 거짓으로 작성한 자 ④ 허가규정 위반 ⇨ 용도 외 사용 등 행위(신고위반×) ⑤ 비밀누설 ⇨ 분쟁조정위원회의 위원, 사무국 직원이 직무상 알게 된 비밀을 누설한 자 ⑥ 영업정지기간, 등록말소된 후 ⇨ 주택관리업의 영업 ⑦ 주택관리사등의 자격취득을 하지 아니한 자 ⇨ 관리사무소장 업무를 수행한 자 또는 수행하게 한 자 ⑧ 명의·등록증·자격증 ⇨ 대여 등을 한 자 ⑨ 조사·검사·감사 ⇨ 거부·방해·기피한 자 ⑩ 공사중지 등의 명령 등을 위반한 자

<table>
<tr><td colspan="2">

핵심암기법 대(대여), 조(조사 ~), 영(영업정지 ~), 회계3, 공(공사중지 ~), 주(주관사 무자격자 ~), 허(허가규정 ~), 비(비밀 ~) ⇨ 발해를 건국한 대조영이 공주한테 미쳐서 회계 3가지를 다 허비해 1 -1 형벌에 처해졌다.

</td></tr>
<tr>
<td>1천만원 이하 벌금</td>
<td>① 관리기구가 갖추어야 할 기술인력 또는 장비를 갖추지 않고 관리행위를 한 자
② 주택관리사등을 배치하지 아니한 자</td>
</tr>
<tr>
<td>양벌규정</td>
<td>법인의 대표자, 법인 또는 개인의 대리인, 사용인, 종업원 ⇨ 법인 또는 개인의 업무에 관하여 3년 이하의 징역 또는 3천만원 이하의 벌금, 2년 이하의 징역 또는 2천만원 이하의 벌금, 1년 이하의 징역 또는 1천만원 이하의 벌금형에 해당하는 위반행위를 한 경우 행위자 처벌 + 법인 또는 개인에게는 해당 벌금형</td>
</tr>
</table>

핵심 02 과태료

<table>
<tr>
<td>2천만원 이하</td>
<td>하자보수보증금 ⇨ 용도 외의 목적으로 사용한 자</td>
</tr>
<tr>
<td>1천만원 이하</td>
<td>

① 공동주택의 관리업무를 인계하지 아니한 자
② 수립되거나 조정된 장기수선계획에 따라 주요 시설을 교체·보수하지 아니한 자
③ 하자 판정을 받은 하자를 보수하지 아니한 자
④ 주택관리업자가 아닌 자 ⇨ 주택관리업 또는 이와 유사한 명칭을 사용한 자
⑤ 지방자치단체의 장의 공동주택관리의 효율화와 입주자등의 보호를 위한 보고 또는 자료제출 등의 명령을 위반한 자
⑥ 관리사무소장의 업무에 대한 부당간섭 배제를 위반하여 관리사무소장을 해임하거나 해임하도록 주택관리업자에게 요구한 자
⑦ 관리비, 사용료, 장기수선충당금 ⇨ 용도 외의 목적으로 사용한 자

핵심암기법 장(장기수선계획 미이행), 인(인계✕), 하(하자 여부 판정), 명(명칭 사용) / 외(용도 외 사용), 부(부당간섭 해임요구), 위반(자료제출 명령 위반) ⇨ 장인 하명을 외부에서 위반하여 과태료 천만원

</td>
</tr>
<tr>
<td>500만원 이하</td>
<td>

① 자치관리기구를 구성하지 아니한 자
② 전자입찰방식을 위반하여 주택관리업자 또는 사업자를 선정한 자
③ 신고를 하지 아니한 자 ⇨ 의무관리대상 공동주택의 전환 및 제외, 용도 외 사용 등 행위, 관리방법의 결정 및 변경, 관리규약의 제정 및 개정, 입주자대표회의 구성 및 변경, 하자보수보증금 사용내역, 주택관리업의 등록사항 변경, 관리사무소장 배치내용 및 직인 신고 및 변경신고
④ 입주자대표회의 회의록을 작성하여 보관하게 하지 아니하거나, 열람 청구 또는 복사 요구에 응하지 아니한 자

</td>
</tr>
</table>

⑤ 관리비등의 내역을 공개하지 아니하거나 거짓으로 공개한 자

⑥ 회계감사의 결과를 보고·공개하지 아니하거나 거짓으로 보고·공개한 관리주체

⑦ 회계감사 결과를 제출 또는 공개하지 아니하거나 거짓으로 제출 또는 공개한 감사인

⑧ 회계장부나 증빙서류 등의 정보에 대한 열람, 복사의 요구에 응하지 아니하거나 거짓으로 응한 자

⑨ 선정한 주택관리업자 또는 사업자와의 계약서를 공개하지 아니하거나 거짓으로 공개한 자

⑩ 장기수선계획을 수립하지 아니하거나 검토하지 아니한 자 또는 장기수선계획에 대한 검토사항을 기록하고 보관하지 아니한 자

⑪ 장기수선충당금을 적립하지 아니한 자

⑫ 설계도서 등을 보관하지 아니하거나 시설의 교체 및 보수 등의 내용을 기록·보관·유지하지 아니한 자

⑬ 안전관리계획을 수립 및 시행하지 아니하거나 교육을 받지 아니한 자

⑭ 안전점검을 실시하지 아니하거나 안전점검의 결과 건축물의 구조·설비의 안전도가 매우 낮아 재해 및 재난 등이 발생할 우려가 있는 경우에 입주자대표회의 또는 시장·군수·구청장에게 통보 또는 보고하지 아니하거나 필요한 조치를 하지 아니한 자

⑮ 하자보수에 대한 시정명령을 이행하지 아니한 자

⑯ 하자보수청구 서류 등을 보관하지 아니한 자, 제공하지 아니한 자, 인계하지 아니한 자

⑰ 하자분쟁조정위원회의 출석요구를 따르지 아니한 안전진단기관 또는 관계전문가

⑱ 하자분쟁조정위원회로부터 계속하여 2회의 출석 요구를 받고 정당한 사유 없이 출석하지 아니한 자 또는 출석하여 거짓으로 진술하거나 감정한 자

⑲ 하자분쟁조정위원회의 재정 사건을 심리하기 위해 제출을 요구받은 문서 또는 물건을 제출하지 아니하거나 거짓으로 제출한 자

⑳ 조정등에 대한 답변서를 제출하지 아니한 자, 조정등에 응하지 아니한 자 ⇨ 하자분쟁위원회, 중앙분쟁조정위원회

㉑ 하자분쟁조정위원회 사무국 직원의 심사·조정 대상물 관련 자료의 조사·검사 및 열람을 거부하거나 방해한 자

㉒ 관리주체는 공동주택을 「공동주택관리법」 또는 「공동주택관리법」에 따른 명령에 따라 관리하여야 한다는 규정을 위반하여 관리한 자

㉓ 주택관리사등이 보증보험 가입 사실의 입증 서류를 제출하지 아니한 자

㉔ 주택관리업자 등의 교육을 받지 아니한 자

	㉕ 국토교통부장관 또는 지방자치단체의 장은 필요하다고 인정할 때에는 「공동주택관리법」에 따라 허가를 받거나 신고·등록 등을 한 자에게 필요한 보고를 하게 하거나, 관계 공무원으로 하여금 사업장에 출입하여 필요한 검사를 실시하게 할 수 있는데, 이 경우 보고 또는 검사의 명령을 위반한 자 ㉖ 국토교통부장관 또는 지방자치단체의 장으로부터 통보받은 명령, 조사 또는 검사, 감사 결과 등의 내용을 공개하지 아니하거나 거짓으로 공개한 자 또는 열람·복사 요구에 따르지 아니하거나 거짓으로 따른 자
벌칙사항의 비교	① 하자보수보증금 　㉠ 용도 이외의 용도로 사용 ▷ 2천만원 이하 과태료 　㉡ 사용내역을 신고하지 아니한 자 ▷ 5백만원 이하 과태료 ② 장기수선충당금 　㉠ 용도 이외의 용도로 사용 ▷ 1천만원 이하 과태료 　㉡ 적립하지 아니한 자 ▷ 5백만원 이하 과태료 ③ 장기수선계획 　㉠ 주요 시설을 교체하거나 보수하지 아니한 자 ▷ 1천만원 이하 과태료 　㉡ 수립하지 아니하거나 검토하지 아니한 자 ▷ 5백만원 이하 과태료 ④ 하자보수 　㉠ 하자 여부 판정을 받은 하자를 보수하지 아니한 자 ▷ 1천만원 이하 과태료 　㉡ 하자보수에 대한 시정명령을 이행하지 아니한 자 ▷ 5백만원 이하 과태료 ⑤ 회계감사 　㉠ 회계감사의 결과를 보고 또는 공개하지 아니하거나 거짓으로 보고 또는 공개한 자, 회계감사 결과를 제출 또는 공개하지 아니하거나 거짓으로 제출 또는 공개한 자 ▷ 5백만원 이하 과태료 　㉡ 회계감사를 받지 아니하거나 부정한 방법으로 받은 자 ▷ 1년 이하의 징역 또는 1천만원 이하의 벌금 　㉢ 회계감사를 받는 관리주체로서 정당한 사유 없이 감사인의 자료열람·등사·제출 요구 또는 조사를 거부·방해·기피하는 행위, 감사인에게 거짓 자료를 제출하는 등 부정한 방법으로 회계감사를 방해하는 행위를 한 자 ▷ 1년 이하의 징역 또는 1천만원 이하의 벌금 ⑥ 회계장부 　㉠ 회계장부 및 증빙서류를 작성 또는 보관하지 아니하거나 거짓으로 작성한 자 ▷ 1년 이하의 징역 또는 1천만원 이하의 벌금 　㉡ 회계장부나 증빙서류 등의 정보에 대한 열람, 복사의 요구에 응하지 아니하거나 거짓으로 응한 자 ▷ 5백만원 이하 과태료

⑦ 감독규정

   ㉠ 지방자치단체의 장의 공동주택관리의 효율화와 입주자등의 보호를 위한 보고 또는 자료제출 등의 명령을 위반한 자 ⇨ 1천만원 이하 과태료

   ㉡ 국토교통부장관 또는 지방자치단체의 장은 필요하다고 인정할 때에는 「공동주택관리법」에 따라 허가를 받거나 신고·등록 등을 한 자에게 필요한 보고를 하게 하거나, 관계 공무원으로 하여금 사업장에 출입하여 필요한 검사를 실시하게 할 수 있다. 이 경우 보고 또는 검사의 명령을 위반한 자 ⇨ 5백만원 이하 과태료

   ㉢ 국토교통부장관 또는 지방자치단체의 장으로부터 통보받은 명령, 조사 또는 검사, 감사 결과 등의 내용을 공개하지 아니하거나 거짓으로 공개한 자 또는 열람·복사 요구에 따르지 아니하거나 거짓으로 따른 자 ⇨ 5백만원 이하 과태료

⑧ **교육의무**

   ㉠ 주택관리업자 등의 교육, 방범 및 안전교육 ⇨ 500만원 이하 과태료

   ㉡ 입주자대표회의 구성원교육, 장기수선계획 조정교육 ⇨ 과태료×

핵심 **01** 공동주택관리 분쟁조정위원회

구분	중앙분쟁조정위원회	지방분쟁조정위원회
설치	공동주택관리 분쟁(공동주택의 하자담보책임 및 하자보수 등과 관련한 분쟁은 제외)을 조정하기 위하여 국토교통부에 중앙 공동주택관리 분쟁조정위원회(이하 '중앙분쟁조정위원회'라 한다)를 두고, 시·군·구에 지방 공동주택관리 분쟁조정위원회(이하 '지방분쟁조정위원회'라 한다)를 둔다. 다만, 공동주택 비율이 낮은 시·군·구로서 국토교통부장관이 인정하는 시·군·구의 경우에는 지방분쟁조정위원회를 두지 아니할 수 있다.	
심의조정 사항	공동주택관리 분쟁조정위원회는 다음의 사항을 심의·조정한다. ① 입주자대표회의의 구성·운영 및 동별 대표자의 자격·선임·해임·임기에 관한 사항 ② 공동주택관리기구의 구성·운영 등에 관한 사항 ③ 관리비·사용료 및 장기수선충당금(하자보수보증금×) 등의 징수·사용 등에 관한 사항 ④ 공동주택[공용부분(전유부분×)만 해당]의 유지·보수·개량 등에 관한 사항 ⑤ 공동주택의 리모델링(재건축×)에 관한 사항 ⑥ 공동주택의 층간소음에 관한 사항 ⑦ 혼합주택단지에서의 분쟁에 관한 사항 ⑧ 다른 법령에서 공동주택관리 분쟁조정위원회가 분쟁을 심의·조정할 수 있도록 한 사항 ⑨ 그 밖에 공동주택의 관리와 관련하여 분쟁의 심의·조정이 필요하다고 대통령령 또는 시·군·구의 조례(지방분쟁조정위원회에 한정)로 정하는 사항	
업무관할	① 둘 이상의 시·군·구의 관할 구역에 걸친 분쟁 ② 시·군·구에 지방분쟁조정위원회가 설치되지 아니한 경우 해당 시·군·구 관할 분쟁 ③ 분쟁당사자가 쌍방이 합의하여 중앙분쟁조정위원회에 조정을 신청하는 분쟁	지방분쟁조정위원회는 해당 시·군·구의 관할 구역에서 발생한 분쟁 중 중앙분쟁조정위원회의 심의·조정 대상인 분쟁 외의 분쟁을 심의·조정한다.

	④ 500세대 이상의 공동주택단지에서 발생한 분쟁 ⑤ 지방분쟁조정위원회가 스스로 조정하기 곤란하다고 결정하여 중앙분쟁조정위원회에 이송한 분쟁	
구성	① **위임규정**: 중앙분쟁조정위원회의 구성 및 운영 등에 필요한 사항은 대통령령으로 정한다. ② **고려사항**: 중앙 공동주택관리 분쟁조정위원회를 구성할 때에는 성별을 고려하여야 한다. ③ **구성원 수**: 위원장 1명을 포함하여 15명 이내의 위원으로 구성한다. ④ **위원의 임명 또는 위촉**: 다음의 어느 하나에 해당하는 사람 중에서 국토교통부장관이 임명 또는 위촉한다. 이 경우 아래 ⓒ에 해당하는 사람이 3명 이상 포함되어야 한다. 　㉠ 1급부터 4급까지 상당의 공무원 또는 고위공무원단에 속하는 공무원 　㉡ 공인된 대학이나 연구기관에서 부교수 이상 또는 이에 상당하는 직에 재직한 사람 　㉢ 판사·검사 또는 변호사의 직에 6년 이상 재직한 사람 　㉣ 공인회계사·세무사·건축사·감정평가사 또는 공인노무사의 자격이 있는 사람으로서 10년 이상 근무한 사람 　㉤ 주택관리사로서 공동주택의 관리사무소장으로 10년 이상 근무한 사람 　㉥ 「민사조정법」 제10조 제1항에 따른 조정위원으로서 같은 조 제3항에 따른 사무를 3년 이상 수행한 사람 　㉦ 국가, 지방자치단체, 「공공기관의 운영에 관한 법률」에 따른 공공기관 및 「비영리민간단체 지원법」에 따른 비영리민간단체에서 공동주택관리 관련 업무에 5년 이상 종사한 사람	① **위임규정**: 지방분쟁조정위원회의 구성에 필요한 사항은 대통령령으로 정하며, 지방분쟁조정위원회의 회의·운영 등에 필요한 사항은 해당 시·군·구의 조례로 정한다. ② **구성원 수**: 지방분쟁조정위원회는 위원장 1명을 포함하여 10명 이내의 위원으로 구성하되, 성별을 고려하여야 한다. ③ **위원의 임명 또는 위촉**: 지방분쟁조정위원회의 위원은 다음의 어느 하나에 해당하는 사람 중에서 해당 시장·군수·구청장이 위촉하거나 임명한다. 　㉠ 해당 시·군·구 소속 공무원 　㉡ 법학·경제학·부동산학 등 주택분야와 관련된 학문을 전공한 사람으로 대학이나 공인된 연구기관에서 조교수 이상 또는 이에 상당하는 직(職)에 있거나 있었던 사람 　㉢ 변호사·공인회계사·세무사·건축사·공인노무사의 자격이 있는 사람 또는 판사·검사 　㉣ 공동주택 관리사무소장으로 5년 이상 근무한 경력이 있는 주택관리사 　㉤ 그 밖에 공동주택관리 분야에 대한 학식과 경험을 갖춘 사람

위원장	① **위원장의 임명**: 위원장은 국토교통부 장관이 임명한다. ② **직무**: 위원장은 중앙분쟁조정위원회를 대표하고 그 직무를 총괄한다. ③ **직무대행**: 위원장이 부득이한 사유로 직무를 수행할 수 없는 경우에는 위원장이 미리 지명한 위원 순으로 그 직무를 대행한다.	지방분쟁조정위원회의 위원장은 위원 중에서 해당 지방자치단체의 장이 지명하는 사람이 된다.
임기	① 위원장과 공무원이 아닌 위원 ⇨ 2년 + 연임 ② 보궐위원의 임기는 전임자의 남은 임기로 한다.	① 공무원이 아닌 위원의 임기는 2년으로 한다. ② 보궐위원의 임기는 전임자의 남은 임기로 한다.
위원의 제척 등	① **제척사유**: 위원이 다음의 어느 하나에 해당하는 경우에는 그 사건의 조정등에서 제척된다. ㉠ 위원 또는 그 배우자나 배우자였던 사람이 해당 사건의 당사자가 되거나 해당 사건에 관하여 공동의 권리자 또는 의무자의 관계에 있는 경우 ㉡ 위원이 해당 사건의 당사자와 친족관계에 있거나 있었던 경우 ㉢ 위원이 해당 사건에 관하여 증언이나 하자진단 또는 하자감정을 한 경우 ㉣ 위원이 해당 사건에 관하여 당사자의 대리인으로서 관여하였거나 관여한 경우 ㉤ 위원이 해당 사건의 원인이 된 처분 또는 부작위에 관여한 경우 ㉥ 위원이 최근 3년 이내에 해당 사건의 당사자인 법인 또는 단체의 임원 또는 직원으로 재직하거나 재직하였던 경우 ㉦ 위원이 속한 법인 또는 단체(최근 3년 이내에 속하였던 경우를 포함)가 해당 사건에 관하여 설계, 감리, 시공, 자문, 감정 또는 조사를 수행한 경우	지방분쟁조정위원회의 위원 중 공무원이 아닌 위원이 본인의 의사에 반하여 해촉되지 아니할 권리, 위원의 제척·기피·회피에 관한 내용은 중앙분쟁조정위원회에 관한 규정을 준용한다.

	ⓞ 위원이 최근 3년 이내에 해당 사건의 당사자인 법인 또는 단체가 발주한 설계, 감리, 시공, 감정 또는 조사를 수행한 경우 ② **기피신청**: 당사자는 위원에게 공정한 조정등을 기대하기 어려운 사정이 있는 경우에는 중앙분쟁조정위원회에 기피신청을 할 수 있다. ③ **회피**: 위원은 위 ① 또는 ②의 사유에 해당하는 경우에는 스스로 그 사건의 조정등에서 회피(回避)하여야 한다.	
정족수	중앙분쟁조정위원회의 회의는 재적위원 과반수의 출석으로 개의하고, 출석위원 과반수의 찬성으로 의결한다.	–
회의 등	① **위임규정**: 중앙분쟁조정위원회의 구성 및 운영 등에 필요한 사항은 대통령령으로 정한다. ② **고지**: 중앙분쟁조정위원회의 위원장이 위원회의 회의를 소집 ⇨ 특별한 사정이 있는 경우를 제외하고는 회의 개최 3일 전까지 회의의 일시·장소 및 심의안건을 각 위원에게 서면으로 알려야 한다. ③ **사건의 분리 또는 병합**: 중앙분쟁조정위원회는 조정을 효율적으로 하기 위하여 필요하다고 인정하면 해당 사건들을 분리하거나 병합할 수 있다. ④ **분리 또는 병합의 고지**: 중앙분쟁조정위원회는 위 ③에 따라 해당 사건들을 분리하거나 병합한 경우에는 조정의 당사자에게 지체 없이 서면으로 그 뜻을 알려야 한다. ⑤ **출석요청**: 중앙분쟁조정위원회는 당사자나 이해관계인을 중앙분쟁조정위원회에 출석시켜 의견을 들으려면 회의 개최 5일 전까지 서면으로 출석을 요청하여야 한다(출석을 요청받은	지방분쟁조정위원회의 회의·운영 등에 필요한 사항은 해당 시·군·구의 조례로 정한다.

	사람은 출석할 수 없는 부득이한 사유가 있는 경우에는 미리 서면으로 의견을 제출할 수 있다). ⑥ **중앙분쟁조정시스템**: 국토교통부장관은 분쟁조정 사건을 전자적 방법으로 접수·통지 및 송달하거나, 민원상담 및 홍보 등을 인터넷을 이용하여 처리하기 위하여 중앙분쟁조정시스템을 구축·운영할 수 있다.
조정의 신청	① **조정의 신청**: 공동주택관리 분쟁조정위원회의 심의·조정사항에 대하여 분쟁이 발생한 때에는 중앙분쟁조정위원회에 조정을 신청할 수 있다. ② **선정 대표자** 　㉠ 대표자의 선정: 신청한 조정등의 사건 중에서 여러 사람이 공동으로 조정등의 당사자가 되는 사건(이하 '단체사건'이라 한다)의 경우에는 그중에서 3명 이하의 사람을 대표자로 선정할 수 있다. 　㉡ 대표자 선정의 권고: 중앙분쟁조정위원회는 단체사건의 당사자들에게 위 ㉠에 따라 대표자를 선정하도록 권고할 수 있다. 　㉢ 선정 대표자의 권한: 선정 대표자는 신청한 조정등에 관한 권한을 갖는다. 다만, 신청을 철회하거나 조정안을 수락하려는 경우에는 서면으로 다른 당사자의 동의를 받아야 한다. ③ **상대방 통지**: 중앙분쟁조정위원회는 당사자 일방으로부터 조정등의 신청을 받은 때에는 그 신청내용을 상대방에게 통지하여야 한다. ④ **답변서 제출기한**: 위 ③에 따라 통지를 받은 상대방은 신청내용에 대한 답변서를 특별한 사정이 없으면 10일 이내에 중앙분쟁조정위원회에 제출하여야 한다.

⑤ **분쟁조정에 응할 의무:** 중앙분쟁조정 위원회로부터 분쟁조정 신청에 관한 통지를 받은 입주자대표회의(구성원을 포함)와 관리주체는 분쟁조정에 응하여야 한다.

⑥ **조정기간:** 중앙분쟁조정위원회는 조정절차를 개시한 날부터 30일 이내에 그 절차를 완료한 후 조정안을 작성하여 지체 없이 이를 각 당사자에게 제시하여야 한다. 다만, 부득이한 사정으로 30일 이내에 조정절차를 완료할 수 없는 경우 중앙분쟁조정위원회는 그 기간을 연장할 수 있다.

⑦ **조정안의 수락기한:** 조정안을 제시받은 당사자는 그 제시를 받은 날부터 30일 이내에 그 수락 여부를 중앙분쟁조정위원회에 서면으로 통보하여야 한다. 이 경우 30일 이내에 의사표시가 없는 때에는 수락한 것으로 본다.

⑧ **조정서의 작성:** 당사자가 조정안을 수락하거나 수락한 것으로 보는 경우 중앙분쟁조정위원회는 조정서를 작성하고, 위원장 및 각 당사자가 서명·날인한 후 조정서 정본을 지체 없이 각 당사자 또는 그 대리인에게 송달하여야 한다. 다만, 수락한 것으로 보는 경우에는 각 당사자의 서명·날인을 생략할 수 있다.

⑨ **조정의 거부:** 중앙분쟁조정위원회는 분쟁의 성질상 분쟁조정위원회에서 조정을 하는 것이 맞지 아니하다고 인정하거나 부정한 목적으로 신청되었다고 인정하면 그 조정을 거부할 수 있다.

⑩ **조정의 중지:** 중앙분쟁조정위원회는 신청된 사건의 처리절차가 진행되는 도중에 한쪽 당사자가 소를 제기한 경우에는 조정의 처리를 중지하고 이를 당사자에게 알려야 한다.

	⑪ **합의의 권고:** 중앙분쟁조정위원회는 분쟁조정 신청을 받으면 조정절차 계속 중에도 당사자에게 합의를 권고할 수 있다. 이 경우 권고는 조정절차의 진행에 영향을 미치지 아니한다.	
사무처리 위탁	① **운영 및 사무처리의 위탁:** 국토교통부장관은 중앙분쟁조정위원회의 운영 및 사무처리를 고시로 정하는 기관 또는 단체에 위탁할 수 있다. ② **사무국의 설치 및 사무처리:** 운영수탁자에 중앙분쟁조정위원회의 운영 및 사무처리를 위한 사무국을 두며, 사무국은 위원장의 명을 받아 사무를 처리한다. ③ **조직 및 인력:** 사무국의 조직 및 인력 등은 운영수탁자가 국토교통부장관의 승인을 받아 정한다.	–
준용	① **「민사조정법」의 준용:** 중앙분쟁조정위원회는 분쟁의 조정등의 절차에 관하여 「공동주택관리법」에서 규정하지 아니한 사항 및 소멸시효의 중단에 관하여는 「민사조정법」을 준용한다. ② **「민사소송법」의 준용:** 조정등에 따른 서류송달에 관하여는 「민사소송법」의 규정을 준용한다.	–
절차의 비공개	중앙분쟁조정위원회가 수행하는 조정등의 절차 및 의사결정과정은 공개하지 아니한다. 다만, 분과위원회 및 소위원회에서 공개할 것을 의결한 경우에는 그러하지 아니하다.	–
조정효력	조정안을 수락하거나 수락한 것으로 보는 때에는 그 조정서의 내용은 재판상 화해와 동일한 효력을 갖는다. 다만, 당사자가 임의로 처분할 수 없는 사항에 관한 것은 그러하지 아니하다.	분쟁당사자가 지방분쟁조정위원회의 조정 결과를 수락한 경우에는 당사자간에 조정조서와 같은 내용의 합의가 성립된 것으로 본다(추정한다×).

임대주택분쟁조정위원회

구성	시장·군수·구청장은 임대주택(민간임대주택 및 공공임대주택을 말한다)에 관한 학식 및 경험이 풍부한 자 등으로 임대주택분쟁조정위원회(이하 '조정위원회'라 한다)를 구성한다.

구성방법	① 정원: 위원장 1명을 포함 ⇨ 10명 이내의 위원
	② 위원장: 지방자치단체의 장이 된다.
	③ 위원: 위원장을 제외한 위원은 다음에 해당하는 사람 중에서 시장·군수·구청장이 성별을 고려하여 임명하거나 위촉하되, 다음에 해당하는 위원은 각각 1명 이상 위촉한다. 이 경우 공무원이 아닌 위원이 6명 이상 되어야 한다.
	   ㉠ 주택 분야와 관련된 학문을 전공한 사람 ⇨ 대학 등에서 조교수 이상으로 1년 이상 재직한 사람
	   ㉡ 변호사·회계사·감정평가사·세무사 ⇨ 1년 이상 종사한 사람
	   ㉢ 주택관리사가 된 후 ⇨ 관련 업무에 3년 이상 근무한 사람
	   ㉣ 5급 이상 공무원 ⇨ 민간임대주택 또는 공공임대주택 사업의 인가·허가 등의 업무를 수행하는 공무원
	   ㉤ 한국토지주택공사 또는 지방공사의 임직원 ⇨ 민간임대주택 또는 공공임대주택사업 관련 업무에 종사하고 있는 임직원으로 해당 기관의 장이 추천한 사람
	   ㉥ 임대주택과 관련된 시민단체 또는 소비자단체가 추천한 사람
	④ 부위원장: 위원 중에서 호선한다.

임기	공무원이 아닌 위원의 임기는 2년으로 하되, 두 차례만 연임할 수 있다.
제척 등	① 제척: 조정위원회 위원이 당사자가 되거나 당사자와 이해관계인인 경우에는 조정위원회의 심의·의결에서 제척된다. ② 기피: 해당 안건의 당사자는 위원에게 공정한 심의·의결을 기대하기 어려운 사정이 있는 경우에는 위원회에 기피신청을 할 수 있고, 위원회는 의결로 이를 결정한다. 이 경우 기피신청의 대상인 위원은 그 의결에 참여하지 못한다. ③ 회피: 위원이 제척 사유에 해당하는 경우에는 스스로 해당 안건의 심의·의결에서 회피하여야 한다.
회의	① 위원회 소집: 회의 ⇨ 위원장이 소집 ② 회의사항의 고지: 위원장 ⇨ 회의 개최일 2일 전까지 위원에게 알려야 한다. ③ 개의 및 의결정족수: 재적위원 과반수의 출석으로 개의 + 출석위원 과반수의 찬성으로 의결 ④ 간사의 임명: 위원장 ⇨ 지방자치단체의 민간임대주택 또는 공공임대주택 업무를 하는 직원 중에서 1명을 간사로 임명 ⑤ 회의록 작성: 간사 ⇨ 회의록 작성 + 보존

분쟁조정 사항	① **민간임대주택의 조정신청 사항**: 임대사업자 또는 임차인대표회의는 다음의 어느 하나에 해당하는 분쟁에 관하여 조정을 신청할 수 있다. 　㉠ 임대료의 증액 　㉡ 민간임대주택의 관리 　㉢ 다음의 임차인대표회의와 임대사업자 간의 협의사항 　　ⓐ 민간임대주택 관리규약의 제정 및 개정 　　ⓑ 관리비(특별수선충당금×) 　　ⓒ 민간임대주택의 공용부분·부대시설 및 복리시설의 유지·보수 　　ⓓ 임대료 증감 　　ⓔ 하자보수 　　ⓕ 공동주택의 관리에 관하여 임대사업자와 임차인대표회의가 합의한 사항 　　ⓖ 임차인 외의 자에게 민간임대주택 주차장을 개방하는 경우 다음의 사항 　　　ⅰ) 개방할 수 있는 주차대수 및 위치 　　　ⅱ) 주차장의 개방시간 　　　ⅲ) 주차료 징수 및 사용에 관한 사항 　　　ⅳ) 그 밖에 주차장의 적정한 개방을 위해 필요한 사항 　㉣ 임대사업자의 민간임대주택에 대한 분양전환, 주택관리, 주택도시기금 융자금의 변제 및 임대보증금 반환 등에 관한 사항 ② **공공임대주택의 조정신청사항** 　㉠ 공공주택사업자 또는 임차인대표회의는 다음의 어느 하나에 해당하는 분쟁에 관하여 조정을 신청할 수 있다. 　　ⓐ 위 ①의 사항 　　ⓑ 공공임대주택의 분양전환가격. 다만, 분양전환승인에 관한 사항은 제외한다. 　㉡ 공공주택사업자, 임차인대표회의 또는 임차인은 「공공주택 특별법」에 따른 우선 분양전환 자격에 대한 분쟁에 관하여 조정위원회에 조정을 신청할 수 있다.
조정효력	임대사업자와 임차인대표회의가 조정위원회의 조정안을 받아들이면 당사자간에 조정조서와 같은 내용의 합의가 성립된 것으로 본다(추정한다×).

핵심 01 문서보존기간

보존기간	문서의 종류
10년	하자보수청구 내용이 적힌 서류, 사업주체의 하자보수 내용이 적힌 서류, 하자보수보증금 청구 및 사용 내용이 적힌 서류, 하자분쟁조정위원회에 제출하거나 하자분쟁조정위원회로부터 받은 서류, 그 밖에 입주자 또는 입주자대표회의의 하자보수청구 대행을 위하여 관리주체가 입주자 또는 입주자대표회의로부터 제출받은 서류 ⇨ 하자보수를 청구한 날부터 10년간 보관(공동주택관리법)
5년	① 관리비등의 징수·보관·예치·집행 등 모든 거래행위에 관하여 월별로 작성한 장부 및 그 증빙서류, 주택관리업자 및 사업자 선정 관련 증빙서류(공동주택관리법) ② 퇴직금의 중간정산지급 관련 증명 서류(근로자퇴직급여 보장법)
3년	① 근로자 명부 및 근로계약에 관한 중요한 서류(근로기준법) ② 노동조합의 회의록 및 재정에 관한 장부와 서류(노동조합 및 노동관계조정법) ③ 모집과 채용, 임금, 임금 외의 금품 등, 교육·배치 및 승진, 정년·퇴직 및 해고에 관한 서류, 직장 내 성희롱 예방 교육을 하였음을 확인할 수 있는 서류, 직장 내 성희롱 행위자에 대한 징계 등 조치에 관한 서류, 배우자 출산휴가의 청구 및 허용에 관한 서류, 육아휴직의 신청 및 허용에 관한 서류, 육아기 근로시간 단축의 신청 및 허용에 관한 서류, 허용하지 아니한 경우 그 사유의 통보 및 협의 서류, 육아기 근로시간 단축 중의 근로조건에 관한 서류(남녀고용평등과 일·가정 양립 지원에 관한 법률) ④ 급수관의 세척·갱생·교체 등과 관련된 자료(수도법) ⑤ 빗물사용량, 누수 및 정상가동 점검결과, 청소일시 등에 관한 자료(물의 재이용 촉진 및 지원에 관한 법률) ⑥ 개인하수처리시설의 방류수 수질 자가측정결과기록부(하수도법) ⑦ 어린이놀이시설의 안전점검실시대장 및 안전진단실시대장(어린이놀이시설 안전관리법)

2년	① 저수조 청소·위생점검·수질검사 및 조치결과의 기록(수도법) ② 소방시설등 자체점검 실시결과 보고서(소방시설등 점검표를 포함)(소방시설 설치 및 관리에 관한 법률) ③ 소방안전관리업무 수행에 관한 기록, 자위소방대 및 초기대응체계 교육·훈련 실시결과 기록부, 소방훈련·교육 실시결과 기록부(화재의 예방 및 안전관리에 관한 법률) ④ 소독실시대장(감염병의 예방 및 관리에 관한 법률)
6개월	대기오염배출시설의 오염물질자가측정기록·여과지·시료채취기록지(대기환경보전법)
1개월 이상	주차장에 설치된 폐쇄회로텔레비전에 촬영된 자료(주차장법)
30일 이상	공동주택에 설치된 영상정보처리기기에 촬영된 자료(공동주택관리법)
기타	「근로기준법」상 재해보상에 관한 중요서류: 재해보상이 끝나지 아니하거나 재해 보상청구권이 시효로 소멸되기 전에 폐기하여서는 아니 된다.

핵심 02 근로기준법의 총칙

적용범위	① **적용원칙**: 「근로기준법」은 상시 5명 이상의 근로자를 사용하는 모든 사업 또는 사업장에 적용한다. 다만, 동거하는 친족만을 사용하는 사업 또는 사업장과 가사 사용인에게는 적용하지 아니한다. ② **일부적용**: 상시 4명 이하의 근로자를 사용하는 사업 또는 사업장 ⇨ 「근로기준법」의 일부 규정을 적용할 수 있다. ❶ 4명 이하의 사업장에 대표적으로 적용하지 않는 사항 ⇨ 해고 등의 제한(제23조 제1항 적용×, 제2항 적용○), 경영상 이유에 의한 해고의 제한(제24조), 해고사유 등의 서면통지(제27조), 부당해고등의 구제신청(제28조), 휴업수당(제46조), 근로시간(제50조), 연장·야간 및 휴일 근로(제56조), 연차유급휴가(제60조), 생리휴가(제73조), 육아 시간(제75조)
정의	① **근로자**: 직업의 종류와 관계없이 임금을 목적으로 사업이나 사업장에 근로를 제공하는 사람을 말한다. ② **사용자**: 사업주 또는 사업 경영 담당자, 그 밖에 근로자에 관한 사항에 대하여 사업주를 위하여 행위하는 자를 말한다. ③ **근로**: 정신노동과 육체노동을 말한다. ④ **근로계약**: 근로자가 사용자에게 근로를 제공하고 사용자는 이에 대하여 임금을 지급하는 것을 목적으로 체결된 계약을 말한다. ⑤ **임금**: 사용자가 근로의 대가로 근로자에게 임금, 봉급, 그 밖에 어떠한 명칭으로든지 지급하는 모든 금품을 말한다.

	⑥ **평균임금**: 이를 산정하여야 할 사유가 발생한 날 이전 3개월 동안에 그 근로자에게 지급된 임금의 총액을 그 기간의 총일수로 나눈 금액을 말한다. 근로자가 취업한 후 3개월 미만인 경우도 이에 준하며, 이와 같이 산출된 금액이 그 근로자의 통상임금보다 적으면 통상임금액을 평균임금으로 한다. ⑦ **통상임금**: 근로자에게 정기적이고 일률적으로 소정근로 또는 총근로에 대하여 지급하기로 정한 시간급 금액, 일급 금액, 주급 금액, 월급 금액 또는 도급 금액을 말한다. ⑧ **1주**: 휴일을 포함한 7일을 말한다. ⑨ **소정(所定)근로시간**: 「근로기준법」 제50조, 동법 제69조 본문 또는 「산업안전보건법」 제139조 제1항에 따른 근로시간의 범위에서 근로자와 사용자 사이에 정한 근로시간을 말한다. ⑩ **단시간근로자**: 1주 동안(4주 동안×)의 소정근로시간이 그 사업장에서 같은 종류의 업무에 종사하는 통상 근로자의 1주 동안(4주 동안×)의 소정근로시간에 비하여 짧은 근로자를 말한다.
근로기준법 상의 기본원칙	① **근로조건의 기준**: 「근로기준법」에서 정하는 근로조건은 최저기준이므로 근로관계 당사자는 이 기준을 이유로 근로조건을 낮출 수 없다. ② **근로조건의 결정**: 근로조건은 근로자와 사용자가 동등한 지위에서 자유의사에 따라 결정하여야 한다. ③ **근로조건의 준수**: 근로자와 사용자는 각자가 단체협약, 취업규칙과 근로계약을 지키고 성실하게 이행할 의무가 있다. ④ **중간착취의 배제**: 누구든지 법률에 따르지 아니하고는 영리로 다른 사람의 취업에 개입하거나 중간인으로서 이익을 취득하지 못한다. ⑤ **공민권 행사의 보장**: 사용자는 근로자가 근로시간 중에 선거권, 그 밖의 공민권(公民權) 행사 또는 공(公)의 직무를 집행하기 위하여 필요한 시간을 청구하면 거부하지 못한다. 다만, 그 권리행사나 공(公)의 직무를 수행하는 데에 지장이 없으면 청구한 시간을 변경할 수 있다.

핵심 03 근로계약 및 취업규칙

근로계약	① **근로조건의 명시**: 사용자는 근로계약을 체결할 때에 근로자에게 다음의 사항을 명시하여야 한다. 근로계약 체결 후 다음의 사항을 변경하는 경우에도 또한 같다. ㉠ 임금 ㉡ 소정근로시간 ㉢ 주휴일

　　　　ⓔ 연차유급휴가

　　　　ⓜ 그 밖에 대통령령으로 정하는 근로조건

　② **근로조건의 서면명시:** 사용자는 임금의 구성항목·계산방법·지급방법, 소정근로시간, 휴일 및 연차유급휴가에 관한 사항이 명시된 서면(전자문서를 포함)을 근로자에게 교부하여야 한다. 다만, 본문에 따른 사항이 단체협약 또는 취업규칙의 변경 등 대통령령으로 정하는 사유로 인하여 변경되는 경우에는 근로자의 요구가 있으면 근로자에게 교부하여야 한다.

　③ **연소자의 근로계약**

　　　ⓐ 친권자나 후견인이 미성년자의 근로계약을 대리할 수 없다.

　　　ⓑ 친권자, 후견인 또는 고용노동부장관은 근로계약이 미성년자에게 불리하다고 인정하는 경우에는 이를 해지할 수 있다.

　　　ⓒ 사용자는 18세 미만인 사람과 근로계약을 체결하는 경우에는 위 ①에 따른 근로조건(ⓐ~ⓜ)을 서면(전자문서를 포함)으로 명시하여 교부하여야 한다.

　④ **단시간근로자의 근로조건**

　　　ⓐ **근로조건의 결정:** 단시간근로자의 근로조건은 그 사업장(다른 사업장×)의 같은 종류의 업무에 종사하는 통상 근로자의 근로시간을 기준으로 산정한 비율에 따라 결정되어야 한다.

　　　ⓑ **초단시간근로자의 근로조건의 적용제외:** 4주 동안을 평균하여 1주 동안의 소정근로시간이 15시간 미만인 근로자에 대하여는 휴일과 연차유급휴가를 적용하지 아니한다.

　　　ⓒ **단시간근로자의 취업규칙:** 사용자는 단시간근로자에게 적용되는 취업규칙을 통상 근로자에게 적용되는 취업규칙과 별도로 작성할 수 있다.

　⑤ **근로조건의 위반:** 명시된 근로조건이 사실과 다를 경우에 근로자는 근로조건 위반을 이유로 손해배상을 청구할 수 있으며(노동위원회에 신청), 즉시 근로계약을 해제할 수 있다(근로계약이 해제되었을 경우 취업을 목적으로 거주지 변경 ⇨ 귀향여비 지급).

　⑥ **금지되는 근로조건**

　　　ⓐ **위약 예정의 금지:** 사용자는 근로계약 불이행에 대한 위약금 또는 손해배상액을 예정하는 계약을 체결하지 못한다.

　　　ⓑ **전차금 상계의 금지:** 사용자는 전차금이나 그 밖에 근로할 것을 조건으로 하는 전대채권과 임금을 상계하지 못한다.

　　　ⓒ **강제저축 금지 등:** 사용자는 근로계약에 덧붙여 강제저축 또는 저축금의 관리를 규정하는 계약을 체결하지 못한다(예외: 근로자의 위탁으로 저축을 관리할 수 있다).

⑦ 근로계약의 효력

    ㉠ 「근로기준법」 위반: 「근로기준법」 기준에 미치지 못하는 근로조건을 정한 근로계약은 그 부분에 한정하여 무효(부분무효)로 하고, 무효로 된 부분은 「근로기준법」 기준에 따른다.

    ㉡ 취업규칙과의 관계: 취업규칙 기준에서 정한 기준에 미달하는 근로조건을 정한 근로계약은 그 부분에 관하여는 무효(부분무효)로 하고, 무효로 된 부분은 취업규칙 기준에 따른다.

⑧ 근로계약 종료에 따른 의무

    ㉠ 금품청산: 사용자는 근로자가 사망 또는 퇴직한 경우 그 지급 사유가 발생한 때부터 14일 이내에 임금·보상금·그 밖의 모든 금품을 지급한다(특별한 사정이 있을 경우 당사자 사이의 합의 ⇨ 기일연장).

    ㉡ 임금채권의 우선변제

        ⓐ 우선변제: 질권, 저당권, 「동산·채권 등의 담보에 관한 법률」에 따른 담보권에 우선하는 조세공과금 > 질권, 저당권, 「동산·채권 등의 담보에 관한 법률」에 따른 담보채권 > 임금·재해보상금·기타 근로채권 > 조세·공과금 및 기타 채권

        ⓑ 최우선변제: 최종 3개월분의 임금·재해보상금 > 질권, 저당권, 「동산·채권 등의 담보에 관한 법률」에 따른 담보권에 우선하는 조세공과금 > 질권, 저당권, 「동산·채권 등의 담보에 관한 법률」에 따른 담보채권 > 나머지 임금·기타 근로채권 > 조세·공과금 및 기타 채권

    ㉢ 사용증명서(경력증명서)

        ⓐ 발급: 사용자는 근로자가 퇴직한 후 사용기간·업무종류·지위·임금 등에 관한 증명서를 청구하면 사실대로 적은 증명서를 즉시 내주어야 한다.

        ⓑ 기재사항: 사용증명서에는 근로자가 요구한 사항만을 적어야 한다.

        ⓒ 청구: 사용증명서를 청구할 수 있는 자는 계속하여 30일 이상 근무한 근로자로 하되, 청구할 수 있는 기한은 퇴직 후 3년 이내로 한다.

    ㉣ 취업 방해의 금지: 누구든지 근로자의 취업을 방해할 목적으로 비밀 기호 또는 명부를 작성·사용하거나 통신을 하여서는 아니 된다.

⑨ 근로자 명부: 사용기간이 30일 미만인 일용근로자에 대하여는 명부를 작성하지 아니할 수 있으며, 근로자 명부와 근로계약에 관한 중요한 서류 ⇨ 3년 보존

취업규칙

① 작성·신고: 상시 10인 이상 근로자를 사용하는 사업장의 사용자 ⇨ 취업규칙을 작성 + 고용노동부장관에게 신고(변경신고)

② 작성 및 변경절차

    ㉠ 사용자 ⇨ 취업규칙의 작성 또는 변경에 관하여 근로자 과반수로 조직된 노동조합, 근로자 과반수로 조직된 노동조합이 없는 경우에는 근로자 과반수(근로자대표×)의 의견을 들어야 한다.

ⓒ 예외: 근로자에게 불리하게 변경 시 ⇨ 동의

③ 취업규칙의 제한

    ㉠ 감급의 제재: 감액은 1회의 금액이 평균임금의 1일분의 2분의 1을, 총액이 1임금지급기의 임금 총액의 10분의 1을 초과하지 못한다.

    ⓒ 취업규칙은 근로기준법령이나 단체협약에 어긋나서는 아니 되며, 고용노동부장관은 근로기준법령이나 단체협약에 어긋나는 취업규칙의 변경을 명할 수 있다.

④ 취업규칙의 게시: 사용자는 근로자가 자유롭게 열람할 수 있는 장소에 항상 게시하거나 비치하여야 한다(위반: 500만원 이하의 과태료).

핵심 04 근로기준법상 해고제도

해고의 제한	① 부당해고 등 금지: 사용자는 근로자에게 정당한 이유 없이 해고, 휴직, 정직, 전직, 감봉, 그 밖의 징벌('부당해고등')을 하지 못한다. ② 시기제한: 사용자는 근로자가 업무상 부상 또는 질병의 요양을 위하여 휴업한 기간과 그 후 30일 동안 또는 산전·산후의 여성이 휴업한 기간과 그 후 30일 동안(육아휴직기간과 그 후 30일×)은 해고하지 못한다(예외: 사용자가 일시보상을 하였을 경우 또는 사업을 계속할 수 없는 경우에는 그러하지 아니하다).

경영상 이유에 의한 해고 (정리해고)

① 해고의 요건

    ㉠ 긴박한 경영상의 필요(경영악화방지 ⇨ 사업의 양도·인수·합병은 긴박한 경영상의 필요가 있는 것으로 본다)

    ⓒ 해고를 피하기 위한 노력

    ⓒ 합리적이고 공정한 해고의 기준 ⇨ 대상자 선정(남녀의 성을 이유로 차별×)

    ⓔ 해고를 피하기 위한 방법과 해고기준 등을 근로자대표에게 해고하려는 날의 50일 전에 통보하고 성실하게 협의(합의×)를 하여야 한다.

    ▶ 근로자대표

근로기준법	근로자퇴직급여 보장법
근로자의 과반수로 조직된 노동조합	근로자의 과반수로 조직된 노동조합
근로자의 과반수로 조직된 노동조합이 없는 경우에는 근로자의 과반수를 대표하는 자	근로자의 과반수로 조직된 노동조합이 없는 경우에는 근로자의 과반수

    ⓜ 사용자는 경영상 이유로 대통령령으로 정하는 일정한 규모 이상의 인원을 해고하려면 대통령령으로 정하는 바에 따라 고용노동부장관에게 신고(통보×)하여야 한다.

▶ 경영상 이유에 의한 해고 계획의 신고

신고대상 인원	신고할 때 포함사항
사용자는 1개월 동안에 다음의 어느 하나에 해당하는 인원을 해고하려면 최초로 해고하려는 날의 30일 전까지 고용노동부장관에게 신고하여야 한다. ⓐ 상시 근로자 수가 99명 이하인 사업 또는 사업장: 10명 이상 ⓑ 상시 근로자 수가 100명 이상 999명 이하인 사업 또는 사업장: 상시 근로자 수의 10% 이상 ⓒ 상시 근로자 수가 1,000명 이상인 사업 또는 사업장: 100명 이상	ⓐ 해고사유 ⓑ 해고 예정 인원 ⓒ 근로자대표와 협의한 내용 ⓓ 해고일정

② 우선재고용: 경영상의 이유에 의하여 근로자를 해고한 사용자는 해고한 날부터 3년 이내에 해고 당시 담당하였던 업무와 같은 업무를 할 근로자를 채용하려면 해고된 근로자가 원하는 경우 그 근로자를 우선적으로 고용하여야 한다.

③ 정부의 조치: 정부(사용자×)는 경영상 이유에 의하여 해고된 근로자에 대하여 생계안정, 재취업, 직업훈련 등 필요한 조치를 우선적으로 취하여야 한다.

해고의 예고	사용자는 근로자를 해고(경영상 이유에 의한 해고를 포함)하려면 적어도 30일 전에 예고를 하여야 하고, 30일 전에 예고를 하지 아니하였을 때에는 30일분 이상의 통상임금을 지급하여야 한다. 다만, 다음의 어느 하나에 해당하는 경우에는 그러하지 아니하다. ① 근로자가 계속 근로한 기간이 3개월 미만인 경우 ② 천재사변, 그 밖의 부득이한 사유로 사업을 계속하는 것이 불가능한 경우 ③ 근로자가 고의(과실×)로 사업에 막대한 지장을 초래하거나 재산상 손해를 끼친 경우로서 고용노동부령으로 정하는 사유에 해당하는 경우
서면통지	사용자는 해고사유와 해고시기를 서면으로 통지하여야 하며, 해고는 서면(유선통지×)으로 통지하여야 효력이 있다.

부당해고 등의 구제절차	① 구제신청
	  ㉠ 신청: 사용자가 근로자에게 부당해고등을 하면 근로자(노동조합×)는 노동위원회에 구제를 신청할 수 있다.
	  ㉡ 신청기간: 구제신청은 부당해고등이 있었던 날부터 3개월 이내에 하여야 한다.
	② 조사 등
	  ㉠ 조사 및 심문: 노동위원회는 구제신청을 받으면 지체 없이 필요한 조사를 하여야 하며 관계 당사자를 심문하여야 한다.

    ⓛ 증인 출석: 노동위원회는 심문을 할 때에는 관계 당사자의 신청이나 직권으로 증인을 출석하게 하여 필요한 사항을 질문할 수 있다.

    ⓒ 기회보장: 노동위원회는 심문을 할 때에는 관계 당사자에게 증거 제출과 증인에 대한 반대심문을 할 수 있는 충분한 기회를 주어야 한다.

③ 구제명령 등

    ㉠ 구제명령: 노동위원회는 부당해고등이 성립한다고 판정하면 사용자에게 구제명령을 하여야 하며, 부당해고등이 성립하지 아니한다고 판정하면 구제신청을 기각하는 결정을 하여야 한다.

    ⓛ 구제명령의 이행기한: 노동위원회는 사용자에게 구제명령을 하는 때에는 이행기한을 정하여야 하며, 이 경우 이행기한은 사용자가 구제명령을 서면으로 통지받은 날부터 30일 이내로 한다.

    ⓒ 구제명령에 따른 근로관계의 청산: 노동위원회는 구제명령(해고에 대한 구제명령만을 말한다)을 할 때에 근로자(사용자×)가 원직복직을 원하지 아니하면 원직복직을 명하는 대신 근로자가 해고기간 동안 근로를 제공하였더라면 받을 수 있었던 임금 상당액 이상의 금품을 근로자에게 지급하도록 명할 수 있다.

    ⓔ 근로계약기간의 만료 등에 따른 구제명령 등: 노동위원회는 근로계약기간의 만료, 정년의 도래 등으로 근로자가 원직복직(해고 이외의 경우는 원상회복)이 불가능한 경우에도 구제명령이나 기각결정을 하여야 한다. 이 경우 노동위원회는 부당해고등이 성립한다고 판정하면 근로자가 해고기간 동안 근로를 제공하였더라면 받을 수 있었던 임금 상당액에 해당하는 금품(해고 이외의 경우에는 원상회복에 준하는 금품)을 사업주가 근로자에게 지급하도록 명할 수 있다.

④ 구제명령 등의 확정

    ㉠ 재심신청: 구제명령서 또는 기각결정서를 통지받은 날부터 10일 이내 ⇨ 중앙노동위원회

    ⓛ 행정소송: 재심판정서를 송달받은 날부터 15일 이내 ⇨ 소 제기

    ⓒ 구제명령 등의 확정: 기간 이내에 재심을 신청하지 아니하거나 행정소송을 제기하지 아니하면 구제명령, 기각결정 또는 재심판정은 확정된다.

    ⓔ 벌칙: 확정되거나 행정소송을 제기하여 확정된 구제명령 또는 구제명령을 내용으로 하는 재심판정을 이행하지 아니한 자는 1년 이하의 징역 또는 1천만원 이하의 벌금에 처한다.

⑤ 구제명령 등의 효력: 구제명령, 기각결정 또는 재심판정은 재심신청이나 행정소송 제기에 의하여 그 효력이 정지되지 아니한다.

이행
강제금
	① **부과**: 노동위원회는 구제명령(재심판정을 포함)을 받은 후 이행기한까지 구제명령을 이행하지 아니한 사용자에게 3천만원 이하의 이행강제금을 부과한다.
	② **계고 등**
	    ㉠ **문서계고**: 부과하기 30일 전 ⇨ 부과·징수한다는 뜻을 문서로써 미리 알려주어야 한다.
	    ㉡ **의견제출**: 이행강제금을 부과·징수한다는 뜻을 사용자에게 미리 문서로써 알려줄 때에는 10일 이상의 기간을 정하여 구술 또는 서면(전자문서를 포함)으로 의견을 진술할 수 있는 기회를 주어야 한다.
	③ **이행강제금 부과방법**: 이행강제금을 부과할 때에는 이행강제금의 액수, 부과사유, 납부기한, 수납기관, 이의제기 방법 및 이의제기 기관 등을 명시한 문서로써 하여야 한다.
	④ **부과·징수절차**
	    ㉠ 최초 구제명령을 한 날을 기준으로 매년 2회 범위 ⇨ 이행될 때까지 반복 부과
	    ㉡ 2년을 초과하여 부과·징수하지 못한다(2년간 부과할 수 있는 이행강제금의 최대상한액: 1억 2천만원).
	    ㉢ 노동위원회는 구제명령을 받은 자가 구제명령을 이행하면 새로운 이행강제금을 부과하지 아니하되, 구제명령 이행 전에 부과된 이행강제금은 징수하여야 한다.
	⑤ **이행강제금의 반환**: 노동위원회는 중앙노동위원회의 재심판정이나 법원의 확정판결에 따라 노동위원회의 구제명령이 취소되면 직권 또는 사용자의 신청에 따라 이행강제금의 부과·징수를 즉시 중지하고, 이미 징수한 이행강제금을 반환하여야 한다(이율을 곱한 금액을 가산하여 반환).
	⑥ **납부기한**: 노동위원회는 이행강제금을 부과하는 때에는 이행강제금의 부과통지를 받은 날부터 15일 이내의 납부기한을 정하여야 한다.
	⑦ **미납 시 처분**: 노동위원회는 이행강제금 납부의무자가 납부기한까지 이행강제금을 내지 아니하면 기간을 정하여 독촉하고 지정된 기간에 이행강제금을 내지 아니하면 국세체납처분의 예에 따라 징수할 수 있다.

미이행 통보	근로자는 사용자가 구제명령을 이행하지 아니하면 이행 기간이 지난 때부터 15일 이내에 그 사실을 노동위원회에 알려 줄 수 있다.

임금

① 임금: 근로의 대가로 지급 ⇨ 일체의 금품

　㉠ 평균임금: 산정사유가 발생한 날 이전 3개월(3개월 미만도 적용) 동안에 그 근로자에게 지급된 임금의 총액을 그 기간의 총일수로 나눈 금액(통상임금보다 적은 경우 통상임금액을 평균임금으로 한다)

　　ⓐ 평균임금을 기초임금으로 하는 수당 및 급여: 사용자 귀책사유에 의한 휴업수당, 퇴직금, 「근로기준법」상 재해보상금(휴업보상, 장해보상, 유족보상, 장례비, 일시보상), 감급의 제재 1회 한도금액, 산재보험급여(휴업급여, 장해급여, 유족급여, 상병보상연금, 장례비), 「고용보험법」상의 구직급여의 기초일액

　　ⓑ 평균임금의 계산에서 제외되는 기간과 임금: 근로계약을 체결하고 수습 중에 있는 근로자가 수습을 시작한 날부터 3개월 이내의 기간, 사용자귀책사유로 휴업한 기간, 출산전후휴가 및 유산·사산 휴가 기간, 업무상 부상 또는 질병으로 휴업한 기간, 육아휴직기간, 쟁의행위기간, 「병역법」·「예비군법」·「민방위기본법」에 따른 의무를 이행하기 위하여 휴직하거나 근로하지 못한 기간(다만, 그 기간 중에 임금을 받은 경우에는 계산에 포함), 업무 외 부상이나 질병 등의 사유로 사용자의 승인을 받아 휴업한 기간

　　ⓒ 일용근로자의 평균임금: 일용근로자의 평균임금(통상임금×)은 고용노동부장관이 사업이나 직업에 따라 정하는 금액으로 한다.

　㉡ 통상임금: 정기적이고 일률적으로 소정근로 또는 총근로에 대하여 지급하기로 정한 시간급금액·일급금액·주급금액·월급금액·도급금액

　　❍ **통상임금을 기초임금으로 하는 수당 및 급여**: 해고예고수당, 가산수당(연장·야간·휴일근로수당), 출산전후휴가 급여, 육아휴직 급여

② 임금 지급의 원칙

　㉠ 임금은 통화로 직접 근로자에게 전액을 지급[예외: 법령이나 단체협약에 특별한 규정이 있는 경우 ⇨ 임금의 일부를 공제하거나 통화 이외의 것으로 지급(직접 근로자에게 지급 ⇨ 예외×)]

　㉡ 임금은 매월 1회 이상 일정한 날짜(정기일)를 정하여 지급(예외: 임시로 지급하는 임금, 1개월을 초과하는 일정기간에 걸친 사유에 따라 산정되는 상여금 등)

　　❍ **임금 지급의 5대 원칙**: 통화 지급의 원칙, 직접 지급의 원칙(예외×), 전액(정액×)지급의 원칙, 매월 1회 이상 지급의 원칙, 정기일 지급의 원칙

③ 체불사업주 명단 공개
　㉠ 명단 공개 대상: 고용노동부장관은 임금등을 지급하지 아니한 사업주(이하 '체불사업주'라 한다)가 명단 공개 기준일 이전 3년 이내에 임금등을 체불하여 2회 이상 유죄가 확정된 자로서 명단 공개 기준일 이전 1년 이내에 임금등의 체불총액이 3천만원 이상인 경우에 그 인적사항 등을 공개할 수 있다(예외: 체불사업주의 사망·폐업으로 명단 공개의 실효성이 없는 경우 등 대통령령으로 정하는 사유 ⇨ 공개×).
　㉡ 소명기회: 고용노동부장관은 명단 공개를 할 경우에 체불사업주에게 3개월 이상의 기간을 정하여 소명기회를 주어야 한다.
　㉢ 임금체불정보심의위원회의 설치: 체불사업주의 인적사항 등에 대한 공개 여부를 심의하기 위하여 고용노동부에 임금체불정보심의위원회를 둔다.
　㉣ 공개기간: 공개는 관보에 싣거나 인터넷 홈페이지, 관할 지방고용노동관서 게시판 또는 그 밖에 열람이 가능한 공공장소에 3년간 게시하는 방법으로 한다.
④ 비상지급: 사용자는 근로자나 그의 수입으로 생계를 유지하는 자가 다음에 해당하면 지급기일 전 이미 제공한 근로에 대한 임금을 지급하여야 한다.
　㉠ 출산하거나 질병에 걸리거나 재해를 당한 경우
　㉡ 혼인 또는 사망한 경우
　㉢ 부득이한 사유로 1주 이상 귀향하게 되는 경우
⑤ 휴업수당: 사용자의 귀책사유로 휴업 ⇨ 평균임금의 100분의 70 이상의 수당을 지급(위 금액이 통상임금을 초과하는 경우 통상임금으로 지급), 부득이한 사유로 사업을 계속하는 것이 불가능하여 노동위원회의 승인을 받은 경우 ⇨ 기준에 못 미치는 휴업수당을 지급할 수 있다.
⑥ 임금채권의 소멸시효 ⇨ 3년

근로시간

① 법정근로시간
　㉠ 1주간의 근로시간 ⇨ 휴게시간을 제외하고 40시간을 초과할 수 없다.
　㉡ 1일의 근로시간 ⇨ 휴게시간을 제외하고 8시간을 초과할 수 없다.
　㉢ 근로시간을 산정하는 경우 작업을 위하여 근로자가 사용자의 지휘·감독 아래에 있는 대기시간 등은 근로시간으로 본다.
　㉣ 연소자의 근로시간: 15세 이상 18세 미만인 사람 ⇨ 1일에 7시간, 1주에 35시간을 초과하지 못한다. 다만, 당사자 사이의 합의에 따라 1일에 1시간, 1주에 5시간을 한도로 연장할 수 있다.
② 탄력적 근로시간
　㉠ 2주 단위 탄력적 근로시간: 사용자는 취업규칙으로 정하는 바에 따라 2주 이내의 단위기간을 평균하여 1주간의 근로시간은 40시간을 초과하지 아니하는 범위에서 특정한 주에 40시간을, 특정한 날에 8시간을 초과하여 근로하게 할 수 있다. 다만, 특정한 주의 근로시간은 48시간을 초과할 수 없다.

ⓛ 3개월 단위 탄력적 근로시간: 사용자는 근로자대표와의 서면합의에 따라 3개월 이내의 단위기간을 평균하여 1주간의 근로시간이 40시간을 초과하지 아니하는 범위에서 특정한 주에 40시간, 특정한 날에 8시간을 초과하여 근로하게 할 수 있다. 다만, 특정한 주에 52시간, 특정한 날에 12시간을 초과할 수 없다.

ⓒ 3개월을 초과하는 탄력적 근로시간

    ⓐ 사용자는 근로자대표와의 서면합의에 따라 3개월을 초과하고 6개월 이내의 단위기간을 평균하여 1주간의 근로시간이 40시간을 초과하지 아니하는 범위에서 특정한 주에 40시간을, 특정한 날에 8시간을 초과하여 근로하게 할 수 있다. 다만, 특정한 주의 근로시간은 52시간을, 특정한 날의 근로시간은 12시간을 초과할 수 없다.

    ⓑ 사용자는 위 ⓐ에 따라 근로자를 근로시킬 경우에는 근로일 종료 후 다음 근로일 개시 전까지 근로자에게 연속하여 11시간 이상의 휴식시간을 주어야 한다. 다만, 천재지변 등 대통령령으로 정하는 불가피한 경우에는 근로자대표와의 서면합의가 있으면 이에 따른다.

    ⓒ 사용자는 위 ⓐ에 따라 근로자를 근로시킬 경우에는 기존의 임금 수준이 낮아지지 아니하도록 임금항목을 조정 또는 신설하거나 가산임금 지급 등의 임금보전방안을 마련하여 고용노동부장관에게 신고하여야 한다. 다만, 근로자대표와의 서면합의로 임금보전방안을 마련한 경우에는 그러하지 아니하다.

ⓓ 탄력적 근로시간의 제외 근로자: 15세 이상 18세 미만의 근로자 + 임신 중인 여성근로자

▶ **탄력적 근로시간의 비교**

구분	2주 단위	3개월 단위	3개월 초과 (6개월 이내)
결정방법	취업규칙	근로자대표와 서면합의	근로자대표와 서면합의
최장근로	• 1일: 무제한 • 1주: 48시간	• 1일: 12시간 • 1주: 52시간	• 1일: 12시간 • 1주: 52시간
공통점	15세 이상 18세 미만인 근로자 및 임신 중인 근로자는 제외, 연장근로 가능, 임금보전방안 강구(3개월 초과 ⇨ 고용노동부장관에게 신고)		

③ 연장근로시간

    ⊙ 합의연장근로: 당사자간에 합의하면 1주간에 12시간 한도로 근로시간을 연장할 수 있다.

    ⓛ 탄력적 근로시간, 선택적 근로시간: 당사자간에 합의 ⇨ 1주간에 12시간 한도로 근로시간을 연장할 수 있다.

ⓒ 30명 미만 사업장의 연장근로: 상시 30명 미만의 근로자를 사용하는 사용자는 위 ㉠과 ㉡의 연장된 근로시간을 초과할 필요가 있는 사유·기간, 대상 근로자의 범위를 근로자대표와 서면으로 합의한 경우 위 ㉠과 ㉡의 연장근로시간에 더하여 1주간에 8시간을 초과하지 않는 범위에서 근로시간을 연장할 수 있다.

ⓓ 인가연장근로: 사용자는 특별한 사정이 있으면 고용노동부장관의 인가와 근로자의 동의를 받아 1주 12시간을 초과하여 연장할 수 있다(원칙).

④ 연장·야간 및 휴일근로[보상휴가: 근로자대표와 서면합의(고용노동부장관의 승인×) ⇨ 연장근로·야간근로 및 휴일근로에 대하여 임금을 지급하는 것을 갈음하여 휴가를 줄 수 있다]

㉠ 연장근로에 대한 가산임금: 사용자는 연장근로에 대하여는 통상임금의 100분의 50 이상을 가산하여 근로자에게 지급하여야 한다.

㉡ 휴일근로에 대한 가산임금: 위 ㉠에도 불구하고 사용자는 휴일근로에 대하여는 다음의 기준에 따른 금액 이상을 가산하여 근로자에게 지급하여야 한다.

ⓐ 8시간 이내의 휴일근로: 통상임금의 100분의 50

ⓑ 8시간을 초과한 휴일근로: 통상임금의 100분의 100

㉢ 야간근로에 대한 가산임금: 사용자는 야간근로(오후 10시부터 다음 날 오전 6시 사이의 근로)에 대하여는 통상임금의 100분의 50 이상을 가산하여 근로자에게 지급하여야 한다.

⑤ 야간근로와 휴일근로의 제한

18세 이상 여성	근로자의 동의	
임신 중인 여성	명시적 청구	
산후 1년이 지나지 아니한 여성	근로자의 동의	고용노동부장관의 인가
연소자	근로자의 동의	

⑥ 시간외근로: 사용자는 산후 1년이 지나지 아니한 여성에 대하여는 단체협약이 있는 경우라도 1일에 2시간, 1주에 6시간, 1년에 150시간을 초과하는 시간외근로를 시키지 못한다.

휴게시간	사용자는 근로시간이 4시간인 경우에는 30분 이상, 8시간인 경우에는 1시간 이상의 휴게시간을 근로시간 도중에 주어야 하며, 휴게시간은 근로자가 자유롭게 이용할 수 있다.
휴일	① 사용자는 근로자에게 1주에 평균 1회 이상의 유급휴일을 보장하여야 한다. ② 위 ①에 따른 유급휴일은 1주 동안의 소정근로일을 개근한 자에게 주어야 한다. ③ 사용자는 근로자에게 대통령령으로 정하는 휴일(아래 ④)을 유급으로 보장하여야 한다. 다만, 근로자대표와 서면으로 합의한 경우 특정한 근로일로 대체할 수 있다.

④ 위 ③의 본문에서 '대통령령으로 정하는 휴일'이란 「관공서의 공휴일에 관한 규정」에 따른 공휴일 및 같은 영 제3조에 따른 대체공휴일을 말한다.

| 연차 유급휴가 | ① **유급휴가일수**: 1년간 80% 이상 출근한 근로자 ⇨ 15일 |

① **유급휴가일수**: 1년간 80% 이상 출근한 근로자 ⇨ 15일

② **계속근로연수 1년(2년×) 미만 근로자 또는 1년간 80% 미만 출근한 근로자** ⇨ 1개월 개근 시 1일의 유급휴가

③ **가산휴가**: 사용자는 3년 이상 계속 근로한 근로자에게 15일의 유급휴가에 최초 1년을 초과하는 계속 근로연수 매 2년에 대하여 1일을 가산한 유급휴가를 주어야 한다. 이 경우 가산휴가를 포함한 총 휴가일수는 25일을 한도로 한다.

$$\text{가산유급휴가일수} = 15일 + \frac{x - 1년}{2년} \times 1일 \leq 25일$$

④ **연차휴가 시기지정과 시기변경**: 사용자는 연차휴가에 대하여 근로자의 청구가 있는 시기에 주어야 하며, 그 기간에 대하여는 취업규칙이나 그 밖의 정하는 바에 의한 통상임금 또는 평균임금을 지급하여야 한다. 다만, 근로자가 청구한 시기에 휴가를 주는 것이 사업운영에 막대한 지장이 있는 경우에는 그 시기를 변경할 수 있다.

⑤ **출근기간의 인정**: 근로자 ⇨ 업무상 부상 또는 질병으로 휴업한 기간, 임신 중인 여성이 출산전후휴가와 유산·사산휴가로 휴업한 기간, 육아휴직으로 휴업한 기간

⑥ **미사용 휴가의 소멸시효** ⇨ 1년간(계속하여 근로한 기간이 1년 미만인 근로자의 위 ②에 따른 유급휴가는 최초 1년의 근로가 끝날 때까지의 기간을 말한다) 행사하지 아니하면 소멸된다. 다만, 사용자의 귀책사유로 사용하지 못한 경우에는 그러하지 아니하다.

⑦ **연차유급휴가의 사용촉진**

  ㉠ 유급휴가(계속하여 근로한 기간이 1년 미만인 근로자의 연차유급휴가는 제외)의 사용을 촉진하기 위하여 다음의 조치를 하였음에도 불구하고 근로자가 휴가를 사용하지 아니하여 소멸된 경우에는 사용자는 그 사용하지 아니한 휴가에 대하여 보상할 의무가 없고, 소멸시효 중단사유인 사용자의 귀책사유에 해당하지 아니하는 것으로 본다.

    ⓐ 휴가청구권의 소멸시효기간이 끝나기 6개월 전을 기준으로 10일 이내에 사용자가 근로자별로 사용하지 아니한 휴가 일수를 알려 주고, 근로자가 그 사용 시기를 정하여 사용자에게 통보하도록 서면으로 촉구할 것

    ⓑ 위 ⓐ에 따른 촉구에도 불구하고 근로자가 촉구를 받은 때부터 10일 이내에 사용하지 아니한 휴가의 전부 또는 일부의 사용 시기를 정하여 사용자에게 통보하지 아니하면 휴가청구권의 소멸시효기간이 끝나기 2개월 전까지 사용자가 사용하지 아니한 휴가의 사용 시기를 정하여 근로자에게 서면으로 통보할 것

ⓛ 사용자가 계속하여 근로한 기간이 1년 미만인 근로자의 연차유급휴가의 사용을 촉진하기 위하여 다음의 조치를 하였음에도 불구하고 근로자가 휴가를 사용하지 아니하여 소멸된 경우에는 사용자는 그 사용하지 아니한 휴가에 대하여 보상할 의무가 없고, 소멸시효 중단사유인 사용자의 귀책사유에 해당하지 아니하는 것으로 본다.

  ⓐ 최초 1년의 근로기간이 끝나기 3개월 전을 기준으로 10일 이내에 사용자가 근로자별로 사용하지 아니한 휴가 일수를 알려주고, 근로자가 그 사용 시기를 정하여 사용자에게 통보하도록 서면으로 촉구할 것. 다만, 사용자가 서면 촉구한 후 발생한 휴가에 대해서는 최초 1년의 근로기간이 끝나기 1개월 전을 기준으로 5일 이내에 촉구하여야 한다.

  ⓑ 위 ⓐ에 따른 촉구에도 불구하고 근로자가 촉구를 받은 때부터 10일 이내에 사용하지 아니한 휴가의 전부 또는 일부의 사용 시기를 정하여 사용자에게 통보하지 아니하면 최초 1년의 근로기간이 끝나기 1개월 전까지 사용자가 사용하지 아니한 휴가의 사용 시기를 정하여 근로자에게 서면으로 통보할 것. 다만, 위 ⓐ의 단서에 따라 촉구한 휴가에 대해서는 최초 1년의 근로기간이 끝나기 10일 전까지 서면으로 통보하여야 한다.

⑧ **유급휴가의 대체**: 사용자는 근로자대표와의 서면합의(고용노동부장관의 승인×)에 따라 연차유급휴가일을 갈음하여 특정한 근로일(휴무일×)에 근로자를 휴무시킬 수 있다.

---

① **생리휴가**: 여성 근로자 청구 ⇨ 월 1일(무급)

② **출산전후휴가**

  ㉠ **출산전후휴가일수**: 출산 전과 출산 후를 통하여 90일(한 번에 둘 이상 자녀를 임신 ⇨ 120일)의 출산전후휴가를 주어야 한다. 이 경우 휴가기간의 배정은 출산 후에 45일(한 번에 둘 이상 자녀를 임신 ⇨ 60일) 이상이 되어야 한다.

  ㉡ **휴가의 분할사용**: 사용자는 임신 중인 여성 근로자가 유산의 경험 등의 사유로 출산전후휴가를 청구하면 출산 전 어느 때라도 휴가를 나누어 사용할 수 있도록 하여야 한다. 이 경우 출산 후의 휴가기간은 연속하여 45일(한 번에 둘 이상 자녀를 임신 ⇨ 60일) 이상이 되어야 한다.

  ㉢ **유산·사산휴가**: 사용자는 임신 중인 여성이 유산 또는 사산한 경우로서 그 근로자가 청구하면 대통령령으로 정하는 바에 따라 유산·사산휴가를 주어야 한다. 다만, 인공 임신중절 수술에 따른 유산의 경우는 그러하지 아니하다.

  ㉣ **유급일수**: 최초 60일(한 번에 둘 이상 자녀를 임신 ⇨ 75일) ⇨ 유급

  ㉤ **시간외근로의 제한**: 사용자는 임신 중의 여성 근로자에게 시간외근로를 하게 하여서는 아니 된다.

  ㉥ **직무복귀**: 사업주는 출산전후휴가 종료 후에는 휴가 전과 동일한 업무 또는 동등한 수준의 임금을 지급하는 직무에 복귀시켜야 한다.

여성보호

ⓐ 임신기간 근로시간 단축: 사용자는 임신 후 12주 이내 또는 36주 이후에 있는 여성 근로자가 1일 2시간의 근로시간 단축을 신청하는 경우 이를 허용하여야 한다. 다만, 1일 근로시간이 8시간 미만인 근로자에 대하여는 1일 근로시간이 6시간이 되도록 근로시간 단축을 허용할 수 있다.

③ 유급 수유시간: 생후 1년 미만의 유아를 가진 여성근로자가 청구하면 1일 2회 각 각 30분 이상의 유급 수유시간을 주어야 한다.

직장 내 괴롭힘의 금지	① **직장 내 괴롭힘의 금지**: 사용자 또는 근로자는 직장에서의 지위 또는 관계 등의 우위를 이용하여 업무상 적정범위를 넘어 다른 근로자에게 신체적·정신적 고통을 주거나 근무환경을 악화시키는 행위(이하 '직장 내 괴롭힘'이라 한다)를 하여서는 아니 된다. ② **직장 내 괴롭힘 발생 시 조치** ㄱ 신고: 누구든지 직장 내 괴롭힘 발생 사실을 알게 된 경우 그 사실을 사용자에게 신고할 수 있다. ㄴ 사실 확인 조사: 사용자는 위 ㄱ에 따른 신고를 접수하거나 직장 내 괴롭힘 발생 사실을 인지한 경우에는 지체 없이 그 사실 확인을 위한 조사를 실시하여야 한다. ㄷ 조사 실시 중 피해근로자등에 대한 보호 조치: 사용자는 위 ㄴ에 따른 조사 기간 동안 직장 내 괴롭힘과 관련하여 피해를 입은 근로자 또는 피해를 입었다고 주장하는 근로자(이하 '피해근로자등'이라 한다)를 보호하기 위하여 필요한 경우 해당 피해근로자등에 대하여 근무장소의 변경, 유급휴가 명령 등 적절한 조치를 하여야 한다. 이 경우 사용자는 피해근로자등의 의사에 반하는 조치를 하여서는 아니 된다. ㄹ 사실 확인 시 피해근로자에 대한 조치: 사용자는 위 ㄴ에 따른 조사 결과 직장 내 괴롭힘 발생 사실이 확인된 때에는 피해근로자가 요청하면 근무장소의 변경, 배치전환, 유급휴가 명령 등 적절한 조치를 하여야 한다. ㅁ 행위자에 대한 조치: 사용자는 위 ㄴ에 따른 조사 결과 직장 내 괴롭힘 발생 사실이 확인된 때에는 지체 없이 행위자에 대하여 징계, 근무장소의 변경 등 필요한 조치를 하여야 한다. 이 경우 사용자는 징계 등의 조치를 하기 전에 그 조치에 대하여 피해근로자의 의견을 들어야 한다. ㅂ 불리한 처우 금지: 사용자는 직장 내 괴롭힘 발생 사실을 신고한 근로자 및 피해근로자등에게 해고나 그 밖의 불리한 처우를 하여서는 아니 된다. ㅅ 비밀유지 의무: 위 ㄴ에 따라 직장 내 괴롭힘 발생 사실을 조사한 사람, 조사 내용을 보고받은 사람 및 그 밖에 조사 과정에 참여한 사람은 해당 조사 과정에서 알게 된 비밀을 피해근로자등의 의사에 반하여 다른 사람에게 누설하여서는 아니 된다. 다만, 조사와 관련된 내용을 사용자에게 보고하거나 관계 기관의 요청에 따라 필요한 정보를 제공하는 경우는 제외한다.

근로시간, 휴게와 휴일에 관한 규정의 적용제외 근로자	근로시간, 휴게와 휴일에 관한 규정은 다음에 해당하는 근로자에 대하여는 적용하지 아니한다. ① 토지의 경작·개간, 식물의 식재·재배·채취 사업, 그 밖의 농림 사업 ② 동물의 사육, 수산 동식물의 채취·포획·양식 사업, 그 밖의 축산, 양잠, 수산 사업 ③ 감시(監視) 또는 단속적(斷續的)으로 근로에 종사하는 사람으로서 사용자가 고용노동부장관의 승인을 받은 사람 ④ 사업의 종류에 관계없이 관리·감독 업무 또는 기밀을 취급하는 업무에 종사하는 근로자

최저임금법

적용대상	근로자를 사용하는 모든 사업 또는 사업장(적용제외: 동거친족만을 사용하는 사업장, 가사 사용인, 선원법의 적용을 받는 자)
결정기준 및 구분	① 결정기준: 최저임금은 근로자의 생계비, 유사 근로자의 임금, 노동생산성 및 소득분배율(기업의 지불능력×) 등을 고려하여 정한다. 이 경우 사업의 종류별로 구분하여 정할 수 있다. ② 구분: 사업의 종류별 구분은 최저임금위원회의 심의를 거쳐 고용노동부장관이 정한다.
최저 임금액	① 결정: 최저임금액 ⇨ 시간·일·주·월 단위로 정한다. 이 경우 일·주·월 단위로 정한 때 ⇨ 시간급으로도 표시 ② 수습 중에 있는 근로자의 최저임금액 　㉠ 대상 근로자: 1년 이상의 기간을 정하여 근로계약을 체결하고 수습 중에 있는 근로자로서 수습을 시작한 날부터 3개월 이내인 사람에 대하여는 대통령령으로 정하는 바(아래 ㉡)에 따라 위 ①에 따른 최저임금액과 다른 금액으로 최저임금액을 정할 수 있다. 단순노무업무로 고용노동부장관이 정하여 고시한 직종에 종사하는 근로자는 제외한다. 　㉡ 수습 중에 있는 근로자에 대한 최저임금액: 위 ㉠의 본문에 따라 1년 이상의 기간을 정하여 근로계약을 체결하고 수습 중에 있는 근로자로서 수습을 시작한 날부터 3개월 이내인 사람에 대해서는 위 ①의 후단에 따른 시간급 최저임금액(최저임금으로 정한 금액을 말한다)에서 100분의 10을 뺀 금액을 그 근로자의 시간급 최저임금액으로 한다. ③ 도급제 등의 경우 최저임금액 결정 　㉠ 임금이 통상적으로 도급제나 그 밖에 이와 비슷한 형태로 정하여져 있는 경우로서 위 ①에 따라 최저임금액을 정하는 것이 적당하지 아니하다고 인정되면 대통령령으로 정하는 바(아래 ㉡)에 따라 최저임금액을 따로 정할 수 있다.

	㉡ 위 ㉠에 따라 임금이 도급제나 그 밖에 이와 비슷한 형태로 정해진 경우에 근로시간을 파악하기 어렵거나 그 밖에 위 ①에 따라 최저임금액을 정하는 것이 적합하지 않다고 인정되면 해당 근로자의 생산고 또는 업적의 일정단위에 의하여 최저임금액을 정한다.
최저 임금의 효력	① 사용자 ⇨ 최저임금적용 근로자에게 최저임금액 이상의 임금을 지급하여야 한다 (위반: 3년 이하의 징역 또는 2천만원 이하의 벌금). ② 사용자 ⇨ 최저임금을 이유로 종전의 임금수준을 낮추어서는 아니 된다(위반: 3년 이하의 징역 또는 2천만원 이하의 벌금). ③ 최저임금적용 근로자와 사용자 사이의 근로계약 중 최저임금액에 미치지 못하는 금액을 임금으로 정한 부분은 무효로 하며, 이 경우 무효로 된 부분은 최저임금액과 동일한 임금을 지급하기로 정한 것으로 본다. ④ 최저임금의 지급의무면제: 위 ①과 ③은 다음의 어느 하나에 해당하는 사유로 근로하지 아니한 시간 또는 일에 대하여 사용자가 임금을 지급할 것을 강제하는 것은 아니다. ㉠ 근로자가 자기의 사정으로 소정근로시간 또는 소정의 근로일의 근로를 하지 아니한 경우 ㉡ 사용자가 정당한 이유로 근로자에게 소정근로시간 또는 소정의 근로일의 근로를 시키지 아니한 경우
연대책임	도급인이 책임져야 할 사유로 수급인이 근로자에게 최저임금액에 미치지 못하는 임금을 지급한 경우 도급인은 해당 수급인과 연대하여 책임을 진다.
최저 임금의 적용제외	다음에 해당하는 사람으로서 사용자가 고용노동부장관의 인가를 받은 사람에 대하여는 최저임금의 효력에 관한 규정을 적용하지 아니한다. ① 정신장애나 신체장애로 근로능력이 현저히 낮은 사람 ② 최저임금을 적용하는 것이 적당하지 아니하다고 인정되는 사람
최저 임금의 결정	① 최저임금의 결정: 고용노동부장관(최저임금위원회×) ⇨ 매년 8월 5일까지 최저임금을 결정(최저임금위원회가 심의하여 의결한 최저임금안에 따라 최저임금을 결정)하여야 한다. ② 최저임금안의 제출: 위원회는 위 ①의 후단에 따라 고용노동부장관으로부터 최저임금에 관한 심의 요청을 받은 경우 이를 심의하여 최저임금안을 의결하고 심의 요청을 받은 날부터 90일 이내에 고용노동부장관에게 제출하여야 한다. ③ 재심의 요청: 고용노동부장관은 위 ②에 따라 위원회가 심의하여 제출한 최저임금안에 따라 최저임금을 결정하기가 어렵다고 인정되면 20일 이내에 그 이유를 밝혀 위원회에 10일 이상의 기간을 정하여 재심의를 요청할 수 있다. ④ 최저임금안에 대한 이의제기 ㉠ 최저임금안의 고시: 고용노동부장관은 위원회로부터 최저임금안을 제출받은 때에는 대통령령으로 정하는 바에 따라 최저임금안을 고시하여야 한다.

	ⓛ 이의제기: 근로자를 대표하는 자나 사용자를 대표하는 자는 위 ⓖ에 따라 고시된 최저임금안에 대하여 이의가 있으면 고시된 날부터 10일 이내에 대통령령으로 정하는 바에 따라 고용노동부장관에게 이의를 제기할 수 있다. ⑤ 최저임금액의 고시: 고용노동부장관 ⇨ 최저임금을 결정한 때에는 지체 없이 그 내용을 고시하여야 한다(2024년 최저임금액: 9,860원 / 시간급). ⑥ 효력 발생: 고시된 최저임금은 다음 연도 1월 1일부터 효력이 발생한다.
최저임금 위원회	최저임금에 관한 심의와 그 밖에 최저임금에 관한 중요 사항을 심의하기 위하여 고용노동부에 최저임금위원회를 둔다.
생계비 등의 조사	고용노동부장관은 근로자의 생계비와 임금실태 등을 매년 조사하여야 한다.
주지의무	사용자 ⇨ 근로자가 쉽게 볼 수 있는 장소에 게시하거나 근로자에게 주지 ① 최저임금의 내용 ⇨ 효력발생일 전날까지 주지 ② 위반 ⇨ 100만원 이하의 과태료

핵심 07 근로자퇴직급여 보장법

정의	① 급여: 퇴직급여제도나 개인형 퇴직연금제도에 의하여 근로자에게 지급되는 연금 또는 일시금을 말한다. ② 퇴직급여제도: 확정급여형 퇴직연금제도, 확정기여형 퇴직연금제도, 중소기업퇴직연금기금제도 및 퇴직금제도를 말한다. ③ 퇴직연금제도: 확정급여형 퇴직연금제도, 확정기여형 퇴직연금제도 및 개인형 퇴직연금제도를 말한다. ④ 확정급여형 퇴직연금제도: 근로자가 지급받을 급여의 수준이 사전에 결정되어 있는 퇴직연금제도를 말한다. ⑤ 확정기여형 퇴직연금제도: 급여의 지급을 위하여 사용자가 부담하여야 할 부담금의 수준이 사전에 결정되어 있는 퇴직연금제도를 말한다. ⑥ 개인형 퇴직연금제도: 가입자의 선택에 따라 가입자가 납입한 일시금이나 사용자 또는 가입자가 납입한 부담금을 적립·운용하기 위하여 설정한 퇴직연금제도로서 급여의 수준이나 부담금의 수준이 확정되지 아니한 퇴직연금제도를 말한다. ⑦ 가입자: 퇴직연금제도 또는 중소기업퇴직연금기금제도에 가입한 사람(근로자)을 말한다. ⑧ 적립금: 가입자의 퇴직 등 지급사유가 발생한 때에 급여의 지급을 위하여 사용자 또는 가입자가 납입한 부담금으로 적립된 자금을 말한다.

	⑨ **중소기업퇴직연금기금제도**: 중소기업(상시 30명 이하의 근로자를 사용하는 사업에 한정) 근로자의 안정적인 노후생활 보장을 지원하기 위하여 둘 이상의 중소기업 사용자 및 근로자가 납입한 부담금 등으로 공동의 기금을 조성·운영하여 근로자에게 급여를 지급하는 제도를 말한다.
적용범위	근로자를 사용하는 모든 사업 또는 사업장에 적용(예외: 동거의 친족만을 사용하는 사업 및 가구 내 고용활동)한다.
퇴직급여 제도	① **설정의무**: 사용자는 퇴직하는 근로자에게 급여를 지급하기 위하여 퇴직급여제도 중 하나 이상의 제도를 설정하여야 한다(제외: 계속근로기간 ▷ 1년 미만인 근로자, 4주간을 평균하여 1주간의 소정근로시간 ▷ 15시간 미만인 근로자). ② **차등 금지**: 퇴직급여제도를 설정하는 경우 하나의 사업에서 차등을 두어서는 아니 된다. ③ **퇴직급여제도의 설정 및 종류 변경**: 퇴직급여제도를 설정하거나 설정된 퇴직급여제도를 다른 종류의 퇴직급여제도로 변경 ▷ 근로자대표(근로자 과반수가 가입한 노동조합, 근로자 과반수가 가입한 노동조합이 없는 경우에는 근로자 과반수)의 동의를 받아야 한다. ④ **퇴직급여제도의 내용 변경**: 설정되거나 변경된 퇴직급여제도의 내용 변경 ▷ 근로자대표의 의견을 들어야 한다. 다만, 근로자에게 불리하게 변경 ▷ 근로자대표의 동의를 받아야 한다.
새로 성립된 사업의 퇴직급여 제도	새로 성립된 사업(2012년 7월 26일 이후)의 사용자는 근로자대표의 의견(동의×)을 들어 사업의 성립 후 1년 이내에 확정급여형 퇴직연금제도나 확정기여형 퇴직연금제도를 설정하여야 한다.
수급권의 보호	① **원칙**: 퇴직연금제도(중소기업퇴직연금기금제도를 포함)의 급여를 받을 권리는 양도 또는 압류하거나 담보로 제공할 수 없다. ② **예외**: 가입자가 주택을 구입하는 등의 사유 ▷ 담보로 제공할 수 있다.
퇴직금 제도	① **퇴직금제도 설정**: 퇴직금제도를 설정하고자 하는 사용자는 계속근로기간 1년에 대하여 30일분 이상의 평균임금을 퇴직금으로 지급할 수 있는 제도를 설정하여야 한다. ② **퇴직금 중간정산**: 주택구입 등의 사유로 근로자가 요구하는 경우 ▷ 퇴직하기 전에 퇴직금을 미리 정산하여 지급할 수 있다. 이 경우 미리 정산하여 지급한 후의 퇴직금 산정을 위한 계속근로기간은 정산시점부터 새로 계산한다. ③ **보존기간**: 퇴직금 중간정산 관련 증명서류 보존 ▷ 퇴식한 후 5년 ④ **퇴직금의 지급**: 지급사유 발생 ▷ 14일 이내에 지급하여야 한다. 다만, 특별한 사정이 있는 경우에는 당사자간의 합의에 의하여 지급기일을 연장할 수 있다. ⑤ **퇴직금의 소멸시효**: 3년

퇴직연금 제도의 담보제공 사유	① 무주택자인 가입자가 본인 명의로 주택을 구입하는 경우(한도 ▷ 적립금의 100분의 50)
	② 무주택자인 가입자가 주거를 목적으로 「민법」에 따른 전세금 또는 「주택임대차보호법」에 따른 보증금을 부담하는 경우. 이 경우 가입자가 하나의 사업에 근로하는 동안 1회로 한정한다(한도 ▷ 적립금의 100분의 50).
	③ 가입자가 6개월 이상 요양을 필요로 하는 가입자 본인, 가입자의 배우자, 가입자 또는 가입자의 배우자의 부양가족의 질병이나 부상에 대한 의료비를 부담하는 경우(한도 ▷ 적립금의 100분의 50)
	④ 담보를 제공하는 날부터 거꾸로 계산하여 5년 이내에 가입자가 파산선고를 받은 경우(한도 ▷ 적립금의 100분의 50)
	⑤ 담보를 제공하는 날부터 거꾸로 계산하여 5년 이내에 가입자가 개인회생절차개시 결정을 받은 경우(한도 ▷ 적립금의 100분의 50)
	⑥ 가입자 본인, 가입자의 배우자, 가입자 또는 가입자의 배우자의 부양가족의 대학등록금, 혼례비 또는 장례비를 가입자가 부담하는 경우(한도 ▷ 적립금의 100분의 50)
	⑦ 사업주의 휴업 실시로 근로자의 임금이 감소하거나 재난으로 피해를 입은 경우로서 고용노동부장관이 정하여 고시하는 사유와 요건에 해당하는 경우(임금 감소 또는 재난으로 입은 가입자의 피해 정도 등을 고용노동부장관이 정하여 고시하는 한도)
퇴직금의 중간정산 사유	① 무주택자인 근로자가 본인 명의로 주택을 구입하는 경우
	② 무주택자인 근로자가 주거를 목적으로 「민법」에 따른 전세금 또는 「주택임대차보호법」에 따른 보증금을 부담하는 경우. 이 경우 근로자가 하나의 사업에 근로하는 동안 1회로 한정한다.
	③ 근로자가 6개월 이상 요양을 필요로 하는 근로자 본인, 근로자의 배우자, 근로자 또는 그 배우자의 부양가족의 질병이나 부상에 대한 의료비를 해당 근로자가 본인 연간 임금총액의 1천분의 125를 초과하여 부담하는 경우
	④ 퇴직금 중간정산을 신청하는 날부터 거꾸로 계산하여 5년 이내에 근로자가 파산선고를 받은 경우
	⑤ 퇴직금 중간정산을 신청하는 날부터 거꾸로 계산하여 5년 이내에 근로자가 개인회생절차개시 결정을 받은 경우
	⑥ 사용자가 기존의 정년을 연장하거나 보장하는 조건으로 단체협약 및 취업규칙 등을 통하여 일정 나이, 근속시점 또는 임금액을 기준으로 임금을 줄이는 제도를 시행하는 경우
	⑦ 사용자가 근로자와의 합의에 따라 소정근로시간을 1일 1시간 또는 1주 5시간 이상 단축함으로써 단축된 소정근로시간에 따라 근로자가 3개월 이상 계속 근로하기로 한 경우

	⑧ 법률 제15513호「근로기준법」일부개정법률의 시행에 따른 근로시간의 단축으로 근로자의 퇴직금이 감소되는 경우 ⑨ 재난으로 피해를 입은 경우로서 고용노동부장관이 정하여 고시하는 사유에 해당하는 경우
퇴직급여 제도의 미설정	사용자가 퇴직급여제도나 개인형 퇴직연금제도를 설정하지 아니한 경우에는 퇴직금제도를 설정한 것으로 본다.
퇴직급여 등의 최우선 변제	① 우선변제: 질권·저당권에 우선하는 조세·공과금 > 질권 또는 저당권에 의한 담보채권 > 퇴직급여 등 > 조세·공과금 및 채권 ② 최우선변제: 최종 3년간의 퇴직급여 등 > 질권·저당권에 우선하는 조세·공과금 > 질권 또는 저당권에 의한 담보채권 > 최종 3년간 이외의 퇴직금 > 조세·공과금 및 채권
확정 급여형 퇴직연금 제도	① 확정급여형 퇴직연금제도의 설정: 사용자 ⇨ 근로자대표의 동의를 얻거나 의견을 들어 확정급여형 퇴직연금규약을 작성하여 고용노동부장관에게 신고하여야 한다. ② 가입기간 　㉠ 가입기간은 퇴직연금제도의 설정 이후 해당 사업에서 근로를 제공하는 기간으로 한다. 　㉡ 해당 퇴직연금제도의 설정 전에 해당 사업에서 제공한 근로기간에 대하여도 가입기간으로 할 수 있다. 이 경우 퇴직금을 미리 정산한 기간은 제외한다. ③ 급여 수준: 가입자의 퇴직일을 기준으로 산정한 일시금이 계속근로기간 1년에 대하여 30일분 이상의 평균임금이 되도록 하여야 한다. ④ 급여 지급능력의 확보: 확정급여형 퇴직연금제도를 설정한 사용자 ⇨ 급여 지급능력을 확보하기 위하여 매 사업연도 말 기준책임준비금에 100분의 60 이상으로 대통령령으로 정하는 비율을 곱하여 산출한 금액(최소적립금) 이상을 적립금으로 적립하여야 한다. ⑤ 급여의 종류 및 수급요건: 급여의 종류는 연금 또는 일시금으로 하되, 수급요건은 다음과 같다. 　㉠ 연금은 55세 이상으로서 가입기간이 10년 이상인 가입자에게 지급할 것 ⇨ 이 경우 연금의 지급기간은 5년 이상이어야 한다. 　㉡ 일시금은 연금수급 요건을 갖추지 못하거나 일시금 수급을 원하는 가입자에게 지급하여야 한다. ⑥ 운용현황의 통지: 퇴직연금사업자 ⇨ 매년 1회 이상 적립금액 및 운용수익률 등을 고용노동부령으로 정하는 바에 따라 가입자에게 알려야 한다.

확정 기여형 퇴직연금 제도	① **확정기여형 퇴직연금제도의 설정**: 사용자 ⇨ 근로자대표의 동의를 얻거나 의견을 들어 확정기여형 퇴직연금규약을 작성하여 고용노동부장관에게 신고하여야 한다. ② **부담금의 부담수준**: 확정기여형 퇴직연금제도를 설정한 사용자 ⇨ 가입자의 연간 임금총액의 12분의 1 이상에 해당하는 부담금을 현금으로 가입자의 확정기여형 퇴직연금제도 계정에 납입하여야 한다. ③ **추가부담금**: 가입자 ⇨ 사용자가 부담하는 부담금 외에 스스로 부담하는 추가부담금을 가입자의 확정기여형 퇴직연금 계정에 납입할 수 있다. ④ **납입방법**: 사용자 ⇨ 매년 1회 이상 정기적으로 부담금을 가입자의 확정기여형 퇴직연금제도 계정에 납입하여야 한다. 이 경우 정해진 기일까지 부담금을 납입하지 않은 경우 그 다음 날부터 부담금을 납입한 날까지 지연 일수에 대해 연 100분의 40 이내의 범위에서 「은행법」에 따른 지연이자를 납입하여야 한다. ⑤ **적립금 운용방법 및 정보제공** 　㉠ **운용방법의 선정 및 변경**: 확정기여형 퇴직연금제도의 가입자는 적립금의 운용방법을 스스로 선정할 수 있고, 반기마다 1회 이상 적립금의 운용방법을 변경할 수 있다(확정급여형 퇴직연금제도×). 　㉡ **운용방법의 제시**: 퇴직연금사업자는 반기마다 1회 이상 위험과 수익구조가 서로 다른 세 가지 이상의 적립금 운용방법을 제시하여야 한다. ⑥ **적립금의 중도인출**: 확정기여형 퇴직연금제도(확정급여형 퇴직연금제도×)에 가입한 근로자는 주택구입 등 다음의 사유가 발생하면 적립금을 중도인출할 수 있다. 　㉠ 무주택자인 가입자가 본인 명의로 주택을 구입하는 경우 　㉡ 무주택자인 가입자가 주거를 목적으로 「민법」에 따른 전세금 또는 「주택임대차보호법」에 따른 보증금을 부담하는 경우. 이 경우 가입자가 하나의 사업 또는 사업장에 근로하는 동안 1회로 한정한다. 　㉢ 가입자가 6개월 이상 요양을 필요로 하는 다음의 어느 하나에 해당하는 사람의 질병이나 부상에 대한 의료비를 본인 연간 임금총액의 1천분의 125를 초과하여 부담하는 경우 　　ⓐ 가입자 본인 　　ⓑ 가입자의 배우자 　　ⓒ 가입자 또는 그 배우자의 부양가족(소득세법에 따른 부양가족) 　㉣ 재난으로 피해를 입은 경우로서 고용노동부장관이 정하여 고시하는 사유에 해당하는 경우 　㉤ 중도인출을 신청한 날부터 거꾸로 계산하여 5년 이내에 가입자가 「채무자 회생 및 파산에 관한 법률」에 따라 파산선고를 받은 경우 　㉥ 중도인출을 신청한 날부터 거꾸로 계산하여 5년 이내에 가입자가 「채무자 회생 및 파산에 관한 법률」에 따라 개인회생절차개시 결정을 받은 경우

	ⓢ 퇴직연금제도의 급여를 받을 권리를 담보로 제공하고 대출을 받은 가입자가 그 대출 원리금을 상환하기 위한 경우로서 고용노동부장관이 정하여 고시하는 사유에 해당하는 경우
개인형 퇴직연금 제도	① **개인형 퇴직연금제도의 설정**: 다음의 어느 하나에 해당하는 사람은 개인형 퇴직연금제도를 설정할 수 있다. 　㉠ 퇴직급여제도의 일시금을 수령한 사람 　㉡ 확정급여형 퇴직연금제도 또는 확정기여형 퇴직연금제도 또는 중소기업퇴직연금기금제도의 가입자로서 자기의 부담으로 개인형 퇴직연금제도를 추가로 설정하려는 사람 　㉢ 자영업자 등 안정적인 노후소득 확보가 필요한 사람으로서 대통령령으로 정하는 사람 ② **부담금의 납입**: 개인형 퇴직연금제도를 설정한 사람은 자기의 부담으로 개인형 퇴직연금제도의 부담금을 납입한다. 다만, 대통령령으로 정하는 한도(이전 사업에서 받은 퇴직급여제도의 일시금 등을 제외한 금액으로 연간 1천800만원)를 초과하여 부담금을 납입할 수 없다. ③ **급여 종류별 수급요건**: 개인형 퇴직연금제도의 급여 종류별 수급요건은 다음의 구분과 같다. 　㉠ 연금: 55세 이상인 가입자에게 지급 ⇨ 이 경우 연금의 지급기간은 5년 이상이어야 한다. 　㉡ 일시금: 55세 이상으로서 일시금 수급을 원하는 가입자에게 지급
특례	상시 10인 미만의 근로자를 사용하는 사업 ⇨ 개별 근로자의 동의를 받거나 근로자의 요구에 따라 개인형 퇴직연금제도를 설정하는 경우에는 해당 근로자에 대하여 퇴직급여제도를 설정한 것으로 본다.
사용자의 책무	① **퇴직연금제도 운영상황 교육**: 퇴직연금제도(개인형 퇴직연금제도는 제외)를 설정한 사용자는 매년 1회 이상 가입자에게 해당 사업의 퇴직연금제도 운영상황 등 대통령령으로 정하는 사항에 관한 교육을 하여야 한다. 이 경우 사용자는 퇴직연금사업자에게 그 교육의 실시를 위탁할 수 있다. ② **사용자의 금지행위**: 퇴직연금제도를 설정한 사용자는 다음의 어느 하나에 해당하는 행위를 하여서는 아니 된다. 　㉠ 자기 또는 제3자의 이익을 도모할 목적으로 운용관리업무 및 자산관리업무의 수행계약을 체결하는 행위 　㉡ 그 밖에 퇴직연금제도의 적절한 운영을 방해하는 행위

정의	① **차별**: 사업주가 근로자에게 성별, 혼인, 가족 안에서의 지위, 임신 또는 출산 등의 사유로 합리적인 이유 없이 채용 또는 근로의 조건을 다르게 하거나 그 밖의 불리한 조치를 하는 경우[사업주가 채용조건이나 근로조건은 동일하게 적용하더라도 그 조건을 충족할 수 있는 남성 또는 여성이 다른 한 성(性)에 비하여 현저히 적고 그에 따라 특정 성에게 불리한 결과를 초래하며 그 조건이 정당한 것임을 증명할 수 없는 경우를 포함]를 말한다. 다만, 다음의 어느 하나에 해당하는 경우는 제외한다. ㄱ 직무의 성격에 비추어 특정 성이 불가피하게 요구되는 경우 ㄴ 여성 근로자의 임신·출산·수유 등 모성보호를 위한 조치를 하는 경우 ㄷ 그 밖에 「남녀고용평등과 일·가정 양립 지원에 관한 법률」 또는 다른 법률에 따라 적극적 고용개선조치를 하는 경우 ② **직장 내 성희롱**: 사업주·상급자 또는 근로자가 직장 내의 지위를 이용하거나 업무와 관련하여 다른 근로자에게 성적 언동 등으로 성적 굴욕감 또는 혐오감을 느끼게 하거나 성적 언동 또는 그 밖의 요구 등에 따르지 아니하였다는 이유로 근로조건 및 고용에서 불이익을 주는 것을 말한다. ③ **적극적 고용개선조치**: 현존하는 남녀 간의 고용차별을 없애거나 고용평등을 촉진하기 위하여 잠정적으로 특정 성을 우대하는 조치를 말한다. ④ **근로자**: 사업주에게 고용된 사람과 취업할 의사를 가진 사람을 말한다.
적용범위	근로자를 사용하는 모든 사업 또는 사업장에 적용(예외: 동거하는 친족만으로 이루어지는 사업 또는 사업장과 가사 사용인)하여야 한다.
차별금지	① 사업주는 동일한 사업 내의 동일 가치 노동에 대하여는 동일한 임금을 지급하여야 한다. ② 사업주가 임금차별을 목적으로 설립한 별개의 사업은 동일한 사업으로 본다. ③ 사업주는 여성 근로자의 혼인, 임신 또는 출산을 퇴직 사유로 예정하는 근로계약을 체결하여서는 아니 된다.
성희롱 예방 교육	① **교육의 실시**: 사업주는 직장 내 성희롱을 예방하고 근로자가 안전한 근로환경에서 일할 수 있는 여건을 조성하기 위하여 직장 내 성희롱의 예방을 위한 교육(이하 '성희롱 예방 교육'이라 한다)을 매년 실시하여야 한다. ② **교육의무**: 사업주 및 근로자 ⇨ 성희롱 예방 교육을 받아야 한다. ③ **교육내용의 열람 등**: 사업주는 성희롱 예방 교육의 내용을 근로자가 자유롭게 열람할 수 있는 장소에 항상 게시하거나 갖추어 두어 근로자에게 널리 알려야 한다. ④ **사업주의 조치** ㄱ 사업주는 고용노동부령으로 정하는 기준(아래 ㄴ)에 따라 직장 내 성희롱 예방 및 금지를 위한 조치를 하여야 한다.

ⓛ 사업주는 위 ㉠에 따라 직장 내 성희롱 예방 및 금지를 위하여 성희롱 예방지침을 마련하고 사업장 내 근로자가 자유롭게 열람할 수 있는 장소에 항상 게시하거나 갖추어 두어야 한다.

ⓒ 위 ⓛ에 따른 성희롱 예방지침에는 다음의 사항이 포함되어야 한다.

ⓐ 직장 내 성희롱 관련 상담 및 고충 처리에 필요한 사항

ⓑ 직장 내 성희롱 조사절차

ⓒ 직장 내 성희롱 발생 시 피해자 보호절차

ⓓ 직장 내 성희롱 행위자 징계 절차 및 징계 수준

ⓔ 그 밖에 직장 내 성희롱 예방 및 금지를 위하여 필요한 사항

⑤ **교육횟수**: 사업주 ⇨ 성희롱 예방을 위한 교육을 연 1회 이상 실시하여야 한다.

⑥ **교육내용**: 성희롱 예방 교육에는 다음의 내용이 포함되어야 한다.

㉠ 직장 내 성희롱에 관한 법령

ⓛ 해당 사업장의 직장 내 성희롱 발생 시의 처리 절차와 조치 기준

ⓒ 해당 사업장의 직장 내 성희롱 피해 근로자의 고충상담 및 구제 절차

ⓔ 그 밖에 직장 내 성희롱 예방에 필요한 사항

⑦ **교육방법**: 예방 교육 ⇨ 사업의 규모나 특성 등을 고려하여 직원연수·조회·회의, 인터넷 등 정보통신망을 이용한 사이버 교육 등을 통하여 실시할 수 있다(예외: 단순히 교육자료 등을 배포·게시 또는 전자우편을 보내거나 게시판에 공지하는 데 그치는 등 근로자에게 교육 내용이 제대로 전달되었는지 확인하기 곤란한 경우에는 예방 교육을 한 것으로 보지 아니한다).

⑧ **교육내용 및 방법의 적용 예외 사업**: 다음에 해당하는 사업의 사업주 ⇨ 근로자가 알 수 있도록 홍보물을 게시·배포하는 방법으로 예방 교육을 할 수 있다.

㉠ 상시 10명 미만의 근로자를 고용하는 사업

ⓛ 사업주 및 근로자 모두가 남성 또는 여성 중 어느 한 성(性)으로 구성된 사업

⑨ **교육의 위탁**

㉠ **위탁기관의 지정**: 사업주는 성희롱 예방 교육을 고용노동부장관이 지정하는 기관에 위탁하여 실시할 수 있다.

ⓛ **강사**: 성희롱 예방 교육기관은 고용노동부령으로 정하는 기관 중에서 지정하되, 고용노동부령으로 정하는 강사를 1명 이상 두어야 한다.

ⓒ **지정취소**: 고용노동부장관은 성희롱 예방 교육기관이 다음의 어느 하나에 해당하면 그 지정을 취소할 수 있다.

ⓐ 거짓이나 그 밖의 부정한 방법으로 지정을 받은 경우

ⓑ 정당한 사유 없이 강사를 3개월 이상 계속하여 두지 아니한 경우

ⓒ 2년 동안 직장 내 성희롱 예방 교육 실적이 없는 경우

직장 내 성희롱 발생 시 조치	① 직장 내 성희롱 발생 시 조치 　㉠ 신고: 누구든지 직장 내 성희롱 발생 사실을 알게 된 경우 그 사실을 해당 사업주에게 신고할 수 있다. 　㉡ 조사 등: 사업주는 위 ㉠에 따른 신고를 받거나 직장 내 성희롱 발생 사실을 알게 된 경우에는 지체 없이 그 사실 확인을 위한 조사를 하여야 한다. 이 경우 사업주는 직장 내 성희롱과 관련하여 피해를 입은 근로자 또는 피해를 입었다고 주장하는 근로자(이하 '피해근로자등'이라 한다)가 조사 과정에서 성적 수치심 등을 느끼지 아니하도록 하여야 한다. 　㉢ 피해근로자등의 보호: 사업주는 위 ㉡에 따른 조사 기간 동안 피해근로자등을 보호하기 위하여 필요한 경우 해당 피해근로자등에 대하여 근무장소의 변경, 유급휴가 명령 등 적절한 조치를 하여야 한다. 이 경우 사업주는 피해근로자등의 의사에 반하는 조치를 하여서는 아니 된다. 　㉣ 피해근로자 요청에 따른 조치: 사업주는 위 ㉡에 따른 조사 결과 직장 내 성희롱 발생 사실이 확인된 때에는 피해근로자가 요청하면 근무장소의 변경, 배치전환, 유급휴가 명령 등 적절한 조치를 하여야 한다. 　㉤ 성희롱 행위자에 대한 조치: 사업주는 위 ㉡에 따른 조사 결과 직장 내 성희롱 발생 사실이 확인된 때에는 지체 없이 직장 내 성희롱 행위를 한 사람에 대하여 징계, 근무장소의 변경 등 필요한 조치를 하여야 한다. 이 경우 사업주는 징계 등의 조치를 하기 전에 그 조치에 대하여 직장 내 성희롱 피해를 입은 근로자의 의견을 들어야 한다. ② 비밀누설 금지: 직장 내 성희롱 발생 사실을 조사한 사람, 조사 내용을 보고받은 사람 또는 그 밖에 조사 과정에 참여한 사람은 해당 조사 과정에서 알게 된 비밀을 피해근로자등의 의사에 반하여 다른 사람에게 누설하여서는 아니 된다. 다만, 조사와 관련된 내용을 사업주에게 보고하거나 관계 기관의 요청에 따라 필요한 정보를 제공하는 경우는 제외한다.
배우자 출산휴가	① 휴가기간: 사업주는 근로자가 배우자의 출산을 이유로 휴가(배우자 출산휴가)를 청구하는 경우에 10일의 휴가를 주어야 한다. 이 경우 사용한 휴가기간은 유급으로 한다. ② 지급책임의 면제: 위 ①의 후단에도 불구하고 출산전후휴가 급여 등이 지급된 경우에는 그 금액의 한도에서 지급의 책임을 면한다. ③ 청구기한: 근로자의 배우자가 출산한 날부터 90일이 지나면 청구할 수 없다. ④ 분할사용: 배우자 출산휴가는 1회에 한정하여 나누어 사용할 수 있다. ⑤ 불리한 처우의 금지: 사업주는 배우자 출산휴가를 이유로 근로자를 해고하거나 그 밖의 불리한 처우를 하여서는 아니 된다.

난임치료 휴가	사업주는 근로자가 인공수정 또는 체외수정 등 난임치료를 받기 위하여 휴가(이하 '난임치료휴가'라 한다)를 청구하는 경우에 연간 3일 이내의 휴가를 주어야 하며, 이 경우 최초 1일은 유급으로 한다. 다만, 근로자가 청구한 시기에 휴가를 주는 것이 정상적인 사업운영에 중대한 지장을 초래하는 경우에는 근로자와 협의하여 그 시기를 변경할 수 있다.
육아휴직	① 육아휴직의 대상 　㉠ 사업주는 임신 중인 여성 근로자가 모성을 보호하거나 근로자가 만 8세 이하 또는 초등학교 2학년 이하의 자녀(입양한 자녀를 포함)를 양육하기 위하여 육아휴직을 신청하면 이를 허용하여야 한다. 　㉡ 적용제외: 육아휴직을 시작하려는 전날까지 계속 근로기간이 6개월 미만인 근로자 ② 육아휴직기간: 1년 이내 ③ 해고 등의 금지: 사업주는 육아휴직을 이유로 해고나 그 밖의 불리한 처우를 하여서는 아니 되며, 육아휴직기간에는 근로자를 해고하지 못한다. 다만, 사업을 계속할 수 없는 경우에는 그러하지 아니하다. ④ 직무의 복귀: 사업주는 육아휴직을 마친 후에는 휴직 전과 같은 업무 또는 같은 수준의 임금을 지급하는 직무에 복귀시켜야 한다. 또한 육아휴직기간은 근속기간에 포함한다. ⑤ 기간제근로자 등의 보호: 기간제근로자 또는 파견근로자의 육아휴직기간은 「기간제 및 단시간근로자 보호 등에 관한 법률」에 따른 사용기간 또는 「파견근로자 보호 등에 관한 법률」에 따른 근로자파견기간에서 제외한다.
육아기 근로시간 단축	① 대상자: 사업주는 근로자가 만 8세 이하 또는 초등학교 2학년 이하의 자녀를 양육하기 위하여 근로시간의 단축(육아기 근로시간 단축)을 신청하는 경우에 이를 허용하여야 한다. 다만, 대체인력 채용이 불가능한 경우, 정상적인 사업운영에 중대한 지장을 초래하는 경우 등 대통령령으로 정하는 경우에는 그러하지 아니하다. ② 육아기 근로시간 단축 후 근로시간 ⇨ 주당 15시간 이상이어야 하고 35시간을 넘어서는 아니 된다. ③ 육아기 근로시간 단축의 기간 ⇨ 1년 이내 ④ 연장근로: 사업주 ⇨ 육아기 근로시간 단축을 하고 있는 근로자에게 단축된 근로시간 외에 연장근로를 요구할 수 없다. 다만, 근로자가 명시적으로 청구할 경우 주 12시간 이내에서 연장근로를 시킬 수 있다. ⑤ 평균임금 산정기간에서 제외: 근로자의 육아기 근로시간 단축 기간은 평균임금 산정기간에서 제외한다.

육아휴직, 육아기 근로시간 단축의 사용형태	① **육아휴직의 사용형태:** 근로자는 육아휴직을 2회에 한정하여 나누어 사용할 수 있다. 이 경우 임신 중인 여성 근로자가 모성보호를 위하여 육아휴직을 사용한 횟수는 육아휴직을 나누어 사용한 횟수에 포함하지 아니한다. ② **육아기 근로시간 단축의 사용형태:** 근로자는 육아기 근로시간 단축을 나누어 사용할 수 있다. 이 경우 나누어 사용하는 1회의 기간은 3개월(근로계약기간의 만료로 3개월 이상 근로시간 단축을 사용할 수 없는 기간제근로자에 대해서는 남은 근로계약기간) 이상이 되어야 한다.
가족돌봄 휴직 및 휴가	① **가족돌봄휴직의 신청:** 사업주는 근로자가 조부모, 부모, 배우자, 배우자의 부모, 자녀 또는 손자녀(이하 '가족'이라 한다)의 질병, 사고, 노령으로 인하여 그 가족을 돌보기 위한 휴직(이하 '가족돌봄휴직'이라 한다)을 신청하는 경우 이를 허용하여야 한다(원칙). ② **가족돌봄휴가의 신청:** 사업주는 근로자가 가족(조부모 또는 손자녀의 경우 근로자 본인 외에도 직계비속 또는 직계존속이 있는 등 대통령령으로 정하는 경우는 제외)의 질병, 사고, 노령 또는 자녀의 양육으로 인하여 긴급하게 그 가족을 돌보기 위한 휴가(이하 '가족돌봄휴가'라 한다)를 신청하는 경우 이를 허용하여야 한다. 다만, 근로자가 청구한 시기에 가족돌봄휴가를 주는 것이 정상적인 사업 운영에 중대한 지장을 초래하는 경우에는 근로자와 협의하여 그 시기를 변경할 수 있다. ③ **휴직 및 휴가의 사용기간 등** 　㉠ 가족돌봄휴직기간은 연간 최장 90일로 하며, 이를 나누어 사용할 수 있을 것. 이 경우 나누어 사용하는 1회의 기간은 30일 이상이 되어야 한다. 　㉡ 가족돌봄휴가기간은 연간 최장 10일[아래 ㉢에 따라 가족돌봄휴가기간이 연장되는 경우 20일(한부모가족지원법 제4조 제1호의 모 또는 부에 해당하는 근로자의 경우 25일) 이내]로 하며, 일 단위로 사용할 수 있을 것. 다만, 가족돌봄휴가기간은 가족돌봄휴직기간에 포함된다. 　㉢ 고용노동부장관은 감염병의 확산 등을 원인으로 「재난 및 안전관리 기본법」 제38조에 따른 심각단계의 위기경보가 발령되거나, 이에 준하는 대규모 재난이 발생한 경우로서 근로자에게 가족을 돌보기 위한 특별한 조치가 필요하다고 인정되는 경우 「고용정책 기본법」 제10조에 따른 고용정책심의회의 심의를 거쳐 가족돌봄휴가기간을 연간 10일(한부모가족지원법 제4조 제1호에 따른 모 또는 부에 해당하는 근로자의 경우 15일)의 범위에서 연장할 수 있을 것. 이 경우 고용노동부장관은 지체 없이 기간 및 사유 등을 고시하여야 한다. ④ **근로조건:** 가족돌봄휴직기간 및 가족돌봄휴가기간은 근속기간에 포함되고, 평균임금 산정기간에서 제외한다.

가족돌봄 등을 위한 근로시간 단축	① **신청**: 사업주는 근로자가 다음의 어느 하나에 해당하는 사유로 근로시간의 단축을 신청하는 경우에 이를 허용하여야 한다(원칙). 　㉠ 근로자가 가족의 질병, 사고, 노령으로 인하여 그 가족을 돌보기 위한 경우 　㉡ 근로자 자신의 질병이나 사고로 인한 부상 등의 사유로 자신의 건강을 돌보기 위한 경우 　㉢ 55세 이상의 근로자가 은퇴를 준비하기 위한 경우 　㉣ 근로자의 학업을 위한 경우 ② **단축 후 근로시간**: 사업주가 위 ①에 따라 해당 근로자에게 근로시간 단축을 허용하는 경우, 단축 후 근로시간은 주당 15시간 이상이어야 하고 30시간을 넘어서는 아니 된다. ③ **근로시간 단축의 기간**: 근로시간 단축의 기간은 1년 이내로 한다. 다만, 위 ①의 ㉠부터 ㉢까지의 어느 하나에 해당하는 근로자는 합리적 이유가 있는 경우에 추가로 2년의 범위 안에서 근로시간 단축의 기간을 연장할 수 있다. ④ **근로조건 결정**: 근로시간 단축을 한 근로자의 근로조건(근로시간 단축 후 근로시간을 포함)은 사업주와 그 근로자 간에 서면으로 정한다. ⑤ **연장근로**: 사업주는 가족돌봄 등을 위한 근로시간 단축을 하고 있는 근로자에게 단축된 근로시간 외에 연장근로를 요구할 수 없다. 다만, 그 근로자가 명시적으로 청구하는 경우에는 사업주는 주 12시간 이내에서 연장근로를 시킬 수 있다. ⑥ 근로시간 단축을 한 근로자에 대하여 「근로기준법」에 따른 평균임금을 산정하는 경우에는 그 근로자의 근로시간 단축기간을 평균임금 산정기간에서 제외한다.
차별적 처우등의 시정신청	① **시정신청 등** 　㉠ **시정신청**: 근로자는 사업주로부터 차별적 처우등을 받은 경우 노동위원회에 그 시정을 신청할 수 있다. 다만, 차별적 처우등을 받은 날(차별적 처우등이 계속되는 경우에는 그 종료일)부터 6개월이 지난 때에는 그러하지 아니하다. 　㉡ **내용의 명시**: 근로자가 위 ㉠에 따른 시정신청을 하는 경우에는 차별적 처우등의 내용을 구체적으로 명시하여야 한다. 　㉢ **위임규정**: 위 ㉠ 및 ㉡에 따른 시정신청의 절차·방법 등에 관하여 필요한 사항은 중앙노동위원회가 따로 정하여 고시한다. ② **조사·심문 등** 　㉠ 노동위원회는 위 ①에 따른 시정신청을 받은 때에는 지체 없이 필요한 조사와 관계 당사자에 대한 심문을 하여야 한다. 　㉡ 노동위원회는 위 ㉠에 따른 심문을 하는 때에는 관계 당사자의 신청 또는 직권으로 증인을 출석하게 하여 필요한 사항을 질문할 수 있다. 　㉢ 노동위원회는 위 ㉠ 및 ㉡에 따른 심문을 할 때에는 관계 당사자에게 증거의 제출과 증인에 대한 반대심문을 할 수 있는 충분한 기회를 주어야 한다.

③ 조정·중재

　　㉠ 노동위원회는 심문 과정에서 관계 당사자 쌍방 또는 일방의 신청이나 직권으로 조정절차를 개시할 수 있고, 관계 당사자가 미리 노동위원회의 중재(仲裁) 결정에 따르기로 합의하여 중재를 신청한 경우에는 중재를 할 수 있다.

　　㉡ 위 ㉠에 따른 조정 또는 중재의 신청은 위 ①에 따른 시정신청을 한 날부터 14일 이내에 하여야 한다. 다만, 노동위원회가 정당한 사유로 그 기간에 신청할 수 없었다고 인정하는 경우에는 14일 후에도 신청할 수 있다.

　　㉢ 노동위원회는 특별한 사유가 없으면 조정절차를 개시하거나 중재신청을 받은 날부터 60일 이내에 조정안을 제시하거나 중재결정을 하여야 한다.

　　㉣ 노동위원회는 관계 당사자 쌍방이 조정안을 받아들이기로 한 경우에는 조정조서를 작성하여야 하고, 중재결정을 한 경우에는 중재결정서를 작성하여야 한다.

　　㉤ 조정조서에는 관계 당사자와 조정에 관여한 위원 전원이 서명 또는 날인을 하여야 하고, 중재결정서에는 관여한 위원 전원이 서명 또는 날인을 하여야 한다.

　　㉥ 위 ㉣ 및 ㉤에 따른 조정 또는 중재결정은 「민사소송법」에 따른 재판상 화해와 동일한 효력을 갖는다.

④ **시정명령**: 노동위원회는 조사·심문을 끝내고 차별적 처우등에 해당된다고 판정한 때에는 해당 사업주에게 시정명령을 하여야 하고, 차별적 처우등에 해당하지 아니한다고 판정한 때에는 그 시정신청을 기각하는 결정을 하여야 한다.

⑤ **조정·중재 또는 시정명령의 내용**

　　㉠ 조정·중재 또는 시정명령의 내용에는 차별적 처우등의 중지, 임금 등 근로조건의 개선(취업규칙, 단체협약 등의 제도개선 명령을 포함한다) 또는 적절한 배상 등의 시정조치 등을 포함할 수 있다.

　　㉡ 위 ㉠에 따라 배상을 하도록 한 경우 그 배상액은 차별적 처우등으로 근로자에게 발생한 손해액을 기준으로 정한다. 다만, 노동위원회는 사업주의 차별적 처우등에 명백한 고의가 인정되거나 차별적 처우등이 반복되는 경우에는 그 손해액을 기준으로 3배를 넘지 아니하는 범위에서 배상을 명령할 수 있다.

⑥ **시정명령 등의 확정**

　　㉠ **재심신청**: 「노동위원회법」에 따른 지방노동위원회의 시정명령 또는 기각결정에 불복하는 관계 당사자는 시정명령서 또는 기각결정서를 송달받은 날부터 10일 이내에 중앙노동위원회에 재심을 신청할 수 있다.

　　㉡ **행정소송의 제기**: 위 ㉠에 따른 중앙노동위원회의 재심결정에 불복하는 관계 당사자는 재심결정서를 송달받은 날부터 15일 이내에 행정소송을 제기할 수 있다.

ⓒ 확정: 위 ⊙에 따른 기간에 재심을 신청하지 아니하거나 ⓛ에 따른 기간에 행정소송을 제기하지 아니한 때에는 그 시정명령, 기각결정 또는 재심결정은 확정된다.

⑦ 시정명령 이행상황의 제출요구 등

　⊙ 고용노동부장관은 확정된 시정명령에 대하여 사업주에게 이행상황을 제출할 것을 요구할 수 있다.

　ⓛ 시정신청을 한 근로자는 사업주가 확정된 시정명령을 이행하지 아니하는 경우 이를 고용노동부장관에게 신고할 수 있다.

⑧ 고용노동부장관의 차별적 처우 시정요구

　⊙ 고용노동부장관은 사업주가 차별적 처우를 한 경우에는 그 시정을 요구할 수 있다.

　ⓛ 고용노동부장관은 사업주가 위 ⊙에 따른 시정요구에 따르지 아니할 경우에는 차별적 처우의 내용을 구체적으로 명시하여 노동위원회에 통보하여야 한다. 이 경우 고용노동부장관은 해당 사업주 및 근로자에게 그 사실을 알려야 한다.

　ⓒ 노동위원회는 위 ⓛ에 따라 고용노동부장관의 통보를 받은 때에는 지체 없이 차별적 처우가 있는지 여부를 심리하여야 한다. 이 경우 노동위원회는 해당 사업주 및 근로자에게 의견을 진술할 수 있는 기회를 주어야 한다.

⑨ 확정된 시정명령의 효력 확대: 고용노동부장관은 확정된 시정명령을 이행할 의무가 있는 사업주의 사업 또는 사업장에서 해당 시정명령의 효력이 미치는 근로자 외의 근로자에 대해서도 차별적 처우가 있는지를 조사하여 차별적 처우가 있는 경우에는 그 시정을 요구할 수 있다.

입증책임	「남녀고용평등과 일·가정 양립 지원에 관한 법률」과 관련한 분쟁해결에서 입증책임은 사업주가 부담한다.
문서보존	사업주는 「남녀고용평등과 일·가정 양립 지원에 관한 법률」의 규정에 따른 사항에 관한 서류를 3년간 보존하여야 한다.

핵심 09 노동조합 및 노동관계조정법

정의	① 근로자: 직업의 종류를 불문하고 임금·급료 기타 이에 준하는 수입에 의하여 생활하는 자를 말한다(근로기준법상 근로자와 다른 개념이다). ② 사용자: 사업주, 사업의 경영담당자 또는 그 사업의 근로자에 관한 사항에 대하여 사업주를 위하여 행동하는 자를 말한다. ③ 사용자단체: 노동관계에 관하여 그 구성원인 사용자에 대하여 조정 또는 규제할 수 있는 권한을 가진 사용자의 단체를 말한다.

④ **노동조합**: 근로자가 주체가 되어 자주적으로 단결하여 근로조건의 유지·개선 기타 근로자의 경제적·사회적 지위의 향상을 도모함을 목적으로 조직하는 단체 또는 그 연합단체를 말한다(적극적 요건). 다음에 해당하는 경우(소극적 요건)에는 노동조합으로 보지 아니한다.

㉠ 사용자 또는 항상 그의 이익을 대표하여 행동하는 자의 참가를 허용하는 경우
㉡ 경비의 주된 부분을 사용자로부터 원조받는 경우
㉢ 공제·수양 기타 복리사업만을 목적으로 하는 경우
㉣ 근로자가 아닌 자의 가입을 허용하는 경우
㉤ 주로 정치운동을 목적으로 하는 경우

노동조합의 결격요건	노동조합의 결격요건이 아닌 것
사용자 또는 항상 그의 이익을 대표하여 행동하는 자의 참가를 허용하는 경우	–
경비의 주된 부분을 사용자로부터 원조받는 경우	• 경비의 일부분을 사용자로부터 원조받는 경우(최소한의 노동조합 사무소 제공) • 경비의 주된 부분을 상급단체로부터 원조받는 경우
공제·수양 기타 복리사업만을 목적으로 하는 경우	복리사업을 목적으로 하는 경우
근로자가 아닌 자의 가입을 허용하는 경우	–
주로 정치운동을 목적으로 하는 경우	정치운동을 하는 것은 무방

⑤ **노동쟁의**: 노동조합(근로자×)과 사용자 또는 사용자단체(이하 '노동관계 당사자'라 한다) 간에 임금·근로시간·복지·해고 기타 대우 등 근로조건의 결정에 관한 주장의 불일치로 인하여 발생한 분쟁상태를 말한다. 이 경우 주장의 불일치라 함은 당사자간에 합의를 위한 노력을 계속하여도 더 이상 자주적 교섭에 의한 합의의 여지가 없는 경우를 말한다.

⑥ **쟁의행위**: 파업·태업·직장폐쇄 기타 노동관계 당사자가 그 주장을 관철할 목적으로 행하는 행위와 이에 대항하는 행위로서 업무의 정상적인 운영을 저해하는 행위를 말한다.

가입

① **조직 및 가입**: 근로자는 자유로이 노동조합을 조직하거나 이에 가입할 수 있다. 다만, 공무원과 교원에 대하여는 따로 법률로 정한다.
② **활동**: 사업 또는 사업장에 종사하는 근로자(이하 '종사근로자'라 한다)가 아닌 노동조합의 조합원은 사용자의 효율적인 사업 운영에 지장을 주지 아니하는 범위에서 사업 또는 사업장 내에서 노동조합 활동을 할 수 있다.
③ **종사근로자의 의제**: 종사근로자인 조합원이 해고되어 노동위원회에 부당노동행위의 구제신청을 한 경우에는 중앙노동위원회의 재심판정이 있을 때까지는 종사근로자로 본다.

법인격의 취득	① **법인**: 노동조합은 그 규약이 정하는 바에 의하여 법인으로 할 수 있다. ② **규정의 적용**: 법인인 노동조합에 대하여는 「노동조합 및 노동관계조정법」에 규정된 것을 제외하고는 「민법」 중 사단법인에 관한 규정을 적용한다.
보호요건	① **구제신청**: 「노동조합 및 노동관계조정법」에 의하여 설립된 노동조합이 아니면 노동위원회에 노동쟁의의 조정 및 부당노동행위의 구제를 신청할 수 없다. ② **조세의 면제**: 노동조합에 대하여는 그 사업체를 제외하고는 세법이 정하는 바에 따라 조세를 부과하지 아니한다.

설립	① **설립신고**: 노동조합을 설립하고자 하는 자는 신고서에 규약을 첨부하여 다음의 자에게 제출하여야 한다.
	  ㉠ 연합단체인 노동조합과 2 이상의 특별시·광역시·특별자치시·도·특별자치도에 걸치는 단위노동조합 ⇨ 고용노동부장관
	  ㉡ 2 이상의 시·군·구에 걸치는 단위노동조합 ⇨ 특별시장·광역시장·도지사
	  ㉢ 그 외의 노동조합 ⇨ 특별자치시장·특별자치도지사·시장·군수·구청장
	② **신고증 교부**: 행정관청 ⇨ 신고서 접수 시 3일 이내 교부(원칙)
	③ **설립신고서의 보완요구**: 행정관청 ⇨ 다음에 해당하는 경우 20일 이내의 기간을 정하여 보완요구(반려×)를 하여야 한다. 이 경우 보완된 설립신고서 또는 규약을 접수한 때에는 3일 이내에 신고증을 교부하여야 한다.
	  ㉠ 설립신고서에 규약이 첨부되어 있지 아니하거나 설립신고서 또는 규약의 기재사항 중 누락 또는 허위사실이 있는 경우
	  ㉡ 임원의 선거 또는 규약의 제정절차가 법령에 위반되는 경우
	④ **설립신고서의 반려**: 행정관청 ⇨ 노동조합이 결격요건에 해당하는 경우 또는 보완을 요구하였음에도 불구하고 그 기간 내에 보완을 하지 아니하는 경우에는 설립신고서를 반려한다.
	⑤ **설립인정**: 노동조합이 신고증을 교부받은 경우에는 신고서가 접수된 때(신고증이 교부된 때×)에 설립된 것으로 본다.
	⑥ **변경신고**: 신고사항 변경 ⇨ 그 날부터 30일 이내

관리	① **서류의 비치**: 설립일부터 30일 이내에 서류를 작성 + 회의록 및 재정에 관한 장부와 서류 ⇨ 3년간 보존
	② **총회**: 매년 1회 이상 ⇨ 총회 개최
	③ **총회정족수**
	  ㉠ **일반정족수**: 재적조합원 과반수의 출석과 출석조합원 과반수의 찬성으로 의결
	  ㉡ **특별정족수**: 재적조합원 과반수의 출석과 출석조합원 3분의 2 이상의 찬성
	    ⇨ 규약의 제정·변경, 임원의 해임(선거×), 합병·분할·해산, 조직형태의 변경에 관한 사항

ⓒ 임원의 선거 특례: 임원의 선거에 있어서 출석조합원 과반수의 찬성을 얻은 자가 없는 경우 규약이 정하는 바에 따라 결선투표를 실시하여 다수의 찬성을 얻은 자를 임원으로 선출할 수 있다.

ⓔ 규약의 제정·변경과 임원의 선거·해임 ⇨ 직접·비밀·무기명투표

▶ 투표방법 및 의결정족수의 비교

직접·비밀·무기명	3분의 2 이상의 찬성	비고
ⓐ 규약의 제정·변경 ⓑ 임원의 해임		총회의 의결사항
ⓒ 임원의 선거	ⓒ 합병·분할·해산 및 조직형태의 변경	
ⓓ 대의원의 선출 ⓔ 쟁의행위의 결정	–	총회의 의결사항이 아님

④ 대의원회의 설치: 노동조합은 규약으로 총회에 갈음할 대의원회를 둘 수 있다.

⑤ 임시총회 및 임시대의원회의 소집

ⓐ 노동조합의 대표자 ⇨ 필요하다고 인정

ⓑ 조합원 또는 대의원 ⇨ 3분의 1 이상(연합단체인 노동조합 ⇨ 구성단체의 3분의 1 이상)이 회의의 소집을 요구한 때에는 지체 없이 임시총회 또는 임시대의원회를 소집하여야 한다.

⑥ 소집절차: 총회 또는 대의원회 ⇨ 회의 개최 7일 전까지 공고하고, 규약에 의하여 소집하여야 한다(예외: 동일한 사업장 내 근로자로 구성 ⇨ 규약으로 공고기간을 단축할 수 있다).

⑦ 표결의 특례: 특정 조합원에 관한 사항의 의결 ⇨ 그 조합원은 표결권이 없다.

⑧ 규약의 시정명령: 행정관청은 노동조합의 규약이 노동관계법령에 위반한 경우에는 노동위원회의 의결을 얻어 그 시정을 명할 수 있다.

⑨ 조합원의 권리와 의무: 조합원 ⇨ 노동조합의 모든 문제에 참여할 권리와 의무를 가진다. 다만, 규약이 정하는 바에 따라 조합비를 납부하지 아니하는 조합원의 권리를 제한할 수 있다.

⑩ 임원의 자격 등

ⓐ 자격: 노동조합의 임원 자격은 규약으로 정한다. 이 경우 하나의 사업 또는 사업장을 대상으로 조직된 노동조합의 임원은 그 사업 또는 사업장에 종사하는 조합원 중에서 선출하도록 정한다.

ⓑ 임기: 임원의 임기 ⇨ 규약으로 정하되 3년을 초과할 수 없다.

⑪ 회계감사

ⓐ 노조대표자 ⇨ 회계감사원으로 하여금 6월에 1회 이상 회계감사를 실시하게 하고 그 내용과 감사결과를 전체 조합원에게 공개하여야 한다.

ⓑ 회계감사원 ⇨ 필요하다고 인정할 경우에는 회계감사를 실시하고 그 결과를 공개할 수 있다.

해산신고	① **해산사유**: 노동조합은 다음의 하나에 해당하는 경우에는 해산한다. 　㉠ 규약에서 정한 해산사유가 발생한 경우 　㉡ 합병 또는 분할로 소멸한 경우 　㉢ 총회 또는 대의원회의 해산결의가 있는 경우 　㉣ 노동조합의 임원이 없고 노동조합으로서의 활동을 1년 이상 하지 아니한 것 　　으로 인정되는 경우로서 행정관청이 노동위원회의 의결을 얻은 경우 ② **해산신고**: 위 ①의 ㉠, ㉡, ㉢의 사유로 노동조합이 해산한 때에는 그 대표자는 　해산한 날부터 15일 이내에 행정관청에 이를 신고하여야 한다.
단체협약	① **작성**: 서면으로 작성 + 쌍방이 서명 또는 날인(효력발생요건) ② **신고**: 체결일로부터 15일 이내 ⇨ 행정관청(노동위원회×) ③ **시정명령**: 행정관청 ⇨ 위법한 내용이 있는 경우에는 노동위원회의 의결을 얻어 　시정을 명할 수 있다. ④ **유효기간** 　㉠ 유효기간 　　ⓐ 단체협약의 유효기간은 3년을 초과하지 않는 범위에서 노사가 합의하여 　　　정할 수 있다. 　　ⓑ 단체협약에 그 유효기간을 정하지 아니한 경우 또는 위 ⓐ의 기간을 초과 　　　하는 유효기간을 정한 경우에 그 유효기간은 3년으로 한다. 　㉡ **법정연장**: 단체협약의 유효기간이 만료되는 때를 전후하여 새로운 단체협약 　　을 체결하고자 단체교섭을 계속하였음에도 새로운 단체협약이 체결되지 아 　　니한 경우 별도의 약정이 있는 경우를 제외하고는 종전의 단체협약은 효력만 　　료일부터 3월까지 계속효력을 갖는다. 　㉢ **자동연장협정과 해지**: 단체협약의 유효기간이 경과한 후에도 새로운 단체협 　　약이 체결되지 아니한 때 새로운 단체협약이 체결될 때까지 종전 단체협약의 　　효력을 존속시킨다는 취지의 별도의 약정이 있는 경우 그에 따르되, 당사자 　　일방은 해지하고자 하는 날의 6월 전까지 상대방에게 통고하고 종전의 단체 　　협약을 해지할 수 있다. ⑤ **효력**: 단체협약에서 정한 근로조건 기타 근로자의 대우에 관한 기준에 위반하는 　취업규칙 또는 근로계약의 부분은 무효로 하고, 무효부분과 근로계약에서 정하 　지 아니한 사항은 단체협약에서 정한 기준에 의한다. ⑥ **단체협약의 해석** 　㉠ **해석의 요청**: 단체협약의 해석 또는 이행방법에 관하여 관계 당사자간에 의 　　견의 불일치가 있는 때에는 당사자 쌍방 또는 단체협약에서 정하는 바에 의 　　하여 어느 일방이 노동위원회에 그 해석 또는 이행방법에 관한 견해의 제시 　　를 요청할 수 있다. 　㉡ **견해 제시기간**: 노동위원회는 위 ㉠에 의한 요청을 받은 때에는 그 날부터 　　30일 이내에 명확한 견해를 제시하여야 한다.

© 효력: 노동위원회가 제시한 해석 또는 이행방법에 관한 견해는 중재재정과 동일한 효력을 가진다.

⑦ 적용범위
　㉠ **일반적 구속력**: 하나의 사업장 ⇨ 동종 근로자 반수 이상이 하나의 단체협약의 적용을 받게 된 때에는 다른 동종 근로자에 대하여도 당해 단체협약이 적용된다.
　㉡ **지역적 구속력**: 하나의 지역 ⇨ 동종 근로자 3분의 2 이상이 하나의 단체협약의 적용을 받게 된 때 ⇨ 행정관청은 당사자의 쌍방 또는 일방의 신청에 의하거나 직권으로 노동위원회의 의결을 얻어 다른 동종 근로자와 사용자에 대하여도 단체협약을 적용한다는 결정을 할 수 있다.

단체행동

① 쟁의행위
　㉠ **기본원칙**: 쟁의행위는 그 목적·방법 및 절차에 있어서 법령 기타 사회질서에 위반되어서는 아니 되며, 조합원은 노동조합에 의하여 주도되지 아니한 쟁의행위를 하여서는 아니 된다.
　㉡ **조업방해 금지**: 노동조합은 사용자의 점유를 배제하여 조업을 방해하는 형태로 쟁의행위를 하여서는 아니 된다.
　㉢ **구속제한**: 근로자는 쟁의행위기간 중에는 현행범 외에는 「노동조합 및 노동관계조정법」 위반을 이유로 구속되지 아니한다.
　㉣ **노동조합의 의결을 거치지 않은 쟁의행위 금지**: 노동조합의 쟁의행위는 그 조합원의 직접·비밀·무기명투표에 의한 조합원 과반수의 찬성으로 결정하지 아니하면 이를 행할 수 없다.
　㉤ **채용·대체 금지**: 사용자는 쟁의행위기간 중 그 쟁의행위로 중단된 업무의 수행을 위하여 당해 사업과 관계없는 자를 채용 또는 대체할 수 없다(필수공익사업은 예외).
　㉥ **도급·하도급 금지**: 사용자는 쟁의행위기간 중 그 쟁의행위로 중단된 업무를 도급 또는 하도급 줄 수 없다.
　㉦ 사용자는 쟁의행위에 참가하여 근로를 제공하지 아니한 근로자에 대하여는 그 기간 중의 임금을 지급할 의무가 없다.
　㉧ 노동조합은 쟁의행위기간에 대한 임금의 지급을 요구하여 이를 관철할 목적으로 쟁의행위를 하여서는 아니 된다.
　㉨ **통보**: 노동관계 당사자는 노동쟁의가 발생한 때에는 어느 일방이 이를 상대방에게 서면으로 통보하여야 한다.
　㉩ 사용자는 노동조합이 쟁의행위를 개시한 이후에만 직장폐쇄를 할 수 있다.
　㉪ 사용자는 직장폐쇄를 할 경우에는 미리 행정관청 및 노동위원회에 각각 신고하여야 한다.

② 노동쟁의의 조정(조정기관의 의견이 당사자를 법적으로 구속× ⇨ 권고)
  ㉠ 조정의 개시: 노동위원회 ⇨ 당사자 일방이 조정을 신청하면 지체 없이 조정을 개시하여야 하며, 관계 당사자 쌍방은 이에 성실히 임하여야 하고, 노동위원회는 조정신청 전이라도 원활한 조정을 위하여 교섭을 주선하는 등 관계 당사자의 자주적인 분쟁해결을 지원할 수 있다.
  ㉡ 조정기간: 일반사업 ⇨ 10일 이내, 공익사업 ⇨ 15일 이내에 종료
  ㉢ 조정의 연장: 당사자 합의로 일반사업 ⇨ 10일 이내, 공익사업 ⇨ 15일 이내
  ㉣ 단독조정인: 노동위원회는 관계 당사자 쌍방의 신청이 있거나 관계 당사자 쌍방의 동의를 얻은 경우에는 조정위원회에 갈음하여 단독조정인에게 조정을 행하게 할 수 있다.
  ㉤ 조정안의 효력: 조정안이 관계 당사자에 의하여 수락 ⇨ 조정서를 작성하고 서명 또는 날인 + 조정서의 내용 ⇨ 단체협약과 동일한 효력
③ 중재(중재기관의 중재재정이 확정 ⇨ 당사자를 법적으로 구속)
  ㉠ 중재의 개시
    ⓐ 관계 당사자 쌍방이 함께 신청
    ⓑ 관계 당사자 일방이 단체협약에 의하여 신청
  ㉡ 중재 시의 쟁의행위의 금지(중재기간): 노동쟁의가 중재에 회부 ⇨ 15일간
  ㉢ 중재재정의 불복 및 확정
    ⓐ 재심신청: 중재재정서의 송달을 받은 날부터 10일 이내 ⇨ 중앙노동위원회
    ⓑ 행정소송: 중재재정서 또는 재심결정서의 송달을 받은 날부터 15일 이내 ⇨ 소 제기
    ⓒ 확정: 기간 내 재심을 신청하지 아니하거나, 행정소송을 제기하지 아니한 때에는 그 중재재정 또는 재심결정은 확정된다.
  ㉣ 중재재정의 효력
    ⓐ 확정된 중재재정의 내용 ⇨ 단체협약과 동일한 효력
    ⓑ 노동위원회의 중재재정 또는 재심결정 ⇨ 중앙노동위원회에의 재심신청이나 행정소송의 제기에 의하여 그 효력이 정지되지 아니한다.

부당노동행위

① 법정유형
  ㉠ 법정유형: 사용자는 다음의 어느 하나에 해당하는 행위(부당노동행위)를 할 수 없다(노동 3권을 저해하는 행위 + 규정위반 ⇨ 2년 이하의 징역 또는 2천만원 이하의 벌금).
    ⓐ 불이익대우: 근로자가 노동조합에 가입 또는 가입하려고 하였거나 노동조합을 조직하려고 하였거나 기타 노동조합의 업무를 위한 정당한 행위를 한 것을 이유로 그 근로자를 해고하거나 그 근로자에게 불이익을 주는 행위

ⓑ **반조합계약:** 근로자가 어느 노동조합에 가입하지 아니할 것 또는 탈퇴할 것을 고용조건으로 하거나 특정한 노동조합의 조합원이 될 것을 고용조건으로 하는 행위(황견계약). 다만, 노동조합이 당해 사업장에 종사하는 근로자의 3분의 2 이상을 대표하고 있을 때에는 근로자가 그 노동조합의 조합원이 될 것을 고용조건으로 한 단체협약의 체결(유니언숍)은 예외로 하며, 이 경우 사용자는 근로자가 당해 노동조합에서 제명된 것 또는 그 노동조합을 탈퇴하여 새로 노동조합을 조직하거나 다른 노동조합에 가입한 것을 이유로 근로자에게 신분상 불이익한 행위를 할 수 없다.

ⓒ **단체교섭 거부:** 노동조합의 대표자 또는 노동조합으로부터 위임을 받은 자와의 단체협약체결 기타의 단체교섭을 정당한 이유 없이 거부하거나 해태하는 행위

ⓓ **지배·개입 및 경비원조:** 근로자가 노동조합을 조직 또는 운영하는 것을 지배하거나 개입하는 행위와 근로시간 면제한도를 초과하여 급여를 지급하거나 노동조합의 운영비를 원조하는 행위. 다만, 근로자가 근로시간 중에 사용자와 협의·교섭, 고충처리, 산업안전 활동 등 노동조합의 유지·관리업무를 하는 것을 사용자가 허용함은 무방하며, 또한 근로자의 후생자금 또는 경제상의 불행 기타 재해의 방지와 구제 등을 위한 기금의 기부와 최소한의 규모의 노동조합사무소의 제공 및 그 밖에 이에 준하여 '노동조합의 자주적인 운영 또는 활동을 침해할 위험'이 없는 범위에서의 운영비 원조행위는 예외로 한다.

ⓔ **보복적 불이익 취급:** 근로자가 정당한 단체행위에 참가한 것을 이유로 하거나 또는 노동위원회에 대하여 사용자가 이 조의 규정에 위반한 것을 신고하거나 그에 관한 증언을 하거나 기타 행정관청에 증거를 제출한 것을 이유로 그 근로자를 해고하거나 그 근로자에게 불이익을 주는 행위

ⓛ **고려사항:** 위 ㉠의 ⓓ의 단서에 따른 '노동조합의 자주적인 운영 또는 활동을 침해할 위험' 여부를 판단할 때에는 다음의 사항을 고려하여야 한다.

ⓐ 운영비 원조의 목적과 경위
ⓑ 원조된 운영비 횟수와 기간
ⓒ 원조된 운영비 금액과 원조방법
ⓓ 원조된 운영비가 노동조합의 총수입에서 차지하는 비율
ⓔ 원조된 운영비의 관리방법 및 사용처 등

② **부당노동행위 구제절차**

㉠ **구제신청**

ⓐ **구제신청:** 부당노동행위로 권리를 침해당한 근로자 또는 노동조합 ⇨ 노동위원회에 구제를 신청할 수 있다.

ⓑ **신청기한:** 부당노동행위가 있은 날부터(계속되는 행위는 종료일로부터) 3월 이내

ⓒ 조사 등
　　ⅰ) 노동위원회 ⇨ 구제신청을 받은 때에는 지체 없이 필요한 조사와 관계 당사자의 심문을 하여야 하며, 노동위원회는 심문을 할 때에는 관계 당사자의 신청에 의하거나 그 직권으로 증인을 출석하게 하여 필요한 사항을 질문할 수 있다.
　　ⅱ) 노동위원회 ⇨ 심문을 함에 있어서는 관계 당사자에 대하여 증거의 제출과 증인에 대한 반대심문을 할 수 있는 충분한 기회를 주어야 한다.
ⓓ 구제명령: 노동위원회 ⇨ 부당노동행위가 성립한다고 판정한 때에는 사용자에게 구제명령을 발하여야 하며, 부당노동행위가 성립되지 아니한다고 판정한 때에는 그 구제신청을 기각하는 결정을 하여야 한다.
ⓛ 재심신청: 구제명령서 또는 기각결정서를 송달받은 날부터 10일 이내 ⇨ 중앙노동위원회
ⓔ 행정소송: 재심판정서를 송달받은 날부터 15일 이내 ⇨ 소 제기
ⓡ 긴급 이행명령: 사용자가 행정소송을 제기한 경우에 관할 법원은 중앙노동위원회의 신청에 의한 결정으로서, 판결이 확정될 때까지 중앙노동위원회의 구제명령의 전부 또는 일부를 이행하도록 명할 수 있으며, 당사자 신청 또는 직권으로 그 결정을 취소할 수 있다.
ⓜ 효력: 구제명령·기각결정 또는 재심판정은 중앙노동위원회에의 재심신청이나 행정소송의 제기에 의하여 효력이 정지되지 아니한다(정지된다×).
ⓗ 구제명령 미이행: 확정되거나 행정소송을 제기하여 확정된 구제명령에 위반한 자는 3년 이하의 징역 또는 3천만원 이하의 벌금에 처한다.

핵심 10　고용보험 및 산업재해보상보험의 보험료징수 등에 관한 법률

정의

① '보험'이란 「고용보험법」에 따른 고용보험 또는 「산업재해보상보험법」에 따른 산업재해보상보험을 말한다.
② '근로자'란 「근로기준법」에 따른 근로자를 말한다.
③ '보수'란 「소득세법」 제20조에 따른 근로소득에서 대통령령으로 정하는 금품(비과세소득)을 뺀 금액을 말한다. 다만, 고용안정·직업능력개발사업 및 실업급여의 보험료를 징수하는 경우에는 근로자가 휴직이나 그 밖에 이와 비슷한 상태에 있는 기간 중에 사업주 외의 자로부터 지급받는 금품 중 고용노동부장관이 정하여 고시하는 금품은 보수로 본다.

	④ '원수급인'이란 사업이 여러 차례의 도급에 의하여 행하여지는 경우에 최초로 사업을 도급받아 행하는 자를 말한다. 다만, 발주자가 사업의 전부 또는 일부를 직접 하는 경우에는 발주자가 직접 하는 부분(발주자가 직접 하다가 사업의 진행경과에 따라 도급하는 경우에는 발주자가 직접 하는 것으로 본다)에 대하여 발주자를 원수급인으로 본다. ⑤ '하수급인'이란 원수급인으로부터 그 사업의 전부 또는 일부를 도급받아 하는 자와 그 자로부터 그 사업의 전부 또는 일부를 도급받아 하는 자를 말한다. ⑥ '보험료등'이란 보험료, 이 법에 따른 가산금·연체금·체납처분비 및 제26조에 따른 징수금을 말한다.
기준보수	다음의 어느 하나에 해당하는 경우에는 고용노동부장관이 정하여 고시하는 금액(이하 '기준보수'라 한다)을 근로자, 「고용보험법」 제77조의2 제1항에 따른 예술인(이하 '예술인'이라 한다)이나 같은 법 제77조의6 제1항에 따른 노무제공자(이하 '노무제공자'라 한다)의 보수 또는 보수액으로 할 수 있다. ① 사업의 폐업·도산 등으로 근로자, 예술인 또는 노무제공자의 보수 또는 보수액을 산정·확인하기 곤란한 경우 등 대통령령으로 정하는 사유가 있는 경우 ② 예술인(고용보험법 제77조의2 제2항 제2호 본문에 따른 소득 기준을 충족하는 예술인으로서 대통령령으로 정하는 사람과 같은 호 단서에 따른 단기예술인은 제외한다) 및 노무제공자(같은 법 제77조의6 제2항 제2호 본문에 따른 소득 기준을 충족하는 노무제공자로서 대통령령으로 정하는 사람과 같은 호 단서에 따른 단기노무제공자는 제외한다)의 보수액이 기준보수보다 적은 경우
보험사업 수행주체	「고용보험법」 및 「산업재해보상보험법」에 따른 보험사업에 관하여 이 법에서 정한 사항은 고용노동부장관으로부터 위탁을 받아 근로복지공단(이하 '공단'이라 한다)이 수행한다. 다만, 다음에 해당하는 징수업무는 국민건강보험공단이 고용노동부장관(근로복지공단×)으로부터 위탁을 받아 수행한다. ① 보험료등(개산보험료 및 확정보험료, 사업주가 보험관계 성립신고를 게을리한 기간 중에 발생한 재해, 사업주가 산재보험료의 납부를 게을리한 기간 중에 발생한 재해에 따른 징수금은 제외)의 고지 및 수납 ② 보험료등의 체납관리
보험 가입자	① 보험가입자의 구분 및 해지절차 | 구분	고용보험	산재보험
---	---	---
당연가입	「고용보험법」을 적용받는 사업 ⇨ 사업주 + 근로자(고용보험법령상 적용제외자는 제외)	「산업재해보상보험법」을 적용받는 사업 ⇨ 사업주	

임의가입	「고용보험법」 적용제외 사업의 사업주 ⇨ 근로자 과반수의 동의 + 근로복지공단의 승인을 받아 사업주와 근로자는 고용보험에 가입	「산업재해보상보험법」의 적용제외 사업의 사업주 ⇨ 근로복지공단의 승인(근로자 과반수의 동의×)을 받아 산재보험에 가입
임의가입 해지절차	근로복지공단의 승인 + 근로자 과반수의 동의	근로복지공단의 승인(근로자 과반수의 동의×)
의제가입	⊙ 사업주 및 근로자가 고용보험의 당연가입자가 되는 사업이 사업규모의 변동 등의 사유로 적용제외 사업에 해당하게 되었을 때에는 그 사업주 및 근로자는 그 날부터 임의가입에 의하여 고용보험에 가입한 것으로 본다. ⓛ 사업주가 산재보험에 당연가입자가 되는 사업이 사업규모의 변동 등의 사유로 적용제외 사업에 해당하게 되었을 때에는 그 사업주는 그 날부터 임의가입에 의하여 산재보험에 가입한 것으로 본다. ⓒ 고용보험 및 산업재해보상보험에 가입한 사업주가 그 사업을 운영하다가 근로자(고용보험의 경우 고용보험법에 따른 적용제외 근로자는 제외)를 고용하지 아니하게 되었을 때에는 그 날부터 1년의 범위에서 근로자를 사용하지 아니한 기간에도 보험에 가입한 것으로 본다.	

② **사업실체가 없는 경우의 보험관계 소멸**: 공단 ⇨ 사업실체가 없는 등의 사유로 계속 보험관계를 유지시킬 수 없다고 인정하는 경우에는 보험관계를 소멸시킬 수 있다.

보험관계

① **보험관계의 성립일**
  ⊙ **당연가입사업**: 보험의 당연가입자가 되는 사업 ⇨ 사업이 시작된 날
  ⓛ **임의가입사업**: 공단이 그 사업의 사업주로부터 보험가입승인신청서를 접수한 날의 다음 날
  ⓒ **일괄적용사업**: 처음 하는 사업이 시작된 날
  ⓔ **도급사업의 일괄적용**: 하도급공사의 착공일

② **보험관계의 소멸일**
  ⊙ 사업이 폐업되거나 끝난 날의 다음 날
  ⓛ 공단의 승인을 받아 해지 ⇨ 공단의 승인을 받은 날의 다음 날
  ⓒ 근로복지공단이 보험관계를 소멸시키는 경우 ⇨ 소멸을 결정·통지한 날의 다음 날
  ⓔ 1년 범위에서 의제가입이 되는 사업주의 경우 ⇨ 근로자(고용보험의 경우에는 고용보험법에 따른 적용제외 근로자는 제외)를 사용하지 아니한 첫날부터 1년이 되는 날의 다음 날

③ **보험관계의 신고**: 사업주 ⇨ 보험관계가 성립한 날부터 14일 이내, 보험관계가 소멸한 날부터 14일 이내에 근로복지공단에 신고

	④ 보험관계의 변경신고: 사업주 ⇨ 그 이름, 사업의 소재지 등 대통령령으로 정하는 사항이 변경된 경우에는 그 날부터 14일 이내에 근로복지공단에 신고(예외: 고용보험법 시행령 제12조에 따른 우선지원 대상기업의 해당 여부에 변경이 있는 경우 상시근로자 수 ⇨ 다음 보험연도 첫날부터 14일 이내에 신고)
보험료	① 징수항목: 보험가입자로부터 징수 　㉠ 고용보험: 고용안정·직업능력개발사업 + 실업급여의 보험료 　㉡ 산재보험: 산재보험의 보험료 ② 보험료 부담 　㉠ 고용보험료 　　ⓐ 고용안정 및 직업능력개발사업: 사업주 전액 부담 　　ⓑ 실업급여: 사업주와 근로자가 각각 2분의 1씩 부담 　㉡ 산재보험료: 사업주 전액 부담 ③ 보험료 비용부담 산정 　㉠ 고용보험료 　　ⓐ 근로자 부담 비용: 자기의 보수총액 × 실업급여 보험료율의 2분의 1 　　ⓑ 보험료 면제: 65세 이후에 고용(65세 전부터 피보험자격을 유지하던 사람이 65세 이후에 계속하여 고용된 경우는 제외)되거나 자영업을 개시한 자에 대하여는 고용보험료 중 실업급여의 보험료를 징수하지 아니한다. 　　ⓒ 사업주 부담 비용: (근로자의 보수총액 × 고용안정·직업능력개발사업의 보험료율) + (근로자의 보수총액 × 실업급여의 보험료율의 2분의 1) 　㉡ 산재보험료: 보수총액 × 같은 종류의 사업에 적용되는 보험료율 ④ 보험료율의 결정 　㉠ 고용보험료율: 1천분의 30의 범위 ⇨ 고용안정·직업능력개발사업의 보험료율(상시근로자 수에 따라 차등적용) 및 실업급여의 보험료율로 구분하여 정한다(실업급여의 보험료율: 1천분의 18). 　㉡ 산재보험료율: 매년 6월 30일 현재 과거 3년 동안의 보수총액에 대한 산재보험급여총액의 비율을 기초로 하여 사업의 종류별로 구분하여 고용노동부령으로 정한다. 　㉢ 특정사업의 보험료율: 고용노동부장관은 산재보험료율을 정하는 경우에는 특정사업 종류의 산재보험료율이 전체 사업의 평균 산재보험료율의 20배를 초과하지 아니하도록 하여야 한다. 　㉣ 산재보험료율의 조정: 고용노동부장관은 특정사업 종류의 산재보험료율이 인상되거나 인하되는 경우에는 직전 보험연도 산재보험료율의 100분의 30의 범위에서 조정하여야 한다. ⑤ 월별 보험료의 부과·징수: 근로복지공단 ⇨ 매월 부과 + 건강보험공단 ⇨ 징수(예외: 건설업, 임업 중 벌목업 ⇨ 개산보험료, 확정보험료로 자진신고와 납부)

⑥ **월 중간 고용관계 변동 등에 따른 월별 보험료 산정**: 다음의 어느 하나에 해당하는 경우 월별 보험료는 해당 월의 다음 달부터 산정한다. 다만, 매월 1일에 다음의 어느 하나에 해당하는 경우에는 그 달부터 산정한다.

　㉠ 근로자가 월의 중간에 새로이 고용된 경우

　㉡ 근로자가 월의 중간에 동일한 사업주의 하나의 사업장에서 다른 사업장으로 전근되는 경우

　㉢ 근로자의 휴직 등 대통령령으로 정하는 사유가 월의 중간에 종료된 경우

⑦ **보험료 납부기한**: 사업주 ⇨ 그 달의 월별 보험료를 다음 달 10일까지 납부

⑧ **납입고지**: 건강보험공단 ⇨ 다음의 사항을 적은 문서로 납부기한 10일 전까지 납입을 고지

　㉠ 징수하고자 하는 보험료 등의 종류

　㉡ 납부하여야 할 보험료 등의 금액

　㉢ 납부기한 및 장소

⑨ **보수총액 등의 신고**: 사업주 ⇨ 근로복지공단

　㉠ 신고기한

신고의 종류	신고기한
전년도 보수총액의 신고	매년 3월 15일까지
보험관계 소멸에 따른 신고	소멸한 날부터 14일 이내
신규고용에 따른 신고	다음 달 15일까지
고용관계 종료에 따른 신고	다음 달 15일까지
휴직 및 전보 등에 관한 신고	사유 발생일부터 14일 이내

　㉡ 신고방법: 사업주는 해당 신고를 정보통신망을 이용하거나 콤팩트디스크(Compact Disc) 등 전자적 기록매체로 제출하는 방식으로 하여야 한다. 다만, 대통령령으로 정하는 규모에 해당하는 사업주는 해당 신고를 문서로 할 수 있다.

⑩ **보험료율의 인상 또는 인하 등에 따른 조치**: 근로복지공단(건강보험공단×)은 보험료율이 인상 또는 인하된 때에는 월별 보험료 및 개산보험료를 증액 또는 감액 조정하고, 월별 보험료가 증액된 때에는 건강보험공단이, 개산보험료가 증액된 때에는 근로복지공단이 각각 징수한다.

⑪ **보험료 납부방법의 변경시기**: 사업종류의 변경으로 보험료 납부방법이 변경되는 경우에는 사업종류의 변경일 전일을 변경 전 사업폐지일로, 사업종류의 변경일을 새로운 사업성립일로 본다.

⑫ **고액·상습 체납자의 인적사항 공개**: 건강보험공단은 납부기한의 다음 날부터 1년이 지난 보험료와 이 법에 따른 그 밖의 징수금과 체납처분비의 총액이 5천만원 이상인 체납자에 대하여는 그 인적사항 및 체납액 등을 공개할 수 있다.

⑬ **징수금의 결손처분**: 건강보험공단은 다음의 어느 하나에 해당하는 사유가 있을 때에는 고용노동부장관(근로복지공단×)의 승인을 받아 보험료와 이 법에 따른 그 밖의 징수금을 결손처분할 수 있다.

 ㉠ 체납처분이 끝나고 체납액에 충당된 배분금액이 그 체납액보다 적은 경우

 ㉡ 소멸시효가 완성된 경우

 ㉢ 체납자의 행방이 분명하지 않은 경우

 ㉣ 체납자의 재산이 없거나 체납처분의 목적물인 총 재산의 견적가격이 체납처분비에 충당하고 나면 나머지가 생길 여지가 없음이 확인된 경우

 ㉤ 체납처분의 목적물인 총 재산이 보험료, 그 밖의 징수금보다 우선하는 국세·지방세 등의 채권 변제에 충당하고 나면 나머지가 생길 여지가 없음이 확인된 경우

 ㉥ 「채무자 회생 및 파산에 관한 법률」에 따라 체납회사가 보험료 등의 납부책임을 지지 않게 된 경우

⑭ **소멸시효**: 보험료, 징수금을 징수하거나 그 반환을 받을 권리 ⇨ 3년

핵심 11 **산업재해보상보험법**

주무관청	① 관장: 고용노동부장관 ② 관련 행정기관 ㉠ 산업재해보상보험 및 예방에 관한 중요한 사항을 심의하기 위하여 산업재해보상보험및예방심의위원회를 둔다. ㉡ 고용노동부장관의 위탁을 받아 산업재해보상보험의 목적을 달성하기 위하여 근로복지공단을 설립한다. ㉢ 업무상 질병의 인정 여부를 심의하기 위하여 공단 소속 기관에 업무상질병판정위원회를 둔다. ㉣ 심사청구를 심의하기 위하여 산업재해보상보험심사위원회를 둔다. ㉤ 재심사 청구를 심리·재결하기 위하여 고용노동부에 산업재해보상보험재심사위원회를 둔다.
정의	① '업무상의 재해'란 업무상의 사유에 따른 근로자의 부상·질병·장해 또는 사망을 말한다. ② '유족'이란 사망한 자의 배우자(사실상 혼인관계에 있는 자를 포함)·자녀·부모·손자녀·조부모 또는 형제자매를 말한다. ③ '치유'란 부상 또는 질병이 완치되거나 치료의 효과를 더이상 기대할 수 없고 그 증상이 고정된 상태에 이르게 된 것을 말한다.

	④ '장해'란 부상 또는 질병이 치유되었으나 정신적 또는 육체적 훼손으로 인하여 노동능력을 상실하거나 감소된 상태를 말한다.
	⑤ '중증요양상태'란 업무상의 부상 또는 질병에 따른 정신적 또는 육체적 훼손으로 노동능력이 상실되거나 감소된 상태로서 그 부상 또는 질병이 치유되지 아니한 상태를 말한다.
	⑥ '진폐'란 분진을 흡입하여 폐에 생기는 섬유증식성 변화를 주된 증상으로 하는 질병을 말한다.
	⑦ '출퇴근'이란 취업과 관련하여 주거와 취업장소 사이의 이동 또는 한 취업장소에서 다른 취업장소로의 이동을 말한다.
적용범위	① 원칙: 근로자를 사용하는 모든 사업 또는 사업장에 적용한다.
	② 예외
	㉠ 「공무원 재해보상법」 또는 「군인 재해보상법」에 따라 재해보상이 되는 사업 (원칙)
	㉡ 「선원법」, 「어선원 및 어선 재해보상보험법」, 「사립학교교직원 연금법」에 따라 재해보상이 되는 사업
	㉢ 가구 내 고용활동
	㉣ 농업, 임업(벌목업은 제외), 어업 및 수렵업 중 법인이 아닌 자의 사업으로서 상시근로자 수가 5명 미만인 사업
보험 급여의 종류와 산정기준	① 산재보험급여와 진폐에 따른 보험급여의 비교

산재보험	요양급여, 휴업급여, 장해급여, 간병급여, 유족급여, 상병보상연금, 장례비, 직업재활급여
진폐보험	요양급여, 간병급여, 장례비, 직업재활급여, 진폐보상연금, 진폐유족연금
건강손상 자녀에 대한 보험	요양급여, 장해급여, 간병급여, 장례비, 직업재활급여

② **보험급여의 지급**: 보험급여는 보험급여를 받을 수 있는 자(이하 '수급권자'라 한다)의 청구에 따라 지급한다.

③ **보험급여의 증감**: 보험급여를 산정하는 경우 해당 근로자의 평균임금을 산정하여야 할 사유가 발생한 날부터 1년이 지난 이후에는 매년 전체 근로자의 임금 평균액의 증감률에 따라 평균임금을 증감하되, 그 근로자의 연령이 60세에 도달한 이후에는 소비자물가변동률에 따라 평균임금을 증감한다.

	④ 보험급여(장례비는 제외)를 산정할 때 그 근로자의 평균임금 또는 보험급여의 산정 기준이 되는 평균임금이 「고용정책 기본법」의 고용구조 및 인력수요 등에 관한 통계에 따른 상용근로자 5명 이상 사업체의 전체 근로자의 임금 평균액의 1.8배(이하 '최고 보상기준 금액'이라 한다)를 초과하거나, 2분의 1(이하 '최저 보상기준 금액'이라 한다)보다 적으면 그 최고 보상기준 금액이나 최저 보상기준 금액을 각각 그 근로자의 평균임금으로 하되, 최저 보상기준 금액이 「최저임금법」에 따른 시간급 최저임금액에 8을 곱한 금액(이하 '최저임금액'이라 한다)보다 적으면 그 최저임금액을 최저 보상기준 금액으로 한다. 다만, 휴업급여 및 상병보상연금을 산정할 때에는 최저 보상기준 금액을 적용하지 아니한다.
보험급여	① **요양급여** 　㉠ **요양급여** ⇨ 업무상의 사유로 부상을 당하거나 질병에 걸린 경우에 근로자에게 지급한다. 　㉡ **지급제한**: 부상 또는 질병이 3일 이내의 요양으로 치유된 때에는 지급하지 아니한다. 　㉢ **지급방법**: 산재보험 의료기관에서 요양한다(현물급여). 다만, 부득이한 경우에는 요양을 갈음하여 요양비를 지급(현금급여)할 수 있다. 　㉣ **요양급여의 범위** 　　ⓐ 진찰 및 검사 　　ⓑ 약제 또는 진료재료와 의지(義肢) 그 밖의 보조기의 지급 　　ⓒ 처치, 수술, 그 밖의 치료 　　ⓓ 재활치료 　　ⓔ 입원 　　ⓕ 간호 및 간병 　　ⓖ 이송 　　ⓗ 그 밖에 고용노동부령으로 정하는 사항 　㉤ **신청의 대행**: 요양급여를 받으려는 자는 근로복지공단에 요양급여를 신청하여야 하고, 근로자를 진료한 산재보험 의료기관은 재해가 업무상의 재해라고 판단하면 그 근로자의 동의를 받아 요양급여의 신청을 대행할 수 있다. 　㉥ **건강보험의 우선 적용**: 요양급여의 신청을 한 사람은 근로복지공단이 「산업재해보상보험법」에 따른 요양급여에 관한 결정을 하기 전에는 「국민건강보험법」에 따른 요양급여 또는 「의료급여법」에 따른 의료급여를 받을 수 있다. 　㉦ **추가상병 요양급여**: 요양 중인 근로자는 다음의 어느 하나에 해당하는 경우에는 그 부상 또는 질병에 대한 요양급여를 신청할 수 있다. 　　ⓐ 그 업무상의 재해로 이미 발생한 부상이나 질병이 추가로 발견되어 요양이 필요한 경우

ⓑ 그 업무상의 재해로 발생한 부상이나 질병이 원인이 되어 새로운 질병이 발생하여 요양이 필요한 경우

ⓞ **재요양급여**: 요양급여를 받은 자 ⇨ 치유 후 요양의 대상이 되었던 업무상의 부상 또는 질병이 재발하거나 치유 당시보다 상태가 악화되어 이를 치유하기 위한 적극적인 치료가 필요하다고 의학적 소견이 있는 경우 요양급여를 받을 수 있다.

② **휴업급여**

㉠ **휴업급여** ⇨ 업무상 사유로 부상을 당하거나 질병에 걸린 근로자에게 요양으로 취업하지 못한 기간에 대하여 지급한다.

㉡ **1일당 지급액** ⇨ 평균임금의 100분의 70

㉢ **지급제한**: 취업하지 못한 기간이 3일 이내일 경우 지급하지 아니한다.

㉣ **부분휴업급여**: 요양 또는 재요양을 받고 있는 근로자 ⇨ 그 요양기간 중 일정 기간 또는 단시간 취업을 하는 경우에는 취업한 날에 해당하는 그 근로자의 평균임금에서 그 취업한 날에 대한 임금을 뺀 금액의 100분의 80에 상당하는 금액을 지급할 수 있다.

㉤ **고령자의 휴업급여**: 휴업급여를 받는 근로자가 61세가 되면 그 이후의 휴업급여는 [별표 1](고령자의 휴업급여 지급기준 ⇨ 감액)에 따라 산정한 금액을 지급한다.

㉥ **재요양 기간 중의 휴업급여**

ⓐ 재요양을 받는 자에 대하여는 재요양 당시의 임금을 기준으로 산정한 평균임금의 100분의 70에 상당하는 금액을 1일당 휴업급여 지급액으로 한다.

ⓑ 위 ⓐ에 따라 산정한 1일당 휴업급여 지급액이 최저임금액보다 적거나 재요양 당시 평균임금 산정의 대상이 되는 임금이 없으면 최저임금액을 1일당 휴업급여 지급액으로 한다.

③ **장해급여**

㉠ **장해급여** ⇨ 근로자가 업무상의 사유로 부상을 당하거나 질병에 걸려 치유된 후 신체 등에 장해가 있는 경우에 그 근로자에게 지급한다(장해등급: 1 ~ 14 등급).

㉡ **지급방법**

ⓐ 장해등급에 따라 장해보상연금 또는 장해보상일시금을 지급한다.

ⓑ 장해보상연금 또는 장해보상일시금은 수급권자의 선택에 따라 지급한다. 다만, 대통령령으로 정하는 노동력을 완전히 상실한 장해등급(1급부터 3급까지의 장해등급)의 근로자에게는 장해보상연금을 지급하고, 장해급여 청구사유 발생 당시 대한민국 국민이 아닌 사람으로서 외국에서 거주하고 있는 근로자에게는 장해보상일시금을 지급한다.

ⓒ **장해보상연금의 선지급**: 장해보상연금은 수급권자가 신청하면 최초 1년분 또는 2년분의 2분의 1에 상당하는 금액을 미리 지급할 수 있다.

ⓒ **수급권의 소멸**: 장해보상연금 또는 진폐보상연금의 수급권자가 다음의 어느 하나에 해당하면 그 수급권이 소멸한다.
　　ⓐ 사망한 경우
　　ⓑ 대한민국 국민이었던 수급권자가 국적을 상실하고 외국에서 거주하고 있거나 외국에서 거주하기 위하여 출국하는 경우
　　ⓒ 대한민국 국민이 아닌 수급권자가 외국에서 거주하기 위하여 출국하는 경우
　　ⓓ 장해등급 또는 진폐장해등급이 변경되어 장해보상연금 또는 진폐보상연금의 지급대상에서 제외되는 경우
ⓔ 장해등급등의 재판정은 장해보상연금 또는 진폐보상연금의 지급 결정을 한 날을 기준으로 2년이 지난 날부터 1년 이내에 하여야 한다.
ⓜ **재요양에 따른 장해급여**: 장해보상연금의 수급권자가 재요양 ⇨ 그 연금의 지급을 정지하지 아니한다.
④ **간병급여**
　　㉠ **지급**: 요양급여를 받은 사람 중 치유 후 의학적으로 상시 또는 수시로 간병이 필요하여 실제로 간병을 받는 사람에게 지급한다.
　　㉡ **지급제한**: 간병급여 수급권자가 재요양을 받는 경우 그 재요양 기간 중에는 간병급여를 지급하지 않는다.
⑤ **유족급여**
　　㉠ **유족급여** ⇨ 근로자가 업무상 사유로 사망한 경우 유족에게 지급한다.
　　㉡ **지급방법 및 금액**: 유족보상연금이나 유족보상일시금으로 한다.

종류	금액
유족보상연금	유족보상연금액은 다음의 기본금액과 가산금액을 합한 금액으로 한다. ⓐ **기본금액**: 급여기초연액(평균임금에 365를 곱하여 얻은 금액)의 100분의 47에 상당하는 금액 ⓑ **가산금액**: 유족보상연금 수급권자 및 근로자가 사망할 당시 그 근로자와 생계를 같이 하고 있던 유족보상연금 수급자격자 1인당 급여기초연액의 100분의 5에 상당하는 금액의 합산액. 다만, 그 합산금액이 급여기초연액의 100분의 20을 넘을 때에는 급여기초연액의 100분의 20에 상당하는 금액으로 한다.
유족보상일시금	평균임금의 1,300일분

ⓒ 유족연금의 수급자격의 범위 및 수급자격의 상실

수급자격의 범위	수급자격의 상실
사망할 당시 그 근로자와 생계를 같이하고 있던 유족(사망할 당시 대한민국 국민이 아닌 자로서 외국에 거주하고 있던 유족은 제외) ⓐ 배우자 ⓑ 부모·조부모 ⇨ 60세 이상 ⓒ 자녀 ⇨ 25세 미만 ⓓ 손자녀 ⇨ 25세 미만 ⓔ 형제자매 ⇨ 19세 미만이거나 60세 이상 ⓕ 위 ⓑ~ⓔ에 해당하지 아니하는 자녀·부모·손자녀·조부모·형제자매 ⇨ 고용노동부령으로 정하는 장애등급 이상 ⓖ 태아였던 자녀 ⇨ 출생	ⓐ 사망한 경우 ⓑ 재혼한 때(근로자의 배우자만 해당, 재혼 ⇨ 사실상 혼인관계를 포함) ⓒ 사망한 근로자와 친족관계가 끝난 경우 ⓓ 자녀·손자녀 ⇨ 25세가 된 때 ⓔ 형제자매 ⇨ 19세가 된 때 ⓕ 장애인이었던 자 ⇨ 장애 상태가 해소된 경우 ⓖ 대한민국 국민이었던 유족보상연금 수급자격자 ⇨ 국적을 상실하고 외국에 거주하고 있거나 외국에 거주하기 위하여 출국하는 경우 ⓗ 대한민국 국민이 아닌 유족보상연금 수급자격자 ⇨ 외국에서 거주하기 위하여 출국하는 경우

ⓔ 지급순서: 배우자 ⇨ 자녀 ⇨ 부모 ⇨ 손자녀 ⇨ 조부모 ⇨ 형제자매
ⓜ 연금의 지급정지 사유: 유족보상연금 수급권자가 3개월 이상 행방불명이면 연금지급을 정지하고 같은 순위자가 있으면 같은 순위자에게, 같은 순위자가 없으면 다음 순위자에게 유족보상연금을 지급한다.

⑥ 상병보상연금: 요양급여를 받는 근로자 ⇨ 요양을 시작한 지 2년이 지난 날 이후 다음의 요건 모두에 해당하면 휴업급여 대신 상병보상연금을 그 근로자에게 지급한다.
㉠ 부상이나 질병이 치유되지 아니한 상태일 것
㉡ 부상이나 질병에 따른 중증요양상태의 정도가 중증요양상태등급 기준에 해당할 것
㉢ 요양으로 인하여 취업하지 못하였을 것

⑦ 장례비: 근로자가 업무상 사유로 사망 ⇨ 평균임금의 120일분에 상당하는 금액을 그 장례를 지낸 유족에게 지급한다. 다만, 장례를 지낼 유족이 없거나 그 밖에 부득이한 사유로 유족이 아닌 사람이 장례를 지낸 경우에는 평균임금의 120일분에 상당하는 금액의 범위에서 실제 드는 비용을 그 장례를 지낸 사람에게 지급한다.

⑧ 직업재활급여
㉠ 장해급여 또는 진폐보상연금을 받은 사람, 장해급여를 받을 것이 명백한 사람 ⇨ 취업을 위하여 직업훈련이 필요한 사람에 대하여 실시하는 직업훈련에 드는 비용 및 직업훈련수당

	ⓛ 업무상의 재해가 발생할 당시의 사업장에 복귀한 장해급여자 ⇨ 사업주가 고용을 유지하거나 직장적응훈련 또는 재활운동을 실시하는 경우에 각각 지급하는 직장복귀지원금, 직장적응훈련비 및 재활운동비 ❍ 보험급여 중 평균임금을 급여액의 산정 기초로 하지 않는 것: 요양급여·간병급여·직업재활급여
연금의 지급기간 및 지급시기	① 장해보상연금, 유족보상연금, 진폐보상연금 또는 진폐유족연금의 지급은 그 지급사유가 발생한 달의 다음 달 첫날부터 시작되며, 그 지급받을 권리가 소멸한 달의 말일에 끝난다. ② 장해보상연금, 유족보상연금, 진폐보상연금 또는 진폐유족연금은 그 지급을 정지할 사유가 발생한 때에는 그 사유가 발생한 달의 다음 달 첫날부터 그 사유가 소멸한 달의 말일까지 지급하지 아니한다. ③ 장해보상연금, 유족보상연금, 진폐보상연금 또는 진폐유족연금은 매년 이를 12등분하여 매달 25일에 그 달 치의 금액을 지급하되, 지급일이 토요일이거나 공휴일이면 그 전날에 지급한다. ④ 장해보상연금, 유족보상연금, 진폐보상연금 또는 진폐유족연금을 받을 권리가 소멸한 경우에는 위 ③에 따른 지급일 전이라도 지급할 수 있다.
다른 보상이나 배상과의 관계	① 수급권자가 이 법에 따라 보험급여를 받았거나 받을 수 있으면 보험가입자는 동일한 사유에 대하여 「근로기준법」에 따른 재해보상 책임이 면제된다. ② 수급권자가 동일한 사유에 대하여 이 법에 따른 보험급여를 받으면 보험가입자는 그 금액의 한도 안에서 「민법」이나 그 밖의 법령에 따른 손해배상의 책임이 면제(전부 면제×)된다. 이 경우 장해보상연금 또는 유족보상연금을 받고 있는 사람은 장해보상일시금 또는 유족보상일시금을 받은 것으로 본다.
보험급여의 지급 및 지급제한	① 미지급의 보험급여: 보험급여의 수급권자가 사망한 경우에 그 수급권자에게 지급하여야 할 보험급여로서 아직 지급되지 아니한 보험급여가 있으면 그 수급권자의 유족의 청구에 따라 그 보험급여를 지급한다. ② 지급: 지급 결정일(신청일×)부터 14일 이내에 지급한다. ③ 지급 제한: 다음의 경우 보험급여의 전부 또는 일부를 지급하지 아니할 수 있다. 　ㄱ 요양 중인 근로자가 정당한 사유 없이 요양에 관한 지시를 위반하여 부상·질병·장해 상태를 악화시키거나 치유를 방해하는 경우 　ㄴ 장해보상연금 또는 진폐보상연금 수급권자가 장해등급 또는 진폐장해등급 재판정 전에 자해 등 고의로 장해 상태를 악화시킨 경우
부당이득의 징수	근로복지공단은 보험급여를 받은 자가 다음의 어느 하나에 해당하면 그 급여액(아래 ① ⇨ 2배 징수)에 해당하는 금액을 징수하여야 한다. ① 거짓이나 기타 부정한 방법으로 보험급여를 받은 경우

	② 수급권자 또는 수급권이 있었던 사람이 신고의무를 이행하지 아니하여 부당하게 보험급여를 지급받은 경우 ③ 그 밖에 잘못 지급된 보험급여가 있는 경우
보험급여의 일시중지	근로복지공단은 보험급여를 받고자 하는 사람이 다음의 어느 하나에 해당하면 보험급여의 지급을 일시중지할 수 있다. ① 요양 중인 근로자가 근로복지공단의 의료기관 변경 요양 지시를 정당한 사유 없이 따르지 아니하는 경우 ② 근로복지공단이 직권으로 실시하는 장해등급 또는 진폐장해등급 재판정 요구에 따르지 아니하는 경우 ③ 보고·서류제출 또는 신고를 하지 아니하는 경우 ④ 질문이나 조사에 따르지 아니하는 경우 ⑤ 진찰 요구에 따르지 아니하는 경우
구상권	근로복지공단은 제3자의 행위에 따른 재해로 보험급여를 지급한 경우에는 그 급여액의 한도 안에서 급여를 받은 사람의 제3자에 대한 손해배상청구권을 대위한다.
요양급여 비용의 정산	근로복지공단이 수급권자에게 요양급여를 지급한 후 그 지급결정이 취소된 경우로서 그 지급한 요양급여가 「국민건강보험법」 또는 「의료급여법」에 따라 지급할 수 있는 건강보험 요양급여등에 상당한 것으로 인정되면 근로복지공단은 그 건강보험 요양급여등에 해당하는 금액을 국민건강보험공단등에 청구할 수 있다.
수급권 보호	보험급여를 받을 권리는 퇴직하여도 소멸되지 아니하며, 양도 또는 압류하거나 담보로 제공할 수 없다.
공과금의 면제	보험급여로서 지급된 금품에 대하여는 국가나 지방자치단체의 공과금을 부과하지 아니한다.
심사 및 재심사 청구	① 심사청구의 제기 　㉠ 심사청구: 다음의 어느 하나에 해당하는 근로복지공단의 보험급여 결정 등에 불복하는 자 ⇨ 근로복지공단에 심사청구를 할 수 있다. 　　ⓐ 보험급여에 관한 결정 　　ⓑ 진료비에 관한 결정 　　ⓒ 약제비에 관한 결정 　　ⓓ 진료계획 변경 조치 등 　　ⓔ 보험급여의 일시지급에 관한 결정 　　ⓕ 합병증 등 예방관리에 관한 조치 　　ⓖ 부당이득의 징수에 관한 결정 　　ⓗ 수급권의 대위에 관한 결정(보험료 부과에 관한 결정×) 　㉡ 심사청구는 그 보험급여결정 등을 한 공단의 소속 기관을 거쳐 공단에 제기하여야 한다. 　㉢ 청구기한: 보험결정 등이 있음을 안 날부터 90일 이내

ⓔ 심사청구서를 받은 공단의 소속 기관은 5일 이내에 의견서를 첨부하여 근로복지공단에 보내야 한다.

ⓜ 행정심판의 제한: 보험급여 결정 등에 대하여는 행정심판을 제기할 수 없다.

ⓗ 산업재해보상보험심사위원회

    ⓐ **설치**: 심사청구를 심의 ⇨ 근로복지공단에 산업재해보상보험심사위원회를 둔다.

    ⓑ **구성**: 위원장 1명을 포함하여 150명 이내의 위원으로 구성하되, 위원 중 2명은 상임으로 한다.

ⓢ 심사청구에 대한 심리 · 결정

    ⓐ 근로복지공단은 심사청구서를 받은 날부터 60일 이내에 심사위원회의 심의를 거쳐 심사청구에 대한 결정을 하여야 한다. 다만, 부득이한 사유로 그 기간 이내에 결정을 할 수 없으면 한 차례만 20일을 넘지 아니하는 범위에서 그 기간을 연장할 수 있다.

    ⓑ 심사청구 기간이 지난 후에 제기된 심사청구 등 대통령령으로 정하는 사유에 해당하는 경우에는 심사위원회의 심의를 거치지 아니할 수 있다.

    ⓒ 위 ⓐ의 단서에 따라 결정기간을 연장할 때에는 최초의 결정기간이 끝나기 7일 전까지 심사청구인 및 보험급여결정 등을 한 공단의 소속 기관에 알려야 한다.

② **재심사청구**

  ㉠ 재심사청구: 심사청구에 대한 결정에 불복하는 자는 산업재해보상보험재심사위원회에 재심사청구를 할 수 있다. 다만, 업무상질병판정위원회의 심의를 거친 보험급여에 관한 결정에 불복하는 자는 심사청구를 하지 아니하고 재심사청구를 할 수 있다.

  ㉡ 청구기한: 심사청구에 대한 결정이 있음을 안 날부터 90일 이내

  ㉢ 재결: 재심사위원회의 재결은 근로복지공단을 기속한다.

  ㉣ 재심사위원회의 설치: 재심사청구를 심리 · 재결하기 위하여 고용노동부에 산업재해보상보험재심사위원회를 둔다.

③ **다른 법률과의 관계**

  ㉠ 심사청구 및 재심사청구의 제기는 시효의 중단에 관하여 「민법」에 따른 재판상의 청구로 본다.

  ㉡ 심사청구 및 재심사청구에 관하여 「산업재해보상보험법」에서 정하고 있지 아니한 사항에 대하여는 「행정심판법」에 따른다.

위원의 제척·기피·회피	① 위원회의 위원은 그 사건의 당사자가 되거나 그 사건에 관하여 공동권리자 또는 의무자의 관계가 있는 경우 등에는 그 사건의 심리·재결에서 제척된다. ② 당사자는 위원에게 심리·재결의 공정을 기대하기 어려운 사정이 있는 경우 기피 신청을 할 수 있다. ③ 위원은 위 ①이나 ②의 사유에 해당하면 스스로 그 사건의 심리·재결을 회피할 수 있다.
소멸시효	다음의 권리는 3년간 행사하지 아니하면 시효로 말미암아 소멸한다. 다만, 아래 ①의 보험급여 중 장해급여, 유족급여, 장례비, 진폐보상연금 및 진폐유족연금을 받을 권리는 5년간 행사하지 아니하면 시효의 완성으로 소멸한다. ① 「산업재해보상보험법」 제36조 제1항에 따른 보험급여를 받을 권리 ② 「산업재해보상보험법」 제45조에 따른 산재보험 의료기관의 권리 ③ 「산업재해보상보험법」 제46조에 따른 약국의 권리 ④ 「산업재해보상보험법」 제89조에 따른 보험가입자의 권리 ⑤ 「산업재해보상보험법」 제90조 제1항에 따른 국민건강보험공단등의 권리
사업주의 조력	보험급여를 받을 사람이 사고로 보험급여의 청구 등의 절차를 행하기 곤란하면 사업주는 이를 도와야 한다.

핵심 12   고용보험법

주무관청	① 관장: 고용노동부장관 ② 위탁기관 ⇨ 없다. ③ 고용보험 업무분담 체계 　㉠ 고용노동부 고용센터: 고용보험 피보험자 관리, 고용안정·직업능력개발사업, 실업급여 지급을 담당한다. 　㉡ 근로복지공단 및 건강보험공단: 고용보험 적용·보험료 징수업무를 담당한다.
정의	① '피보험자'란 다음에 해당하는 사람을 말한다. 　㉠ 「고용보험 및 산업재해보상보험의 보험료징수 등에 관한 법률」(이하 '고용산재보험료징수법'이라 한다)에 따라 보험에 가입되거나 가입된 것으로 보는 근로자, 예술인 또는 노무제공자 　㉡ 고용산재보험료징수법에 따라 고용보험에 가입하거나 가입된 것으로 보는 자영업자 ② '이직'이란 피보험자와 사업주 사이의 고용관계가 끝나게 되는 것(예술인 및 노무제공자의 경우에는 문화예술용역 관련 계약 또는 노무제공계약이 끝나는 것)을 말한다.

	③ '실업'이란 근로의 의사와 능력이 있음에도 불구하고 취업하지 못한 상태에 있는 것을 말한다. ④ '실업의 인정'이란 직업안정기관의 장이 수급자격자가 실업한 상태에서 적극적으로 직업을 구하기 위하여 노력하고 있다고 인정하는 것을 말한다. ⑤ '보수'란 「소득세법」에 따른 근로소득에서 대통령령으로 정하는 금품을 뺀 금액을 말한다. ⑥ '일용근로자'란 1개월 미만 동안 고용되는 사람을 말한다.
적용범위	① **원칙**: 근로자를 사용하는 모든 사업 또는 사업장에 적용 ② **예외**: 다음의 어느 하나에 해당하는 공사. 다만, 「건설산업기본법」에 따른 건설업자, 「주택법」에 따른 주택건설사업자, 「전기공사업법」에 따른 공사업자, 「정보통신공사업법」에 따른 정보통신공사업자, 「소방시설공사업법」에 따른 소방시설업자, 「국가유산수리 등에 관한 법률」에 따른 국가유산수리업자가 시공하는 공사는 제외한다. 　㉠ 「고용보험 및 산업재해보상보험의 보험료징수 등에 관한 법률 시행령」에 따른 총 공사금액이 2천만원 미만인 공사 　㉡ 연면적이 100제곱미터 이하인 건축물의 건축 또는 연면적이 200제곱미터 이하인 건축물의 대수선에 관한 공사
적용제외	① **적용제외자**: 다음의 어느 하나에 해당하는 자에게는 「고용보험법」을 적용하지 아니한다. 　㉠ 1개월간 소정근로시간이 60시간 미만이거나 1주간의 소정근로시간이 15시간 미만인 근로자 　㉡ 위 ㉠에도 불구하고 해당 사업에서 3개월 이상 계속하여 근로를 제공하는 근로자와 일용근로자는 「고용보험법」 적용 대상으로 한다. 　㉢ 공무원[제외 ⇨ 별정직 공무원 + 임기제 공무원은 본인의 의사에 따라 가입(실업급여에 한한다)할 수 있다] 　㉣ 「사립학교교직원 연금법」의 적용을 받는 사람 　㉤ 별정우체국 직원 ② **65세 이후에 고용**: 65세 이후에 고용(65세 전부터 피보험자격을 유지하던 사람이 65세 이후에 계속하여 고용된 경우는 제외)되거나 자영업을 개시한 사람에게는 제4장(실업급여) 및 제5장(육아휴직급여 등)을 적용하지 아니한다(고용안정·직업능력개발사업 ⇨ 적용).
피보험 자격	① **취득시기** 　㉠ 「고용보험법」이 적용되는 사업 ⇨ 사업에 고용된 날 　㉡ 적용제외 근로자 ⇨ 적용받게 된 날 　㉢ 보험관계가 성립하기 전에 고용된 근로자 ⇨ 보험관계가 성립한 날(고용된 날×)

② 상실시기

　　㉠ 근로자인 피보험자가 적용제외 근로자에 해당하게 된 경우에는 적용제외 대상자가 된 날

　　㉡ 보험관계가 소멸한 경우에는 보험관계가 소멸한 날

　　㉢ 근로자인 피보험자가 이직한 경우에는 이직한 날의 다음 날

　　㉣ 근로자인 피보험자가 사망한 경우에는 사망한 날의 다음 날

③ 피보험자격의 취득 및 상실 신고

　　㉠ 사업주 ⇨ 고용된 근로자의 피보험자격의 취득 및 상실 등에 관한 사항을 고용노동부장관에게 신고

　　㉡ 사업주가 신고하지 아니하면 근로자가 신고할 수 있다.

　　㉢ 자영업자인 피보험자는 피보험자격의 취득 및 상실에 관한 신고를 하지 아니한다.

　　㉣ **신고기한**: 사유가 발생하는 날이 속하는 달의 다음 달 15일까지

　　㉤ **피보험자격의 확인 청구**: 피보험자 또는 피보험자였던 사람은 언제든지 고용노동부장관에게 피보험자격의 취득 또는 상실에 관한 확인을 청구할 수 있다.

　　㉥ **피보험자격 이중 취득의 제한**: 근로자가 보험관계가 성립되어 있는 둘 이상의 사업에 동시에 고용되어 있는 경우 그중 한 사업의 피보험자격을 취득한다.

고용보험 사업

① 고용안정 · 직업능력개발사업

② 실업급여: 구직급여와 취업촉진수당으로 구분한다.

　　㉠ **취업촉진수당**

　　　　ⓐ 조기재취업수당

　　　　ⓑ 직업능력개발수당

　　　　ⓒ 광역구직활동비

　　　　ⓓ 이주비

　　㉡ **실업급여수급의 계좌**

　　　　ⓐ **입금**: 직업안정기관의 장은 수급자격자의 신청이 있는 경우에는 실업급여를 수급자격자 명의의 지정된 계좌(이하 '실업급여수급계좌'라 한다)로 입금하여야 한다(원칙).

　　　　ⓑ **관리**: 실업급여수급계좌의 해당 금융기관은 「고용보험법」에 따른 실업급여만이 실업급여수급계좌에 입금되도록 관리하여야 한다.

　　㉢ **수급권의 보호**

　　　　ⓐ **수급권의 보호**: 실업급여를 받을 권리는 양도 또는 압류하거나 담보로 제공할 수 없다.

　　　　ⓑ **압류금지 실업급여의 액수**: 지정된 실업급여수급계좌의 예금 중 대통령령으로 정하는 액수 이하의 금액(입금된 금액 전액)에 관한 채권은 압류할 수 없다.

ⓔ 공과금의 면제: 실업급여로서 지급된 금품에 대하여는 국가나 지방자치단체의 공과금(국세기본법 또는 지방세기본법에 따른 공과금을 말한다)을 부과하지 아니한다.

⑩ 구직급여

ⓐ **수급요건**: 아래 ⅴ)와 ⅵ)는 최종 이직 당시 일용근로자였던 사람만 해당한다.

ⅰ) 기준기간 동안의 피보험 단위기간 ⇨ 합산하여 180일 이상

ⅱ) 근로의 의사와 능력이 있음에도 불구하고 취업(영리를 목적으로 사업을 영위하는 경우를 포함)하지 못한 상태에 있을 것

ⅲ) 이직사유가 수급자격의 제한 사유에 해당하지 아니할 것

ⅳ) 재취업을 위한 노력을 적극적으로 할 것

ⅴ) 일용근로자 ⇨ 수급자격 인정신청일이 속한 달의 직전 달 초일부터 수급자격 인정신청일까지의 근로일수의 합이 같은 기간 동안의 총 일수의 3분의 1 미만(이상×, 이하×)일 것 + 건설일용근로자로서 수급자격 인정신청일 이전 14일간 연속하여 근로내역이 없을 것

ⅵ) 일용근로자 ⇨ 최종 이직일 당시의 기준기간의 피보험 단위기간 중 다른 사업에서 수급자격의 제한 사유에 해당하는 사유로 이직한 사실이 있는 경우에는 그 피보험 단위기간 중 90일 이상을 일용근로자로 근로하였을 것

ⓑ **기준기간**: 기준기간은 이직일 이전 18개월로 한다(원칙).

ⓒ **피보험 단위기간**

ⅰ) 근로자의 피보험 단위기간은 피보험기간 중 보수 지급의 기초가 된 날을 합하여 계산한다. 다만, 자영업자인 피보험자의 피보험 단위기간은 「고용보험법」 제50조 제3항 단서 및 제4항에 따른 피보험기간으로 한다.

ⅱ) 위 ⅰ)에 따라 피보험 단위기간을 계산할 때에는 최후로 피보험자격을 취득한 날 이전에 구직급여를 받은 사실이 있는 경우에는 그 구직급여와 관련된 피보험자격 상실일 이전의 피보험 단위기간은 넣지 아니한다.

ⓓ **실업의 신고**

ⅰ) 신고: 구직급여를 받으려는 사람은 이직 후 지체 없이 직업안정기관에 출석하여 실업의 신고를 하여야 한다.

ⅱ) 포함사항: 실업의 신고에는 구직 신청과 아래 ⓔ의 수급자격의 인정신청을 포함하여야 한다.

ⅲ) 이직확인서: 구직급여를 지급받기 위하여 실업을 신고하려는 사람은 이직하기 전 사업의 사업주에게 피보험 단위기간, 이직 전 1일 소정근로시간 등을 확인할 수 있는 자료(이직확인서)의 발급을 요청할 수 있다. 이 경우 요청을 받은 사업주는 고용노동부령으로 정하는 바에 따라 이직확인서를 발급하여 주어야 한다.

ⓔ **수급자격의 인정**: 구직급여를 지급받으려는 사람은 직업안정기관의 장에게 구직급여의 수급요건을 갖추었다는 사실(수급자격)을 인정하여 줄 것을 신청하여야 한다.

ⓕ **고지**: 직업안정기관의 장은 수급자격의 인정신청을 받으면 그 신청인에 대한 수급자격의 인정 여부를 결정하고, 대통령령으로 정하는 바에 따라 신청인(사용자×)에게 그 결과를 알려야 한다.

ⓖ **실업의 인정**: 구직급여는 수급자격자가 실업한 상태에 있는 날 중에서 직업안정기관의 장으로부터 실업의 인정을 받은 날에 대하여 지급하며, 실업의 인정을 받으려는 수급자격자는 실업의 신고를 한 날부터 계산하기 시작하여 1주부터 4주의 범위에서 직업안정기관의 장이 지정한 날(실업인정일)에 출석하여 재취업을 위한 노력을 하였음을 신고하여야 하고, 직업안정기관의 장은 직전 실업인정일의 다음 날부터 그 실업인정일까지의 각각의 날에 대하여 실업의 인정을 한다.

ⓗ **구직급여의 기초가 되는 임금일액**

　ⅰ) **기초일액**: 구직급여 산정의 기초가 되는 임금일액(기초일액)은 수급자격의 인정과 관련된 마지막 이직 당시에 산정한 평균임금으로 한다. 다만, 마지막 이직일 이전 3개월 이내에 피보험자격을 취득한 사실이 2회 이상인 경우에는 마지막 이직일 이전 3개월간(일용근로자의 경우에는 마지막 이직일 이전 4개월 중 최종 1개월을 제외한 기간)에 그 근로자에게 지급된 임금 총액을 그 산정의 기준이 되는 3개월의 총일수로 나눈 금액을 기초일액으로 한다.

　ⅱ) 위 ⅰ)에 따라 산정된 금액이 통상임금보다 적을 경우에는 그 통상임금액을 기초일액으로 한다. 다만, 마지막 사업에서 이직 당시 일용근로자였던 사람의 경우에는 그러하지 아니한다.

　ⅲ) **기초일액의 상한액**: 구직급여의 산정 기초가 되는 임금일액이 11만원을 초과하는 경우에는 11만원을 해당 임금일액으로 한다.

　ⅳ) **최저기초일액**: '1일 근로시간 × 시간급 최저임금액' > 기초일액

ⓘ **구직급여일액**

　ⅰ) 구직급여일액 = 기초일액 × 100분의 60

　ⅱ) 최저구직급여일액 = 최저기초일액 × 100분의 80

ⓙ **구직급여일액의 하한액**: 산정된 구직급여일액이 최저구직급여일액보다 낮은 경우에는 최저구직급여일액을 그 수급자격자의 구직급여일액으로 한다.

ⓚ **수급기간**: 구직급여는 「고용보험법」에 따로 규정이 있는 경우 외에는 그 구직급여의 수급자격과 관련된 이직일의 다음 날부터 계산하기 시작하여 12개월 내에 아래 ⓜ에 따른 소정급여일수를 한도로 하여 지급한다.

ⓛ 대기기간: 실업의 신고일부터 계산하기 시작하여 7일간은 대기기간으로 보아 구직급여를 지급하지 아니한다. 다만, 최종 이직 당시 건설일용근로자였던 사람에 대해서는 실업의 신고일부터 계산하여 구직급여를 지급한다.

ⓜ 소정급여일수: 하나의 수급자격에 따라 구직급여를 지급받을 수 있는 날은 대기기간이 끝난 다음 날부터 계산하기 시작하여 피보험기간과 연령에 따라 다음의 표에서 정한 일수가 되는 날까지로 한다.

구분		피보험 단위기간				
		1년 미만	1년 이상 3년 미만	3년 이상 5년 미만	5년 이상 10년 미만	10년 이상
이직일 현재 연령	50세 미만	120일	150일	180일	210일	240일
	50세 이상 및 장애인	120일	180일	210일	240일	270일

ⓝ 유예지급: 수급자격자가 소정급여일수 내에 임신·출산·육아, 그 밖에 대통령령으로 정하는 사유로 수급기간을 연장한 경우에는 그 기간만큼 구직급여를 유예하여 지급한다.

ⓞ 지급제한: 거짓이나 그 밖의 부정한 방법으로 실업급여를 받았거나 받으려 한 사람에게는 그 급여를 받은 날 또는 받으려 한 날부터의 구직급여를 지급하지 아니한다. 다만, 그 급여와 관련된 이직 이후에 새로 수급자격을 취득한 경우 그 새로운 수급자격에 따른 구직급여에 대하여는 그러하지 아니하다.

ⓟ 반환명령: 직업안정기관의 장은 거짓이나 그 밖의 부정한 방법으로 구직급여를 지급받은 사람에게 지급받은 전체 구직급여의 전부 또는 일부의 반환을 명할 수 있다.

ⓑ 조기재취업수당

ⓐ 지급기준: 신고일부터 14일이 지난 후 재취업한 수급자격자가 재취업한 날의 전날을 기준으로 소정급여일수를 2분의 1 이상 남기고 재취업한 경우로서 다음의 어느 하나에 해당하는 경우를 말한다.

ⅰ) 12개월 이상 계속하여 고용된 경우이거나 이직일 당시 65세 이상인 사람(65세 전부터 65세가 될 때까지 피보험자격을 유지한 사람만 해당한다)으로서 6개월 이상 계속하여 고용될 것으로 고용노동부장관이 정하는 바에 따라 직업안정기관의 장이 인정하는 경우(원칙)

ⅱ) 12개월 이상 계속하여 사업을 영위한 경우이거나 이직일 당시 65세 이상인 사람으로서 6개월 이상 계속하여 사업을 영위할 것으로 고용노동부장관이 정하는 바에 따라 직업안정기관의 장이 인정하는 경우(원칙)

ⓑ 조기재취업수당의 금액: 조기재취업수당의 금액은 구직급여일액에 미지급 일수의 2분의 1을 곱한 금액으로 한다.

③ 육아휴직 급여 등

㉠ 지급요건: 고용노동부장관은 「남녀고용평등과 일·가정 양립 지원에 관한 법률」 제19조에 따른 육아휴직을 30일(근로기준법에 따른 출산전후휴가기간과 중복되는 기간은 제외) 이상 부여받은 피보험자 중 육아휴직을 시작한 날 이전에 피보험 단위기간이 합산하여 180일 이상인 피보험자에게 육아휴직 급여를 지급한다.

㉡ 신청: 육아휴직을 시작한 날 이후 1개월부터 끝난 날 이후 12개월 이내에 신청한다. 다만, 다음의 사유로 육아휴직 급여를 신청할 수 없었던 사람은 그 사유가 끝난 후 30일 이내에 신청하여야 한다.

ⓐ 천재지변

ⓑ 본인이나 배우자의 질병·부상(사망×)

ⓒ 본인이나 배우자의 직계존속 및 직계비속의 질병·부상(사망, 형제·자매×)

ⓓ 「병역법」에 따른 의무복무

ⓔ 범죄혐의로 인한 구속이나 형의 집행

㉢ 이직 및 취업사실의 기재: 피보험자가 육아휴직 급여 지급신청을 하는 경우 육아휴직기간 중에 이직하거나 고용노동부령으로 정하는 기준에 해당하는 취업을 한 사실이 있는 경우에는 해당 신청서에 그 사실을 기재하여야 한다.

㉣ 월별 지급액

ⓐ 월별 지급액: 위 ㉠에 따른 육아휴직 급여는 육아휴직 시작일을 기준으로 한 월 통상임금의 100분의 80에 해당하는 금액을 월별 지급액으로 한다. 다만, 해당 금액이 150만원을 넘는 경우에는 150만원으로 하고, 해당 금액이 70만원보다 적은 경우에는 70만원으로 한다.

ⓑ 일할계산: 육아휴직 급여의 지급대상 기간이 1개월을 채우지 못하는 경우에는 위 ⓐ에 따른 월별 지급액을 해당 월에 휴직한 일수에 비례하여 계산한 금액을 지급액으로 한다.

㉤ 급여의 지급제한

ⓐ 이직에 따른 지급제한: 피보험자가 육아휴직기간 중에 그 사업에서 이직한 경우에는 그 이직하였을 때부터 육아휴직 급여를 지급하지 아니한다.

ⓑ 취업에 따른 지급제한: 피보험자가 육아휴직기간 중에 취업을 한 경우에는 그 취업한 기간에 대해서는 육아휴직 급여를 지급하지 아니한다.

ⓒ 금품수령에 따른 감액 지급: 피보험자가 사업주로부터 육아휴직을 이유로 금품을 지급받은 경우 대통령령으로 정하는 바에 따라 급여를 감액하여 지급할 수 있다.

ⓓ 부정행위에 따른 제한: 거짓이나 그 밖의 부정한 방법으로 육아휴직 급여를 받았거나 받으려 한 사람에게는 그 급여를 받은 날 또는 받으려 한 날부터의 육아휴직 급여를 지급하지 아니한다. 다만, 그 급여와 관련된 육아휴직 이후에 새로 육아휴직 급여 요건을 갖춘 경우 그 새로운 요건에 따른 육아휴직 급여는 그러하지 아니하다.

ⓔ 취업사실 등을 기재하지 아니한 경우의 제한: 위 ⓓ의 본문에도 불구하고 위 ㉢을 위반하여 육아휴직기간 중 취업한 사실을 기재하지 아니하거나 거짓으로 기재하여 육아휴직 급여를 받았거나 받으려 한 사람에 대해서는 위반횟수 등을 고려하여 고용노동부령으로 정하는 바에 따라 지급이 제한되는 육아휴직 급여의 범위를 달리 정할 수 있다.

ⓗ 육아휴직 급여에 관한 사무의 위탁: 직업안정기관의 장은 피보험자의 신청(직권으로×)에 따라 필요하다고 인정하면 그 자에게 행하는 육아휴직 급여에 관한 사무를 다른 직업안정기관의 장에게 위탁하여 처리할 수 있다.

④ 육아기 근로시간 단축 급여의 지급: 고용노동부장관은 「남녀고용평등과 일·가정 양립 지원에 관한 법률」에 따른 육아기 근로시간 단축을 30일(근로기준법에 따른 출산전후휴가기간과 중복되는 기간은 제외) 이상 실시한 피보험자 중 육아기 근로시간 단축을 시작한 날 이전에 피보험 단위기간이 합산하여 180일 이상인 피보험자에게 육아기 근로시간 단축 급여를 지급한다.

⑤ 출산전후휴가 급여 등

㉠ 피보험 단위기간: 휴가가 끝난 날 이전 ⇨ 합산하여 180일 이상

㉡ 신청: 휴가를 시작한 날[우선지원 대상기업이 아닌 경우는 휴가 시작 후 60일(한 번에 둘 이상의 자녀를 임신한 경우에는 75일)이 지난 날로 본다] 이후 1개월부터 휴가가 끝난 날 이후 12개월 이내에 신청할 것. 다만, 다음의 사유로 출산전후휴가 급여 등을 신청할 수 없었던 사람은 그 사유가 끝난 후 30일 이내에 신청하여야 한다.

ⓐ 천재지변

ⓑ 본인이나 배우자의 질병·부상

ⓒ 본인이나 배우자의 직계존속 및 직계비속의 질병·부상(형제·자매×)

ⓓ 「병역법」에 따른 의무복무

ⓔ 범죄혐의로 인한 구속이나 형의 집행

㉢ 지급기간 등: 출산전후휴가 급여 등은 다음의 휴가기간에 대하여 「근로기준법」의 통상임금(휴가를 시작한 날을 기준으로 산정)에 해당하는 금액을 지급한다.

ⓐ 「근로기준법」에 따른 출산전후휴가 또는 유산·사산휴가기간. 다만, 우선지원 대상기업이 아닌 경우에는 휴가기간 중 60일(한 번에 둘 이상의 자녀를 임신한 경우에는 75일)을 초과한 일수(30일을 한도로 하되, 한 번에 둘 이상의 자녀를 임신한 경우에는 45일을 한도로 한다)로 한정한다.

ⓑ 「남녀고용평등과 일·가정 양립 지원에 관한 법률」에 따른 배우자 출산휴
가기간 중 최초 5일. 다만, 피보험자가 속한 사업장이 우선지원 대상기업
인 경우에 한정한다.

심사 및 재심사

① 심사와 재심사
   ⊙ **심사 및 재심사 청구대상**: 피보험자격의 취득·상실에 대한 확인, 실업급여 및
     육아휴직 급여와 출산전후휴가 급여 등에 관한 처분에 이의가 있는 자는 고용
     보험심사관에게 심사를 청구할 수 있고, 그 결정에 이의가 있는 자는 고용보험
     심사위원회에 재심사를 청구할 수 있다.
   ⓛ **청구기한**: 심사의 청구는 확인 또는 처분이 있음을 안 날부터 90일 이내에,
     재심사의 청구는 심사청구에 대한 결정이 있음을 안 날부터 90일 이내에 각각
     제기하여야 한다.
   ⓒ **시효중단**: 심사 및 재심사의 청구는 시효중단에 관하여 재판상의 청구로 본다.
② **대리인 선임**: 심사청구인 또는 재심사청구인은 법정대리인 외에 다음의 자를 대리
   인으로 선임할 수 있다.
   ⊙ 청구인의 배우자, 직계존속·비속 또는 형제자매
   ⓛ 청구인인 법인의 임원 또는 직원
   ⓒ 변호사나 공인노무사
   ⓔ 고용보험심사위원회의 허가를 받은 자
③ **심사청구의 결정기간**: 심사관은 심사청구를 받으면 30일 이내에 그 심사청구에
   대한 결정을 하여야 한다. 다만, 부득이한 사정으로 그 기간에 결정할 수 없을 때
   에는 한 차례만 10일을 넘지 아니하는 범위에서 그 기간을 연장할 수 있다.
④ **기피신청**: 당사자는 심사관에게 심리·결정의 공정을 기대하기 어려운 사정이 있
   으면 그 심사관에 대한 기피신청을 고용노동부장관에게 할 수 있다.
⑤ **심사의 청구 등**
   ⊙ **심사청구절차**: 심사를 청구하는 경우 피보험자격의 취득·상실 확인에 대한 심
     사의 청구는 근로복지공단을, 실업급여 및 육아휴직 급여와 출산전후휴가 급
     여 등에 관한 처분에 대한 심사의 청구는 직업안정기관의 장을 거쳐 심사관에
     게 하여야 한다.
   ⓛ 직업안정기관 또는 근로복지공단은 심사청구서를 받은 날부터 5일 이내에 의
     견서를 첨부하여 심사청구서를 심사관에게 보내야 한다.
   ⓒ 심사의 청구 ⇨ 문서로 하여야 한다.
⑥ **원처분 등의 집행정지**: 심사의 청구는 원처분 등의 집행을 정지시키지 아니한다.
   다만, 심사관은 원처분 등의 집행에 의하여 발생하는 중대한 위해를 피하기 위하
   여 긴급한 필요가 있다고 인정하면 직권(심사청구인의 신청×)으로 그 집행을 정
   지시킬 수 있다.

	⑦ 결정의 효력
	㉠ 결정은 심사청구인 및 직업안정기관의 장 또는 근로복지공단에 결정서의 정본을 보낸 날부터 효력이 발생한다.
	㉡ 결정은 원처분 등을 행한 직업안정기관의 장 또는 근로복지공단을 기속한다.
	⑧ **고용보험심사위원회**: 재심사를 하게 하기 위하여 고용노동부에 고용보험심사위원회를 둔다.
	⑨ **재심사의 상대방**: 재심사의 청구는 원처분 등을 행한 직업안정기관의 장 또는 근로복지공단을 상대방으로 한다.
	⑩ **심리기일**: 심사위원회는 재심사의 청구를 받으면 그 청구에 대한 심리기일(審理期日) 및 장소를 정하여 심리기일 3일 전까지 당사자 및 그 사건을 심사한 심사관에게 알려야 한다.
소멸시효	지원금을 지급받거나 반환받을 권리, 취업촉진 수당을 지급받거나 반환받을 권리, 구직급여를 반환받을 권리, 육아휴직 급여·육아기 근로시간 단축 급여 또는 출산전후휴가 급여 등을 반환받을 권리 ⇨ 3년

핵심 13   국민연금법

주무관청	① 주관 ⇨ 보건복지부장관 ② 보험의 위탁 ⇨ 국민연금공단, 건강보험공단
정의	① '근로자'란 직업의 종류가 무엇이든 사업장에서 노무를 제공하고 그 대가로 임금을 받아 생활하는 자(법인의 이사와 그 밖의 임원을 포함)를 말한다. ② '사용자(使用者)'란 해당 근로자가 소속되어 있는 사업장의 사업주를 말한다. ③ '소득'이란 일정한 기간 동안 근로를 제공하여 얻은 수입에서 대통령령으로 정하는 비과세소득을 제외한 금액 또는 사업 및 자산을 운영하여 얻는 수입에서 필요경비를 제외한 금액을 말한다. ④ '평균소득월액'이란 매년 사업장가입자 및 지역가입자 전원의 기준소득월액을 평균한 금액을 말한다. ⑤ '기준소득월액'이란 연금보험료와 급여를 산정하기 위하여 가입자의 소득월액을 기준으로 하여 정하는 금액을 말한다. ⑥ '사업장가입자'란 사업장에 고용된 근로자 및 사용자로서 「국민연금법」 제8조에 따라 국민연금에 가입된 자를 말한다. ⑦ '지역가입자'란 사업장가입자가 아닌 자로서 「국민연금법」 제9조에 따라 국민연금에 가입된 자를 말한다. ⑧ '임의가입자'란 사업장가입자 및 지역가입자 외의 자로서 「국민연금법」 제10조에 따라 국민연금에 가입된 자를 말한다.

	⑨ '임의계속가입자'란 국민연금 가입자 또는 가입자였던 자가 「국민연금법」 제13조 제1항에 따라 가입자로 된 자를 말한다.
	⑩ '연금보험료'란 국민연금사업에 필요한 비용으로서 사업장가입자의 경우에는 부담금 및 기여금의 합계액을, 지역가입자·임의가입자 및 임의계속가입자의 경우에는 본인이 내는 금액을 말한다.
	⑪ '부담금'이란 사업장가입자의 사용자가 부담하는 금액을 말한다.
	⑫ '기여금'이란 사업장가입자가 부담하는 금액을 말한다.
	⑬ '사업장'이란 근로자를 사용하는 사업소 및 사무소를 말한다.
적용	① 「국민연금법」을 적용할 때 배우자, 남편 또는 아내에는 사실상의 혼인관계에 있는 자를 포함한다.
	② 수급권을 취득할 당시 가입자 또는 가입자였던 자의 태아가 출생하면 그 자녀는 가입자 또는 가입자였던 자에 의하여 생계를 유지하고 있던 자녀로 본다.
사업장 가입자	① 당연적용사업장: 1명 이상의 근로자를 사용하는 사업장 및 주한 외국기관으로서 1명 이상의 대한민국 국민인 근로자를 사용하는 사업장
	② 사업장가입자: 당연적용사업장의 18세 이상 60세 미만 ⇨ 근로자 + 사용자(예외: 퇴직연금 등 수급권자)
사업장 가입 자격의 취득 및 상실	① 사업장가입자격의 취득시기 　㉠ 당연적용사업장에 고용된 때 　㉡ 당연적용사업장의 사용자가 된 때 　㉢ 당연적용사업장으로 된 때
	② 사업장가입자격의 상실사유 및 시기(6개월 이상 계속하여 연금보험료를 체납한 때×) 　㉠ 사망한 때의 다음 날 　㉡ 국적을 상실하거나 국외로 이주한 때의 다음 날 　㉢ 사용관계가 끝난 때의 다음 날 　㉣ 60세가 된 때의 다음 날 　㉤ 국민연금가입대상제외자(공무원연금법, 군인연금법, 사립학교교직원 연금법 및 별정우체국법을 적용받는 공무원, 군인, 교직원 및 별정우체국 직원 등)에 해당하게 된 때
	③ 사업장가입자 자격취득·상실신고: 사유가 발생한 날이 속하는 달의 다음 달 15일 ⇨ 국민연금공단
국민연금 가입 기간의 계산	① 가입기간(월 단위 계산): 가입자의 자격을 취득한 날이 속하는 달의 다음 달부터 자격을 상실한 날의 전날이 속하는 달까지로 한다. 다만, 다음의 어느 하나에 해당하는 경우 자격을 취득한 날이 속하는 달은 가입기간에 산입한다. 　㉠ 가입자가 자격을 취득한 날이 그 속하는 달의 초일인 경우(자격취득일이 속하는 달에 다시 그 자격을 상실하는 경우는 제외)

      ⓒ 임의계속가입자의 자격을 취득한 경우

      ⓒ 가입자가 희망하는 경우

② **연금보험료 미납에 따른 가입기간**: 가입기간을 계산할 때 연금보험료를 내지 아니한 기간은 가입기간에 산입하지 아니한다. 다만, 사용자가 근로자의 임금에서 기여금을 공제하고 연금보험료를 내지 아니한 경우에는 그 내지 아니한 기간의 2분의 1에 해당하는 기간을 근로자의 가입기간으로 산입한다.

③ 지급받은 반환일시금이 부당이득에 해당되어 환수할 급여에 해당하는 경우 이를 반납하지 아니하는 때에는 그에 상응하는 기간을 가입기간에 산입하지 아니한다.

④ **가입기간의 합산**

      ㉠ 가입자의 자격을 상실한 후 다시 그 자격을 취득한 자에 대하여는 전후의 가입기간을 합산한다.

      ㉡ 가입자의 가입 종류가 변동되면 그 가입자의 가입기간은 각 종류별 가입기간을 합산한 기간으로 한다.

연금급여

① **급여의 종류**

      ㉠ 노령연금

      ㉡ 장애연금

      ⓒ 유족연금

      ⓔ 반환일시금

② **급여의 지급**

      ㉠ **지급**: 급여는 수급권자의 청구에 따라 국민연금공단이 지급한다.

      ㉡ **기초산정**: 연금액은 지급사유에 따라 기본연금액과 부양가족연금액을 기초로 산정한다.

③ **부양가족연금액 및 유족연금 지급 대상의 장애 인정기준**: 아래 ④, ⑩의 ⓒ, ⑩의 ⓔ의 장애상태란 다음의 어느 하나에 해당하는 상태를 말한다.

      ㉠ 장애등급 1급 또는 2급에 해당하는 상태

      ㉡ 「장애인복지법」 제2조에 따른 장애인 중 장애의 정도가 심한 장애인으로서 대통령령으로 정하는 장애 정도에 해당하는 상태

④ **부양가족연금액**: 부양가족연금액은 수급권자(유족연금의 경우에는 사망한 가입자 또는 가입자였던 자를 말한다)를 기준으로 하는 다음의 자로서 수급권자에 의하여 생계를 유지하고 있는 자에 대하여 다음에 규정된 각각의 금액으로 한다.

      ㉠ 배우자: 연 15만원

      ㉡ 19세 미만이거나 위 ③에 따른 장애상태에 있는 자녀(배우자가 혼인 전에 얻은 자녀를 포함): 연 10만원

      ⓒ 60세 이상이거나 위 ③에 따른 장애상태에 있는 부모(부 또는 모의 배우자, 배우자의 부모를 포함): 연 10만원

⑤ 연금의 지급기간 및 지급시기
　㉠ 지급기간: 지급하여야 할 사유가 생긴 날이 속하는 달의 다음 달부터 수급권이 소멸한 날이 속하는 달까지 지급
　㉡ 지급시기: 연금은 매월 25일에 그 달의 금액을 지급하되, 지급일이 토요일이나 공휴일이면 그 전날에 지급한다. 다만, 수급권이 소멸하거나 연금 지급이 정지된 경우에는 그 지급일 전에 지급할 수 있다.
⑥ 급여의 환수
　㉠ 환수사유
　　ⓐ 거짓이나 그 밖의 부정한 방법으로 급여를 받은 경우
　　ⓑ 수급권 소멸사유를 공단에 신고하지 아니하거나 늦게 신고하여 급여가 잘못 지급된 경우
　　ⓒ 가입자 또는 가입자였던 자가 사망한 것으로 추정되어 유족연금 등의 급여가 지급된 후 해당 가입자 또는 가입자였던 자의 생존이 확인된 경우
　　ⓓ 그 밖의 사유로 급여가 잘못 지급된 경우
　㉡ 이자가산: 위 ㉠의 ⓐ 및 ⓑ의 경우에는 이자를 가산하여 환수한다.
⑦ 수급권의 보호
　㉠ 수급권은 양도·압류하거나 담보로 제공할 수 없다.
　㉡ 수급권자에게 지급된 급여로서 대통령령으로 정하는 금액 이하의 급여는 압류할 수 없다.
　㉢ 급여수급전용계좌에 입금된 급여와 이에 관한 채권은 압류할 수 없다.
⑧ 노령연금의 수급권자
　㉠ 노령연금: 가입기간이 10년 이상인 가입자 또는 가입자였던 자에 대하여는 60세(특수직종근로자는 55세)가 된 때부터 그가 생존하는 동안 노령연금을 지급한다.
　㉡ 조기노령연금: 가입기간이 10년 이상인 가입자 또는 가입자였던 자로서 55세 이상인 자가 소득이 있는 업무에 종사하지 아니하는 경우 본인이 희망하면 60세가 되기 전이라도 본인이 청구한 때부터 그가 생존하는 동안 일정한 금액의 연금을 받을 수 있다.
⑨ 장애연금
　㉠ 수급권자: 가입자 또는 가입자였던 자가 질병이나 부상으로 신체상 또는 정신상의 장애가 있고 다음의 요건을 모두 충족하는 경우에는 장애 정도를 결정하는 기준이 되는 날(이하 '장애결정 기준일'이라 한다)부터 그 장애가 계속되는 기간 동안 장애 정도에 따라 장애연금을 지급한다.
　　ⓐ 해당 질병 또는 부상의 초진일 당시 연령이 18세(다만, 18세 전에 가입한 경우에는 가입자가 된 날을 말한다) 이상이고 노령연금의 지급 연령 미만일 것

ⓑ 다음의 어느 하나에 해당할 것
  ⅰ) 해당 질병 또는 부상의 초진일 당시 연금보험료를 낸 기간이 가입대상기간의 3분의 1 이상일 것
  ⅱ) 해당 질병 또는 부상의 초진일 5년 전부터 초진일까지의 기간 중 연금보험료를 낸 기간이 3년 이상일 것. 다만, 가입대상기간 중 체납기간이 3년 이상인 경우는 제외한다.
  ⅲ) 해당 질병 또는 부상의 초진일 당시 가입기간이 10년 이상일 것
- ㉢ **장애연금액의 변경**: 공단은 장애연금 수급권자의 장애 정도를 심사하여 장애등급이 다르게 되면 그 등급에 따라 장애연금액을 변경하고, 장애등급에 해당되지 아니하면 장애연금 수급권을 소멸시킨다.
⑩ **유족연금**
- ㉠ **유족연금의 수급권자**: 다음의 어느 하나에 해당하는 사람이 사망하면 그 유족에게 유족연금을 지급한다.
  ⓐ 노령연금 수급권자
  ⓑ 가입기간이 10년 이상인 가입자 또는 가입자였던 자
  ⓒ 연금보험료를 낸 기간이 가입대상기간의 3분의 1 이상인 가입자 또는 가입자였던 자
  ⓓ 사망일 5년 전부터 사망일까지의 기간 중 연금보험료를 낸 기간이 3년 이상인 가입자 또는 가입자였던 자. 다만, 가입대상기간 중 체납기간이 3년 이상인 사람은 제외한다.
  ⓔ 장애등급이 2급 이상인 장애연금 수급권자
- ㉡ **지급제한**: 위 ㉠에도 불구하고 위 ㉠의 ⓒ 또는 ⓓ에 해당하는 사람이 다음의 기간 중 사망하는 경우에는 유족연금을 지급하지 아니한다.
  ⓐ 가입대상에서 제외되는 기간
  ⓑ 국외이주·국적상실 기간
- ㉢ **유족의 범위(형제·자매×)**
  ⓐ 배우자
  ⓑ 자녀 ⇨ 25세 미만 또는 위 ③에 따른 장애상태에 있는 사람만 해당한다.
  ⓒ 부모(배우자의 부모를 포함) ⇨ 60세 이상 또는 위 ③에 따른 장애상태에 있는 사람만 해당한다.
  ⓓ 손자녀 ⇨ 19세 미만 또는 위 ③에 따른 장애상태에 있는 사람만 해당한다.
  ⓔ 조부모(배우자의 조부모를 포함) ⇨ 60세 이상 또는 위 ③에 따른 장애상태에 있는 사람만 해당한다.
- ㉣ **유족연금 수급권의 소멸**: 유족연금 수급권자가 다음의 어느 하나에 해당하게 되면 그 수급권은 소멸한다.
  ⓐ 수급권자가 사망한 때
  ⓑ 배우자인 수급권자가 재혼한 때

	ⓒ 자녀나 손자녀인 수급권자가 파양된 때(자녀나 손자녀인 수급권자가 다른 사람에게 입양된 때 ⇨ 유족연금의 지급을 정지한다)
	ⓓ 위 ③에 따른 장애상태에 해당하지 아니한 자녀인 수급권자가 25세가 된 때 또는 위 ③에 따른 장애상태에 해당하지 아니한 손자녀인 수급권자가 19세가 된 때
	⑪ 반환일시금 등
	㉠ 반환일시금: 가입자 또는 가입자였던 자가 다음의 어느 하나에 해당하게 되면 본인이나 그 유족의 청구에 의하여 반환일시금을 지급받을 수 있다.
	ⓐ 가입기간이 10년 미만인 자가 60세가 된 때
	ⓑ 가입자 또는 가입자였던 자가 사망한 때(다만, 유족연금이 지급되는 경우에는 그러하지 아니하다)
	ⓒ 국적을 상실하거나 국외로 이주한 때
	㉡ 사망일시금: 다음의 어느 하나에 해당하는 사람이 사망한 때에 위 ⑩의 ㉡에 따른 유족이 없으면 그 배우자·자녀·부모·손자녀·조부모·형제자매 또는 4촌 이내 방계혈족에게 사망일시금을 지급한다(원칙).
	ⓐ 가입자 또는 가입자였던 사람
	ⓑ 노령연금 수급권자
	ⓒ 장애등급이 3급 이상인 장애연금 수급권자
급여의 제한 및 지급 정지	① 급여의 제한
	㉠ 가입자 또는 가입자였던 자가 고의로 질병·부상 또는 그 원인이 되는 사고를 일으켜 그로 인하여 장애를 입은 경우에는 그 장애를 지급 사유로 하는 장애연금을 지급하지 아니할 수 있다.
	㉡ 가입자 또는 가입자였던 자가 고의나 중대한 과실로 요양 지시에 따르지 아니하거나 정당한 사유 없이 요양 지시에 따르지 아니하여 다음의 어느 하나에 해당하게 되면 대통령령으로 정하는 바에 따라 이를 원인으로 하는 급여의 전부 또는 일부를 지급하지 아니할 수 있다.
	ⓐ 장애를 입거나 사망한 경우
	ⓑ 장애나 사망의 원인이 되는 사고를 일으킨 경우
	ⓒ 장애를 악화시키거나 회복을 방해한 경우
	㉢ 다음의 어느 하나에 해당하는 사람에게는 사망에 따라 발생하는 유족연금, 미지급 급여, 반환일시금 및 사망일시금(이하 '유족연금등'이라 한다)을 지급하지 아니한다.
	ⓐ 가입자 또는 가입자였던 자를 고의로 사망하게 한 유족
	ⓑ 유족연금등의 수급권자가 될 수 있는 자를 고의로 사망하게 한 유족
	ⓒ 다른 유족연금등의 수급권자를 고의로 사망하게 한 유족연금등의 수급권자

	② **지급의 정지**: 수급권자가 다음의 어느 하나에 해당하면 급여의 전부 또는 일부의 지급을 정지할 수 있다.
	㉠ 수급권자가 정당한 사유 없이 공단의 서류, 그 밖의 자료제출 요구에 응하지 아니한 때
	㉡ 장애연금 또는 유족연금의 수급권자가 정당한 사유 없이 국민연금공단의 진단 요구 또는 확인에 응하지 아니한 때
	㉢ 장애연금 수급권자가 고의나 중대한 과실로 요양 지시에 따르지 아니하거나 정당한 사유 없이 요양 지시에 따르지 아니하여 회복을 방해한 때
	㉣ 수급권자가 정당한 사유 없이 수급권의 발생·변경·소멸·정지 및 급여액의 산정·지급 등에 관련된 사항으로서 보건복지부령으로 정하는 사항을 국민연금공단에 신고하지 아니한 때
연금 보험료	① **부과·징수**: 국민연금공단 ⇨ 매월 연금보험료를 부과, 건강보험공단 ⇨ 징수 ② **사업장가입자의 보험료 부담 및 산정**: 사업장가입자의 연금보험료 중 기여금은 사업장가입자 본인이, 부담금은 사용자가 각각 부담하되, 그 금액은 각각 기준소득월액의 1천분의 45에 해당하는 금액으로 한다. ③ **납부기한**: 다음 달 10일까지
체납자의 인적사항 공개	건강보험공단은 이 법에 따른 납부기한의 다음 날부터 1년이 지난 연금보험료, 연체금 및 체납처분비의 총액이 2천만원 이상인 체납자(사업장가입자에 한한다)가 납부능력이 있음에도 불구하고 체납한 경우 체납자의 인적사항(사용자의 인적사항을 말한다) 및 체납액 등을 공개할 수 있다.
심사 및 재심사 청구	① **심사청구**: 처분이 있음을 안 날부터 90일 이내(처분이 있은 날부터 180일을 경과하면 제기하지 못한다) ⇨ 국민연금공단 또는 건강보험공단 ② **국민연금심사위원회 및 징수심사위원회의 설치**: 심사청구 사항을 심사하기 위하여 국민연금공단에 국민연금심사위원회를 두고, 건강보험공단에 징수심사위원회를 둔다. ③ **재심사청구**: 심사 결정통지를 받은 날부터(안 날부터×) 90일 이내 ⇨ 국민연금재심사위원회 ④ **재심사위원회의 설치**: 재심사 청구 사항을 심사하기 위하여 보건복지부에 국민연금재심사위원회를 둔다.
소멸시효	연금보험료, 환수금, 그 밖의 「국민연금법」에 따른 징수금을 징수하거나 환수할 권리는 3년간, 급여(반환일시금은 제외)를 받거나 과오납금을 반환받을 수급권자 또는 가입자 등의 권리는 5년간, 반환일시금을 지급받을 권리는 10년간 행사하지 아니하면 각각 소멸시효가 완성된다.

핵심 14 **국민건강보험법**	

주무관청	① 관장: 보건복지부장관 ② 보험자: 국민건강보험공단
직장 가입자	① 원칙: 모든 사업장 ⇨ 근로자·사용자·공무원·교직원 ② 예외 　㉠ 고용기간이 1개월(3개월×) 미만인 일용근로자 　㉡ 「병역법」 ⇨ 현역병, 전환복무된 사람, 군간부후보생 　㉢ 선거에 당선되어 취임하는 공무원 ⇨ 매월 보수 등을 받지 아니하는 사람 　㉣ 비상근 근로자 또는 1개월 동안의 소정근로시간이 60시간 미만인 단시간근로자 　㉤ 비상근 교직원 또는 1개월 동안의 소정근로시간이 60시간 미만인 시간제공무 　　원 및 교직원 　㉥ 소재지가 일정하지 아니한 사업장의 근로자 및 사용자 　㉦ 근로자가 없거나 비상근 근로자 또는 1개월 동안의 소정근로시간이 60시간 미 　　만인 단시간근로자만을 고용하고 있는 사업장의 사업주
피부양자	다음의 사람 중 직장가입자에게 주로 생계를 의존하는 사람으로서 소득 및 재산이 보 건복지부령으로 정하는 기준 이하에 해당하는 사람 ① 직장가입자의 배우자 ② 직장가입자의 직계존속(배우자의 직계존속을 포함) ③ 직장가입자의 직계비속(배우자의 직계비속을 포함) 및 그 배우자 ④ 직장가입자의 형제·자매(배우자×, 직계비속×)
가입자격	① 건강보험 자격 취득시기 　㉠ 국내에 거주하게 된 날(원칙) 　㉡ 수급권자 ⇨ 대상자에서 제외된 날 　㉢ 직장가입자의 피부양자 ⇨ 자격을 잃은 날 　㉣ 의료보호대상자 ⇨ 대상자에서 제외된 날 또는 건강보험 적용을 신청한 날 ② 건강보험 자격 상실시기 　㉠ 사망한 날의 다음 날 　㉡ 국적을 잃은 날의 다음 날 　㉢ 국내에 거주하지 않게 된 날의 다음 날 　㉣ 직장가입자의 피부양자가 된 날 　㉤ 수급권자가 된 날 　㉥ 건강보험을 적용받고 있던 사람이 유공자 등 의료보호대상자가 되어 건강보험 　　적용배제 신청을 한 날

CHAPTER 08 · 사무 및 인사관리 **163**

	③ 건강보험 자격의 변동시기 　㉠ 지역가입자가 적용대상사업장의 사용자로 되거나, 근로자·공무원 또는 교직원(이하 '근로자등'이라 한다)으로 사용된 날 　㉡ 직장가입자가 다른 적용대상사업장의 사용자로 되거나 근로자등으로 사용된 날 　㉢ 직장가입자인 근로자등이 그 사용관계가 끝난 날의 다음 날 　㉣ 적용대상사업장에 휴업·폐업 등 보건복지부령으로 정하는 사유가 발생한 날의 다음 날 　㉤ 지역가입자가 다른 세대로 전입한 날 ④ 자격의 취득 및 상실신고 　㉠ 취득신고: 사용자는 자격취득일부터 14일 이내 ⇨ 보험자(국민건강보험공단)에 신고 　㉡ 상실신고: 사용자는 자격상실일부터 14일 이내 ⇨ 보험자(국민건강보험공단)에 신고 ⑤ 자격의 변동신고: 자격이 변동된 경우 ⇨ 자격변동일부터 14일 이내에 신고
보험급여	① 요양급여 ② 요양비 ③ 부가급여 ⇨ 공단은 요양급여 외에 임신·출산 진료비, 장제비·상병수당 기타의 급여를 실시할 수 있다. ④ 장애인에 대한 특례 ⑤ 건강검진(2년마다 1회 이상, 비사무직 ⇨ 1년에 1회 이상)
급여의 제한 및 정지	① 보험급여의 제한사유 및 정지사유

① 보험급여의 제한사유 및 정지사유

보험급여의 제한사유	보험급여의 정지사유
㉠ 공단은 다음의 어느 하나에 해당하면 보험급여를 하지 아니한다. 　ⓐ 고의 또는 중대한 과실로 인한 범죄행위에 그 원인이 있거나 고의(중대한 과실×)로 사고를 일으킨 경우 　ⓑ 고의 또는 중대한 과실로 공단이나 요양기관의 요양에 관한 지시에 따르지 아니한 경우 　ⓒ 고의 또는 중대한 과실로 급여확인 문서와 그 밖의 물건의 제출을 거부하거나 질문 또는 진단을 기피한 경우 　ⓓ 업무 또는 공무로 생긴 질병·부상·재해로 다른 법령에 따른 보험급여나 보상 또는 보상을 받게 되는 경우	보험급여를 받을 수 있는 자가 다음에 해당하면 그 기간에는 보험급여를 하지 아니한다. ㉠ 국외에 체류하는 경우 ㉡ 현역병, 전환복무된 사람 및 군간부후보생에 해당하게 된 경우 ㉢ 교도소, 그 밖에 이에 준하는 시설에 수용되어 있는 경우

ⓛ 공단은 보험급여를 받을 수 있는 사람이 다른 법령에 따라 국가나 지방자치단체로부터 보험급여에 상당하는 급여를 받거나 보험급여에 상당하는 비용을 지급받게 되는 경우에는 그 한도에서 보험급여를 하지 아니한다.

② **구상권**: 공단은 제3자의 행위로 보험급여사유가 생겨 가입자 또는 피부양자에게 보험급여를 한 경우에는 그 급여에 들어간 비용 한도에서 그 제3자에게 손해배상을 청구할 권리를 얻는다.

보험료

① **보험료의 징수**: 보험료는 가입자의 자격을 취득한 날이 속하는 달의 다음 달부터 가입자의 자격을 잃은 날의 전날이 속하는 달까지 징수한다. 다만, 가입자의 자격을 매월 1일에 취득한 경우 또는 유공자등 의료보호대상자 중 건강보험 적용 신청으로 가입자의 자격을 취득하는 경우에는 그 달부터 징수한다.

② **직장가입자의 월별 보험료액**: 직장가입자의 월별 보험료액은 다음에 따라 산정한 금액으로 한다.

　㉠ **보수월액보험료**: 보수월액 × 국민건강보험료율

　㉡ **보수 외 소득월액보험료**: 보수 외 소득월액 × 보험료율

③ **보수월액**

　㉠ 직장가입자의 보수월액은 직장가입자가 지급받는 보수를 기준으로 하여 산정한다.

　㉡ 휴직이나 그 밖의 사유로 보수의 전부 또는 일부가 지급되지 아니하는 가입자(이하 '휴직자등'이라 한다)의 보수월액보험료는 해당 사유가 생기기 전 달의 보수월액을 기준으로 산정한다.

　㉢ 위 ㉠에 따른 보수는 근로자등이 근로를 제공하고 사용자·국가 또는 지방자치단체로부터 지급받는 금품(실비변상적인 성격을 갖는 금품은 제외한다)으로서 대통령령으로 정하는 것(아래 ㉣)을 말한다. 이 경우 보수 관련 자료가 없거나 불명확한 경우 등 대통령령으로 정하는 사유에 해당하면 보건복지부장관이 정하여 고시하는 금액을 보수로 본다.

　㉣ **보수에 포함되는 금품**: 위 ㉢의 전단에서 '대통령령으로 정하는 것'이란 근로의 대가로 받은 봉급, 급료, 보수, 세비(歲費), 임금, 상여, 수당, 그 밖에 이와 유사한 성질의 금품으로서 다음의 것을 제외한 것을 말한다.

　　ⓐ 퇴직금

　　ⓑ 현상금, 번역료 및 원고료

　　ⓒ 「소득세법」에 따른 비과세근로소득. 다만, 「소득세법」 제12조 제3호 차목·파목 및 거목에 따라 비과세되는 소득은 제외한다.

　㉤ 보수의 전부 또는 일부가 현물(現物)로 지급되는 경우에는 그 지역의 시가(時價)를 기준으로 공단이 정하는 가액(價額)을 그에 해당하는 보수로 본다.

④ 보험료율: 직장가입자의 보험료율은 1천분의 80의 범위 안에서 대통령령(직장가입자의 보험료율은 1만분의 709)으로 정한다.

⑤ 보험료의 면제: 국민건강보험공단은 직장가입자가 다음의 어느 하나에 해당하는 경우[아래 ㉠에 해당하는 경우에는 1개월 이상의 기간으로서 대통령령으로 정하는 기간(3개월을 말한다. 다만, 업무에 종사하기 위해 국외에 체류하는 경우라고 공단이 인정하는 경우에는 1개월을 말한다) 이상 국외에 체류하는 경우에 한정] 그 가입자의 보험료를 면제한다. 다만, 아래 ㉠에 해당하는 직장가입자의 경우에는 국내에 거주하는 피부양자가 없을 때에만 보험료를 면제한다.

㉠ 국외에 체류하는 경우

㉡ 현역병, 전환복무된 사람, 군간부후보생에 해당하게 된 경우

㉢ 교도소, 그 밖에 이에 준하는 시설에 수용되어 있는 경우

▶ **보험급여의 정지사유와 직장가입자의 보험료 면제사유**

보험급여의 정지사유	직장가입자의 보험료 면제사유
ⓐ 국외에 체류하는 경우 ⓑ 현역병, 전환복무된 사람, 군간부후보생에 해당하게 된 경우 ⓒ 교도소, 그 밖에 이에 준하는 시설에 수용되어 있는 경우	ⓐ 1개월 이상 기간으로서 대통령령으로 정하는 기간 이상 국외에 체류하는 경우 (국내에 거주하는 피부양자가 없을 때만) ⓑ 현역병, 전환복무된 사람, 군간부후보생에 해당하게 된 경우 ⓒ 교도소, 그 밖에 이에 준하는 시설에 수용되어 있는 경우

⑥ 보험료 경감: 다음의 어느 하나에 해당하는 가입자 중 보건복지부령으로 정하는 가입자에 대하여는 그 가입자 또는 그 가입자가 속한 세대의 보험료의 일부를 경감할 수 있다.

㉠ 섬·벽지(僻地)·농어촌 등 대통령령으로 정하는 지역에 거주하는 사람

㉡ 65세 이상인 사람

㉢ 「장애인복지법」에 따라 등록한 장애인

㉣ 「국가유공자 등 예우 및 지원에 관한 법률」에 따른 국가유공자

㉤ 휴직자

㉥ 그 밖에 생활이 어렵거나 천재지변 등의 사유로 보험료를 경감할 필요가 있다고 보건복지부장관이 정하여 고시하는 사람

⑦ 보험료부담

㉠ 보수월액보험료의 부담: 직장가입자와 사업주가 각각 100분의 50씩 부담

㉡ 보수 외 소득월액보험료의 부담: 직장가입자가 부담

⑧ 납부의무자: 직장가입자의 보험료는 다음의 구분에 따라 각각에서 정한 자가 납부한다.

㉠ 보수월액보험료: 사용자

㉡ 보수 외 소득월액보험료: 직장가입자

	⑨ 납부기한: 다음 달 10일까지. 다만, 직장가입자의 보수 외 소득월액보험료 및 지역가입자의 보험료는 보건복지부령으로 정하는 바에 따라 분기별로 납부할 수 있다.
체납자의 인적사항 공개	국민건강보험공단은 이 법에 따른 납부기한의 다음 날부터 1년이 경과한 보험료, 연체금과 체납처분비의 총액이 1천만원 이상인 체납자가 납부능력이 있음에도 불구하고 체납한 경우 그 인적사항·체납액 등을 공개할 수 있다(원칙).
이의신청 및 심판청구	① 이의신청 　㉠ 신청사유: 국민건강보험공단의 처분에 이의가 있는 자는 국민건강보험공단에, 심사평가원의 처분에 이의가 있는 자는 심사평가원에 이의신청을 할 수 있다. 　㉡ 신청시기: 처분이 있음을 안 날부터 90일 이내(처분이 있는 날부터 180일이 지나면 제기하지 못한다) ② 심판청구: 처분이 있음을 안 날부터 90일 이내(처분이 있는 날부터 180일이 지나면 제기하지 못한다) ⇨ 건강보험분쟁조정위원회(심사평가원×) ③ 행정소송: 국민건강보험공단 또는 심사평가원의 처분에 이의가 있는 자와 이의신청 또는 심판청구에 대한 결정에 불복하는 자는 행정소송을 제기할 수 있다(없다×).
소멸시효	3년

09 대외업무관리 및 리모델링

▶ **연계학습** | 에듀윌 기본서 2차 [공동주택관리실무 上] p.332

회독체크 1 2 3

핵심 01 관리비용의 지원

비용의 지원	지방자치단체의 장은 그 지방자치단체의 조례로 정하는 바에 따라 공동주택의 관리에 필요한 비용(경비원 등 근로자의 근무환경 개선에 필요한 냉난방 및 안전시설 등의 설치·운영 비용을 포함한다)의 일부를 지원할 수 있다.
비용의 융자	국가는 공동주택의 보수·개량, 층간소음 저감재 설치 등에 필요한 비용의 일부를 주택도시기금에서 융자할 수 있다.

핵심 02 공동주택 모범관리단지 및 공동주택 우수관리단지

공동주택 모범관리단지	시·도지사 ⇨ 공동주택단지를 모범적으로 관리하도록 장려하기 위하여 매년 공동주택 모범관리단지를 선정할 수 있다.
공동주택 우수관리단지	국토교통부장관 ⇨ 시·도지사가 선정한 공동주택 모범관리단지 중에서 공동주택 우수관리단지를 선정하여 표창하거나 상금을 지급할 수 있고, 그 밖에 필요한 지원을 할 수 있다.

핵심 03 공동주택관리정보시스템

구축·운영	국토교통부장관은 공동주택관리의 투명성과 효율성을 제고하기 위하여 공동주택관리에 관한 정보를 종합적으로 관리할 수 있는 공동주택관리정보시스템을 구축·운영할 수 있고, 이에 관한 정보를 관련 기관·단체 등에 제공할 수 있다.

공동주택관리에 관한 감독 및 공동주택 관리비리 신고센터

보고·검사 등	① 보고·검사: 국토교통부장관 또는 지방자치단체의 장은 필요하다고 인정할 때 에는 「공동주택관리법」에 따라 허가를 받거나 신고·등록 등을 한 자에게 필요 한 보고를 하게 하거나, 관계 공무원으로 하여금 사업장에 출입하여 필요한 검 사를 하게 할 수 있다. ② 검사 등에 관한 사항의 고지: 위 ①에 따른 검사를 할 때에는 검사 7일 전까지 검사 일시, 검사 이유 및 검사 내용 등 검사계획을 검사를 받을 자에게 알려야 한다. 다만, 긴급한 경우나 사전에 통지하면 증거인멸 등으로 검사 목적을 달성 할 수 없다고 인정하는 경우에는 그러하지 아니하다.
입주자등의 감사 요청	① 감사 요청: 공동주택의 입주자등은 다음에 해당하는 경우 전체 입주자등의 10분의 2 이상의 동의를 받아 지방자치단체의 장에게 입주자대표회의나 그 구 성원, 관리주체, 관리사무소장 또는 선거관리위원회나 그 위원 등의 업무에 대 하여 감사를 요청할 수 있다. 이 경우 감사 요청은 그 사유를 소명하고 이를 뒷 받침할 수 있는 자료를 첨부하여 서면으로 하여야 한다. ㉠ 「공동주택관리법」 또는 「공동주택관리법」에 따른 명령이나 처분을 위반하 여 조치가 필요한 경우 ㉡ 공동주택단지 내 분쟁의 조정이 필요한 경우 ㉢ 입주자대표회의 등이 공동주택 관리규약을 위반한 경우 ② 감사 결과의 통보: 지방자치단체의 장은 위 ①에 따른 감사 요청이 이유가 있다 고 인정하는 경우에는 감사를 실시한 후 감사를 요청한 입주자등에게 그 결과를 통보하여야 한다. ③ 감사 요청이 없는 경우의 감사: 지방자치단체의 장은 위 ①에 따른 감사 요청이 없더라도 공동주택관리의 효율화와 입주자등의 보호를 위하여 필요하다고 인정 하는 경우 감사대상이 되는 업무에 대하여 감사를 실시할 수 있다.
통보 및 공개	① 결과 등의 통보: 지방자치단체의 장은 명령, 조사 또는 검사, 감사의 결과 등을 통보하는 경우 그 내용을 해당 공동주택의 입주자대표회의 및 관리주체에게도 통보하여야 한다. ② 공개: 위 ①에 따른 통보를 받은 관리주체는 통보를 받은 날부터 10일 이내에 그 내용을 공동주택단지의 인터넷 홈페이지 및 동별 게시판에 7일 이상 공개해 야 한다. 이 경우 동별 게시판에는 통보받은 일자, 통보한 기관 및 관계 부서, 주요 내용 및 조치사항 등을 요약하여 공개할 수 있다.

신고센터

① 설치·운영·구성
  ㉠ **설치·운영**: 국토교통부장관은 공동주택 관리비리와 관련된 불법행위 신고의 접수·처리 등에 관한 업무를 효율적으로 수행하기 위하여 공동주택 관리비리 신고센터(이하 '신고센터'라 한다)를 설치·운영할 수 있다.
  ㉡ **설치**: 국토교통부장관은 국토교통부에 공동주택 관리비리 신고센터를 설치한다.
  ㉢ **신고센터의 장 및 구성원**: 신고센터의 장은 국토교통부의 공동주택관리업무를 총괄하는 부서의 장으로 하고, 구성원은 공동주택관리와 관련된 업무를 담당하는 공무원으로 한다.

② **수행업무**: 신고센터는 다음의 업무를 수행한다.
  ㉠ 공동주택관리의 불법행위와 관련된 신고의 상담 및 접수
  ㉡ 해당 지방자치단체의 장에게 해당 신고사항에 대한 조사 및 조치 요구
  ㉢ 신고인에게 조사 및 조치 결과의 요지 등 통보

③ 신고 및 확인
  ㉠ **신고**: 공동주택관리와 관련하여 불법행위를 인지한 자는 신고센터에 그 사실을 신고할 수 있다. 이 경우 신고를 하려는 자는 자신의 인적사항과 신고의 취지·이유·내용을 적고 서명한 문서와 함께 신고 대상 및 증거 등을 제출하여야 한다.
  ㉡ **신고서 제출**: 위 ㉠에 따라 신고를 하려는 자는 신고서(전자문서를 포함)를 신고센터에 제출하여야 한다.
  ㉢ **확인**: 위 ㉡에 따른 신고서를 받은 신고센터는 다음의 사항을 확인할 수 있다.
    ⓐ 신고자 및 신고대상자의 인적사항
    ⓑ 신고내용을 증명할 수 있는 참고인 또는 증거자료의 확보 여부
    ⓒ 신고자가 신고내용의 조사·처리 등에서 신고센터 및 해당 지방자치단체의 담당 공무원 외의 자에게 그 신분을 밝히거나 암시하는 것('신분공개')에 동의하는지 여부
  ㉣ **보완기간**: 신고센터는 위 ㉢에 따른 확인 결과 신고서가 신고자의 인적사항이나 신고내용의 특정에 필요한 사항을 갖추지 못한 경우에는 신고자로 하여금 15일 이내의 기간을 정하여 이를 보완하게 할 수 있다. 다만, 15일 이내에 자료를 보완하기 곤란한 사유가 있다고 인정되는 경우에는 신고자와 협의하여 보완기간을 따로 정할 수 있다.

④ **공동주택 관리비리 신고의 종결처리**: 신고센터는 다음의 어느 하나에 해당하는 경우 접수된 신고를 종결할 수 있다. 이 경우 종결 사실과 그 사유를 신고자에게 통보하여야 한다.
  ㉠ 신고내용이 명백히 거짓인 경우
  ㉡ 신고자가 보완요구를 받고도 보완기간 내에 보완하지 아니한 경우

ⓒ 신고에 대한 처리결과를 통보받은 사항에 대하여 정당한 사유 없이 다시 신고한 경우로서 새로운 증거자료 또는 참고인이 없는 경우

ⓔ 그 밖에 비리행위를 확인할 수 없는 등 조사가 필요하지 아니하다고 신고센터의 장이 인정하는 경우

⑤ **조사 등**: 위 ②의 ⓛ에 따른 요구를 받은 지방자치단체의 장은 신속하게 해당 요구에 따른 조사 및 조치를 완료하고 완료한 날부터 10일 이내에 그 결과를 국토교통부장관에게 통보하여야 하며, 국토교통부장관은 통보를 받은 경우 즉시 신고자에게 그 결과의 요지를 알려야 한다.

⑥ **공동주택 관리비리 신고의 처리**

ⓐ **통보**: 신고센터는 신고서를 받은 날부터 10일 이내(보완기간은 제외)에 해당 지방자치단체의 장에게 신고사항에 대한 조사 및 조치를 요구하고, 그 사실을 신고자에게 통보하여야 한다.

ⓑ **완료기간**: 위 ⓐ에 따라 신고사항에 대한 조사 및 조치를 요구받은 지방자치단체의 장은 요구를 받은 날부터 60일 이내에 조사 및 조치를 완료하고, 조사 및 조치를 완료한 날부터 10일 이내에 국토교통부장관에게 통보하여야 한다. 다만, 60일 이내에 처리가 곤란한 경우에는 한 차례만 30일 이내의 범위에서 그 기간을 연장할 수 있다.

공사의 중지 등	① **공사의 중지 등의 명령**: 국토교통부장관 또는 지방자치단체의 장은 사업주체 등 및 공동주택의 입주자등, 관리주체, 입주자대표회의나 그 구성원이 「공동주택관리법」 또는 「공동주택관리법」에 따른 명령이나 처분을 위반한 경우에는 공사의 중지, 원상복구, 하자보수 이행 또는 그 밖에 필요한 조치를 명할 수 있다. ② **통보**: 국토교통부장관 또는 지방자치단체의 장은 공사의 중지 등 필요한 조치를 명하는 경우 그 내용을 해당 공동주택의 입주자대표회의 및 관리주체에게도 통보하여야 한다. ③ **공개**: 위 ②에 따른 통보를 받은 관리주체는 통보를 받은 날부터 10일 이내에 그 내용을 공동주택단지의 인터넷 홈페이지 및 동별 게시판에 7일 이상 공개해야 한다. 이 경우 동별 게시판에는 통보받은 일자, 통보한 기관 및 관계 부서, 주요 내용 및 조치사항 등을 요약하여 공개할 수 있다.

설립	주택관리사등은 공동주택관리에 관한 기술·행정 및 법률 문제에 관한 연구와 그 업무를 효율적으로 수행하기 위하여 주택관리사단체를 설립할 수 있다.
성립요건	협회는 그 주된 사무소의 소재지에서 설립등기를 함으로써 성립한다.
권리 등의 제한	「공동주택관리법」에 따라 국토교통부장관, 시·도지사 또는 대도시 시장으로부터 영업 및 자격의 정지처분을 받은 협회 회원의 권리·의무는 그 영업 및 자격의 정지기간 중에는 정지되며, 주택관리사등의 자격이 취소된 때에는 협회의 회원자격을 상실한다.
인가요건	협회를 설립하려면 주택관리사단체는 공동주택의 관리사무소장으로 배치된 자의 5분의 1 이상을 발기인으로 하여 정관을 마련한 후 창립총회의 의결을 거쳐 국토교통부장관의 인가를 받아야 한다. 인가받은 정관을 변경하는 경우에도 또한 같다.
준용	협회에 관하여 「공동주택관리법」에서 규정한 것 외에는 「민법」 중 사단법인에 관한 규정을 준용한다.

핵심 **06** **공동주택관리법령상 법정교육**

1. 장기수선계획의 조정 전 교육

교육의 실시	관리주체는 장기수선계획을 검토하기 전에 해당 공동주택의 관리사무소장으로 하여금 시·도지사가 실시하는 장기수선계획의 비용산출 및 공사방법 등에 관한 교육을 받게 할 수 있다.
업무의 위탁	시·도지사는 장기수선계획의 조정교육의 업무를 주택관리에 관한 전문기관이나 단체를 지정하여 위탁한다.
교육실시의 공고 또는 통보	장기수선계획의 조정교육에 관한 업무를 위탁받은 기관 ⇨ 교육실시 10일 전에 교육의 일시 등 교육에 필요한 사항을 공고하거나 관리주체에게 통보하여야 한다.
조정교육 수탁기관의 이행사항	시·도지사는 수탁기관으로 하여금 다음의 사항을 이행하도록 하여야 한다. ① **교육계획서의 작성 및 승인**: 매년 11월 30일까지 다음 연도의 교육계획서를 작성하여 시·도지사의 승인을 받을 것 ② **교육결과보고서의 작성 및 보고**: 해당 연도의 교육 종료 후 1개월 이내에 교육결과보고서를 작성하여 시·도지사에게 보고할 것

2. 공동주택관리에 관한 교육과 윤리교육

교육의 실시	① **배치교육 및 배치전교육**: 주택관리업자와 관리사무소장으로 배치받은 주택관리사등은 시·도지사로부터 공동주택관리에 관한 교육과 윤리교육을 받아야 한다. 이 경우 관리사무소장으로 배치받으려는 주택관리사등은 공동주택관리에 관한 교육과 윤리교육을 받을 수 있고, 그 교육을 받은 경우에는 관리사무소장의 교육의무를 이행한 것으로 본다. ② **휴면교육**: 관리사무소장으로 배치받으려는 주택관리사등이 배치예정일부터 직전 5년 이내에 관리사무소장·공동주택관리기구의 직원 또는 주택관리업자의 임직원으로서 종사한 경력이 없는 경우에는 시·도지사가 실시하는 공동주택관리에 관한 교육과 윤리교육을 이수하여야 관리사무소장으로 배치받을 수 있다. 이 경우 공동주택관리에 관한 교육과 윤리교육을 이수하고 관리사무소장으로 배치받은 주택관리사등에 대하여는 위 ①에 따른 관리사무소장의 교육의무를 이행한 것으로 본다. ③ **보수교육**: 공동주택의 관리사무소장으로 배치받아 근무 중인 주택관리사등은 위 ① 또는 ②에 따른 교육을 받은 후 3년마다 공동주택관리에 관한 교육과 윤리교육을 받아야 한다.
업무의 위탁	시·도지사는 주택관리업자 및 관리사무소장에 대한 교육의 업무를 주택관리에 관한 전문기관이나 단체를 지정하여 위탁한다.
교육기준	① **교육시기**: 주택관리업자 또는 관리사무소장은 다음의 구분에 따른 시기에 교육수탁기관으로부터 공동주택관리에 관한 교육과 윤리교육을 받아야 하며, 교육수탁기관은 관리사무소장으로 배치받으려는 주택관리사등에 대해서도 공동주택관리에 관한 교육과 윤리교육을 시행할 수 있다. 　㉠ **주택관리업자**: 주택관리업의 등록을 한 날부터 3개월 이내 　㉡ **관리사무소장**: 관리사무소장으로 배치된 날(주택관리사보로서 관리사무소장이던 사람이 주택관리사의 자격을 취득한 경우에는 그 자격취득일을 말한다)부터 3개월 이내 ② **구분실시**: 휴면교육은 주택관리사와 주택관리사보로 구분하여 실시한다. ③ **교육내용**: 공동주택의 관리사무소장으로 배치받아 근무 중인 주택관리사가 받는 공동주택관리에 관한 교육과 윤리교육에는 다음의 사항이 포함되어야 한다. 　㉠ 공동주택의 관리책임자로서 필요한 관계 법령, 소양 및 윤리에 관한 사항 　㉡ 공동주택 주요 시설의 교체 및 수리방법 등 주택관리사로서 필요한 전문지식에 관한 사항 　㉢ 공동주택의 하자보수 절차 및 분쟁해결에 관한 교육 ④ **교육기간**: 교육기간은 3일로 한다.

	⑤ 교육실시의 공고 또는 통보: 교육수탁기관 ⇨ 교육실시 10일 전에 교육의 일시·장소·기간·내용·대상자 그 밖에 교육에 관하여 필요한 사항을 공고하거나 관리주체에게 통보하여야 한다.
교육지침	국토교통부장관은 시·도지사가 실시하는 교육의 전국적 균형을 유지하기 위하여 교육수준 및 교육방법 등에 필요한 지침을 마련하여 시행할 수 있다.

3. 입주자대표회의 구성원 교육

교육의 실시	① 입주자대표회의 구성원 교육: 시장·군수·구청장은 입주자대표회의의 구성원에게 입주자대표회의의 운영과 관련하여 필요한 교육 및 윤리교육을 실시하여야 한다. 이 경우 입주자대표회의의 구성원은 그 교육을 성실히 이수하여야 한다. ② 입주자등 교육: 시장·군수·구청장은 관리주체·입주자등이 희망하는 경우에는 위 ①의 교육을 입주자등에게 실시할 수 있다.
교육내용	교육내용에는 다음의 사항을 포함하여야 한다. ① 공동주택의 관리에 관한 법령 및 관리규약의 준칙에 관한 사항 ② 입주자대표회의 구성원의 직무·소양 및 윤리에 관한 사항 ③ 공동주택단지 공동체의 활성화에 관한 사항 ④ 관리비·사용료 및 장기수선충당금에 관한 사항 ⑤ 공동주택 회계처리에 관한 사항 ⑥ 층간소음 예방 및 입주민 간 분쟁의 조정에 관한 사항 ⑦ 하자 보수에 관한 사항 ⑧ 그 밖에 입주자대표회의의 운영에 필요한 사항
업무의 위탁	시장·군수·구청장은 입주자대표회의의 구성원 교육을 공동주택관리 지원기구에 위탁한다.
교육기준	① 교육의 공고 및 고지: 시장·군수·구청장은 입주자대표회의 구성원 또는 입주자등에 대하여 운영·윤리교육을 하려면 교육 10일 전까지 공고하거나 교육대상자에게 알려야 한다. ② 교육시간: 입주자대표회의 구성원은 매년 4시간의 운영·윤리교육을 이수하여야 한다. ③ 교육방법: 운영·윤리교육은 집합교육의 방법으로 한다. 다만, 교육 참여 현황의 관리가 가능한 경우에는 그 전부 또는 일부를 온라인교육으로 할 수 있다. ④ 수료증의 수여: 시장·군수·구청장은 운영·윤리교육을 이수한 사람에게 수료증을 내주어야 한다. 다만, 교육수료사실을 입주자대표회의의 구성원이 소속된 입주자대표회의에 문서로 통보함으로써 수료증의 수여를 갈음할 수 있다.

⑤ 비용부담: 입주자대표회의의 구성원에 대한 운영·윤리교육의 수강비용은 입주자대표회의 운영경비에서 부담하며, 입주자등에 대한 운영·윤리교육의 수강비용은 수강생 본인이 부담한다. 다만, 시장·군수·구청장은 필요하다고 인정하는 경우에는 그 비용의 전부 또는 일부를 지원할 수 있다.

⑥ 참여 현황의 관리: 시장·군수·구청장은 입주자대표회의 구성원의 운영·윤리교육 참여 현황을 엄격히 관리하여야 하며, 운영·윤리교육을 이수하지 아니한 자에 대해서는 「공동주택관리법」 제93조 제1항(공동주택관리에 관한 감독)에 따라 필요한 조치를 하여야 한다.

4. 방범 및 안전교육

교육의 실시	다음의 사람은 공동주택단지의 각종 안전사고의 예방과 방범을 위하여 시장·군수·구청장이 실시하는 방범교육 및 안전교육을 받아야 한다. ① 경비업무에 종사하는 사람 ② 안전관리계획에 따라 시설물 안전관리자 및 안전관리책임자로 선정된 사람

교육기준	① 이수의무 교육시간: 연 2회 이내에서 시장·군수·구청장이 실시하는 횟수, 매회별 4시간
	② 대상자
	  ㉠ 방범교육: 경비책임자
	  ㉡ 소방에 관한 안전교육: 시설물 안전관리책임자
	  ㉢ 시설물에 관한 안전교육: 시설물 안전관리책임자
	③ 교육내용
	  ㉠ 방범교육: 강도, 절도 등의 예방 및 대응
	  ㉡ 소방에 관한 안전교육: 소화, 연소 및 화재예방
	  ㉢ 시설물에 관한 안전교육: 시설물 안전사고의 예방 및 대응

교육의 위임	① 교육의 위임 또는 위탁: 시장·군수·구청장은 방범교육 및 안전교육을 국토교통부령으로 정하는 바에 따라 다음의 구분에 따른 기관 또는 법인에 위임하거나 위탁하여 실시할 수 있다.
	  ㉠ 방범교육: 관할 경찰서장 또는 공동주택관리 지원기구(공동주택관리법에 따라 인정받은 법인)
	  ㉡ 소방에 관한 안전교육: 관할 소방서장 또는 공동주택관리 지원기구
	  ㉢ 시설물에 관한 안전교육: 공동주택관리 지원기구 또는 주택관리사단체
	② 업무의 위탁: 시장·군수·구청장 ⇨ 방범교육을 관할 경찰서장 또는 공동주택관리 지원기구를 지정하여 위탁한다.

인정교육	「화재예방, 소방시설 설치·유지 및 안전관리에 관한 법률 시행규칙」에 따른 소방안전교육 또는 소방안전관리자 실무교육을 이수한 사람은 소방에 관한 안전교육을 이수한 것으로 본다.
통보 및 공고	시설물에 관한 안전교육의 업무를 위탁받은 기관은 교육실시 10일 전에 교육의 일시·장소·기간·내용·대상자 및 그 밖에 교육에 필요한 사항을 공고하거나 관리주체에게 통보하여야 한다.

핵심 07 **용도 외 사용 등의 행위허가 등 기준 등**

1. 허가 및 신고대상 행위

허가 및 신고대상 행위	입주자등 또는 관리주체 ⇨ 다음의 행위를 하려는 경우에는 시장·군수·구청장의 허가를 받거나 신고를 하여야 한다.
	① 공동주택을 사업계획에 따른 용도 외의 용도에 사용하는 행위(용도변경)
	② 공동주택을 증축·개축·대수선하는 행위(주택법에 따른 리모델링은 제외)
	③ 공동주택을 파손하거나 해당 시설의 전부 또는 일부를 철거하는 행위. 다만, 국토교통부령으로 정하는 다음의 경미한 행위는 제외한다.
	   ㉠ 창틀·문틀의 교체
	   ㉡ 세대 내 천장·벽·바닥 마감재의 교체
	   ㉢ 급·배수관 등 배관설비의 교체
	   ㉣ 세대 내 난방설비의 교체(시설물의 파손·철거는 제외)
	   ㉤ 구내통신선로설비, 경비실과 통화가 가능한 구내전화, 지능형 홈네트워크 설비, 방송수신을 위한 공동수신설비 또는 영상정보처리기기의 교체(폐쇄회로 텔레비전과 네트워크 카메라 간의 교체를 포함)
	   ㉥ 보안등, 자전거보관소 또는 안내표지판의 교체, 담장(축대는 제외) 또는 보도블록의 교체
	   ㉦ 폐기물보관시설(재활용품 분류보관시설을 포함), 택배보관함 또는 우편함의 교체
	   ㉧ 조경시설 중 수목(樹木)의 일부 제거 및 교체
	   ㉨ 주민운동시설의 교체(다른 운동종목을 위한 시설로 변경하는 것을 말하며, 면적이 변경되는 경우는 제외)
	   ㉩ 부대시설 중 각종 설비나 장비의 수선·유지·보수를 위한 부품의 일부 교체
	   ㉪ 그 밖에 위 ㉠부터 ㉩까지의 규정에서 정한 사항과 유사한 행위로서 시장·군수·구청장이 인정하는 행위

④ 「주택법」에 따른 세대구분형 공동주택을 설치하는 행위

⑤ 공동주택의 용도폐지

⑥ 공동주택의 재축·증설 및 비내력벽의 철거(입주자 공유가 아닌 복리시설의 비내력벽의 철거는 제외)

2. 행위허가 및 신고의 동의기준

허가 기준	공동주택의 동의기준	① 원칙: 해당 동의 입주자 3분의 2 이상의 동의 　　㉠ 개축·재축·대수선(예외: 내력벽에 배관설비 설치 ⇨ 해당 동에 거주하는 입주자등 2분의 1 이상) 　　㉡ 용도폐지(예외: 전체 세대가 분양×) 　　㉢ 세대구분형 공동주택의 설치(대수선이 포함된 경우 ⇨ 그 밖의 부분) ② 예외 　　㉠ 용도변경: 전체 입주자 3분의 2 이상의 동의 　　㉡ 파손·철거 　　　ⓐ 시설물 또는 설비의 철거로 구조안전에 이상이 없다고 시장·군수·구청장이 인정하는 경우 ⇨ 동의 요건 　　　　ⅰ) 전유부분: 해당 동에 거주하는 입주자등 2분의 1 이상의 동의 　　　　ⅱ) 공용부분: 해당 동 입주자등 3분의 2 이상의 동의 (예외: 비내력벽 철거 ⇨ 해당 동에 거주하는 입주자등 2분의 1 이상의 동의) 　　　ⓑ 위해의 방지 등을 위하여 시장·군수·구청장이 부득이하다고 인정하는 경우 ⇨ 해당 동에 거주하는 입주자등 2분의 1 이상의 동의 　　㉢ 세대구분형 공동주택의 설치: 「주택법 시행령」 제9조 제1항 제2호의 요건을 충족하는 경우로서 다음의 구분에 따른 요건을 충족하는 경우 　　　ⓐ 대수선이 포함된 경우 　　　　ⅰ) 내력벽에 배관설비를 설치하는 경우 ⇨ 해당 동에 거주하는 입주자등 2분의 1 이상의 동의 　　　　ⅱ) 그 밖의 경우 ⇨ 해당 동의 입주자 3분의 2 이상의 동의 　　　ⓑ 그 밖의 경우: 시장·군수·구청장이 구조안전에 이상이 없다고 인정하는 경우 ⇨ 해당 동에 거주하는 입주자등 2분의 1 이상의 동의

@ 증축·증설

    ⓐ 다음의 어느 하나에 해당하는 증축의 경우

        ⅰ) 사업계획승인을 받은 범위에 해당하는 경우, 건축위원회의 심의를 거쳐 증축 ⇨ 동의×

        ⅱ) 공동주택의 필로티 부분을 전체 입주자의 3분의 2 이상 및 해당 동의 입주자의 3분의 2 이상의 동의 ⇨ 국토교통부령으로 정하는 범위에서 주민공동시설로 증축하는 경우로서 통행, 안전 및 소음 등에 지장이 없다고 시장·군수·구청장이 인정하는 경우

> '국토교통부령으로 정하는 범위'란 다음의 기준을 모두 갖춘 경우를 말한다.
> 가. 「주택건설기준 등에 관한 규정」 제2조 제3호의 도서실(정보문화시설과 도서관법 제2조 제4호 가목에 따른 작은도서관을 포함), 주민교육시설(영리를 목적으로 하지 아니하고 공동주택의 거주자를 위한 교육장소를 말한다), 주민휴게시설, 독서실, 입주자집회소에 해당하는 주민공동시설일 것
> 나. 위 가.의 주민공동시설로 증축하려는 필로티 부분의 면적 합계가 해당 주택단지 내의 필로티 부분 총면적의 100분의 30 이내일 것
> 다. 위 나.에 따른 주민공동시설의 증축 면적을 해당 공동주택의 바닥면적에 산입하는 경우 용적률이 관계 법령에 따른 건축기준에 위반되지 아니할 것

    ⓑ 구조안전에 이상이 없다고 시장·군수·구청장이 인정하는 증설

        ⅰ) 전유부분 ⇨ 해당 동에 거주하는 입주자등 2분의 1 이상의 동의

        ⅱ) 공용부분 ⇨ 해당 동의 입주자등 3분의 2 이상의 동의

| 입주자 공유 아닌 복리시설 | ① 입주자 동의×
 ② 신고기준만 있는 행위: 용도변경
 ③ 허가 및 신고기준×: 개축·재축·대수선, 파손·철거(비내력벽 철거), 세대구분형 공동주택의 설치 |

		① 원칙: 전체 입주자 3분의 2 이상의 동의
		② 예외
		   ㉠ 개축·재축·대수선
		      ⓐ 전체 입주자 3분의 2 이상의 동의
		      ⓑ 내력벽에 배관설비 설치 ⇨ 전체 입주자등 2분의 1 이상의 동의
		   ㉡ 파손·철거
		      ⓐ 전부 철거 ⇨ 전체 입주자 3분의 2 이상의 동의
		      ⓑ 시설물 또는 설비의 철거로 구조안전에 이상이 없다고 시장·군수·구청장이 인정하는 경우
		         ⅰ) 내부 ⇨ 전체 입주자등 2분의 1 이상의 동의
		         ⅱ) 그 밖의 경우 ⇨ 전체 입주자등 3분의 2 이상의 동의
		      ⓒ 위해의 방지 등을 위하여 시설물 또는 설비를 철거하는 경우로서 시장·군수·구청장이 부득이하다고 인정 ⇨ 전체 입주자등 2분의 1 이상의 동의
		   ㉢ 증축·증설
		      ⓐ **증축**: 전체 입주자 3분의 2 이상의 동의
		      ⓑ 구조안전에 이상이 없다고 시장·군수·구청장이 인정하는 증설
		         ⅰ) 내부 ⇨ 전체 입주자등 2분의 1 이상의 동의
		         ⅱ) 그 밖의 경우 ⇨ 전체 입주자등 3분의 2 이상의 동의

	부대시설 및 입주자 공유인 복리시설	(위 내용)
신고 기준	입주자 공유가 아닌 복리시설의 용도변경	「주택건설기준 등에 관한 규정」에 따른 부대시설·복리시설의 설치기준에 적합한 범위에서 용도를 변경하는 경우(원칙)
	부대시설 및 입주자 공유인 복리시설의 용도변경	① 「주택건설기준 등에 관한 규정」에 따른 설치기준에 적합한 범위에서 다음의 구분에 따른 동의요건을 충족하여 부대시설이나 주민공동시설로 용도변경을 하는 경우(영리를 목적으로 하지 않는 경우로 한정). 이 경우 필수시설(경로당은 제외하며, 어린이집은 주택법 제49조에 따른 사용검사일 또는 건축법 제22조에 따른 사용승인일부터 1년 동안 영유아보육법 제13조에 따른 인가신청이 없는 경우이거나 영유아보육법 제43조에 따른 폐지신고일부터 6개월이 지난 경우만 해당한다)은 시·군·구 건축위원회 심의를 거쳐 그 전부를 다른 용도로 변경할 수 있다.

<table>
<tr>
<td rowspan="2"></td>
<td></td>
<td>

ⓐ 필수시설이나 경비원 등 근로자 휴게시설로 용도변경을 하는 경우: 전체 입주자등 2분의 1 이상의 동의

ⓑ 그 밖의 경우: 전체 입주자등 3분의 2 이상의 동의

② 2013년 12월 17일 이전에 종전의 「주택법」(법률 제13805호 주택법 전부개정법률로 개정되기 전의 것을 말한다) 제16조에 따른 사업계획승인을 신청하여 설치한 주민공동시설의 설치면적이 「주택건설기준 등에 관한 규정」 제55조의2 제1항 각 호에 따라 산정한 면적기준에 적합하지 않은 경우로서 다음의 구분에 따른 동의요건을 충족하여 주민공동시설을 다른 용도의 주민공동시설로 용도변경을 하는 경우. 이 경우 필수시설(경로당은 제외하며, 어린이집은 주택법 제49조에 따른 사용검사일 또는 건축법 제22조에 따른 사용승인일부터 1년 동안 영유아보육법 제13조에 따른 인가신청이 없는 경우이거나 영유아보육법 제43조에 따른 폐지신고일부터 6개월이 지난 경우만 해당한다)은 시·군·구 건축위원회 심의를 거쳐 그 전부를 다른 용도로 변경할 수 있다.

ⓐ 필수시설로 용도변경을 하는 경우: 전체 입주자등 2분의 1 이상의 동의

ⓑ 그 밖의 경우: 전체 입주자등 3분의 2 이상의 동의

</td>
</tr>
<tr>
<td>

공동주택 및 부대시설· 입주자 공유인 복리시설의 파손·철거

</td>
<td>

① 노약자나 장애인 편리를 위한 계단 단층 철거 등 ⇨ 입주자대표회의 동의

② 이동통신구내중계설비를 철거 ⇨ 입주자대표회의 동의

③ 물막이설비를 철거하는 경우로서 입주자대표회의의 동의를 받은 경우

④ 국토교통부령으로 정하는 경미한 사항(10% 범위에서 파손·철거)으로서 입주자대표회의 동의를 받은 경우[대상시설: 주차장, 조경시설, 어린이놀이터, 관리사무소, 경비원 등 근로자 휴게시설, 경비실, 경로당, 입주자집회소, 대문, 담장 또는 공중화장실, 경비실과 통화가 가능한 구내전화, 영상정보처리기기, 보안등, 자전거보관소, 안내표지판, 옹벽, 축대[문주(문기둥)를 포함] 또는 주택단지 안의 도로, 폐기물보관시설(재활용품 분류보관시설을 포함), 택배보관함, 우편함, 주민운동시설(실외에 설치된 시설로 한정), (유치원, 어린이집, 작은도서관×)]

</td>
</tr>
</table>

	공동주택 및 입주자 공유가 아닌 복리시설의 증축	① 사용검사를 받은 면적의 10% 범위에서 유치원을 증축하거나 장애인 등의 편의시설 설치(동의×) ② 이동통신구내중계설비를 설치 ⇨ 입주자대표회의 동의 ③ 물막이설비를 설치하는 경우로서 입주자대표회의의 동의를 받은 경우
	부대시설 및 입주자 공유인 복리시설의 증축·증설	① 국토교통부령으로 정하는 경미한 행위(10% 증축) ⇨ 입주자대표회의 동의[대상시설: 주차장, 조경시설, 어린이놀이터, 관리사무소, 경비원 등 근로자 휴게시설, 경비실, 경로당, 입주자집회소, 대문, 담장 또는 공중화장실, 경비실과 통화가 가능한 구내전화, 영상정보처리기기, 보안등, 자전거보관소, 안내표지판, 옹벽, 축대[문주(문기둥)를 포함] 또는 주택단지 안의 도로, 폐기물보관시설(재활용품 분류보관시설을 포함), 택배보관함, 우편함, 주민운동시설(실외에 설치된 시설로 한정), (유치원, 어린이집, 작은도서관×)] ② 주차장에 전기자동차의 고정형 충전기 및 충전 전용 주차구획을 설치 ⇨ 입주자대표회의 동의 ③ 이동통신구내중계설비를 설치 ⇨ 입주자대표회의 동의를 받은 경우 ④ 물막이설비를 설치하는 경우로서 입주자대표회의의 동의를 받은 경우

3. 행위별 허가기준과 신고기준의 차이

부대시설 및 입주자 공유인 복리시설의 용도변경	① 허가기준: 주민운동시설, 주택단지 안의 도로, 어린이놀이터시설의 각각 전체 면적의 4분의 3의 범위에서 주차장 용도로 변경 ⇨ 전체 입주자 3분의 2 이상의 동의 ② 신고기준: 「주택건설기준 등에 관한 규정」에 적합한 범위 안에서 용도변경 ⇨ 전체 입주자등 2분의 1 이상, 전체 입주자등 3분의 2 이상의 동의
공동주택· 부대시설 및 입주자 공유인 복리시설의 파손·철거	① 허가기준: 구조안전에 이상이 없다고 시장·군수·구청장이 인정하는 경우, 위해의 방지 등을 위하여 시장·군수·구청장이 부득이하다고 인정하는 경우 ② 신고기준: 노약자나 장애인의 편리를 위한 계단의 단층 철거 등 경미한 행위, 이동통신구내중계설비 철거, 물막이설비를 철거하는 경우로서 입주자대표회의의 동의를 받은 경우, 국토교통부령으로 정하는 경미한 행위 ⇨ 입주자대표회의 동의

	① 허가기준
공동주택·입주자 공유 아닌 복리시설의 증축·증설	ⓐ 사업계획승인을 받은 범위, 건축위원회의 심의를 거쳐 증축, 필로티를 주민공동시설로 증축 ⓑ 구조안전에 이상이 없다고 시장·군수·구청장이 인정하는 경우 증설 ② 신고기준 ⓐ 유치원 ⇨ 사용검사면적의 10% 범위 증축 ⓑ 장애인 등에 대한 편의시설 ⇨ 설치
부대시설 및 입주자 공유인 복리시설의 증축·증설	① 허가기준: 전체 입주자 3분의 2 이상의 동의, 전체 입주자 2분의 1 이상의 동의 ② 신고기준: 입주자대표회의 동의

4. 행위허가 또는 신고기준

| 공동주택관리법 시행령 [별표 3] 〈개정 2024.4.9.〉 | 공동주택의 행위허가 또는 신고의 기준(제35조 제1항 관련) |

구분		허가기준	신고기준
1. 용도변경	가. 공동주택	법령의 개정이나 여건 변동 등으로 인하여 「주택건설기준 등에 관한 규정」에 따른 주택의 건설기준에 부적합하게 된 공동주택의 전유부분을 같은 영에 적합한 시설로 용도를 변경하는 경우로서 전체 입주자 3분의 2 이상의 동의를 받은 경우	–
	나. 입주자 공유가 아닌 복리시설	–	「주택건설기준 등에 관한 규정」에 따른 설치기준에 적합한 범위에서 부대시설이나 입주자 공유가 아닌 복리시설로 용도를 변경하는 경우. 다만, 다음의 어느 하나에 해당하는 경우는 「건축법」 등 관계 법령에 따른다. 1) 「주택법 시행령」 제7조 제1호 또는 제2호에 해당하는 시설 간에 용도를 변경하는 경우 2) 시·군·구 건축위원회의 심의를 거쳐 용도를 변경하는 경우

| | 다. 부대시설 및 입주자 공유인 복리시설 | 전체 입주자 3분의 2 이상의 동의를 얻어 주민운동시설, 주택단지 안의 도로 및 어린이놀이터를 각각 전체 면적의 4분의 3 범위에서 주차장 용도로 변경하는 경우 [2013년 12월 17일 이전에 종전의 주택건설촉진법(법률 제6916호 주택건설촉진법 개정법률로 개정되기 전의 것을 말한다) 제33조 및 종전의 주택법(법률 제13805호 주택법 전부개정법률로 개정되기 전의 것을 말한다) 제16조에 따른 사업계획승인을 신청하거나 건축법 제11조에 따른 건축허가를 받아 건축한 20세대 이상의 공동주택으로 한정]로서 그 용도변경의 필요성을 시장·군수·구청장이 인정하는 경우 | 1) 「주택건설기준 등에 관한 규정」에 따른 설치기준에 적합한 범위에서 다음의 구분에 따른 동의요건을 충족하여 부대시설이나 주민공동시설로 용도변경을 하는 경우(영리를 목적으로 하지 않는 경우로 한정). 이 경우 필수시설(경로당은 제외하며, 어린이집은 주택법 제49조에 따른 사용검사일 또는 건축법 제22조에 따른 사용승인일부터 1년 동안 영유아보육법 제13조에 따른 인가신청이 없는 경우이거나 영유아보육법 제43조에 따른 폐지신고일부터 6개월이 지난 경우만 해당한다)은 시·군·구 건축위원회 심의를 거쳐 그 전부를 다른 용도로 변경할 수 있다.

가) 필수시설이나 경비원 등 근로자 휴게시설로 용도변경을 하는 경우: 전체 입주자등 2분의 1 이상의 동의
나) 그 밖의 경우: 전체 입주자 등 3분의 2 이상의 동의

2) 2013년 12월 17일 이전에 종전의 「주택법」(법률 제13805호 주택법 전부개정법률로 개정되기 전의 것을 말한다) 제16조에 따른 사업계획승인을 신청하여 설치한 주민공동시설의 설치면적이 「주택건설기준 등에 관한 규정」 제55조의2 제1항 각 호에 따라 산정한 면적기준에 적합하지 않은 경우로서 다음의 구분에 따른 동의요건을 충족하여 주민공동시설을 다른 용도의 주민공동시설로 용도변경을 하는 경우. 이 경우 필수시설(경로당은 제외하며, 어린이집 |

			은 주택법 제49조에 따른 사용검사일 또는 건축법 제22조에 따른 사용승인일부터 1년 동안 영유아보육법 제13조에 따른 인가신청이 없는 경우이거나 영유아보육법 제43조에 따른 폐지신고일부터 6개월이 지난 경우만 해당한다)은 시·군·구 건축위원회 심의를 거쳐 그 전부를 다른 용도로 변경할 수 있다. 가) 필수시설로 용도변경을 하는 경우: 전체 입주자등 2분의 1 이상의 동의 나) 그 밖의 경우: 전체 입주자등 3분의 2 이상의 동의
2. 개축·재축·대수선	가. 공동주택	해당 동(棟) 입주자 3분의 2 이상의 동의를 받은 경우. 다만, 내력벽에 배관설비를 설치히는 경우에는 해당 동에 거주하는 입주자등 2분의 1 이상의 동의를 받아야 한다.	
	나. 부대시설 및 입주자 공유인 복리시설	전체 입주자 3분의 2 이상의 동의를 받은 경우. 다만, 내력벽에 배관설비를 설치하는 경우에는 전체 입주자등 2분의 1 이상의 동의를 받아야 한다.	–
3. 파손·철거	가. 공동주택	1) 시설물 또는 설비의 철거로 구조안전에 이상이 없다고 시장·군수·구청장이 인정하는 경우로서 다음의 구분에 따른 동의요건을 충족하는 경우 가) 전유부분의 경우: 해당 동에 거주하는 입주자등 2분의 1 이상의 동의 나) 공용부분의 경우: 해당 동 입주자등 3분의 2 이상의 동의. 다만, 비내력벽을 철거하는 경우에는 해당 동에 거주하는 입주자등 2분의 1 이상의 동의를 받아야 한다.	1) 노약자나 장애인의 편리를 위한 계단의 단층 철거 등 경미한 행위로서 입주자대표회의 동의를 받은 경우 2) 「방송통신설비의 기술기준에 관한 규정」 제3조 제1항 제15호의 이동통신구내중계설비(이하 '이동통신구내중계설비'라 한다)를 철거하는 경우로서 입주자대표회의 동의를 받은 경우 3) 물막이설비를 철거하는 경우로서 입주자대표회의의 동의를 받은 경우

		2) 위해의 방지를 위하여 시장·군수·구청장이 부득이하다고 인정하는 경우로서 해당 동에 거주하는 입주자등 2분의 1 이상의 동의를 받은 경우	
	나. 부대시설 및 입주자 공유인 복리시설	1) 건축물인 부대시설 또는 복리시설을 전부 철거하는 경우로서 전체 입주자 3분의 2 이상의 동의를 받은 경우 2) 시설물 또는 설비의 철거로 구조안전에 이상이 없다고 시장·군수·구청장이 인정하는 경우로서 다음의 구분에 따른 동의요건을 충족하는 경우 　가) **건축물 내부인 경우**: 전체 입주자등 2분의 1 이상의 동의 　나) **그 밖의 경우**: 전체 입주자등 3분의 2 이상의 동의 3) 위해의 방지를 위하여 시설물 또는 설비를 철거하는 경우에는 시장·군수·구청장이 부득이하다고 인정하는 경우로서 전체 입주자등 2분의 1 이상의 동의를 받은 경우	1) 노약자나 장애인의 편리를 위한 계단의 단층 철거 등 경미한 행위로서 입주자대표회의 동의를 받은 경우 2) 이동통신구내중계설비를 철거하는 경우로서 입주자대표회의 동의를 받은 경우 3) 물막이설비를 철거하는 경우로서 입주자대표회의의 동의를 받은 경우 4) 국토교통부령으로 정하는 경미한 사항으로서 입주자대표회의 동의를 받은 경우
4. 세대구분형 공동주택의 설치		「주택법 시행령」 제9조 제1항 제2호의 요건을 충족하는 경우로서 다음의 구분에 따른 요건을 충족하는 경우 가. 대수선이 포함된 경우 　1) **내력벽에 배관설비를 설치하는 경우**: 해당 동에 거주하는 입주자등 2분의 1 이상의 동의를 받은 경우 　2) **그 밖의 경우**: 해당 동 입주자 3분의 2 이상의 동의를 받은 경우	–

		나. 그 밖의 경우: 시장·군수·구청장이 구조안전에 이상이 없다고 인정하는 경우로서 해당 동에 거주하는 입주자등 2분의 1 이상의 동의를 받은 경우	
5. 용도폐지	가. 공동주택	1) 위해의 방지를 위하여 시장·군수·구청장이 부득이하다고 인정하는 경우로서 해당 동 입주자 3분의 2 이상의 동의를 받은 경우 2) 「주택법」 제54조에 따라 공급했으나 전체 세대가 분양되지 않은 경우로서 시장·군수·구청장이 인정하는 경우	–
	나. 입주자 공유가 아닌 복리시설	위해의 방지를 위하여 시장·군수·구청장이 부득이하다고 인정하는 경우	–
	다. 부대시설 및 입주자 공유인 복리시설	위해의 방지를 위하여 시장·군수·구청장이 부득이하다고 인정하는 경우로서 전체 입주자 3분의 2 이상의 동의를 받은 경우	–

6. 증축·증설	가. 공동주택 및 입주자 공유가 아닌 복리시설	1) 다음의 어느 하나에 해당하는 증축의 경우
		  가) 증축하려는 건축물의 위치·규모 및 용도가 「주택법」 제15조에 따른 사업계획승인을 받은 범위에 해당하는 경우
		  나) 시·군·구 건축위원회의 심의를 거쳐 건축물을 증축하는 경우
		  다) 공동주택의 필로티 부분을 전체 입주자 3분의 2 이상 및 해당 동 입주자 3분의 2 이상의 동의를 받아 '국토교통부령으로 정하는 범위'에서 주민공동시설로 증축하는 경우로서 통행, 안전 및 소음 등에 지장이 없
			1) 「주택법」 제49조에 따른 사용검사를 받은 면적의 10%의 범위에서 유치원을 증축(주택건설기준 등에 관한 규정에 따른 설치기준에 적합한 경우로 한정)하거나 「장애인·노인·임산부 등의 편의증진 보장에 관한 법률」 제2조 제2호의 편의시설을 설치하려는 경우
			2) 이동통신구내중계설비를 설치하는 경우로서 입주자대표회의 동의를 받은 경우
			3) 물막이설비를 설치하는 경우로서 입주자대표회의의 동의를 받은 경우

		다고 시장·군수·구청장이 인정하는 경우 2) 구조안전에 이상이 없다고 시장·군수·구청장이 인정하는 증설로서 다음의 구분에 따른 동의요건을 충족하는 경우 가) **공동주택의 전유부분인 경우**: 해당 동에 거주하는 입주자등 2분의 1 이상의 동의 나) **공동주택의 공용부분인 경우**: 해당 동 입주자등 3분의 2 이상의 동의	
나. 부대시설 및 입주자 공유인 복리시설	1) 전체 입주자 3분의 2 이상의 동의를 받아 증축하는 경우 2) 구조안전에 이상이 없다고 시장·군수·구청장이 인정하는 증설로서 다음의 구분에 따른 동의요건을 충족하는 경우 가) **건축물 내부의 경우**: 전체 입주자등 2분의 1 이상의 동의 나) **그 밖의 경우**: 전체 입주자등 3분의 2 이상의 동의		1) '국토교통부령으로 정하는 경미한 사항'으로서 입주자대표회의 동의를 받은 경우 2) 주차장에 「환경친화적 자동차의 개발 및 보급 촉진에 관한 법률」 제2조 제3호의 전기자동차의 고정형 충전기 및 충전 전용 주차구획을 설치하는 행위로서 입주자대표회의 동의를 받은 경우 3) 이동통신구내중계설비를 설치하는 경우로서 입주자대표회의 동의를 받은 경우 4) 물막이설비를 설치하는 경우로서 입주자대표회의의 동의를 받은 경우

[비고]
1. '공동주택'이란 법 제2조 제1항 제1호 가목의 공동주택을 말한다.
2. '시·군·구 건축위원회'란 「건축법 시행령」 제5조의5 제1항에 따라 시·군·자치구에 두는 건축위원회를 말한다.
3. '필수시설'이란 「주택건설기준 등에 관한 규정」 제55조의2 제3항 각 호 구분에 따라 설치해야 하는 주민공동시설을 말한다.
4. 「건축법」 제11조에 따른 건축허가를 받아 분양을 목적으로 건축한 공동주택 및 같은 조에 따른 건축허가를 받아 주택 외의 시설과 주택을 동일 건축물로 건축한 건축물에 대해서는 위 표 제1호 다목의 허가기준만 적용하고, 그 외의 개축·재축·대수선 등은 「건축법」 등 관계 법령에 따른다.
5. '시설물'이란 다음의 어느 하나에 해당하는 것을 말한다.
　가. 비내력벽 등 건축물의 주요구조부가 아닌 구성요소
　나. 건축물 내·외부에 설치되는 건축물이 아닌 공작물(工作物)

6. '증설'이란 증축에 해당하지 않는 것으로서 시설물 또는 설비를 늘리는 것을 말한다.

7. '물막이설비'란 빗물 등의 유입으로 건축물이 침수되지 않도록 해당 건축물의 지하층 및 1층의 출입구(주차장의 출입구를 포함한다)에 설치하는 물막이판 등 해당 건축물의 침수를 방지할 수 있는 설비를 말한다.

8. 입주자 공유가 아닌 복리시설의 개축·재축·대수선, 파손·철거 및 증설은 「건축법」 등 관계 법령에 따른다.

9. 시장·군수·구청장은 위 표에 따른 행위가 「건축법」 제48조 제2항에 따라 구조의 안전을 확인해야 하는 사항인 경우 같은 항에 따라 구조의 안전을 확인했는지 여부를 확인해야 한다.

10. 시장·군수·구청장은 위 표에 따른 행위가 「건축물관리법」 제2조 제7호의 해체에 해당하는 경우 같은 법 제30조를 준수했는지 여부를 확인해야 한다.

11. 위 표의 제3호(파손·철거)의 나목의 신고기준란 3) 및 제6호(증축·증설)의 나목의 신고기준란 1)에서 '국토교통부령으로 정하는 경미한 사항'이란 「주택건설기준 등에 관한 규정」에 적합한 범위에서 다음의 시설을 사용검사를 받은 면적 또는 규모의 10% 범위에서 파손·철거 또는 증축·증설하는 경우를 말한다(공동주택관리법 시행규칙 제15조 제2항). (기출)
   ① 주차장, 조경시설, 어린이놀이터, 관리사무소, 경비원 등 근로자 휴게시설, 경비실, 경로당 또는 입주자집회소
   ② 대문, 담장 또는 공중화장실
   ③ 경비실과 통화가 가능한 구내전화 또는 영상정보처리기기
   ④ 보안등, 자전거보관소 또는 안내표지판
   ⑤ 옹벽, 축대[문주(문기둥)를 포함] 또는 주택단지 안의 도로
   ⑥ 폐기물보관시설(재활용품 분류보관시설을 포함), 택배보관함 또는 우편함
   ⑦ 주민운동시설(**실외에 설치된 시설로 한정**)

12. 위 표의 제6호(증축·증설)의 가목 허가기준란 1)의 다)에서 '국토교통부령으로 정하는 범위'란 다음의 기준을 모두 갖춘 경우를 말한다(공동주택관리법 시행규칙 제15조 제3항).
   ① 「주택건설기준 등에 관한 규정」 제2조 제3호의 **도서실**(정보문화시설과 도서관법 제2조 제4호 가목에 따른 작은도서관을 포함), **주민교육시설**(영리를 목적으로 하지 아니하고 공동주택의 거주자를 위한 교육장소를 말한다), **주민휴게시설, 독서실, 입주자집회소**에 해당하는 주민공동시설일 것
   ② 위 ①의 주민공동시설로 증축하려는 필로티 부분의 면적 합계가 해당 주택단지 내의 필로티 부분 총면적의 **100분의 30 이내**일 것 (기출)
   ③ 위 ②에 따른 주민공동시설의 증축 면적을 해당 공동주택의 바닥면적에 산입하는 경우 **용적률**이 관계 법령에 따른 건축기준에 위반되지 아니할 것 (기출)

핵심 **08** **리모델링**

리모델링의 정의	① 목적: 건축물의 노후화 억제 또는 기능 향상
	 ② 행위
	   ㉠ 대수선
	   ㉡ 면적이 증가하는 증축
	     ⓐ 시기
	       ⅰ) 원칙: 사용검사일 또는 사용승인일 ⇨ 15년 경과
	       ⅱ) 예외: 시·도 조례 ⇨ 15년 이상 20년 미만의 연수

ⓑ 증축 면적
ⅰ) 원칙: 각 세대의 주거전용면적의 30% 이내
ⅱ) 예외: 전용면적이 85제곱미터 미만 ⇨ 40% 이내
ⓒ 공동주택 기능 향상 ⇨ 공용부분에 대하여도 별도 증축을 할 수 있다.
ⓒ 세대수 증가형 리모델링
ⓐ 증가 세대수: 각 세대는 증축 가능 면적을 합산한 면적 범위에서 기존 세대수의 15% 이내
ⓑ 수직증축형 리모델링: 다음의 요건을 모두 충족하는 경우로 한정
ⅰ) 수직증축의 범위
• 기존 건축물의 층수가 15층 이상인 경우: 3개 층
• 기존 건축물의 층수가 14층 이하인 경우: 2개 층
ⅱ) 신축 당시의 구조도를 보유하고 있을 것
◐ 「건축법」상 리모델링의 정의: '리모델링'이란 건축물의 노후화를 억제하거나 기능 향상 등을 위하여 대수선하거나 건축물의 일부를 증축 또는 개축하는 행위를 말한다.

리모델링 주택조합

① 설립: 주택조합을 설립하려는 경우에는 다음의 구분에 따른 구분소유자와 의결권의 결의를 증명하는 서류를 첨부하여 관할 시장·군수·구청장의 인가를 받아야 한다.
㉠ 주택단지 전체를 리모델링: 주택단지 전체 구분소유자와 의결권의 각 3분의 2 이상의 결의 및 각 동의 구분소유자와 의결권의 각 과반수의 결의
㉡ 동을 리모델링: 그 동의 구분소유자 및 의결권의 각 3분의 2 이상의 결의
◐ 인가신청서 ⇨ 첨부서류: 해당 주택이 사용검사일(주택단지 안의 공동주택 전부에 대하여 임시사용승인을 받은 경우에는 그 임시사용승인일을 말한다) 또는 사용승인일부터 다음의 구분에 따른 기간이 지났음을 증명하는 서류
1. 대수선인 리모델링: 10년
2. 증축인 리모델링: 15년(15년 이상 20년 미만의 연수 중 특별시·광역시·특별자치시·도 또는 특별자치도의 조례로 정하는 경우에는 그 연수로 한다)
② 설립동의자로부터 건축물 취득: 리모델링주택조합 설립에 동의한 자로부터 건축물을 취득한 자는 리모델링주택조합 설립에 동의한 것으로 본다.
③ 매도청구: 리모델링의 허가를 신청하기 위한 동의율을 확보한 경우 리모델링 결의를 한 리모델링주택조합은 리모델링 결의에 찬성하지 아니하는 자의 주택 및 토지에 대하여 매도청구를 할 수 있다.
④ 주택조합의 사업계획승인 신청 등: 주택조합은 설립인가를 받은 날부터 2년 이내에 사업계획승인(30세대 이상 세대수가 증가하지 아니하는 리모델링의 경우에는 주택법에 따른 허가를 말한다)을 신청하여야 한다.

리모델링 기본계획	① **정의:** '리모델링 기본계획'이란 세대수 증가형 리모델링으로 인한 도시과밀, 이주수요 집중 등을 체계적으로 관리하기 위하여 수립하는 계획을 말한다. ② **수립권자 및 대상지역** 　㉠ 특별시장·광역시장 및 대도시의 시장은 관할 구역에 대하여 리모델링 기본계획을 10년 단위로 수립하여야 한다. 다만, 세대수 증가형 리모델링에 따른 도시과밀의 우려가 적은 경우 등 대통령령으로 정하는 경우에는 리모델링 기본계획을 수립하지 아니할 수 있다. 　㉡ **대도시가 아닌 시지역:** 대도시가 아닌 시의 시장은 세대수 증가형 리모델링에 따른 도시과밀이나 일시집중 등이 우려되어 도지사가 리모델링 기본계획의 수립이 필요하다고 인정한 경우 리모델링 기본계획을 수립하여야 한다. ③ **작성기준 및 작성방법:** 리모델링 기본계획의 작성기준 및 작성방법 등은 국토교통부장관이 정한다. ④ **리모델링 기본계획의 수립절차** 　㉠ **공람 및 의견:** 특별시장·광역시장 및 대도시의 시장(대도시가 아닌 시의 시장을 포함)은 리모델링 기본계획을 수립하거나 변경하려면 14일 이상 주민에게 공람하고, 지방의회의 의견을 들어야 한다. 이 경우 지방의회는 의견제시를 요청받은 날부터 30일 이내에 의견을 제시하여야 하며, 30일 이내에 의견을 제시하지 아니하는 경우에는 이의가 없는 것으로 본다. 다만, '대통령령으로 정하는 경미한 변경인 경우'(아래 ㉡)에는 주민공람 및 지방의회 의견청취 절차를 거치지 아니할 수 있다. 　㉡ **경미한 변경:** 위 ㉠의 단서에서 '대통령령으로 정하는 경미한 변경인 경우'란 다음의 어느 하나에 해당하는 경우를 말한다. 　　ⓐ 세대수 증가형 리모델링 수요 예측 결과에 따른 세대수 증가형 리모델링 수요(세대수 증가형 리모델링을 하려는 주택의 총 세대수를 말한다)가 감소하거나 10% 범위에서 증가하는 경우 　　ⓑ 세대수 증가형 리모델링 수요의 변동으로 기반시설의 영향 검토나 단계별 리모델링 시행방안이 변경되는 경우 　　ⓒ 「국토의 계획 및 이용에 관한 법률」에 따른 도시·군기본계획 등 관련 계획의 변경에 따라 리모델링 기본계획이 변경되는 경우 　㉢ **협의 및 심의:** 특별시장·광역시장 및 대도시의 시장은 리모델링 기본계획을 수립하거나 변경하려면 관계 행정기관의 장과 협의한 후 시·도도시계획위원회 또는 시·군·구도시계획위원회의 심의를 거쳐야 한다. 　㉣ **의견제시:** 위 ㉢에 따라 협의를 요청받은 관계 행정기관의 장은 특별한 사유가 없으면 그 요청을 받은 날부터 30일 이내에 의견을 제시하여야 한다. 　㉤ **승인:** 대도시의 시장은 리모델링 기본계획을 수립하거나 변경하려면 도지사의 승인을 받아야 하며, 도지사는 기본계획을 승인하려면 시·도도시계획위원회의 심의를 거쳐야 한다.

⑤ 리모델링 기본계획의 고시 등
  ㉠ 기본계획의 고시: 특별시장·광역시장 및 대도시의 시장은 리모델링 기본 계획을 수립하거나 변경한 때에는 이를 지체 없이 해당 지방자치단체의 공보에 고시하여야 한다.
  ㉡ 타당성 검토: 특별시장·광역시장 및 대도시의 시장은 5년마다 리모델링 기본계획의 타당성 여부를 검토하여 그 결과를 리모델링 기본계획에 반영 하여야 한다.
⑥ 허가범위: 리모델링 기본계획 수립 대상지역에서 세대수 증가형 리모델링을 허가하려는 시장·군수·구청장은 해당 리모델링 기본계획에 부합하는 범위에 서 허가하여야 한다.

리모델링의 요건

① 리모델링의 심의: 시장·군수·구청장이 세대수 증가형 리모델링(50세대 이상 으로 세대수가 증가하는 경우로 한정)을 허가하려는 경우에는 기반시설에의 영향이나 도시·군관리계획과의 부합 여부 등에 대하여 시·군·구도시계획위 원회의 심의를 거쳐야 한다.
② 권리변동계획의 수립: 세대수가 증가되는 리모델링을 하는 경우에는 기존 주 택의 권리변동, 비용분담 등 대통령령으로 정하는 사항에 대한 계획(이하 '권리변동계획'이라 한다)을 수립하여 사업계획승인 또는 행위허가를 받아야 한다.
③ 증축형 리모델링의 안전진단
  ㉠ 안전진단의 요청 및 실시: 면적 및 세대수 증가를 위해 증축하는 리모델링 (이하 '증축형 리모델링'이라 한다)을 하려는 자는 시장·군수·구청장에게 안전진단을 요청하여야 하며, 안전진단을 요청받은 시장·군수·구청장은 해당 건축물의 증축 가능 여부의 확인 등을 위하여 안전진단을 실시하여 야 한다.
  ㉡ 증축형 리모델링의 제한: 시장·군수·구청장이 안전진단으로 건축물 구조 의 안전에 위험이 있다고 평가하여 「도시 및 주거환경정비법」에 따른 재건 축사업 및 「빈집 및 소규모주택 정비에 관한 특례법」에 따른 소규모재건축 사업의 시행이 필요하다고 결정한 건축물은 증축형 리모델링을 하여서는 아니 된다.
  ㉢ 수직증축형 리모델링을 허가한 후의 안전진단실시: 시장·군수·구청장은 수직증축형 리모델링을 허가한 후에 해당 건축물의 구조안전성 등에 대한 상세 확인을 위하여 안전진단을 실시하여야 한다.
④ 전문기관의 안전성 검토 등: 시장·군수·구청장은 수직증축형 리모델링을 하 려는 자가 「건축법」에 따른 건축위원회의 심의를 요청하는 경우 구조계획상 증축범위의 적정성 등에 대하여 대통령령으로 정하는 전문기관(국토안전관리 원, 한국건설기술연구원)에 안전성 검토를 의뢰하여야 한다.

	⑤ **수직증축형 리모델링의 구조설계도서**: 수직증축형 리모델링의 설계자는 국토교통부장관이 정하여 고시하는 구조기준에 맞게 구조설계도서를 작성하여야 한다.
	⑥ **리모델링 지원센터**: 시장·군수·구청장은 리모델링의 원활한 추진을 지원하기 위하여 리모델링 지원센터를 설치하여 운영할 수 있다.
리모델링 허가 동의 비율	① **입주자·사용자·관리주체**: 입주자 전체의 동의
	② **리모델링주택조합·입주자대표회의**: 리모델링에 동의한 소유자는 리모델링주택조합이나 입주자대표회의가 시장·군수 또는 구청장에게 허가신청서를 제출하기 전까지 서면으로 그 동의를 철회할 수 있다.
	㉠ **리모델링주택조합**: 결의서에 다음의 동의를 얻어야 한다.
	ⓐ **주택단지 전체를 리모델링**: 주택단지 전체 구분소유자 및 의결권의 각 75% 이상의 동의와 각 동별 구분소유자 및 의결권의 각 50% 이상의 동의
	ⓑ **동을 리모델링**: 그 동의 구분소유자 및 의결권의 각 75% 이상의 동의
	㉡ **입주자대표회의** ⇨ 주택단지의 소유자 전원의 동의
리모델링 허용행위	① **공동주택**
	㉠ 리모델링은 주택단지별 또는 동별로 한다.
	㉡ 복리시설을 분양하기 위한 것이 아니어야 한다. 다만, 1층을 필로티 구조로 전용하여 세대의 일부 또는 전부를 부대시설 및 복리시설 등으로 이용하는 경우에는 그렇지 않다.
	㉢ 위 ㉡에 따라 1층을 필로티 구조로 전용하는 경우 수직증축 허용범위를 초과하여 증축하는 것이 아니어야 한다.
	㉣ 내력벽의 철거에 의하여 세대를 합치는 행위가 아니어야 한다.
	② **입주자 공유가 아닌 복리시설 등**
	㉠ 사용검사를 받은 후 10년 이상 지난 복리시설로서 공동주택과 동시에 리모델링하는 경우로서 시장·군수·구청장이 구조안전에 지장이 없다고 인정하는 경우로 한정한다.
	㉡ 증축은 기존 건축물 연면적 합계의 10분의 1 이내여야 하고, 증축 범위는 「건축법 시행령」 제6조 제2항 제2호 나목에 따른다. 다만, 주택과 주택 외의 시설이 동일 건축물로 건축된 경우는 주택의 증축 면적비율의 범위 안에서 증축할 수 있다.
시공자 선정	① **선정의무**: 설립인가를 받은 리모델링주택조합의 총회 또는 소유자 전원의 동의를 받은 입주자대표회의는 「건설산업기본법」에 따른 건설업자나 건설업자로 보는 등록사업자를 시공자로 선정하여야 한다.

	② **선정방법**: 리모델링 시공자를 선정할 경우 국토교통부장관이 정하는 경쟁입찰의 방법으로 하여야 한다(예외: 경쟁입찰의 방법으로 시공자를 선정하는 것이 곤란하다고 인정되는 경우 등에는 그러하지 아니하다).
사용검사 및 허가취소	① **사용검사**: 공동주택의 입주자·사용자·관리주체·입주자대표회의 또는 리모델링주택조합이 리모델링에 관하여 시장·군수·구청장의 허가를 받은 후 그 공사를 완료하였을 때에는 시장·군수·구청장의 사용검사를 받아야 하며, 사용검사에 관하여는 「주택법」 제49조의 규정을 준용한다. ② **허가취소**: 시장·군수·구청장은 위 ①에 해당하는 자가 거짓이나 그 밖의 부정한 방법으로 리모델링 허가를 받은 경우에는 행위허가를 취소할 수 있다.
특례	① **「주택법」** 　㉠ 공동주택의 소유자가 리모델링에 의하여 전유부분의 면적이 늘거나 줄어드는 경우에는 대지사용권은 변하지 아니하는 것으로 본다. 다만, 세대수 증가를 수반하는 리모델링의 경우 권리변동계획에 따른다. 　㉡ 공동주택의 소유자가 리모델링에 의하여 일부 공용부분의 면적을 전유부분의 면적으로 변경한 경우에는 그 소유자의 나머지 공용부분의 면적은 변하지 아니하는 것으로 본다. 　㉢ 위 ㉠ 및 ㉡의 사항을 「집합건물의 소유 및 관리에 관한 법률」에 의한 규약으로 달리 정한 경우 그 규약에 따른다. 　㉣ 임대차계약 당시 다음의 어느 하나에 해당하여 그 사실을 임차인에게 고지한 경우로서 리모델링 허가를 받은 경우에는 해당 리모델링 건축물에 관한 임대차계약에 대하여 「주택임대차보호법」 및 「상가건물 임대차보호법」을 적용하지 아니한다. 　　ⓐ 임대차계약 당시 해당 건축물의 소유자들(입주자대표회의를 포함)이 리모델링주택조합 설립인가를 받은 경우 　　ⓑ 임대차계약 당시 해당 건축물의 입주자대표회의가 직접 리모델링을 실시하기 위하여 관할 시장·군수·구청장에게 안전진단을 요청한 경우 ② **「건축법」**: 리모델링이 쉬운 구조의 공동주택의 건축을 촉진하기 위하여 다음의 구조로 건축허가 신청 ⇨ 용적률·높이 제한·일조 등의 확보를 위한 높이 제한에 따른 기준을 100분의 120의 범위에서 완화하여 적용할 수 있다. 　㉠ 각 세대는 인접한 세대와 수직 또는 수평방향으로 통합하거나 분할할 수 있을 것 　㉡ 구조체에서 건축설비, 내부 마감재료 및 외부 마감재료를 분리할 수 있을 것 　㉢ 개별 세대 안에서 구획된 실(室)의 크기, 개수 또는 위치 등을 변경할 수 있을 것

주거와 주택의 개념	① 주거 ⇨ 인간이 주체가 되어 생활을 수용하고 영위하는 장소로서 인간의 정서적인 내면과 함께 물리적 객체인 공간 사이에서 맺어진 심리적·문화적인 측면도 같이 포함되는 것을 말한다. ② 주택 ⇨ 물리적 객체로서 공간 그 자체를 의미한다.
주거의 범위	주거의 범위는 인간의 개인생활뿐만 아니라 가족의 공동생활, 인근생활, 지역생활 등의 공동체 생활까지 포함한다.
주거관리의 개념	주거관리 ⇨ 관리주체가 주택을 관리대상으로 전개하는 관리적 측면의 총체적 행위로, 주택의 기능을 유지하고 유용성을 발휘할 수 있도록 하며, 나아가 이웃과의 관계까지 개선하는 행위이다.
공동주거 관리의 방향	① 휴먼웨어의 네트워크관리: 공동체 주거문화 향상을 위하여 거주자는 주거관리에 대한 관심과 인식을 제고하고, 관리자는 자질과 능력을 향상시켜 리더십을 발휘함으로써 주민은 물론 관리회사, 지방자치단체와의 상호 협력체제가 원만하게 이루어지도록 하는 휴먼웨어의 네트워크관리가 필요하다. ② 하드웨어관리: 공동주택의 물리적 성능 노후화를 지연시키고 계획적인 수선계획을 통해 건물의 자산가치를 유지시키는 하드웨어관리에는 자산관리라는 적극적인 개념 도입, 공동주택의 관리를 배려한 디자인 계획이 필수적이며 지속 가능한 유지관리기술 도입과 정보 네트워크를 적극적으로 활용한 관리가 요구된다. ③ 소프트웨어관리: 주민들이 참여하고 협조하는 공동체 규범을 효율적으로 관리하고 공동체 의식 고취를 위해서 커뮤니케이션 능력이 강화되어야 하며, 커뮤니티 활성화 프로그램 개발과 운영 등의 소프트웨어관리가 적극적으로 이루어져야 한다.
공동주거 관리의 필요성	① 자원낭비로부터의 환경보호: 지속가능한 주거환경을 정착시키기 위해서는 재건축으로 인한 단절보다는 주택의 수명을 연장시키고 오랫동안 이용하고 거주할 수 있는 관리방식이 요구되고 있다. 특히 공동주택은 건설 시에 대량의 자원과 에너지를 소비하게 되고 제거 시에도 대량의 폐기물이 발생되어 환경부하를 주기 때문에 주택의 수명연장은 필수적이다. 따라서 건설 초기부터 질 높고 견고한 공동주택의 건설과 함께 적절한 유지관리가 무엇보다도 필요하다. ② 양질의 사회적 자산 형성: 주택은 양적으로나 질적으로 공동 사회적 자산가치를 가지므로 생활환경에 대응하면서 쾌적하게 오랫동안 살 수 있는 주택 스톡 대책으로 공동주택의 적절한 유지관리는 필수적이다.

	③ **자연재해로부터의 안전성**: 적절한 시기에 점검과 수선 등을 통해 주택의 안전성을 확보하여 지진 등의 재해로부터 피해를 주는 일이 없도록 예방해야 할 것이다. ④ **지속적인 커뮤니티로부터의 주거문화 계승**: 주거문화는 물리적 공간인 주택과 물리적 공간 내외부에서 일어나는 인간들의 삶의 이야기와 지속적인 커뮤니티라 할 수 있으므로 주거문화의 계승은 주거관리 행위가 바람직하게 지속적으로 이루어질 때 형성된다.
분쟁의 해결	① 입주자 간의 분쟁은 대체로 입주민들이 감정적으로 사태에 대응하기 때문에 혼란은 더욱 커질 뿐 아니라 법적인 판결이 났다 하더라도 손상된 공동체를 회복하는 것이 쉽지 않다. 이 때문에 입주민 간 또는 동대표 간 분쟁이 발생했을 경우에는 무엇보다도 관리규약에 의거한 충분한 의사소통과 합의의 노력을 최우선으로 해야 한다. ② 조직 내의 분쟁해결을 위한 법적 소송은 공동체가 겪게 되는 각종 분쟁의 최후의 해결 방법임을 인식하고 그 이전에 구성원들 간의 효율적인 의사소통을 통하여 모든 문제를 해결하는 것이 가장 바람직하다.
공동주거 관리자의 리더십 유형	① **바람직한 리더십** 　㉠ **전망제시형 리더십**: 관리업무종사자에게 보다 더 큰 목적을 추구하도록 책무를 상기시키고 의욕을 고취하며 평범한 일상의 일에 큰 의미를 부여하는 리더십으로, 가장 중요한 것은 관리업무종사자들의 관점을 이해하며 그들에게 전망을 제시하는 감정이입능력을 갖추어야 한다. 　㉡ **민주형 리더십**: 대화나 면담을 통해 관리업무종사자의 의견을 경청하고 참여와 위임을 통해 반발의 여지를 해소시켜 참여자의 사기를 높일 수 있는 리더십이다. ② **바람직하지 않은 리더십** 　㉠ **지시형 리더십**: 관리업무종사자에게 상세하게 설명하기를 꺼리고 고압적인 자세를 유지하는 리더십으로, 거의 모든 상황에서 가장 효과가 나쁜 유형으로 이해되고 있다. 　㉡ **선도형 리더십**: 관리업무종사자에게 권한을 넘기지 않고 관리사무소장이 세세한 모든 일에 간섭하며 일이 지체되는 경우에는 직접 나서서 일처리를 하는 리더십이다.
주민참여	① **주민참여의 기능**: 공동주거에서 주민참여의 기능을 정리하면 다음과 같다. 　㉠ **정보기능**: 단지 내 주요 안건의 처리와 행정적 결정에 있어 주민이 직접 참여함으로써 입주자대표회의 및 관리주체의 의결과 집행계획을 주민에게 보다 정확하게 전달할 수 있는 기회를 부여한다. 　㉡ **신뢰증진의 기능**: 관리사안 결정 및 수행에 주민의 참여가 이루어질 때, 입주자대표회의와 관리주체의 업무처리에 대한 이해를 구할 수 있고, 신뢰 구축에도 긍정적인 영향을 미친다.

	© **통제의 기능**: 주민참여는 의결결정권자인 입주자대표회의를 감독하고, 관리업무 수행의 주체인 관리주체를 견제할 수 있다.
	© **이해조정의 기능**: 주민참여는 주민들 간의 이해관계가 보다 쉽게 조정될 수 있는 기회를 부여하기도 한다.
	② **주민참여의 역기능**: 참여가 잘못된 방향으로 이루어지는 경우 다음과 같은 문제가 발생할 수 있다.
	  ⊙ 모든 관리사안 결정에 주민이 참여하는 경우 그 처리가 늦어질 수 있다. 즉, 운영상에 있어 비효율성이 초래될 수 있는 것이다.
	  ⊙ 주민집단 간의 의견이 조정되지 못하는 경우 주민 간 갈등을 해결하기보다는 오히려 갈등이 심화될 수도 있다.
	  ⊙ 주민의 개인적 견해와 자기중심적인 이해가 지나치게 반영될 경우 주민 전체의 이익과 객관성에 문제가 생길 수 있다.

초고속 정보 통신 건물 인증대상	「건축법」에 의한 공동주택 중 20세대 이상의 건축물 또는 업무시설 중 연면적이 3,300제곱미터 이상인 건축물
공동주거 자산관리의 분류	① **시설관리**: 공동주거자산관리에 있어 시설관리는 공동주택시설을 운영하여 유지하는 것으로서 그 업무는 설비운전 및 보수, 외주관리, 에너지관리, 환경안전관리 등이다. ② **부동산자산관리**: 부동산자산관리는 주택이라는 자산으로부터 획득하고자 하는 수익목표를 설정하고 이에 맞추어 자본적·수익적 지출계획과 연간예산을 수립하는 것과 주택의 임대차를 유치 및 유지하며 발생하는 비용을 통제하는 것을 주요 내용으로 한다. 또한 인력관리, 회계업무, 임대료 책정을 위한 적절한 기준과 계획, 보험 및 세금에 대한 업무도 포함된다. ③ **입주자 관리**: 입주자 관리는 입주자의 생활편익을 증진할 수 있는 다양한 서비스를 준비하여 공동주택에 거주하는 것이 더 매력적이게 만들어 궁극적으로 임대수익을 극대화시킬 수 있는 관리를 말하며, 그 업무는 입주자 지향, 즉각적인 응답, 임대차 서비스, 이사 서비스, 불만사항 처리 등이 있다.

핵심 01 **관리비등 회계관리**

1. 관리비의 납부

납부의무	의무관리대상 공동주택의 입주자등은 공동주택의 유지관리를 위하여 필요한 관리비를 관리주체에게 납부하여야 한다.

2. 법정관리비

비목	공동주택관리법령	민간임대주택에 관한 특별법령
일반 관리비	① 인건비: 급여, 제 수당, 상여금, 퇴직금, 산재보험료, 고용보험료, 국민연금, 국민건강보험료 및 식대 등 복리후생비 ② 제 사무비: 일반사무용품비, 도서인쇄비, 교통통신비 등 관리사무에 직접 소요되는 비용 ③ 제세공과금: 관리기구가 사용한 전기료, 통신료, 우편료, 관리기구에 부과되는 세금 등 ④ 피복비 ⑤ 교육훈련비 ⑥ 차량유지비: 연료비, 수리비 및 보험료 등 차량유지에 직접 소요되는 비용 ⑦ 그 밖의 부대비용: 관리용품구입비, 회계감사비 그 밖에 관리업무에 소요되는 비용	① 인건비: 급여, 제 수당, 상여금, 퇴직금, 산재보험료, 고용보험료, 국민연금, 국민건강보험료 및 식대 등 복리후생비 ② 제 사무비: 일반사무용품비, 도서인쇄비, 교통통신비 등 관리사무에 직접 드는 비용 ③ 제세공과금: 관리기구가 사용한 전기료, 통신료, 우편료 및 관리기구에 부과되는 세금 등 ④ 피복비 ⑤ 교육훈련비 ⑥ 차량유지비: 연료비, 수리비 및 보험료 등 차량유지에 직접 드는 비용 ⑦ 그 밖의 부대비용: 관리용품구입비 및 그 밖에 관리업무에 드는 비용 (회계감사비×)
청소비	① 용역: 용역금액 ② 직영: 청소원 인건비, 피복비 및 청소용품비 등 청소에 직접 소요된 비용	① 용역: 용역금액 ② 직영: 청소원 인건비·피복비 및 청소용품비 등 청소에 직접 소요된 비용

경비비	① 용역: 용역금액 ② 직영: 경비원 인건비, 피복비 등 경비에 직접 소요된 비용	① 용역: 용역금액 ② 직영: 경비원 인건비·피복비 등 경비에 직접 소요된 비용
소독비	① 용역: 용역금액 ② 직영: 소독용품비 등 소독에 직접 소요된 비용(인건비×)	① 용역: 용역금액 ② 직영: 소독용품비 등 소독에 직접 소요된 비용
승강기 유지비	① 용역: 용역금액 ② 직영: 제부대비용·자재비 등 ③ 전기료: 공동으로 사용되는 시설의 전기료에 포함	① 용역: 용역금액 ② 직영: 제부대비용·자재비 등 ③ 전기료: 공공용으로 사용되는 시설의 전기료에 포함
지능형 홈네트워크 설비 유지비	① 용역: 용역금액 ② 직영: 지능형 홈네트워크 설비 관련 인건비, 자재비 등 지능형 홈네트워크 설비의 유지 및 관리에 직접 소요되는 비용 ③ 전기료: 공동으로 사용되는 시설의 전기료에 포함	① 용역: 용역금액 ② 직영: 지능형 홈네트워크 설비 관련 인건비, 자재비 등 지능형 홈네트워크 설비의 유지 및 관리에 직접 소요되는 비용 ③ 전기료: 공동으로 사용되는 시설의 전기료에 포함
난방비	난방 및 급탕에 소요된 원가(유류대·난방비 및 급탕용수비)에서 급탕비를 뺀 금액	난방 및 급탕에 직접 소요된 원가(유류대·난방비 및 급탕용수비)에서 급탕비를 제한 금액
급탕비	급탕용 유류대 및 급탕용수비	급탕용 유류대 및 급탕용수비
수선유지비	① 장기수선계획에서 제외되는 공동주택의 공용부분의 수선·보수에 소요되는 비용으로 보수용역 시에는 용역금액, 직영 시에는 자재 및 인건비 ② 냉난방시설의 청소비, 소화기충약비 등 공동으로 이용하는 시설의 보수유지비 및 제반 검사비 ③ 건축물의 안전점검비용 ④ 재난 및 재해 등의 예방에 따른 비용	① 보수용역 ⇨ 용역금액 ② 직영 ⇨ 자재 및 인건비 ③ 냉난방시설의 청소비, 소화기충약비 등 임차인의 주거생활의 편익을 위하여 제공되는 비용 ⇨ 소모적 지출에 해당하는 비용(제반검사비×)
위탁관리 수수료	주택관리업자에게 위탁하여 관리 ⇨ 입주자대표회의와 주택관리업자 간의 계약으로 정한 월간 비용	×

3. 관리비 이외의 비용

구분	공동주택관리법령	민간임대주택에 관한 특별법령
구분징수	관리주체는 다음의 비용에 대해서는 관리비와 구분하여 징수하여야 한다. ① 장기수선충당금 ②「공동주택관리법 시행령」⇨ 안전진단실시비용	×
사용료 등	관리주체는 입주자등이 납부하는 다음의 사용료 등을 입주자등을 대행하여 그 사용료 등을 받을 자에게 납부할 수 있다. ① 전기료(공동으로 사용하는 시설의 전기료를 포함) ② 수도료(공동으로 사용하는 수도료를 포함) ③ 가스사용료 ④ 지역난방방식인 공동주택의 난방비와 급탕비 ⑤ 정화조오물수수료 ⑥ 생활폐기물수수료 ⑦ 공동주택단지 안의 건물 전체를 대상으로 하는 보험료 ⑧ 입주자대표회의 운영경비 ⑨ 선거관리위원회 운영경비	임대사업자는 임차인이 내야 하는 다음의 사용료 등을 임차인을 대행하여 그 사용료 등을 받을 자에게 낼 수 있다. ① 전기료(공동으로 사용하는 시설의 전기료를 포함) ② 수도료(공동으로 사용하는 수도료를 포함) ③ 가스사용료 ④ 지역난방방식인 공동주택의 난방비와 급탕비 ⑤ 정화조오물수수료 ⑥ 생활폐기물수수료 ⑦ 임차인대표회의 운영비
이용료 등	① 관리주체는 주민공동시설, 인양기 등 공용시설물의 이용료를 해당 시설의 이용자에게 따로 부과할 수 있다(주민공동시설의 운영을 위탁한 경우의 주민공동시설 이용료는 주민공동시설의 위탁에 따른 수수료 및 주민공동시설 관리비용 등의 범위에서 정하여 부과·징수하여야 한다). ② 관리주체는 보수가 필요한 시설(누수되는 시설을 포함)이 2세대 이상의 공동사용에 제공되는 것인 경우에는 이를 직접 보수하고, 해당 입주자등에게 그 비용을 따로 부과할 수 있다.	임대사업자는 인양기 등의 사용료를 해당 시설의 사용자에게 따로 부과할 수 있다.

4. 공동주택관리법령 ⇨ 관리비등의 회계관리

관리비등의 고지	관리주체는 관리비등을 통합하여 부과하는 때에는 그 수입 및 집행세부내역을 쉽게 알 수 있도록 정리하여 입주자등에게 알려 주어야 한다.
예치·관리	관리주체는 관리비등을 금융기관 중 입주자대표회의가 지정하는 금융기관에 예치·관리하되, 장기수선충당금은 별도의 계좌로 예치·관리하여야 한다. 이 경우 계좌는 관리사무소장의 직인 외에 입주자대표회의의 회장 인감을 복수로 등록할 수 있다.
국가 등의 체납관리비 징수방법	국가 또는 지방자치단체인 관리주체가 관리하는 공동주택의 장기수선충당금 또는 관리비가 체납된 경우 국가 또는 지방자치단체는 국세 또는 지방세 체납처분의 예에 따라 해당 장기수선충당금 또는 관리비를 강제징수할 수 있다.

5. 관리비예치금

징수 및 관리	① 징수: 관리주체는 해당 공동주택의 공용부분의 관리 및 운영 등에 필요한 경비(이하 '관리비예치금'이라 한다)를 공동주택의 소유자로부터 징수할 수 있다. ② 반환 및 정산: 관리주체는 소유자가 공동주택의 소유권을 상실한 경우에는 징수한 관리비예치금을 반환하여야 한다. 다만, 소유자가 관리비·사용료 및 장기수선충당금 등을 미납한 때에는 관리비예치금에서 정산한 후 그 잔액을 반환할 수 있다.
사업주체의 징수	사업주체는 입주예정자의 과반수가 입주할 때까지 공동주택을 직접 관리하는 경우에는 입주예정자와 관리계약을 체결하여야 하며, 그 관리계약에 따라 관리비예치금을 징수할 수 있다.

6. 민간임대주택의 회계관리

관리비의 징수	임대사업자는 국토교통부령으로 정하는 바에 따라 임차인으로부터 민간임대주택을 관리하는 데에 필요한 경비를 받을 수 있다.
관리비의 산정방법	관리비의 항목에 따른 비용의 세대별 부담액 산정방법은 사용자 부담과 공평한 부담의 원칙에 따라야 한다.
관리비 외의 징수금지	임대사업자는 관리비 외에 어떠한 명목으로도 관리비를 징수할 수 없다.
회계장부의 작성 및 보관	임대사업자는 산정·징수한 관리비와 사용료 등의 징수 및 그 사용명세에 관한 장부를 따로 작성하고 증명자료와 함께 보관하여 임차인 또는 임차인대표회의가 열람할 수 있게 해야 한다.

회계감사	① 회계감사의 요구: 산정·징수한 관리비와 사용료 등의 징수 및 그 사용명세에 대하여 임대사업자와 임차인 간의 다툼이 있을 때에는 임차인(임차인 과반수 이상의 결의가 있는 경우만 해당한다) 또는 임차인대표회의는 임대사업자로 하여금 「공인회계사법」에 따라 등록한 공인회계사 또는 같은 법에 따라 설립한 회계법인(이하 '공인회계사등'이라 한다)으로부터 회계감사를 받고, 그 감사결과와 감사보고서를 열람할 수 있도록 갖춰 둘 것을 요구할 수 있다. ② 공인회계사등의 선정의뢰: 임차인 또는 임차인대표회의는 시장·군수·구청장에게 공인회계사등의 선정을 의뢰할 수 있다. ③ 비용부담: 위 ①에 따른 회계감사 비용은 임차인 또는 임차인대표회의가 부담한다.
선수관리비	① 선수관리비의 부담: 임대사업자는 민간임대주택을 관리하는 데 필요한 경비를 임차인이 최초로 납부하기 전까지 해당 민간임대주택의 유지관리 및 운영에 필요한 경비(이하 '선수관리비'라 한다)를 대통령령으로 정하는 바에 따라 부담할 수 있다. ② 선수관리비의 지급: 임대사업자는 민간임대주택을 관리하는 데 필요한 경비를 임차인이 최초로 납부하기 전까지 민간임대주택의 유지관리 및 운영에 필요한 경비(이하 '선수관리비'라 한다)를 부담하는 경우에는 해당 임차인의 입주가능일 전까지 「공동주택관리법」에 따른 관리주체(이하 '관리주체'라 한다)에게 선수관리비를 지급해야 한다. ③ 선수관리비의 반환: 관리주체는 해당 임차인의 임대기간이 종료되는 경우 지급받은 선수관리비를 임대사업자에게 반환해야 한다. 다만, 다른 임차인이 해당 주택에 입주할 예정인 경우 등 임대사업자와 관리주체가 협의하여 정하는 경우에는 선수관리비를 반환하지 않을 수 있다. ④ 선수관리비의 금액: 관리주체에게 지급하는 선수관리비의 금액은 해당 민간임대주택의 유형 및 세대수 등을 고려하여 임대사업자와 관리주체가 협의하여 정한다.

PART 2

시설 · 방재관리

CHAPTER 01 시설관리

CHAPTER 02 환경 · 안전 · 방재관리

출제경향

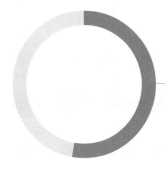

최근 5개년
평균 출제문항 수 **21.8개**

최근 5개년
평균 출제비중 **54.5%**

핵심주제

CHAPTER 01 시설관리	장기수선충당금 및 특별수선충당금, 장기수선계획, 하자담보책임 및 하자보수 등, 균열, 백화현상,
평균 17.2문항(43%)	결로, 방수공사, 단열공사, 주택단지 · 부대시설 · 복리시설의 정의, 주택의 구조, 발코니 ➡ 대피공간

장기수선충당금 및 특별수선충당금, 장기수선계획, 하자담보책임 및 하자보수 등, 균열, 백화현상, 결로, 방수공사, 단열공사, 주택단지 · 부대시설 · 복리시설의 정의, 주택의 구조, 발코니 ➡ 대피공간의 설치기준, 부대시설의 설치기준, 복리시설의 설치기준, 공동주택성능등급 등, 에너지절약형 친환경주택 등, 건축설비의 개요, 물에 관한 일반사항, 급수설비, 급수설비의 위생조치, 펌프, 급탕설비, 배수 · 통기설비, 위생기구, 배관재료, 오수정화시설, 난방설비, 냉동설비, 배기 및 배연설비, 환기설비, 소방시설 설치 및 관리에 관한 법률, 화재안전기술기준, 화재의 예방 및 안전관리에 관한 법률, 가스설비, 전기설비, 전기설비 일반, 피뢰설비, 조명설비, 지능형 홈네트워크 설비, 승강기 설치기준, 승강기 안전관리법령

합격전략

최근 시설 · 방재관리 PART에서 출제되고 있는 이론 문제는 제1차 공동주택시설개론 과목에서 출제되는 문제보다 난도가 높고 전문인 시험에 출제되었던 문제가 응용되어 출제되고 있습니다. 따라서 제1차 공동주택시설개론을 학습하며 기본기를 튼튼히 다진 후 공동주택관리실무 학습을 한다면 학습 효율이 높아질 것입니다. 그중에서도 시설관리 CHAPTER에서 최소 16문항(40%) 이상 출제되고 있으므로 시설관리를 집중해서 학습하시는 것이 좋습니다.

또한, 시설관리의 법령 문제는 제2차 주택관리관계법규 과목과 중첩되어 출제되므로 연계하여 학습하면 학습량을 줄일 수 있습니다.

핵심 01 장기수선충당금 및 특별수선충당금

구분	장기수선충당금	특별수선충당금
적립 및 부담	① 관리주체는 장기수선계획에 따라 공동주택의 주요 시설의 교체 및 보수에 필요한 장기수선충당금을 해당 주택의 소유자로부터 징수하여 적립하여야 한다. ② 공동주택 중 분양되지 아니한 세대의 장기수선충당금은 사업주체가 부담하여야 한다.	① 민간임대주택의 임대사업자는 주요 시설을 교체하고 보수하는 데에 필요한 특별수선충당금을 적립하여야 한다. ② 공공임대주택의 공공주택사업자는 주요 시설을 교체하고 보수하는 데에 필요한 특별수선충당금을 적립하여야 한다.
적립대상	① 300세대 이상의 공동주택 ② 승강기가 설치된 공동주택 ③ 중앙집중식 난방방식 또는 지역난방방식의 공동주택 ④ 건축허가 ⇨ 주택 외의 시설과 주택을 동일 건축물로 건축한 건축물	「민간임대주택에 관한 특별법 시행령」 ① 300세대 이상의 공동주택 ② 150세대 이상의 공동주택으로서 승강기가 설치된 공동주택 ③ 150세대 이상의 공동주택으로서 중앙집중식 난방방식 또는 지역난방방식인 공동주택 「공공주택 특별법 시행령」 ① 300세대 이상의 공동주택 ② 승강기가 설치된 공동주택 ③ 중앙집중식 난방방식의 공동주택
사용	장기수선충당금의 사용은 장기수선계획에 따른다. 다만, 해당 공동주택의 입주자 과반수의 서면동의가 있는 경우에는 다음의 용도로 사용할 수 있다. ① 하자심사·분쟁에 따른 조정등의 비용 ② 하자진단 및 감정에 드는 비용 ③ 위 ① 또는 ②의 비용을 청구하는 데 드는 비용	—

위임규정	① 장기수선계획에 따른 주요 시설의 범위, 교체·보수의 시기 및 방법 등에 필요한 사항은 국토교통부령으로 정한다. ② 장기수선충당금의 요율·산정방법·적립방법 및 사용절차와 사후관리 등에 관하여 필요한 사항은 대통령령으로 정한다.	특별수선충당금의 요율, 사용절차, 사후관리와 적립방법 등에 필요한 사항은 대통령령으로 정한다.
요율	① 요율의 결정: 장기수선충당금의 요율은 해당 공동주택의 공용부분의 내구연한 등을 고려하여 관리규약으로 정한다. ② 건설임대주택의 분양전환 이후의 요율: 건설임대주택을 분양전환한 이후 관리업무를 인계하기 전까지의 장기수선충당금 요율은 「민간임대주택에 관한 특별법 시행령」 또는 「공공주택 특별법 시행령」에 따른 특별수선충당금 적립요율에 따른다.	① 민간임대주택: 표준건축비의 1만분의 1 ② 공공임대주택: 적립요율은 다음의 비율에 따른다. 다만, 다음의 주택이 「공동주택관리법」에 따른 혼합주택단지 안에 있는 경우(혼합주택단지의 입주자대표회의와 공공주택사업자가 장기수선충당금 및 특별수선충당금을 사용하는 주요 시설의 교체 및 보수에 관한 사항을 각자 결정하는 경우는 제외) 해당 주택에 대한 특별수선충당금의 적립요율에 관하여는 「공동주택관리법 시행령」에 따라 관리규약으로 정하는 장기수선충당금의 요율을 준용한다. ㉠ 영구임대주택, 국민임대주택, 행복주택, 통합공공임대주택, 장기전세주택: 국토교통부장관이 고시하는 표준건축비의 1만분의 4 ㉡ 위 ㉠에 해당하지 아니하는 공공임대주택: 「주택법」 제15조 제1항에 따른 사업계획승인 당시 표준건축비의 1만분의 1
적립금액	장기수선충당금의 적립금액은 장기수선계획으로 정한다. 이 경우 국토교통부장관이 주요 시설의 계획적인 교체 및 보수를 위하여 최소 적립금액의 기준을 정하여 고시하는 경우에는 그에 맞아야 한다.	① 민간임대주택 ㉠ 보고: 시장·군수·구청장은 임대사업자의 특별수선충당금 적립 여부, 적립금액 등을 관할 시·도지사에게 보고하여야 하며, 시·도지사는 시장·군수·구청장의 보고를 종합하여 국토교통부장관에게 보고하여야 한다.

		ⓒ **보고시기**: 시장·군수·구청장은 특별수선충당금 적립 현황 보고서를 매년 1월 31일과 7월 31일까지 관할 시·도지사에게 제출하여야 하며, 시·도지사는 이를 종합하여 매년 2월 15일과 8월 15일까지 국토교통부장관에게 보고하여야 한다.
		② **공공임대주택**: 시장·군수 또는 구청장은 공공주택사업자의 특별수선충당금 적립 여부, 적립금액 등을 관할 시·도지사에게 보고하여야 하며, 시·도지사는 시장·군수 또는 구청장의 보고를 받으면 이를 국토교통부장관에게 보고하여야 한다.
사용절차	장기수선충당금은 관리주체가 다음의 사항이 포함된 장기수선충당금 사용계획서를 장기수선계획에 따라 작성하고 입주자대표회의의 의결을 거쳐 사용한다. ① 수선공사(공용부분 ⇨ 보수·교체 및 개량)의 명칭과 공사내용 ② 수선공사 대상시설의 위치 및 부위 ③ 수선공사의 설계도면 등 ④ 공사기간 및 공사방법 ⑤ 수선공사의 범위 및 예정공사금액 ⑥ 공사발주 방법 및 절차 등	① 임대사업자는 특별수선충당금을 사용하려면 미리 해당 민간임대주택의 소재지를 관할하는 시장·군수·구청장과 협의하여야 한다. ② 공공주택사업자는 특별수선충당금을 사용하려면 미리 해당 공공임대주택의 주소지를 관할하는 시장·군수 또는 구청장과 협의하여야 한다. 다만, 다음의 어느 하나에 해당하는 경우에는 그렇지 않다. 　ⓐ 「주택법 시행령」 제53조의2 제4항 각 호에 따른 중대한 하자가 발생한 경우 　ⓑ 천재지변이나 그 밖의 재해로 장기수선계획 수립 대상물이 파손되거나 멸실되어 긴급하게 교체·보수가 필요한 경우 ③ 공공주택사업자는 위 ②의 단서에 따라 특별수선충당금을 사용한 경우에는 그 사유를 사용일부터 30일 이내에 관할 시장·군수 또는 구청장에게 통보해야 한다.

적립시기	장기수선충당금은 해당 공동주택에 대한 다음의 구분에 따른 날부터 1년이 경과한 날이 속하는 달부터 매달 적립한다. 다만, 건설임대주택에서 분양전환된 공동주택의 경우에는 임대사업자가 관리주체에게 공동주택의 관리업무를 인계한 날이 속하는 달부터 적립한다. ① 「주택법」에 따른 사용검사를 받은 날 ② 「건축법」에 따른 사용승인을 받은 날	① 민간임대주택의 임대사업자는 특별수선충당금을 사용검사일 또는 임시사용승인일부터 1년이 지난 날이 속하는 달부터 사업계획승인 당시 표준건축비의 1만분의 1의 요율로 매달 적립하여야 한다. ② 공공주택사업자는 특별수선충당금을 사용검사일부터 1년이 지난 날이 속하는 달부터 매달 적립하여야 한다.
예치·관리	관리주체는 관리비등을 입주자대표회의가 지정하는 금융기관에 예치·관리하되, 장기수선충당금은 별도의 계좌로 예치·관리하여야 한다. 이 경우 계좌는 관리사무소장의 직인 외에 입주자대표회의의 회장 인감을 복수로 등록할 수 있다.	① 특별수선충당금은 임대사업자와 해당 민간임대주택의 소재지를 관할하는 시장·군수·구청장의 공동명의로 금융회사 등에 예치하여 따로 관리하여야 한다. ② 공공주택사업자는 특별수선충당금을 금융회사 등에 예치하여 따로 관리하여야 한다.
인계	–	① 임대사업자가 민간임대주택을 양도하는 경우에는 특별수선충당금을 「공동주택관리법」에 따라 최초로 구성되는 입주자대표회의에 넘겨주어야 한다. ② 공공주택사업자가 임대의무기간이 지난 공공건설임대주택을 분양전환하는 경우에는 특별수선충당금을 「공동주택관리법」에 따라 최초로 구성되는 입주자대표회의에 넘겨주어야 한다.
그 밖의 사항	① **지급청구**: 공동주택의 소유자는 장기수선충당금을 사용자가 대신하여 납부한 경우에는 그 금액을 반환하여야 한다. ② **확인서 발급**: 관리주체는 공동주택의 사용자가 장기수선충당금의 납부확인을 요구하는 경우에는 지체 없이 확인서를 발급해 주어야 한다.	① 「민간임대주택에 관한 특별법 시행령」에 규정한 사항 외에 특별수선충당금의 사용방법, 세부사용절차, 그 밖에 필요한 사항은 장기수선계획으로 정한다. ② 「공공주택 특별법 시행령」에서 규정한 사항 외에 특별수선충당금의 사용방법, 세부사용절차, 그 밖에 필요한 사항은 장기수선계획으로 정한다.

$$월간\ 세대별\ 장기수선충당금 = \frac{장기수선계획기간\ 중의\ 수선비\ 총액}{총\ 공급면적 \times 12 \times 계획기간(년)} \times 세대별\ 주택공급면적$$

정의	'장기수선계획'이란 공동주택을 오랫동안 안전하고 효율적으로 사용하기 위하여 필요한 주요 시설의 교체 및 보수 등에 관하여 수립하는 장기계획을 말한다.
수립	다음의 어느 하나에 해당하는 공동주택을 건설·공급하는 사업주체(건축법에 따른 건축허가를 받아 주택 외의 시설과 주택을 동일 건축물로 건축하는 건축주를 포함) 또는 「주택법」에 따라 리모델링을 하는 자는 그 공동주택의 공용부분에 대한 장기수선계획을 수립하여 사용검사를 신청할 때에 사용검사권자에게 제출하고, 사용검사권자는 이를 그 공동주택의 관리주체에게 인계하여야 한다. 이 경우 사용검사권자는 사업주체 또는 리모델링을 하는 사에게 장기수선계획의 보완을 요구할 수 있다. ① 300세대 이상의 공동주택 ② 승강기가 설치된 공동주택 ③ 중앙집중식 난방방식 또는 지역난방방식의 공동주택 ④ 「건축법」에 따른 건축허가를 받아 주택 외의 시설과 주택을 동일 건축물로 건축한 건축물

장기수선
계획의
수립기준
	① 위임규정: 장기수선계획을 수립하는 자는 국토교통부령으로 정하는 기준에 따라 장기수선계획을 수립하여야 한다. 이 경우 해당 공동주택의 건설비용을 고려하여야 한다.
	② 수립기준: 전면수리, 전면교체, 전면도장
	 ㉠ 5년: 도도 수안보 와유(5년째 도도한 척 말고 수안보 와유)
	  ~ 도료칠, 도르레(쉬브), 수성페인트칠, 안내표지판, 보안·방범시설(감시반, 녹화장치, 영상정보처리기기 및 침입탐지시설), 와이어로프, 유성페인트칠
	 ㉡ 9년: 보일러수관(구보)
	 ㉢ 10년: 주, 펌프, 환, 급, 홈, 가, 시, 자(10년 된 주펌프 환급받아 홈으로 가시자!)
	  주차차단기, ~펌프(급수, 난방순환, 급탕순환, 배수), 환기팬, 급탕관(강관), 홈네트워크기기, 가스설비 밸브, 시멘트액체방수, 자전거보관소
	 ㉣ 15년: (15살) 어린이 열난지 배아포스, 고기도 방출, 현탱크 제조보급
	  어린이놀이시설, 열교환기, 난방관(강관), 지하주차장 바닥(지하주차장 진입로 지붕), 배수관(강관), 아스팔트 포장, 엠프 및 스피커, 고분자도막방수, 기계장치, 도어개폐장치, 방송수신 공동설비, 출입문(자동문), 현관입구, ~탱크(급수, 급탕), 제어반, 조속기(조경시설물), 보일러(보도블록), 급수관(강관)
	 ㉤ 20년: (스무살) 수배자 소동 아가 울고 계단 감금
	  수전반(수신반), 배전반, 자동제어기기, 소화펌프, 동력반, 아스팔트 싱글잇기, 가스설비 배관, 울타리, 고분자시트방수, 계단논슬립, 단지공용시스템장비, 감지기, 금속기와 잇기

<table>
<tr>
<td rowspan="4" valign="middle">장기수선
계획의
조정</td>
<td colspan="2">
ⓑ 25년: (스물다섯살이) 오 피소스 보고 돌변
오배수관(PVC), 피뢰설비, 소화수관(강관), 스프링클러헤드, 보안등, 고가
수조(STS, 합성수지), 돌 붙이기(부분수리), 변압기
ⓢ 30년: 오발(서른살은 오발탄이었네)
오배수관(주철), 발전기
</td>
</tr>
<tr>
<td colspan="2">
① 검토 및 조정 주기: 입주자대표회의와 관리주체는 장기수선계획을 3년마다 검토하고 필요한 경우 이를 조정하여야 하며, 수립 또는 조정된 장기수선계획에 따라 주요 시설을 교체하거나 보수하여야 한다. 이 경우 입주자대표회의와 관리주체는 장기수선계획에 대한 검토사항을 기록하고 보관하여야 한다.

> 참고: 공공주택사업자는 장기수선계획을 수립한 후 이를 조정할 필요가 있는 경우에는 임차인대표회의의 구성원(임차인대표회의가 구성되지 않은 경우에는 전체 임차인) 과반수의 서면동의를 받아 장기수선계획을 조정할 수 있다.
</td>
</tr>
<tr>
<td colspan="2">
② 수시조정(사전조정): 입주자대표회의와 관리주체는 주요 시설을 신설하는 등 관리 여건상 필요하여 전체 입주자 과반수의 서면동의를 받은 경우에는 3년이 지나기 전에 장기수선계획을 조정할 수 있다.
</td>
</tr>
<tr>
<td colspan="2">
③ 조정절차: 장기수선계획 조정은 관리주체가 조정안을 작성하고, 입주자대표회의가 의결하는 방법으로 한다.
④ 온실가스 감소를 위한 시설의 개선: 입주자대표회의와 관리주체는 장기수선계획을 조정하려는 경우에는 「에너지이용 합리화법」에 따라 산업통상자원부장관에게 등록한 에너지절약전문기업이 제시하는 에너지절약을 통한 주택의 온실가스 감소를 위한 시설 개선방법을 반영할 수 있다.
</td>
</tr>
</table>

핵심 03 **하자담보책임 및 하자보수 등**

1. 하자담보책임

<table>
<tr>
<td rowspan="1" valign="middle">담보책임자</td>
<td>
① 사업주체의 담보책임: 다음의 사업주체는 공동주택의 하자에 대하여 분양에 따른 담보책임(아래 ⓒ 및 ⓓ의 시공자는 수급인의 담보책임)을 진다.
  ㉠ 「주택법」에 따른 다음의 자
    ⓐ 국가·지방자치단체
    ⓑ 한국토지주택공사 또는 지방공사
    ⓒ 등록한 주택건설사업자 또는 대지조성사업자
    ⓓ 그 밖에 「주택법」에 따라 주택건설사업 또는 대지조성사업을 시행하는 자
</td>
</tr>
</table>

	○ 「건축법」에 따른 건축허가를 받아 분양을 목적으로 하는 공동주택을 건축한 건축주 ⓒ 공동주택을 증축·개축·대수선하는 행위를 한 시공자 ② 「주택법」에 따른 리모델링을 수행한 시공자 ② **공공임대주택의 담보책임:** 「공공주택 특별법」에 따라 임대한 후 분양전환을 할 목적으로 공급하는 공동주택('공공임대주택')을 공급한 위 ①의 ○의 사업주체는 분양전환이 되기 전까지는 임차인에 대하여 하자보수에 대한 담보책임을 진다.
담보책임 기간의 범위 및 기산	담보책임의 기간은 하자의 중대성, 시설물의 사용 가능 햇수 및 교체 가능성 등을 고려하여 공동주택의 내력구조부별 및 시설공사별로 10년의 범위에서 대통령령으로 정한다. 이 경우 담보책임기간은 다음의 날부터 기산한다. ① **전유부분:** 입주자에게 인도한 날 ② **공용부분:** 사용검사일 또는 사용승인일

**담보책임
기간**
	① 내력구조부별[주요구조부(내력벽, 기둥, 바닥, 보, 지붕틀 및 주계단)를 말한다] 하자에 대한 담보책임기간: 10년
	② 시설공사별 하자에 대한 담보책임기간
	   ○ **2년:** 수장공사(수장 목공사 ⇨ 3년), 석공사(건물 내부 공사)[석공사(건물 외부 공사), 석축공사 ⇨ 5년], 옥내가구공사, 미장공사, 가전제품, 주방기구공사, 타일공사, 도배공사, 도장공사
	        핵심암기법 수석 옥미가 주방타일, 도배, 도장(공사한다)
	   ⓒ **3년:** 62개
	   ⓒ **5년:** 배수공사(대지조성공사), 포장공사(조경포장공사 ⇨ 3년), 토공사, 콘크리트공사(일반철근, 특수, 프리캐스트), 철골공사(일반, 경량, 철골부대공사), 석축공사, 옹벽공사(토목, 건축), 조적공사(일반벽돌공사, 점토벽돌공사, 블록공사), 석공사(건물 외부 공사), 홈통 및 우수관 공사, 지붕공사, 방수공사
	        핵심암기법 배포도(토) 큰(콘) 철석옹 조석(으로) 홈(에서) 지방(쓴다)

주택인도 증명	① **주택인도증명서:** 사업주체(건축주)는 해당 공동주택의 전유부분을 입주자에게 인도한 때에는 주택인도증서를 작성하여 관리주체(의무관리대상 공동주택이 아닌 경우 ⇨ 관리인)에게 인계하여야 한다. 이 경우 관리주체는 30일 이내에 공동주택관리정보시스템에 전유부분의 인도일을 공개하여야 한다.

	② **공공임대주택의 주택인도증서**: 사업주체가 해당 공동주택의 전유부분을 공공임대주택의 임차인에게 인도한 때에는 주택인도증서를 작성하여 분양전환하기 전까지 보관하여야 한다. 이 경우 사업주체는 주택인도증서를 작성한 날부터 30일 이내에 공동주택관리정보시스템에 전유부분의 인도일을 공개하여야 한다. ③ **미분양 세대의 인도일의 현황**: 사업주체는 주택의 미분양 등으로 인하여 인계·인수서에 인도일의 현황이 누락된 세대가 있는 경우에는 주택의 인도일부터 15일 이내에 인도일의 현황을 관리주체에게 인계하여야 한다.
하자의 범위	① **내력구조부별 하자**: 다음의 어느 하나에 해당하는 경우 ㉠ 공동주택 구조체의 일부 또는 전부가 붕괴된 경우 ㉡ 공동주택의 구조안전상 위험을 초래하거나 그 위험을 초래할 우려가 있는 정도의 균열·침하 등의 결함이 발생한 경우 ② **시설공사별 하자**: 공사상의 잘못으로 인한 균열·처짐·비틀림·들뜸·침하·파손·붕괴·누수·누출·탈락, 작동 또는 기능불량, 부착·접지 또는 전선 연결 불량, 고사(枯死) 및 입상(서 있는 상태) 불량 등이 발생하여 건축물 또는 시설물의 안전상·기능상 또는 미관상의 지장을 초래할 정도의 결함이 발생한 경우
하자보수 청구	① **하자보수청구권자**: 사업주체는 담보책임기간에 하자가 발생한 경우에는 해당 공동주택의 아래 ㉠부터 ㉣까지에 해당하는 자('입주자대표회의등') 또는 ㉤에 해당하는 자의 청구에 따라 그 하자를 보수하여야 한다. ㉠ 입주자(사용자×) ㉡ 입주자대표회의 ㉢ 관리주체(입주자 또는 입주자대표회의를 대행하는 관리주체) ㉣ 「집합건물의 소유 및 관리에 관한 법률」에 따른 관리단 ㉤ 공공임대주택의 임차인 또는 임차인대표회의(이하 '임차인등'이라 한다) ② **하자보수청구기한**: 입주자대표회의등 또는 임차인등은 공동주택에 하자가 발생한 경우에는 담보책임기간 내에 사업주체에게 하자보수를 청구하여야 한다. ③ **하자보수의 청구**: 하자보수의 청구는 다음의 구분에 따른 자가 하여야 한다. 이 경우 입주자는 전유부분에 대한 청구를 아래 ㉡의 ⓑ에 따른 관리주체가 대행하도록 할 수 있으며, 공용부분에 대한 하자보수의 청구를 아래 ㉡의 어느 하나에 해당하는 자에게 요청할 수 있다. ㉠ **전유부분**: 입주자 또는 공공임대주택의 임차인 ㉡ **공용부분**: 다음의 어느 하나에 해당하는 자 ⓐ 입주자대표회의 또는 공공임대주택의 임차인대표회의

| | | ⓑ 관리주체(입주자 또는 입주자대표회의를 대행하는 관리주체) |
| | | ⓒ 「집합건물의 소유 및 관리에 관한 법률」에 따른 관리단 |

구분	하자보수청구권자	청구의 대행이 가능한 자
전유부분	입주자 또는 공공임대주택의 임차인	입주자는 전유부분에 대한 청구를 관리주체가 대행하도록 할 수 있다.
공용부분	다음의 어느 하나에 해당하는 자 ① 입주자대표회의 또는 공공임대주택의 임차인대표회의 ② 관리주체(하자보수청구 등에 관하여 입주자 또는 입주자대표회의를 대행하는 관리주체를 말함) ③ 「집합건물의 소유 및 관리에 관한 법률」에 따른 관리단	입주자는 공용부분에 대한 청구를 좌측의 각 목의 어느 하나에 해당하는 자에게 요청할 수 있다.

하자보수 이행	① 이행기간: 사업주체는 하자보수를 청구받은 날(하자진단 결과를 통보받은 때 ⇨ 그 통보받은 날)부터 15일 이내에 그 하자를 보수하거나 하자보수계획을 입주자대표회의등 또는 임차인등에 서면(전자문서를 포함)으로 통보하고 그 계획에 따라 하자를 보수하여야 한다. 다만, 하자가 아니라고 판단되는 사항에 대해서는 그 이유를 서면으로 통보하여야 한다. ② 하자보수결과의 통보: 하자보수를 실시한 사업주체는 하자보수가 완료되면 즉시 그 보수결과를 하자보수를 청구한 입주자대표회의등 또는 임차인등에 통보하여야 한다.
하자보수청구 서류 등의 보관 등	① 보관 등 ㉠ 보관: 하자보수청구 등에 관하여 입주자 또는 입주자대표회의를 대행하는 관리주체는 하자보수 이력, 담보책임기간 준수 여부 등의 확인에 필요한 것으로서 하자보수청구 서류 등 대통령령으로 정하는 서류(아래 ㉡)를 대통령령으로 정하는 바(아래 ㉢)에 따라 보관하여야 한다. ㉡ 보관서류: 위 ㉠에서 '하자보수청구 서류 등 대통령령으로 정하는 서류'란 다음의 서류를 말한다. ⓐ 하자보수청구 내용이 적힌 서류 ⓑ 사업주체의 하자보수 내용이 적힌 서류 ⓒ 하자보수보증금 청구 및 사용 내용이 적힌 서류 ⓓ 하자분쟁조정위원회에 제출하거나 하자분쟁조정위원회로부터 받은 서류 ⓔ 그 밖에 입주자 또는 입주자대표회의의 하자보수청구 대행을 위하여 관리주체가 입주자 또는 입주자대표회의로부터 제출받은 서류

      © 보관방법 및 등록: 입주자 또는 입주자대표회의를 대행하는 관리주체(자
치관리기구의 대표자인 공동주택의 관리사무소장, 관리업무를 인계하기
전의 사업주체, 주택관리업자인 관리주체)는 위 ⑤에 따라 위 ⓒ의 서류
를 문서 또는 전자문서의 형태로 보관해야 하며, 그 내용을 하자관리정보
시스템에 등록해야 한다.

      ② 보관기간: 위 ⓒ에 따른 문서 또는 전자문서와 하자관리정보시스템에 등
록한 내용은 관리주체가 사업주체에게 하자보수를 청구한 날부터 10년간
보관해야 한다.

② 서류 등의 제공

      ③ 제공: 위 ①의 ③에 따라 하자보수청구 서류 등을 보관하는 관리주체는
입주자 또는 입주자대표회의가 해당 하자보수청구 서류 등의 제공을 요
구하는 경우 대통령령으로 정하는 바(아래 ⓒ)에 따라 이를 제공하여야
한다.

      ⓒ 제공방법: 입주자 또는 입주자대표회의를 대행하는 관리주체는 위 ③에
따라 위 ①에 ⓒ의 서류의 제공을 요구받은 경우 지체 없이 이를 열람하
게 하거나 그 사본·복제물을 내주어야 한다.

      © 확인: 관리주체는 위 ⓒ에 따라 서류를 제공하는 경우 그 서류제공을 요
구한 자가 입주자나 입주자대표회의의 구성원인지를 확인해야 한다.

      ② 비용부담: 관리주체는 서류의 제공을 요구한 자에게 서류의 제공에 드는
비용을 부담하게 할 수 있다.

③ 인계: 공동주택의 관리주체가 변경되는 경우 기존 관리주체는 새로운 관리
주체에게 해당 공동주택의 하자보수청구 서류 등을 인계하여야 한다.

**담보책임의
종료**

① 만료예정일의 통보: 사업주체는 담보책임기간이 만료되기 30일 전까지 그
만료예정일을 해당 공동주택의 입주자대표회의(의무관리대상 공동주택이 아
닌 경우에는 관리단) 또는 해당 공공임대주택의 임차인대표회의에 서면으로
통보하여야 한다.

② 입주자대표회의의 조치: 위 ①에 따른 통보를 받은 입주자대표회의 또는 공
공임대주택의 임차인대표회의는 다음의 구분에 따른 조치를 하여야 한다.

      ③ 전유부분에 대한 조치: 담보책임기간이 만료되는 날까지 하자보수를 청
구하도록 입주자 또는 공공임대주택의 임차인에게 개별통지하고 공동주
택단지 안의 잘 보이는 게시판에 20일 이상 게시

      ⓒ 공용부분에 대한 조치: 담보책임기간이 만료되는 날까지 하자보수청구

③ 하자보수 및 통보: 사업주체는 위 ②에 따라 하자보수청구를 받은 사항에 대
하여 지체 없이 보수하고 그 보수결과를 서면으로 입주자대표회의등 또는 임
차인등에 통보하여야 한다. 다만, 하자가 아니라고 판단한 사항에 대해서는
그 이유를 명확히 기재하여 서면으로 통보해야 한다.

④ 이의제기: 위 ③의 본문에 따라 보수결과를 통보받은 입주자대표회의등 또는 임차인등은 통보받은 날부터 30일 이내에 이유를 명확히 기재한 서면으로 사업주체에게 이의를 제기할 수 있다. 이 경우 사업주체는 이의제기 내용이 타당하면 지체 없이 하자를 보수하여야 한다.

⑤ 하자담보책임 종료확인서의 작성: 사업주체와 다음의 구분에 따른 자는 하자보수가 끝난 때에는 공동으로 담보책임 종료확인서를 작성해야 한다. 이 경우 담보책임기간이 만료되기 전에 담보책임 종료확인서를 작성해서는 안 된다.

ㄱ **전유부분**: 입주자

ㄴ **공용부분**: 입주자대표회의의 회장(의무관리대상 공동주택이 아닌 경우에는 집합건물의 소유 및 관리에 관한 법률에 따른 관리인을 말한다) 또는 5분의 4 이상의 입주자(입주자대표회의의 구성원 중 사용자인 동별 대표자가 과반수인 경우만 해당)

⑥ **공용부분의 담보책임 종료확인서 작성절차**: 입주자대표회의의 회장은 공용부분의 담보책임 종료확인서를 작성하려면 다음의 절차를 차례대로 거쳐야 한다. 이 경우 전체 입주자의 5분의 1 이상이 서면으로 반대하면 입주자대표회의는 아래 ㄴ에 따른 의결을 할 수 없다.

ㄱ 의견청취를 위하여 입주자에게 다음의 사항을 서면으로 개별통지하고 공동주택단지 안의 게시판에 20일 이상 게시할 것

ⓐ 담보책임기간이 만료된 사실

ⓑ 완료된 하자보수의 내용

ⓒ 담보책임 종료확인에 대하여 반대의견을 제출할 수 있다는 사실, 의견제출기간 및 의견제출서

ㄴ 입주자대표회의 의결

⑦ **통보 및 게시**: 사업주체는 위 ⑤의 ㄴ에 따라 입주자와 공용부분의 담보책임 종료확인서를 작성하려면 입주자대표회의의 회장에게 위 ⑥의 ㄱ에 따른 통지 및 게시를 요청해야 하고, 전체 입주자의 5분의 4 이상과 담보책임 종료확인서를 작성한 경우에는 그 결과를 입주자대표회의등에 통보해야 한다.

손해배상 책임	사업주체는 담보책임기간에 공동주택에 하자가 발생한 경우에는 하자 발생으로 인한 손해를 배상할 책임이 있다. 이 경우 손해배상책임에 관하여는 「민법」 제667조(수급인의 담보책임)를 준용한다.
시정명령	시장·군수·구청장은 입주자대표회의등 및 임차인등이 하자보수를 청구한 사항에 대하여 사업주체가 정당한 사유 없이 따르지 아니할 때에는 시정을 명할 수 있다.

① 안전진단

  ㉠ **의뢰**: 시장·군수·구청장은 담보책임기간에 공동주택의 구조안전에 중대한 하자가 있다고 인정하는 경우에는 안전진단기관에 의뢰하여 안전진단을 할 수 있다.

  ㉡ **의뢰기관**

    ⓐ 한국건설기술연구원

    ⓑ 국토안전관리원

    ⓒ 대한건축사협회

    ⓓ 대학 및 산업대학의 부설연구기관(상설기관으로 한정)

    ⓔ 건축 분야 안전진단전문기관

  ㉢ **비용부담**: 안전진단에 드는 비용은 사업주체가 부담한다. 다만, 하자의 원인이 사업주체 외의 자에게 있는 경우에는 그 자가 부담한다.

② 하자진단

  ㉠ **의뢰**: 사업주체등은 입주자대표회의등 또는 임차인등의 하자보수청구에 이의가 있는 경우, 입주자대표회의등 또는 임차인등과 협의하여 안전진단기관에 보수책임이 있는 하자범위에 해당하는지 여부 등 하자진단을 의뢰할 수 있다.

  ㉡ **의뢰기관**

    ⓐ 국토안전관리원

    ⓑ 한국건설기술연구원

    ⓒ 해당 분야의 엔지니어링사업자

    ⓓ 기술사

    ⓔ 건축사

    ⓕ 건축 분야 안전진단전문기관

③ 하자감정

  ㉠ **감정의 요청**: 하자분쟁조정위원회는 다음의 어느 하나에 해당하는 사건의 경우에는 안전진단기관에 그에 따른 감정을 요청할 수 있다.

    ⓐ 하자진단 결과에 대하여 다투는 사건

    ⓑ 당사자 쌍방 또는 일방이 하자감정을 요청하는 사건

    ⓒ 하자원인이 불분명한 사건

    ⓓ 그 밖에 하자분쟁조정위원회에서 하자감정이 필요하다고 결정하는 사건

  ㉡ **요청기관**

    ⓐ 국토안전관리원

    ⓑ 한국건설기술연구원

    ⓒ 국립 또는 공립의 주택 관련 시험·검사기관

안전진단,
하자진단,
하자감정

ⓓ 대학 및 산업대학의 주택 관련 부설연구기관(상설기관으로 한정)

ⓔ 해당 분야의 엔지니어링사업자, 기술사, 건축사, 건축 분야 안전진단 전문기관. 이 경우 분과위원회(소위원회에서 의결하는 사건은 소위원회)에서 해당 하자감정을 위한 시설 및 장비를 갖추었다고 인정하고 당사자 쌍방이 합의한 자로 한정한다.

④ 결과제출

㉠ 하자진단 결과의 제출: 안전진단기관은 하자진단을 의뢰받은 날부터 20일 이내에 그 결과를 사업주체등과 입주자대표회의등에 제출하여야 한다.

㉡ 하자감정 결과의 제출: 안전진단기관은 하자감정을 의뢰받은 날부터 20일 이내에 그 결과를 하자분쟁조정위원회에 제출하여야 한다.

▶ 안전진단기관의 비교

안전진단	하자진단	하자감정
• 의뢰: 시장·군수·구청장 • 목적: 구조안전에 중대한 하자가 있는 경우	• 의뢰: 사업주체등 • 목적: 입주자대표회의등의 하자보수청구에 대해 이의가 있는 경우	• 요청: 하자분쟁조정위원회 • 목적: 하자진단 결과에 대하여 다투는 사건 등
• 한국건설기술연구원 • 국토안전관리원 • 대한건축사협회 • 대학 및 산업대학의 부설 연구기관(상설기관) • 건축분야의 안전진단전문기관	• 국토안전관리원 • 한국건설기술연구원 • 엔지니어링사업자 • 기술사 • 건축사 • 건축분야의 안전진단전문기관	• 국토안전관리원 • 한국건설기술연구원 • 국립 또는 공립의 주택 관련 시험·검사기관 • 대학 및 산업대학의 주택 관련 부설 연구기관(상설기관) • 엔지니어링사업자, 기술사, 건축사, 건축분야의 안전진단전문기관

2. 하자보수보증금

예치 의무자	사업주체는 대통령령으로 정하는 바에 따라 하자보수를 보장하기 위하여 하자보수보증금을 담보책임기간(보증기간은 공용부분을 기준으로 기산) 동안 예치하여야 한다. 다만, 국가·지방자치단체·한국토지주택공사 및 지방공사인 사업주체의 경우에는 그러하지 아니하다.
예치 및 보관	① 예치: 사업주체는 하자보수보증금을 은행(은행법에 따른 은행을 말한다)에 현금으로 예치하거나 하자보수보증금 지급을 보장하는 보증에 가입하여야 한다. 이 경우 그 예치명의 또는 가입명의는 사용검사권자로 하여야 한다. ② 제출: 사업주체는 사용검사신청서(사용승인신청서)를 사용검사권자에게 제출할 때에 현금 예치증서 또는 보증서를 함께 제출하여야 한다.

	③ **명의변경**: 사용검사권자는 입주자대표회의가 구성된 때에는 지체 없이 예치명의 또는 가입명의를 해당 입주자대표회의로 변경하고 입주자대표회의에 현금 예치증서 또는 보증서를 인계하여야 한다.
	④ **보관**: 입주자대표회의는 인계받은 현금 예치증서 또는 보증서를 해당 공동주택의 관리주체(관리인)로 하여금 보관하게 하여야 한다.
예치 방법	① 현금
	② 주택도시보증공사가 취급하는 보증
	③ 건설 관련 공제조합이 취급하는 보증
	④ 보증보험업을 영위하는 자가 취급하는 보증
	⑤ 은행, 중소기업은행, 상호저축은행, 보험회사 등이 취급하는 보증
하자보수 보증금의 예치 금액	① 대지조성과 함께 공동주택 건설: [공동주택의 총 사업비(간접비 제외) − 대지의 조성 전 가격] × 100분의 3
	② 대지조성 없이 공동주택 건설: [공동주택의 총 사업비(간접비 제외) − 대지가격] × 100분의 3
	③ 공동주택을 증축·개축·대수선·리모델링: 허가신청서 또는 신고서에 기재된 총 사업비(간접비 제외) × 100분의 3
	④ 건축허가를 받아 분양목적으로 공동주택 건설: 표준건축비를 적용하여 산출한 건축비(간접비 제외) × 100분의 3
하자보수 보증금 사용내역의 신고 및 용도	① **하자보수보증금 사용내역 신고**: 입주자대표회의등은 하자보수보증금의 사용 후 30일 이내에 그 사용내역을 시장·군수·구청장에게 신고하여야 한다.
	② **하자보수보증금의 용도**: 입주자대표회의등 ⇨ 하자보수보증금을 다음의 용도로만 사용하여야 한다.
	㉠ 송달된 하자 여부 판정서(재심의 결정서를 포함) 정본에 따라 하자로 판정된 시설공사 등에 대한 하자보수비용
	㉡ 하자분쟁조정위원회가 송달한 조정서 정본에 따른 하자보수비용
	㉢ 재판상 화해와 동일한 효력이 있는 재정에 따른 하자보수비용
	㉣ 법원의 재판 결과에 따른 하자보수비용
	㉤ 하자진단의 결과에 따른 하자보수비용
지급	① **지급청구**: 입주자대표회의는 사업주체가 하자보수를 이행하지 아니하는 경우에는 하자보수보증서 발급기관에 하자보수보증금의 지급을 청구할 수 있다.
	② **지급**: 위 ①에 따른 청구를 받은 하자보수보증서 발급기관은 청구일부터 30일 이내에 하자보수보증금을 지급하여야 한다. 다만, 하자보수보증서 발급기관이 청구를 받은 금액에 이의가 있으면 하자분쟁조정위원회에 분쟁조정이나 분쟁재정을 신청한 후 그 결과에 따라 지급하여야 한다.

	③ **지급방법:** 하자보수보증서 발급기관은 하자보수보증금을 지급할 때에는 다음의 구분에 따른 금융계좌로 이체하는 방법으로 지급하여야 하며, 입주자대표회의는 그 금융계좌로 해당 하자보수보증금을 관리하여야 한다. 　　㉠ **의무관리대상 공동주택:** 입주자대표회의 회장의 인감과 관리사무소장의 직인을 복수로 등록한 금융계좌 　　㉡ **의무관리대상이 아닌 공동주택:** 관리인의 인감을 등록한 금융계좌(관리위원회가 구성되어 있는 경우에는 그 위원회를 대표하는 자 1명과 관리인의 인감을 복수로 등록한 계좌) ④ **지급내역의 통보:** 하자보수보증금을 예치받은 자('하자보수보증금의 보증서 발급기관')는 하자보수보증금을 의무관리대상 공동주택의 입주자대표회의에 지급한 날부터 30일 이내에 지급내역을 국토교통부령으로 정하는 바에 따라 관할 시장·군수·구청장에게 통보하여야 한다. ⑤ **하자보수보증금의 사용내역 및 지급내역 제공:** 시장·군수·구청장은 해당 연도에 제출받은 하자보수보증금 사용내역 신고서(첨부서류는 제외한다)와 지급내역서(첨부서류를 포함한다)의 내용을 다음 해 1월 31일까지 국토교통부장관에게 제공해야 한다. 이 경우 제공방법은 하자관리정보시스템에 입력하는 방법으로 한다. ⑥ **사업자 선정의 제한:** 입주자대표회의는 하자보수보증금을 지급받기 전에 미리 하자보수를 하는 사업자를 선정해서는 아니 된다. ⑦ **사용명세의 통보:** 입주자대표회의는 하자보수보증금을 사용한 때에는 그 날부터 30일 이내에 그 사용명세를 사업주체에게 통보하여야 한다.
반환	① **반환비율:** 입주자대표회의는 사업주체가 예치한 하자보수보증금을 다음의 구분에 따라 순차적으로 사업주체에게 반환하여야 한다. 　　㉠ **사용검사일부터 2년이 경과된 때:** 하자보수보증금의 100분의 15 　　㉡ **사용검사일부터 3년이 경과된 때:** 하자보수보증금의 100분의 40 　　㉢ **사용검사일부터 5년이 경과된 때:** 하자보수보증금의 100분의 25 　　㉣ **사용검사일부터 10년이 경과된 때:** 하자보수보증금의 100분의 20 ② **사용금액의 계산:** 하자보수보증금을 반환할 경우 하자보수보증금을 사용한 경우에는 이를 포함하여 위 ①의 비율을 계산하되, 이미 사용한 하자보수보증금은 반환하지 아니한다.

3. 하자심사·분쟁조정위원회

설치	담보책임 및 하자보수 등과 관련한 사무를 심사·조정 및 관장하기 위하여 국토교통부에 하자심사·분쟁조정위원회(이하 '하자분쟁조정위원회'라 한다)를 둔다.
위원회의 사무	① 하자 여부 판정 ② 하자담보책임 및 하자보수 등에 대한 사업주체·하자보수보증금의 보증서 발급기관(이하 '사업주체등'이라 한다)과 입주자대표회의등·임차인등 간의 분쟁의 조정 및 재정 ③ 하자의 책임범위 등에 대하여 사업주체등·설계자·감리자 및 「건설산업기본법」에 따른 수급인·하급인 간에 발생하는 분쟁의 조정 및 재정 ④ 다른 법령에서 하자분쟁조정위원회의 사무로 규정된 사항
조정의 신청	하자분쟁조정위원회에 하자심사·분쟁조정 또는 분쟁재정(조정등)을 신청하려는 자는 국토교통부령으로 정하는 바에 따라 신청서를 제출하여야 한다.
선정 대표자	① 단체사건의 대표자 선정: 하자심사·분쟁조정 또는 분쟁재정(조정등) 사건 중에서 여러 사람이 공동으로 조정등의 당사자가 되는 사건(단체사건)의 경우에는 그중에서 3명 이하의 사람을 대표자로 선정할 수 있다. ② 선정의 권고: 하자분쟁조정위원회는 단체사건의 당사자들에게 위 ①에 따라 대표자를 선정하도록 권고할 수 있다. ③ 선정 대표자의 권한: 선정된 대표자(선정 대표자)는 신청한 조정등에 관한 권한을 갖는다. 다만, 신청을 철회하거나 조정안을 수락하려는 경우에는 서면으로 다른 당사자의 동의를 받아야 한다. ④ 행위제한: 대표자가 선정되었을 때에는 다른 당사자들은 특별한 사유가 없는 한 그 선정 대표자를 통하여 해당 사건에 관한 행위를 하여야 한다.
하자의 조사 및 비용 산정	① 하자의 조사: 하자 여부의 조사는 현장실사 등을 통하여 하자가 주장되는 부위와 설계도서를 비교하여 측정하는 등의 방법으로 한다. ② 하자보수비용의 산정방법: 공동주택의 하자보수비용은 실제 하자보수에 소요되는 공사비용으로 산정하되, 하자보수에 필수적으로 수반되는 부대비용을 추가할 수 있다. ③ 세부사항의 고시: 위 ① 및 ②에 따른 하자의 조사 및 보수비용 산정, 하자의 판정기준 및 하자의 발생부분 판단기준(하자 발생부위가 전유부분인지 공용부분인지에 대한 판단기준) 등에 필요한 세부적인 사항은 국토교통부장관이 정하여 고시한다.

구성 등	① 하자분쟁조정위원회 　　㉠ **구성원 수**: 위원장 1명을 포함 ⇨ 60명 이내의 위원으로 구성하며, 위원 　　　장은 상임으로 한다. 　　㉡ **위원**: 다음의 사람 중에서 국토교통부장관이 임명 또는 위촉한다. 　　　ⓐ 1급부터 4급까지 상당의 공무원 또는 고위공무원단에 속하는 공무원 　　　　이거나 이와 같은 직에 재직한 사람 　　　ⓑ 공인된 대학이나 연구기관에서 부교수(조교수×) 이상 또는 이에 상 　　　　당하는 직에 재직한 사람 　　　ⓒ 판사·검사 또는 변호사의 직에 6년 이상 재직한 사람(9명 이상을 　　　　포함) 　　　ⓓ 건설공사, 전기공사, 정보통신공사, 소방시설공사, 시설물 정밀안전 　　　　진단 또는 감정평가에 전문적 지식을 갖추고 그 업무에 10년 이상 종 　　　　사한 사람 　　　ⓔ 주택관리사로서 공동주택의 관리사무소장으로 10년 이상 근무한 사람 　　　ⓕ 건축사 또는 기술사로서 그 업무에 10년 이상 종사한 사람 　　㉢ **임기**: 위원장과 공무원이 아닌 위원 ⇨ 2년(연임), 보궐위원 ⇨ 전임자의 　　　남은 임기 　　㉣ **위원장의 임명**: 위원장 및 분과위원회의 위원장(분과위원장)은 국토교통 　　　부장관이 임명한다. 　　㉤ **위원장의 직무**: 위원장은 하자분쟁조정위원회를 대표하고 그 직무를 총 　　　괄한다. 　　㉥ **위원장의 직무대행**: 위원장이 부득이한 사유로 직무를 수행할 수 없는 경 　　　우에는 위원장이 미리 지명한 분과위원장 순으로 그 직무를 대행한다. ② 분과위원회 　　㉠ **구성**: 하자분쟁조정위원회에 하자 여부 판정, 분쟁조정 및 분쟁재정을 전 　　　문적으로 다루는 분과위원회를 둔다. 　　㉡ **구성원 수** 　　　ⓐ 하자 여부 판정 또는 분쟁조정을 다루는 분과위원회: 하자 여부 판정 　　　　또는 분쟁조정을 다루는 분과위원회는 하자분쟁조정위원회의 위원장 　　　　이 지명하는 9명 이상 15명 이하의 위원으로 구성한다. 　　　ⓑ **분쟁재정을 다루는 분과위원회**: 분쟁재정을 다루는 분과위원회는 위 　　　　원장이 지명하는 5명의 위원으로 구성하되, 판사·검사 또는 변호사의 　　　　직에 6년 이상 재직한 사람이 1명 이상 포함되어야 한다.

　　　　ⓒ 분과위원회의 종류별 구성: 하자분쟁조정위원회에는 시설공사 등에 따른 하자 여부 판정 또는 분쟁의 조정·재정을 위하여 다음의 분과위원회를 하나 이상씩 둔다.
　　　　　　ⓐ 하자심사분과위원회: 하자 여부 판정
　　　　　　ⓑ 분쟁조정분과위원회: 분쟁의 조정
　　　　　　ⓒ 분쟁재정분과위원회: 분쟁의 재정
　　　　　　ⓓ 하자재심분과위원회: 하자 여부 판정 결과에 따른 이의신청 사건에 대한 하자 여부 판정
　　　　　　ⓔ 그 밖에 국토교통부장관이 필요하다고 인정하는 분과위원회
　　　　ⓔ 위원의 지명: 하자분쟁조정위원회의 위원장은 위원의 전문성과 경력 등을 고려하여 각 분과위원회별 위원을 지명하여야 한다.
　　　　ⓜ 분과위원장의 직무대행: 분과위원회 위원장이 부득이한 사유로 직무를 수행할 수 없을 때에는 해당 분과위원회 위원장이 해당 분과위원 중에서 미리 지명한 위원이 그 직무를 대행한다.
　　③ 소위원회
　　　　㉠ 구성원 수: 위원장은 분과위원회별로 사건의 심리 등을 위하여 전문분야 등을 고려하여 3명 이상 5명 이하의 위원으로 소위원회를 구성할 수 있다.
　　　　㉡ 소위원장의 지명: 위원장이 해당 분과위원회 위원 중에서 소위원회의 위원장(소위원장)을 지명한다.
　　　　㉢ 소위원회의 구성 수: 분과위원회별로 시설공사의 종류 및 전문분야 등을 고려하여 5개 이내의 소위원회를 둘 수 있다.
　　　　㉣ 소위원장의 직무대행: 소위원회 위원장이 부득이한 사유로 직무를 수행할 수 없을 때에는 해당 소위원회 위원장이 해당 소위원회 위원 중에서 미리 지명한 위원이 그 직무를 대행한다.

▶ 위원회의 비교

구분	하자분쟁조정위원회	분과위원회	소위원회
구성원 수	60명 이내의 위원	9명 이상 15명 이하의 위원(분쟁재정: 5명)	3명 이상 5명 이내의 위원
위원회 수	–	4개 이상	5개 이내
위원장	국토교통부장관이 임명	국토교통부장관이 임명	위원장이 분과위원회의 위원 중에서 지명
위원장의 직무대행	위원장이 미리 지명한 분과위원장 순	분과위원회 위원장이 미리 지명한 위원	소위원회 위원장이 미리 지명한 위원

위원	국토교통부장관이 임명 또는 위촉	위원장이 지명	위원장이 구성
회의소집 및 의장	① 전체위원회 소집 ⇨ 위원장 ② 의장 ⇨ 위원장	① 소집 ⇨ 위원장 ② 의장 ⇨ 분과위원장 ③ 의장의 예외: 하자 여부 판정 결과에 대한 재심의 사건, 청구금액이 10억원 이상인 분쟁사건 ⇨ 위원장	① 소집 ⇨ 위원장 ② 의장 ⇨ 소위원장
의결 정족수	전체 위원회 ⇨ 재적위원 과반수의 출석으로 개의, 출석위원 과반수의 찬성으로 의결	① 원칙: 구성원 과반수(분쟁재정을 다루는 분과위원회 회의의 경우에는 그 구성원 전원)의 출석으로 개의하고 출석위원 과반수의 찬성으로 의결 ② 예외: 재심의 분과위원회가 당초 하자 여부 판정을 변경 ⇨ 재적위원 과반수의 출석으로 개의하고 출석위원 3분의 2 이상의 찬성으로 의결	구성원 과반수의 출석으로 개의하고, 출석위원 전원의 찬성으로 의결

제척, 기피, 회피

① **제척사유**: 하자분쟁조정위원회의 위원이 다음의 어느 하나에 해당하는 경우에는 그 사건의 조정등에서 제척된다.

㉠ 위원 또는 그 배우자나 배우자였던 사람이 해당 사건의 당사자가 되거나 해당 사건에 관하여 공동의 권리자 또는 의무자의 관계에 있는 경우

㉡ 위원이 해당 사건의 당사자와 친족관계에 있거나 있었던 경우

㉢ 위원이 해당 사건에 관하여 증언이나 하자진단 또는 하자감정을 한 경우

㉣ 위원이 해당 사건에 관하여 당사자의 대리인으로서 관여하였거나 관여한 경우

㉤ 위원이 해당 사건의 원인이 된 처분 또는 부작위에 관여한 경우

㉥ 위원이 최근 3년 이내에 해당사건의 당사자인 법인 또는 단체의 임원 또는 직원으로 재직하거나 재직하였던 경우

㉦ 위원이 속한 법인 또는 단체(최근 3년 이내에 속하였던 경우를 포함)가 해당 사건에 관하여 설계, 감리, 시공, 자문, 감정 또는 조사를 수행한 경우

㉧ 위원이 최근 3년 이내에 해당 사건 당사자인 법인 또는 단체가 발주한 설계, 감리, 시공, 감정 또는 조사를 수행한 경우

② **기피신청**: 당사자는 위원에게 공정한 조정등을 기대하기 어려운 사정이 있는 경우에는 하자분쟁조정위원회에 기피신청을 할 수 있다.

③ **회피**: 위원은 위 제척 또는 기피신청의 사유에 해당하는 경우에는 스스로 그 사건의 조정등에서 회피하여야 한다.

회의 등	

① **회의의 소집 및 의장**: 위원장은 전체위원회, 분과위원회 및 소위원회의 회의를 소집하며, 해당 회의의 의장은 다음의 구분에 따른다.

  ⊙ **전체위원회**: 위원장

  ⓛ **분과위원회**: 분과위원장. 다만, 다음의 사항을 심의하는 경우에는 위원장이 의장이 된다.

    ⓐ 하자 여부 판정 결과에 대한 재심의사건

    ⓑ 청구금액이 10억원 이상인 분쟁조정사건

    ⓒ 분과위원회(국토교통부장관이 필요하다고 인정하는 분과위원회)의 안건으로서 하자분쟁조정위원회의 의사 및 운영 등에 관한 사항

  ⓒ **소위원회**: 소위원장

② **의결사항 및 의결정족수**

  ⊙ **전체위원회의 심의·의결사항 및 정족수**: 전체위원회는 다음에 해당하는 사항을 심의·의결한다. 이 경우 회의는 재적위원 과반수의 출석으로 개의하고, 그 출석위원 과반수의 찬성으로 의결한다.

    ⓐ 하자분쟁조정위원회 의사에 관한 규칙의 제정·개정 및 폐지에 관한 사항

    ⓑ 분과위원회에서 전체위원회의 심의·의결이 필요하다고 요구하는 사항

    ⓒ 그 밖에 위원장이 필요하다고 인정하는 사항

  ⓛ **분과위원회의 심의·의결사항 및 정족수**: 분과위원회는 하자 여부 판정, 분쟁조정 및 분쟁재정 사건을 심의·의결하며, 회의는 그 구성원 과반수(분쟁재정을 다루는 분과위원회의 회의의 경우에는 그 구성원 전원)의 출석으로 개의하고 출석위원 과반수의 찬성으로 의결한다. 이 경우 분과위원회에서 의결한 사항은 하자분쟁조정위원회에서 의결한 것으로 본다.

  ⓒ **소위원회의 심의·의결사항 및 정족수**: 소위원회는 다음에 해당하는 사항을 심의·의결하거나 소관 분과위원회의 사건에 대한 심리 등을 수행하며, 회의는 그 구성원 과반수의 출석으로 개의하고 출석위원 전원의 찬성으로 의결한다. 이 경우 소위원회에서 의결한 사항은 하자분쟁조정위원회에서 의결한 것으로 본다.

    ⓐ 1천만원 미만의 소액 사건

    ⓑ 전문분야 등을 고려하여 분과위원회에서 소위원회가 의결하도록 결정한 사건

    ⓒ 흠결보정에 따른 조정등의 신청에 대한 각하

	ⓓ 당사자 쌍방이 소위원회의 조정안을 수락하기로 합의한 사건 ⓔ 하자의 발견 또는 보수가 쉬운 전유부분에 관한 하자 중 마감공사 또는 하나의 시설공사에서 발생한 하자와 관련된 조정등의 사건 ③ **합의의 권고**: 하자분쟁조정위원회는 분쟁조정 신청을 받으면 조정절차 계속 중에도 당사자에게 하자보수 및 손해배상 등에 관한 합의를 권고할 수 있다. 이 경우 권고는 조정절차의 진행에 영향을 미치지 아니한다. ④ **회의사항의 고지**: 하자분쟁조정위원회 위원장은 전체위원회, 분과위원회 또는 소위원회 회의를 소집하려면 특별한 사정이 있는 경우를 제외하고는 회의 개최 3일 전까지 회의의 일시·장소 및 안건을 각 위원에게 알려야 한다. ⑤ **분리 및 병합**: 하자분쟁조정위원회는 조정등을 효율적으로 하기 위하여 필요하다고 인정하면 해당 사건들을 분리하거나 병합할 수 있다. ⑥ **하자관리정보시스템**: 국토교통부장관은 다음의 사항을 인터넷을 이용하여 처리하기 위하여 하자관리정보시스템을 구축·운영할 수 있다. ㉠ 조정등 사건의 접수·통지와 송달 ㉡ 공동주택의 하자와 관련된 민원상담과 홍보 ㉢ 하자보수보증금 사용내역과 지급내역의 관리 ㉣ 「공동주택관리법」 제43조 제3항에 따른 하자보수 결과의 통보 ㉤ 「공동주택관리법」 제43조 제9항에 따른 시장·군수·구청장에 대한 통보 ㉥ 「공동주택관리법 시행령」 제45조의2 제1항의 서류의 보관 및 관리 ㉦ 그 밖에 다른 법령에서 하자관리정보시스템으로 처리하도록 규정한 사항
조정등의 각하	① 하자분쟁조정위원회는 분쟁의 성질상 하자분쟁조정위원회에서 조정등을 하는 것이 맞지 아니하다고 인정하거나 부정한 목적으로 신청되었다고 인정되면 그 조정등의 신청을 각하할 수 있다. ② 하자분쟁조정위원회는 조정등의 사건의 처리 절차가 진행되는 도중에 한쪽 당사자가 법원에 소송을 제기한 경우에는 조정등의 신청을 각하한다. 조정등을 신청하기 전에 이미 소송을 제기한 사건으로 확인된 경우에도 또한 같다.
대리인	① **선임**: 조정등을 신청하는 자와 그 상대방은 다음의 어느 하나에 해당하는 사람을 대리인으로 선임할 수 있다. ㉠ 변호사 ㉡ 「집합건물의 소유 및 관리에 관한 법률」에 따른 관리단의 관리인 ㉢ 의무관리대상 공동주택의 관리사무소장 ㉣ 당사자의 배우자 또는 4촌 이내의 친족 ㉤ 주택(전유부분에 한정)의 사용자 ㉥ 당사자가 국가 또는 지방자치단체인 경우에는 그 소속 공무원 ㉦ 당사자가 법인인 경우에는 그 법인의 임원 또는 직원

② 위임행위의 표현: 다음의 행위에 대하여는 위임자가 특별히 위임하는 것임을 명확히 표현하여야 대리할 수 있다.
  ㉠ 신청의 취하
  ㉡ 조정안(調停案)의 수락
  ㉢ 복대리인(復代理人)의 선임
③ 서면 소명: 대리인의 권한은 서면으로 소명(疎明)하여야 한다.

하자심사

① 하자 여부의 판정
  ㉠ 하자 여부 판정서 정본의 송달: 하자분쟁조정위원회는 하자 여부를 판정한 때에는 위원장이 기명날인한 하자 여부 판정서 정본을 각 당사자 또는 그 대리인에게 송달하여야 한다.
  ㉡ 하자 여부 판정서의 기재사항
    ⓐ 사건번호와 사건명
    ⓑ 하자의 발생 위치
    ⓒ 당사자, 선정 대표자, 대리인의 주소 및 성명(법인인 경우에는 본점의 소재지 및 명칭을 말한다)
    ⓓ 신청취지(신청인 주장 및 피신청인 답변)
    ⓔ 판정일자
    ⓕ 판정이유
    ⓖ 판정결과
    ⓗ 보수기한
  ㉢ 보수기한: 위 ㉡의 ⓗ의 보수기한은 송달일부터 60일 이내의 범위에서 정하여야 한다.
② 하자로 판정된 시설물의 보수 등
  ㉠ 하자보수: 사업주체는 하자 여부 판정서 정본을 송달받은 경우로서 하자가 있는 것으로 판정된 경우(하자 여부 판정 결과가 변경된 경우는 제외)에는 하자 여부 판정서에 따라 하자를 보수하여야 한다.
  ㉡ 이행결과의 등록: 사업주체는 하자 여부 판정서에 따라 하자를 보수하고 그 결과를 지체 없이 하자관리정보시스템에 등록하여야 한다.
③ 하자 여부 판정에 대한 이의신청: 하자 여부 판정 결과에 대하여 이의가 있는 자는 하자 여부 판정서를 송달받은 날부터 30일 이내에 안전진단기관 또는 관계 전문가가 작성한 의견서를 첨부하여 이의신청을 할 수 있다.
④ 이의신청에 대한 재심의
  ㉠ 재심의: 하자분쟁조정위원회는 이의신청이 있는 경우에는 하자 여부 판정을 의결한 분과위원회가 아닌 다른 분과위원회에서 해당 사건에 대하여 재심의를 하도록 하여야 한다. 이 경우 처리기간은 조정등의 처리기간을 준용한다.

	○ 하자 여부 판정의 변경: 재심의를 하는 분과위원회가 당초의 하자 여부 판정을 변경하기 위하여는 재적위원 과반수의 출석으로 개의하고 출석위원 3분의 2 이상의 찬성으로 의결하여야 한다. 이 경우 출석위원 3분의 2 이상이 찬성하지 아니한 경우에는 당초의 판정을 하자분쟁조정위원회의 최종 판정으로 본다.
분쟁조정	① 조정안의 결정 및 제시: 하자분쟁조정위원회는 다음에 관한 분쟁의 조정절차를 완료한 때에는 지체 없이 조정안을 결정하고, 각 당사자 또는 그 대리인에게 이를 제시하여야 한다. 　○ 하자담보책임 및 하자보수 등에 대한 사업주체·하자보수보증금의 보증서 발급기관(사업주체등)과 입주자대표회의등·임차인등 간의 분쟁의 조정 　○ 하자의 책임범위 등에 대하여 사업주체등·설계자·감리자 및 「건설산업기본법」에 따른 수급인·하수급인 간에 발생하는 분쟁의 조정 ② 수락 여부의 통보기한: 조정안을 제시받은 당사자는 그 제시를 받은 날부터 30일 이내에 그 수락 여부를 하자분쟁조정위원회에 통보하여야 한다. 이 경우 수락 여부에 대한 답변이 없는 때에는 그 조정안을 수락한 것으로 본다. ③ 조정서 정본의 송달: 하자분쟁조정위원회는 각 당사자 또는 그 대리인이 조정안을 수락하거나 기한까지 답변이 없는 때에는 위원장이 기명날인한 조정서 정본을 지체 없이 각 당사자 또는 그 대리인에게 송달하여야 한다. ④ 조정서의 효력: 조정서의 내용은 재판상 화해와 동일한 효력이 있다. 다만, 당사자가 임의로 처분할 수 없는 사항으로 대통령령으로 정하는 것은 그러하지 아니하다.
분쟁재정	① 심문 및 의견진술 　○ 위임규정: 하자분쟁조정위원회는 분쟁의 재정을 위하여 심문의 기일을 정하고 대통령령으로 정하는 바(아래 ○)에 따라 당사자에게 의견을 진술하게 하여야 한다. 　○ 심문의 방법 및 절차 등 　　ⓐ 하자분쟁조정위원회는 위 ○에 따라 심문기일에 당사자를 출석시켜 구두로 의견을 진술하게 해야 한다. 다만, 당사자가 질병, 해외 체류 등의 사유로 심문기일에 출석하여 의견을 진술하기 어렵다고 인정되는 경우에는 서면으로 진술하게 할 수 있다. 　　ⓑ 하자분쟁조정위원회는 위 ⓐ에 따른 심문기일의 7일 전까지 당사자에게 심문기일을 통지해야 한다.

② 심문조서 작성
　　㉠ 심문조서의 작성: 심문에 참여한 하자분쟁조정위원회의 위원과 하자분쟁
　　　조정위원회의 운영 및 사무처리를 위한 조직(하자분쟁조정위원회의 사무
　　　국)의 직원은 심문조서를 작성하여야 한다.
　　㉡ 기명날인: 심문조서에는 그 심문에 관여한 위원과 심문조서를 작성한 직
　　　원이 기명날인해야 한다.
③ 진술 또는 감정 등: 하자분쟁조정위원회는 재정 사건을 심리하기 위하여 필
　　요한 경우에는 기일을 정하여 당사자, 참고인 또는 감정인을 출석시켜 대통
　　령령으로 정하는 절차에 따라 진술 또는 감정하게 하거나, 당사자 또는 참고
　　인에게 사건과 관계있는 문서 또는 물건의 제출을 요구할 수 있다.
④ 재정신청사건의 조정
　　㉠ 재정신청사건의 조정: 분쟁재정을 다루는 분과위원회는 재정신청된 사건
　　　을 분쟁조정에 회부하는 것이 적합하다고 인정하는 경우에는 대통령령으
　　　로 정하는 바(아래 ㉡)에 따라 분쟁조정을 다루는 분과위원회에 송부하여
　　　조정하게 할 수 있다.
　　㉡ 분쟁재정 사건의 분쟁조정 회부: 분쟁재정분과위원회는 위 ㉠에 따라 재
　　　정신청된 사건을 분쟁조정에 회부하기로 결정한 때에는 지체 없이 해당
　　　사건에 관한 서류 및 물건 등을 분쟁조정분과위원회로 송부해야 한다.
　　㉢ 통지: 분쟁재정분과위원회는 위 ㉡에 따라 서류 및 물건 등을 송부한 때
　　　에는 국토교통부령으로 정하는 바에 따라 그 사실을 당사자에게 통지해야
　　　한다.
⑤ 재정절차: 위 ④에 따라 분쟁조정에 회부된 사건에 관하여 당사자간에 합의
　　가 이루어지지 아니하였을 때에는 재정절차를 계속 진행하고, 합의가 이루어
　　졌을 때에는 재정의 신청은 철회된 것으로 본다.
⑥ 재정문서: 하자분쟁조정위원회는 재정절차를 완료한 경우에는 대통령령으로
　　정하는 사항을 기재하고 재정에 참여한 위원이 기명날인한 재정문서의 정본
　　을 각 당사자 또는 그 대리인에게 송달하여야 한다.
⑦ 재정문서의 효력: 재정문서는 그 정본이 당사자에게 송달된 날부터 60일 이
　　내에 당사자 양쪽 또는 어느 한쪽이 그 재정의 대상인 공동주택의 하자담보책
　　임을 원인으로 하는 소송을 제기하지 아니하거나 그 소송을 취하한 경우 재판
　　상 화해와 동일한 효력이 있다. 다만, 당사자가 임의로 처분할 수 없는 사항
　　으로서 대통령령으로 정하는 사항은 그러하지 아니하다.
⑧ 분쟁재정에 따른 이행결과의 등록: 사업주체는 위 ⑦의 본문에 따른 재판상
　　화해와 동일한 효력이 있는 재정에 따라 하자를 보수하고 그 결과를 지체 없
　　이 하자관리정보시스템에 등록해야 한다.

조정등의 처리 기간 등	① 조정등의 처리 기간: 하자분쟁조정위원회는 조정등의 신청을 받은 때에는 지체 없이 조정등의 절차를 개시하여야 한다. 이 경우 하자분쟁조정위원회는 그 신청을 받은 날부터 다음의 구분에 따른 기간(흠결보정기간 및 하자감정기간은 제외한다) 이내에 그 절차를 완료하여야 한다. 　㉠ 하자심사 및 분쟁조정: 60일(공용부분의 경우 90일) 　㉡ 분쟁재정: 150일(공용부분의 경우 180일) ② 흠결보정: 하자분쟁조정위원회는 신청사건의 내용에 흠이 있는 경우에는 상당한 기간을 정하여 그 흠을 바로잡도록 명할 수 있다. 이 경우 신청인이 흠을 바로잡지 아니하면 하자분쟁조정위원회의 결정으로 조정등의 신청을 각하한다. ③ 조정기간의 연장: 위 ①에 따른 기간 이내에 조정등을 완료할 수 없는 경우에는 해당 사건을 담당하는 분과위원회 또는 소위원회의 의결로 그 기간을 한차례만 연장할 수 있으나, 그 기간은 30일 이내로 한다. 이 경우 그 사유와 기한을 명시하여 각 당사자 또는 대리인에게 서면으로 통지하여야 한다.
조정등의 신청 통지 등	① 신청내용의 통지: 하자분쟁조정위원회는 당사자 일방으로부터 조정등의 신청을 받은 때에는 그 신청내용을 상대방에게 통지하여야 한다. ② 답변서의 제출: 위 ①에 따라 통지를 받은 상대방은 신청내용에 대한 답변서를 특별한 사정이 없으면 10일 이내에 하자분쟁조정위원회에 제출하여야 한다. ③ 조정에 응할 의무: 하자분쟁조정위원회로부터 조정등의 신청에 관한 통지를 받은 사업주체등, 설계자, 감리자 및 입주자대표회의등 및 임차인등은 분쟁조정에 응하여야 한다. 다만, 조정등의 신청에 관한 통지를 받은 입주자(공공임대주택의 경우에는 임차인)가 조정기일에 출석하지 아니한 경우에는 하자분쟁조정위원회가 직권으로 조정안을 결정하고, 이를 각 당사자 또는 그 대리인에게 제시할 수 있다.
준용	① 조정절차 등의 준용: 하자분쟁조정위원회는 분쟁의 조정절차에 관하여 「공동주택관리법」에서 규정하지 아니한 사항 및 소멸시효의 중단에 관하여는 「민사조정법」을 준용한다. ② 서류송달에 관한 규정의 준용: 조정등에 따른 서류송달에 관하여는 「민사소송법」의 규정을 준용한다.
사무처리의 위탁	① 위탁: 국토교통부장관은 하자분쟁조정위원회의 운영 및 사무처리를 국토안전관리원에 위탁할 수 있다. ② 사무국 　㉠ 설치: 하자분쟁조정위원회의 운영을 지원·보조하는 등 그 사무를 처리하기 위하여 국토안전관리원에 사무국을 둔다.

	○ 사무처리 절차: 사무국은 위원장의 명을 받아 그 사무를 처리한다. ○ 조직 및 인력: 사무국의 조직 및 인력은 국토안전관리원의 원장이 국토교통부장관의 승인을 받아 정한다.
절차의 비공개	하자분쟁조정위원회가 수행하는 조정등의 절차 및 의사결정과정은 공개하지 아니한다(비공개 원칙). 다만, 분과위원회 및 소위원회에서 공개할 것을 의결한 경우에는 그러하지 아니하다.

핵심 04 **균열**

벽돌벽의 균열 발생원인	① 계획·설계상 미비 　㉠ 기초 ⇨ 부동침하 　㉡ 벽돌벽의 길이·높이에 비해 ⇨ 두께 부족 또는 벽체의 강도 부족 　㉢ 문꼴 ⇨ 크기의 불합리 또는 불균형 배치(상하 개구부의 수직선상 배치×) 　㉣ 과도한 집중하중(대책 ⇨ 테두리보, 인방보 설치)·큰 변형(클리프)·횡력 및 충격 　㉤ 건물 ⇨ 평면·입면의 불균형 + 벽의 불합리한 배치 **핵심암기법** 벽, 부, 문, 평, 과(하니 계획설계상 문제네) • 벽: 벽돌벽의 길이·높이 ~ • 부: 부동침하 • 문: 문꼴 ~ • 평: 평면·입면의 불균형 ~ • 과: 과도한 집중하중 ~ ② 시공상 하자 　㉠ 벽돌 및 모르타르의 강도 부족(벽돌보다 모르타르 강도가 강한 경우×) 　㉡ 온도 및 습기에 의한 재료의 신축성 　㉢ 이질재와의 접합부 불완전 시공 　㉣ 콘크리트 보 밑의 모르타르 다져넣기 부족 　㉤ 모르타르, 회반죽 바름의 신축 및 들뜨기 　㉥ 온도변화와 신축을 고려한 control joint 설치미흡(신축줄눈 또는 조절줄눈의 설치×)
콘크리트 균열의 종류 및 원인	① 발생시기별 분류 　㉠ 콘크리트 경화 전 균열(초기균열) 　　ⓐ 재료분리: 부적절한 배합, 입경이 큰 재료의 비율 과다, 단위수량 증가로 발생 　　ⓑ 소성수축균열: 표면이 급격한 건조 시 발생(풍속이 강할 때 증가)

ⓒ 소성침하균열: 비중 차이로 발생하는 블리딩이 주된 원인(철근의 직경이 클 때 발생)

ⓓ 자기수축균열: 시멘트 수화반응에 의한 자체 감소에 기인

ⓔ 온도균열: 시멘트 수화반응에 의한 온도상승 및 강하, 온도상승 시 팽창 및 온도강하 시 수축으로 발생(내·외부의 온도차와 부재단면이 클수록 증가)

ⓕ **시공 중 균열**: 거푸집 변형, 동바리 침하, 경화 전 진동, 충격 등 원인

ⓛ **경화 후 균열**

ⓐ **건조수축균열**

원인	• 물의 양이 증가할수록 건조수축 증가 • 분말도가 높을수록 건조수축 증가 • 콘크리트 주위의 상대습도가 낮을수록 건조수축 증가
저감 대책	• 가능하면 골재 크기를 크게 하고 강도가 높고 흡수율이 낮은 골재를 사용 • 잔골재의 사용량을 줄여야 하고 굵은 골재의 사용량을 늘려 수축량을 억제 • 단위수량을 가능한 한 줄여야 하고 W/C는 가능한 범위에서 최소 • 팽창시멘트를 사용하여 콘크리트를 경화 초기에 팽창시킴으로써 수축이 보상되어 균열을 억제 • 급격한 수분증발이 발생하지 않도록 습윤양생

ⓑ 동결융해에 의한 균열

ⓒ 철근부식에 의한 균열

ⓓ 화학반응에 의한 균열

② **균열 발생원인별 분류**

ⓐ **재료상 원인**

• 시멘트의 이상응결과 이상팽창
• 침하 및 블리딩
• 골재에 함유된 점토분
• 시멘트의 수화열에 의한 초기균열(온도균열)
• 콘크리트의 건조수축(시멘트, 골재형태, 함수비, 배합성분 등), 경화
• 알칼리 골재반응(반응성 골재 또는 풍화암 사용)

ⓛ **시공상 원인**

• 혼화재의 불균일한 분산(비빔불량)
• 장시간 비비기
• 펌프 압송 시의 품질열화(시멘트량, 수량의 증가)
• 타설 순서의 실수

	• 급속한 타설, 불균일한 타설(곰보, 재료분리) • 불충분한 다짐 • 경화 전의 진동과 재하 • 시공이음처리 불량, 콜드 조인트 발생 • 경화 전의 급격한 건조, 초기 동해 • 거푸집 조기 제거, 동바리 침하, 이동변형, 충격 • 철근배근 이동, 피복두께 부족 • 이음처리의 부정확

ⓒ 외적·환경적 원인

> • 온도, 습도의 변화
> • 부재 양면의 온도 및 습도차
> • 동결, 융해의 반복
> • 동상
> • 내부 철근의 부식
> • 화재, 표면가열
> • 산염류의 화학작용

② 하중적·구조적 원인

> • 단면, 철근량의 부족
> • 구조물의 부동침하
> • 설계하중 이상의 재하

균열의 보수공법	① 표면처리공법: 콘크리트 표면 ⇨ 피막을 형성하는 공법(균열 0.2mm 이하) ② 충전공법(충진공법, 메꿈식공법): 균열에 따라 콘크리트 표면 ⇨ V, U형으로 커트하여 수지모르타르, 팽창성 시멘트모르타르 등을 채워 보수 ③ 주입공법: 균열의 표면뿐 아니라 내부까지 저점성 에폭시를 충진하는 공법(주입 속도가 빠르거나 압력이 높으면 효과가 작다) ④ 보강공법 ⇨ 보강 목적 　ⓐ 강재앵커공법: 균열부위 ⇨ 꺾쇠로 고정 　ⓑ 강판압착공법(강재부착공법): 콘크리트부재 인장 측 ⇨ 강판을 에폭시수지로 접착 　ⓒ prestress공법 　ⓓ 치환공법 　ⓔ 탄소섬유보강공법 등

정의	벽 표면에서 침투하는 빗물에 의해 모르타르 중의 석회분이 수산화석회가 되어 표면에 유출될 때 공중의 탄산가스 또는 벽 중의 유황성분과 결합하여 생기는 것
백화의 종류	① **1차 백화** 　㉠ 바탕재 및 모르타르 재료에 기인 　㉡ 재료 내부 혼합수 중 용해된 가용성분 ⇨ 경화체의 표면건조에 의해 발생 ② **2차 백화** 　㉠ 1차 백화요인에 설계, 시공, 기상, 환경요건에 의해 발생 　㉡ 건조된 시멘트 경화체 ⇨ 2차수(우수, 지하수, 양생수)가 침입하여 가용성분을 용해하여 발생
발생조건	① **재료** 　㉠ **시멘트**: 재령이 짧은 경우, 분말도가 작은 경우 　㉡ **벽돌**: 흡수율이 크고, 소성온도 불량 ② **배합**: W/C 과다 ③ **기상조건** 　㉠ 기온이 낮은 경우 ⇨ 주로 겨울철 　㉡ 장마철 등 ⇨ 습도가 높은 경우 　㉢ 그늘진 북측
대책	① 소성이 잘 된 벽돌 사용 ⇨ 흡수율이 낮은 벽돌 사용 ② 모르타르에 분말도가 큰 시멘트 사용 ③ 줄눈 모르타르에 방수제(석회×) 혼합 ⇨ 빗물 침입 방지 ④ 조립률이 큰 모래 사용 ⑤ W/C 감소 ⑥ 파라핀도료나 명반용액 처리 ⇨ 염류유출 방지 ⑦ 차양 등을 설치 ⑧ 비 올 때의 공사를 회피
제거방법	① 마른 솔질 ② 묽은염산으로 세척(물 : 염산 = 5~9 : 1) ③ 세척제 사용 ⇨ 벽체 일부에 사용 ⇨ 2주 정도 경과 후 결과를 보고 사용 ④ 세척제 사용 전 충분히 살수 후 사용

결로

종류	① **표면결로**: 고온의 공기가 저온의 구조체에 접촉하여 표면에 발생하는 결로 ② **내부결로**: 건물 등의 구조체 내부에 발생하는 결로
원인	① 실내외 온도차가 심한 경우 ② 벽체의 표면온도나 내부온도가 습공기의 노점온도보다 낮을 때(습공기의 노점온도가 벽체의 표면온도나 내부온도보다 높을 때) ③ 실내 습도가 높을 때 ④ 수증기 발생량이 많을 때 ⑤ 환기 불량 ⇨ 통풍이 잘 되지 않을 때 ⑥ 구조체의 열적 특성(열전도가 클 때) ⑦ 단열재의 시공불량 ⇨ 열관류율이 높을 때(열관류저항이 낮을 때)
대책	① **표면결로** 　㉠ 실내표면온도를 노점온도보다 높게 한다. 　㉡ 단열재를 사용 ⇨ 벽체의 열관류저항을 높게 한다(열관류율↓, 열전도↓). 　㉢ 환기 철저(실내 공기 유동을 크게) 　㉣ 실내 수증기 발생 억제 ⇨ 실내공기의 습도를 낮춘다. 　㉤ 유리창 ⇨ 2중 유리 사용 ② **내부결로** 　㉠ 이중벽 설치 ⇨ 이중벽에 통기층 설치 　㉡ 외측단열 ⇨ 벽체 내부온도를 일정온도 이상으로 높게 유지 　㉢ 실내 측, 단열재의 고온 측 ⇨ 방습층 설치
열교현상 (냉교현상)	① **발생원인**: 벽 등의 건물 부위에 단열이 연속되지 않은 부분은 열관류율이 국부적으로 커지고 열이동이 심하게 일어난다. 이것을 열교현상 또는 냉교현상이라고 한다. ② **열교현상의 영향**: 전체 단열성능 저하 + 결로 발생 ③ **대책**: 열저항값을 증대 ⇨ 외단열

멤브레인 방수	피막을 형성시켜 방수하는 공법: 아스팔트방수, 개량 아스팔트 시트방수, 고분자 시트, 고분자 도막방수(시멘트액체방수×, 시일재 방수×, 콘크리트 구조체 방수×)
아스팔트 방수	① 아스팔트 공법: 아스팔트 펠트 및 루핑 등을 용융아스팔트로 여러 겹 적층하여 방수층을 형성하는 공법이다. ② 아스팔트 재료의 품질 시험항목 　㉠ 침입도: 아스팔트가 침입해 들어가는 비율 ⇨ 25℃에서 100g 추를 5초 동 　안 누를 때 0.1mm 들어간 것을 침입도 1이라고 하고, 아스팔트 품질판정에 　가장 중요한 요소로서 아스팔트의 경도를 나타내며, 시공연도의 기준으로 　한다. 　㉡ 연화점: 아스팔트를 가열하여 액상의 점도에 도달했을 때의 온도로, 연화점 　과 침입도는 반비례한다. 　㉢ 침입도가 작은 것은 연화점이 높기 때문에 더운 지역은 침입도가 작고 연화 　점이 높은 것, 추운 지역은 침입도가 크고 연화점이 낮은 것을 사용한다. ③ 아스팔트 방수재료 　㉠ 아스팔트 프라이머: 블로운 아스팔트와 휘발성용재로 만든 바탕 처리재로 　콘크리트와 아스팔트 부착이 잘 되게 가장 먼저 도포하고, 24시간 이상 충 　분히 건조한 후 시공 　㉡ 스트레이트 아스팔트: 신축↑, 교착력↑, 연화점↓, 내구력↓ ⇨ 주로 지하 　실 방수용이나 삼투용으로 사용(옥상방수×) 　㉢ 블로운 아스팔트: 연화점↑, 안전↑, 온도에 예민× ⇨ 가장 많이 사용되고 　아스팔트 컴파운드 및 프라이머의 원료이다. 　㉣ 아스팔트 컴파운드: 블로운 아스팔트에 동·식물성 기름을 첨가하고 광물가 　루를 혼입시킨 고급재로서 블로운 아스팔트의 성질을 개량한 가장 신축이 　큰 최우량품이다. 　㉤ 아스팔트 펠트: 원지에 스트레이트 아스팔트를 흡수시켜 만든 것 　㉥ 아스팔트 루핑: 원지에 스트레이트 아스팔트를 침투시켜 양면에 컴파운드 　(블로운 아스팔트)를 피복한 후 광물질 분말을 살포하여 마무리한 것 ④ 시공상 주의사항 　㉠ 시공바탕 ⇨ 완전 건조 　㉡ 기온이 0℃ 이하 ⇨ 작업 중지(기상조건은 방수층의 품질 및 성능에 영향을 　미친다) 　㉢ 옥상방수 ⇨ 연화점이 높고 침입도가 큰 재료를 사용

▶ 아스팔트방수와 시멘트액체방수의 비교

구분	아스팔트방수	시멘트액체방수
바탕처리	완전 건조, 매끄럽게	보통 건조, 거칠게
방수층의 신축성	크다.	작다.
균열의 발생 정도	비교적 발생하지 않는다.	잘 발생한다.
시공의 용이도	복잡하다.	간단하다.
보호누름	절대 필요하다.	없어도 무방하다.
경제성(공사비)	비싸다.	다소 싸다.
방수성능	신뢰도가 높다.	신뢰도가 낮다.
모체상태	모체가 나빠도 시공이 용이하다.	모체가 나쁘면 시공이 곤란하다.
결함부 발견	어렵다.	쉽다.
보수범위	광범위하고 보호누름도 재시공한다(부분보수×).	국부적으로 보수할 수 있다.

시트방수

① 내수성이 있는 시트상(장판지 모양)의 물질 ⇨ 접착제 붙이는 방수방법(1겹 방수)

② **접착방법**: 온통 접착법(전면 접착법), 줄접착, 점접착, 갓접착(들뜬 접착)

③ 시트방수의 장점과 단점

장점	단점
㉠ 제품규격화로 두께가 균일하다.	㉠ 바탕면의 평활도가 완전해야 한다.
㉡ 시공이 신속하고 공기가 단축된다.	㉡ 복잡한 부위의 시공이 어렵고, 시트 이음부에 결함이 크다.
㉢ 상온시공이 가능하고 위험이 없다.	㉢ 고가이다.
㉣ 운반이 용이하다.	㉣ 결함부 보수가 어렵다.
㉤ 신축성이 있어 균열방지에 유리하다.	㉤ 부풀어 오른다.
㉥ 부분적 교체 및 보수가 가능하다.	

④ 시트방수의 일반사항 및 특징

  ㉠ **상호간의 이음**: 겹침이음 ⇨ 5cm 이상, 맞댄이음 ⇨ 10cm 이상

  ㉡ 방수층 치켜올림부를 3 ~ 5cm 둥글게 면접어 붙이고, 난간벽의 치켜올림 부분을 30cm 정도로 곡선지게 한다.

  ㉢ **담수시험**: 현장시공 후 5cm 깊이로 물을 담고 24시간 동안 누수 여부 확인

도막방수	① 도막방수: 내수성이 있는 물질로 페인트 공사하듯이 구조체에 도막을 형성하는 방수법 ② 도막방수 시공 종류 | **우레탄 고무계 도막방수**	㉠ 도막의 강도나 방수 기능이 뛰어나며 신축성과 노출에 강해 옥상, 육상트랙, 건물 바닥 등에 사용한다. ㉡ 함수상태 10% 이하인 건조된 현장에서 시공하여야 하고, 그 이상의 상태에서 시공 시 수분증발로 인한 압력으로 도막이 뜨는 하자가 발생할 수 있다.
아크릴 고무계 도막방수 (에멀션)	㉠ 용제나 시너, 휘발유, 유성 등이 아닌 수용제 용제를 사용하는 방수 시공법으로, '에멀션'이라고 한다. ㉡ 시공방법은 우레탄 고무계 방수와 비슷하며, 경화하며 피막을 형성하는 방수층을 갖는다. ㉢ 합성수지계 도막방수와는 다르게 아크릴 고무계 방수액은 수용성이기 때문에 함수율 25% 전후 정도에서도 시공이 가능하며, 재료에 포함된 수분이 증발 건조하며 방수층을 형성한다. | ③ 도막방수의 장점과 단점 | 장점	단점

㉠ 연신율이 뛰어나며 경량이다.
㉡ 돌출이 많은 부분에 이음새 없이 시공한다(일체성이 좋다).
㉢ 방수층의 두께를 임의로 조절 가능하다.
㉣ 액상의 재료를 사용하여 작업이 복잡한 장소에서 시공이 용이하다.
㉤ 방수층의 내수성, 내화성이 우수하다.
㉥ 시공이 간편, 유지보수가 용이하다.
	㉠ 균질한 방수층 시공이 어렵고 두꺼운 층을 만들 수 없다.
	㉡ 모재의 균열로 추종성이 저하된다.
	㉢ 단열을 요하는 옥상층에 불리하다.
	㉣ 내구성 있는 보호층이 필요하다.
	㉤ 핀홀이 생길 우려가 있고 신뢰도에 문제가 생길 수 있다. |
	
	④ 시공 시 유의사항
	  ㉠ 도막방수 공사는 바탕면 시공과 관통공사가 종결된 후 공사를 하여야 한다.
	  ㉡ 도막방수제는 혼합에 따라 재료 물성이 크게 달라지므로 반드시 혼합비를 준수한다.
	  ㉢ 용제형의 프라이머를 사용할 경우에는 화기에 주의하고, 특히 실내 작업의 경우 환기장치를 사용하여 인화나 유지용제 중독을 미연에 예방하여야 한다.
	  ㉣ 코너 부위, 드레인 주변은 보강이 필요하다.

복합방수	① 복합방수공법은 방수성능 향상을 위하여 2가지 이상의 방수재료를 사용하여 방수층을 형성하는 공법을 말한다. ② 주로 시트방수와 도막방수의 취약점을 상호 보완하기 위한 공법이다. ③ 하부는 시트방수를 절연공법으로 부착하고, 시트상부는 도막방수를 시공한다.

④ 복합방수의 특징
  ㉠ 콘크리트 바탕과 방수층과의 절연성이 우수하다.
  ㉡ 부착성능이 우수하다.
  ㉢ 바탕면 수분 및 균열에 의한 하자가 발생하지 않는다.
  ㉣ 내후성 및 내구성이 향상된다.

핵심 08 단열공사

단열공법

① 물리적 구조에 따른 공법
  ㉠ 저항형 단열: 건축물에서 가장 일반적으로 사용되는 단열로 분자 간 거리가 멀고 다공질이며 밀도가 낮은 재료로 전도와 대류의 열류를 차단하는 단열공법이다.
  ㉡ 반사형 단열: 복사열 흡수 및 방사율이 낮은 재료(주로 밝고 빛나는 표면을 가짐, 알루미늄 포일 등)를 가지고 복사열 에너지를 반사해서 단열하는 공법이다.
  ㉢ 단열원리상 벽체에는 저항형이 반사형보다 유리하다.
② 설치 위치에 따른 공법
  ㉠ 내측단열
    ⓐ 실내의 가까운 부분에 단열재를 설치한다.
    ⓑ 시공이 편리하고 공사비가 저렴하다.
    ⓒ 내부결로 우려(표면결로는 발생하지 않는다)가 있다.
    ⓓ 난방시간이 단시간(간헐난방)인 강당, 집회장에 유리하다.
  ㉡ 중간단열(중공벽 단열)
    ⓐ 벽 등의 중간에 단열재를 설치한다.
    ⓑ 시공비가 비싼 편이고, 벽 등에 결로현상이 발생할 소지가 없다.
    ⓒ 시공성이 좋다.
    ⓓ 조적공사에 주로 사용한다.
  ㉢ 외측단열
    ⓐ 벽 등에 시공하여 실외에 가까운 부분에 단열재를 정착하는 것으로 결로현상이 발생하지 않는다.
    ⓑ 건물 열용량 ⇨ 실내 측에 유지(열용량↑ ⇨ 지속난방에 유리)
    ⓒ 시공비가 비싸고, 시공이 어렵고 복잡하다.
    ⓓ 단열성능이 가장 우수하다.
③ 단열재료에 따른 공법: 성형판단열재 공법, 현장발포제 공법, 뿜칠단열재 공법

단열 보수방법	① 단열재 첨가방법: 기시공된 단열시설 ⇨ 새로운 단열재를 첨가·보수 + 시공이 간편 ② 전면보수방법: 기시공된 단열시설 ⇨ 전부 들어내고 새로운 단열재를 설치·마감하는 것으로 단열상의 하자를 비교적 완벽하게 보수하나, 시공이 어렵고 노력과 비용이 많이 든다. ③ 단열재의 충전·주입방법: 건물의 벽체 등의 중간이 비어 있는 경우 빈 공간에 단열재를 충전·주입하는 것으로 단열재를 균등하게 채워 넣기가 어렵고, 충전·주입된 단열재가 스며 나와 벽표면 등을 오손
단열재의 요구조건	① 열전도율이 낮을 것(다공질계 단열재는 기포가 미세 + 균일 ⇨ 열전도율이 낮다) ② 열저항이 클 것(단열재의 두께가 두꺼울수록 열저항은 커진다) ③ 흡습성이 낮을 것(함수율이 증가 ⇨ 열전도율이 높아짐) ④ 투습성이 작고 내화성이 있을 것 ⑤ 비중이 작을 것[밀도가 작을 것(예외: 섬유질계 단열재 ⇨ 비중이 크고, 밀도가 클 것)] ⑥ 상온에서 가공하기 좋을 것 ⑦ 내후성, 내산성, 내알칼리성 재료로 부패되지 않을 것
시공 시 유의사항	① 단열시공 바탕은 단열재 또는 방습재 설치에 지장이 없도록 못, 철선, 모르타르 등의 돌출물을 제거하여 평탄하게 청소한다. ② 단열재를 접착제로 바탕에 붙이고자 할 때에는 바탕면을 평탄하게 한 후 밀착하여 시공하되 초기박리를 방지하기 위해 압착상태를 유지한다.

핵심 09 주택단지·부대시설·복리시설의 정의

주택단지	「주택법」에 따른 주택건설사업계획 또는 대지조성사업계획의 승인을 받아 주택과 그 부대시설 및 복리시설을 건설하거나 대지를 조성하는 데 사용되는 일단의 토지를 말한다. 다만, 다음의 시설로 분리된 토지는 각각 별개의 주택단지로 본다. ① 철도·고속도로·자동차전용도로 ② 폭 20m 이상인 일반도로 ③ 폭 8m 이상인 도시계획예정도로 ④ 보행자 및 자동차의 통행이 가능한 도로로서 다음의 어느 하나에 해당하는 도로 　㉠ 「국토의 계획 및 이용에 관한 법률」에 의한 도시·군계획시설인 도로로서 「도시·군계획시설의 결정·구조 및 설치기준에 관한 규칙」에 따른 주간선도로·보조간선도로·집산도로 및 폭 8m 이상인 국지도로 　㉡ 「도로법」에 의한 일반국도·특별시도·광역시도 또는 지방도 　㉢ 그 밖에 관계 법령에 의하여 설치된 도로로서 위 ㉠ 및 ㉡에 준하는 도로

부대시설	주택에 딸린 다음의 시설 또는 설비를 말한다. ① 주차장, 관리사무소, 담장 및 주택단지 안의 도로 ② 「건축법」에 따른 건축설비: 건축물에 설치하는 전기·전화 설비, 초고속 정보통신 설비, 지능형 홈네트워크 설비, 가스·급수·배수(配水)·배수(排水)·환기·난방·소화(消火)·배연(排煙) 및 오물처리의 설비, 굴뚝, 승강기, 피뢰침, 국기게양대, 공동시청 안테나, 유선방송 수신시설, 우편함, 저수조(貯水槽), 방범시설, 그 밖에 국토교통부령으로 정하는 설비 ③ 위 ①·②의 시설·설비에 준하는 것: 보안등, 대문, 경비실, 자전거보관소, 조경시설, 옹벽 및 축대, 안내표지판, 공중화장실, 저수시설, 지하양수시설, 대피시설, 쓰레기수거 및 처리시설, 오수처리시설, 정화조, 소방시설, 냉난방공급시설(지역난방공급시설은 제외), 방범설비, 전기자동차에 전기를 충전하여 공급하는 시설 등의 시설 또는 설비
복리시설	주택단지의 입주자등의 생활복리를 위한 다음의 공동시설을 말한다. ① 어린이놀이터, 근린생활시설, 유치원, 주민운동시설 및 경로당 ② 그 밖에 입주자등의 생활복리를 위한 공동시설
기간시설	도로·상하수도·전기시설·가스시설·통신시설·지역난방시설 등을 말한다.
간선시설	도로·상하수도·전기시설·가스시설·통신시설 및 지역난방시설 등 주택단지 안의 기간시설을 그 주택단지 밖에 있는 같은 종류의 기간시설에 연결시키는 시설을 말한다. 다만, 가스시설·통신시설 및 지역난방시설의 경우에는 주택단지 안의 기간시설을 포함한다.
건축 법령상 용어의 정의	① '내수재료'란 인조석·콘크리트 등 내수성을 가진 재료로서 국토교통부령으로 정하는 재료를 말한다. ② '내화구조'란 화재에 견딜 수 있는 성능을 가진 구조로서 국토교통부령으로 정하는 기준에 적합한 구조를 말한다. ③ '방화구조'란 화염의 확산을 막을 수 있는 성능을 가진 구조로서 국토교통부령으로 정하는 기준에 적합한 구조를 말한다. ④ '난연재료'란 불에 잘 타지 아니하는 성능을 가진 재료로서 국토교통부령으로 정하는 기준에 적합한 재료를 말한다. ⑤ '불연재료'란 불에 타지 아니하는 성질을 가진 재료로서 국토교통부령으로 정하는 기준에 적합한 재료를 말한다. ⑥ '준불연재료'란 불연재료에 준하는 성질을 가진 재료로서 국토교통부령으로 정하는 기준에 적합한 재료를 말한다. ⑦ 방화문의 구분: 방화문은 다음과 같이 구분한다. 　㉠ 60분+ 방화문: 연기 및 불꽃을 차단할 수 있는 시간이 60분 이상이고, 열을 차단할 수 있는 시간이 30분 이상인 방화문

	ⓛ 60분 방화문: 연기 및 불꽃을 차단할 수 있는 시간이 60분 이상인 방화문
	ⓒ 30분 방화문: 연기 및 불꽃을 차단할 수 있는 시간이 30분 이상 60분 미만인 방화문

핵심 10 주택의 구조

반자높이	거실 및 침실의 반자높이(반자를 설치하는 경우만 해당)는 2.2m 이상으로 하고 층높이는 2.4m 이상으로 하되, 각각 5cm를 단위로 한 것을 기준척도로 한다.
경계벽의 구조	공동주택 세대 간의 경계벽 및 공동주택과 주택 외의 시설 간의 경계벽 ⇨ 내화구조로서 다음에 해당하는 구조로 하여야 한다. ① 철근콘크리트·철골철근콘크리트(시멘트모르타르 등 두께를 포함) ⇨ 15cm 이상 ② 무근콘크리트·콘크리트블록조·벽돌조 또는 석조(시멘트모르타르 등 두께를 포함) ⇨ 20cm 이상 ③ 조립식 주택부재인 콘크리트 판 ⇨ 12cm 이상 ④ 위 ①·②·③ 외에 국토교통부장관이 정하여 고시하는 기준에 따라 한국건설기술연구원장이 차음 성능을 인정하여 지정하는 구조인 것
바닥의 구조	공동주택의 세대 내의 층간바닥(화장실의 바닥은 제외)은 다음의 기준을 모두 충족하여야 한다. ① 슬래브 두께: 콘크리트 슬래브 두께는 210mm[라멘구조(보와 기둥을 통해서 내력이 전달되는 구조)의 공동주택은 150mm] 이상으로 할 것. 다만, 「주택법」에 따라 인정받은 공업화주택의 층간바닥은 예외로 한다. ② 각 층간 바닥충격음: 각 층간 바닥의 경량충격음(비교적 가볍고 딱딱한 충격에 의한 바닥충격음을 말한다) 및 중량충격음(무겁고 부드러운 충격에 의한 바닥충격음을 말한다)이 각각 49데시벨 이하인 구조일 것. 다만, 다음의 층간바닥은 그렇지 않다. ㉠ 라멘구조의 공동주택(주택법에 따라 인정받은 공업화주택은 제외)의 층간바닥 ㉡ 위 ㉠의 공동주택 외의 공동주택 중 발코니, 현관 등 국토교통부령으로 정하는 부분의 층간바닥
결로방지 성능	500세대 이상의 공동주택을 건설하는 경우 벽체의 접합부위나 난방설비가 설치되는 공간의 창호는 국토교통부장관이 정하여 고시하는 기준에 적합한 결로방지 성능을 갖추어야 한다.
계단의 설치기준	① 계단의 치수기준 계단의 종류 / 유효폭 / 단 높이 / 단 너비

① 계단의 치수기준

계단의 종류	유효폭	단 높이	단 너비
공동으로 사용하는 계단	120cm 이상	18cm 이하	26cm 이상
건축물의 옥외계단	90cm 이상	20cm 이하	24cm 이상

	② 계단의 설치기준 　　㉠ 높이 2m를 넘는 계단(세대 내 계단은 제외): 2m(기계실 또는 물탱크실의 계 　　단 ⇨ 3m) 이내마다 해당 계단의 유효폭 이상의 폭으로 너비 120cm 이상인 　　계단참 설치 　　㉡ 각 동 출입구에 설치하는 계단: 1층 한정 ⇨ 높이 2.5m 이내마다 계단참을 　　설치할 수 있다.
출입문	① 주택단지 안의 각 동 출입문에 설치하는 유리는 안전유리(45kg의 추가 75cm 높 이에서 낙하하는 충격량에 관통되지 아니하는 유리를 말한다)를 사용하여야 한다. ② 주택단지 안의 각 동 지상 출입문, 지하주차장과 각 동의 지하출입구를 연결하는 출입문에는 전자출입시스템(비밀번호나 출입카드 등으로 출입문을 여닫을 수 있 는 시스템 등을 말한다)을 갖추어야 한다. ③ 주택단지 안의 각 동 옥상 출입문에는 「소방시설 설치 및 관리에 관한 법률」에 따른 성능인증 및 같은 조에 따른 제품검사를 받은 비상문자동개폐장치를 설치 하여야 한다. 다만, 대피공간이 없는 옥상의 출입문은 제외한다. ④ 전자출입시스템 및 비상문 자동개폐장치는 화재 등 비상시에 소방시스템과 연동 되어 잠금 상태가 자동으로 풀려야 한다.
난간	① 난간의 높이 　　㉠ 원칙: 바닥 마감면 ⇨ 120cm 이상 　　㉡ 예외: 건축물 내부 계단에 설치하는 난간, 계단 중간에 설치하는 난간, 위험 　　이 적은 장소 ⇨ 90cm 이상 ② 난간의 간살 간격: 안목치수 10cm 이하

핵심 11　**발코니 ⇨ 대피공간의 설치기준**

정의	'발코니'란 건축물의 내부와 외부를 연결하는 완충공간으로서 전망이나 휴식 등의 목적으로 건축물 외벽에 접하여 부가적(附加的)으로 설치되는 공간을 말한다. 이 경 우 주택에 설치되는 발코니로서 국토교통부장관이 정하는 기준에 적합한 발코니는 필요에 따라 거실·침실·창고 등의 용도로 사용할 수 있다.
설치기준	아파트로서 4층 이상의 층의 각 세대가 2개 이상의 직통계단을 사용할 수 없는 경우에 발코니(발코니의 외부에 접하는 경우를 포함한다)에 인접세대와 공동으 로 또는 각 세대별로 다음의 요건을 모두 갖춘 대피공간을 하나 이상 설치하여야 한다. ① 대피공간은 바깥의 공기와 접할 것 ② 대피공간은 실내의 다른 부분과 방화구획으로 구획

	③ 대피공간의 바닥면적: 인접세대와 공동으로 설치 ⇨ 3m² 이상, 각 세대별 설치 ⇨ 2m² 이상
	④ 국토교통부장관이 정하는 기준에 적합할 것
설치 제외	① 아파트의 4층 이상인 층에서 발코니(㉣의 경우에는 발코니의 외부에 접하는 경우를 포함한다)에 다음의 어느 하나에 해당하는 구조 또는 시설을 갖춘 경우에는 대피공간을 설치하지 않을 수 있다. ㉠ 인접세대와의 경계벽 ⇨ 파괴하기 쉬운 경량구조 ㉡ 경계벽 ⇨ 피난구를 설치 ㉢ 발코니의 바닥 ⇨ 하향식 피난구를 설치 ㉣ 국토교통부장관이 대피공간과 동일하거나 그 이상의 성능이 있다고 인정하여 고시하는 구조 또는 시설(이하 '대체시설'이라 한다)을 갖춘 경우 ② 하향식 피난구의 구조: 하향식 피난구(덮개, 사다리, 승강식피난기 및 경보시스템을 포함)는 다음의 기준에 적합하게 설치하여야 한다. ㉠ 피난구의 덮개(덮개와 사다리, 승강식피난기 또는 경보시스템이 일체형으로 구성된 경우에는 그 사다리, 승강식피난기 또는 경보시스템을 포함) ⇨ 비차열 1시간 이상의 내화성능 + 피난구의 유효 개구부 규격 ⇨ 직경 60cm 이상 ㉡ 상층·하층 간 피난구의 수평거리 ⇨ 15cm 이상 떨어져 있을 것 ㉢ 아래층에서 바로 위층의 피난구를 열 수 없는 구조 ㉣ 사다리는 바로 아래층의 바닥면으로부터 50cm 이하까지 내려오는 길이 ㉤ 덮개가 개방되어 건축물관리시스템 등을 통하여 경보음이 울리는 구조 ㉥ 피난구가 있는 곳에 예비전원에 의한 조명설비를 설치

핵심 12 **부대시설의 설치기준**

도로의 설치기준	① 진입도로의 폭: 기간도로와 접하는 폭 및 진입도로의 폭은 다음 표와 같다(주택단지가 2 이상이면서 당해 주택단지의 진입도로가 하나인 경우 그 진입도로의 폭은 당해 진입도로를 이용하는 모든 주택단지의 세대수를 합한 총 세대수를 기준으로 하여 산정).

주택단지의 총 세대수	진입도로 1개	진입도로 2개 이상
300세대 미만	6m 이상	10m 이상
300세대 이상 500세대 미만	8m 이상	12m 이상
500세대 이상 1천세대 미만	12m 이상	16m 이상
1천세대 이상 2천세대 미만	15m 이상	20m 이상
2천세대 이상	20m 이상	25m 이상

② 주택단지 안의 도로

　㉠ 도로의 폭

　　ⓐ 원칙: 주택단지에는 폭 1.5m 이상의 보도를 포함한 폭 7m 이상의 도로(보행자전용도로, 자전거도로는 제외)를 설치하여야 한다.

　　ⓑ 예외: 다음에 해당하는 경우에는 도로의 폭을 4m 이상으로 할 수 있다. 이 경우 해당 도로에는 보도를 설치하지 아니할 수 있다.

　　　ⅰ) 해당 도로를 이용하는 공동주택의 세대수가 100세대 미만이고 해당 도로가 막다른 도로로서 그 길이가 35m 미만인 경우

　　　ⅱ) 그 밖에 주택단지 내의 막다른 도로 등 사업계획승인권자가 부득이하다고 인정하는 경우

　㉡ 설계속도: 주택단지 안의 도로는 유선형 도로로 설계하거나 도로 노면의 요철 포장 또는 과속방지턱의 설치 등을 통하여 도로의 설계속도가 시속 20km 이하가 되도록 하여야 한다.

　㉢ 어린이 안전보호구역의 설치: 500세대 이상의 공동주택을 건설하는 주택단지 안의 도로에는 어린이 통학버스의 정차가 가능하도록 어린이 안전보호구역을 1개소 이상 설치하여야 한다.

　㉣ 보도의 설치기준: 보행자의 안전을 위하여 차도면보다 10cm 이상 높게 하거나 화단, 짧은 기둥 등으로 차도와 구분되도록 설치할 것

　㉤ 과속방지턱의 설치기준: 지하주차장의 출입구, 경사형·유선형 차도 등 차량의 속도를 제한할 필요가 있는 곳에는 높이 7.5cm 이상 10cm 이하, 너비 1m 이상인 과속방지턱을 설치하고, 운전자에게 그 시설의 위치를 알릴 수 있도록 반사성 도료로 도색한 노면표지를 설치할 것

주차장의 설치기준

① 주차장의 설치기준: 주택단지에는 다음의 기준(소숫점 이하의 끝수는 이를 한 대로 본다)에 따라 주차장을 설치하여야 한다.

　㉠ 주차대수 산정: 전용면적 합계기준으로 하여 다음 표에서 정하는 면적당 대수의 비율로 산정한 주차대수 이상의 주차장을 설치하되, 세대당 주차대수가 1대(세대당 전용면적 60m² 이하인 경우 ⇨ 0.7대) 이상이 되도록 하여야 한다. 다만, 지역별 차량보유율 등을 고려하여 설치기준의 5분의 1(세대당 전용면적이 60m² 이하인 경우에는 2분의 1)의 범위에서 특별시·광역시·특별자치시·특별자치도·시·군 또는 자치구의 조례로 강화하여 정할 수 있다.

주택규모별 (전용면적 m²)	주차장 설치기준(대/m²)			
	특별시(ⓐ)	광역시·특별자치시 및 수도권 내 시지역(ⓑ)	ⓐ 및 ⓑ 외의 시지역 및 수도권 내 군지역	그 밖의 지역
85 이하	1/75	1/85	1/95	1/110
85 초과	1/65	1/70	1/75	1/85

○ 소형 주택의 주차대수 산정: 소형 주택은 세대당 주차대수가 0.6대(세대당 전용면적이 30m² 미만 ⇨ 0.5대) 이상의 주차장을 설치하여야 한다(원칙).

② 전기자동차의 이동형 충전기

○ 「환경친화적 자동차의 개발 및 보급 촉진에 관한 법률」 제2조 제3호에 따른 전기자동차의 이동형 충전기(이하 '이동형 충전기'라 한다)를 이용할 수 있는 콘센트(각 콘센트별 이동형 충전기의 동시 이용이 가능하며, 사용자에게 요금을 부과하도록 설치된 것을 말한다. 이하 같다)를 「주차장법」 제2조 제7호의 주차단위구획 총 수에 7퍼센트를 곱한 수(소수점 이하는 반올림한다) 이상 설치할 것(원칙)

○ 위 ○의 본문 또는 단서에 따라 이동형 충전기를 이용할 수 있는 콘센트를 설치하는 경우로서 주차장에 「환경친화적 자동차의 개발 및 보급 촉진에 관한 법률 시행령」에 따른 급속충전시설 또는 완속충전시설이 설치된 경우에는 같은 수의 콘센트가 설치된 것으로 본다.

환경친화적 자동차 관련 법령

1. 다음의 어느 하나에 해당하는 것으로서 대통령령으로 정하는 시설의 소유자(해당 시설에 대한 관리의무자가 따로 있는 경우에는 관리자를 말한다)는 대통령령으로 정하는 바에 따라 해당 대상시설에 환경친화적 자동차 충전시설 및 전용주차구역을 설치하여야 한다(환경친화적 자동차의 개발 및 보급 촉진에 관한 법률 제11조의2 제1항).
   ⓐ 공공건물 및 공중이용시설
   ⓑ 공동주택(대통령령 ⇨ 100세대 이상의 아파트, 기숙사)
   ⓒ, ⓓ (생략)
2. 충전시설의 종류 및 수량: 환경친화적 자동차 충전시설은 충전기에 연결된 케이블로 전류를 공급하여 전기자동차 또는 외부충전식하이브리드자동차의 구동축전지를 충전하는 시설로서 구조 및 성능이 산업통상자원부장관이 정하여 고시하는 기준에 적합한 시설이어야 하며, 그 종류는 다음과 같다.
   ⓐ 급속충전시설: 충전기의 최대 출력값이 40킬로와트 이상인 시설
   ⓑ 완속충전시설: 충전기의 최대 출력값이 40킬로와트 미만인 시설

---

③ 일산화탄소의 농도: 노외주차장 내부공간의 일산화탄소 농도 ⇨ 차량이 가장 빈번한 시각의 앞뒤 8시간의 평균치를 50ppm 이하(실내공기질 관리법에 따른 실내주차장은 25ppm 이하)로 유지하여야 한다.

④ 조도: 자주식주차장으로서 지하식 또는 건축물식 노외주차장에는 벽으로부터 50cm 이내를 제외한 바닥면의 최소조도와 최대조도를 다음과 같이 한다.

○ 주차구획 및 차로: 최소조도는 10lx 이상, 최대조도는 최소조도의 10배 이내

○ 주차장 출구 및 입구: 최소조도는 300lx 이상, 최대조도는 없음

○ 사람이 출입하는 통로: 최소조도는 50lx 이상, 최대조도는 없음

	⑤ **방범설비 설치:** 주차대수 30대를 초과하는 자주식주차장으로서 지하식 또는 건축물식에 의한 노외주차장은 관리사무소에서 주차장 내부 전체를 볼 수 있는 폐쇄회로 텔레비전(녹화장치를 포함) 또는 네크워크 카메라를 포함하는 방범설비를 설치·관리하고, 다음의 사항을 준수하여야 한다.
	㉠ 방범설비는 바닥면으로부터 170cm의 높이에 있는 사물을 알아볼 수 있도록 설치
	㉡ 폐쇄회로 텔레비전 또는 네트워크 카메라와 녹화장치의 화면 수가 일치
	㉢ 선명한 화질의 유지, 관리
	㉣ 촬영된 자료는 컴퓨터보안시스템을 설치 ⇨ 1개월 이상 보관
관리 사무소 등 설치기준	50세대 이상의 공동주택을 건설하는 주택단지에는 다음의 시설을 모두 설치하되, 그 면적의 합계가 10m^2에 50세대를 넘는 매 세대마다 500cm^2를 더한 면적 이상이 되도록 설치해야 한다. 다만, 그 면적의 합계가 100m^2를 초과하는 경우에는 설치면적을 100m^2로 할 수 있다[$10\text{m}^2 + (x - 50세대) \times 0.05\text{m}^2$]. ① 관리사무소 ② 경비원 등 공동주택 관리업무에 종사하는 근로자를 위한 휴게시설

수해방지	① **옹벽 등과 건축물의 거리:** 높이 2m 이상의 옹벽 및 축대가 있거나 설치하는 경우에는 옹벽 등으로부터 건축물의 외곽부분까지를 당해 옹벽 등의 높이만큼 띄어야 한다. 다만, 다음의 경우에는 그러하지 아니하다.
	     ㉠ 옹벽 등의 기초보다 그 기초가 낮은 건축물 ⇨ 옹벽 등으로부터 건축물 외곽부분까지 5m 이상(3층 이하인 건축물 ⇨ 3m) 띄어야 한다.
	     ㉡ 옹벽 등보다 낮은 쪽에 위치한 건축물의 지하부분 및 땅으로부터 1m 이하인 건축물 부분
	 ② **배수시설의 설치:** 주택단지에는 배수구·집수구·집수정(물저장고) 등 우수의 배수에 필요한 시설을 설치해야 한다.
	 ③ **침수우려지역:** 주택단지가 저지대 등 침수의 우려가 있는 지역인 경우에는 주택단지 안에 설치하는 수전실·전화국선용 단자함 기타 이와 유사한 전기 및 통신설비를 가능한 한 침수가 되지 아니하는 곳에 설치해야 한다.
	 ④ **비탈면에 단설치:** 비탈면 높이가 3m를 넘는 경우 3m 이내마다 비탈면 면적의 5분의 1 이상의 단을 만들어야 한다.
	 ⑤ **비탈면과 건축물의 거리**
	     ㉠ 건축물은 그 외곽부분 ⇨ 비탈면의 윗가장자리 또는 아랫가장자리로부터 비탈면 높이만큼 띄운다.
	     ㉡ 비탈면 아랫부분에 옹벽 또는 축대가 있는 경우 ⇨ 옹벽 등과 비탈면 사이에 너비 1m 이상의 단을 만든다.
	     ㉢ 비탈면 윗부분에 옹벽 등이 있는 경우 ⇨ 옹벽 등과 비탈면 사이에 너비 1.5m 이상으로서 옹벽 등의 높이 2분의 1 이상의 단을 만든다.

물막이 설비	다음의 어느 하나에 해당하는 지역에서 건축물을 건축하려는 자는 빗물 등의 유입으로 건축물이 침수되지 않도록 해당 건축물의 지하층 및 1층의 출입구(주차장의 출입구를 포함한다)에 물막이판 등 해당 건축물의 침수를 방지할 수 있는 설비(이하 '물막이설비'라 한다)를 설치해야 한다. 다만, 해당 건축물의 지하층 및 1층의 출입구를 국토교통부장관이 정하여 고시하는 예상 침수 높이 이상으로 설치한 경우에는 물막이설비를 설치한 것으로 본다. ① 「국토의 계획 및 이용에 관한 법률」 제37조 제1항 제4호에 따른 방재지구 ② 「자연재해대책법 시행령」 제15조 제2호 마목에 따른 행정안전부장관이 고시하는 지역
안내 표지판	300세대 이상의 주택을 건설하는 주택단지와 그 주변에는 다음의 기준에 따라 안내표지판을 설치하여야 한다. ① 단지의 진입도로변 ⇨ 단지의 명칭을 표시한 단지입구표지판을 설치 ② 단지의 주요 출입구 ⇨ 단지 안의 건축물·도로 기타 주요 시설의 배치를 표시한 단지 종합안내판을 설치
보안등	주택단지 안의 어린이놀이터 및 도로(폭 15m 이상인 도로의 경우에는 도로의 양측)에는 보안등을 설치하여야 한다. 이 경우 당해 도로에 설치하는 보안등의 간격은 50m 이내로 하여야 한다.
영상정보 처리기기	① 설치의무: 「공동주택관리법」 제2조 제1항 제2호 가목부터 라목까지의 공동주택(의무관리대상 공동주택)을 건설하는 주택단지에는 보안 및 방범 목적을 위한 「개인정보 보호법 시행령」에 따른 영상정보처리기기를 설치하여야 한다. ② 설치기준 　㉠ 설치장소: 승강기, 어린이놀이터 및 각 동의 출입구마다 「개인정보 보호법 시행령」에 따른 영상정보처리기기의 카메라를 설치할 것 　㉡ 영상정보처리기기의 카메라는 전체 또는 주요 부분이 조망되고 잘 식별될 수 있도록 설치하되, 카메라의 해상도는 130만 화소 이상일 것 　㉢ 영상정보처리기기의 카메라 수와 녹화장치의 모니터 수가 같도록 설치할 것. 다만, 모니터 화면이 다채널로 분할 가능하고 다음의 요건을 모두 충족하는 경우에는 그러하지 아니하다. 　　ⓐ 다채널의 카메라 신호를 1대의 녹화장치에 연결하여 감시할 경우 연결된 카메라 신호가 전부 모니터 화면에 표시되고, 1채널의 감시화면의 대각선 방향 크기가 최소한 4인치 이상일 것 　　ⓑ 다채널 신호를 표시한 모니터 화면이 채널별로 확대감시기능이 있을 것 　　ⓒ 녹화된 화면의 재생이 가능하고, 재생화면의 크기조절기능이 있을 것 　㉣ 네트워크 카메라의 설치 요건: 「개인정보 보호법 시행령」에 따른 네트워크 카메라를 설치하는 경우에는 다음의 요건을 모두 충족할 것

ⓐ 인터넷 장애가 발생하더라도 영상정보가 끊어지지 않고 지속적으로 저장될 수 있도록 필요한 기술적 조치를 할 것

ⓑ 서버 및 저장장치 등 주요 설비는 국내에 설치할 것

ⓒ 장기수선계획의 수립기준에 따른 수선주기 이상으로 운영될 수 있도록 설치할 것

③ 설치절차 및 관리

㉠ 설치절차: 공동주택단지에 「개인정보 보호법 시행령」에 따른 영상정보처리기기를 설치하거나 설치된 영상정보처리기기를 보수 또는 교체하려는 경우에는 장기수선계획에 반영하여야 한다.

㉡ 관리기준: 영상정보처리기기는 다음의 기준에 적합하게 설치 및 관리해야 한다.

ⓐ 영상정보처리기기를 설치 또는 교체하는 경우에는 「주택건설기준 등에 관한 규칙」에 따른 설치기준을 따를 것

ⓑ 선명한 화질이 유지될 수 있도록 관리할 것

ⓒ 촬영된 자료는 컴퓨터보안시스템을 설치하여 30일 이상 보관할 것

ⓓ 영상정보처리기기가 고장 난 경우에는 지체 없이 수리할 것

ⓔ 영상정보처리기기의 안전관리자를 지정하여 관리할 것

④ 촬영자료의 열람 및 제공: 관리주체 ⇨ 영상정보처리기기의 촬영자료를 보안 및 방범 목적 외의 용도로 활용하거나 타인에게 열람하게 하거나 제공하여서는 아니 된다. 다만, 다음의 어느 하나에 해당하는 경우에는 촬영자료를 열람하게 하거나 제공할 수 있다.

㉠ 정보주체에게 열람 또는 제공하는 경우

㉡ 정보주체(입주자대표회의×)의 동의가 있는 경우

㉢ 범죄의 수사와 공소의 제기 및 유지에 필요한 경우

㉣ 범죄에 대한 재판업무수행을 위하여 필요한 경우

㉤ 다른 법률에 특별한 규정이 있는 경우

핵심 13 **복리시설의 설치기준**

유치원

2,000세대 이상의 주택을 건설하는 주택단지에는 유치원을 설치할 수 있는 대지를 확보하여 그 시설의 설치희망자에게 분양하여 건축하게 하거나 유치원을 건축하여 이를 운영하고자 하는 자에게 공급하여야 한다. 다만, 다음에 해당하는 경우에는 그렇지 않다.

① 당해 주택단지로부터 통행거리 300m 이내에 유치원이 있는 경우

② 당해 주택단지로부터 통행거리 200m 이내에 「교육환경 보호에 관한 법률」의 시설이 있는 경우

	③ 당해 주택단지가 노인주택단지·외국인주택단지 등으로서 유치원의 설치가 불필요하다고 사업계획승인권자가 인정하는 경우
	④ 관할 교육감이 해당 주택단지 내 유치원의 설치가 「유아교육법」에 따른 유아배치계획에 적합하지 않다고 인정하는 경우
주민 공동시설	① 설치면적: 100세대 이상의 주택을 건설하는 주택단지에는 다음에 따라 산정한 면적 이상의 주민공동시설을 설치하여야 한다. 다만, 지역 특성, 주택 유형 등을 고려하여 특별시·광역시·특별자치시·특별자치도·시 또는 군의 조례로 주민공동시설의 설치면적을 그 기준의 4분의 1 범위에서 강화하거나 완화하여 정할 수 있다. 　㉠ 100세대 이상 1,000세대 미만: 세대당 $2.5m^2$를 더한 면적 　㉡ 1,000세대 이상: $500m^2$에 세대당 $2m^2$를 더한 면적 ② 주민공동시설에 포함되는 시설(필수시설): 주민공동시설을 설치하는 경우 해당 주택단지에는 다음의 구분에 따른 시설이 포함되어야 한다. 다만, 해당 주택단지의 특성, 인근 지역의 시설설치 현황 등을 고려할 때 사업계획승인권자가 설치할 필요가 없다고 인정하는 시설이거나 입주예정자의 과반수가 서면으로 반대하는 다함께돌봄센터는 설치하지 않을 수 있다. 　㉠ 150세대 이상: 경로당, 어린이놀이터 　㉡ 300세대 이상: 경로당, 어린이놀이터, 어린이집 　㉢ 500세대 이상: 경로당, 어린이놀이터, 어린이집, 주민운동시설, 작은도서관, 다함께돌봄센터
근린생활 시설	하나의 건축물에 설치하는 근린생활시설 등의 면적이 1천m^2를 넘는 경우 ⇨ 주차 또는 물품 하역 등에 필요한 공터를 설치하여야 한다.

공동주택성능등급 등

성능등급	사업주체가 500세대 이상의 공동주택을 공급할 때에는 주택의 성능 및 품질을 입주자가 알 수 있도록 「녹색건축물 조성 지원법」에 따라 다음의 공동주택성능에 대한 등급을 발급받아 국토교통부령으로 정하는 방법으로 입주자 모집공고에 표시하여야 한다. ① 경량충격음·중량충격음·화장실소음·경계소음 등 소음 관련 등급 ② 리모델링 등에 대비한 가변성 및 수리 용이성 등 구조 관련 등급 ③ 조경·일조확보율·실내공기질·에너지절약 등 환경 관련 등급 ④ 커뮤니티시설, 사회적 약자 배려, 홈네트워크, 방범안전 등 생활환경 관련 등급 ⑤ 화재·소방·피난안전 등 화재·소방 관련 등급

바닥 충격음 성능등급 인정	① 유효기간: 공동주택 바닥충격음 차단구조의 성능등급 인정의 유효기간은 그 성능등급 인정을 받은 날부터 5년으로 한다. ② 유효기간의 연장: 공동주택 바닥충격음 차단구조의 성능등급 인정을 받은 자는 위 ①에 따른 유효기간이 끝나기 전에 유효기간을 연장할 수 있다. 이 경우 연장되는 유효기간은 연장될 때마다 3년을 초과할 수 없다.

핵심 15 에너지절약형 친환경주택 등

에너지 절약형 친환경 주택의 건설기준	「주택법」에 따른 사업계획승인을 받은 공동주택을 건설하는 경우에는 다음의 어느 하나 이상의 기술을 이용하여 주택의 총 에너지사용량 또는 총 이산화탄소배출량을 절감할 수 있는 에너지절약형 친환경주택으로 건설하여야 한다. ① 고단열·고기능 외피구조, 기밀설계, 일조확보 및 친환경자재 사용 등 저에너지 건물 조성기술 ② 고효율 열원설비, 제어설비 및 고효율 환기설비 등 에너지 고효율 설비기술 ③ 태양열, 태양광, 지열 및 풍력 등 신·재생에너지 이용기술 ④ 자연지반의 보존, 생태면적률의 확보 및 빗물의 순환 등 생태적 순환기능 확보를 위한 외부환경 조성기술 ⑤ 건물에너지 정보화 기술, 자동제어장치 및 「지능형전력망의 구축 및 이용촉진에 관한 법률」 제2조 제2호에 따른 지능형전력망 등 에너지 이용효율을 극대화하는 기술
건강 친화형 주택의 건설기준	500세대 이상의 공동주택을 건설하는 경우에는 다음의 사항을 고려하여 세대 내의 실내공기 오염물질 등을 최소화할 수 있는 건강친화형 주택으로 건설하여야 한다. ① 오염물질을 적게 방출하거나 오염물질의 발생을 억제 또는 저감시키는 건축자재(붙박이 가구 및 붙박이 가전제품을 포함)의 사용에 관한 사항 ② 청정한 실내환경 확보를 위한 마감공사의 시공관리에 관한 사항 ③ 실내공기의 원활한 환기를 위한 환기설비의 설치, 성능검증 및 유지관리에 관한 사항 ④ 환기설비 등을 이용하여 신선한 바깥의 공기를 실내에 공급하는 환기의 시행에 관한 사항 **건강친화형 주택의 건설기준** '건강친화형 주택'이란 오염물질이 적게 방출되는 건축자재를 사용하고 환기 등을 실시하여 새집증후군 문제를 개선함으로써 거주자에게 건강하고 쾌적한 실내환경을 제공할 수 있도록 일정수준 이상의 실내공기질과 환기성능을 확보한 주택으로서 의무기준을 모두 충족하고 권장기준 1호 중 2개 이상, 2호 중 1개 이상의 항목에 적합한 주택을 말한다.

장수명 주택 (건설· 인증기준)	'장수명 주택'이란 내구성, 가변성, 수리 용이성에 대하여 장수명 주택 성능등급 인증기관의 장이 장수명 주택의 성능을 확인하여 인증한 주택을 말한다.

건축설비의 개요

건축설비 설치의 원칙	① 건축설비는 건축물의 안전·방화, 위생, 에너지 및 정보통신의 합리적 이용에 지장이 없도록 설치하여야 하고, 배관피트 및 닥트의 단면적과 수선구의 크기를 해당 설비의 수선에 시장이 없도록 하는 등 설비의 유지·관리가 쉽게 설치하여야 한다. ② 건축물에 설치하는 급수·배수·냉방·난방·환기·피뢰 등 건축설비의 설치에 관한 기술적 기준은 국토교통부령으로 정하되, 에너지 이용 합리화와 관련한 건축설비의 기술적 기준에 관하여는 산업통상자원부장관과 협의하여 정한다.

물에 관한 일반사항

물의
성질
	① 밀도와 비체적
	   ㉠ 밀도(ρ): 단위 체적(부피)당 질량
	
	$$\rho = \frac{m(질량)}{V(체적)} \ (단위: \ kg/m^3)$$
	
	   ㉡ 비체적(v): 단위 질량당 체적(부피)
	
	$$v = \frac{V(체적)}{m(질량)} \ (단위: \ m^3/kg)$$
	
	② 물의 팽창
	   ㉠ 순수한 물은 0℃에서 얼게 되며, 이때 약 9%의 체적팽창을 한다.
	   ㉡ 순수한 물은 1기압하에서 4℃일 때 밀도가 최대(부피는 최소)가 되며, 4℃의 물의 밀도는 1(kg/L)이지만 100℃까지 상승하면 0.958634(kg/L)가 되므로 그 사이에 팽창한 체적의 비율은
	   $\left(\dfrac{1}{0.958634} - \dfrac{1}{1}\right) \times 100 = 4.315\%$이다.
	   ㉢ 100℃의 물이 100℃의 증기로 변하면 약 1,700배의 체적팽창이 일어난다.

  ⓔ 물의 팽창량(= 팽창탱크의 용량)

$$\Delta v = \left(\frac{1}{\rho_2} - \frac{1}{\rho_1} \right) v$$

  Δv: 온수의 팽창량(L)
  ρ_1: 온도 변화 전의 물의 밀도(kg/L)
  ρ_2: 온도 변화 후의 물의 밀도(kg/L)
  v: 장치 내의 전수량(L)

③ 수압과 수두
  ㉠ 수압(P): $P(\text{MPa}) = 0.01 \times H(\text{m})$ 또는 $P(\text{kPa}) = 10 \times H(\text{m})$
  ㉡ 수두(H): $H(\text{m}) = 100 \times P(\text{MPa}) = 0.1 \times P(\text{kPa})$

④ 유량과 유속
  ㉠ 유량(Q)

$$Q = Av \frac{\pi d^2}{4} \times v$$

  Q: 유량(m³/s), A: 단면적(m²), v: 유속(m/s), d: 관경(m)

  ㉡ 유속(V)

$$v = \frac{Q}{A}$$

⑤ 레이놀즈 수

$$\text{레이놀즈 수(Re)} = \frac{\text{관성력}}{\text{점성력}} = \frac{vd}{\mu} = \frac{\text{속도} \times \text{관경}}{\text{동점성 계수}}$$

  ㉠ 정의: 유체흐름의 점성력에 대한 관성력의 크기를 나타내며, 유체흐름의 특성을 규정할 때 사용한다.
   ⓐ 점성력: 유체가 점성으로 흐름에 방해를 주는 힘
   ⓑ 관성력: 유체가 관성을 가지고 흐르려는 힘
  ㉡ 유체의 특성: 유체의 흐름은 저속에서는 층류, 고속에서는 난류의 흐름 특성을 가진다.
   ⓐ 층류: 유체가 나란히 흐트러지지 않고 흐르는 것
   ⓑ 난류: 유체가 불규칙하게 뒤섞이어 흐르는 것
  ㉢ 층류영역에서 난류영역 사이를 천이영역이라고 한다.
  ㉣ 층류에서 난류로 천이할 때의 유속을 임계 유속이라고 한다.
⑥ 정상류와 비정상류: 관 내에 유체가 흐를 때, 어느 장소에서의 흐름의 상태(유속, 압력, 밀도 등)가 시간에 따라 변화하지 않는 흐름을 정상류라 하고, 흐름의 상태가 시간에 따라 변화하는 흐름을 비정상류라고 한다.

	⑦ 베르누이의 정리: 에너지보존의 법칙을 유체의 흐름에 적용한 것으로서 유체가 갖고 있는 운동에너지, 중력에 의한 위치에너지 및 압축에너지의 총합은 흐름 내 어디에서나 일정하다. ⑧ 마찰손실수두 및 마찰손실수압(압력손실, 압력강하) $$H_f = f \cdot \frac{l}{d} \cdot \frac{v^2}{2g} \text{(mAq)} \qquad P_f = f \cdot \frac{l}{d} \cdot \rho \frac{v^2}{2} \text{(Pa)}$$ H_f: 길이 1m의 직관에 있어서의 마찰손실수두(mAq) P_f: 길이 1m의 직관에 있어서의 마찰손실압력(Pa) f: 관의 마찰 손실계수 l: 관의 길이(m) v: 유속(m/s) d: 관경(m) g: 중력가속도(m/sec^2) ρ: 물의 밀도(1,000kg/m^3)
상수의 공급 과정	수원 ⇨ 취수(집수) ⇨ 도수 ⇨ 정수 ⇨ 송수 ⇨ 배수 ⇨ 급수(건물의 수전)
정수 과정	침전 ⇨ 폭기(철분제거) ⇨ 여과 ⇨ 살균
물의 경도	① 경도의 환산: 염류의 양 ⇨ 탄산칼슘의 농도로 환산 ② 경도의 표시: 도(度) 또는 ppm ③ 경도의 분류 　㉠ 극연수: 0 ~ 10ppm, 황동관이나 연관을 부식 　㉡ 연수: 90ppm 이하, 세탁용과 보일러 급수용으로 적당 　㉢ 경수: 110ppm 이상, 세탁용과 보일러 급수용으로 부적당 　㉣ 먹는 물의 경도 기준: 1,000mg/L를 넘지 않을 것(수돗물의 경우 300mg/L) ④ 일반적으로 지표수는 연수, 지하수는 경수로 간주하지만, 물이 접하고 있는 지층의 종류에 따라 좌우된다.

핵심 18　급수설비

급수 설비의 설치기준	① 계량기 및 급수전의 설치기준: 공동주택에는 세대별 수도계량기 및 세대마다 2개소 이상의 급수전을 설치하여야 한다. ② 먹는물의 급수관 지름 　㉠ 가구 또는 세대수에 따른 급수관 지름의 최소기준 ⇨ 주거용 건축물

<table>
<tr><th>가구수 또는 세대수</th><th>1</th><th>2·3</th><th>4·5</th><th>6 ~ 8</th><th>9 ~ 16</th><th>17 이상</th></tr>
<tr><td>급수관 지름의
최소기준(mm)</td><td>15</td><td>20</td><td>25</td><td>32</td><td>40</td><td>50</td></tr>
</table>

  © 바닥면적의 합계에 따른 가구수 산정: 가구 또는 세대의 구분이 불분명한 건축물에 있어서는 주거에 쓰이는 바닥면적의 합계에 따라 다음과 같이 가구수를 산정한다.

    ⓐ 바닥면적 85m² 이하: 1가구

    ⓑ 바닥면적 85m² 초과 150m² 이하: 3가구

    ⓒ 바닥면적 150m² 초과 300m² 이하: 5가구

    ⓓ 바닥면적 300m² 초과 500m² 이하: 16가구

    ⓔ 바닥면적 500m² 초과: 17가구

③ **비상 급수시설**: 공동주택을 건설하는 주택단지에는 「먹는물관리법」에 의한 먹는물의 수질기준에 적합한 비상용수를 공급할 수 있는 지하양수시설 또는 지하저수조시설을 설치하여야 하며, 지하양수시설 및 지하저수조는 다음의 구분에 의한 설치기준을 갖추어야 한다.

  ぁ 지하양수시설

    ⓐ 1일에 당해 주택단지의 매 세대당 0.2톤(시·군지역은 0.1톤) 이상의 수량을 양수할 수 있을 것

    ⓑ 당해 양수시설에는 매 세대당 0.3톤 이상을 저수할 수 있는 지하저수조를 함께 설치할 것

  © 지하저수조

    ⓐ 고가수조저수량(매 세대당 0.25톤까지 산입)을 포함하여 매 세대당 0.5톤(독신자용 주택은 0.25톤) 이상의 수량을 저수할 수 있을 것. 다만, 지역별 상수도 시설용량 및 세대당 수돗물 사용량 등을 고려하여 설치기준의 2분의 1의 범위에서 특별시·광역시·특별자치시·특별자치도·시 또는 군의 조례로 완화 또는 강화하여 정할 수 있다.

    ⓑ 50세대(독신자용 주택은 100세대)당 1대 이상의 수동식 펌프를 설치하거나 양수에 필요한 비상전원과 이에 의하여 가동될 수 있는 펌프를 설치할 것

④ **아파트 및 복리시설의 저수조 설치기준**

  ぁ 맨홀부분은 건축물(천장 및 보 등)로부터 100cm 이상 떨어져야 하고, 그 밖의 부분은 60cm 이상 간격을 띄울 것

  © 물의 유출구는 유입구의 반대편 밑부분에 설치하고, 침전물이 유출되지 아니하도록 저수조의 바닥에서 띄워서 설치하며, 물칸막이 등을 설치하여 저수조 안의 물이 고이지 않도록 할 것

  ぃ 각 변의 길이가 90cm 이상인 사각형 맨홀 또는 지름이 90cm 이상인 원형 맨홀을 1개 이상 설치(5m³ 이하의 소규모 저수조 ⇨ 각 변 또는 지름 60cm 이상)

  ぅ 침전찌꺼기의 배출구는 저수조의 맨 밑부분에 설치하고, 저수조의 바닥은 배출구를 향하여 100분의 1 이상의 경사를 두어 설치

ⓜ 5m³를 초과하는 저수조는 1개의 저수조를 둘 이상의 부분으로 구획하거나 저수조를 2개 이상 설치

ⓑ 저수조는 물이 일정수준 이상 넘거나 일정수준 이하로 줄어들 때 울리는 경보장치를 설치하고, 그 수신기는 관리실에 설치할 것

ⓢ 저수조는 유해물질로부터 5m 이상 띄어서 설치(5m 이상 띄어서 설치하지 못하는 경우 주위에 차단벽을 설치)

ⓞ 저수조 및 저수조에 설치하는 사다리, 버팀대, 물과 접촉하는 접합부속 등의 재질은 섬유보강플라스틱·스테인리스스틸·콘크리트 등의 내식성 재료를 사용하여야 하며, 콘크리트 저수조는 수질에 영향을 미치지 아니하는 재질로 마감할 것

ⓩ 저수조의 공기정화를 위한 통기관과 물의 수위조절을 위한 월류관을 설치하고, 관에는 오염물질이 들어가지 아니하도록 세목 스크린을 설치

ⓒ 저수조의 유입배관에는 단수 후 통수과정에서 들어간 오수나 이물질이 저수조로 들어가는 것을 방지하기 위하여 배수용 밸브를 설치

ⓚ 2차 오염을 방지하기 위하여 암·석면을 제외한 다른 적절한 자재를 사용

ⓣ 저수조 내부의 높이는 최소 1m 80cm 이상으로 할 것(옥상에 설치한 저수조는 제외)

ⓟ 저수조의 뚜껑은 잠금장치를 하여야 하고, 출입구 부분은 이물질이 들어가지 아니하는 구조이어야 하며, 측면에 출입구를 설치할 경우에는 점검 및 유지관리가 쉽도록 안전발판을 설치할 것

ⓗ 소화용수가 저수조에 역류되는 것을 방지하기 위한 역류방지장치 설치

⑤ 절수설비와 절수기기의 구분 및 기준

　㉠ 구분

　　ⓐ 절수설비: 별도의 부속이나 기기를 추가로 장착하지 아니하고도 일반 제품에 비하여 물을 적게 사용하도록 생산된 수도꼭지 및 변기

　　ⓑ 절수기기: 물사용량을 줄이기 위하여 수도꼭지나 변기에 추가로 장착하는 부속이나 기기로, 절수형 샤워헤드를 포함한다.

　㉡ 설치기준

구분	최대토수유량 및 사용수량
수도꼭지	공급수압 98kPa ⇨ 최대토수유량 1분당 6.0리터 이하 (공중용 화장실 ⇨ 1분당 5리터 이하)
샤워용	공급수압 98kPa ⇨ 최대토수유량 1분당 7.5리터 이하
대변기	공급수압 98kPa ⇨ 사용수량이 6리터 이하
대·소변 구분형 대변기	공급수압 98kPa ⇨ 평균사용수량이 6리터 이하
소변기	공급수압 98kPa ⇨ 사용수량이 2리터 이하

① 급수량 산정방법

　㉠ 1일당 급수량(Q_d) 산정 ⇨ 저수조 용량 산정에 이용

　　ⓐ 사용 인원에 의한 방법

　　　ⅰ) 급수 대상인원이 분명한 경우

$$Q_d = N \times q \,(\text{L/d})$$

　　　　N: 급수 대상인원(인)
　　　　q: 건물 종류별 1일 1인당 사용수량(L/d·인)

　　　ⅱ) 급수 대상인원이 불분명한 경우

$$Q_d = A \times k \times n \times q \,(\text{L/d})$$

　　　　A: 건물의 연면적(m^2)
　　　　k: 유효면적비
　　　　n: 유효면적당 거주인원(인/m^2)
　　　　q: 건물 종류별 1일 1인당 사용수량(L/d·인)

　　ⓑ 기구 수에 의한 방법: 기구별 사용수량을 구하여 동시사용률을 적용하여
　　　1일 급수량(Q_d)을 구하는 방법

$$Q_d = p \times \Sigma(q' \times f) \,(\text{L/d})$$

　　　p: 동시사용률, $\Sigma q'$: 기구의 1일 사용수량(L/d), f: 기구 수(개)

　㉡ 시간평균 예상급수량(Q_h) 산정

$$Q_h = \frac{Q_d}{T}$$

　　　T: 건물 평균사용시간(L/h)

　㉢ 시간최대 예상급수량(Q_m) 산정 ⇨ 옥상탱크 용량산정에 이용

$$Q_m = Q_h \times 1.5\text{\textasciitilde}2.0\,(\text{L/h})$$

　㉣ 순간최대 예상급수량(Q_P) 산정 ⇨ 양수펌프의 양수량 산정에 이용

$$Q_p = \frac{Q_h \times (3\text{\textasciitilde}4)}{60} \,(\text{L/min})$$

② 위생기구별 필요 급수압력

급수용 위생기구	유량(L/s)	압력(kPa)	압력(MPa)
욕조	0.25	55	0.055
세면기	0.1	55	0.055
샤워기	0.18	70	0.07
싱크, 가정용	0.15	55	0.055

급수일반

소변기, 밸브	0.75	100	0.1
대변기, 세정밸브	1.6	100	0.1
대변기, 세정탱크, 밀결형	0.18	55	0.055

③ 급수방식

㉠ 급수순서

ⓐ 수도직결식: 상수도 ⇨ 위생기구

ⓑ 고가수조 방식: 상수도 ⇨ 저수조 ⇨ (양수)펌프 ⇨ (양수관) ⇨ 고가수조 ⇨ (급수관) ⇨ 위생기구

ⓒ 압력탱크 방식: 상수도 ⇨ 저수조 ⇨ 펌프 ⇨ 압력탱크 ⇨ 위생기구

ⓓ 탱크 없는 부스터 방식(펌프직송 방식): 상수도 ⇨ 저수조 ⇨ 펌프 ⇨ 위생기구

㉡ 수도직결 방식

ⓐ 수도 본관에 필요한 최저수압

$$P(\text{MPa}) \geq P_1 + P_2 + 0.01h \text{ 또는 } P(\text{kPa}) \geq P_1 + P_2 + 10h$$

P: 수도 본관의 최저필요압력
P_1: 기구 최저필요압력
P_2: 마찰손실수압
h: 수도 본관에서 최고층 급수기구까지의 높이(m)

ⓑ 장단점

장점	단점
ⅰ) 위생성 및 유지·관리 측면에서 가장 바람직한 방식이다. ⅱ) 시설비가 저렴하고 기계실이 필요 없다. ⅲ) 정전 등으로 인한 단수의 염려가 없다.	ⅰ) 급수압이 한정되어 있어 급수높이가 낮다(상층일수록 급수압이 감소 ⇨ 저층건물에 적합). ⅱ) 수도본관의 압력에 따라 급수압력 변동이 심하다. ⅲ) 저수조가 없으므로 단수 시 급수할 수 없다.

㉢ 고가(옥상)탱크 방식

ⓐ 옥상탱크의 설치높이

$$H(\text{m}) \geq H_1 + H_2 + h$$

H: 고가탱크의 높이(m)
H_1: 최고층 급수기구에서의 소요압력에 해당하는 높이(m)
H_2: 고가탱크에서 최고층의 급수기구에 이르는 사이의 마찰손실수두(m)
h: 지반에서 최고층 급수전까지의 높이(m)

ⓑ 장단점

장점	단점
ⅰ) 대규모 급수설비에 가장 적합하다 (아파트, 사무소 등에 적합). ⅱ) 항상 일정한 수압을 유지하여 급수할 수 있다. ⅲ) 많은 저수량을 확보할 수 있으므로 단수 시에도 물의 공급이 가능하다. ⅳ) 수압의 과다 등에 따른 밸브류 등 배관 부속품의 파손이 적다.	ⅰ) 급수오염 가능성이 크다. ⅱ) 설비비·경상비가 높다. ⅲ) 구조물 보강이 필요하다. ⅳ) 저수시간이 길어지면 수질이 나빠지기 쉽다.

ⓒ 압력탱크 방식

  ⓐ 최저필요압력

$$P(\text{MPa}) = P_1 + P_2 + P_3$$

  P_1: 압력탱크의 최고층 수전에 해당하는 수압(MPa)

  P_2: 기구별 소요압력(MPa)

  P_3: 관 내 마찰손실(MPa)

  ⓑ 압력탱크 방식에서의 펌프양정

- 실양정 = 허용최고압력에 해당하는 높이 + 흡입양정(m)
- 전양정 = 실양정 × 1.2(m)

  ⓒ 장단점

장점	단점
ⅰ) 고가탱크가 필요 없다. ⅱ) 고가시설이 없어 미관상 좋다. ⅲ) 국부적으로 일시적인 고압을 필요로 할 때 적합하다. ⅳ) 탱크의 설치위치에 제한을 받지 않는다. ⅴ) 탱크 중량에 의한 구조물의 구조를 강화시킬 필요가 없다.	ⅰ) 펌프의 양정이 길어야 하므로 동력비가 비싸다. ⅱ) 탱크는 압력용기이므로 제작비가 비싸다. ⅲ) 조작상 최고·최저의 압력 차가 크므로 급수압의 변동이 크다. ⅳ) 저수량이 적고 정전 시 급수가 중단된다. ⅴ) 물속에 공기가 녹기 때문에 때때로 컴프레서로 공기를 공급해야 한다. ⅵ) 취급이 어렵고 고장도 많다.

ⓜ 탱크 없는 부스터 방식(펌프직송 방식)

  ⓐ 종류

    ⅰ) **정속방식**: 여러 대의 펌프를 병렬로 연결 ⇨ 토출관의 압력변화에 따라 연결된 펌프가 작동 또는 정지되는 방식

    ⅱ) **변속방식**: 토출관의 압력변화 ⇨ 회전수를 변화시켜 압력을 조절

ⓑ 장단점

장점	단점
ⅰ) 옥상탱크, 압력탱크가 필요 없다. ⅱ) 옥상탱크 방식에 비해 수질오염의 가능성이 적은 편이다. ⅲ) 최상층의 수압도 크게 할 수 있다. ⅳ) 옥상탱크 설치× ⇨ 건설원가 절감 및 공간활용이 증대된다. ⅴ) 건축설계가 자유롭다.	ⅰ) 설비비가 고가이다. ⅱ) 전력소비가 많다. ⅲ) 자동제어시스템이어서 고장 시 수리가 어렵다. ⅳ) 20m 이상의 건물에는 전력소모가 커서 비효율적이다. ⅴ) 압력탱크처럼 고장이나 정전 시 즉시 급수가 중단된다.

ⓗ 급수방식의 비교: 1, 2, 3, 4로 표시되어 있는 것은 숫자가 작을수록 유리하다.

조건 \ 급수방식	수도직결 방식	고가탱크 방식	압력탱크 방식	탱크 없는 부스터 방식
수질오염	1	4	3	2
급수압력의 변동	수도 본관 압력에 따라 변화	일정	변동이 큼	펌프의 가동과 정지 시 변동이 있음
단수 시 급수	4 급수 불가능	1 저수조와 고가탱크 내의 물을 이용	2 저수조의 물을 이용	2 압력탱크와 같음
정전 시 급수	1 급수 가능	2 고가탱크 내의 물을 이용	3 압력탱크 내의 물 중 압력범위 내에서 이용	4 급수 불가능
기계실 면적	1(불필요)	2	3	4
옥상탱크 면적	불필요	필요	불필요	불필요
설비비	1	3	2	4
유지관리비	1	2	4	3
급수공급방향	상향식	하향식	상향식	상향식

④ 초고층 건축물의 급수조닝
  ㉠ 목적: 최하층의 수압을 줄이기 위해서
  ㉡ 조닝방식
    ⓐ 중간탱크에 의한 조닝 ⇨ 층별식(세퍼레이트 방식), 중계식(부스터 방식)
    ⓑ 감압밸브(안전밸브×)에 의한 조닝

ⓒ 펌프직송방식에 의한 조닝

ⓓ 옥상탱크와 펌프직송방식의 겸용

▶ 건축물 용도별 허용 최고수압(MPa) 및 조닝높이(m)

구분	주택, 호텔, 병원	일반건물
최고수압(MPa) 및 조닝높이(m)	0.3 ~ 0.4MPa (30 ~ 40m)	0.4 ~ 0.5MPa (40 ~ 50m)

급수 설비의 오염 방지

① 정체수(물탱크에 물이 오래 있으면 잔류염소가 감소 ⇨ 오염가능성 ↑) 방지 대책: 적정한 탱크 용량으로 설계하여야 하며, 수조의 급수 유입구와 유출구 사이의 거리는 가능한 한 길게 하여 정체에 의한 오염이 발생하지 않도록 한다.

② 저수탱크의 유해물질 침입에 따른 오염방지: 맨홀 및 오버플로관의 관리를 철저히 한다.

③ 조류의 증식 방지 대책: 투광성이 없는 재료(차광성 재료)로 탱크를 제작한다.

④ 배수의 급수설비로의 역류 방지 대책: 일시적인 부압으로 역류가 발생하지 않도록 토수구 공간을 두거나 역류방지기(역류방지밸브와 진공브레이커)를 설치한다.

⑤ 크로스커넥션(Cross Connection)

　㉠ 뜻: 음용수와 음용수 이외의 물질이 혼입되어 오염되는 현상(급수계통의 배관과 다른 목적의 배관이 직접 연결)

　㉡ 대책: 각 계통별로 배관의 도색을 다르게 한다.

　㉢ 급수설비 설계 및 시공: 음용수배관 ⇨ 크로스커넥션 이음을 해서는 안 된다.

⑥ 배관의 부식 방지 대책: 수조 및 배관류와 같은 자재는 내식성 재료를 사용한다.

급수 배관의 설계 · 시공

① 급수관의 관경 결정

　㉠ 기구급수관의 관경에 의한 결정: 세정밸브식 대변기 ⇨ 25mm, 세정탱크식 대변기, 세면기 ⇨ 10mm

　㉡ 관균등표에 의한 관경 결정(동시사용률 적용): 주관에서 분기된 분기관 또는 지관 등의 소규모 급수관의 관경 결정에 이용

　㉢ 마찰저항선도(유량선도)에 의한 방법: 대규모 건축물에서 탱크에서의 취출관, 횡주관, 주관의 관경을 결정할 때 사용하며, 이 방법은 급수관 속을 흐르는 유량과 허용마찰을 통해 관경을 구한다.

　　ⓐ 동시사용유량 계산(헌터 곡선)

　　　ⅰ) 기구급수부하단위는 각 급수기구의 표준토출량, 사용빈도, 사용시간을 고려하여 1개의 급수기구에 대한 부하의 정도를 예상하여 단위화한 것이다.

　　　ⅱ) 급수부하단위(FU): 세면기의 1분당 30L의 급수량을 1단위로 하여 각 기구의 단위를 산출하여 급수량을 정하는 방법으로, 주로 급수관의 관경을 구하는 데 적용된다.

기구명	수전	기구급수부하단위	
		개인용 (아파트, 호텔)	공중용 (사무소, 학교)
대변기	세정밸브	6	10
	세정탱크	3	5
세면기	급수전	1	2
욕조	급수전	2	4
주방 싱크	급수전	3	–
샤워기	혼합밸브	2	4

   iii) 동시사용유량 곡선(헌터 곡선)을 이용해 동시사용유량 산정
  ⓑ 허용마찰손실 계산
  ⓒ 관경 결정
② **배관구배**: 급수관의 기울기는 상향 기울기로 한다. 그러나 옥상탱크식에서는 수평 주관을 하향 기울기로 한다. 급수관의 기울기는 250분의 1을 표준으로 한다.
  ㉠ **하향배관**: 횡주관 ⇨ 선하향구배, 각 층의 횡지관 ⇨ 선상향구배
  ㉡ **상향배관**: 횡주관 ⇨ 선상향구배, 각 층의 횡지관 ⇨ 선상향구배
③ **밸브**
  ㉠ **공기빼기밸브의 설치목적**: 굴곡 배관이 되어 공기가 차게 되는 부분에 설치하여 유체의 흐름을 원활하게 한다.
  ㉡ **배니(찌꺼기 제거)밸브**: 배관의 말단 부분인 청소구에 설치하여 침전 물질 등 부유물을 제거한다.
  ㉢ **퇴수밸브**: 수평배관에서 물이 고일 수 있는 부분에 설치한다.
  ㉣ **지수밸브**: 분기점에 설치하여 국부적 단수로 급수 계통의 수량 및 수압 조정
  ㉤ **급수 수직배관의 설계시공**
   ⓐ 수직배관에는 25 ~ 30(m) 구간마다 체크밸브를 설치하여 유동 정지 시의 역류에너지의 작용을 분산하며, 체크밸브 상류 측에는 워터해머흡수기를 부착하여 체크밸브의 파손을 방지하고 워터해머로 인한 소음과 진동을 흡수하도록 하여야 한다.
   ⓑ 수직배관이 방향을 바꾸어 수평배관으로 이어지고, 수평배관이 다시 수직하강하는 등의 굴곡배관이 불가피한 경우에는 최초의 수직배관 상단에는 진공방지밸브를, 두 번째 수직배관에는 공기빼기밸브를 부착하여 진공발생을 방지하여야 한다.
    ❍ 진공방지밸브를 사용하는 경우에는 반드시 유입된 공기를 제거하기 위한 공기빼기밸브를 함께 사용하여야 한다.
④ **유니온과 플랜지**: 관의 교체나 펌프의 고장 수리 시 사용한다.

⑤ 수격작용(Water Hammering): 배관 내의 마찰음
  ㉠ 발생원인(압력상승으로 발생)
    ⓐ 유속이 빠를 때(압력상승과 비례)
    ⓑ 관경이 작을 때(압력상승과 반비례)
    ⓒ 밸브 수전을 급히 잠글 때
    ⓓ 굴곡 개소가 많을 때
    ⓔ 20m 이상 고양정일 때
    ⓕ 감압밸브를 사용하지 않을 때
      ❍ 수격작용이 발생할 우려가 있어 이에 대한 대책을 고려하여야 하는 지점
        ⅰ) 물탱크 등에 설치된 볼탭
        ⅱ) 급폐쇄형 수도꼭지 사용개소
        ⅲ) 펌프 토출 측 및 양수관 구간에 설치된 체크밸브 상단
        ⅳ) 급수배관 계통의 전자밸브, 모터밸브 등 급폐쇄형 밸브설치 개소
  ㉡ 방지책
    ⓐ 관 내 유속은 느리게, 관경은 크게
    ⓑ 수전류 등의 폐쇄하는 시간을 느리게
    ⓒ 기구류 가까이에 공기실(에어챔버)을 설치
    ⓓ 수격작용 방지기를 밸브 근처에 부착
    ⓔ 굴곡 배관을 억제 ⇨ 직선배관
    ⓕ 펌프의 토출 측에 릴리프밸브나 스모렌스키 체크밸브를 설치(압력상승 방지)
    ⓖ 자동수압 조절밸브를 설치
⑥ 슬리브배관
  ㉠ 바닥이나 벽을 관통하는 배관의 경우 콘크리트를 타설할 때 미리 철관인 슬리브를 넣고, 이 슬리브 속에 관을 통과시켜 배관을 한다.
  ㉡ 설치목적
    ⓐ 차후에 관의 교체 및 보수가 편리
    ⓑ 배관의 신축 및 팽창 ⇨ 흡수
⑦ **배관 피복의 목적**: 방식, 방동, 방로(결로방지), 방음(방진×)
⑧ **수압시험시기**: 배관공사 후 ⇨ 피복하기 전(모든 배관공사 후에만 실시×)

소유자 등의 위생조치	① 아파트의 소유자 또는 관리자(관리사무소장) ⇨ 급수설비에 대한 소독 등 위생조치(위생조치를 하지 않을 경우 ⇨ 2년 이하의 징역 또는 2천만원 이하의 벌금) ② 위생조치사항 　㉠ 저수조 청소 　　ⓐ 반기 1회 이상 　　ⓑ 신축 또는 1개월 이상 사용이 중단된 저수조 ⇨ 사용 전 　㉡ 저수조 청소 후 조치: 위 ㉠에 따라 청소를 하는 경우, 청소에 사용된 약품으로 인하여 「먹는물 수질기준 및 검사 등에 관한 규칙」에 따른 먹는 물의 수질기준이 초과되지 않도록 하여야 하며, 청소 후에는 저수조에 물을 채운 다음 아래의 기준을 충족하는지 여부를 점검하여야 한다. 　　ⓐ 잔류염소: 리터당 0.1밀리그램 이상 4.0밀리그램 이하 　　ⓑ 수소이온농도(pH): 5.8 이상 8.5 이하 　　ⓒ 탁도: 0.5NTU 이하 　㉢ 위생상태 점검(위생점검): 월 1회 이상(조사사항: 저수조 주위의 상태, 저수조 본체의 상태, 저수조 윗부분의 상태, 저수조 안의 상태, 맨홀의 상태, 월류관·통기관의 상태, 냄새, 맛, 색도, 탁도) 　㉣ 수질검사: 매년 마지막 검사일부터 1년이 되는 날이 속하는 달의 말일까지의 기간 중에 1회 이상 수질검사기관에 의뢰 　　ⓐ 시료채취: 저수조 또는 저수조로부터 가장 가까운 수도꼭지에서 채수 　　ⓑ 수질검사항목: 탁도·수소이온농도·잔류염소·일반세균·총대장균군·분원성대장균군 또는 대장균 　㉤ 청소·위생점검·수질검사 및 조치결과 기록의 보관 ⇨ 2년
급수관의 상태검사 및 조치 등	① 일반검사의 주기: 일반검사를 다음의 구분에 따라 실시하여야 한다. 　㉠ 최초 일반검사: 해당 건축물 또는 시설의 준공검사(급수관의 갱생·교체 등의 조치를 한 경우를 포함)를 실시한 날부터 5년이 경과한 날을 기준으로 6개월 이내에 실시 　㉡ 2회 이후의 일반검사: 최근 일반검사를 받은 날부터 2년이 되는 날까지 매 2년마다 실시 ② 전문검사: 소유자등은 일반검사 결과가 다음의 어느 하나에 해당하면 전문검사를 하고, 급수관을 갱생하여야 한다. 다만, 전문검사 결과 갱생만으로는 내구성을 유지하기 어려울 정도로 노후한 급수관은 새 급수관으로 교체하여야 한다. 　㉠ 일반검사의 검사항목에 대한 검사기준을 2회 연속 초과하는 경우 　㉡ 일반검사의 검사항목 중 납·구리 또는 아연에 대한 검사기준을 초과하는 경우

③ 결과의 보고 및 보존: 소유자등은 위 ②에 따른 세척·갱생·교체 등의 조치를 하였을 때에는 그 결과를 일반수도사업자에게 보고하고, 그와 관련된 자료를 3년 이상 보존하여야 한다.

① 일반검사

분류	항목	검사 방법
기초조사	준공연도, 배관도면	관련 도면·서류·현지조사 등을 병행한다.
	관 종류, 관경(관지름), 배관길이	관련 도면·서류·현지조사 등을 병행한다.
	문제점 조사	㉠ 출수불량, 녹물 등 수질불량 등을 조사한다. ㉡ 누수, 밸브 작동 상태 등을 조사한다. ㉢ 이용 주민으로부터의 탐문조사 등을 활용한다.
급수관 수질검사	시료 채취 방법	건물 내 임의의 냉수 수도꼭지 하나 이상에서 물 1리터를 채취한다.
	검사 항목 및 기준	㉠ **탁도**: 1NTU 이하 ㉡ **수소이온농도**: 5.8 이상 8.5 이하 ㉢ **색도**: 5도 이하 ㉣ **철**: 0.3mg/ℓ 이하 ㉤ **납**: 0.01mg/ℓ 이하 ㉥ **구리**: 1mg/ℓ 이하 ㉦ **아연**: 3mg/ℓ 이하

② 전문검사

분류	항목	검사 방법
현장 조사	수압 측정	가장 높은 층의 냉수 수도꼭지를 하나 이상 측정(화장실의 수도꼭지를 표본으로 측정)하되, 건물이 여러 동일 경우에는 각 동마다 측정한다.
	내시경 관찰	단수시킨 후 지하저수조 급수배관, 입상관(立上管), 건물 내 임의의 냉수 수도꼭지를 하나 이상 분리하여 내시경을 이용하여 진단한다.
	초음파 두께 측정	건물 안의 임의의 냉수 수도꼭지 하나 이상에서 스케일 두께를 측정한다.
	유속	건물 안의 가장 높은 층의 냉수 수도꼭지 하나 이상에서 유속을 측정한다.
	유량	건물 안의 가장 높은 층의 냉수 수도꼭지 하나 이상에서 유량을 측정한다.
	외부 부식 관찰	계량기 등에 연결된 급수 및 온수 배관, 밸브류 등의 외부 부식 상태를 관찰하여 검사한다.

급수설비 상태검사의 구분 및 방법

수도시설 관리교육	① 교육대상: 아파트 및 복리시설의 소유자나 관리자(공동주택관리법에 따른 공동주택에 대하여는 관리사무소장을 건축물이나 시설의 관리자로 본다), 저수조청소업자, 일반수도사업자, 상수도관망 관리대행업자는 환경부장관이 행하는 수도시설의 관리에 관한 교육을 받아야 한다. ② 교육 실시시기: 위 ①에 해당하는 자는 5년마다 8시간의 집합교육 또는 이에 상응하는 인터넷을 이용한 교육을 받아야 한다. 다만, 최초 교육은 교육대상자가 된 날부터 1년 이내에 받아야 하며, 소독 등 위생조치규정을 위반한 자와 영업정지처분을 받은 자는 위반행위가 적발된 날부터 2년 이내에 재교육을 받아야 한다.

핵심 20 펌프

① 펌프의 일반적인 분류

펌프의 종류	터보형	원심식	볼류트 펌프
			터빈 펌프(디퓨져 펌프)
		사류식	볼류트 펌프
			터빈 펌프
		축류식	축류 펌프
	용적형	왕복식	피스톤 펌프
			플런저 펌프
			다이아프램 펌프
		회전식	기어 펌프
			베인 펌프
			로터리 펌프
	특수형		와류(마찰) 펌프, 수격 펌프, 진공 펌프

② 왕복 펌프: 실린더 속에서 피스톤, 플런저, 버킷 등의 왕복운동으로 물을 빨아올려 송출하는 방식

피스톤 펌프	수량이 많고 수압이 낮은 곳에 사용된다.
플런저 펌프	수량이 적고 수압이 높은 곳에 사용된다.
워싱톤 펌프	구조가 간단하고 고장이 적으며, 보일러 보급수용으로 사용된다.

③ 원심 펌프

볼류트 펌프	축에 날개차(Impeller)가 달려 있어 원심력으로 양수하며, 20m 이하의 저양정에 사용한다. 급탕, 냉온수, 냉각기 등의 양정이 낮은 순환용 펌프로 많이 사용한다.	
터빈 펌프 (디퓨저 펌프)	축과 날개차 이외에 안내날개(Guide vane)가 달려 있어 물의 흐름을 조절하며, 20m 이상의 고양정에 사용한다. 날개차의 수에 따라 단단 터빈 펌프(20m 이하의 저양정에 이용), 다단 터빈 펌프(20m 이상의 고양정에 이용)로 구분한다(안내날개 ⇨ 속도 에너지를 압력 에너지로 변환).	
라인 펌프	강제순환 방식의 급탕·난방설비에 설치하여 온수순환용으로 사용한다.	
심정 펌프	보어홀 펌프	날개차와 스트레이너는 물속에 있고 모터는 땅 위에 있어 지상의 모터와 물속의 날개차를 긴 축으로 연결하여 작동시키며, 깊은 우물의 양수에 사용하는 입형 다단 터빈 펌프이다. 고장이 많고 수리가 어렵다.
	수중 모터 펌프	수직형 터빈 펌프 밑에 모터를 직결하여 양수하며, 모터와 터빈은 수중에서 작동한다. 완전 방수구조로 되어 있어 설치운반과 조작이 간편하다.
논클러그 펌프 (오수 펌프)	지하층 등에 설치된 대·소변기에서 사용된 오수, 오물 잔재의 고형물이나 천조각 등이 섞인 물을 배제하는 데 사용되는 펌프이며, 특수 회전 펌프이다.	

○ 원심(와권) 펌프: 급수, 급탕, 배수 등에 주로 사용되며 볼류트 펌프(양정 20m 이하), 터빈 펌프(양정 20m 이상), 보어홀 펌프(양정 100m 이상) 등이 있다.

④ 기타펌프: 기어 펌프, 제트 펌프, 마찰 펌프(웨스코 펌프, 와권 펌프, 재생 펌프), 공기양수 펌프(에어리프트 펌프)

흡상 높이 및 펌프의 설계

① 펌프의 흡상 높이: 펌프의 이론상 흡입양정은 대기압 상당하는 수두로서 10.33m 이지만 해발이나 수온이 높을수록(기압이 낮아질수록) 작아진다.

② 펌프의 설계

　㉠ 펌프의 실양정: H_a = 흡입양정(H_s) + 토출양정(H_d) (m)

　　○ 실양정: 물을 높은 곳으로 보내는 경우, 흡수면으로부터 토출수면까지의 수직거리를 실양정이라고 한다.

　㉡ 펌프의 전양정: H = 흡입양정(H_s) + 토출양정(H_d) + 마찰손실수두(H_f) (m)

　　○ 전양정: 흡수면으로부터 토출수면까지의 거리만큼 물이 올라가는 데 필요한 에너지를 전양정이라고 한다.

　　○ 속도수두를 포함할 때의 전양정

$$흡입양정 + 토출양정 + 마찰손실수두 + 속도수두(= \frac{v^2}{2g})$$

◐ **속도수두**: 물이 흐를 때는 유속에 상당하는 에너지가 필요한데, 이 에너지를 '속도수두'라고 한다. 이는 배관의 흡입구와 토출구에서 발생하는 압력손실이다.

ⓒ 펌프의 관경

$$d(m) = 1.13 \times \sqrt{\frac{\text{유량(m}^3\text{/s)}}{\text{유속(m/s)}}} = \sqrt{\frac{4Q}{vt}}$$

ⓔ 펌프의 축동력

$$\frac{\rho \times Q \times H}{K \times E} \text{ (kW)}$$

ρ: 물의 밀도[(1,000kg/m³)], Q: 양수량(m³/min), H: 전양정(m)
K: 정수 ⇨ 6,120(kW), E: 펌프의 효율(%)

ⓜ 펌프의 소요동력(모터동력, 구동동력)

$$\text{축동력} \times (1 + \alpha) \text{ (kW)}$$

α: 여유율

ⓗ 펌프의 상사법칙
   ⓐ 유량(양수량, 토출량)은 회전수 변화에 비례한다.
   ⓑ 양정은 회전수 변화의 제곱에 비례한다.
   ⓒ 동력은 회전수 변화의 세제곱에 비례한다.

토출량(m³/min)	양정(m)	축동력(kW)
$Q_2 = Q_1\left(\dfrac{N_2}{N_1}\right)$	$H_2 = H_1\left(\dfrac{N_2}{N_1}\right)^2$	$L_2 = L_1\left(\dfrac{N_2}{N_1}\right)^3$

Q_1, H_1, L_1: 회전수 N_1(rpm)일 때의 토출량(m³/min), 양정(m), 축동력(kW)
Q_2, H_2, L_2: 회전수 N_2(rpm)일 때의 토출량(m³/min), 양정(m), 축동력(kW)

ⓢ 펌프의 운전
   ⓐ **직렬운전**: 토출량은 동일하고 양정이 2배가 된다(실제로는 배관 내 마찰손실로 인해 양정이 2배보다 적으며, 유량도 약간 증가).
   ⓑ **병렬운전**: 토출량은 2배가 되고 양정은 동일하다(실제로는 배관 내 마찰손실로 인해 유량이 2배보다 적으며, 양정도 약간 증가).
   ◐ **펌프의 성능곡선**: '성능곡선'이란 펌프의 해당 회전수에서의 유량, 양정, 효율, 동력, 필요흡입수두 등의 상관관계를 나타낸 곡선이다.

	① 공동현상(Cavitation): 물이 관 속을 유동하고 있을 때 흐르는 물속의 어느 부분의 정압이 그때 물의 온도에 해당하는 증기압 이하로 되면 부분적으로 증기(기포)가 발생하는 현상을 말한다.

① 공동현상(Cavitation): 물이 관 속을 유동하고 있을 때 흐르는 물속의 어느 부분의 정압이 그때 물의 온도에 해당하는 증기압 이하로 되면 부분적으로 증기(기포)가 발생하는 현상을 말한다.

　㉠ 공동현상 발생에 따르는 여러 가지 현상 ⇨ 소음과 진동이 생긴다.

　㉡ 방지법

　　ⓐ 펌프의 설치높이를 될 수 있는 대로 낮추어 흡입 양정을 짧게 하고, 흡입 배관의 마찰손실을 줄인다.

　　ⓑ 흡수관을 굵게 하고 동시에 관 내에 공기가 체류하지 않도록 배관한다.

　　ⓒ 설계상의 펌프 운전범위 내에서 항상 필요 NPSH가 유효 NPSH보다 작게 되도록 배관계획을 한다.

　　ⓓ 흡입조건이 나쁜 경우는 비속도를 작게 하기 위해 회전수가 작은 펌프를 사용한다.

　　ⓔ 양흡입 펌프를 사용한다.

　　ⓕ 두 대 이상의 펌프를 사용한다.

② 수격작용(Water Hammering): 관 속을 충만하게 흐르고 있는 액체의 속도를 급격히 변화시키면 액체에 심한 압력의 변화가 생긴다. 이 현상을 수격작용이라고 한다.

③ 서징현상(맥동현상, Surging)

　㉠ 정의: 펌프, 송풍기 등이 운전 중에 한숨을 쉬는 것과 같은 상태가 되어, 펌프인 경우 입구와 출구의 진공계, 압력계의 침이 흔들리고 동시에 송출유량이 변화하는 현상, 즉 송출압력과 송출유량 사이에 주기적인 변동이 일어나는 현상을 말한다.

　㉡ 서징현상의 발생원인

　　ⓐ 펌프의 양정 특성곡선이 산형 특성이고, 그 사용범위가 오른쪽으로 증가(우상향구배)하는 특성을 갖는 범위에서 사용할 때

　　ⓑ 배관 중에 물탱크나 공기탱크가 있을 때

　　ⓒ 토출량을 조절하는 밸브위치가 수조 또는 공기체류하는 곳보다 하류(수조 뒤쪽)에 있을 때

　㉢ 대책: 서징현상을 방지하기 위해서는 관로에 있는 불필요한 잔류 공기를 제거하여야 하며, 펌프의 토출 측에 바이패스를 설치하여 토출수량의 일부를 흡입 측으로 되돌려 준다.

④ 펌프의 베이퍼록(Vapor-Rock)현상: 비등점이 낮은 액체 등을 이송할 경우 펌프의 입구 측에서 발생하는 현상으로, 일종의 액체의 비등현상을 말한다.

왼쪽 여백: 펌프의 이상 현상

급탕 기초	① 혼합수 온도

① 혼합수 온도

$$Tm = \frac{(T_1 \times G_1) + (T_2 \times G_2)}{G_1 + G_2}$$

Tm: 혼합수 온도($^\circ$C)
T_1, G_1: 각각 냉수의 질량(kg)과 온도($^\circ$C)
T_2, G_2: 각각 온수의 질량(kg)과 온도($^\circ$C)

② 열량(kJ)

$$Q = m(\text{kg}) \times C(\text{비열: kJ/kg} \cdot \text{K} \Rightarrow \text{물의 비열은 4.2}) \times \Delta t(\text{온도차})$$

③ 급탕부하

$$\frac{\text{급탕량(kg/h)} \times \text{비열(kJ/kg} \cdot \text{K)} \times \text{온도차(K)}}{3,600(\text{s/h})} \text{ (kW)}$$

④ 급탕소요전력량(kW)

$$\frac{m \times C \times \Delta t}{3,600 \times \eta}$$

m: 물체의 질량(kg/h), C: 물체의 비열(4.2kJ/kg$\cdot$K)
Δt: 온도차(K 또는 $^\circ$C), η: 효율

⑤ 가스소비량(m^3/h)

$$\frac{m \times C \times \Delta t}{H \times E}$$

m: 물체의 질량(kg/h), C: 물체의 비열(4.2kJ/kg$\cdot$K), Δt: 온도차(K 또는 $^\circ$C)
H: 가스발열량(kJ/m^3), E: 효율

급탕방식

① 개별식 급탕방식
ㄱ 특징

장점	단점
ⓐ 급탕개소가 적을 경우에는 설비비가 싸며 유지관리가 용이하다.	ⓐ 규모가 커지면 가열기 설치개수가 많아 유지관리가 불편하다.
ⓑ 배관길이가 짧아 열손실이 적다.	ⓑ 공급개소마다 가열기 설치공간이 필요하다.
ⓒ 건물이 완성된 후에도 급탕개소의 증설이 비교적 용이하다.	ⓒ 가스온수기의 경우 건축의장, 구조상으로 제약을 받기 쉽다.
ⓓ 주택 등에서는 난방 겸용 온수보일러 등을 사용할 수 있다.	ⓓ 소형 온수보일러는 수압의 변동이 생겨 사용이 불편하다.

ⓛ 종류

　　　　　ⓐ 순간 온수기(즉시 탕비기)

　　　　　　　ⅰ) 급탕관의 일부를 가열하여 온수를 얻는 방법

　　　　　　　ⅱ) 급탕온도 ⇨ 60 ~ 70℃, 처음에 찬물이 나옴

　　　　　ⓑ 저탕형 탕비기

　　　　　　　ⅰ) 서모스탯에 의하여 항상 일정한 온도의 탕을 공급

　　　　　　　　❖ 서모스탯: 자동온도조절기 ⇨ 제어대상의 온도를 검출하여 바이메탈 또는 벨로즈를 이용하여 접점을 on-off시킨다.

　　　　　　　ⅱ) 비등점(100℃)에 가까운 온수를 얻는다.

　　　　　ⓒ 기수혼합식

　　　　　　　ⅰ) 열효율 ⇨ 100%

　　　　　　　ⅱ) 증기(열원) 주입으로 소음이 크다(소음제거를 위하여 스팀 사일렌서 사용).

　② 중앙식 급탕방식

　　　ⓘ 특징

장점	단점
ⓐ 연료비가 적게 든다(효율이 높다). ⓑ 일반적으로 공조설비의 열원장치와 겸용 설치되므로 열원단가가 낮아진다. ⓒ 기계실에 다른 설비 기기류와 함께 가열장치 등이 설치되므로 집중관리가 용이하다. ⓓ 배관에 의해 필요한 어느 장소에도 공급이 가능하다.	ⓐ 설비규모가 크고 복잡하므로 초기 시설비가 많이 든다. ⓑ 대규모이고 복잡하므로 전문기술자가 필요하다. ⓒ 급탕 공급관이 길어 열손실이 크다. ⓓ 시공 후 기구증설에 따른 배관 변경 공사를 하기 어렵다.

　　　ⓛ 중앙식 급탕방식의 비교

구분	직접가열식	간접가열식
보일러	급탕용·난방용 보일러 각각 설치	난방용 보일러로 급탕까지 가능
보일러 내의 스케일	많이 낀다.	거의 끼지 않는다.
보일러 내의 압력	고압	저압
건물의 규모	중·소규모 건물	대규모 건물
저탕조 내의 가열코일	불필요	필요
열효율	높다.	약간 떨어진다.
가열 장소	온수보일러	저탕조

① 급탕온도: 필요한 급탕온도는 용도에 따라 다르나, 보통 $60 \sim 70℃$를 표준으로 한다.
② 급탕량의 산정
　㉠ 인원수에 의한 방법
　　ⓐ 1일 급탕량

$$Q_d(\text{L/d}) = N \times q_d$$

N: 사용 인원수(인)

　　ⓑ 시간최대 급탕량

$$Q_m(\text{L/h}) = Q_d \times q_h$$

▶ 건물의 종류별 급탕량

건물의 종류	1인 1일당 급탕량 (L/d·c)	1일 사용에 대한 1시간당 최대치 비율	피크로드의 지속시간	1일 사용량에 대한 저탕비율	1일 사용량에 대한 가열 능력비율
	q_d	q_h	h	v	r
주택, 아파트	$75 \sim 150$	1/7	4	1/5	1/7

　㉡ 기구의 종류 및 개수에 의한 방법
③ 보일러의 가열능력

$$H(\text{kW}) = \frac{Q_d \times r \times C \times (t_h - t_c)}{3,600}(\text{kW})$$

Q_d: 1일 급탕량(L/d), r: 가열능력비율, t_h: 급탕온도(℃)
t_c: 급수온도(℃), C: 물의 비열(4.2kJ/kg·K)

④ 저탕조의 용량

$$V(\text{L}) = Q_d \times v$$

Q_d: 1일 급탕량(L/d)
v: 1일 사용량에 대한 저탕비율

⑤ 순환펌프의 순환수량

$$W = \frac{Q}{60 \cdot C \cdot \varDelta t}$$

W: 순환수량(L/min), Q: 배관과 펌프 및 기타 손실열량(kJ/h)
C: 물의 비열(kJ/kg·K), $\varDelta t$: 급탕·반탕의 온도 차(K 또는 ℃)

급탕 설계

⑥ 팽창관

    ㉠ 온수 순환 배관 도중에 이상 압력이 생겼을 때 그 압력을 흡수하는 도피구이 자 안전장치이다.

    ㉡ 팽창관의 연결은 급탕 수직주관의 끝을 연장하여 중력(팽창)탱크에 자유 개 방한다(= 간접 배수).

$$H > h \left(\frac{\rho}{\rho'} - 1 \right) (\mathrm{m})$$

    h: 고가탱크에서의 정수두(m), ρ: 물의 밀도(kg/l), ρ': 탕의 밀도(kg/l)

    ㉢ 팽창관 도중에는 절대로 밸브류를 달아서는 안 된다.

⑦ 팽창탱크

    ㉠ 급탕장치 내 물의 팽창에 의해 팽창관으로 유출하는 수량을 저장하는 탱크로 서, 고가수조를 팽창탱크의 겸용으로 사용하는 경우도 있으나 별도로 설치하 는 것이 바람직하다.

    ㉡ 설치높이: 팽창탱크 설치높이는 탱크의 아래쪽이 최고층 급탕전보다 1.2m 이상 높은 곳에 설치한다.

    ㉢ 용량

$$V_e(\mathrm{m}^3) = \left(\frac{1}{\rho_2} - \frac{1}{\rho_1} \right) \cdot V$$

    V: 배관 및 기기 내 급탕량(m³), ρ_1: 물의 밀도(kg/L), ρ_2: 급탕의 밀도(kg/L)

⑧ 관의 신축과 팽창량

$$L(\mathrm{mm}) = 1{,}000 \times l \times C \times \Delta t$$

    l: 온도변화 전 관의 길이(m), C: 관의 선팽창계수, Δt: 온도변화(℃)

급탕 계통의 부속 장치

① 체크밸브: 급탕탱크의 급수관에는 급탕이 급수관으로 역류하지 않도록 체크밸브 를 설치하여야 한다.

② 배수밸브: 급탕탱크 하단에는 배수밸브를 설치하여야 한다.

③ 순간급탕가열기의 급탕온도제어: 탱크 없는 순간급탕가열기의 급탕온도는 60℃ 이하로 설정할 수 있어야 한다.

④ 온도제어장치: 급탕탱크나 급탕가열기의 급탕온도는 최저에서 최고허용온도까 지 원하는 설정온도로 조정이 가능한 자동온도제어장치를 설치하여야 한다.

⑤ 차단밸브: 급탕탱크나 급탕가열기의 급수관에는 차단밸브를 설치하여야 한다.

⑥ 진공 릴리프밸브: 급탕탱크에는 급탕온도 하강에 따른 진공에 의한 탱크 손상 방 지를 위해 진공 릴리프밸브를 설치하여야 한다.

⑦ 압력 릴리프밸브: 급탕탱크나 탱크 상부 급탕배관에 압력 릴리프밸브를 설치 하여야 한다.

급탕배관

① 배관방식

   ⊙ 단관식(1관식): 공급관뿐인 배관방식으로, 순환관이 없어서 배관이 짧고(15m 이내) 간단하여 설비비가 적게 들기 때문에 주택이나 소규모 건물에 많이 이용된다.

      ⓐ 배관길이가 짧아 경제적이다.

      ⓑ 온수가 공급되기 전 처음에는 찬물이 나온다.

      ⓒ 주택 등의 소규모 급탕설비에 이용한다.

   ⓛ 순환식(복관식, 2관식): 저탕조를 중심으로 회로배관을 형성하고 탕물이 항상 순환하고 있으므로 급탕전을 열면 뜨거운 물이 나오는 장점이 있다. 급탕관의 길이가 길 때 관 내 온수의 냉각을 방지하기 위하여 보일러에서 급탕밸브까지의 순환관을 배관하는 방식으로 대규모 건물에 주로 사용된다.

      ⓐ 시설비가 다소 비싸다.

      ⓑ 온수공급관과 환수관이 분리되어 있다.

      ⓒ 수전을 열면 즉시 온수가 나온다.

      ⓓ 중앙공급식 아파트 등에 이용한다.

② 관경

   ⊙ 최소관경 ⇨ 20mm 이상

   ⓛ 급수관경보다 한 치수 큰 것 사용

   ⓔ 반탕관(최소 20mm 이상) ⇨ 급탕관보다 작은 치수의 것을 사용(급탕관경의 1/2~2/3)

   ⓕ 급탕배관의 관경 결정에서 기구 급탕부하 단위는 기구 급수부하 단위의 3/4으로 한다.

③ 배관의 구배

   ⊙ 중력 순환식 ⇨ 1/150, 강제 순환식 ⇨ 1/200

   ⓛ **상향 공급방식**: 급탕관 ⇨ 선상향구배, 반탕관 ⇨ 선하향구배

   ⓔ **하향 공급방식**: 급탕관 + 반탕관 ⇨ 선하향구배(순구배)

   ❖ **고온배관 기울기의 원칙**: 고온의 유체를 수송하는 급탕배관은 상향 기울기로 하는 것이 원칙이다.

④ 순환방식

   ⊙ **중력식**: 급탕관과 순환관의 물의 온도차에 의한 대류작용으로 자연순환되는 방식으로, 소규모 건물에 적합하다.

   ⓛ **강제식**: 순환펌프를 설치하여 이 펌프에 의해서 강제적으로 온수를 순환시키는 방식으로, 중규모 이상 건물의 중앙식 급탕법에 적당하다.

⑤ **역환수 방식(리버스 리턴 방식)**: 하향식의 경우에 각 층의 온도차를 줄이기 위하여 층마다 순환배관길이가 같도록 반탕관을 역환수시켜 온수 순환을 균등(촉진)하게 하고 공급온도를 일정하게 한다.

　ㄱ **역환수 방식의 목적**: 탕의 순환을 촉진, 온수의 온도가 떨어지는 결점 보완, 탕의 배분을 균등하게 한다.

　ㄴ **설계**: 환탕유량으로 균등하게 분배될 수 있도록 역순환방식으로 배관하거나 수동밸런싱 밸브(수동정유량 밸브)를 설치한다.

시공상 주의사항	① **공기빼기밸브**: 배관 시공에서 ㄷ자형 배관은 피하고, 부득이 굴곡배관을 할 경우에는 공기빼기밸브를 설치하여 온수의 흐름을 원활하게 한다. ② **신축이음** 　ㄱ **스위블 조인트**: 2개 이상의 엘보를 이용하여 나사부의 회전으로 신축을 흡수, 방열기 주변에 많이 이용, 누수의 염려 　ㄴ **슬리브형**: 신축량이 크고 소요공간이 작으며, 패킹의 파손 우려 ⇨ 누수되기 쉬워 보수가 용이한 곳에 설치하여야 한다. 　ㄷ **벨로즈형**: 주름모양의 원형판에서 신축을 흡수하고, 설치공간은 작은 편으로 누수의 염려가 있으며, 고압에는 부적당하다. 　ㄹ **신축곡관(루프형)**: 파이프를 원형 또는 ㄷ자형으로 밴딩하여 밴딩부분에서 신축을 흡수하고, 고압에 잘 견딘다. 신축길이가 길고, 설치에 넓은 장소가 필요하며, 천장 수평관 및 옥외배관에 적당하다. 　ㅁ **볼조인트**: 내측 케이스와 외측 케이스로 구성되어 있고, 일정 각도 내에서 자유로이 회전한다. 볼조인트를 2 ~ 3개 사용해 배관하여 관의 신축을 흡수하고, 수직관에서 분기되는 횡지관의 신축이음이나 직각배관 등에 주로 사용하며, 신축곡관에 비해 설치공간이 작다. 　ㅂ **누수의 크기 순서**: 스위블 조인트 > 슬리브형 > 벨로즈형 > 볼조인트 > 신축곡관 　ㅅ **설치간격**: 강관 ⇨ 30m, 동관 ⇨ 20m ③ **관의 부식**: 동일 재질의 관을 사용하였을 경우 급탕배관은 급수배관보다 관의 부식이 발생하기 쉽다. ④ **급탕설비의 고려사항** 　ㄱ 고층 건물에서 급탕압력을 일정압력 이하로 제어하기 위해 감압밸브를 설치하는 경우 급수계통에 설치하도록 한다. 　ㄴ **위생기구의 급탕수도꼭지 위치**: 급탕수도꼭지는 위생기구의 왼쪽에 설치한다. 　ㄷ **환탕유량의 균등 분배**: 설계 환탕유량으로 균등하게 분배될 수 있도록 역순환방식으로 배관하거나 수동밸런싱 밸브를 설치한다.

화장실의 급수· 배수용 배관	① 급수용 배관에는 감압밸브 등 수압을 조절하는 장치를 설치하여 각 세대별 수압이 일정하게 유지되도록 할 것 ② 배수용 배관은 층상배관공법(배관을 해당 층의 바닥 슬래브 위에 설치하는 공법을 말한다) 또는 층하배관공법(배관을 바닥 슬래브 아래에 설치하여 아래층 세대 천장으로 노출시키는 공법을 말한다)으로 설치할 수 있으며, 층하배관공법으로 설치하는 경우에는 일반용 경질(단단한 재질)염화비닐관을 설치하는 경우보다 같은 측정조건에서 5데시벨 이상 소음 차단성능이 있는 저소음형 배관을 사용할 것
배수 배관의 설치기준	① 승강기 승강로 안 ⇨ 승강기의 운행에 필요한 배관설비 외의 배관설비를 설치하지 아니할 것 ② 압력탱크 및 급탕설비 ⇨ 폭발 등의 위험을 막을 수 있는 시설을 설치할 것 ③ 배관설비의 오수에 접하는 부분 ⇨ 내수재료(방수재료×)를 사용할 것 ④ 지하실 등 공공하수도로 자연배수를 할 수 없는 곳 ⇨ 강제배수시설을 설치할 것 ⑤ 우수관과 오수관은 분리하여 배관할 것
직접 배수와 간접 배수	① 직접 배수: 위생기구의 배수관과 배수 설비를 직접 연결하는 방식이다. ② 간접 배수: 배수관을 배수관 계통에 직접 연결하지 않고 일단 배수구 공간을 둔 후 트랩이나 기구, 물받이 용기 또는 포집기 내로 배수하는 배수관을 말한다. ㉠ 간접 배수로 하는 경우 <table><tr><td>서비스용 기기</td><td>냉장기기류, 주방 관계, 세탁장비, 음수기</td></tr><tr><td>의료, 연구용 기기</td><td>소독기, 멸균장치, 의료세정장치 등</td></tr><tr><td>배관, 장치의 배수</td><td>각종 급수, 공조배관, 공조기, 압력용기</td></tr><tr><td>수처리 관련</td><td>수영장풀, 분수대 등의 배수, 저수조 오버플로관(넘침관)</td></tr></table> ㉡ 간접 배수 설치 시 주의사항 ⓐ 접근 및 청소가 용이한 곳에 설치 ⓑ 트랩을 설치하고 환기가 양호할 것 ⓒ 간접 배수 접속부는 충분한 관경이나 면적을 확보할 것 ⓓ 가급적 간접 배수관은 별도의 계통으로 분리
물의 재이용 계획	① 정의 ㉠ ‘물의 재이용’이란 빗물, 오수(汚水), 하수처리수, 폐수처리수 및 발전소 온배수를 물 재이용시설을 이용하여 처리하고, 그 처리된 물(이하 ‘처리수’라 한다)을 생활, 공업, 농업, 조경, 하천 유지 등의 용도로 이용하는 것을 말한다. ㉡ ‘물 재이용시설’이란 빗물이용시설, 중수도, 하·폐수처리수 재이용시설 및 온배수 재이용시설을 말한다. ㉢ ‘빗물이용시설’이란 건축물의 지붕면 등에 내린 빗물을 모아 이용할 수 있도록 처리하는 시설을 말한다.

② '중수도'란 개별 시설물이나 개발사업 등으로 조성되는 지역에서 발생하는 오수를 공공하수도로 배출하지 아니하고 재이용할 수 있도록 개별적 또는 지역적으로 처리하는 시설을 말한다.

② 물 재이용시설의 설치·관리

　㉠ 빗물이용시설의 설치의무: 대통령령(아래 ㉡으로 정하는 종합운동장, 실내체육관, 공공청사, 공동주택, 학교, 골프장 및 「유통산업발전법」에 따른 대규모점포를 신축(증축·개축 또는 재축하는 경우를 포함)하려는 자는 빗물이용시설을 설치·운영하여야 하며, 설치 결과를 특별자치시장·특별자치도지사·시장·군수·구청장에게 신고하여야 한다.

　㉡ 신축에 따른 빗물이용시설의 설치대상 공동주택: 「건축법 시행령」에 따른 아파트, 연립주택, 다세대주택 및 기숙사로서 건축면적이 1만m^2 이상인 공동주택

　㉢ 증축·개축 또는 재축에 따른 빗물이용시설의 설치대상 공동주택: 위 ㉡의 공동주택으로서 다음의 어느 하나에 해당하는 경우

　　ⓐ 증축으로 누적된 건축면적이 1만m^2 이상인 경우
　　ⓑ 개축·재축한 건축면적이 1만m^2 이상인 경우

　㉣ 빗물이용시설의 관리기준: 빗물이용시설의 관리기준은 다음과 같다.

　　ⓐ 음용 등 다른 용도에 사용되지 아니하도록 배관의 색을 다르게 하는 등 빗물이용시설임을 분명히 표시할 것
　　ⓑ 연 2회 이상 주기적으로 빗물이용시설에 갖추어야 하는 시설에 대한 위생·안전 상태를 점검하고 이물질을 제거하는 등 청소를 할 것
　　ⓒ 빗물사용량, 누수 및 정상가동 점검결과, 청소일시 등에 관한 자료를 기록하고 3년간 보존할 것

③ 중수도의 용도(음용수, 목욕용수, 세수, 세면용수, 세탁용수×)

　㉠ 수세식 화장실 용수 및 조경용수
　㉡ 청소용수 및 살수용수
　㉢ 세차용수 및 소방용수

트랩

① 트랩의 설치목적: 위생기구에서 배출되는 악취(하수가스) 예방

② 트랩의 구비조건

　㉠ 구조가 간단할 것
　㉡ 유수에 의해 내면을 세척하는 자정작용이 있는 구조일 것
　㉢ 칸막이 또는 가동부분이 없는 구조일 것
　㉣ 유효봉수깊이를 유지(50 ~ 100mm)할 것
　㉤ 봉수가 파괴되지 않는 구조일 것
　㉥ 수봉식일 것
　㉦ 내식성, 내구성 재료로 만들 것
　㉧ 기타 구비조건

　　ⓐ 봉수 파괴의 원인이 되는 이물질 제거 등을 위하여 금속제 이음(나사이음)을 사용할 것

ⓑ 봉수부의 소제구는 나사식 플러그 및 적절한 가스켓을 이용한 구조일 것 (누수 방지)

   ❂ 바람직하지 않은 트랩
- 가동부분이 있는 트랩
- 격벽에 의한 것
- 수봉식이 아닌 경우
- 비닐호스에 의한 것
- 2중 트랩
- 내부치수가 동일한 S트랩
- 정부통기트랩
- 사용상태를 잘 고려하지 않은 벨트랩

③ **기구트랩의 관지름**: 트랩의 관지름은 연결된 배수관보다 크지 않아야 한다.

④ **종류**

   ㉠ **사이펀식 트랩(관트랩)**: 봉수파괴가 잘 된다.

      ⓐ S트랩 ⇨ 바닥 밑의 배수수평관에 접속(세면기, 대변기, 소변기)

      ⓑ P트랩 ⇨ 벽에 설치된 배수수직관에 접속(세면기)

      ⓒ U트랩(가옥트랩, 메인트랩) ⇨ 배수횡주관(수직주관×)

   ㉡ **비사이펀식 트랩**: 드럼트랩 ⇨ 싱크대 배수트랩, 벨트랩 ⇨ 욕실 등의 바닥 배수트랩

   ㉢ **포집기(저집기)**: 불순물 등을 분리 수집 + 트랩의 기능

      ⓐ **그리스 포집기**: 주방에서 기름기를 제거분리

      ⓑ **샌드 포집기**: 배수 중 진흙이나 모래를 분리

      ⓒ **헤어 포집기**: 배수관 내 머리카락 분리

      ⓓ **플라스터 포집기**: 치과, 정형외과에서 플라스터(석고)를 제거

      ⓔ **가솔린 포집기**: 가솔린을 트랩 수면 위에 뜨게 하여 휘발

      ⓕ **론더리 포집기**: 세탁소에서 천, 실, 단추 등을 제거

⑤ **봉수파괴 원인 및 대책**

   ㉠ **자기사이펀작용**

      ⓐ **원인**: 위생기구에서 다량의 물이 일시에 배수되면 트랩 내의 봉수가 물의 흡인력에 의해 함께 흘러가는 작용이다.

      ⓑ **대책**: 통기관 설치, 기구배수관의 관경을 트랩의 구경보다 크게 하여 만류가 되는 것을 방지

   ㉡ **유인사이펀작용(흡출작용, 흡인작용, 유도사이펀작용)**

      ⓐ **원인**: 일반적으로 배수수직관의 상·중층부에서는 압력이 부압이 되고, 저층부분에서는 정압이 된다. 이때 배수수직관 내가 부압이 되는 곳에 배수수평지관이 접속되어 있으면 배수수평지관 내의 공기는 수직관 쪽으로 유입되며, 이에 따라 봉수가 이동하여 손실되는 현상이다.

      ⓑ **대책**: 통기관 설치

ⓒ 역사이펀작용(분출작용, 토출작용)
  ⓐ 원인: 트랩에 이어진 기구배수관이 배수수평지관을 경유 또는 직접 배수수직관에 연결되어 있을 때, 이 수평지관 또는 수직관 내를 일시에 다량의 배수가 흘러내리는 경우 그 물 덩어리가 일종의 피스톤 작용을 일으켜 하류 또는 하층 기구의 트랩 속 봉수를 공기의 압력에 의해 역으로 실내쪽으로 역류시키는 현상이다.
  ⓑ 대책: 통기관 설치
ⓔ 모세관현상
  ⓐ 원인: 트랩의 출구에 머리카락·걸레 등이 걸려 아래로 늘어뜨려져 있으면 모세관 작용으로 봉수가 서서히 흘러 내려 마침내 말라 버리는 현상이다 (액체의 응집력과 고체와 액체 사이의 부착력에 의해서 파괴되는 현상).
  ⓑ 대책: 불순물 제거
ⓜ 증발
  ⓐ 원인: 위생기구를 장시간 사용하지 않거나 바닥배수 설치부분을 난방하게 되면 봉수부의 수면에서 봉수가 증발하여 주봉이 파괴되는 현상이다.
  ⓑ 대책: 기름도포, 트랩 보급수 장치 설치
ⓗ 관성작용
  ⓐ 원인: 급격한 배수, 강풍, 지진 등의 원인으로 배관 중에 급격한 압력변화가 생긴 경우 봉수면에 위·아래로 동요가 일어나 사이펀작용을 일으키지 않고도 봉수가 파괴되는 현상이다.
  ⓑ 대책: 격자쇠 설치

통기관

① 설치목적
  ㉠ 주목적 ⇨ 트랩의 봉수 보호
  ㉡ 배수의 흐름을 원활
  ㉢ 배수관 내의 청결유지(통기관은 관 내의 공기를 배출하여 압력을 낮추어 악취가 주변에 퍼지는 것을 막는다)
② 통기관의 말단: 외부에 개방되는 통기관의 말단은 인접건물의 문, 개폐 창문과 인접하지 않아야 한다.
③ 기구 통기관의 연결높이: 통기관과 통기수직관이나 신정통기관과의 연결은 통기관이 담당하는 가장 높은 기구의 물넘침선 위 150mm 이상에서 한다. 통기지관이나 도피통기관 또는 루프통기관의 수평통기관 높이는 가장 높은 기구의 물넘침선 위로 150mm 이상 되어야 한다.
④ 통기관의 종류
  ㉠ 신정통기관
    ⓐ 배수수직관에서 최상부의 배수수평관이 접속한 지점보다 더 상부 방향으로 그 배수수직관을 지붕 위까지 연장하여 이것을 통기관으로 사용하는 관

ⓑ 관지름: 배수수직관의 관지름 이상으로 한다.

ⓒ 그 층의 기구가 1 ~ 2개이고, 또 기구의 위치가 배수수직관에 가까우면 신정통기관만으로도 통기가 가능하다.

ⓛ 통기수직관

ⓐ 브랜치 간격의 수가 5개 이상인 모든 배수수직관에는 통기수직관을 설치한다.

❍ 브랜치 간격: 배수수직관에 연결된 수평지관 사이의 수직 거리가 2.4m 이상인 간격을 말한다. 측정은 수직관에 연결된 최상층 수평지관으로부터 아래로 한다. 브랜치 간격은 두 개의 배수수평지관 간의 거리를 기준으로 1개 층으로 할 것인지 2개 층으로 할 것인지를 구분하는 것이다.

ⓑ 통기수직관의 연결: 배수수직관 하부에 통기수직관을 연결한다. 최하부 배수수평지관 아래에서 통기수직관을 연결한다. 통기수직관을 배수수평주관에 연결하는 경우 배수수직관에서 하류로 배수수직관 관지름의 10배 이내의 거리에서 연결한다.

❍ 1. 통기수직관의 상부는 지름의 축소 없이 그대로 연장하여 단독으로 개구하거나, 제일 높은 곳에 설치한 기구의 물넘침선보다 150mm 이상 높은 위치에서 신정통기관에 접속한다.

2. 통기수직관의 하부는 지름의 축소 없이 최하층 배수수평지관보다 낮은 위치에서 배수수직관에 45° 각도로 접속하거나, 또는 배수수평주관에 접속하여(배수수직관에서 1.5 ~ 2m 거리를 두고 접속) 배수수직관의 최하부에서 발생하는 배수계통 중의 높은 압력을 도출시킨다.

ⓒ 각개통기관

ⓐ 각 위생기구마다 통기관을 취하며, 설비비가 많이 드나 가장 바람직한 통기 배관 방법이다.

ⓑ 각개통기관은 되도록 트랩에 접속(유출부에 접속)시켜 기구의 오버플로면보다 15cm 정도 높은 곳에서 통기수평지관에 접속한다.

ⓒ 각개통기관의 배수관 접속점은 기구의 최고 수면과 배수수평지관이 수직관에 접속되는 점을 연결한 동수구배선보다 상위에 있도록 배관한다.

ⓓ 관지름: 담당 배수관 관지름의 1/2 이상으로서 DN32 이상으로 한다.

ⓔ 회로통기관(루프통기관, 환상통기관)

ⓐ 2개 이상 8개 이하까지의 트랩을 보호하기 위하여 기구배수관이 배수수평지관에 접속하는 지점의 바로 하류에서 인출하여 통기수직관에 연결하는 통기관

ⓑ 루프통기로 통기할 수 있는 기구의 수는 2개 이상 8개 이내이다.

ⓒ 관지름: 배수수평지관 또는 통기수직관의 작은 쪽 관지름의 1/2 이상으로서 DN32 이상으로 한다.

ⓜ 도피통기관
  ⓐ 배수관과 통기관 사이의 공기 순환이 주 기능인 통기관(배수와 통기 양 계통 간의 공기의 유통을 원활히 하기 위해 설치하는 통기관이다)
  ⓑ 상부 수평지관의 오수나 배수를 받는 배수수직관에 4개 이상의 대변기 배수를 받아 연결하여 회로통기를 하는 배수수평지관에는 도피통기관을 설치하여 회로통기관의 통기 능률을 촉진시킨다.
  ⓒ 최하류 기구배수관과 배수수직관 사이에 설치한다.
  ⓓ 브랜치 간격의 수가 11 이상인 건물의 오수와 배수수직관에는 최상부 층에서 시작하여 매 10개의 브랜치 간격마다 도피통기관을 설치한다.
  ⓔ 관지름: 배수수평지관 관지름의 1/2 이상으로서 DN32 이상으로 한다.

ⓗ 습식통기관(습윤통기관, 습통기관)
  ⓐ 2개 이상의 트랩을 보호하기 위해 기구배수관과 통기관을 겸용한 부분
  ⓑ 배수수평지관 최상류 기구의 바로 아래에서 연결한다.

ⓢ 공용통기관: 2개의 위생기구가 같은 레벨로 분기되어 설치되어 있을 때 배수관의 교점에서 접속되어 수직으로 세운 통기관

ⓞ 결합통기관
  ⓐ 배수수직관 내의 압력변동을 방지하기 위하여 수직관 상향으로 통기수직관에 연결하는 통기관을 말한다. 즉, 배수수직관과 통기수직주관을 접속하는 통기관을 말한다.
  ⓑ 5개 층마다 설치해서 배수수직주관의 통기를 촉진한다(브랜치 간격 11 이상을 가진 배수수직관은 최상층으로부터 브랜치 10 이내마다 결합통기관을 설치한다).
  ⓒ 통기수직주관과 배수수직주관의 작은 쪽 관지름으로 하되, 최소 관지름은 DN50으로 한다.

ⓩ 반송통기관: 기구의 통기관을 그 기구의 물넘침선보다 높은 위치에 세운 후 다시 내려서, 그 기구배수관과 다른 배수관의 합류 직전의 수평부에 접속하거나, 또는 바닥 밑을 수평 연장하여 통기수직관에 접속하는 통기관

ⓧ 특수통기관
  ⓐ 소벤트 방식: 통기관을 따로 설치하지 않고 하나의 배수수직관으로 배수와 통기를 겸하는 시스템으로서, 공기혼합 이음쇠와 공기분리 이음쇠의 2개의 특수 이음쇠가 사용된다.
  ⓑ 섹스티아 방식: sextia 이음쇠와 sextia 벤트관을 사용하여 유수에 선회력을 주어 공기코어를 유지시켜 하나의 관으로 배수와 통기를 겸한다.

청소구 설치위치	① 설치장소 　㉠ 가옥 배수관과 부지 하수관이 접속하는 곳 　㉡ 배수수직관의 최하단부(배수수직관과 신정통기관의 접속부분 또는 상단부×) 　㉢ 수평지관의 최상단부 　㉣ 가옥 배수수평주관의 기점 　㉤ 수평관 관경 100mm 이하는 직진거리 15m 이내마다, 관경 100mm 초과는 30m 이내마다 설치 　㉥ 배관이 45° 이상의 각도로 구부러지는 곳 　㉦ 각종 트랩 및 기타 배관상 특히 필요한 곳 ② **개구부 방향**: 모든 청소구는 배수관의 흐름방향이나 그 직각방향에서 청소하고 열 수 있게 설치한다(KCS 기준: 모든 청소구는 배수의 흐름과 반대 또는 직각으로 열 수 있도록 설치). ③ **최소 크기**: DN100 이하의 배관에는 관지름과 같은 크기의 청소구를 설치한다. DN125 이상의 배관에는 DN100 이상 크기의 청소구를 설치한다(KCS 기준: 청소구의 크기는 배수관지름이 100mm 이하인 경우에는 배수관지름과 동일한 지름으로 하고 100mm를 초과하는 경우에는 100mm로 한다).
발포 존	발포 존은 배수관의 45° 이상의 꺽임부 상부 측으로, 발포 존에서는 기구배수관이나 배수수평지관을 접속하는 것을 피해야 한다. 아파트와 같은 공동주택 등에서는 세탁기, 주방 싱크 등에서 세제를 포함한 배수가 위층에서 배수되면, 아래층의 기구 트랩에서 분출작용이 발생하여 트랩의 봉수가 파괴되어 세제 거품이 올라오는 경우가 있다. 위층에서 세제를 포함한 배수는 수직관을 거쳐 유하함에 따라, 물 또는 공기와 혼합하여 거품이 생기고 다른 지관에서의 배수와 합류하면 이 현상은 더욱 심해진다. 물은 거품보다 무겁기 때문에 먼저 흘러내리고 거품은 배수수평주관 혹은 45° 이상의 오셋부의 수평부에 충만하여 오랫동안 없어지지 않는다. 발포 존의 발생을 줄이기 위해서는 배수수평주관의 길이를 짧게 하고, 저층부와 고층부의 배수계통을 별도로 하여야 한다.
통기관 설치 시 주의사항	① 간접 배수통기관은 단독으로 대기 중에 개구한다. ② 정화조의 개구부는 단독으로 대기 중에 개구한다. ③ 통기수직관을 빗물수직관과 연결해서는 안 된다(통기수직관과 빗물수직관의 겸용을 금한다). ④ 통기관을 실내환기용 덕트와 연결해서는 안 된다. ⑤ 2중 트랩이 되지 않도록 한다. ⑥ 배수, 통기 수직주관은 파이프 샤프트 내에 배관하고 변기는 될 수 있는 대로 수직관 가까이에 설치한다. ⑦ 바닥 아래의 통기배관은 금지한다.

① 배수의 흐름 순서: 위생기구 ⇨ 기구배수관 ⇨ 배수횡(수평)지관 ⇨ 배수수직관 (배수입관) ⇨ 배수횡(수평)주관 ⇨ 공공하수관

② 배수관

  ㉠ 기구배수관: 위생기구의 트랩 이후에서 배수수평지관 등 다른 배수관으로 접속하기까지의 배수관이다.

  ㉡ 배수수평지관: 기구배수관의 배수를 배수수직관으로 이끌어 주는 수평관이다.

  ㉢ 배수수직관: 배수수평지관, 기구배수관 및 기기의 배수를 모아 배수수평주관으로 이끌어 주는 수직관이다.

  ○ 종국유속

    1. 배수수직관 내부의 낙하수의 유속은 중력가속도로 인해 급격히 증가하지만 무한정 증가하지는 않는다.

    2. 배관 내벽과의 마찰저항과 관 내에서의 정지 또는 상승하려는 공기에 의해 일정한 유속을 유지하게 되며, 이때의 유속이 종국유속이다.

  ㉣ 배수수평주관: 배수수직관, 기타 배수관 및 기기에서 배수를 모아 건물 밖의 배수탱크나 부지배수관으로 이끌어 주는 배수관이다.

  ○ 수력도약현상(도수현상)

    1. **정의**: 유체의 흐름이 사류에서 상류로 변화할 때 표면에 소용돌이가 발생하면서 수심이 급격하게 증가하는 현상

    2. **발생원인과 대책**: 배수수직주관으로부터 배수수평주관으로 배수가 옮겨가는 경우, 굴곡부에서는 원심력에 의해 외측의 배수는 관벽으로 힘이 작용하면서 흐른다. 또한 배수수직주관 내의 유속은 상당히 빠르지만 배수수평주관 내에서는 이 유속이 유지될 수 없기 때문에 급격히 유속이 떨어지게 되고, 뒤이어 흘러내리는 배수가 있을 경우에는 유속이 떨어진 배수의 정체로 인하여 도수현상(수력도약 현상)이 발생한다. 이러한 현상이 나타나는 부근에서는 배수관의 연결을 피하고 통기관을 설치하여 배수관 내의 압력변화를 완화시켜야 한다.

③ 배수배관의 구배: 배수관의 구배가 지나치게 크거나 작으면 배수능력이 저하된다. 옥내배수관의 구배는 mm로 호칭하는 관경의 역수보다 크게 한다.

배수관의 구경(mm)	최소 구배
65 이하	1/50
80 ~ 150	1/100
200 이상	1/200

  ㉠ 배수관의 표준구배: 1/50 ~ 1/100

  ㉡ 배수평균유속: 0.6 ~ 1.2m/sec(한계유속 ⇨ 1.5m/s)

  ㉢ 배수유수면의 높이: 관경의 1/2 ~ 2/3, 관단면적의 50 ~ 70%

배수배관

④ 배수관의 관경 결정

　⊙ 기구배수부하단위는 기구의 배수특성을 최대 배수유량으로 표시하는 것으로, 어떤 기구의 최대 배수유량을 표준기구(세면기)의 최대 배수유량으로 나누어 기구배수단위를 구하며, 여기에 기구의 동시사용률을 고려하여 배관 각 부분에서 이들의 누계에 의해 유량 부하를 정한다.

　ⓒ 구경 32mm의 트랩을 갖는 세면기의 배수량을 28.5L/min으로 하고, 여기에 기구의 동시 사용률, 사용 빈도수, 사용자수 등을 감안하여 기구배수부하단위를 결정한다. 이는 배수관경 결정의 기초가 된다.

기구	부속트랩의 구경(mm)	기구배수부하단위(fu)
세면기	32	1
대변기	80	5
소변기	65	4
욕조	40	2
샤워기	40	2

⑤ 배수관의 최소관경

　⊙ 배수관의 최소 관경은 32mm. 단, 지중 혹은 지하층 바닥에 매설하는 배수관은 50mm 이상

　ⓒ 기구배수관의 관경은 이것과 접속하는 기구의 트랩구경 이상

　ⓒ 배수수평지관의 관경은 이것과 접속하는 기구배수관의 최대 관경 이상

　② 배수수직관의 관경은 이것과 접속하는 배수수평지관의 최대 관경 이상

　⑩ 배수관은 수직관과 수평관을 막론하고 배수의 흐름방향으로 관경이 축소하지 않아야 한다.

배관의 시험

① **수압시험**: 모든 개구부를 막고 최고위치의 개구부로 3m 이상의 수두에 해당하는 압력(0.03MPa)을 가하여 30분간 견디면 된다.

② **기압시험**: 모든 개구부를 막고 한 개구부로 0.035MPa의 압력이 될 때까지 올려 15분간 압력 변화가 없으면 된다.

③ **기밀시험**: 연기시험과 박하시험이 있다.

구비 조건	① 흡수성이 작고, 내식성·내마모성이 좋을 것
	② 제작이 용이하고 설치가 간단할 것
	③ 오염방지를 배려한 구조일 것
	④ 외관이 깨끗하고 위생적이며 청소가 용이할 것

위생 기구의 종류

① 대변기: 각 세정방식의 특징

검토사항	하이탱크식	로탱크식	세정밸브식
급수압의 제한	없음	없음	있음(0.1MPa 이상)
급수관경의 제한	10mm	10mm	있음(25mm 이상)
장소	차지하지 않음	크게 차지함	별로 크지 않음
구조	간단함	간단함	복잡함
수리	곤란함(비쌈)	용이함	곤란함
공사	설치 곤란(비쌈)	설치 용이	설치 용이
소음	상당히 큼	적음(가정○)	약간 큼(가정×)
연속사용	할 수 없음	할 수 없음	할 수 있음

○ **진공방지기(버큠브레이커):** 세정밸브식 대변기에서 토수된 물이나 이미 사용된 물이 역사이펀작용에 의해 상수 계통으로 역류하는 것을 방지하기 위해(급수오염을 방지하기 위해) 설치한다.

② 대변기의 구조에 따른 세정방식: 세출식, 세락식, 사이펀식, 사이펀제트식, 취출식, 절수식, 블로아웃식(세정방식 ⇨ 세정밸브식)

위생 기구의 유닛화

설비를 유닛화하면 현장 작업의 공정을 최소한으로 줄일 수 있음과 동시에 공장 제작의 단순화, 합리화로 공사 전체의 생산성·안전성 등을 향상시킬 수 있다.

① 설비 유닛의 목적
  ㉠ 공사기간 단축(현장작업의 증가×, 공장작업 공정의 단축×)
  ㉡ 현장작업 공정의 단순화 및 합리화
  ㉢ 시공 정도의 향상
  ㉣ 재료 및 인건비의 절약

② 설비 유닛의 필수조건
  ㉠ 가볍고 운반이 용이할 것
  ㉡ 현장조립이 용이할 것
  ㉢ 가격이 저렴할 것
  ㉣ 제작공정에서 양산이 가능할 것
  ㉤ 유닛 내의 배관이 단순할 것
  ㉥ 배관이 방수구를 통과하지 않고 바닥 위에서 처리가 가능할 것

핵심 24 **배관재료**

<table>
<tr>
<td rowspan="1">관의
종류</td>
<td>

① 주철관

   ㉠ 특징

      ⓐ 재질은 값이 싸며 다른 관에 비해 내식성, 내구성, 내압성이 우수

      ⓑ 충격·인장강도는 약하다.

   ㉡ 용도: 오배수관에 주로 사용

   ㉢ 접합방법: 소켓 접합, 플랜지 접합, 메커니컬(기계적) 접합, 빅토리 접합, 타이톤(고무링) 접합

② 강관

   ㉠ 특징

      ⓐ 배관공사에서 가장 많이 사용하는 관으로, 연관이나 주철관에 비하여 가볍고 인장강도가 가장 크며, 주철관에 비하여 부식되기 쉽다.

      ⓑ 충격에 강하고 굴곡성이 좋다.

      ⓒ 관의 접합이 비교적 쉽다(시공이 용이).

   ㉡ 관의 두께: 강관의 두께는 스케줄 번호로 나타내며, 스케줄 번호는 번호가 클수록 관의 두께가 두꺼워진다.

     🔾 **스케줄 번호(SCH)**

$$SCH = \frac{P(사용압력\ MPa)}{S(허용압력\ MPa)} \times 10$$

여기서, 허용압력$(S) = \dfrac{인장강도}{안전률}$

   ㉢ 접합방법: 나사 접합, 플랜지 접합, 용접 접합(납땜 이음×)

③ 연관

   ㉠ 특징

      ⓐ 부식성이 적고 굴곡이 용이하며, 점성이 좋아 가공이 쉽다.

      ⓑ 산에는 강하나 알칼리에 약하므로 콘크리트 속에 매설 시 방식피복을 해야 한다.

      ⓒ 열에 약하므로 난방과 급탕배관에는 사용하지 않는다.

   ㉡ 접합방법: 플라스턴 접합, 납땜 접합, 용접 이음(접합)

④ 동관

   ㉠ 특징

      ⓐ 배관 시공이 용이하다.

      ⓑ 염류, 산, 알칼리 등의 수용액이나 유기화합물에 대한 내식성을 갖는다.

      ⓒ 동관(황동관)은 연수에서 부식성이 큰 단점이 있다.

   ㉡ 접합방법: 납땜 접합, 플랜지 접합, 플레어 이음(압축 이음), 메커니컬 이음

   ㉢ 동관의 두께: 동관의 두께는 K형, L형, M형의 3종류가 있고, K형의 두께가 가장 두꺼우며 순차적으로 얇아진다.

</td>
</tr>
</table>

	⑤ 경질 비닐관(PVC pipe) 　　㉠ 특징 　　　ⓐ 가격이 싸고 가벼우며 마찰손실이 적다. 　　　ⓑ 내식성이 풍부하나, 충격과 열에 약하다(열팽창률이 크고, 특히 저온에 약하다). 　　　ⓒ 산, 알칼리 및 염류에 대한 내식성이 강하다. 　　㉡ 접합방법: 냉간공법, 열간공법 　　㉢ 용도: 급탕관·난방관으로는 부적당하다. ⑥ 스테인리스 강관 　　㉠ 특징 　　　ⓐ 내식성이 우수하여 위생적이다. 　　　ⓑ 강관에 비해 기계적 성질이 우수하고 두께가 얇아 운반 및 시공이 쉽다. 　　㉡ 접합방법: 프레스식 접합, 압축식 접합, 드레셔형 스냅링식 접합, 크립식 접합, 확관식 접합, 신축가동식 접합, 플랜지 접합
배관의 연결 부속기구	① 직관을 접속할 때: 소켓, 유니온, 플랜지, 니플 　❍ 배관연결 시 차후에 수리·교체 등에 대비해 50mm 이하의 관에는 유니온, 65mm 이상의 관에는 플랜지를 사용한다. ② 분기관을 낼 때: 티, 크로스, Y(45°, 90°) ③ 구경이 다른 관을 접합할 때: 이경소켓, 이경엘보, 이경티, 부싱 　❍ 리듀서(Reducer): 이경소켓, 이경엘보, 이경티 등은 관경을 줄이는 곳에 사용한다고 하여 '리듀서'로 총칭한다. ④ 배관을 굴곡할 때: 엘보, 벤드(90°) ⑤ 배관의 말단부: 플러그, 캡
밸브 등의 종류	① 슬루스밸브: 일명 게이트밸브라고 하고, 급수·급탕배관에 많이 사용한다. 　　㉠ 밸브를 완전히 개방하면 관의 단면적에 변화가 없어서 관 내 마찰저항손실이 적다. 　　㉡ 밸브를 반 정도 열고 사용하면 와류가 생겨 유체저항이 커지기 때문에 유량조절에는 적합하지 않다. 　　㉢ 양정이 커서 개폐속도가 느리다. ② 글로브밸브 　　㉠ 스톱밸브, 구형밸브라고도 한다. 　　㉡ 구조상 유량조절과 흐름의 개폐용으로 사용된다. 　　㉢ 유체가 밸브의 아래로부터 유입되어 밸브시트 사이를 통해 흐르므로 유체의 흐름방향이 갑자기 바뀌어서 저항이 커진다. ③ 앵글밸브: 유체의 흐름을 직각으로 바꾸는 경우에 사용하는 밸브이다. ④ 버터플라이밸브(나비밸브) 　　㉠ 볼밸브와 마찬가지로 90° 회전으로 개폐되며, 주로 저압유체의 유량조절 밸브로 사용되고 있다.

ⓛ 구조가 단순하고, 밸브 전체의 크기가 작아 설치 면적이 작다.
ⓒ 완전폐쇄가 곤란한 단점이 있다.

⑤ 콕(플러그밸브)
ⓒ 원통 또는 원뿔에 구멍을 뚫어 축을 중심으로 90° 회전으로 개폐된다.
ⓛ 급속한 개폐 시 사용한다.
ⓒ 90° 범위에서 유량 조절을 할 수 있다.

⑥ 볼밸브
ⓒ 통로가 연결된 파이프와 같은 모양과 단면으로 되어 있는 중간에 둥근 볼의 회전에 의하여 유체의 흐름을 조절하는 밸브이다.
ⓛ 밸브 몸체가 크기 때문에 넓은 공간이 필요하며, 90° 회전에 의해 완전 개폐 작용이 되는 구조이다.
ⓒ 유체저항이 작고, 밸브의 조작이 간단하다.

⑦ 볼탭: 급수관의 끝에 부착된 동제의 부자(浮子)에 의하여 수조 내의 수면이 상승했을 때 자동적으로 수전을 멈추고, 수면이 내려가면 부자가 내려가 수전을 여는 장치이다.

⑧ 체크밸브(역지밸브): 유체를 한 방향으로만 흐르게 하여 역류를 방지하는 밸브로, 유량조절이 불가능하다.
ⓒ 리프트형: 수평배관에 사용, 구조가 복잡(유체의 마찰손실이 크다)
ⓛ 스윙형: 수직·수평배관에 모두 사용, 구조가 간단(유체의 마찰손실이 적다)

⑨ 스트레이너(여과기): 배관 속의 먼지, 흙, 모래, 쇠부스러기 기타 불순물 등을 여과시켜 줌으로써 기기의 성능을 보호하는 기구이다.

배관의 지지장치	대구분		소구분	
	명칭	용도	명칭	용도
	서포트 또는 행거	배관계 중량을 지지하는 장치(위에서 달아매는 것을 행거, 밑에서 지지하는 것을 서포트라 함)	리지드 행거	수직방향 변위가 없는 곳에 사용
			베리어블 행거 또는 스프링 행거	변위가 작은 개소에 사용
			콘스탄트 행거	변위가 큰 개소에 사용
	레스트 레인트	열팽창에 의한 배관 관계의 자유로운 움직임을 구속하거나 제한하기 위한 장치	앵커	완전히 배관관계 일부를 고정하는 장치
			스톱	관이 회전은 되지만 직선운동을 방지하는 장치
			가이드	관이 회전하는 것을 방지하기 위한 장치
	브레이스	열팽창 및 중력에 의한 힘 이외의 외력에 의한 배관 이동을 제한하는 장치	방진기	주로 진동을 방지하거나 감쇄시키는 장치
			완충기	주로 진동, water hammering, 안전밸브 토출압력 등에 의한 충격을 완화하기 위한 장치

색채에 의한 배관의 식별	종류	식별색	종류	식별색
	물	청색	산·알칼리	회자색
	증기	진한 적색	기름	진한 황적색
	공기	백색	전기	엷은 황적색
	가스	황색	–	–

핵심 25 오수정화시설

하수도법 상 용어의 정의	① '하수'라 함은 사람의 생활이나 경제활동으로 인하여 액체성 또는 고체성의 물질이 섞이어 오염된 물(이하 '오수'라 한다)과 건물·도로 그 밖의 시설물의 부지로부터 하수도로 유입되는 빗물·지하수를 말한다. 다만, 농작물의 경작으로 인한 것은 제외한다. ② '분뇨'라 함은 수거식 화장실에서 수거되는 액체성 또는 고체성의 오염물질(개인하수처리시설의 청소과정에서 발생하는 찌꺼기를 포함)을 말한다. ③ '하수도'라 함은 하수와 분뇨를 유출 또는 처리하기 위하여 설치되는 하수관로·공공하수처리시설·간이공공하수처리시설·하수저류시설·분뇨처리시설·배수설비·개인하수처리시설 그 밖의 공작물·시설의 총체를 말한다. ④ '공공하수도'라 함은 지방자치단체가 설치 또는 관리하는 하수도를 말한다. 다만, 개인하수도를 제외한다. ⑤ '개인하수도'라 함은 건물·시설 등의 설치자 또는 소유자가 해당 건물·시설 등에서 발생하는 하수를 유출 또는 처리하기 위하여 설치하는 배수설비·개인하수처리시설과 그 부대시설을 말한다. ⑥ '합류식하수관로'라 함은 오수와 하수도로 유입되는 빗물·지하수가 함께 흐르도록 하기 위한 하수관로를 말한다. ⑦ '분류식하수관로'라 함은 오수와 하수도로 유입되는 빗물·지하수가 각각 구분되어 흐르도록 하기 위한 하수관로를 말한다. ⑧ '공공하수처리시설'이라 함은 하수를 처리하여 하천·바다 그 밖의 공유수면에 방류하기 위하여 지방자치단체가 설치 또는 관리하는 처리시설과 이를 보완하는 시설을 말한다. ⑨ '분뇨처리시설'이라 함은 분뇨를 침전·분해 등의 방법으로 처리하는 시설을 말한다. ⑩ '배수설비'라 함은 건물·시설 등에서 발생하는 하수를 공공하수도에 유입시키기 위하여 설치하는 배수관과 그 밖의 배수시설을 말한다. ⑪ '개인하수처리시설'이라 함은 건물·시설 등에서 발생하는 오수를 침전·분해 등의 방법으로 처리하는 시설을 말한다.

개인하수 처리시설	① 개인하수처리시설의 설치기준: 개인하수처리시설을 설치하고자 하는 자는 다음의 기준에 적합하게 설치하여야 한다. 　㉠ 하수처리구역 밖 　　ⓐ 1일 오수 발생량이 2m³를 초과하는 건물 등을 설치하려는 자는 오수처리시설(개인하수처리시설로서 건물 등에서 발생하는 오수를 처리하기 위한 시설을 말한다)을 설치할 것 　　ⓑ 1일 오수 발생량이 2m³ 이하인 건물 등을 설치하려는 자는 정화조(개인하수처리시설로서 건물 등에 설치한 수세식 변기에서 발생하는 오수를 처리하기 위한 시설을 말한다)를 설치할 것 　㉡ 하수처리구역 안(합류식 하수관로 설치지역만 해당): 수세식 변기를 설치하려는 자는 정화조를 설치할 것 ② 개인하수처리시설의 관리기준: 개인하수처리시설의 관리기준은 다음과 같다(원칙). 　㉠ 다음의 구분에 따른 기간마다 그 시설로부터 배출되는 방류수의 수질을 자가측정하거나 「환경분야 시험·검사 등에 관한 법률」에 따른 측정대행업자가 측정하게 하고, 그 결과를 기록하여 3년 동안 보관할 것 　　ⓐ 6개월마다 1회 이상: 1일 처리용량이 200m³ 이상인 오수처리시설과 1일 처리대상인원이 2천명 이상인 정화조 　　ⓑ 연 1회 이상: 1일 처리용량이 50m³ 이상 200m³ 미만인 오수처리시설과 1일 처리대상인원이 1천명 이상 2천명 미만인 정화조 　㉡ 정화조는 연 1회 이상 내부청소를 할 것(원칙) 　㉢ 1일 처리대상인원이 500명 이상인 정화조에서 배출되는 방류수는 염소 등으로 소독할 것
수질 오염의 지표	① B.O.D 　㉠ 생물학적 산소요구량으로, 오수 중의 오염물질(유기물)이 미생물에 의하여 분해되어 안정된 물질(무기물, 물, 가스)로 변할 때 얼마만큼 오수 중의 산소량이 소비되는가를 나타내는 값이다. 　㉡ BOD는 ppm으로 표시하고, 20℃에서 5일간 소비된 산소를 나타낸다. 　㉢ BOD 값이 클수록 오염도가 크다. ② C.O.D 　㉠ 화학적 산소요구량으로, 수중의 산화되기 쉬운 오염물질(유기물)이 화학적(산화제)으로 안정된 물질(무기물, 물, 가스)로 변화하는 데 필요한 산소량을 ppm으로 나타낸 것이다. 　㉡ 일반적으로 BOD 값보다 높게 나타내며, 측정소요시간은 3시간 이내이다. 　㉢ COD 값이 클수록 오염도가 크다. ③ D.O 　㉠ 오수 중의 용존산소량을 ppm으로 나타낸 것이다. 　㉡ DO가 클수록 정화능력이 큰 수질인 것을 표시한다. 　㉢ 오염도가 높을수록 산소요구량이 많아진다.

④ 스컴(Scum): 하수처리를 할 때 수면에 떠오른 유지 또는 고형물질의 집합
⑤ SS
  ㉠ 오수 중에 함유되는 부유물질을 ppm으로 나타낸 것이다.
  ㉡ 탁도의 기준이 되며, 물에 현탁되는 물질을 말한다.
  ㉢ SS가 클수록 탁도가 크다.
⑥ 활성오니(A.S): 폭기조 내에 용해되어 있는 유기물질과 반응하고, 그에 따라 세포가 증식되는 미생물의 덩어리(Flock)
⑦ S.V(침전오니 퍼센트율): 정화조 오니 1ℓ에서 가라앉는 침전오니량
⑧ BOD 제거율

  ㉠ BOD 제거율 $= \dfrac{\text{유입수BOD} - \text{유출수BOD}}{\text{유입수BOD}} \times 100(\%)$

  ㉡ BOD 제거율이 클수록 정화조의 정화능력이 좋다.

핵심 26 난방설비

난방 설비의 설치기준

① 중앙집중식 난방 및 지역난방설비의 설치
  ㉠ 원칙: 6층 이상인 공동주택 ⇨ 중앙집중식 난방방식(지역난방방식을 포함)
  ㉡ 예외: 개별난방설비를 하는 경우 ⇨ 중앙집중식 난방 또는 지역난방×
② 난방구획: 공동주택의 난방설비 ⇨ 중앙집중식 난방방식
  ㉠ 4층 이상 10층 이하 ⇨ 2개소 이상
  ㉡ 10층을 넘는 건축물 ⇨ 10층을 넘는 5개 층마다 1개소를 더한 수 이상으로 난방구획
③ 개별난방설비의 설치 ⇨ 공동주택 및 오피스텔
  ㉠ 보일러 ⇨ 거실 외의 곳에 설치하고, 경계벽은 출입구를 제외하고 내화구조의 벽으로 구획
  ㉡ 보일러실 윗부분에 면적 0.5m² 이상인 환기창을 설치하고, 보일러실 윗부분과 아랫부분에 각각 지름 10cm 이상의 공기흡입구 및 배기구를 항상 열린 상태로 설치(전기보일러의 경우에는 제외)
  ㉢ 보일러실과 거실 사이의 출입구 ⇨ 출입구가 닫힌 경우에는 보일러 가스가 거실로 들어갈 수 없는 구조로 설치
  ㉣ 기름보일러 ⇨ 보일러실 외의 곳에 설치
  ㉤ 보일러의 연도 ⇨ 내화구조로서 공동연도로 설치
  ㉥ 오피스텔 ⇨ 난방구획을 방화구획으로 구획
④ 온돌의 설치기준
  ㉠ 의의: 온수온돌이란 보일러 또는 그 밖의 열원으로부터 생성된 온수를 바닥에 설치된 배관을 통하여 흐르게 하여 난방을 하는 방식을 말한다.

ⓛ **온수온돌의 구성**: 바탕층, 단열층, 채움층, 배관층(방열관을 포함) 및 마감층 등으로 구성한다.

　ⓐ 바탕층이란 온돌이 설치되는 건축물의 최하층 또는 중간층의 바닥을 말한다.

　ⓑ 단열층이란 온수온돌의 배관층에서 방출되는 열이 바탕층 아래로 손실되는 것을 방지하기 위하여 배관층과 바탕층 사이에 단열재를 설치하는 층을 말한다.

　ⓒ 채움층이란 온돌구조의 높이 조정, 차음성능 향상, 보조적인 단열기능 등을 위하여 배관층과 단열층 사이에 완충재 등을 설치하는 층을 말한다.

　ⓓ 배관층이란 단열층 또는 채움층 위에 방열관을 설치하는 층을 말한다.

　ⓔ 방열관이란 열을 발산하는 온수를 순환시키기 위하여 배관층에 설치하는 온수배관을 말한다.

　ⓕ 마감층이란 배관층 위에 시멘트, 모르타르, 미장 등을 설치하거나 마루재, 장판 등 최종 마감재를 설치하는 층을 말한다.

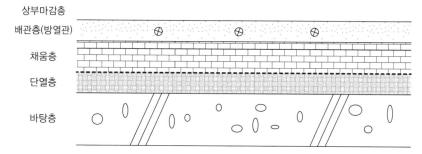

ⓒ **온수온돌의 설치기준**

　ⓐ 단열층 ⇨ 단열재를 방열관과 바탕층 사이에 설치(심야전기이용 온돌의 경우에는 단열재를 바탕층 아래에 설치)

　ⓑ 배관층과 바탕층 사이의 열저항
　　ⅰ) 층간 바닥 ⇨ 해당 바닥에 요구되는 열관류저항의 60% 이상
　　ⅱ) 최하층 바닥 ⇨ 해당 바닥에 요구되는 열관류저항의 70% 이상

　ⓒ 바탕층이 지면에 접하는 경우
　　ⅰ) 바탕층 아래와 주변 벽면에 높이 10cm 이상의 방수처리
　　ⅱ) 단열재의 윗부분에 방습처리

　ⓓ 배관층은 방열관에서 방출된 열이 마감층 부위로 최대한 균일하게 전달될 수 있는 높이와 구조를 갖추어야 한다.

　ⓔ 마감층은 수평이 되도록 설치하여야 하며, 바닥의 균열을 방지하기 위하여 충분하게 양생하거나 건조시켜 마감재의 뒤틀림이나 변형이 없도록 하여야 한다.

구분	증기난방(잠열 이용)	온수난방(현열 이용)
장점	㉠ 방열면적이 온수난방보다 작아도 된다. ㉡ 온수의 경우보다 가열시간이 짧고 증기순환이 빠르다. ㉢ 열운반능력이 크다. ㉣ 주관의 관경이 작아도 된다. ㉤ 설비비가 싸다.	㉠ 난방부하의 변동에 따른 온도조절이 용이하다. ㉡ 현열을 이용한 난방이므로 쾌감도가 높다. ㉢ 방열기 표면온도가 낮으므로 표면에 부착된 먼지가 타서 냄새가 나는 일이 적다. ㉣ 보일러 취급이 용이하고 안전하다.
단점	㉠ 방열기의 방열량 제어가 힘들다. ㉡ 방열기 표면온도가 높아 쾌적성이 온수난방보다 못하다. ㉢ 난방개시할 때 스팀해머에 의한 소음이 발생할 수 있다. ㉣ 응축수배관이 부식되기 쉽다. ㉤ 증기트랩의 고장 및 응축수 처리에 배관상 기술을 요한다.	㉠ 증기난방에 비해서 방열면적과 배관의 관경이 커야 하므로 설비비가 약간 비싸다. ㉡ 예열시간이 길다. ㉢ 배관의 동결우려가 크다.

난방 방식의 특징

① 증기난방과 온수난방의 비교

② 복사난방(온수온돌난방): 복사난방은 방을 구성하는 바닥, 천장, 벽체에 배관을 매설하고 온수를 공급하여 그 복사열로 난방하는 방식이다.
  ㉠ 장점
    ⓐ 높이에 따른 온도분포가 균일하다(쾌감도가 높다).
    ⓑ 방열기가 필요하지 않으며, 바닥이나 벽면의 이용도가 높다.
    ⓒ 동일 방열량에 대해 열손실이 적다.
    ⓓ 대류가 적으므로 바닥면의 먼지가 상승하지 않는다.
  ㉡ 단점
    ⓐ 예열이 길어 부하에 대응하기 어렵다(온도조절이 어렵다, 방열량 조절이 어렵다).
    ⓑ 설비비가 많이 든다.
    ⓒ 매입배관으로 고장 수리·점검이 어렵다.

③ 개별식 난방의 특징
  ㉠ 시설 초기 투자비용이 적다(공사비가 적다).
  ㉡ 개별제어가 가능하고, 온도유지가 편리하다.
  ㉢ 유지관리비가 적다(인건비 절감).
  ㉣ 샤프트 면적이 줄어든다.
  ㉤ 보일러실의 설치로 건물의 유효면적비가 줄어든다.

ⓑ 화재위험이 있고, 가동 시 약간의 소음이 발생한다.

ⓢ 배기가스의 역류 위험이 있다.

④ **중앙식 난방의 특징**

㉠ 관리상의 이용이 편리하고, 보일러 효율을 높일 수 있다.

㉡ 공급하는 장소(세대수)가 많을수록 관리비가 적게 든다.

㉢ 보일러실이 필요 없어 화재·소음·배기가스의 역류로부터 안전하다.

㉣ 초기 공사비가 많이 들며, 추후 개·보수가 번거롭고 비용이 많이 든다.

㉤ 예열시간이 길다.

㉥ 유량 분배 ⇨ 불균일의 우려가 있다.

㉦ 간헐 운전 ⇨ 쾌적한 열환경의 유지가 어렵다.

㉧ 배관 샤프트 면적이 커지고, 시스템이 복잡하다.

㉨ 인건비가 증가하고, 유지관리에 따른 민원발생의 소지가 크다.

⑤ **지역난방의 특징**

㉠ **장점**

ⓐ 폐열을 이용한 에너지 이용률을 증대시킬 수 있다.

ⓑ 대용량 기기의 사용에 따른 기기효율의 상승으로 에너지 이용효율을 높일 수 있다.

ⓒ 연소폐기물의 집중화에 의한 대기오염을 줄일 수 있어 친환경적이다.

ⓓ 열원설비를 집중 관리하므로 관리인 감소, 연료의 대량구매를 통한 비용을 절감할 수 있다.

ⓔ 연료저장 및 수송의 일원화로 도시재해 방지 및 비용절감이 된다.

ⓕ 도시미관보호 및 공해방지를 통한 자연보호 효과가 있다.

ⓖ 24시간 난방수 및 급탕을 공급받을 수 있어 실내 쾌적 열환경의 유지가 편리하다.

ⓗ 각 건물의 설비면적을 줄여 유효면적이 증대된다.

㉡ **단점**

ⓐ 건설 초기에 설비투자비용이 많다.

ⓑ 배관에서 열손실이 크다.

ⓒ 열원기기의 용량제어가 어렵다.

ⓓ 요금의 분배가 어렵다.

ⓔ 난방의 경우 유량의 균등분배가 매우 중요한데, 유량분배의 불균일의 우려가 있다.

ⓕ 배관 샤프트 면적이 커지고 시스템이 복잡하다.

ⓖ 향후 개·보수가 번거롭고 비용이 많이 든다.

보일러	① 보일러의 종류 　㉠ 주철제 보일러 　　ⓐ 장점: 조립식으로 용량을 쉽게 증가시킬 수 있고, 반입이 자유롭고, 수명이 길다. 　　ⓑ 단점: 고압에는 부적당(소용량)하다. 　㉡ 노통연관 보일러 　　ⓐ 장점: 부하의 변동에 안정성(적응성)이 높고, 수면이 넓어 급수조절이 쉬우며, 수처리가 간단하다. 　　ⓑ 단점: 가동시간이 길고, 주철제에 비하여 가격이 비싸다. 　㉢ 수관 보일러(지역난방에 많이 이용) 　　ⓐ 장점: 가동시간이 짧고, 효율이 좋다. 　　ⓑ 단점: 고가이며, 수처리가 복잡하다. 　㉣ 관류 보일러: 하나의 관 내를 흐르는 동안에 예열, 가열, 증발, 과열이 행해져 과열증기를 얻는다. 　　ⓐ 장점: 보유수량이 적기 때문에 가동시간이 짧고, 부하변동에 추종성이 좋다. 　　ⓑ 단점: 수처리가 복잡하고, 소음이 크다. 　㉤ 입형 보일러(수직으로 세운 드럼 내에 연관 또는 수관이 있는 소규모패키지형) 　　ⓐ 장점: 설치면적이 작고 취급이 간단하며 구조가 간단하고 가격이 싸다. 　　ⓑ 단점: 대용량으로 사용하기 부적합하고 효율이 떨어진다. ② 보일러 용량 결정 　㉠ 정미출력 = 난방부하 + 급탕부하 　㉡ 상용출력 = 난방부하 + 급탕부하 + 배관(손실)부하(= 정미출력 + 배관부하) 　㉢ 정격출력 = 난방부하 + 급탕부하 + 배관(손실)부하 + 예열부하(= 상용출력 + 예열부하, 보일러 용량결정에 가장 중요한 요소)

<table>
<tr><td rowspan="2">**방열량**</td><td colspan="4">① 표준방열량: 열매온도와 실내온도가 표준상태일 때 방열기 표면적 1m²당 1시간 동안의 방열량을 말한다.</td></tr>
</table>

① 표준방열량: 열매온도와 실내온도가 표준상태일 때 방열기 표면적 1m^2당 1시간 동안의 방열량을 말한다.

열매	표준상태의 온도(℃)		표준온도차(℃)	표준방열량(kW/m²)
	열매온도	실내온도		
증기	102	18.5	83.5	0.756
온수	80	18.5	61.5	0.523

② 상당방열면적(EDR) $= \dfrac{\text{방열기의 손실열량(kW)}}{\text{표준방열량(kW/m}^2)}$

③ 소요방열기(Section 수) 계산: $N = \dfrac{\text{방열기의 손실열량(kW)}}{\text{표준방열량(kW/m}^2) \times \alpha}$

여기서, α는 방열기의 section당 방열면적(m^2)

팽창탱크	① 개요 　㉠ 팽창탱크는 온수보일러의 안전장치로서 온수의 온도가 상승하여 온수의 체적이 증가함에 따른 수압의 상승에 의한 보일러의 파열사고를 방지하기 위해 설치한다. 　㉡ 팽창탱크는 크게 개방형과 밀폐형으로 나눌 수 있다. ② 설치목적 　㉠ 운전 중 장치 내의 온도상승으로 생기는 물의 체적팽창과 그의 압력을 흡수한다. 　㉡ 운전 중 장치 내를 소정의 압력으로 유지하여 온수온도를 일정하게 유지한다. 　㉢ 팽창된 물의 배출을 방지하여 장치의 열손실을 방지한다. 　㉣ 장치 휴지 중에도 배관계를 일정압력 이상으로 유지하여 물의 누수 등으로 발생하는 공기의 침입을 방지한다. 　㉤ 개방식 팽창탱크에 있어서는 장치 내의 공기를 배출하는 공기배출구로 이용되고, 온수보일러의 도피관으로도 이용된다. 　㉥ 이러한 기능을 발휘하기 위하여 팽창탱크는 팽창관 외에 오버플로관 또는 안전밸브, 물보급장치 등을 갖추고 있다.	
스케일	① 스케일의 장해 　㉠ 전열량이 감소되며, 보일러 효율이 저하된다. 　㉡ 연료소비량이 증대된다. 　㉢ 배기가스의 온도가 높아진다. 　㉣ 과열로 인한 파열사고를 유발한다. 　㉤ 보일러의 순환 장해가 발생하며, 통수공이 차단된다. 　㉥ 전열면의 국부과열 현상이 나타난다. ② 방지대책: 보일러 급수용으로는 연수를 사용한다.	
보일러 가동 중 이상현상	수격작용	증기 송기 시 증기관 내부에서 생성되는 응결수(드레인)가 고온·고압의 증기의 영향으로 배관을 강하게 치는 현상
	캐리오버 현상	증기관으로 보내지는 증기에 비수 등 수분이 과다 함유되어 배관 내부에 응결수나 물이 고여서 워터해머링(Water Hammering)의 원인이 되는 현상
	가마울림	연소 중 연소실이나 연도 내에서 지속적인 울림현상이 나타나는 것
	프라이밍	비수, 관수가 갑자기 끓을 때 물거품이 수면을 벗어나서 증기 속으로 비상하는 현상
	포밍	보일러의 물이 끓을 때 그 속에 함유된 유지분이나 부유물에 의해 거품이 생기는 현상
	역화	연소 시 화염의 방향이 비정상적인 현상

	압궤	전열면이 과열에 의해 외압을 견디지 못해 안쪽으로 오목하게 찌그러지는 현상
	팽출	전열면이 과열에 의해 내압력을 견디지 못하고 밖으로 부풀어 오르는 현상
	균열	반복적 가동으로 보일러 내의 재료에 미세하게 금이 가는 현상

핵심 27 냉동설비

압축식 냉동기	① **종류**: 왕복동식, 원심식(터보식), 회전식 등 ▷ 기계적 에너지에 의해 냉동효과를 얻는다. ② **냉동순환 사이클**: 압축기 ▷ 응축기 ▷ 팽창밸브 ▷ 증발기 ③ **각 기기의 역할** 　㉠ 압축기: 증발기에서 넘어온 저온·저압의 냉매가스를 응축 액화시키는 역할 　㉡ 응축기: 고온·고압의 냉매액을 공기나 물과 접촉시켜 응축 액화시키는 역할 　㉢ 팽창밸브: 고온·고압의 냉매액을 증발기에서 증발하기 쉽도록 하기 위해 저온·저압으로 팽창시키는 역할 　㉣ 증발기: 팽창밸브를 지난 저온·저압의 냉매가 실내 공기로부터 열을 흡수하여 증발하므로 냉동이 이루어진다(냉수를 만드는 곳). ④ **특징** 　㉠ 운전이 용이하다. 　㉡ 설치면적이 작다. 　㉢ 초기 설비비가 적게 든다. 　㉣ 기계적 동작에 의하여 소음이 크다. 　㉤ 구동 에너지가 전기이므로 전력소비가 많다.
흡수식 냉동기	① **종류**: 단용 효용 흡수식 냉동기, 2중 효용 흡수식 냉동기(2중 효용 흡수식 냉동기는 고온발생기와 저온발생기가 있어 단용 효용 흡수식 냉동기보다 효율이 높다) ▷ 열에너지에 의해 냉동효과를 얻는다. ② **냉동순환 사이클**: 증발기 ▷ 흡수기 ▷ 재생기(발생기) ▷ 응축기 ③ **냉매 및 흡수액**: 냉매는 주로 물이며, 흡수액(수용액)은 브롬화리튬(취화리튬, LiBr)수용액이다. ④ **각 기기의 역할** 　㉠ 증발기: 증발기 내에서 냉수로부터 열을 흡수, 물은 증발하여 수증기가 되어 흡수기로 들어간다. 　㉡ 흡수기: 흡수액이 물을 용해하는 장치로, 흡수기 내에서 수증기는 염수 용액에 흡수되며, 희석 용액은 발열 때문에 냉각수에 의해 냉각되어 발생기에 보내어진다.

	ⓒ 재생기(발생기): 흡수된 물과 흡수액을 분리시키는 장치로, 발생기 내에서 고온수나 고압 증기에 의해 가열되어 희석 용액 중 수증기는 응축기로 보내어지고 진한 용액은 흡수기로 되돌아 간다. ⓔ 응축기: 발생기로부터 유입된 수증기는 저압의 응축기에서 응축되어 물이 되며 증발기로 돌아간다. ⑤ 특징 　ⓐ 증기나 고온수를 구동력으로 한다. 　ⓑ 전력소비가 적다(압축식의 1/3 ⇨ 특별고압수전이 불필요). 　ⓒ 진동, 소음이 작다. 　ⓓ 증기 보일러가 필요하다. 　ⓔ 압축식에 비해 설치면적, 높이, 중량이 크다.
히트펌프	① 개요 　ⓐ 겨울철 온도가 낮은 실외로부터 온도가 높은 실내로 열을 끌어들인다는 의미에서 '열펌프'라고도 한다. 　ⓑ 압축식 냉동기 응축기의 방열을 난방으로 이용한다. 　ⓒ 압축기를 동력원으로 하여 '압축 ⇨ 응축 ⇨ 팽창 ⇨ 증발'의 사이클로 순환한다. 　ⓓ 운전에 소비된 에너지보다 대량의 열에너지가 얻어져 일반적으로 성적계수(COP)가 1 이상이다. 즉, 투입된 전기에너지의 3배 정도 되는 열에너지를 얻는다. 　ⓔ 여름에는 냉방용으로 운전하고, 겨울에는 냉매의 흐름을 바꾸어 난방용으로 사용할 수 있다. 　ⓕ 공기열원 히트펌프는 겨울철 난방부하가 큰 날에는 외기온도도 낮으므로 성적계수(COP)가 저하될 우려가 있다. 　ⓖ 히트펌프의 열원으로는 일반적으로 공기, 물, 지중(땅속)을 많이 이용한다(보일러에서와 같은 연소를 수반하지 않으므로 대기오염물질의 배출이 없다). ② 성적계수 　ⓐ 냉동기의 성적계수(COP) $= \dfrac{\text{냉동효과(증발기가 한 일량)}}{\text{압축일(압축기가 한 일량)}}$ 　ⓑ 히트펌프의 성적계수(COP) $= \dfrac{\text{압축일} + \text{냉동효과}}{\text{압축일}} = 1 + \dfrac{\text{냉동효과}}{\text{압축일}}$ 　　　$= 1 + \text{냉동기의 성적계수}$ 　❂ 히트펌프의 성적계수가 냉동기의 성적계수보다 1만큼 크다.
송풍기	날개에 의한 분류 ① 원심식: 후곡형(Turbo형), 익형, 방사형, 다익형(전곡형) ② 사류형 ③ 축류형: 프로펠러형, 튜브형, 베인형

| 냉방설비
배기장치
설치공간 | ① 배기장치 설치공간 마련: 공동주택의 각 세대에는 발코니 등 세대 안에 냉방설비의 배기장치를 설치할 수 있는 공간을 마련하여야 한다. 다만, 중앙집중냉방방식의 경우에는 그러하지 아니하다.
② 기준
　㉠ 설치공간의 기준: 세대별 주거전용면적이 50m²를 초과하는 경우로서 세대 내 거실 또는 침실이 2개 이상인 경우에는 거실을 포함한 최소 2개의 공간에 냉방설비 배기장치 연결배관을 설치할 것
　㉡ 배기장치의 설치·유지 및 관리에 필요한 여유 공간의 크기: 배기장치의 설치·유지 및 관리에 필요한 여유 공간은 다음의 구분에 따른다.
　　ⓐ 배기장치 설치공간을 외부 공기에 직접 닿는 곳에 마련하는 경우로서 냉방설비 배기장치 설치공간에 출입문을 설치하고, 출입문을 연 상태에서 배기장치를 설치할 수 있는 경우: 가로 0.5m 이상
　　ⓑ 그 밖의 경우: 가로 0.5m 이상 및 세로 0.7m 이상 |

핵심 28　배기 및 배연설비

| 배기설비 | 주택의 부엌·욕실 및 화장실에는 바깥의 공기에 면하는 창을 설치하거나 다음의 기준에 적합한 배기설비를 하여야 한다.
① 배기구는 반자 또는 반자 아래 80cm 이내의 높이에 설치하고, 항상 개방될 수 있는 구조로 할 것
② 배기통 및 배기구는 외기의 기류에 의하여 배기에 지장이 생기지 아니하는 구조로 할 것
③ 배기통에는 그 최상부 및 배기구를 제외하고는 개구부를 두지 아니할 것
④ 배기통의 최상부는 직접 외기에 개방되게 하되, 빗물 등을 막을 수 있는 설비를 할 것
⑤ 부엌에 설치하는 배기구에는 전동환기설비를 설치할 것
⑥ 배기통은 연기나 냄새 등이 실내로 역류하는 것을 방지할 수 있도록 다음의 어느 하나에 해당하는 구조로 할 것
　㉠ 세대 안의 배기통에 자동역류방지댐퍼(세대 안의 배기구가 열리거나 전동환기설비가 가동하는 경우 전기 또는 기계적인 힘에 의하여 자동으로 개폐되는 구조로 된 설비를 말한다) 또는 이와 동일한 기능의 배기설비 장치를 설치할 것
　㉡ 세대 간 배기통이 서로 연결되지 아니하고 직접 외기에 개방되도록 설치할 것 |
| 배기구
및
배기장치 | 상업지역 및 주거지역에서 건축물에 설치하는 냉방시설 및 환기시설의 배기구와 배기장치의 설치는 다음의 기준에 모두 적합하여야 한다.
① 배기구는 도로면으로부터 2m 이상의 높이에 설치할 것 |

	② 배기장치에서 나오는 열기가 인근 건축물의 거주자나 보행자에게 직접 닿지 아니하도록 할 것
	③ 건축물의 외벽에 배기구 또는 배기장치를 설치할 때에는 외벽 또는 다음의 기준에 적합한 지지대 등 보호장치와 분리되지 아니하도록 견고하게 연결하여 배기구 또는 배기장치가 떨어지는 것을 방지할 수 있도록 할 것 　㉠ 배기구 또는 배기장치를 지탱할 수 있는 구조일 것 　㉡ 부식을 방지할 수 있는 자재를 사용하거나 도장(塗裝)할 것
배연설비	① **배연설비 설치기준**: 배연설비를 설치하여야 하는 건축물에는 다음의 기준에 적합하게 배연설비를 설치하여야 한다. 다만, 피난층인 경우에는 그러하지 아니하다. 　㉠ 건축물이 방화구획으로 구획된 경우에는 그 구획마다 1개소 이상의 배연창을 설치하되, 배연창의 상변과 천장 또는 반자로부터 수직거리가 0.9m 이내일 것. 다만, 반자높이가 바닥으로부터 3m 이상인 경우에는 배연창의 하변이 바닥으로부터 2.1m 이상의 위치에 놓이도록 설치하여야 한다. 　㉡ 배연창의 유효면적은 [별표 2]의 산정기준에 의하여 산정된 면적이 1m² 이상으로서 그 면적의 합계가 당해 건축물의 바닥면적의 100분의 1 이상일 것. 이 경우 바닥면적의 산정에 있어서 거실바닥면적의 20분의 1 이상으로 환기창을 설치한 거실의 면적은 이에 산입하지 아니한다. 　㉢ 배연구는 연기감지기 또는 열감지기에 의하여 자동으로 열 수 있는 구조로 하되, 손으로도 열고 닫을 수 있도록 할 것 　㉣ 배연구는 예비전원에 의하여 열 수 있도록 할 것 　㉤ 기계식 배연설비를 하는 경우에는 위 ㉠ 내지 ㉣의 규정에도 불구하고 소방관계 법령의 규정에 적합하도록 할 것 ② **배연설비의 구조**: 특별피난계단 및 비상용승강기의 승강장에 설치하는 배연설비의 구조는 다음의 기준에 적합하여야 한다. 　㉠ 배연구 및 배연풍도는 불연재료로 하고, 화재가 발생한 경우 원활하게 배연시킬 수 있는 규모로서 외기 또는 평상시에 사용하지 아니하는 굴뚝에 연결할 것 　㉡ 배연구에 설치하는 수동개방장치 또는 자동개방장치(열감지기 또는 연기감지기에 의한 것을 말한다)는 손으로도 열고 닫을 수 있도록 할 것 　㉢ 배연구는 평상시에는 닫힌 상태를 유지하고, 연 경우에는 배연에 의한 기류로 인하여 닫히지 아니하도록 할 것 　㉣ 배연구가 외기에 접하지 아니하는 경우에는 배연기를 설치할 것 　㉤ 배연기는 배연구의 열림에 따라 자동적으로 작동하고, 충분한 공기배출 또는 가압능력이 있을 것 　㉥ 배연기에는 예비전원을 설치할 것

의의	환기량	외부공기의 도입량[환기횟수(회/시간) × 실내 용적(m^2)]
	환기횟수	환기량(1시간 동안)을 실내 용적으로 나눈 값으로, 환기의 정도를 나타낸다[환기량/실내 용적(m^3)]. ⇨ 시간당 공기교환횟수로 표시(회/h)
창문 등의 면적		① 채광을 위하여 거실에 설치하는 창문등의 면적은 그 거실의 바닥면적의 10분의 1 이상이어야 한다. 다만, 거실의 용도에 따라 조도 이상의 조명장치를 설치하는 경우에는 그러하지 아니하다. ② 환기를 위하여 거실에 설치하는 창문등의 면적은 그 거실의 바닥면적의 20분의 1 이상이어야 한다. 다만, 기계환기장치 및 중앙관리방식의 공기조화설비를 설치하는 경우에는 그러하지 아니하다.
자연환기		① 창문을 통해 자연적으로 환기하는 것으로서, 바람에 의한 실내·외의 압력차로 환기하는 풍력환기와 실내·외의 온도차에 의해서 환기가 이루어지는 부력환기(중력환기)가 있다. 환기량이 일정하지 않다. ② 자연환기설비는 환기에 적합한 공기흡입구와 배기구를 갖추어야 한다. ③ 개구부를 통한 자연환기량은 개구부 면적 및 유속에 비례하며 실내·외의 압력차, 공기밀도차, 온도차, 개구부 간 수직거리차의 제곱근에 비례하여 커진다. ④ 개구부를 주풍향에 직각이 되게 계획하면 환기량이 많아진다. ⑤ 부력환기(온도차에 의한 환기)인 경우 실내온도가 외기온도보다 높으면 개구부의 하부로 외부에서 공기가 유입되고 상부에서 실내공기가 유출되며, 실내온도가 외기온도보다 낮으면 개구부 상부로 외부에서 공기가 유입되고 하부에서 실내공기가 유출된다. 그리고 바람이 없을 때 실내외의 온도차가 클수록 환기량이 많아진다. ⑥ 고단열, 고기밀 건축물은 열효율 면에서는 유리하나 자연환기는 불리하다.

굴뚝효과(연돌효과)

① 개념: 겨울철 실내·외 온도차에 의해 저층부에서 외기가 유입되어 계단실이나 엘리베이터 샤프트를 통하여 상층부로 기류(공기)가 상승하는 현상
② 문제점
　㉠ 출입문 개폐의 어려움 및 소음 발생
　㉡ 건물 외피를 통한 침기 및 누기로 인한 에너지 낭비
　㉢ 승강기 및 환기·배기설비 기능 상실
　㉣ 화재발생 시 연기의 확산으로 인한 피난의 어려움
　㉤ 강한 유입외기에 의한 불쾌감
③ 대책
　㉠ 공기유동의 주경로인 유입부, 상승부, 유출부를 기밀하게 시공
　㉡ 방풍실 설치(회전문, 에어커튼 설치) 및 창호면적 축소

	ⓒ 계단실, 엘리베이터, 샤프트의 층간구획 ⓔ 상층부 개구부 제거, 창호 축소(폐쇄) ⓜ 공조시스템을 통한 실내 압력 조절(실내 압력을 양압으로 유지)
기계환기	① 제1종 환기법: 급배기 모두 송풍기를 설치하며, 가장 안전한 환기로 기계실, 전기실 등에 사용된다. ② 제2종 환기법: 급기 송풍기만 설치하며, 실내를 정압으로 유지하여 다른 실내에서의 먼지 침입이 없으므로 클린룸 등에 사용된다. ③ 제3종 환기법: 배기 송풍기만 설치하며, 실내를 부압으로 유지하고 실내의 냄새나 유해물질을 다른 실로 흘려보내지 않으므로 주방, 화장실, 욕실 등 유해가스 발생장소 등에 사용된다. **기계제연방식의 원리** 복도, 부속실, 계단실, 승강장 등 피난통로로서 중요한 부분에 신선한 공기를 송풍기로 급기하고, 그 부분의 압력을 화재실보다 상대적으로 높여서 연기의 침입을 방지하는 방식으로, 가압방연방식 또는 가압차연방식이라고도 부른다.
환기설비 설치기준	**환기설비 설치대상 및 환기기준** 신축 또는 리모델링하는 다음에 해당하는 주택 또는 건축물(신축공동주택등)은 시간당 0.5회 이상의 환기가 이루어질 수 있도록 자연환기설비 또는 기계환기설비를 설치하여야 한다. ① 30세대 이상의 공동주택 ② 주택 + 주택 외의 시설 ⇨ 동일 건축물로 건축하는 경우 주택이 30세대 이상 **자연환기 설비의 설치기준** ① 자연환기설비의 각 부분의 재료는 충분한 내구성 및 강도를 유지하여 작동되는 동안 구조 및 성능에 변형이 없어야 하며, 표면결로 및 바깥 공기의 직접적인 유입으로 인하여 발생할 수 있는 불쾌감(콜드 드래프트 등)을 방지할 수 있는 재료와 구조를 갖추어야 한다. **콜드 드래프트의 개념** ⓐ 외부의 기온이 낮을 때 외부의 찬 공기가 들어오거나 외기와 접한 유리나 벽면 따위가 냉각되면서 실내에 찬 공기의 흐름이 생기는 현상 ⓑ 인체 주변의 온도가 인체대사량 대비 너무 하락하여 추위를 느끼는 현상 또는 인체 내 소비되는 열량이 많아져서 추위를 느끼게 하는 현상 ② 공기여과기: 입자 포집률을 질량법으로 측정 ⇨ 70% 이상일 것 ③ 자연환기설비로 인하여 발생하는 소음: 대표길이 1m(수직 또는 수평 하단)에서 측정 ⇨ 40dB 이하 ④ 자연환기설비 ⇨ 바닥부터 수직으로 1.2m 이상의 높이에 설치, 2개 이상의 자연환기설비를 상하로 설치하는 경우 1m 이상의 수직간격을 확보

		① 기계환기설비의 환기기준: 시간당 실내공기 교환횟수(환기설비에 의한 최종 공기흡입구에서 세대의 실내로 공급되는 시간당 총체적 풍량을 실내 총체적으로 나눈 환기횟수를 말한다)로 표시하여야 한다.
		② 하나의 기계환기설비로 세대 내 2 이상의 실에 바깥공기를 공급할 경우 필요환기량은 각 실에 필요한 환기량 합계 이상이 되도록 하여야 한다.
		③ 세대의 환기량 조절을 위하여 환기설비의 정격풍량을 최소·적정·최대의 3단계 또는 그 이상으로 조절할 수 있는 체계를 갖추어야 하고, 적정단계의 필요환기량은 시간당 0.5회로 환기할 수 있는 풍량을 확보하여야 한다.
		④ 신축공동주택 등의 모든 세대가 시간당 0.5회의 환기횟수를 만족시킬 수 있도록 24시간 가동할 수 있어야 한다.
		⑤ 공기여과기의 경우 한국산업표준(KS B 6141)에 따른 입자 포집률이 계수법으로 측정하여 60% 이상이어야 한다.
	기계환기 설비의 설치기준	⑥ 기계환기설비는 주방 가스대 위의 공기배출장치, 화장실의 공기배출 송풍기 등 급속환기설비와 함께 설치할 수 있다.
		⑦ 기계환기설비에서 발생하는 소음: 측정위치는 대표길이 1m(수직 또는 수평 하단)에서 측정 ➡ 40dB 이하가 되어야 한다. 다만, 환기설비 본체(소음원)가 거주공간 외부에 설치될 경우에는 대표길이 1m(수직 또는 수평 하단)에서 측정 ➡ 50dB 이하가 되거나, 거주공간 내부의 중앙부 바닥으로부터 1.0~1.2m 높이에서 측정 ➡ 40dB 이하가 되어야 한다.
		⑧ 외부에 면하는 공기흡입구와 배기구는 교차오염을 방지할 수 있도록 1.5m 이상의 이격거리를 확보하거나 공기흡입구와 배기구의 방향이 서로 90° 이상 되는 위치에 설치되어야 하고, 화재 등 유사시 안전에 대비할 수 있는 구조와 성능이 확보되어야 한다.
		⑨ 열회수형 환기장치를 설치 ➡ 유효환기량이 표시용량의 90% 이상이어야 한다.
		⑩ 중앙관리방식의 공기조화설비가 설치된 경우에는 24시간 지속적인 환기가 가능한 것이어야 한다.
환기구의 안전기준		환기구(건축물의 환기설비에 부속된 급기 및 배기를 위한 건축구조물의 개구부)는 보행자 및 건축물 이용자의 안전이 확보되도록 바닥으로부터 2m 이상의 높이에 설치해야 한다. 다만, 다음의 어느 하나에 해당하는 경우에는 예외로 한다. ① 환기구를 벽면에 설치하는 등 사람이 올라설 수 없는 구조로 설치하는 경우. 이 경우 배기를 위한 환기구는 배출되는 공기가 보행자 및 건축물 이용자에게 직접 닿지 아니하도록 설치되어야 한다. ② 안전울타리 또는 조경 등을 이용하여 접근을 차단하는 구조로 하는 경우

환기량 계산	① 실내발열량에 의한 환기량(보일러, 변전실 등에 적용) $$Q = \frac{H_S}{\rho \cdot C_p \cdot (t_r - t_o)} \, (\text{m}^3/\text{h})$$ H_s: 실내발열량(kJ/h), ρ: 밀도(1.2kg/m³) C_p: 공기정압비열(1.01kJ/kg·K), t_r: 실내허용온도, t_o: 신선공기온도 ② CO₂ 농도에 의한 환기량(많은 사람이 장시간 체류) $$Q = \frac{K}{C_i - C_o} \, (\text{m}^3/\text{h})$$ K: 실내 CO₂ 발생량(m³/h), C_i: 실내 CO₂ 허용농도(m³/m³) C_o: 외기(신선) CO₂ 농도(m³/m³) ③ 수증기 발생이 있는 경우의 환기량 $$Q = \frac{L}{r \cdot (x_i - x_o)} \, (\text{m}^3/\text{h})$$ L: 실내 수증기 발생량(kg/h), x_i: 실내허용 절대습도 x_o: 신선공기 절대습도, r: 공기의 비중량 ④ 유해기스에 의한 환기량 $$Q = \frac{M}{p_i - p_o} \, (\text{m}^3/\text{h})$$ M: 발생유해가스량(m³/h), p_i: 실내허용농도, p_o: 신선공기농도

핵심 30 **소방시설 설치 및 관리에 관한 법률**

소방 시설의 종류	① 소방시설: 소화설비·경보설비·피난구조설비·소화용수설비 그 밖에 소화활동설비로서 대통령령이 정하는 것(아래 ②)을 말한다. ② 소방시설의 종류 　㉠ 소화설비: 물 또는 그 밖의 소화약제를 사용하여 소화하는 기계·기구 또는 설비 　　ⓐ 소화기구 　　　ⅰ) 소화기 　　　ⅱ) 간이소화용구: 에어로졸식 소화용구, 투척용 소화용구, 소공간용 소화용구 및 소화약제 외의 것을 이용한 간이소화용구 　　　ⅲ) 자동확산소화기

ⓑ 자동소화장치

　ⅰ) 주거용 주방자동소화장치

　ⅱ) 상업용 주방자동소화장치

　ⅲ) 캐비닛형 자동소화장치

　ⅳ) 가스자동소화장치

　ⅴ) 분말자동소화장치

　ⅵ) 고체에어로졸자동소화장치

ⓒ 옥내소화전설비[호스릴(Hose Reel)옥내소화전설비를 포함]

ⓓ 스프링클러설비등

　ⅰ) 스프링클러설비

　ⅱ) 간이스프링클러설비(캐비닛형 간이스프링클러설비를 포함)

　ⅲ) 화재조기진압용 스프링클러설비

ⓔ 물분무등소화설비

　ⅰ) 물분무소화설비

　ⅱ) 미분무소화설비

　ⅲ) 포소화설비

　ⅳ) 이산화탄소소화설비

　ⅴ) 할론소화설비

　ⅵ) 할로겐화합물 및 불활성기체 소화설비

　ⅶ) 분말소화설비

　ⅷ) 강화액소화설비

　ⅸ) 고체에어로졸소화설비

ⓕ 옥외소화전설비

ⓛ 경보설비: 화재발생 사실을 통보하는 기계·기구 또는 설비

ⓐ 단독경보형 감지기

ⓑ 비상경보설비

　ⅰ) 비상벨설비

　ⅱ) 자동식 사이렌설비

ⓒ 시각경보기

ⓓ 비상방송설비

ⓔ 자동화재탐지설비

ⓕ 화재알림설비

ⓖ 자동화재속보설비

ⓗ 통합감시시설

ⓘ 누전경보기

ⓙ 가스누설경보기

| | ⓒ 피난구조설비: 화재가 발생할 경우 피난하기 위하여 사용하는 기구 또는 설비

    ⓐ 피난기구
      ⅰ) 피난사다리
      ⅱ) 구조대
      ⅲ) 완강기
      ⅳ) 간이완강기
      ⅴ) 그 밖에 화재안전기준으로 정하는 것
    ⓑ 인명구조기구
      ⅰ) 방열복, 방화복(안전모, 보호장갑 및 안전화를 포함)
      ⅱ) 공기호흡기
      ⅲ) 인공소생기
    ⓒ 유도등
      ⅰ) 피난유도선
      ⅱ) 피난구유도등
      ⅲ) 통로유도등
      ⅳ) 객석유도등
      ⅴ) 유도표지
    ⓓ 비상조명등 및 휴대용 비상조명등

ⓔ 소화용수설비: 화재를 진압하는 데 필요한 물을 공급하거나 저장하는 설비
    ⓐ 상수도소화용수설비
    ⓑ 소화수조·저수조 그 밖의 소화용수설비

ⓜ 소화활동설비: 화재를 진압하거나 인명구조활동을 위하여 사용하는 설비
    ⓐ 제연설비
    ⓑ 연결송수관설비
    ⓒ 연결살수설비
    ⓓ 비상콘센트설비
    ⓔ 무선통신보조설비
    ⓕ 연소방지설비 |
| **소방
시설등
및
특정소방
대상물** | ① **소방시설등**: 소방시설과 비상구, 그 밖에 소방 관련 시설로서 대통령령이 정하는 것(방화문 및 자동방화셔터)을 말한다.
② **특정소방대상물**: 소방시설을 설치하여야 하는 소방대상물로서 대통령령이 정하는 것을 말한다.
   ❍ **특정소방대상물의 종류**: 공동주택은 아파트등과 기숙사를 말한다. |

무창층 및 피난층	① 무창층: 지상층 중에서 다음의 요건을 모두 갖춘 개구부(건축물에서 채광·환기·통풍 또는 출입 등을 위하여 만든 창·출입구, 그 밖에 이와 비슷한 것을 말한다)의 면적의 합계가 해당 층 바닥면적의 30분의 1 이하가 되는 층을 말한다. ⓐ 지름 50cm 이상의 원이 통과할 수 있을 것 ⓑ 해당 층의 바닥면으로부터 개구부 밑부분까지의 높이가 1.2m 이내일 것 ⓒ 도로 또는 차량이 진입할 수 있는 빈터를 향할 것 ⓓ 화재 시 건축물로부터 쉽게 피난할 수 있게 개구부에 창살 그 밖의 장애물이 설치되지 않을 것 ⓔ 내부 또는 외부에서 쉽게 부수거나 열 수 있을 것 ② 피난층: 곧바로 지상으로 갈 수 있는 출입구가 있는 층을 말한다.	

	종류	설치대상	소방시설의 적용기준
특정소방 대상물의 소방 시설의 설치기준	소화 설비	소화기구	연면적 33m² 이상인 것
		주거용 주방 자동소화장치	아파트등 및 오피스텔의 모든 층
		옥내소화전설비	① 연면적 3천m² 이상인 것(지하가 중 터널은 제외한다) ② 지하층·무창층(축사는 제외한다)으로서 바닥면적이 600m² 이상인 층이 있는 것 ③ 층수가 4층 이상인 것 중 바닥면적이 600m² 이상인 층이 있는 것
		스프링클러설비	층수가 6층 이상인 특정소방대상물의 경우에는 모든 층
		옥외소화전설비	지상 1층 및 2층의 바닥면적의 합계가 9천m² 이상
	경보 설비	비상경보설비	연면적 400m² 이상인 것
		비상방송설비	① 연면적 3천5백m² 이상인 것은 모든 층 ② 층수가 11층 이상인 것은 모든 층 ③ 지하층의 층수가 3층 이상인 것은 모든 층
		자동화재탐지설비	공동주택 중 아파트등·기숙사 및 숙박시설의 경우에는 모든 층
		단독경보형감지기	공동주택 중 연립주택 및 다세대주택
	피난 구조 설비	피난기구	피난기구는 특정소방대상물의 모든 층에 화재안전기준에 적합한 것으로 설치해야 한다. 다만, 피난층, 지상 1층, 지상 2층(노유자시설 중 피난층이 아닌 지상1층과 피난층이 아닌 지상 2층은 제외한다), 층수가 11층 이상인 층과 위험물저장 및 처리시설 중 가스시설, 지하가 중 터널 또는 지하구의 경우에는 그렇지 않다.
		비상조명등	지하층을 포함하는 층수가 5층 이상인 건축물로서 연면적 3천m² 이상인 경우에는 모든 층

	소화용수설비	상수도 소화용수설비	연면적 5천m² 이상인 것
	소화활동설비	제연설비	특정소방대상물(갓복도형 아파트는 제외)에 부설된 특별피난계단 또는 비상용승강기의 승강장 또는 피난용승강기의 승강장
		연결송수관설비	① 층수가 5층 이상으로서 연면적 6천m² 이상인 경우에는 모든 층 ② 위 ①에 해당하지 아니하는 특정소방대상물로서 지하층을 포함하는 층수가 7층 이상인 경우에는 모든 층 ③ 위 ① 및 ②에 해당하지 않는 특정소방대상물로서 지하층의 층수가 3층 이상이고 지하층의 바닥면적의 합계가 1천m² 이상인 경우에는 모든 층
		연결살수설비	지하층(피난층으로 주된 출입구가 도로와 접한 경우는 제외)으로서 바닥면적의 합계가 150m² 이상인 경우에는 지하층의 모든 층. 다만, 국민주택규모 이하인 아파트등의 지하층(대피시설로만 사용하는 것만 해당)과 교육시설 중 학교의 지하층의 경우에는 700m² 이상인 것으로 한다.
		비상콘센트설비	① 층수가 11층 이상인 특정소방대상물의 경우에는 11층 이상의 층 ② 지하층의 층수가 3층 이상이고 지하층의 바닥면적의 합계가 1천m² 이상인 것은 지하층의 모든 층

소방시설 기준 적용의 특례

① 소방시설의 설치면제: 소방본부장이나 소방서장은 특정소방대상물에 설치하여야 하는 소방시설 가운데 기능과 성능이 유사한 스프링클러설비, 물분무등소화설비, 비상경보설비 및 비상방송설비 등의 소방시설의 경우에는 대통령령으로 정하는 바(아래 ②)에 따라 유사한 소방시설의 설치를 면제할 수 있다.

② 면제기준

  ㉠ 스프링클러설비: 스프링클러설비를 설치해야 하는 특정소방대상물(발전시설 중 전기저장시설은 제외한다)에 적응성 있는 자동소화장치 또는 물분무등소화설비를 화재안전기준에 적합하게 설치한 경우에는 그 설비의 유효범위에서 설치가 면제된다.

  ㉡ 물분무등소화설비: 물분무등소화설비를 설치해야 하는 차고·주차장에 스프링클러설비를 화재안전기준에 적합하게 설치한 경우에는 그 설비의 유효범위에서 설치가 면제된다.

  ㉢ 연결송수관설비를 설치해야 하는 소방대상물에 옥외에 연결송수구 및 옥내에 방수구가 부설된 옥내소화전설비, 스프링클러설비, 간이스프링클러설비 또는 연결살수설비를 화재안전기준에 적합하게 설치한 경우에는 그 설비의 유효범위에서 설치가 면제된다. 다만, 지표면에서 최상층 방수구의 높이가 70m 이상인 경우에는 설치해야 한다.

소방 용품의 내용연수	① 특정소방대상물의 관계인은 내용연수가 경과한 소방용품을 교체하여야 한다. 이 경우 내용연수를 설정하여야 하는 소방용품의 종류 및 그 내용연수 연한에 필요한 사항은 대통령령으로 정한다. ② 위 ①의 후단에 따라 내용연수를 설정해야 하는 소방용품은 분말형태의 소화약제를 사용하는 소화기로 한다. ③ 위 ②에 따른 소방용품의 내용연수는 10년으로 한다.
소방시설 등의 자체점검	① 자체점검의 실시 　㉠ 자체점검의 실시: 특정소방대상물의 관계인은 그 대상물에 설치되어 있는 소방시설등이 「소방시설 설치 및 관리에 관한 법률」이나 「소방시설 설치 및 관리에 관한 법률」에 따른 명령 등에 적합하게 설치·관리되고 있는지에 대하여 다음의 구분에 따른 기간 내에 스스로 점검하거나 점검능력 평가를 받은 관리업자 또는 행정안전부령으로 정하는 기술자격자(이하 '관리업자등'이라 한다)로 하여금 정기적으로 점검(이하 '자체점검'이라 한다)하게 하여야 한다. 이 경우 관리업자등이 점검한 경우에는 그 점검 결과를 행정안전부령으로 정하는 바(아래 ㉡)에 따라 관계인에게 제출하여야 한다. 　　ⓐ 해당 특정소방대상물의 소방시설등이 신설된 경우: 「건축법」 제22조에 따라 건축물을 사용할 수 있게 된 날부터 60일 　　ⓑ 위 ⓐ 외의 경우: 행정안전부령으로 정하는 기간 　㉡ 제출기간: 관리업자 또는 소방안전관리자로 선임된 소방시설관리사 및 소방기술사(이하 '관리업자등'이라 한다)는 자체점검을 실시한 경우에는 위 ㉠의 후단에 따라 그 점검이 끝난 날부터 10일 이내에 소방시설등 자체점검 실시 결과 보고서(전자문서로 된 보고서를 포함한다)에 소방청장이 정하여 고시하는 소방시설등점검표를 첨부하여 관계인에게 제출해야 한다. ② 소방시설등 자체점검의 구분 및 대상 　㉠ 소방시설등에 대한 자체점검은 다음과 같이 구분한다. 　　ⓐ 작동점검: 소방시설등을 인위적으로 조작하여 정상적으로 작동하는지를 소방청장이 정하여 고시하는 소방시설등 작동점검표에 따라 점검하는 것을 말한다. 　　ⓑ 종합점검: 소방시설등의 작동점검을 포함하여 소방시설등의 설비별 주요 구성 부품의 구조기준이 화재안전기준과 「건축법」 등 관련 법령에서 정하는 기준에 적합한지 여부를 소방청장이 정하여 고시하는 소방시설등 종합점검표에 따라 점검하는 것을 말하며, 다음과 같이 구분한다. 　　　ⅰ) 최초점검: 수방시설이 새로 설치되는 경우 「건축법」 제22조에 따라 건축물을 사용할 수 있게 된 날부터 60일 이내 점검하는 것을 말한다. 　　　ⅱ) 그 밖의 종합점검: 최초점검을 제외한 종합점검을 말한다.

ⓛ 작동점검은 다음의 구분에 따라 실시한다.

구분	내용
대상	작동점검은 특정소방대상물을 대상으로 한다. 다만, 다음의 어느 하나에 해당하는 특정소방대상물은 제외한다. ⓐ 특정소방대상물 중「화재의 예방 및 안전관리에 관한 법률」제24조 제1항에 해당하지 않는 특정소방대상물(소방안전관리자를 선임하지 않는 대상을 말한다) ⓑ 「위험물안전관리법」제2조 제6호에 따른 제조소등(이하 '제조소등'이라 한다) ⓒ 특급소방안전관리대상물
점검자의 자격	작동점검은 다음의 분류에 따른 기술인력이 점검할 수 있다. 이 경우 별표 4에 따른 점검인력 배치기준을 준수해야 한다. ⓐ 간이스프링클러설비(주택전용 간이스프링클러설비는 제외한다) 또는 자동화재탐지설비가 설치된 특정소방대상물 　ⅰ) 관계인 　ⅱ) 관리업에 등록된 기술인력 중 소방시설관리사 　ⅲ)「소방시설공사업법 시행규칙」[별표 4의2]에 따른 특급점검자 　ⅳ) 소방안전관리자로 선임된 소방시설관리사 및 소방기술사 ⓑ ⓐ에 해당하지 않는 특정소방대상물 　ⅰ) 관리업에 등록된 소방시설관리사 　ⅱ) 소방안전관리자로 선임된 소방시설관리사 및 소방기술사
점검횟수	연 1회 이상 실시한다.
점검 시기	ⓐ **종합점검대상**: 종합점검을 받은 달부터 6개월이 되는 달에 실시한다. ⓑ 위 ⓐ에 해당하지 않는 특정소방대상물은 특정소방대상물의 사용승인일(건축물의 경우에는 건축물관리대장 또는 건물 등기사항증명서에 기재되어 있는 날, 시설물의 경우에는 시설물의 안전 및 유지관리에 관한 특별법에 따른 시설물통합정보관리체계에 저장·관리되고 있는 날을 말하며, 건축물관리대장, 건물 등기사항증명서 및 시설물통합정보관리체계를 통해 확인되지 않는 경우에는 소방시설완공검사증명서에 기재된 날을 말한다)이 속하는 달의 말일까지 실시한다(원칙).

ⓒ 종합점검은 다음의 구분에 따라 실시한다.

구분	내용
대상	ⓐ 법 제22조 제1항 제1호에 해당하는 특정소방대상물(해당 특정소방대상물의 소방시설등이 신설된 경우) ⓑ 스프링클러설비가 설치된 특정소방대상물

ⓒ 물분무등소화설비[호스릴(Hose Reel) 방식의 물분무등소화설비만을 설치한 경우는 제외한다]가 설치된 연면적 5,000m² 이상인 특정소방대상물(제조소등은 제외한다)

ⓓ 「다중이용업소의 안전관리에 관한 특별법 시행령」 제2조 제1호 나목, 같은 조 제2호(비디오물 소극장업은 제외한다)·제6호·제7호·제7호의2 및 제7호의5의 다중이용업의 영업장이 설치된 특정소방대상물로서 연면적이 2,000m² 이상인 것

ⓔ 제연설비가 설치된 터널

ⓕ 「공공기관의 소방안전관리에 관한 규정」 제2조에 따른 공공기관 중 연면적(터널·지하구의 경우 그 길이와 평균 폭을 곱하여 계산된 값을 말한다)이 1,000m² 이상인 것으로서 옥내소화전설비 또는 자동화재탐지설비가 설치된 것. 다만, 「소방기본법」 제2조 제5호에 따른 소방대가 근무하는 공공기관은 제외한다.

점검자의 자격	ⓐ 관리업에 등록된 소방시설관리사
	ⓑ 소방안전관리자로 선임된 소방시설관리사 및 소방기술사
점검 횟수	ⓐ 연 1회 이상(특급 소방안전관리대상물은 반기별로 1회 이상) 실시한다.
	ⓑ 위 ⓐ에도 불구하고 소방본부장 또는 소방서장은 소방청장이 소방안전관리가 우수하다고 인정한 특정소방대상물에 대해서는 3년의 범위에서 소방청장이 고시하거나 정한 기간 동안 종합점검을 면제할 수 있다. 다만, 면제기간 중 화재가 발생한 경우는 제외한다.
점검 시기	ⓐ 해당 특정소방대상물의 소방시설등이 신설된 경우에 해당하는 경우「건축법」에 따라 건축물을 사용할 수 있게 된 날부터 60일 이내에 실시한다.
	ⓑ 위 ⓐ를 제외한 특정소방대상물은 건축물의 사용승인일이 속하는 달에 실시한다. 다만, 「공공기관의 안전관리에 관한 규정」 제2조 제2호 또는 제5호에 따른 학교의 경우에는 해당 건축물의 사용승인일이 1월에서 6월 사이에 있는 경우에는 6월 30일까지 실시할 수 있다.

③ 공동주택(아파트등으로 한정한다) 세대별 점검방법

㉠ 관리자(관리소장, 입주자대표회의 및 소방안전관리자를 포함한다. 이하 같다) 및 입주민(세대 거주자를 말한다)은 2년 이내 모든 세대에 대하여 점검을 해야 한다.

㉡ 위 ㉠에도 불구하고 아날로그감지기 등 특수감지기가 설치되어 있는 경우에는 수신기에서 원격 점검할 수 있으며, 점검할 때마다 모든 세대를 점검해야 한다. 다만, 자동화재탐지설비의 선로 단선이 확인되는 때에는 단선이 난 세대 또는 그 경계구역에 대하여 현장점검을 해야 한다.

ⓒ 관리자는 수신기에서 원격 점검이 불가능한 경우 매년 작동점검만 실시하는 공동주택은 1회 점검 시마다 전체 세대수의 50퍼센트 이상, 종합점검을 실시하는 공동주택은 1회 점검 시마다 전체 세대수의 30퍼센트 이상 점검하도록 자체점검 계획을 수립·시행해야 한다.

ⓓ 관리자 또는 해당 공동주택을 점검하는 관리업자는 입주민이 세대 내에 설치된 소방시설등을 스스로 점검할 수 있도록 소방청 또는 사단법인 한국소방시설관리협회의 홈페이지에 게시되어 있는 공동주택 세대별 점검 동영상을 입주민이 시청할 수 있도록 안내하고, 점검서식을 사전에 배부해야 한다.

ⓔ 입주민은 점검서식에 따라 스스로 점검하거나 관리자 또는 관리업자로 하여금 대신 점검하게 할 수 있다. 입주민이 스스로 점검한 경우에는 그 점검 결과를 관리자에게 제출하고 관리자는 그 결과를 관리업자에게 알려 주어야 한다.

ⓕ 관리자는 관리업자로 하여금 세대별 점검을 하게 하고자 하는 경우에는 점검일정을 입주민에게 사전에 공지하고 세대별 점검 일자를 파악하여 관리업자에게 알려 주어야 한다. 관리업자는 사전에 파악된 일정에 따라 세대별 점검을 한 후 관리자에게 점검 현황을 제출해야 한다.

ⓖ 관리자는 관리업자가 점검하기로 한 세대에 대하여 입주민의 사정으로 점검을 하지 못한 경우 입주민이 스스로 점검할 수 있도록 다시 안내해야 한다. 이 경우 입주민이 관리업자로 하여금 다시 점검받기를 원하는 경우 관리업자로 하여금 추가로 점검하게 할 수 있다.

ⓗ 관리자는 세대별 점검현황(입주민 부재 등 불가피한 사유로 점검을 하지 못한 세대 현황을 포함한다)을 작성하여 자체점검이 끝난 날부터 2년간 자체 보관해야 한다.

④ **자체점검의 결과보고**

ⓐ 특정소방대상물의 관계인은 자체점검을 한 경우에는 그 점검 결과를 행정안전부령으로 정하는 바에 따라 소방시설등에 대한 수리·교체·정비에 관한 이행계획(중대위반사항에 대한 조치사항을 포함한다)을 첨부하여 소방본부장 또는 소방서장에게 보고하여야 한다. 이 경우 소방본부장 또는 소방서장은 점검 결과 및 이행계획이 적합하지 아니하다고 인정되는 경우에는 관계인에게 보완을 요구할 수 있다.

ⓑ 자체점검 실시결과 보고서를 제출받거나 스스로 자체점검을 실시한 관계인은 자체점검이 끝난 날부터 15일 이내에 소방시설등 자체점검 실시결과 보고서(전자문서로 된 보고서를 포함한다)에 다음의 서류를 첨부하여 소방본부장 또는 소방서장에게 서면이나 소방청장이 지정하는 전산망을 통하여 보고해야 한다.

ⓐ 점검인력 배치확인서(관리업자가 점검한 경우만 해당한다)

ⓑ 소방시설등의 자체점검 결과 이행계획서

ⓒ 자체점검 실시결과의 보고기간에 공휴일 및 토요일은 산입하지 않는다.

ⓓ 위 ⓒ에 따라 소방본부장 또는 소방서장에게 자체점검 실시결과 보고를 마친 관계인은 소방시설등 자체점검 실시결과 보고서(소방시설등점검표를 포함한다)를 점검이 끝난 날부터 2년간 자체 보관해야 한다.

⑤ 점검기록표의 게시 등

ⓐ 게시: 자체점검 결과 보고를 마친 관계인은 관리업자등, 점검일시, 점검자 등 자체점검과 관련된 사항을 점검기록표에 기록하여 특정소방대상물의 출입자가 쉽게 볼 수 있는 장소에 게시하여야 한다. 이 경우 점검기록표의 기록 등에 필요한 사항은 행정안전부령으로 정한다.

ⓑ 게시기간: 소방본부장 또는 소방서장에게 자체점검 결과 보고를 마친 관계인은 위 ⓐ에 따라 보고한 날부터 10일 이내에 소방시설등 자체점검기록표를 작성하여 특정소방대상물의 출입자가 쉽게 볼 수 있는 장소에 30일 이상 게시해야 한다.

화재안전기술기준

소화기구 및 자동소화 장치

① 용어의 정의

ⓐ 소화약제: 소화기구 및 자동소화장치에 사용되는 소화성능이 있는 고체·액체 및 기체의 물질을 말한다.

ⓑ 소화기: 소화약제를 압력에 따라 방사하는 기구로서 사람이 수동으로 조작하여 소화하는 다음의 것을 말한다.

ⓐ '소형소화기'란 능력단위가 1단위 이상이고, 대형소화기의 능력단위 미만인 소화기를 말한다.

ⓑ '대형소화기'란 화재 시 사람이 운반할 수 있도록 운반대와 바퀴가 설치되어 있고, 능력단위가 A급 10단위 이상, B급 20단위 이상인 소화기를 말한다.

❖ 참고: 소화약제 외의 것(마른모래, 팽창질석 또는 팽창진주암)을 이용한 간이소화용구의 능력단위는 0.5단위이다.

ⓒ 자동소화장치: 소화약제를 자동으로 방사하는 고정된 소화장치로서 형식승인이나 성능인정을 받은 유효설치범위 이내에 설치하여 소화하는 다음의 것을 말한다.

ⓐ **주거용 주방자동소화장치**: 주거용 주방에 설치된 열발생 조리기구의 사용으로 인한 화재발생 시 열원(전기 또는 가스)을 자동으로 차단하며 소화약제를 방출하는 소화장치를 말한다.

ⓑ **상업용 주방자동소화장치**: 상업용 주방에 설치된 열발생 조리기구의 사용으로 인한 화재발생 시 열원(전기 또는 가스)을 자동으로 차단하며 소화약제를 방출하는 소화장치를 말한다.

ⓒ **캐비닛형 자동소화장치**: 열, 연기 또는 불꽃 등을 감지하여 소화약제를 방사하여 소화하는 캐비닛 형태의 소화장치를 말한다.

ⓓ **가스자동소화장치**: 열, 연기 또는 불꽃 등을 감지하여 가스계 소화약제를 방사하여 소화하는 소화장치를 말한다.

ⓔ **분말자동소화장치**: 열, 연기 또는 불꽃 등을 감지하여 분말의 소화약제를 방사하여 소화하는 소화장치를 말한다.

ⓕ **고체에어로졸 자동소화장치**: 열, 연기 또는 불꽃 등을 감지하여 에어로졸의 소화약제를 방사하여 소화하는 소화장치를 말한다.

ⓔ **일반화재(A급 화재)**: 나무, 섬유, 종이, 고무, 플라스틱류와 같은 일반 가연물이 타고 나서 재가 남는 화재를 말한다. 일반화재에 대한 소화기의 적응화재별 표시는 'A'로 표시한다.

ⓜ **유류화재(B급 화재)**: 인화성 액체, 가연성 액체, 석유 그리스, 타르, 오일, 유성도료, 솔벤트, 래커, 알코올 및 인화성 가스와 같은 유류가 타고 나서 재가 남지 않는 화재를 말한다. 유류화재에 대한 소화기의 적응 화재별 표시는 'B'로 표시한다.

ⓗ **전기화재(C급 화재)**: 전류가 흐르고 있는 전기기기, 배선과 관련된 화재를 말한다. 전기화재에 대한 소화기의 적응 화재별 표시는 'C'로 표시한다.

ⓢ **주방화재(K급 화재)**: 주방에서 동식물유를 취급하는 조리기구에서 일어나는 화재를 말한다. 주방화재에 대한 소화기구의 적응 화재별 표시는 'K'로 한다.

② **소화기의 설치기준**

㉠ 특정소방대상물의 각 층마다 설치하되, 각 층이 2 이상의 거실로 구획된 경우에는 각 층마다 설치하는 것 외에 바닥면적이 33m² 이상으로 구획된 각 거실에도 배치할 것

㉡ **배치간격**: 각 층마다 설치하되, 특정소방대상물의 각 부분으로부터 1개의 소화기까지의 보행거리가 소형소화기의 경우에는 20m 이내, 대형소화기의 경우에는 30m 이내가 되도록 배치

㉢ **설치높이**: 소화기구(자동확산소화기는 제외)는 거주자 등이 손쉽게 사용할 수 있는 장소에 바닥으로부터 높이 1.5m 이하의 곳에 비치

③ **주거용 주방자동소화장치의 설치기준**: 주거용 주방자동소화장치는 다음의 기준에 따라 설치할 것

㉠ 소화약제 방출구는 환기구의 청소부분과 분리되어 있어야 하며, 형식승인을 받은 유효설치 높이 및 방호면적에 따라 설치할 것

ⓛ 감지부는 형식승인을 받은 유효한 높이 및 위치에 설치할 것

ⓒ 차단장치(전기 또는 가스)는 상시 확인 및 점검이 가능하도록 설치할 것

ⓔ 가스용 주방자동소화장치를 사용하는 경우 탐지부는 수신부와 분리하여 설치하되, 공기보다 가벼운 가스를 사용하는 경우에는 천장면으로부터 30cm 이하의 위치에 설치하고, 공기보다 무거운 가스를 사용하는 장소에는 바닥면으로부터 30cm 이하의 위치에 설치할 것

ⓜ 수신부는 주위의 열기류 또는 습기 등과 주위온도에 영향을 받지 아니하고 사용자가 상시 볼 수 있는 장소에 설치할 것

옥내 소화전 설비	① 용어의 정의 ㉠ '고가수조'란 구조물 또는 지형지물 등에 설치하여 자연낙차의 압력으로 급수하는 수조를 말한다. ㉡ '압력수조'란 소화용수와 공기를 채우고 일정압력 이상으로 가압하여 그 압력으로 급수하는 수조를 말한다. ㉢ '가압수조'란 가압원인 압축공기 또는 불연성 고압기체에 따라 소방용수를 가압시키는 수조를 말한다. ㉣ '충압펌프'란 배관 내 압력손실에 따른 주펌프의 빈번한 기동을 방지하기 위하여 충압역할을 하는 펌프를 말한다. ㉤ '정격토출량'이란 펌프의 정격부하운전 시 토출량으로서 정격토출압력에서의 펌프의 토출량을 말한다. ㉥ '정격토출압력'이란 펌프의 정격부하운전 시 토출압력으로서 정격토출량에서의 펌프의 토출 측 압력을 말한다. ㉦ '진공계'란 대기압 이하의 압력을 측정하는 계측기를 말한다. ㉧ '연성계'란 대기압 이상의 압력과 대기압 이하의 압력을 측정할 수 있는 계측기를 말한다. ㉨ '체절운전'이란 펌프의 성능시험을 목적으로 펌프토출 측의 개폐밸브를 닫은 상태에서 펌프를 운전하는 것을 말한다. ㉩ '기동용수압개폐장치'란 소화설비의 배관 내 압력변동을 검지하여 자동적으로 펌프를 기동 및 정지시키는 것으로서 압력챔버 또는 기동용압력스위치 등을 말한다. ㉪ '급수배관'이란 수원 또는 송수구 등으로부터 소화설비에 급수하는 배관을 말한다. ㉫ '주펌프'란 구동장치의 회전 또는 왕복운동으로 소화용수를 가압하여 그 압력으로 급수하는 주된 펌프를 말한다.

② 수원

　㉠ 수원의 확보: 옥내소화전설비의 수원은 그 저수량이 옥내소화전의 설치개수가 가장 많은 층의 설치개수(2개 이상 설치된 경우에는 2개)에 2.6m³(호스릴옥내소화전설비를 포함)를 곱한 양 이상이 되도록 하여야 한다.

$$Q = \text{옥내소화전 1개의 방수량} \times 20(\text{min}) \times N(\text{개})$$
$$= 130(\text{L/min}) \times 20(\text{min}) \times N(\text{개})$$
$$= 2.6(\text{m}^3) \times N(\text{개})$$

　　❍ 고층건축물(층수가 30층 이상이거나 높이가 120m 이상인 건축물)의 수원은 그 저수량이 옥내소화전의 설치개수가 가장 많은 층의 설치개수(5개 이상 설치된 경우에는 5개)에 5.2m³(호스릴옥내소화전설비를 포함)를 곱한 양 이상이 되도록 하여야 한다. 다만, 층수가 50층 이상인 건축물의 경우에는 7.8m³를 곱한 양 이상이 되도록 하여야 한다.

　㉡ 옥상수조: 옥내소화전설비의 수원은 위 ㉠의 규정에 따라 계산하여 나온 유효수량 외에 유효수량의 3분의 1 이상을 옥상에 설치해야 한다(원칙).

　㉢ 전용수조의 설치: 옥내소화전설비의 수원을 수조로 설치하는 경우에는 소방설비의 전용수조로 하여야 한다(원칙).

　㉣ 수조의 설치기준: 옥내소화전설비용 수조는 다음의 기준에 따라 설치해야 한다.

　　ⓐ 수조의 외측에 수위계를 설치할 것. 다만, 구조상 불가피한 경우에는 수조의 맨홀 등을 통하여 수조 안의 물의 양을 쉽게 확인할 수 있도록 해야 한다.

　　ⓑ 수조의 상단이 바닥보다 높은 때에는 수조의 외측에 고정식 사다리를 설치할 것

　　ⓒ 수조의 밑부분에는 청소용 배수밸브 또는 배수관을 설치할 것

③ 가압송수장치

　㉠ 노즐선단의 방수압력 및 방수량: 특정소방대상물의 어느 층에 있어서도 당해 층의 옥내소화전(2개 이상 설치된 경우에는 2개의 옥내소화전)을 동시에 사용할 경우 각 소화전의 노즐선단에서의 방수압력이 0.17MPa 이상(호스릴옥내소화전설비를 포함)이고, 방수량이 130L/min(호스릴옥내소화전설비를 포함) 이상이 되는 성능의 것으로 할 것. 다만, 하나의 옥내소화전을 사용하는 노즐선단에서의 방수압력이 0.7MPa을 초과할 경우에는 호스접결구의 인입 측에 감압장치를 설치해야 한다.

　㉡ 펌프의 토출량: 펌프의 토출량은 옥내소화전이 가장 많이 설치된 층의 설치개수(옥내소화전이 2개 이상 설치된 경우에는 2개)에 130L/min를 곱한 양 이상이 되도록 할 것

ⓒ **전용펌프의 설치**: 펌프는 전용으로 할 것. 다만, 다른 소화설비와 겸용하는 경우 각각의 소화설비의 성능에 지장이 없을 때에는 그러하지 아니하다.

ⓔ **압력계 및 연성계 또는 진공계의 설치**: 펌프의 토출 측에는 압력계를 체크밸브 이전에 펌프토출 측 플랜지에서 가까운 곳에 설치하고, 흡입 측에는 연성계 또는 진공계를 설치할 것. 다만, 수원의 수위가 펌프의 위치보다 높거나 수직회전축 펌프의 경우에는 연성계 또는 진공계를 설치하지 아니할 수 있다.

ⓜ **펌프의 성능**: 체절운전 시 정격토출압력의 140%를 초과하지 아니하고, 정격토출량의 150%로 운전 시 정격토출압력의 65% 이상이 되어야 한다.

ⓗ **순환배관설치**: 가압송수장치에는 체절운전 시 수온의 상승을 방지하기 위한 순환배관을 설치할 것. 다만, 충압펌프의 경우에는 그러하지 아니하다.

ⓢ **압력챔버의 사용**: 기동용 수압개폐장치 중 압력챔버를 사용할 경우 그 내부 용적은 100L 이상의 것으로 할 것

ⓞ **물올림장치의 설치**: 수원의 수위가 펌프보다 낮은 위치에 있는 가압송수장치에는 다음의 기준에 따른 물올림장치를 설치할 것

ⓐ 물올림장치에는 전용의 수조를 설치할 것

ⓑ 수조의 유효수량은 100L 이상으로 하되, 구경 15mm 이상의 급수배관에 따라 해당 수조에 물이 계속 보급되도록 할 것

④ **배관**

㉠ **배관의 재질**

ⓐ 배관 내 사용압력이 1.2MPa 미만일 경우에는 다음의 어느 하나에 해당하는 것

ⅰ) 배관용 탄소강관

ⅱ) 이음매 없는 구리 및 구리합금관. 다만, 습식의 배관에 한한다.

ⅲ) 배관용 스테인리스 강관 또는 일반배관용 스테인리스 강관

ⅳ) 덕타일 주철관

ⓑ 배관 내 사용압력이 1.2MPa 이상일 경우에는 다음의 어느 하나에 해당하는 것

ⅰ) 압력배관용 탄소강관

ⅱ) 배관용 아크용접 탄소강강관

㉡ **배관의 구경**: 펌프의 토출 측 주배관의 구경은 유속이 초속 4m 이하가 될 수 있는 크기 이상으로 해야 하고, 옥내소화전방수구와 연결되는 가지배관의 구경은 40mm(호스릴옥내소화전설비의 경우에는 25mm) 이상으로 해야 하며, 주배관 중 수직배관의 구경은 50mm(호스릴옥내소화전설비의 경우에는 32mm) 이상으로 해야 한다.

㉢ **연결송수관설비와 겸용 시 배관의 구경**: 연결송수관설비의 배관과 겸용할 경우 주배관은 구경 100mm 이상, 방수구로 연결되는 배관의 구경은 65mm 이상의 것으로 해야 한다.

⑤ 송수구: 다음의 기준에 따라 설치

㉠ 소방차가 쉽게 접근할 수 있는 잘 보이는 장소에 설치하되, 화재층으로부터 지면으로 떨어지는 유리창 등이 송수 및 그 밖의 소화작업에 지장을 주지 않는 장소에 설치할 것

㉡ 송수구로부터 옥내소화전의 주배관에 이르는 연결배관에는 개폐밸브를 설치하지 않을 것. 다만, 스프링클러설비·물분무소화설비·포소화설비 또는 연결송수관설비의 배관과 겸용하는 경우에는 그렇지 않다.

㉢ 지면으로부터 높이가 0.5m 이상 1m 이하의 위치에 설치할 것

㉣ 구경 65mm의 쌍구형 또는 단구형으로 할 것

㉤ 송수구의 가까운 부분에 자동배수밸브(또는 직경 5mm의 배수공) 및 체크밸브를 설치할 것

㉥ 송수구에는 이물질을 막기 위한 마개를 씌울 것

⑥ 방수구: 다음의 기준에 따라 설치

㉠ 특정소방대상물의 층마다 설치하되, 해당 특정소방대상물의 각 부분으로부터 하나의 옥내소화전방수구까지의 수평거리가 25m 이하(호스릴옥내소화전설비를 포함)가 되도록 할 것. 다만, 복층형 구조의 공동주택의 경우에는 세대의 출입구가 설치된 층에만 설치할 수 있다.

㉡ 바닥으로부터의 높이가 1.5m 이하가 되도록 할 것

㉢ 호스는 구경 40mm(호스릴옥내소화전설비의 경우에는 25mm) 이상의 것으로서 특정소방대상물의 각 부분에 물이 유효하게 뿌려질 수 있는 길이로 설치할 것

⑦ 표시등: 가압송수장치의 기동을 표시하는 표시등은 옥내소화전함의 상부 또는 그 직근에 설치하되 적색등으로 할 것

⑧ 비상전원: 비상전원은 자가발전설비, 축전지설비 또는 전기저장장치로서 옥내소화전설비를 유효하게 20분 이상 작동할 수 있도록 할 것

❑ 고층건축물의 비상전원은 자가발전설비, 축전지설비(내연기관에 따른 펌프를 사용하는 경우에는 내연기관의 기동 및 제어용 축전지를 말한다) 또는 전기저장장치로서 옥내소화전설비를 40분 이상 작동할 수 있을 것. 다만, 50층 이상인 건축물의 경우에는 60분 이상 작동할 수 있어야 한다.

| 옥외소화전설비 | ① 수원의 확보: 옥외소화전설비의 수원은 그 저수량이 옥외소화전의 설치개수(옥외소화전이 2개 이상 설치된 경우에는 2개)에 7m³를 곱한 양 이상이 되도록 해야 한다. |

$$수원(Q) = 350(\text{L/min}) \times 20(\text{min}) \times N(개)$$
$$= 7\text{m}^3 \times N(개)$$

N: 소화전의 수(최대 2개)

② **노즐선단의 방수압력 및 방수량**: 특정소방대상물에 설치된 옥외소화전(2개 이상 설치된 경우에는 2개의 옥외소화전)을 동시에 사용할 경우 각 옥외소화전의 노즐선단에서의 방수압력이 0.25MPa 이상이고, 방수량이 350L/min 이상이 되는 성능의 것으로 할 것. 다만, 하나의 옥외소화전을 사용하는 노즐선단에서의 방수압력이 0.7MPa을 초과할 경우에는 호스접결구의 인입 측에 감압장치를 설치해야 한다.

③ **설치거리**: 호스접결구는 지면으로부터 높이가 0.5m 이상 1m 이하의 위치에 설치하고, 특정소방대상물의 각 부분으로부터 하나의 호스접결구까지의 수평거리가 40m 이하가 되도록 설치해야 한다.

④ **호스의 구경**: 호스는 구경 65mm의 것으로 해야 한다.

⑤ **소화전함 등**: 옥외소화전설비에는 옥외소화전마다 그로부터 5m 이내의 장소에 소화전함을 다음의 기준에 따라 설치해야 한다.

　　㉠ 옥외소화전이 10개 이하 설치된 때에는 옥외소화전마다 5m 이내의 장소에 1개 이상의 소화전함을 설치해야 한다.

　　㉡ 옥외소화전이 11개 이상 30개 이하 설치된 때에는 11개 이상의 소화전함을 각각 분산하여 설치해야 한다.

　　㉢ 옥외소화전이 31개 이상 설치된 때에는 옥외소화전 3개마다 1개 이상의 소화전함을 설치해야 한다.

스프링 클러 설비

① **용어의 정의**

　　㉠ '고가수조'란 구조물 또는 지형지물 등에 설치하여 자연낙차 압력으로 급수하는 수조를 말한다.

　　㉡ '압력수조'란 소화용수와 공기를 채우고 일정압력 이상으로 가압하여 그 압력으로 급수하는 수조를 말한다.

　　㉢ '충압펌프'란 배관 내 압력손실에 따른 주펌프의 빈번한 기동을 방지하기 위하여 충압역할을 하는 펌프를 말한다.

　　㉣ '진공계'란 대기압 이하의 압력을 측정하는 계측기를 말한다.

　　㉤ '연성계'란 대기압 이상의 압력과 대기압 이하의 압력을 측정할 수 있는 계측기를 말한다.

　　㉥ '체절운전'이란 펌프의 성능시험을 목적으로 펌프토출 측의 개폐밸브를 닫은 상태에서 펌프를 운전하는 것을 말한다.

　　㉦ '개방형 스프링클러헤드'란 감열체 없이 방수구가 항상 열려 있는 헤드를 말한다.

　　㉧ '폐쇄형 스프링클러헤드'란 정상상태에서 방수구를 막고 있는 감열체가 일정온도에서 자동적으로 파괴·용해 또는 이탈됨으로써 방수구가 개방되는 헤드를 말한다.

ⓩ '조기반응형 헤드'란 표준형 스프링클러헤드보다 기류온도 및 기류속도에 조기에 반응하는 것을 말한다.

ⓩ '측벽형 스프링클러헤드'란 가압된 물이 분사될 때 헤드의 축심을 중심으로 한 반원상에 균일하게 분산시키는 헤드를 말한다.

ㅋ '건식 스프링클러헤드'란 물과 오리피스가 분리되어 동파를 방지할 수 있는 스프링클러헤드를 말한다.

ㅌ '유수검지장치'란 유수현상을 자동적으로 검지하여 신호 또는 경보를 발하는 장치를 말한다.

ㅍ '일제개방밸브'란 일제살수식 스프링클러설비에 설치되는 유수검지장치를 말한다.

ㅎ '가지배관'이란 스프링클러헤드가 설치되어 있는 배관을 말한다.

㋐ '교차배관'이란 가지배관에 급수하는 배관을 말한다.

㋑ '주배관'이란 가압송수장치 또는 송수구 등과 직접 연결되어 소화수를 이송하는 주된 배관을 말한다.

㋒ '신축배관'이란 가지배관과 스프링클러헤드를 연결하는, 구부림이 용이하고 유연성을 가진 배관을 말한다.

㋓ '급수배관'이란 수원 또는 송수구 등으로부터 소화설비에 급수하는 배관을 말한다.

㋔ '습식 스프링클러설비'란 가압송수장치에서 폐쇄형 스프링클러헤드까지 배관 내에 항상 물이 가압되어 있다가 화재로 인한 열로 폐쇄형 스프링클러헤드가 개방되면 배관 내에 유수가 발생하여 습식 유수검지장치가 작동하게 되는 스프링클러설비를 말한다.

㋕ '부압식 스프링클러설비'란 가압송수장치에서 준비작동식 유수검지장치의 1차 측까지는 항상 정압의 물이 가압되고, 2차 측 폐쇄형 스프링클러헤드까지는 소화수가 부압으로 되어 있다가 화재 시 감지기의 작동에 의해 정압으로 변하여 유수가 발생하면 작동하는 스프링클러설비를 말한다.

㋖ '준비작동식 스프링클러설비'란 가압송수장치에서 준비작동식 유수검지장치 1차 측까지 배관 내에 항상 물이 가압되어 있고, 2차 측에서 폐쇄형 스프링클러헤드까지 대기압 또는 저압으로 있다가 화재발생 시 감지기의 작동으로 준비작동식 밸브가 개방되면 폐쇄형 스프링클러헤드까지 소화수가 송수되고, 폐쇄형 스프링클러헤드가 열에 의해 개방되면 방수가 되는 방식의 스프링클러설비를 말한다.

㋗ '건식 스프링클러설비'란 건식 유수검지장치 2차 측에 압축공기 또는 질소 등의 기체로 충전된 배관에 폐쇄형 스프링클러헤드가 부착된 스프링클러설비로서, 폐쇄형 스프링클러헤드가 개방되어 배관 내의 압축공기 등이 방출되면 건식 유수검지장치 1차 측의 수압에 의하여 건식 유수검지장치가 작동하게 되는 스프링클러설비를 말한다.

㉠ '일제살수식 스프링클러설비'란 가압송수장치에서 일제개방밸브 1차 측까지 배관 내에 항상 물이 가압되어 있고 2차 측에서 개방형 스프링클러헤드까지 대기압으로 있다가 화재발생 시 자동감지장치 또는 수동식 기동장치의 작동으로 일제개방밸브가 개방되면 스프링클러헤드까지 소화수가 송수되는 방식의 스프링클러설비를 말한다.

㉠ '반사판'(디프렉타)이란 스프링클러헤드의 방수구에서 유출되는 물을 세분시키는 작용을 하는 것을 말한다.

㉠ '건식 유수검지장치'란 건식 스프링클러설비에 설치되는 유수검지장치를 말한다.

㉠ '습식 유수검지장치'란 습식 스프링클러설비 또는 부압식 스프링클러설비에 설치되는 유수검지장치를 말한다.

㉠ '준비작동식 유수검지장치'란 준비작동식 스프링클러설비에 설치되는 유수검지장치를 말한다.

㉠ '패들형 유수검지장치'란 소화수의 흐름에 의하여 패들이 움직이고 접점이 형성되면 신호를 발하는 유수검지장치를 말한다.

② 스프링클러설비의 장단점

장점	단점
• 초기화재의 진압에 절대적이다. • 소화약제가 물이므로 경제적이고 소화 후 복구가 용이하다. • 감지부의 구조가 기계적이므로 오보 및 오동작이 적다. • 시설이 반영구적이다. • 완전자동으로 사람이 없는 야간에도 자동으로 화재를 방어한다. • 주로 고층 건축물, 지하층, 무창층 등 소방차의 진입이 곤란한 곳에 설치된다.	• 초기에 시설비용이 많이 든다. • 타 설비보다 시공이 많이 든다. • 물로 인한 피해가 크다. • 유지관리에 유의해야 한다.

③ 수원의 확보: 스프링클러설비의 수원 ⇨ 저수량

㉠ 폐쇄형 스프링클러: 폐쇄형 스프링클러헤드를 사용하는 경우에는 다음 표의 스프링클러설비 설치장소별 스프링클러헤드의 기준개수[스프링클러헤드의 설치개수가 가장 많은 층(아파트의 경우에는 설치개수가 가장 많은 세대)에 설치된 스프링클러헤드의 개수가 기준개수보다 작은 경우에는 그 설치개수를 말한다]에 1.6m³를 곱한 양 이상이 되도록 할 것

❑ 고층건축물의 수원은 스프링클러설비 설치장소별 스프링클러헤드의 기준개수에 3.2m³를 곱한 양 이상이 되도록 하여야 한다. 다만, 50층 이상인 건축물의 경우에는 4.8m³를 곱한 양 이상이 되도록 하여야 한다.

ⓛ **개방형 스프링클러**: 개방형 스프링클러헤드를 사용하는 스프링클러설비의 수원은 최대 방수구역에 설치된 스프링클러헤드의 개수가 30개 이하일 경우에는 설치헤드 수에 1.6m³를 곱한 양 이상으로 하고, 30개를 초과하는 경우에는 수리계산에 따를 것

④ **전용수조의 설치**: 스프링클러설비의 수원을 수조로 설치하는 경우에는 소방소화설비의 전용수조로 해야 한다.

⑤ **가압송수장치**

ⓗ **정격토출압력**: 가압송수장치의 정격토출압력은 하나의 헤드선단에 0.1MPa 이상 1.2MPa 이하의 방수압력이 될 수 있게 하는 크기일 것

ⓛ **송수량**: 가압송수장치의 송수량은 0.1MPa의 방수압력 기준으로 80L/min 이상의 방수성능을 가진 기준개수의 모든 헤드로부터의 방수량을 충족시킬 수 있는 양 이상의 것으로 할 것. 이 경우 속도수두는 계산에 포함하지 않을 수 있다.

⑥ **폐쇄형 스프링클러설비의 방호구역**: 하나의 방호구역의 바닥면적은 3천m²를 초과하지 아니할 것

⑦ **주차장의 스프링클러**: 주차장의 스프링클러설비는 습식 외의 방식으로 해야 한다(원칙).

⑧ **헤드의 설치**: 스프링클러헤드는 특정소방대상물의 천장·반자·천장과 반자 사이·덕트·선반 기타 이와 유사한 부분(폭이 1.2m를 초과하는 것에 한한다)에 설치해야 한다. 다만, 폭이 9m 이하인 실내에 있어서는 측벽에 설치할 수 있다.

⑨ **헤드의 설치방법**

ⓗ 살수가 방해되지 않도록 스프링클러헤드로부터 반경 60cm 이상의 공간을 보유할 것. 다만, 벽과 스프링클러헤드 간의 공간은 10cm 이상으로 한다.

ⓛ 스프링클러헤드와 그 부착면과의 거리는 30cm 이하로 할 것

⑩ **송수구**

ⓗ 소방차가 쉽게 접근할 수 있고 잘 보이는 장소에 설치하고, 화재층으로부터 지면으로 떨어지는 유리창 등이 송수 및 그 밖의 소화작업에 지장을 주지 않는 장소에 설치할 것

ⓛ 송수구로부터 스프링클러설비의 주배관에 이르는 연결배관에 개폐밸브를 설치한 때에는 그 개폐상태를 쉽게 확인 및 조작할 수 있는 옥외 또는 기계실 등의 장소에 설치할 것

ⓒ 송수구 구경 65mm의 쌍구형으로 할 것

ⓔ 송수구에는 그 가까운 곳의 보기 쉬운 곳에 송수압력범위를 표시한 표지를 할 것

ⓜ 폐쇄형 스프링클러헤드를 사용하는 스프링클러설비의 송수구는 하나의 층의 바닥면적이 3,000m²를 넘을 때마다 1개 이상(5개를 넘을 경우에는 5개로 한다)을 설치할 것

ⓗ 지면으로부터 높이가 0.5m 이상 1m 이하의 위치에 설치할 것

ⓢ 송수구의 부근에는 자동배수밸브(또는 직경 5mm의 배수공) 및 체크밸브를 설치할 것. 이 경우 자동배수밸브는 배관 안의 물이 잘 빠질 수 있는 위치에 설치하되, 배수로 인하여 다른 물건 또는 장소에 피해를 주지 않아야 한다.

ⓞ 송수구에는 이물질을 막기 위한 마개를 씌울 것

⑪ **헤드의 설치 제외**: 스프링클러설비를 설치해야 할 특정소방대상물에 있어서 다음의 어느 하나에 해당하는 장소에는 스프링클러헤드를 설치하지 않을 수 있다.

ㄱ 계단실(특별피난계단의 부속실을 포함)·경사로·승강기의 승강로·비상용승강기의 승강장·파이프덕트 및 덕트피트(파이프·덕트를 통과시키기 위한 구획된 구멍에 한한다)·목욕실·수영장(관람석 부분은 제외)·화장실·직접 외기에 개방되어 있는 복도·기타 이와 유사한 장소

ㄴ 통신기기실·전자기기실·기타 이와 유사한 장소

ㄷ 발전실·변전실·변압기·기타 이와 유사한 전기설비가 설치되어 있는 장소

ㄹ 천장과 반자 양쪽이 불연재료로 되어 있는 경우로서 그 사이의 거리 및 구조가 다음의 어느 하나에 해당하는 부분

ⓐ 천장과 반자 사이의 거리가 2m 미만인 부분

ⓑ 천장과 반자 사이의 벽이 불연재료이고 천장과 반자 사이의 거리가 2m 이상으로서 그 사이에 가연물이 존재하지 아니하는 부분

ㅁ 천장·반자 중 한쪽이 불연재료로 되어 있고 천장과 반자 사이의 거리가 1m 미만인 부분

ㅂ 천장 및 반자가 불연재료 외의 것으로 되어 있고 천장과 반자 사이의 거리가 0.5m 미만인 부분

ㅅ 펌프실·물탱크실·엘리베이터 권상기실 그 밖의 이와 비슷한 장소

ㅇ 현관 또는 로비 등으로서 바닥으로부터 높이가 20m 이상인 장소

자동화재 탐지설비

① **자동화재탐지설비의 구성**: 감지기, 중계기, 발신기, 수신기, 음향장치 등으로 구성되어 있다.

② **용어의 정의**

ㄱ **경계구역**: 특정소방대상물 중 화재신호를 발신하고 그 신호를 수신 및 유효하게 제어할 수 있는 구역을 말한다.

ㄴ **수신기**: 감지기나 발신기에서 발하는 화재신호를 직접 수신하거나 중계기를 통하여 수신하여 화재의 발생을 표시 및 경보하여 주는 장치를 말한다.

    ⓒ **중계기**: 감지기·발신기 또는 전기적 접점 등의 작동에 따른 신호를 받아 이를 수신기에 전송하는 장치를 말한다.

    ⓔ **감지기**: 화재 시 발생하는 열, 연기, 불꽃 또는 연소생성물을 자동적으로 감지하여 수신기에 화재신호 등을 발신하는 장치를 말한다.

    ⓜ **발신기**: 수동누름버튼 등의 작동으로 화재신호를 수신기에 발신하는 장치를 말한다.

③ **감지기의 종류**

    ㉠ **열감지기**

        ⓐ **정온식 감지기**: 실온이 일정온도 이상으로 상승하였을 때 작동, 보일러실, 주방 등의 열원기기를 사용하는 곳에 적합하다.

        ⓑ **차동식 감지기**: 실내온도의 상승률, 즉 상승속도가 일정한 값을 넘었을 때 동작하는 것으로 차동식 스포트형 감지기, 차동식 분포형 감지기(공기관식, 열전대식, 열반도체식)가 있다.

        ⓒ **보상식 감지기**: 정온식(바이메탈)과 차동식(공기관식) 감지기를 결합한 형태(한쪽 기능만 충족해도 화재를 감지한다)

    ㉡ **연기감지기**: 이온화식과 광전식의 2종으로 구분

④ **경계구역**: 하나의 경계구역의 면적은 600m² 이하로 하고 한 변의 길이는 50m 이하로 할 것. 다만, 해당 특정소방대상물의 주된 출입구에서 그 내부 전체가 보이는 것에 있어서는 한 변의 길이가 50m의 범위 내에서 1천m² 이하로 할 수 있다.

⑤ **수신기**: 수신기의 조작스위치는 바닥으로부터의 높이가 0.8m 이상 1.5m 이하인 장소에 설치할 것

⑥ **감지기의 설치기준**: 감지기는 다음의 기준에 따라 설치해야 한다.

    ㉠ 감지기(차동식 분포형의 것은 제외)는 실내로의 공기유입구로부터 1.5m 이상 떨어진 위치에 설치할 것

    ㉡ 감지기는 천장 또는 반자의 옥내에 면하는 부분에 설치할 것

    ㉢ 보상식 스포트형 감지기는 정온점이 감지기 주위의 평상시 최고온도보다 20℃ 이상 높은 것으로 설치할 것

    ㉣ 정온식 감지기는 주방·보일러실 등으로서 다량의 화기를 취급하는 장소에 설치하되, 공칭작동온도가 최고주위온도보다 20℃ 이상 높은 것으로 설치할 것

    ㉤ 스포트형 감지기는 45도 이상 경사되지 아니하도록 부착할 것

⑦ **음향장치**: 다음의 기준에 따라 설치해야 한다.

    ㉠ 지구음향장치는 특정소방대상물의 층마다 설치하되, 해당 특정소방대상물의 각 부분으로부터 하나의 음향장치까지의 수평거리가 25m 이하가 되도록 하고, 해당 층의 각 부분에 유효하게 경보를 발할 수 있도록 설치할 것(원칙).

    ㉡ 정격전압의 80% 전압에서 음향을 발할 수 있는 것으로 할 것(원칙)

ⓒ 음향의 크기는 부착된 음향장치의 중심으로부터 1m 떨어진 위치에서 90dB 이상이 되는 것으로 할 것

⑧ 발신기

㉠ 자동화재탐지설비의 발신기는 다음의 기준에 따라 설치해야 한다.

ⓐ 조작이 쉬운 장소에 설치하고, 스위치는 바닥으로부터 0.8m 이상 1.5m 이하의 높이에 설치할 것

ⓑ 특정소방대상물의 층마다 설치하되, 해당 층의 각 부분으로부터 하나의 발신기까지의 수평거리가 25m 이하가 되도록 할 것. 다만, 복도 또는 별도로 구획된 실로서 보행거리가 40m 이상일 경우에는 추가로 설치해야 한다.

㉡ 발신기의 위치를 표시하는 표시등은 함의 상부에 설치하되, 그 불빛은 부착면으로부터 15° 이상의 범위 안에서 부착지점으로부터 10m 이내의 어느 곳에서도 쉽게 식별할 수 있는 적색등으로 해야 한다.

⑨ **축전지설비 등의 설치**: 자동화재탐지설비에는 그 설비에 대한 감시상태를 60분간 지속한 후 유효하게 10분 이상 경보할 수 있는 비상전원으로서 축전지설비(수신기에 내장하는 경우를 포함한다) 또는 전기저장장치(외부 전기에너지를 저장해 두었다가 필요한 때 전기를 공급하는 장치)를 설치해야 한다. 다만, 상용전원이 축전지설비인 경우 또는 건전지를 주전원으로 사용하는 무선식 설비인 경우에는 그렇지 않다.

| **비상방송설비** | 비상방송설비는 다음의 기준에 따라 설치한다. |

비상방송설비는 다음의 기준에 따라 설치한다.

① 확성기의 음성입력은 3W(실내에 설치하는 것에 있어서는 1W) 이상일 것

② 확성기는 각 층마다 설치하되, 그 층의 각 부분으로부터 하나의 확성기까지의 수평거리가 25m 이하가 되도록 하고, 당해 층의 각 부분에 유효하게 경보를 발할 수 있도록 설치할 것

③ 음량조정기를 설치하는 경우 음량조정기의 배선은 3선식으로 할 것

④ 조작부의 조작스위치는 바닥으로부터 0.8m 이상 1.5m 이하의 높이에 설치할 것

⑤ 기동장치에 따른 화재신고를 수신한 후 필요한 음량으로 화재발생 상황 및 피난에 유효한 방송이 자동으로 개시될 때까지의 소요시간은 10초 이내로 할 것

피난기구

① **용어의 정의**

㉠ **피난사다리**: 화재 시 긴급대피를 위해 사용하는 사다리를 말한다.

㉡ **완강기**: 사용자의 몸무게에 따라 자동적으로 내려올 수 있는 기구 중 사용자가 교대하여 연속적으로 사용할 수 있는 것을 말한다.

㉢ **간이완강기**: 사용자의 몸무게에 따라 자동적으로 내려올 수 있는 기구 중 사용자가 연속적으로 사용할 수 없는 것을 말한다.

㉣ **구조대**: 포지 등을 사용하여 자루형태로 만든 것으로서 화재 시 사용자가 그 내부에 들어가서 내려옴으로써 대피할 수 있는 것을 말한다.

ⓜ 공기안전매트: 화재발생 시 사람이 건축물 내에서 외부로 긴급히 뛰어내릴 때 충격을 흡수하여 안전하게 지상에 도달할 수 있도록 포지에 공기 등을 주입하는 구조로 되어 있는 것을 말한다.

ⓗ 다수인 피난장비: 화재 시 2인 이상의 피난자가 동시에 해당 층에서 지상 또는 피난층으로 하강하는 피난기구를 말한다.

ⓢ 승강식 피난기: 사용자의 몸무게에 의하여 자동으로 하강하고 내려서면 스스로 상승하여 연속적으로 사용할 수 있는 무동력 승강식 기기를 말한다.

ⓞ 하향식 피난구용 내림식 사다리: 하향식 피난구 해치에 격납하여 보관하고 사용 시에는 사다리 등이 소방대상물과 접촉되지 않는 내림식 사다리를 말한다.

② 설치장소별 피난기구의 적응성

설치 장소별 구분	1층	2층	3층	4층 이상 10층 이하
아파트	–	–	미끄럼대·피난사다리·구조대·완강기·피난교·피난용 트랩·간이완강기·공기안전매트·다수인 피난장비·승강식 피난기	피난사다리·구조대·완강기·피난교·간이완강기·공기안전매트·다수인 피난장비·승강식 피난기

③ 승강식 피난기 및 하향식 피난구용 내림식사다리: 대피실의 면적은 $2m^2$(2세대 이상일 경우에는 $3m^2$) 이상으로 하고, 「건축법 시행령」 제46조 제4항의 규정에 적합하여야 하며, 하강구(개구부) 규격은 직경 60cm 이상일 것. 단, 외기와 개방된 장소에는 그렇지 않다.

① 용어의 정의

ⓐ 유도등: 화재 시에 피난을 유도하기 위한 등으로서 정상상태에서는 상용전원에 따라 켜지고, 상용전원이 정전되는 경우에는 비상전원으로 자동전환되어 켜지는 등을 말한다.

ⓑ 피난구유도등: 피난구 또는 피난경로로 사용되는 출입구를 표시하여 피난을 유도하는 등을 말한다.

ⓒ 통로유도등: 피난통로를 안내하기 위한 유도등으로 복도통로유도등, 거실통로유도등, 계단통로유도등을 말한다.

ⓓ 복도통로유도등: 피난통로가 되는 복도에 설치하는 통로유도등으로서 피난구의 방향을 명시하는 것을 말한다.

ⓔ 거실통로유도등: 거주, 집무, 작업, 집회, 오락 그 밖에 이와 유사한 목적을 위하여 계속적으로 사용하는 거실, 주차장 등 개방된 통로에 설치하는 유도등으로 피난의 방향을 명시하는 것을 말한다.

유도등 및 유도표지

ⓑ 계단통로유도등: 피난통로가 되는 계단이나 경사로에 설치하는 통로유도등으로 바닥면 및 디딤 바닥면을 비추는 것을 말한다.

ⓢ 객석유도등: 객석의 통로, 바닥 또는 벽에 설치하는 유도등을 말한다.

ⓞ 피난구유도표지: 피난구 또는 피난경로로 사용되는 출입구를 표시하여 피난을 유도하는 표지를 말한다.

ⓩ 통로유도표지: 피난통로가 되는 복도, 계단 등에 설치하는 것으로서 피난구의 방향을 표시하는 유도표지를 말한다.

ⓒ 피난유도선: 햇빛이나 전등불에 따라 축광(축광방식)하거나 전류에 따라 빛을 발하는(광원점등방식) 유도체로서 어두운 상태에서 피난을 유도할 수 있도록 띠 형태로 설치되는 피난유도시설을 말한다.

ⓚ 입체형: 유도등 표시면을 2면 이상으로 하고 각 면마다 피난유도표시가 있는 것을 말한다.

ⓣ 3선식 배선: 평상시에는 유도등을 소등 상태로 두어 유도등의 비상전원을 충전하고, 화재 등 비상시에는 점등 신호를 받아 유도등이 자동으로 점등되도록 하는 방식의 배선을 말한다.

② 설치기준

　　ⓐ 피난구유도등: 피난구유도등은 피난구의 바닥으로부터 높이 1.5m 이상으로서 출입구에 인접하도록 설치해야 한다.

　　ⓛ 복도통로유도등
　　　　ⓐ 구부러진 모퉁이 및 통로유도등을 기점으로 보행거리 20m마다 설치할 것
　　　　ⓑ 바닥으로부터 높이 1m 이하의 위치에 설치할 것. 다만, 지하층 또는 무창층의 용도가 도매시장·소매시장·여객자동차터미널·지하역사 또는 지하상가인 경우에는 복도·통로 중앙부분의 바닥에 설치해야 한다.

　　ⓒ 거실통로유도등
　　　　ⓐ 구부러진 모퉁이 및 보행거리 20m마다 설치할 것
　　　　ⓑ 바닥으로부터 높이 1.5m 이상의 위치에 설치할 것. 다만, 거실통로에 기둥이 설치된 경우에는 기둥부분의 바닥으로부터 높이 1.5m 이하의 위치에 설치할 수 있다.

　　ⓔ 계단통로유도등: 바닥으로부터 높이 1m 이하의 위치에 설치할 것

　　ⓜ 유도표지
　　　　ⓐ 계단에 설치하는 것을 제외하고는 각 층마다 복도 및 통로의 각 부분으로부터 하나의 유도표지까지의 보행거리가 15m 이하가 되는 곳과 구부러진 모퉁이의 벽에 설치할 것
　　　　ⓑ 피난구유도표지는 출입구 상단에 설치하고, 통로유도표지는 바닥으로부터 높이 1m 이하의 위치에 설치할 것

③ 설치 제외
   ㉠ 피난구유도등의 설치 제외: 다음의 어느 하나에 해당하는 경우에는 피난구유도등을 설치하지 않을 수 있다.
      ⓐ 바닥면적이 1천m² 미만인 층으로서 옥내로부터 직접 지상으로 통하는 출입구(외부의 식별이 용이한 경우에 한한다)
      ⓑ 대각선 길이가 15m 이내인 구획된 실의 출입구
      ⓒ 거실 각 부분으로부터 하나의 출입구에 이르는 보행거리가 20m 이하이고 비상조명등과 유도표지가 설치된 거실의 출입구
   ㉡ 통로유도등의 설치 제외: 다음의 어느 하나에 해당하는 경우에는 통로유도등을 설치하지 않을 수 있다.
      ⓐ 구부러지지 아니한 복도 또는 통로로서 길이가 30m 미만인 복도 또는 통로
      ⓑ 위 ⓐ에 해당하지 않는 복도 또는 통로로서 보행거리가 20m 미만이고 그 복도 또는 통로와 연결된 출입구 또는 그 부속실의 출입구에 피난구유도등이 설치된 복도 또는 통로
④ 유도등의 비상전원
   ㉠ 축전지로 할 것
   ㉡ 유도등을 20분 이상 유효하게 작동시킬 수 있는 용량으로 할 것. 다만, 다음의 특정소방대상물의 경우에는 그 부분에서 피난층에 이르는 부분의 유도등을 60분 이상 유효하게 작동시킬 수 있는 용량으로 해야 한다.
      ⓐ 지하층을 제외한 층수가 11층 이상의 층
      ⓑ 지하층 또는 무창층으로서 용도가 도매시장·소매시장·여객자동차터미널·지하역사 또는 지하상가

연결 송수관 설비

① 송수구
   ㉠ 설치위치: 소방차가 쉽게 접근할 수 있고 잘 보이는 장소
   ㉡ 설치높이: 0.5 ∼ 1m
   ㉢ 구경: 65mm의 쌍구형
   ㉣ 송수구는 연결송수관의 수직배관마다 1개 이상을 설치(원칙)
② 배관
   ㉠ 주배관의 구경은 100mm 이상의 것으로 할 것
   ㉡ 지면으로부터의 높이가 31m 이상인 특정소방대상물 또는 지상 11층 이상인 특정소방대상물에 있어서는 습식 설비로 할 것
   ㉢ 연결송수관설비의 배관과 겸용: 연결송수관설비의 배관은 주배관의 구경이 100mm 이상인 옥내소화전설비·스프링클러설비 또는 물분무등소화설비의 배관과 겸용할 수 있다.

ⓔ 연결송수관설비의 수직배관은 내화구조로 구획된 계단실(부속실을 포함한다) 또는 파이프덕트 등 화재의 우려가 없는 장소에 설치해야 한다. 다만, 학교 또는 공장이거나 배관주위를 1시간 이상의 내화성능이 있는 재료로 보호하는 경우에는 그렇지 않다.

③ 방수구
　ⓖ 설치위치: 아파트(업무시설×)의 경우 1, 2층을 제외한 층마다 설치
　ⓛ 설치높이: 0.5 ~ 1m
　ⓒ 11층 이상의 방수구는 쌍구형(제외: 아파트 용도로 사용되는 층)
　ⓔ 방수구의 구경: 방수구는 연결송수관설비의 전용방수구 또는 옥내소화전방수구로서 구경 65mm의 것으로 설치할 것
　ⓜ 유효범위: 방수구를 중심으로 반경 50m 이내

④ 방수기구함: 방수기구함은 피난층과 가장 가까운 층을 기준으로 3개 층마다 설치하되, 그 층의 방수구마다 보행거리 5m 이내에 설치할 것

⑤ 가압송수장치
　ⓖ 펌프의 토출량: 펌프의 토출량은 2,400L/min(계단식 아파트의 경우에는 1,200L/min) 이상이 되는 것으로 할 것. 다만, 당해 층에 설치된 방수구가 3개를 초과(방수구가 5개 이상인 경우에는 5개)하는 것에 있어서는 1개마다 800L/min(계단식 아파트의 경우에는 400L/min)를 가산한 양이 되는 것으로 할 것
　ⓛ 노즐선단의 압력: 펌프의 양정은 최상층에 설치된 노즐선단의 압력이 0.35MPa 이상의 압력이 되도록 할 것

비상
콘센트
설비

① 전원회로: 비상콘센트설비의 전원회로(비상콘센트에 전력을 공급하는 회로를 말한다)는 다음의 기준에 따라 설치해야 한다.
　ⓖ 비상콘센트설비의 전원회로는 단상교류 220V인 것으로서, 그 공급용량은 1.5kVA 이상인 것으로 할 것
　ⓛ 전원회로는 각 층에 2 이상이 되도록 설치할 것. 다만, 설치하여야 할 층의 비상콘센트가 1개인 때에는 하나의 회로로 할 수 있다.
　ⓒ 전원회로는 주배전반에서 전용회로로 할 것. 다만, 다른 설비의 회로의 사고에 따른 영향을 받지 아니하도록 되어 있는 것은 그렇지 않다.
　ⓔ 전원으로부터 각 층의 비상콘센트에 분기되는 경우에는 분기배선용 차단기를 보호함 안에 설치할 것
　ⓜ 콘센트마다 배선용 차단기(KS C 8321)를 설치해야 하며, 충전부가 노출되지 아니하도록 할 것
　ⓗ 개폐기에는 '비상콘센트'라고 표시한 표지를 할 것
　ⓢ 비상콘센트용의 풀박스 등은 방청도장을 한 것으로서, 두께 1.6mm 이상의 철판으로 할 것

	ⓞ 하나의 전용회로에 설치하는 비상콘센트는 10개 이하로 할 것. 이 경우 전선의 용량은 각 비상콘센트(비상콘센트가 3개 이상인 경우에는 3개)의 공급용량을 합한 용량 이상의 것으로 해야 한다. ② 비상콘센트는 바닥으로부터 높이 0.8m 이상 1.5m 이하의 위치에 설치할 것
제연설비	제연설비의 설치장소는 다음에 따른 제연구역으로 구획하여야 한다. ① 하나의 제연구역의 면적은 1천m² 이내로 할 것 ② 거실과 통로(복도를 포함)는 상호 제연구획할 것 ③ 통로상의 제연구역은 보행중심선의 길이가 60m를 초과하지 아니할 것 ④ 하나의 제연구역은 직경 60m 원내에 들어갈 수 있을 것 ⑤ 하나의 제연구역은 2개 이상 층에 미치지 아니하도록 할 것. 다만, 층의 구분이 불분명한 부분은 그 부분을 다른 부분과 별도로 제연구획하여야 한다.
공동 주택의 화재안전 기술기준	① 소화기구 및 자동소화장치 　㉠ 소화기는 다음의 기준에 따라 설치해야 한다. 　　ⓐ 바닥면적 100m²마다 1단위 이상의 능력단위를 기준으로 설치할 것 　　ⓑ 아파트등의 경우 각 세대 및 공용부(승강장, 복도 등)마다 설치할 것 　㉡ 주거용 주방자동소화장치는 아파트등의 주방에 열원(가스 또는 전기)의 종류에 적합한 것으로 설치하고, 열원을 차단할 수 있는 차단장치를 설치해야 한다. ② 옥내소화전설비: 옥내소화전설비는 다음의 기준에 따라 설치해야 한다. 　㉠ 호스릴(hose reel) 방식으로 설치힐 것 　㉡ 복층형 구조인 경우에는 출입구가 없는 층에 방수구를 설치하지 아니할 수 있다. 　㉢ 감시제어반 전용실은 피난층 또는 지하 1층에 설치할 것. 다만, 상시 사람이 근무하는 장소 또는 관계인이 쉽게 접근할 수 있고 관리가 용이한 장소에 감시제어반 전용실을 설치할 경우에는 지상 2층 또는 지하 2층에 설치할 수 있다. ③ 스프링클러설비: 스프링클러설비는 다음의 기준에 따라 설치해야 한다. 　㉠ 폐쇄형 스프링클러헤드를 사용하는 아파트등은 기준개수 10개(스프링클러헤드의 설치개수가 가장 많은 세대에 설치된 스프링클러헤드의 개수가 기준개수보다 작은 경우에는 그 설치개수를 말한다)에 1.6m³를 곱한 양 이상의 수원이 확보되도록 할 것. 다만, 아파트등의 각 동이 주차장으로 서로 연결된 구조인 경우 해당 주차장 부분의 기준개수는 30개로 할 것 　㉡ 아파트등의 경우 화장실 반자 내부에는 「소방용 합성수지배관의 성능인증 및 제품검사의 기술기준」에 적합한 소방용 합성수지배관으로 배관을 설치할 수 있다. 다만, 소방용 합성수지배관 내부에 항상 소화수가 채워진 상태를 유지할 것

ⓒ 하나의 방호구역은 2개 층에 미치지 아니하도록 할 것. 다만, 복층형 구조의 공동주택에는 3개 층 이내로 할 수 있다.

ⓔ 아파트등의 세대 내 스프링클러헤드를 설치하는 천장·반자·천장과 반자 사이·덕트·선반 등의 각 부분으로부터 하나의 스프링클러헤드까지의 수평거리는 2.6m 이하로 할 것

ⓜ 외벽에 설치된 창문에서 0.6m 이내에 스프링클러헤드를 배치하고, 배치된 헤드의 수평거리 이내에 창문이 모두 포함되도록 할 것. 다만, 다음의 기준에 어느 하나에 해당하는 경우에는 그렇지 않다.

　　ⓐ 창문에 드렌처설비가 설치된 경우

　　ⓑ 창문과 창문 사이의 수직부분이 내화구조로 90cm 이상 이격되어 있거나, 「발코니 등의 구조변경절차 및 설치기준」 제4조 제1항부터 제5항까지에서 정하는 구조와 성능의 방화판 또는 방화유리창을 설치한 경우

　　ⓒ 발코니가 설치된 부분

ⓗ 거실에는 조기반응형 스프링클러헤드를 설치할 것

ⓢ 감시제어반 전용실은 피난층 또는 지하 1층에 설치할 것. 다만, 상시 사람이 근무하는 장소 또는 관계인이 쉽게 접근할 수 있고 관리가 용이한 장소에 감시제어반 전용실을 설치할 경우에는 지상 2층 또는 지하 2층에 설치할 수 있다.

ⓞ 「건축법 시행령」 제46조 제4항에 따라 설치된 대피공간에는 헤드를 설치하지 않을 수 있다.

ⓩ 「스프링클러설비의 화재안전기술기준(NFTC 103)」의 기준에도 불구하고 세대 내 실외기실 등 소규모 공간에서 해당 공간 여건상 헤드와 장애물 사이에 60cm 반경을 확보하지 못하거나 장애물 폭의 3배를 확보하지 못하는 경우에는 살수방해가 최소화되는 위치에 설치할 수 있다.

④ **자동화재탐지설비**

　ⓗ **설치기준**: 감지기는 다음의 기준에 따라 설치해야 한다.

　　ⓐ 아날로그방식의 감지기, 광전식 공기흡입형 감지기 또는 이와 동등 이상의 기능·성능이 인정되는 것으로 설치할 것

　　ⓑ 감지기의 신호처리방식은 「자동화재탐지설비 및 시각경보장치의 화재안전기술기준(NFTC 203)」 1.7.1.2에 따른다.

　　ⓒ 세대 내 거실(취침용도로 사용될 수 있는 통상적인 방 및 거실을 말한다)에는 연기감지기를 설치할 것

　　ⓓ 감지기 회로 단선 시 고장표시가 되며, 해당 회로에 설치된 감지기가 정상 작동될 수 있는 성능을 갖도록 할 것

　ⓛ 복층형 구조인 경우에는 출입구가 없는 층에 발신기를 설치하지 아니할 수 있다.

⑤ **비상방송설비**: 비상방송설비는 다음의 기준에 따라 설치해야 한다.
  ㉠ 확성기는 각 세대마다 설치할 것
  ㉡ 아파트등의 경우 실내에 설치하는 확성기 음성입력은 2W 이상일 것
⑥ **피난기구**: 피난기구는 다음의 기준에 따라 설치해야 한다.
  ㉠ 아파트등의 경우 각 세대마다 설치할 것
  ㉡ 「공동주택관리법」 제2조 제1항 제2호(마목은 제외)에 따른 '의무관리대상 공동주택'의 경우에는 하나의 관리주체가 관리하는 공동주택 구역마다 공기안전매트 1개 이상을 추가로 설치할 것. 다만, 옥상으로 피난이 가능하거나 수평 또는 수직 방향의 인접세대로 피난할 수 있는 구조인 경우에는 추가로 설치하지 않을 수 있다.
⑦ **연결송수관설비**
  ㉠ 방수구는 다음의 기준에 따라 설치해야 한다.
    ⓐ 층마다 설치할 것. 다만, 아파트등의 1층과 2층(또는 피난층과 그 직상층)에는 설치하지 않을 수 있다.
    ⓑ 아파트등의 경우 계단의 출입구(계단의 부속실을 포함하며 계단이 2 이상 있는 경우에는 그중 1개의 계단을 말한다)로부터 5m 이내에 방수구를 설치하되, 그 방수구로부터 해당 층의 각 부분까지의 수평거리가 50m를 초과하는 경우에는 방수구를 추가로 설치할 것
    ⓒ 쌍구형으로 할 것. 다만, 아파트등의 용도로 사용되는 층에는 단구형으로 설치할 수 있다.
  ㉡ 송수구는 동별로 설치하되, 소방차량의 접근 및 통행이 용이하고 잘 보이는 장소에 설치할 것
  ㉢ 펌프의 토출량은 2,400L/min 이상(계단식 아파트의 경우에는 1,200L/min 이상)으로 하고, 방수구 개수가 3개를 초과(방수구가 5개 이상인 경우에는 5개)하는 경우에는 1개마다 800L/min(계단식 아파트의 경우에는 400L/min 이상)를 가산해야 한다.
⑧ **비상콘센트**: 아파트등의 경우에는 계단의 출입구(계단의 부속실을 포함하며 계단이 2개 이상 있는 경우에는 그중 1개의 계단을 말한다)로부터 5m 이내에 비상콘센트를 설치하되, 그 비상콘센트로부터 해당 층의 각 부분까지의 수평거리가 50m를 초과하는 경우에는 비상콘센트를 추가로 설치해야 한다.

용어의 정의	① 예방: 화재의 위험으로부터 사람의 생명·신체 및 재산을 보호하기 위하여 화재 발생을 사전에 제거하거나 방지하기 위한 모든 활동을 말한다. ② 안전관리: 화재로 인한 피해를 최소화하기 위한 예방, 대비, 대응 등의 활동을 말한다. ③ 화재안전조사: 소방청장, 소방본부장 또는 소방서장(이하 '소방관서장'이라 한다)이 소방대상물, 관계지역 또는 관계인에 대하여 소방시설등(소방시설 설치 및 관리에 관한 법률에 따른 소방시설등을 말한다. 이하 같다)이 소방 관계 법령에 적합하게 설치·관리되고 있는지, 소방대상물에 화재의 발생 위험이 있는지 등을 확인하기 위하여 실시하는 현장조사·문서열람·보고요구 등을 하는 활동을 말한다. ④ 화재예방강화지구: 특별시장·광역시장·특별자치시장·도지사 또는 특별자치도지사(이하 '시·도지사'라 한다)가 화재발생 우려가 크거나 화재가 발생할 경우 피해가 클 것으로 예상되는 지역에 대하여 화재의 예방 및 안전관리를 강화하기 위해 지정·관리하는 지역을 말한다. ⑤ 화재예방안전진단: 화재가 발생할 경우 사회·경제적으로 피해 규모가 클 것으로 예상되는 소방대상물에 대하여 화재위험요인을 조사하고 그 위험성을 평가하여 개선대책을 수립하는 것을 말한다.

소방안전 관리	① 소방안전관리자 선임: 특정소방대상물 중 전문적인 안전관리가 요구되는, 대통령령으로 정하는 특정소방대상물(이하 '소방안전관리대상물'이라 한다)(아래 ②)의 관계인은 소방안전관리업무를 수행하기 위하여 소방안전관리자 자격증을 발급받은 사람을 소방안전관리자로 선임하여야 한다. 이 경우 소방안전관리자의 업무에 대하여 보조가 필요한, 대통령령으로 정하는 소방안전관리대상물(아래 ③)의 경우에는 소방안전관리자 외에 소방안전관리보조자를 추가로 선임하여야 한다.
	② 소방안전관리자를 두어야 하는 특정소방대상물
	  ㉠ 특급 소방안전관리대상물
	    ⓐ 특급 소방안전관리대상물의 범위: 「소방시설 설치 및 관리에 관한 법률 시행령」 [별표 2]의 특정소방대상물 중 다음의 어느 하나에 해당하는 것
	      ⅰ) 50층 이상(지하층은 제외한다)이거나 지상으로부터 높이가 200미터 이상인 아파트
	      ⅱ) 30층 이상(지하층을 포함한다)이거나 지상으로부터 높이가 120미터 이상인 특정소방대상물(아파트는 제외한다)
	      ⅲ) 위 ⅱ)에 해당하지 않는 특정소방대상물로서 연면적이 10만 제곱미터 이상인 특정소방대상물(아파트는 제외한다)

ⓑ 특급 소방안전관리대상물에 선임해야 하는 소방안전관리자의 자격: 다음의 어느 하나에 해당하는 사람으로서 특급 소방안전관리자 자격증을 발급받은 사람

　ⅰ) 소방기술사 또는 소방시설관리사의 자격이 있는 사람

　ⅱ) 소방설비기사의 자격을 취득한 후 5년 이상 1급 소방안전관리대상물의 소방안전관리자로 근무한 실무경력(법 제24조 제3항에 따라 소방안전관리자로 선임되어 근무한 경력은 제외한다. 이하 같다)이 있는 사람

　ⅲ) 소방설비산업기사의 자격을 취득한 후 7년 이상 1급 소방안전관리대상물의 소방안전관리자로 근무한 실무경력이 있는 사람

　ⅳ) 소방공무원으로 20년 이상 근무한 경력이 있는 사람

　ⅴ) 소방청장이 실시하는 특급 소방안전관리대상물의 소방안전관리에 관한 시험에 합격한 사람

ⓒ 선임인원: 1명 이상

㉡ 1급 소방안전관리대상물

ⓐ 1급 소방안전관리대상물의 범위: 「소방시설 설치 및 관리에 관한 법률 시행령」[별표 2]의 특정소방대상물 중 다음의 어느 하나에 해당하는 것(특급 소방안전관리대상물은 제외한다)

　ⅰ) 30층 이상(지하층은 제외한다)이거나 지상으로부터 높이가 120미터 이상인 아파트

　ⅱ) 연면적 1만 5천 제곱미터 이상인 특정소방대상물(아파트 및 연립주택은 제외한다)

　ⅲ) 위 ⅱ)에 해당하지 않는 특정소방대상물로서 지상층의 층수가 11층 이상인 특정소방대상물(아파트는 제외한다)

　ⅳ) 가연성 가스를 1천 톤 이상 저장·취급하는 시설

ⓑ 1급 소방안전관리대상물에 선임해야 하는 소방안전관리자의 자격: 다음의 어느 하나에 해당하는 사람으로서 1급 소방안전관리자 자격증을 발급받은 사람 또는 특급 소방안전관리대상물의 소방안전관리자 자격증을 발급받은 사람

　ⅰ) 소방설비기사 또는 소방설비산업기사의 자격이 있는 사람

　ⅱ) 소방공무원으로 7년 이상 근무한 경력이 있는 사람

　ⅲ) 소방청장이 실시하는 1급 소방안전관리대상물의 소방안전관리에 관한 시험에 합격한 사람

ⓒ 선임인원: 1명 이상

© 2급 소방안전관리대상물
    ⓐ 2급 소방안전관리대상물의 범위: 「소방시설 설치 및 관리에 관한 법률 시행령」 [별표 2]의 특정소방대상물 중 다음의 어느 하나에 해당하는 것 (특급 소방안전관리대상물 및 1급 소방안전관리대상물은 제외한다)
        ⅰ) 「소방시설 설치 및 관리에 관한 법률 시행령」에 따라 옥내소화전설비를 설치해야 하는 특정소방대상물, 스프링클러설비를 설치해야 하는 특정소방대상물 또는 물분무등소화설비[화재안전기준에 따라 호스릴(Hose Reel) 방식의 물분무등소화설비만을 설치할 수 있는 특정소방대상물은 제외한다]를 설치해야 하는 특정소방대상물
        ⅱ) 가스 제조설비를 갖추고 도시가스사업의 허가를 받아야 하는 시설 또는 가연성 가스를 100톤 이상 1천 톤 미만 저장·취급하는 시설
        ⅲ) 지하구
        ⅳ) 「공동주택관리법」 제2조 제1항 제2호의 어느 하나에 해당하는 공동주택(소방시설 설치 및 관리에 관한 법률 시행령에 따른 옥내소화전설비 또는 스프링클러설비가 설치된 공동주택으로 한정한다)
        ⅴ) 「문화재보호법」 제23조에 따라 보물 또는 국보로 지정된 목조건축물
    ⓑ 2급 소방안전관리대상물에 선임해야 하는 소방안전관리자의 자격: 다음의 어느 하나에 해당하는 사람으로서 2급 소방안전관리자 자격증을 발급받은 사람, 특급 소방안전관리대상물 또는 1급 소방안전관리대상물의 소방안전관리자 자격증을 발급받은 사람
        ⅰ) 위험물기능장·위험물산업기사 또는 위험물기능사 자격이 있는 사람
        ⅱ) 소방공무원으로 3년 이상 근무한 경력이 있는 사람
        ⅲ) 소방청장이 실시하는 2급 소방안전관리대상물의 소방안전관리에 관한 시험에 합격한 사람
        ⅳ) 「기업활동 규제완화에 관한 특별조치법」에 따라 소방안전관리자로 선임된 사람(소방안전관리자로 선임된 기간으로 한정한다)
    ⓒ 선임인원: 1명 이상
② 3급 소방안전관리대상물
    ⓐ 3급 소방안전관리대상물의 범위: 「소방시설 설치 및 관리에 관한 법률 시행령」 [별표 2]의 특정소방대상물 중 다음의 어느 하나에 해당하는 것 (특급 소방안전관리대상물, 1급 소방안전관리대상물 및 2급 소방안전관리대상물은 제외한다)
        ⅰ) 「소방시설 설치 및 관리에 관한 법률 시행령」에 따라 간이스프링클러설비(주택 전용 간이스프링클러설비는 제외한다)를 설치해야 하는 특정소방대상물
        ⅱ) 「소방시설 설치 및 관리에 관한 법률 시행령」에 따른 자동화재탐지설비를 설치해야 하는 특정소방대상물

ⓑ 3급 소방안전관리대상물에 선임해야 하는 소방안전관리자의 자격: 다음의 어느 하나에 해당하는 사람으로서 3급 소방안전관리자 자격증을 발급받은 사람 또는 특급 소방안전관리대상물, 1급 소방안전관리대상물 또는 2급 소방안전관리대상물의 소방안전관리자 자격증을 발급받은 사람
　　ⅰ) 소방공무원으로 1년 이상 근무한 경력이 있는 사람
　　ⅱ) 소방청장이 실시하는 3급 소방안전관리대상물의 소방안전관리에 관한 시험에 합격한 사람
　　ⅲ)「기업활동 규제완화에 관한 특별조치법」에 따라 소방안전관리자로 선임된 사람(소방안전관리자로 선임된 기간으로 한정한다)
ⓒ 선임인원: 1명 이상
③ 소방안전관리보조자를 두어야 하는 특정소방대상물
　㉠ 소방안전관리보조자를 선임해야 하는 소방안전관리대상물의 범위: 소방안전관리자를 선임해야 하는 소방안전관리대상물 중 다음의 어느 하나에 해당하는 소방안전관리대상물
　　ⓐ「건축법 시행령」[별표 1] 제2호 가목에 따른 아파트 중 300세대 이상인 아파트
　　ⓑ 연면적이 1만 5천 제곱미터 이상인 특정소방대상물(아파트 및 연립주택은 제외한다)
　　ⓒ 위 ⓐ 및 ⓑ에 따른 특정소방대상물을 제외한 특정소방대상물 중 다음의 어느 하나에 해당하는 특정소방대상물
　　　ⅰ) 공동주택 중 기숙사
　　　ⅱ) 의료시설
　　　ⅲ) 노유자시설
　　　ⅳ) 수련시설
　　　ⅴ) 숙박시설(숙박시설로 사용되는 바닥면적의 합계가 1천 500제곱미터 미만이고 관계인이 24시간 상시 근무하고 있는 숙박시설은 제외한다)
　㉡ 선임인원
　　ⓐ 위 ㉠의 ⓐ에 따른 소방안전관리대상물의 경우에는 1명. 다만, 초과되는 300세대마다 1명 이상을 추가로 선임해야 한다.
　　ⓑ 위 ㉠의 ⓑ에 따른 소방안전관리대상물의 경우에는 1명. 다만, 초과되는 연면적 1만 5천 제곱미터(특정소방대상물의 방재실에 자위소방대가 24시간 상시 근무하고 소방장비관리법 시행령에 따른 소방자동차 중 소방펌프차, 소방물탱크차, 소방화학차 또는 무인방수차를 운용하는 경우에는 3만 제곱미터로 한다)마다 1명 이상을 추가로 선임해야 한다.

ⓒ 위 ㉠의 ⓒ에 따른 소방안전관리대상물의 경우에는 1명. 다만, 해당 특정 소방대상물이 소재하는 지역을 관할하는 소방서장이 야간이나 휴일에 해당 특정소방대상물이 이용되지 않는다는 것을 확인한 경우에는 소방안전관리보조자를 선임하지 않을 수 있다.

④ **겸임금지 등**

㉠ **겸임금지**: 다른 안전관리자(다른 법령에 따라 전기·가스·위험물 등의 안전관리 업무에 종사하는 자를 말한다. 이하 같다)는 소방안전관리대상물 중 소방안전관리업무의 전담이 필요한, 대통령령으로 정하는 소방안전관리대상물(아래 ㉡)의 소방안전관리자를 겸할 수 없다. 다만, 다른 법령에 특별한 규정이 있는 경우에는 그러하지 아니하다.

㉡ **겸임금지 대상 소방안전관리대상물**: 위 ㉠에서 '대통령령으로 정하는 소방안전관리대상물'이란 다음의 소방안전관리대상물을 말한다.

ⓐ 특급 소방안전관리대상물

ⓑ 1급 소방안전관리대상물

⑤ **소방안전관리자의 선임기한**: 소방안전관리대상물의 관계인은 소방안전관리자의 해임, 퇴직 등으로 해당 소방안전관리자의 업무가 종료된 경우에는 소방안전관리자가 해임된 날, 퇴직한 날 등 근무를 종료한 날부터 30일 이내에 소방안전관리자를 선임해야 한다.

⑥ **수행업무**: 특정소방대상물(소방안전관리대상물은 제외한다)의 관계인과 소방안전관리대상물의 소방안전관리자는 다음의 업무를 수행한다. 다만, ㉠·㉡·㉤ 및 ㉦의 업무는 소방안전관리대상물의 경우에만 해당한다.

㉠ 피난계획에 관한 사항과 대통령령으로 정하는 사항이 포함된 소방계획서의 작성 및 시행

㉡ 자위소방대 및 초기대응체계의 구성, 운영 및 교육

㉢ 「소방시설 설치 및 관리에 관한 법률」에 따른 피난시설, 방화구획 및 방화시설의 관리

㉣ 소방시설이나 그 밖의 소방 관련 시설의 관리

㉤ 소방훈련 및 교육

㉥ 화기(火氣) 취급의 감독

㉦ 행정안전부령으로 정하는 바에 따른 소방안전관리에 관한 업무수행에 관한 기록·유지(위 ㉢·㉣ 및 ㉥의 업무를 말한다)

㉧ 화재발생 시 초기대응

㉨ 그 밖에 소방안전관리에 필요한 업무

	⑦ **선임신고**: 소방안전관리대상물의 관계인이 소방안전관리자 또는 소방안전관리보조자를 선임한 경우에는 행정안전부령으로 정하는 바에 따라 선임한 날부터 14일 이내에 소방본부장 또는 소방서장에게 신고하고, 소방안전관리대상물의 출입자가 쉽게 알 수 있도록 소방안전관리자의 성명과 그 밖에 행정안전부령으로 정하는 사항을 게시하여야 한다. ⑧ **소방안전관리보조자의 선임기한**: 소방안전관리대상물의 관계인은 소방안전관리보조자의 해임, 퇴직 등으로 해당 소방안전관리보조자의 업무가 종료된 경우에는 소방안전관리보조자가 해임된 날, 퇴직한 날 등 근무를 종료한 날부터 30일 이내에 소방안전관리보조자를 선임해야 한다.
소방안진관리자 실무교육	① **실무교육 실시계획**: 소방청장은 실무교육의 대상·일정·횟수 등을 포함한 실무교육의 실시 계획을 매년 수립·시행해야 한다. ② **공고 및 통보**: 소방청장은 실무교육을 실시하려는 경우에는 실무교육 실시 30일 전까지 일시·장소, 그 밖에 실무교육 실시에 필요한 사항을 인터넷 홈페이지에 공고하고 교육대상자에게 통보해야 한다. ③ **소방안전관리자 실무교육**: 소방안전관리자는 소방안전관리자로 선임된 날부터 6개월 이내에 실무교육을 받아야 하며, 그 이후에는 2년마다(최초 실무교육을 받은 날을 기준일로 하여 매 2년이 되는 해의 기준일과 같은 날 전까지를 말한다) 1회 이상 실무교육을 받아야 한다. 다만, 소방안전관리 강습교육 또는 실무교육을 받은 후 1년 이내에 소방안전관리자로 선임된 사람은 해당 강습교육을 수료히거나 실무교육을 이수한 날에 실무교육을 이수한 것으로 본다. ④ **소방안전관리보조자 실무교육**: 소방안전관리보조자는 그 선임된 날부터 6개월(소방안전관리보조자로 지정된 사람의 경우 3개월) 이내에 실무교육을 받아야 하며, 그 이후에는 2년마다(최초 실무교육을 받은 날을 기준일로 하여 매 2년이 되는 해의 기준일과 같은 날 전까지를 말한다) 1회 이상 실무교육을 받아야 한다. 다만, 소방안전관리자 강습교육 또는 실무교육이나 소방안전관리보조자 실무교육을 받은 후 1년 이내에 소방안전관리보조자로 선임된 사람은 해당 강습교육을 수료하거나 실무교육을 이수한 날에 실무교육을 이수한 것으로 본다.
피난유도 안내 정보의 제공	① **피난유도 안내정보의 제공**: 소방안전관리대상물의 관계인은 피난시설의 위치, 피난경로 또는 대피요령이 포함된 피난유도 안내정보를 근무자 또는 거주자에게 정기적으로 제공하여야 한다. ② **제공방법**: 위 ①에 따른 피난유도 안내정보는 다음의 어느 하나의 방법으로 제공한다. 　㉠ 연 2회 피난안내 교육을 실시하는 방법 　㉡ 분기별 1회 이상 피난안내방송을 실시하는 방법 　㉢ 피난안내도를 층마다 보기 쉬운 위치에 게시하는 방법 　㉣ 엘리베이터, 출입구 등 시청이 용이한 장소에 피난안내영상을 제공하는 방법

소방훈련 등	① **소방훈련 등의 실시**: 소방안전관리대상물의 관계인은 그 장소에 근무하거나 거주하는 사람 등(이하 '근무자등'이라 한다)에게 소화·통보·피난 등의 훈련(이하 '소방훈련'이라 한다)과 소방안전관리에 필요한 교육을 하여야 하고, 피난훈련은 그 소방대상물에 출입하는 사람을 안전한 장소로 대피시키고 유도하는 훈련을 포함하여야 한다. 이 경우 소방훈련과 교육의 횟수 및 방법 등에 관하여 필요한 사항은 행정안전부령(아래 ②)으로 정한다. ② **훈련과 교육 횟수**: 소방안전관리대상물의 관계인은 위 ①에 따른 소방훈련과 교육을 연 1회 이상 실시해야 한다. 다만, 소방본부장 또는 소방서장이 화재예방을 위하여 필요하다고 인정하여 2회의 범위에서 추가로 실시할 것을 요청하는 경우에는 소방훈련과 교육을 추가로 실시해야 한다. ③ **기록 및 보관**: 소방안전관리대상물의 관계인은 위 ②에 따라 소방훈련과 교육을 실시했을 때에는 그 실시 결과를 소방훈련·교육 실시 결과 기록부에 기록하고, 이를 소방훈련 및 교육을 실시한 날부터 2년간 보관해야 한다. ④ **결과의 제출** 　㉠ **제출기한**: 소방안전관리대상물 중 소방안전관리업무의 전담이 필요한, 대통령령으로 정하는 소방안전관리대상물(아래 ㉡)의 관계인은 위 ①에 따른 소방훈련 및 교육을 한 날부터 30일 이내에 소방훈련 및 교육 결과를 행정안전부령으로 정하는 바에 따라 소방본부장 또는 소방서장에게 제출하여야 한다. 　㉡ **소방훈련·교육 결과 제출의 대상**: 위 ㉠에서 '대통령령으로 정하는 소방안전관리대상물'이란 다음의 소방안전관리대상물을 말한다. 　　ⓐ 특급 소방안전관리대상물 　　ⓑ 1급 소방안전관리대상물

핵심 33 　**가스설비**

	LPG(액화석유가스)	LNG(액화천연가스)
도시가스의 특성 비교	① **주성분**: 프로판·부탄 ② 공기보다 무거워서(비중이 1.5 ~ 2) 가스경보기는 바닥 위 30cm에 설치한다. ③ LNG보다 발열량이 높고 연소할 때 많은 공기량을 필요로 한다. ④ 생성가스에 의한 중독위험이 있으므로 완전히 연소시켜 사용해야 한다(연소 시 환기 필요). ⑤ 정상 압력 밑에서는 기체이지만, 액화하면 용적이 1/250로 줄어든다.	① **주성분**: 메탄이 주성분, 천연가스를 −162℃까지 냉각하여 액화한 것이다. ② 공기보다 가벼워서 창으로 배기되므로 LPG보다 안전성이 높고, 가스경보기는 천장에서 30cm 아래에 설치한다. ③ 무독성·무공해로 발열량이 높다. ④ 비점이 −162℃이다. ⑤ 배관을 통하여 공급하여야 하기 때문에 대규모 저장시설이 필요하다.

	⑥ 가스가 샐 때 무색, 무취이므로 벤젠 등의 부취제를 봄베 내에 봉입한다. ⑦ 비점(액체에서 가스로 바뀌는 온도)이 −42℃이다. ⑧ 액화 및 기화가 용이하여 용기 및 배관을 통하여 공급한다.	
가스저장 시설의 설치	시·도지사는 500세대 이상의 주택을 건설하는 주택단지에 가스저장시설을 설치하게 할 수 있다.	
도시가스의 압력 (MPa)	고압	1 이상
	중압	0.1 이상 1 미만
	저압	0.1 미만
가스사용 시설의 시설·기술 ·검사기준	① 가스계량기 　㉠ 계량기와 화기(자체화기는 제외) 사이의 유지거리: 2m 이상 　㉡ 설치장소: 다음의 요건을 모두 충족하는 곳. 아래 ⓓ의 요건은 주택의 경우에만 적용한다. 　　ⓐ 가스계량기의 교체 및 유지관리가 용이할 것 　　ⓑ 환기가 양호할 것 　　ⓒ 직사광선이나 빗물을 받을 우려가 없을 것. 다만, 보호상자 안에 설치하는 경우에는 그러하지 아니하다. 　　ⓓ 가스사용자가 구분하여 소유하거나 점유하는 건축물의 외벽. 다만, 실외에서 가스사용량을 검침할 수 있는 경우에는 그러하지 아니하다. 　㉢ 설치금지 장소: 공동주택의 대피공간, 방·거실 및 주방 등 ⇨ 사람이 거처하는 곳 및 가스계량기에 나쁜 영향을 미칠 우려가 있는 장소 　㉣ 설치높이($30m^3$/hr 미만인 경우): 바닥으로부터 1.6m 이상 2m 이내에 수직·수평으로 설치하고 밴드·보호가대 등 고정장치로 고정시킬 것. 다만, 격납상자에 설치하는 경우, 기계실 및 보일러실(가정에 설치된 보일러실은 제외)에 설치하는 경우와 문이 달린 파이프덕트 안에 설치하는 경우에는 설치높이의 제한을 하지 아니한다. 　㉤ 가스계량기와 전기계량기 및 전기개폐기와의 거리는 60cm 이상, 굴뚝(단열조치를 하지 아니한 경우만을 말한다)·전기점멸기 및 전기접속기와의 거리는 30cm 이상, 절연조치를 하지 아니한 전선과의 거리는 15cm 이상의 거리를 유지할 것 ② 입상관: 입상관과 화기(그 시설 안에서 사용하는 자체화기는 제외) 사이에 유지해야 하는 거리는 우회거리 2m 이상으로 하고, 환기가 양호한 장소에 설치해야 하며, 입상관의 밸브는 바닥으로부터 1.6m 이상 2m 이내에 설치할 것. 다만, 보호상자에 설치하는 경우에는 그러하지 아니하다.	

③ 배관의 설치

　ⓐ 지하에 매설 ⇨ 지면으로부터 0.6m 이상의 거리를 유지

　ⓑ 배관을 실내에 노출하여 설치하는 경우에는 다음의 기준에 적합하게 할 것

　　ⓐ 배관은 누출된 도시가스가 체류되지 않고 부식의 우려가 없도록 안전하게 설치할 것

　　ⓑ 배관의 이음부(용접이음매는 제외)와 전기계량기 및 전기개폐기, 전기점 멸기 및 전기접속기, 절연전선(가스누출자동차단장치를 작동시키기 위한 전선은 제외), 절연조치를 하지 않은 전선 및 단열조치를 하지 않은 굴뚝 (배기통을 포함) 등과는 적절한 거리를 유지할 것

　ⓒ 배관은 움직이지 않도록 고정 부착하는 조치를 하되 그 호칭지름이 13mm 미만의 것에는 1m마다, 13mm 이상 33mm 미만의 것에는 2m마다, 33mm 이상의 것에는 3m마다 고정장치를 설치할 것(배관과 고정장치 사이에는 절연조치를 할 것). 다만, 호칭지름 100mm 이상의 것에는 적절한 방법에 따라 3m를 초과하여 설치할 수 있다.

　ⓓ 배관의 도색 및 표시

　　ⓐ 배관은 그 외부에 사용가스명, 최고사용압력 및 도시가스 흐름방향을 표시할 것. 다만, 지하에 매설하는 배관의 경우에는 흐름방향을 표시하지 아니할 수 있다.

　　ⓑ 지상배관은 부식방지도장 후 표면색상을 황색으로 도색하고, 지하매설배관은 최고사용압력이 저압인 배관은 황색으로, 중압 이상인 배관은 붉은색으로 할 것. 다만, 지상배관의 경우 건축물의 내·외벽에 노출된 것으로서 바닥(2층 이상의 건물의 경우에는 각 층의 바닥을 말한다)에서 1m의 높이에 폭 3cm의 황색띠를 2중으로 표시한 경우에는 표면색상을 황색으로 하지 아니할 수 있다.

　ⓔ 가스용 폴리에틸렌관은 그 배관의 유지관리에 지장이 없고 그 배관에 대한 위해의 우려가 없도록 설치하되, 폴리에틸렌관을 노출배관용으로 사용하지 아니할 것. 다만, 지상배관과 연결을 위하여 금속관을 사용하여 보호조치를 한 경우로서 지면에서 30cm 이하로 노출하여 시공하는 경우에는 노출배관용으로 사용할 수 있다.

④ **기술기준**: 가스사용시설에 설치된 압력조정기는 매 1년에 1회 이상(필터나 스트레이너의 청소는 설치 후 3년까지는 1회 이상, 그 이후에는 4년에 1회 이상) 압력조정기의 유지·관리에 적합한 방법으로 안전점검을 실시할 것

핵심 34 전기설비

1. 전기설비의 분류, 설치기준, 전기사업법령상 용어의 정의

전기설비의 분류	① 강전설비: 전원설비(수·변전설비, 자가발전설비, 축전지설비), 동력설비, 조명설비, 피뢰침 ② 약전설비: 정보·통신설비(전화설비, 인터폰), 전기시계, 안테나설비, 방송설비
설치기준	① 연면적이 500m² 이상인 건축물의 대지에는 국토교통부령으로 정하는 바에 따라「전기사업법」에 따른 전기사업자가 전기를 배전(配電)하는 데 필요한 전기설비를 설치할 수 있는 공간을 확보하여야 한다. **전기설비 설치공간 확보기준** | 수전전압	전력수전 용량	확보면적 | |---|---|---| | 특고압 또는 고압 | 100kW 이상 | 가로 2.8m, 세로 2.8m | ② 주택의 전기설비 용량: 세대별로 3kW 이상(전용면적 60m² 이상 ⇨ 3kW에 60m²를 초과하는 10m²마다 0.5kW를 더한 값) ③ 전력량계: 주택에는 세대별 전기사용량을 측정하는 전력량계를 각 세대 전용부분 밖의 검침이 용이한 곳에 설치하여야 한다. 다만, 전기사용량을 자동으로 검침하는 원격검침방식을 적용하는 경우에는 전력량계를 각 세대 전용부분 안에 설치할 수 있다. ④ 옥외전선: 주택단지 안의 옥외에 설치하는 전선은 지하에 매설하여야 한다. 다만, 세대당 전용면적이 60m² 이하인 주택을 전체 세대수의 2분의 1 이상 건설하는 단지에서 폭 8m 이상의 도로에 가설하는 전선은 가공선으로 할 수 있다.
전기사업법상 용어의 정의	① 저압: 직류에서는 1,500V 이하의 전압, 교류에서는 1,000V 이하의 전압 ② 고압: 직류에서는 1,500V를 초과하고 7천V 이하인 전압, 교류에서는 1,000V를 초과하고 7천V 이하인 전압 ③ 특고압: 7천V를 초과하는 전압 ▶ 전압의 분류 | 구분	직류	교류 | |---|---|---| | 저압 | 1,500V 이하 | 1,000V 이하 | | 고압 | 1,500V 초과 7천V 이하 | 1,000V 초과 7천V 이하 | | 특고압 | 7천V 초과 ||

2. 전기안전관리법령상 안전관리

용어의 정의	① '전기안전관리'란 국민의 생명과 재산을 보호하기 위하여 전기설비의 공사·유지·관리 및 운용에 필요한 조치를 하는 것을 말한다. ② '전기재해'란 전기화재, 감전사고 등으로 인하여 사람의 생명과 재산의 피해가 발생하는 경우를 말한다. ③ '전기사업용 전기설비'란 「전기사업법」 제2조 제17호에 따른 전기사업용 전기설비를 말한다. ④ '일반용 전기설비'란 「전기사업법」 제2조 제18호에 따른 일반용 전기설비를 말한다. ⑤ '자가용 전기설비'란 「전기사업법」 제2조 제19호에 따른 자가용 전기설비를 말한다. ⑥ '전기수용설비'란 수전설비와 구내배전설비를 말한다. ⑦ '수전설비'란 타인의 전기설비 또는 구내발전설비로부터 전기를 공급받아 구내배전설비로 전기를 공급하기 위한 전기설비로서 수전지점으로부터 배전반(구내배전설비로 전기를 배전하는 전기설비를 말한다)까지의 설비를 말한다. ⑧ '구내배전설비'란 수전설비의 배전반에서부터 전기사용기기에 이르는 전선로·개폐기·차단기·분전함·콘센트·제어반·스위치 및 그 밖의 부속설비를 말한다.
공사계획의 인가 또는 신고	① 인가: 자가용 전기설비의 설치공사 또는 변경공사로서 산업통상자원부령으로 정하는 공사를 하려는 자는 그 공사계획에 대하여 산업통상자원부장관의 인가를 받아야 한다. 인가받은 사항을 변경하려는 경우에도 또한 같다. ② 신고: 위 ①에 따라 인가를 받아야 하는 공사 외의 자가용 전기설비의 설치 또는 변경공사로서 산업통상자원부령으로 정하는 공사를 하려는 자는 공사를 시작하기 전에 시·도지사에게 신고하여야 한다. 신고한 사항을 변경하려는 경우에도 또한 같다.

검사 및
점검
	① 사용전검사
	  ㉠ 의무: 자가용 전기설비의 설치공사 또는 변경공사를 한 자는 산업통상자원부령으로 정하는 바에 따라 산업통상자원부장관 또는 시·도지사가 실시하는 검사에 합격한 후에 이를 사용하여야 한다.
	  ㉡ 신청서의 제출: 사용전검사를 받으려는 자는 사용전검사 신청서를 검사를 받으려는 날의 7일 전까지 안전공사에 제출해야 한다.
	  ㉢ 사용전검사의 불합격에 따른 임시사용: 산업통상자원부장관 또는 시·도지사는 사용전검사에 불합격한 경우에도 안전상 지장이 없고 자가용 전기설비의 임시사용이 필요하다고 인정되는 경우에는 1년의 범위에서 사용 기간 및 방법을 정하여 그 설비를 임시로 사용하게 할 수 있다.
	② 정기검사
	  ㉠ 정기검사의 의무: 전기사업자 및 자가용 전기설비의 소유자 또는 점유자는 산업통상자원부령으로 정하는 전기설비에 대하여 산업통상자원부령으로 정하는 바에 따라 산업통상자원부장관 또는 시·도지사로부터 정기적으로 검사를 받아야 한다.

ⓛ **자가용 전기설비의 정기검사의 시기**: 수용가에 설치한 고압 이상의 수전설비 + 비상용 예비발전설비 ⇨ 3년마다 2월 전후

ⓒ **재검사**: 전기사업자 또는 자가용전기설비의 소유자 또는 점유자는 정기검사에 불합격한 경우 적합하지 않은 부분에 대해 검사완료일부터 3개월 이내에 재검사를 받아야 한다.

ⓔ **검사신청서 제출**: 정기검사를 받으려는 자는 정기검사 신청서에 다음의 서류를 첨부하여 검사를 받으려는 날의 7일 전까지 안전공사에 제출해야 한다. 다만, 다음 ⓑ의 서류는 정기검사를 받는 날까지 제출할 수 있다.

ⓐ 전기안전관리자 선임신고증명서 사본

ⓑ 그 밖에 정기검사를 실시하는 데 필요한 서류로서 산업통상자원부장관이 정하여 고시하는 서류

③ **전기설비검사자의 자격**: 사용전검사 및 정기검사는 「국가기술자격법」에 따른 전기·안전관리(전기안전)·토목·기계 분야의 기술자격을 가진 사람 중 다음의 어느 하나에 해당하는 사람이 수행해야 한다.

ⓐ 해당 분야의 기술사 자격을 취득한 사람

ⓛ 해당 분야의 기사 자격을 취득한 사람으로서 그 자격을 취득한 후 해당 분야에서 4년 이상 실무경력이 있는 사람

ⓒ 해당 분야의 산업기사 자격을 취득한 사람으로서 그 자격을 취득한 후 해당 분야에서 6년 이상 실무경력이 있는 사람

④ **검사확인증 교부**: 안전공사는 사용전검사 또는 정기검사를 한 경우 검사완료일부터 5일 이내에 검사확인증을 검사신청인에게 내주어야 한다. 다만, 검사결과 불합격인 경우에는 그 내용·사유 및 재검사 기한을 통지해야 한다.

⑤ **일반용 전기설비의 점검**: 산업통상자원부장관은 일반용 전기설비가 「전기사업법」에 따른 기술기준에 적합한지 여부에 대하여 정하는 바에 따라 그 전기설비의 사용 전과 사용 중에 정기적으로 안전공사로 하여금 점검하도록 하여야 한다.

ⓐ **사용전점검**

ⓐ 일반용 전기설비의 사용전점검은 전기설비의 설치공사 또는 변경공사가 완료된 후 전기를 공급받기 전에 받아야 한다.

ⓑ 사용전점검을 받으려는 자는 전기사용계약별로 사용전점검 신청서를 점검을 받으려는 날의 3일 전까지 안전공사 또는 전기판매사업자에게 제출해야 한다.

ⓛ **정기점검**

ⓐ 일반용 전기설비의 정기점검 ⇨ 사용전점검 또는 정기점검을 한 후 공동주택에 설치된 전기설비는 3년이 되는 날이 속하는 달의 전후 2개월 이내에 실시해야 한다.

ⓑ 안전공사는 정기점검 결과 부적합한 시설에 대해서는 그 사실을 통지한 날부터 2개월 이내에 재점검을 실시해야 한다.

⑥ 공동주택의 안전점검

　　㉠ 정기적 점검: 산업통상자원부장관은 다음의 시설에 설치된 자가용전기설비에 대하여 산업통상자원부령으로 정하는 바(아래 ㉡)에 따라 안전공사로 하여금 정기적으로 점검을 하도록 하여야 한다.

　　　　ⓐ 「주택법」 제2조 제3호에 따른 공동주택의 세대

　　　　ⓑ 「전통시장 및 상점가 육성을 위한 특별법」 제2조 제1호에 따른 전통시장 점포

　　㉡ 공동주택 등의 안전점검 시기: 안전공사는 위 ㉠의 시설에 설치된 자가용 전기설비에 대한 안전점검을 다음의 구분에 따른 날이 속하는 달의 전후 2개월 이내에 실시해야 한다.

　　　　ⓐ 위 ㉠의 ⓐ에 따른 공동주택의 세대: 사용전검사를 한 후 25년이 되는 날부터 3년 이내에 안전점검을 실시한 후, 그 안전점검을 한 날부터 매 3년이 되는 날

　　　　ⓑ 위 ㉠의 ⓑ에 따른 전통시장 점포: 「전통시장 및 상점가 육성을 위한 특별법 시행령」 제2조 제4항에 따라 인정서가 발급된 날부터 1년 이내에 안전점검을 실시한 후, 그 안전점검을 한 날부터 매 1년이 되는 날

전기 안전관리 담당자의 선임 등

① 선임: 전기사업자나 자가용 전기설비의 소유자 또는 점유자는 전기설비(휴지 중인 전기설비는 제외)의 공사·유지 및 운용에 관한 전기안전관리업무를 수행하게 하기 위하여 산업통상자원부령으로 정하는 바에 따라 「국가기술자격법」에 따른 전기·기계·토목 분야의 기술자격을 취득한 사람 중에서 각 분야별로 전기안전관리자를 선임하여야 한다.

② 전기안전관리자의 선임기준: 전기안전관리자를 선임해야 하는 자는 전기설비의 사용전검사 신청 전 또는 사업개시 전에 다음의 표에 따라 전기설비 또는 사업장마다 전기안전관리자와 안전관리보조원으로 구분하여 전기안전관리자를 선임해야 한다.

안전관리대상	안전관리자 자격기준	안전관리보조원 인원
모든 전기수용설비의 공사·유지 및 운용	전기·안전관리(전기안전) 분야 기술사 자격소지자, 전기기사 또는 전기기능장 자격 취득 이후 실무경력 2년 이상인 사람	• 용량 1만kW 이상은 전기분야 2명 • 용량 5천kW 이상 1만kW 미만은 전기분야 1명(안전관리보조원의 자격은 해당 분야 기능사 이상의 자격소지자이거나 동일분야 5년 이상 실무경력자)
전압 10만V 미만 전기설비의 공사·유지 및 운용	전기산업기사 자격 취득 이후 실무경력 4년 이상인 사람	
전압 10만V 미만 ⇨ 전기설비용량 2천kW 미만 전기설비	전기기사 또는 전기기능장 자격 취득 이후 실무경력 1년 이상인 사람 또는 전기산업기사 자격 취득 이후 실무경력 2년 이상인 사람	

전압 10만V 미만 ⇨ 전기설비용량 1,500kW 미만 전기설비	전기산업기사 이상 자격 소지자

③ 전기안전관리자의 선임 및 해임신고

　　㉠ 선임 및 해임신고: 전기안전관리자를 선임 또는 해임한 자는 산업통상자원부령으로 정하는 바(아래 ㉡)에 따라 지체 없이 그 사실을 「전력기술관리법」에 따른 전력기술인단체 중 산업통상자원부장관이 정하여 고시하는 단체(이하 '전력기술인단체'라 한다)에 신고하여야 한다.

　　㉡ 신고서 제출: 위 ㉠에 따른 전기안전관리자의 선임 또는 해임신고를 하려는 자는 전기안전관리자 선임(해임) 신고서를 선임 또는 해임한 날부터 30일 이내에 전력기술인단체에 제출해야 한다.

　　㉢ 선임 또는 해임신고증명서의 발급신고를 한 자가 전기안전관리자 선임(해임)신고증명서의 발급을 요구하면 지체 없이 전기안전관리자 선임(해임)신고증명서를 발급해야 한다.

　　㉣ 재선임: 전기안전관리자의 해임신고를 한 자는 해임한 날부터 30일 이내에 다른 전기안전관리자를 선임하여야 한다.

전기안전 관리자의 직무범위	① 전기설비의 공사·유지 및 운용에 관한 업무 및 이에 종사하는 사람에 대한 안전교육 ② 전기설비의 안전관리를 위한 확인·점검 및 이에 대한 업무의 감독 ③ 전기설비의 운전·조작 또는 이에 대한 업무의 감독 ④ 전기설비의 안전관리에 관한 기록의 작성·보존 ⑤ 공사계획의 인가신청 또는 신고에 필요한 서류의 검토 ⑥ 다음에 해당하는 공사의 감리업무 　㉠ 비상용 예비발전설비의 설치·변경공사 ⇨ 총 공사비가 1억원 미만인 공사 　㉡ 전기수용설비의 증설 또는 변경공사 ⇨ 총 공사비가 5천만원 미만인 공사 　㉢ 「신에너지 및 재생에너지 개발·이용·보급 촉진법」에 따른 신에너지 및 재생에너지 설비의 증설 또는 변경공사로서 총 공사비가 5천만원 미만인 공사 ⑦ 전기설비의 일상점검·정기점검·정밀점검의 절차, 방법 및 기준에 대한 안전관리규정의 작성 ⑧ 전기재해의 발생을 예방하거나 그 피해를 줄이기 위하여 필요한 응급조치
전기안전 관리업무의 대행	① 전기안전관리업무의 대행: 산업통상자원부령으로 정하는 규모 이하의 전기설비(자가용 전기설비와 신에너지 및 재생에너지 개발·이용·보급 촉진법 제2조 제1호 및 제2호에 따른 신에너지와 재생에너지를 이용하여 전기를 생산하는 발전설비만 해당)의 소유자 또는 점유자는 다음의 어느 하나에 해당하는 자에게 산업통상자원부령으로 정하는 바(아래 ②)에 따라 전기안전관리업무를 대행하게 할 수 있고, 전기안전관리업무를 대행하는 자는 전기안전관리자로 선임된 것으로 본다.

② 전기안전관리업무의 대행규모: 안전공사, 전기안전관리대행사업자(이하 '대행
사업자'라 한다) 및 개인대행자가 전기안전관리업무를 대행할 수 있는 전기설
비의 규모는 다음의 구분에 따른다.

 ㉠ 안전공사 및 대행사업자: 다음의 어느 하나에 해당하는 전기설비(둘 이상
의 전기설비 용량의 합계가 4천 500킬로와트 미만인 경우로 한정)

  ⓐ 용량 1천 킬로와트 미만의 전기수용설비

  ⓑ 용량 300킬로와트 미만의 발전설비. 다만, 비상용 예비발전설비의 경
우에는 용량 500킬로와트 미만으로 한다.

  ⓒ 용량 1천 킬로와트(원격감시 및 제어기능을 갖춘 경우 용량 3천 킬로와
트) 미만의 태양광발전설비

 ㉡ 개인대행자: 다음의 어느 하나에 해당하는 전기설비(둘 이상의 용량의 합
계가 1천 550킬로와트 미만인 전기설비로 한정)

  ⓐ 용량 500킬로와트 미만의 전기수용설비

  ⓑ 용량 150킬로와트 미만의 발전설비. 다만, 비상용 예비발전설비의 경
우에는 용량 300킬로와트 미만으로 한다.

  ⓒ 용량 250킬로와트(원격감시 및 제어기능을 갖춘 경우 용량 750킬로와
트) 미만의 태양광발전설비

전기안전관리자의 교육

① 교육이수 의무: 전기안전관리자는 산업통상자원부장관이 실시하는 전기설비
의 유지 및 운용에 관한 안전관리교육을 받아야 한다.

② 해임: 전기안전관리자를 선임한 자는 정당한 사유 없이 전기안전교육을 받지
아니한 전기안전관리자를 해임하여야 한다.

③ 전기안전교육: 전기안전관리자(안전공사 및 대행사업자는 그 소속 기술인력을
말한다)는 다음의 표에 따른 전기안전교육을 받아야 한다.

 ㉠ 교육의 과정·대상 및 기간

교육과정	교육대상자	교육기간
전기안전관리 기술교육(Ⅰ)	선임기간이 5년 미만인 안전관리자 또는 안전관리보조원	3년마다 1회 이상
전기안전관리 기술교육(Ⅱ)	선임기간이 5년 이상인 안전관리자 또는 안전관리보조원	
특별교육	처음 선임된 안전관리자 또는 안전관리보조원	선임된 날부터 6개월 이내

 ㉡ 행정사항: 교육기관은 교육신청이 있을 때에는 교육 실시 10일 전까지 교
육대상자에게 교육장소와 교육날짜를 통보해야 한다.

 ㉢ 교육시간: 교육과정별 1회 교육은 각각 21시간 이상이어야 하며, 교육과목
중 일부 과목은 온라인교육을 병행할 수 있다.

중대한 사고	① **전기사고의 통보**: 전기사업자 및 자가용 전기설비의 소유자 또는 점유자는 그가 운용하는 전기설비로 인하여 산업통상자원부령으로 정하는 중대한 사고(아래 ②의 ㉠)가 발생한 경우에는 산업통상자원부령으로 정하는 바에 따라 산업통상자원부장관에게 통보하여야 한다. ② **중대한 사고의 종류 및 통보방법 등** 　㉠ 위 ①에 따른 중대한 사고의 종류 　　ⓐ 전기화재사고 　　　ⅰ) 사망 1명 이상 또는 부상 1명 이상 발생한 사고 　　　ⅱ) 「소방기본법」에 따른 화재의 원인 및 피해 등의 추정 가액이 1억원 이상인 사고 　　　ⅲ) 국가보안시설과 다중이용 건축물에 그 원인이 전기로 추정되는 화재가 발생한 경우 　　ⓑ 중대한 전기사고의 통보(상보)(전기안전종합정보시스템으로 통보, 필요한 경우 전자우편 및 팩스를 통해 추가적으로 보고) 　　ⓒ 감전사고(사망 1명 이상 또는 부상 1명 이상 발생한 경우) 　　ⓓ 전기설비사고: 1,000세대 이상 아파트 단지의 수전설비·배전설비에서 사고가 발생하여 1시간 이상 정전을 초래한 경우 　㉡ 통보의 방법 　　ⓐ 사고 발생 후 24시간 이내: 전기안전종합정보시스템으로 통보 　　ⓑ 사고 발생 후 15일 이내: 중대한 전기사고의 통보(상보) ③ **원인·경위 등에 관한 조사**: 산업통상자원부장관은 전기사고의 재발방지를 위하여 필요하다고 인정하는 경우에는 다음의 자로 하여금 '대통령령으로 정하는 전기사고(아래 ④)'의 원인·경위 등에 관한 조사를 하게 할 수 있다. 　㉠ 안전공사 　㉡ 산업통상자원부령으로 정하는 기술인력 및 장비 등을 갖춘 자 중 산업통상자원부장관이 지정한 자 ④ **전기사고의 조사대상**: 위 ③에서 '대통령령으로 정하는 전기사고'란 다음의 어느 하나에 해당하는 사고를 말한다. 　㉠ 위 ②에 따른 중대한 사고 　㉡ 전기로 인하여 발생한 것으로 추정되는 다음의 사고 　　ⓐ 사망자가 2명 이상이거나 부상자가 3명 이상인 화재사고 　　ⓑ 재산피해[해당 화재사고에 대하여 경찰관서나 소방관서에서 추정한 가액(價額)에 따른다]가 3억원 이상인 화재사고

PART 2

수전용량 추정

① **수용률(수요율)**: 수용장소에 설치된 총 설비용량에 대하여 실제 사용하고 있는 부하의 최대수용전력과의 비율을 백분율로 표시한 것(일반건물의 수용률 ⇨ 60 ~ 70%)

$$수용률 = \frac{최대수용전력(kW)}{부하설비용량(kW)} \times 100(\%)$$

② **부하율**: 부하율은 전기설비가 어느 정도 유효하게 사용되고 있는가를 나타내는 척도이고, 어떤 기간 중의 최대수용전력과 그 기간 중의 평균전력과의 비율을 백분율로 표시한 것이며, 부하율이 클수록 전기설비가 효율적으로 사용되고 있음을 나타낸다.

$$부하율 = \frac{평균수용전력(kW)}{최대수용전력(kW)} \times 100(\%)$$

③ **부등률**: 수용가의 설비부하는 각 부하의 부하특성에 따라 최대수용전력 발생 시각이 다르게 나타나므로, 부등률을 고려하면 변압기용량을 적정용량으로 낮추는 효과를 갖게 된다. 부등률은 합성 최대수요전력을 구하는 계수로서 부하 종별 최대수요전력이 생기는 시간차에 의한 값이므로 최대수용전력의 합계는 항상 합계부하의 최대수용전력 값보다 크다. 즉, 부등률은 항상 1보다 크며, 이 값이 클수록 일정한 공급설비로 큰 부하설비에 전력을 공급할 수 있다는 것이고, 부등률이 크다는 것은 공급설비의 이용률이 높다는 것을 뜻한다.

$$부등률 = \frac{각 부하의 최대수용전력의 합계(kW)}{합계부하의 최대수용전력(kW)}$$

④ **역률**: 피상전력에 대한 유효전력의 비율을 말한다. 이는 전기기기에 실제로 걸리는 전압과 전류가 얼마나 유효하게 일을 하는가 하는 비율이다.
　㉠ 보통 모터, 형광등, 용접기 등 코일성분이 많은 기기일수록 역률은 낮고, 백열등, 전열기 등 열을 발생하여 이용하는 저항성의 전기기기는 역률이 높다. 즉, 백열등, 전열기의 역률은 100%에 가깝다.
　㉡ **역률개선**: 부하의 역률을 1에 가깝게 높이는 것을 역률개선이라 한다. 소자에 흐르는 전류의 위상이 소자에 걸리는 전압보다 앞서는 용량성 부하인 콘덴서를 부하에 첨가하여 역률을 개선한다(진상콘덴서를 병렬로 접속).

	ⓒ 역률개선 효과 　ⓐ **역률개선에 의한 설비용량의 여유 증가**: 역률이 개선됨으로써 부하전류 　　가 감소하게 되어 같은 설비로도 설비용량에 여유가 생기게 된다. 　ⓑ **역률개선에 의한 전압강하 경감**: 역률을 개선하면 선로전류가 줄어들게 　　되므로 선로에서의 전압강하가 경감된다. 　ⓒ 역률개선에 의한 변압기 및 배전선의 전력손실 경감 　ⓓ 역률개선에 의한 전기요금 경감 ⑤ 변압기용량의 산정식 $$\text{변압기용량} = \frac{\text{부하설비용량} \times \text{수용률}}{\text{부등률} \times \text{역률}}$$ ❖ 부등률이나 역률이 제시되지 않은 경우에는 1로 간주한다.
수·변전실	① 위치 　㉠ 건물 전체의 부하의 중심 부근 　㉡ 발전기실, 축전지실과 가급적 인접한 장소 　㉢ 통풍·채광이 양호하고, 습기·먼지가 적은 곳 　㉣ 기기의 반·출입이 용이할 것 　㉤ 전원 인입 및 접지선의 접속이 편리할 것 ② 구조 　㉠ 격벽은 내화구조로 할 것 　㉡ 천장높이: 고압 ⇨ 보 아래 3m 이상, 특고압 ⇨ 보 아래 4.5m 이상 　㉢ 출입문: 60분 + 방화문, 60분 방화문 또는 30분 방화문
축전지 설비	① 구조 및 배치: 천장높이 2.6m 이상 ② 축전지실의 시공 시 주의사항 　㉠ 충전 중 수소가스의 발생 ⇨ 배기설비를 할 것 　㉡ 축전지 실내의 배선 ⇨ 비닐전선을 사용 　㉢ 개방형 축전지를 사용 ⇨ 조명기구는 내산성 　㉣ 충전기 및 부하에 가까울 것 　㉤ 실내에 급·배수시설을 할 것
배선공사	① **경질비닐관공사(합성수지관공사)**: 관 자체가 우수한 절연성을 가지고 있으며, 중량이 가볍고 시공이 용이하며 내식성이 뛰어나 화학공장 등에 사용 가능하지 만, 열에 약하고 기계적 강도가 낮은 것이 결점이다. ② **금속관공사**: 이 공사는 건물의 종류와 장소에 구애됨이 없이 시공이 가능한 공 사방법이다. 주로 철근콘크리트 건물의 매입 배선 등에 사용되며, 화재에 대한 위험성이 적고, 전선에 이상이 생겼을 때 교체가 용이하며 전선의 기계적 손상 에 대해 안전하다. 습기, 먼지가 있는 장소에도 시공이 가능하나 증설은 곤란하 다. 금속관에는 제3종 접지공사를 한다.

③ **금속몰드공사**: 이 공사는 폭 5cm 이하, 두께 0.5mm 이상의 철재 홈통의 바닥에 전선을 넣고 뚜껑을 덮은 것이다. 금속몰드공사에는 접속점이 없는 절연전선을 사용하고 접속은 기계적·전기적으로 완전히 접속되어야 한다.

④ **가요전선관공사**: 가요전선관공사는 굴곡 장소가 많아서 금속관공사로 하기 어려운 경우에 적합하며 옥내배선과 전동기를 연결하는 경우, 또는 엘리베이터의 배선, 증설공사, 기차나 전차 내의 배선 등에 적합하다. 특히 습기, 물기, 먼지가 많은 장소나 기름을 취급하는 장소에는 방수용 가요전선관을 사용해야 한다.

⑤ **금속덕트공사**: 전선을 철재덕트 속에 넣고 시설하는 것으로, 큰 공장이나 빌딩 등에서 증설공사를 할 경우 전기배선 변경이 용이하므로 많이 이용된다. 전선을 외부로 인출하는 부분은 금속관공사, 합성수지관공사, 가요전선관공사 또는 케이블공사를 해야 한다.

⑥ **플로어덕트공사**: 플로어덕트공사는 은행, 회사, 백화점 등과 같이 바닥면적이 넓은 실에서 전기스탠드, 선풍기, 컴퓨터 등의 강전류 전선과, 신호선 등의 약전류 전선을 콘크리트 바닥에 매입하고 여기에 바닥면과 일치한 플로어 콘센트를 설치하여 이용하도록 한 것이다.

⑦ **케이블공사**: 이 공사는 옥내배선에서 금속관공사와 동일하게 모든 장소에 시설할 수 있는 공사방법이다. 전선으로 케이블을 사용하는 경우와 캡타이어케이블을 사용하는 경우가 있다.

◐ 1. 전개 및 은폐, 습기 등에 관계없이 모든 곳에 가능한 전기공사에는 경질비닐관공사, 금속관공사, 케이블공사 등이 있다.
　2. ~몰드공사는 전선을 넣고 뚜껑을 덮는 형태의 공사이므로, 습기 있는 곳이나 점검할 수 없는 은폐장소에는 사용할 수 없다.
　3. ~덕트공사는 점검할 수 없는 은폐장소에는 사용할 수 없다.

	제어의 종류	사용용도	작동 및 표시법
감시 제어반	전원표시	전원이 살아있는지 여부	백색 램프
	운전표시	작동상태 표시	적색 램프
	정지표시	정지상태 표시	녹색 램프
	고장표시	고장 유무 표시	오렌지색 램프 (부저 및 벨이 울린다)
	경보표시	경보신호 목적	백색 램프 (부저 및 벨이 울린다)

피뢰설비

설치대상	① 낙뢰의 우려가 있는 건축물 ② 높이 20m 이상의 건축물 또는 공작물

설치기준	① **보호등급**: 한국산업표준이 정하는 피뢰레벨등급에 적합한 피뢰설비일 것. 다만, 위험물저장 및 처리시설 ⇨ 한국산업표준이 정하는 피뢰시스템레벨 Ⅱ 이상이어야 한다.
	② **돌침**: 건물 맨 윗부분으로부터 25cm 이상 돌출시켜 설치한다.
	③ **피뢰설비의 재료의 최소단면적**: 피복이 없는 동선을 기준 ⇨ 수뢰부, 인하도선, 접지극은 50mm² 이상이거나 이와 동등 이상의 성능을 갖출 것
	④ 인하도선을 대신하여 철골조의 철골구조물과 철근콘크리트조의 철근구조체를 사용하는 경우에는 전기적 연속성이 보장될 것. 이 경우 전기적 연속성이 있다고 판단되기 위하여는 건축물 금속구조체의 최상단부와 지표레벨 사이의 전기저항이 0.2Ω 이하이어야 한다.
	⑤ **측면 수뢰부**: 측면 낙뢰방지 목적
	 ㉠ 설치대상
	  ⓐ 높이가 60m를 초과하는 건축물 ⇨ 지면에서 건축물 높이의 5분의 4가 되는 지점부터 상단부분까지의 측면에 수뢰부를 설치
	  ⓑ 지표레벨에서 최상단부의 높이가 150m를 초과하는 건축물 ⇨ 120m 지점부터 최상단부분까지의 측면에 수뢰부를 설치
	 ㉡ 설치 예외: 건축물의 외벽이 금속부재로 마감되고, 금속부재 상호간에 전기적 연속성이 보장되며, 피뢰시스템레벨등급에 적합하게 설치하여 인하도선에 연결한 경우에는 측면 수뢰부가 설치된 것으로 본다.
	⑥ **접지**: 환경오염을 일으킬 수 있는 시공방법이나 화학첨가물 등을 사용하지 않는다.
	⑦ 급수·급탕·난방·가스 등을 공급하기 위하여 설치되는 금속배관 및 금속재 설비는 전위가 균등하게 이루어지도록 전기적으로 접속한다.
	⑧ 전기설비의 접지계통과 건축물의 피뢰설비 및 통신설비의 접지극을 공용하는 통합접지공사를 하는 경우 서지보호장치[서지(Surge: 전류·전압 등의 과도 파형을 말한다)로부터 각종 설비를 보호하기 위한 장치를 말한다]를 설치한다.

용어와 단위	① 광속(光速, 기호 F): 1초 동안에 어떤 면을 통과하는 빛의 양[단위: lm(루멘, Lumen)]
	② 광도(光度, 기호 I): 광원에서 나오는 빛의 세기[단위: cd(칸델라, Candela)]
	③ 휘도(輝度, 기호 B): 빛을 발산하는 면의 단위면적당 광도, 물체 표면의 밝기 [단위: nit(cd/m²), sb(cd/cm²)]
	④ 조도(照度, 기호 E): 단위면적당 입사 광속[단위: lx(룩스, Lux) ⇨ 조명설계에서 가장 기본이 되는 단위(어느 장소에 대한 밝기)]
	⑤ 광속발산도(기호 m): 광원의 단위면적당 발산 광속으로 물체의 밝기를 말함 [단위: rlx(lm/m², radlux), 보조단위: apostilb(asb)]
	⑥ 연색성: 광원이 색을 어느 정도 충실하게 나타내고 있는지에 대한 척도
	⑦ 균제도: 조명의 균일한 정도를 나타내기 위하여 조명이 닿은 면 위의 최소조도와 평균조도와의 비 또는 최소조도와 최대조도와의 비

조명의 설계	일반적으로 실내 조명의 계산 및 설계는 다음과 같이 진행한다(소 ⇨ 전 ⇨ 조 ⇨ 광 ⇨ 배).
	① 소요조도의 결정
	② 광원(전등의 종류)의 결정: 실의 용도와 전등의 수명, 특성, 연색성, 가격 등을 고려하여 전등의 종류를 결정한다.
	③ 조명방식 및 조명기구의 선정
	④ 광속의 계산

$$F = \frac{E \cdot A \cdot D}{N \cdot U} = \frac{E \cdot A}{N \cdot U \cdot M} \text{에서 } E = \frac{F \cdot N \cdot U}{A \cdot D}$$

F: 사용 광원 1개의 광속(lm)
E: 작업면의 평균 조도(lx)
A: 방의 면적(m²)
D: 감광보상률(직접조명: 1.3 ~ 2.0, 간접조명: 1.5 ~ 2.0)
N: 광원의 개수
U: 조명률
M: 유지율(보수율: 감광보상율의 역수)

　㉠ 감광보상률(D): 광원을 갈아 끼우거나 기구를 청소할 때까지 필요한 조도를 유지할 수 있도록 여유를 두는 비율
　㉡ 조명률(U): 램프에서 발하여진 빛 가운데 작업면에 도달하는 빛이 몇 %인가를 나타내는 비율
　㉢ 실지수(K): 방의 크기, 모양, 광원의 위치에 의해 결정되는 계수
　㉣ 보수율(M): 램프의 사용시간 경과에 따라 감광되거나 먼지부착 등에 의한 조명기구 효율저하를 보완하기 위한 보정계수
⑤ 조명기구의 배치: 조도 분포, 휘도 등의 재검토

용어의 정의

① **홈네트워크 설비**: 주택의 성능과 주거의 질 향상을 위하여 세대 또는 주택단지 내 지능형 정보통신 및 가전기기 등의 상호 연계를 통하여 통합된 주거서비스를 제공하는 설비로 홈네트워크망, 홈네트워크장비, 홈네트워크사용기기로 구분한다.

② **홈네트워크망**: 홈네트워크장비 및 홈네트워크사용기기를 연결하는 것을 말하며, 다음으로 구분한다.
　㉠ **단지망**: 집중구내통신실에서 세대까지를 연결하는 망
　㉡ **세대망**: 전유부분(각 세대 내)을 연결하는 망

③ **홈네트워크장비**: 홈네트워크망을 통해 접속하는 장치를 말하며, 다음으로 구분한다.
　㉠ **홈게이트웨이**: 전유부분에 설치되어 세대 내에서 사용되는 홈네트워크사용기기들을 유무선 네트워크로 연결하고 세대망과 단지망 혹은 통신사의 기간망을 상호 접속하는 장치
　㉡ **세대단말기**: 세대 및 공용부의 다양한 설비의 기능 및 성능을 제어하고 확인할 수 있는 기기로 사용자 인터페이스를 제공하는 장치
　㉢ **단지네트워크장비**: 세대 내 홈게이트웨이와 단지서버 간의 통신 및 보안을 수행하는 장비로서, 백본(Back-Bone), 방화벽(Fire Wall), 워크그룹스위치 등 단지망을 구성하는 장비
　㉣ **단지서버**: 홈네트워크 설비를 총괄적으로 관리하며, 이로부터 발생하는 각종 데이터의 저장·관리·서비스를 제공하는 장비

④ **홈네트워크사용기기**: 홈네트워크망에 접속하여 사용하는 다음과 같은 장비를 말한다.
　㉠ **원격제어기기**: 주택 내부 및 외부에서 가스, 조명, 전기 및 난방, 출입 등을 원격으로 제어할 수 있는 기기
　㉡ **원격검침시스템**: 주택 내부 및 외부에서 전력, 가스, 난방, 온수, 수도 등의 사용량 정보를 원격으로 검침하는 시스템
　㉢ **감지기**: 화재, 가스누설, 주거침입 등 세대 내의 상황을 감지하는 데 필요한 기기
　㉣ **전자출입시스템**: 비밀번호나 출입카드 등 전자매체를 활용하여 주동출입 및 지하주차장 출입을 관리하는 시스템
　㉤ **차량출입시스템**: 단지에 출입하는 차량의 등록 여부를 확인하고 출입을 관리하는 시스템
　㉥ **무인택배시스템**: 물품배송자와 입주자 간 직접대면 없이 택배화물, 등기우편물 등 배달물품을 주고받을 수 있는 시스템

<table>
<tr>
<td></td>
<td>

ⓐ 그 밖에 영상정보처리기기, 전자경비시스템 등 홈네트워크망에 접속하여 설치되는 시스템 또는 장비

⑤ 홈네트워크 설비 설치공간: 네트워크 설비가 위치하는 곳을 말하며, 다음으로 구분한다.

    ㉠ 세대단자함: 세대 내에 인입되는 통신선로, 방송공동수신설비 또는 홈네트워크 설비 등의 배선을 효율적으로 분배·접속하기 위하여 이용자의 전유부분에 포함되어 실내공간에 설치되는 분배함

    ㉡ 통신배관실(TPS실): 통신용 파이프 샤프트 및 통신단자함을 설치하기 위한 공간

    ㉢ 집중구내통신실(MDF실): 국선·국선단자함 또는 국선배선반과 초고속통신망장비, 이동통신망장비 등 각종 구내통신선로설비 및 구내용 이동통신설비를 설치하기 위한 공간

    ㉣ 그 밖에 방재실, 단지서버실, 단지네트워크센터 등 단지 내 홈네트워크 설비를 설치하기 위한 공간

</td>
</tr>
<tr>
<td>

홈
네트워크
필수설비

</td>
<td>

① 공동주택이 다음의 설비를 모두 갖추는 경우에는 홈네트워크 설비를 갖춘 것으로 본다.

    ㉠ 홈네트워크망

        ⓐ 단지망

        ⓑ 세대망

    ㉡ 홈네트워크장비

        ⓐ 홈게이트웨이(단, 세대단말기가 홈게이트웨이 기능을 포함하는 경우는 세대단말기로 대체 가능)

        ⓑ 세대단말기

        ⓒ 단지네트워크장비

        ⓓ 단지서버(클라우드컴퓨팅 서비스로 대체 가능)

② 홈네트워크 필수설비는 상시전원에 의한 동작이 가능하고, 정전 시 예비전원이 공급될 수 있도록 하여야 한다. 단, 세대단말기 중 이동형 기기(무선망을 이용할 수 있는 휴대용 기기)는 제외한다.

</td>
</tr>
<tr>
<td>

홈
네트워크
설비
설치기준

</td>
<td>

① 홈게이트웨이

    ㉠ 홈게이트웨이는 세대단자함에 설치하거나 세대단말기에 포함하여 설치할 수 있다.

    ㉡ 홈게이트웨이는 이상전원 발생 시 제품을 보호할 수 있는 기능을 내장하여야 하며, 동작 상태와 케이블의 연결 상태를 쉽게 확인할 수 있는 구조로 설치하여야 한다.

</td>
</tr>
</table>

② 세대단말기: 세대 내의 홈네트워크사용기기들과 단지서버 간의 상호 연동이 가능한 기능을 갖추어 세대 및 공용부의 다양한 기기를 제어하고 확인할 수 있어야 한다.

③ 단지네트워크장비
　㉠ 단지네트워크장비는 집중구내통신실 또는 통신배관실에 설치하여야 한다.
　㉡ 단지네트워크장비는 홈게이트웨이와 단지서버 간 통신 및 보안을 수행할 수 있도록 설치하여야 한다.
　㉢ 단지네트워크장비는 외부인으로부터 직접적인 접촉이 되지 않도록 별도의 함체나 랙(Rack)으로 설치하며, 함체나 랙에는 외부인의 조작을 막기 위한 잠금장치를 하여야 한다.

④ 단지서버
　㉠ 단지서버는 집중구내통신실 또는 방재실에 설치할 수 있다. 다만, 단지서버가 설치되는 공간에는 보안을 고려하여 영상정보처리기기 등을 설치하되 관리자가 확인할 수 있도록 하여야 한다.
　㉡ 단지서버는 외부인의 조작을 막기 위한 잠금장치를 하여야 한다.
　㉢ 단지서버는 상온·상습인 곳에 설치하여야 한다.

⑤ 홈네트워크사용기기: 홈네트워크사용기기를 설치할 경우, 다음의 기준에 따라 설치하여야 한다.
　㉠ 원격제어기기: 전원공급, 통신 등 이상상황에 대비하여 수동으로 조작할 수 있어야 한다.
　㉡ 원격검침시스템: 각 세대별 원격검침장치가 정전 등 운용시스템의 동작 불능 시에도 계량이 가능해야 하며, 데이터 값을 보존할 수 있도록 구성하여야 한다.
　㉢ 감지기
　　ⓐ 가스감지기는 LNG인 경우에는 천장 쪽에, LPG인 경우에는 바닥 쪽에 설치하여야 한다.
　　ⓑ 동체감지기는 유효감지반경을 고려하여 설치하여야 한다.
　　ⓒ 감지기에서 수집된 상황정보는 단지서버에 전송하여야 한다.
　㉣ 전자출입시스템
　　ⓐ 지상의 주동 현관 및 지하주차장과 주동을 연결하는 출입구에 설치하여야 한다.
　　ⓑ 화재발생 등 비상시 소방시스템과 연동되어 주동현관과 지하주차장의 출입문을 수동으로 여닫을 수 있게 하여야 한다.
　　ⓒ 강우를 고려하여 설계하거나 강우에 대비한 차단설비(날개벽, 차양 등)를 설치하여야 한다.
　　ⓓ 접지단자는 프레임 내부에 설치하여야 한다.

ⓜ 차량출입시스템

    ⓐ 차량출입시스템은 단지 주출입구에 설치하되 차량의 진·출입에 지장이 없도록 하여야 한다.

    ⓑ 관리자와 통화할 수 있도록 영상정보처리기기와 인터폰 등을 설치하여야 한다.

ⓗ 무인택배시스템

    ⓐ 무인택배시스템은 휴대폰·이메일을 통한 문자서비스(SMS) 또는 세대 단말기를 통한 알림서비스를 제공하는 제어부와 무인택배함으로 구성하여야 한다.

    ⓑ 무인택배함의 설치수량은 소형 주택의 경우 세대수의 약 10~15%, 중형 주택 이상은 세대수의 15~20% 정도로 설치할 것을 권장한다.

ⓢ 영상정보처리기기

    ⓐ 영상정보처리기기의 영상은 필요시 거주자에게 제공될 수 있도록 관련 설비를 설치하여야 한다.

    ⓑ 렌즈를 포함한 영상정보처리기기장비는 결로되거나 빗물이 스며들지 않도록 설치하여야 한다.

⑥ **홈네트워크 설비 설치공간**: 홈네트워크 설비가 다음의 공간에 설치될 경우, 다음의 기준에 따라 설치하여야 한다.

    ㉠ 세대단자함

        ⓐ 세대단자함은 별도의 구획된 장소나 노출된 장소로서 침수 및 결로 발생의 우려가 없는 장소에 설치하여야 한다.

        ⓑ 세대단자함은 500mm × 400mm × 80mm(깊이) 크기로 설치할 것을 권장한다.

    ㉡ 통신배관실

        ⓐ 통신배관실은 유지관리를 용이하게 할 수 있도록 하여야 하며, 통신배관을 위한 공간을 확보하여야 한다.

        ⓑ 통신배관실 내의 트레이(Tray) 또는 배관, 덕트 등의 설치용 개구부는 화재 시 층간 확대를 방지하도록 방화처리제를 사용하여야 한다.

        ⓒ 통신배관실의 출입문은 폭 0.7m, 높이 1.8m 이상(문틀의 내측치수)이어야 하며, 잠금장치를 설치하고, 관계자외 출입통제 표시를 부착하여야 한다.

        ⓓ 통신배관실은 외부의 청소 등에 의한 먼지, 물 등이 들어오지 않도록 50mm 이상의 문턱을 설치하여야 한다. 다만, 차수판 또는 차수막을 설치하는 때에는 그러하지 아니하다.

<table>
<tr>
<td rowspan="1"></td>
<td>

© 집중구내통신실

    ⓐ 집중구내통신실은 「방송통신설비의 기술기준에 관한 규정」 제19조에 따라 설치하되, 단지네트워크장비 또는 단지서버를 집중구내통신실에 수용하는 경우에는 설치 면적을 추가로 확보하여야 한다.

    ⓑ 집중구내통신실은 독립적인 출입구와 보안을 위한 잠금장치를 설치하여야 한다.

    ⓒ 집중구내통신실은 적정온도의 유지를 위한 냉방시설 또는 흡배기용 환풍기를 설치하여야 한다.

</td>
</tr>
<tr>
<td>

홈
네트워크
설비의
기술기준

</td>
<td>

① 연동 및 호환성 등

    ㉠ 홈게이트웨이는 단지서버와 상호 연동할 수 있어야 한다.

    ㉡ 홈네트워크사용기기는 홈게이트웨이와 상호 연동할 수 있어야 하며, 각 기기 간 호환성을 고려하여 설치하여야 한다.

    ㉢ 홈네트워크 설비는 타 설비와 간섭이 없도록 설치하여야 하며, 유지보수가 용이하도록 설치하여야 한다.

② 기기인증 등: 홈네트워크사용기기는 산업통상자원부와 과학기술정보통신부의 인증규정에 따른 기기인증을 받은 제품이거나 이와 동등한 성능의 적합성 평가 또는 시험성적서를 받은 제품을 설치하여야 한다.

③ 유지·관리 등

    ㉠ 홈네트워크사용기기는 하자담보기간과 내구연한을 표기할 수 있다.

    ㉡ 홈네트워크사용기기의 예비부품은 5% 이상 5년간 확보할 것을 권장하며, 이 경우 위 ㉠의 규정에 따른 내구연한을 고려하여야 한다.

④ 홈네트워크 보안: 단지서버와 세대별 홈게이트웨이 사이의 망은 전송되는 데이터의 노출, 탈취 등을 방지하기 위하여 물리적 방법으로 분리하거나, 소프트웨어를 이용한 가상사설통신망, 가상근거리통신망, 암호화기술 등을 활용하여 논리적 방법으로 분리하여 구성하여야 한다.

</td>
</tr>
<tr>
<td>

지능형
건축물의
인증

</td>
<td>

① 인증제도: 국토교통부장관은 지능형 건축물(Intelligent Building)의 건축을 활성화하기 위하여 지능형 건축물 인증제도를 실시한다.

② 건축기준의 완화: 허가권자는 지능형 건축물로 인증을 받은 건축물에 대하여 「건축법」 제42조에 따른 조경설치면적을 100분의 85까지 완화하여 적용할 수 있으며, 용적률 및 건축물의 높이를 100분의 115의 범위에서 완화하여 적용할 수 있다.

</td>
</tr>
</table>

구분	주택건설기준 등에 관한 규정	건축법

승용
승강기
	① 설치대상
	  ㉠ 원칙: 6층 이상인 공동주택에는 대당 6인승 이상의 승강기 설치
	  ㉡ 예외: 6층인 건축물로서 각 층 거실의 바닥면적 300m² 이내마다 1개소 이상의 직통계단 설치
	② 설치기준
	  ㉠ 계단실형 공동주택
	    ⓐ 설치대수: 계단실 ⇨ 1대(한 층에 3세대 이상이 조합된 계단실형 공동주택이 22층 이상인 경우에는 2대) 이상 설치
	    ⓑ 탑승인원수: 4층 이상인 층의 세대당 0.3명(독신자용 주택의 경우에는 0.15명)의 비율로 산정한 인원수(1명 이하의 단수는 1명으로 본다) 이상
	  ㉡ 복도형 공동주택
	    ⓐ 설치대수: 1대에 100세대를 넘는 80세대마다 1대를 더한 대수 이상 설치
	
	$$1대 + \frac{x-100세대}{80세대} \times 1대$$
	
	    ⓑ 탑승인원수: 4층 이상인 층의 매 세대당 0.2명(독신자용 주택의 경우에는 0.1명)의 비율로 산정한 인원수 이상
		① 설치대상
		  ㉠ 원칙: 6층 이상 + 연면적 2천m² 이상의 건축물
		  ㉡ 예외: 6층인 건축물로서 각 층 거실의 바닥면적 300m² 이내마다 1개소 이상의 직통계단 설치
		② 설치기준
		  ㉠ 공동주택: 6층 이상 거실바닥면적 합계
		    ⓐ 3천m² 이하인 경우: 1대 설치
		    ⓑ 3천m² 초과인 경우: 1대에 3천m²를 초과하는 매 3천m² 이내마다 1대 비율로 가산
		
		$$1대 + \frac{x-3,000m²}{3,000m²} \times 1대$$
		
		    ⓒ 승강기 대수를 계산할 때 8인승 이상 15인승 이하 승강기는 1대의 승강기로 보고, 16인승 이상의 승강기는 2대의 승강기로 본다.
		  ㉡ 승용승강기가 설치되어 있는 건축물 1개 층을 증축할 경우 승용승강기의 승강로를 연장하여 설치하지 아니할 수 있다.

| 비상용
승강기 | 10층 이상의 공동주택은 승용승강기를
비상용승강기의 구조로 하여야 한다. | ① 설치대상
　㉠ 원칙: 높이 31m를 넘는 건축물
　　⇨ 비상용승강기를 설치(승용승
　　강기 ⇨ 비상용승강기의 구조로
　　하는 경우 설치×)
　㉡ 예외
　　ⓐ 높이 31m를 넘는 각 층을 거
　　　실 외의 용도로 쓰는 건축물
　　ⓑ 높이 31m를 넘는 각 층 ⇨
　　　바닥면적의 합계가 500m² 이
　　　하인 건축물
　　ⓒ 높이 31m를 넘는 층수가 4개
　　　층 이하 + 바닥면적의 합계
　　　200m²(마감을 불연재료로 할
　　　경우 ⇨ 500m²) 이내마다
　　　방화구획으로 구획된 건축물
② 설치대수
　㉠ 높이 31m를 넘는 각 층의 바닥면
　　적 중 최대바닥면적이 1천500m²
　　이하인 건축물 ⇨ 1대 이상
　㉡ 높이 31m를 넘는 각 층의 바닥
　　면적 중 최대바닥면적이 1천500
　　m²를 넘는 건축물 ⇨ 1대에 1천
　　500m²를 넘는 매 3천m² 이내마
　　다 1대씩 가산한 대수 이상
$$1대 + \frac{x-1{,}500m^2}{3{,}000m^2} \times 1대$$
　㉢ 2대 이상의 비상용승강기를 설
　　치 ⇨ 일정한 간격을 두고 설치
③ 비상용승강기의 승강장 및 승강로의
　구조
　㉠ 승강장의 창문·출입구 기타 개
　　구부를 제외한 부분은 당해 건축
　　물의 다른 부분과 내화구조의 바
　　닥 및 벽으로 구획할 것. 다만, |

		공동주택의 경우에는 승강장과 특별피난계단의 부속실과의 겸용부분을 특별피난계단의 계단실과 별도로 구획하는 때에는 승강장을 특별피난계단의 부속실과 겸용할 수 있다.
		ⓛ 승강장은 각 층의 내부와 연결될 수 있도록 하되, 그 출입구(승강로의 출입구를 제외한다)에는 갑종방화문을 설치할 것. 다만, 피난층에는 갑종방화문을 설치하지 아니할 수 있다.
		ⓒ 벽 및 반자가 실내에 접하는 부분의 마감재료(마감을 위한 바탕을 포함)는 불연재료로 할 것
		ⓔ 비상용승강기의 승강장 바닥면적은 비상용승강기 1대에 대하여 6m² 이상으로 할 것. 다만, 옥외에 승강장을 설치하는 경우에는 그러하지 아니하다.
		ⓜ 피난층이 있는 승강장의 출입구로부터 도로 또는 공지에 이르는 거리가 30m 이하일 것
		ⓗ 승강로는 당해 건축물의 다른 부분과 내화구조로 구획할 것
		ⓢ 각 층으로부터 피난층까지 이르는 승강로를 단일구조로 연결하여 설치할 것
피난용 승강기	-	① 피난용승강기의 설치: 고층건축물에는 건축물에 설치하는 승용승강기 중 1대 이상을 대통령령으로 정하는 바에 따라 피난용승강기로 설치하여야 한다. ② 설치기준 ⓐ 승강장의 바닥면적은 승강기 1대당 6m² 이상으로 할 것

		ⓒ 각 층으로부터 피난층까지 이르는 승강로를 단일구조로 연결하여 설치할 것
화물용 승강기	① 설치대상: 10층 이상인 공동주택 ② 구조 ㉠ 적재하중: 0.9t 이상 ⓒ 폭 또는 너비: 1.35m 이상 × 1.6m 이상 ③ 설치대수 ㉠ 계단실형 공동주택: 계단실마다 설치 ⓒ 복도형 공동주택: 100세대까지 1대, 100세대를 넘는 경우 100세대마다 1대 추가 설치	−
겸용 승강기의 구조기준	승용승강기 또는 비상용승강기로서 화물용승강기의 기준에 적합한 것 ⇨ 화물용승강기로 겸용	−

핵심 40 **승강기 안전관리법령**

용어의 정의	① 승강기부품: 승강기를 구성하는 제품이나 그 부분품 또는 부속품을 말한다. ② 설치: 승강기의 설계도면 등 기술도서(技術圖書)에 따라 승강기를 건축물이나 고정된 시설물에 장착(행정안전부령으로 정하는 범위에서의 승강기 교체를 포함)하는 것을 말한다. ③ 유지관리: 설치검사를 받은 승강기가 그 설계에 따른 기능 및 안전성을 유지할 수 있도록 하는 다음의 안전관리 활동을 말한다. ㉠ 주기적인 점검 ⓒ 승강기 또는 승강기부품의 수리 ⓒ 승강기부품의 교체 ㉣ 그 밖에 행정안전부장관이 승강기의 기능 및 안전성의 유지를 위하여 필요하다고 인정하여 고시하는 안전관리 활동 ④ 관리주체: 다음의 어느 하나에 해당하는 자를 말한다. ㉠ 승강기 소유자 ⓒ 다른 법령에 따라 승강기관리자로 규정된 자

	© 위 ⊙ 또는 ⓛ에 해당하는 자와의 계약에 따라 승강기를 안전하게 관리할 책임과 권한을 부여받은 자
승강기 사후관리	① **승강기 유지관리용 부품 등의 제공기간**: 제조·수입업자는 승강기 유지관리용 부품 및 장비 또는 소프트웨어(이하 '장비등'이라 한다)의 원활한 제공을 위해 동일한 형식의 유지관리용 부품 및 장비등을 최종 판매하거나 양도한 날부터 10년 이상 제공할 수 있도록 해야 한다. 다만, 비슷한 다른 유지관리용 부품 또는 장비등의 사용이 가능한 경우로서 그 부품 또는 장비등을 제공할 수 있는 경우에는 그렇지 않다. ② **자료의 제공**: 제조·수입업자는 승강기 또는 승강기부품을 판매하거나 양도했을 때에는 그 구매인 또는 양수인(관리주체를 포함)에게 다음의 자료를 제공해야 한다. 　⊙ 사용설명서 　ⓛ 품질보증서 ③ **품질보증기간 및 무상제공**: 위 ②의 ⓛ에 따른 품질보증기간은 3년 이상으로 하며, 그 기간에 구매인 또는 양수인이 사용설명서에 따라 정상적으로 사용·관리했음에도 불구하고 고장이나 결함이 발생한 경우에는 제조·수입업자가 무상으로 유지관리용 부품 및 장비등을 제공(정비를 포함)해야 한다. ④ **승강기 유지관리용 부품 등의 제공**: 제조·수입업자는 다음의 어느 하나에 해당하는 자로부터 승강기 유지관리용 부품 등의 제공을 요청받은 경우에는 특별한 이유가 없으면 2일 이내에 그 요청에 따라야 한다. 　⊙ 관리주체 　ⓛ 유지관리업자 　© 승강기의 유지관리를 업으로 하기 위하여 등록을 한 자를 조합원으로 하여 「중소기업협동조합법」에 따라 설립된 법인
승강기 설치	① **설치신고**: 설치공사업자는 승강기의 설치를 끝냈을 때에는 관할 시·도지사에게 그 사실을 신고하여야 한다. ② **설치신고 기한**: 설치공사업자는 승강기의 설치를 끝낸 날부터 10일 이내에 공단에 승강기의 설치신고를 해야 한다. ③ **설치검사**: 승강기의 제조·수입업자는 설치를 끝낸 승강기에 대하여 행정안전부장관이 실시하는 설치검사를 받아야 한다. ④ **운행중지**: 승강기의 제조·수입업자 또는 관리주체는 설치검사를 받지 아니하거나 설치검사에 불합격한 승강기를 운행하게 하거나 운행하여서는 아니 된다.

승강기 안전 관리자	① **승강기 안전관리자의 선임**: 관리주체는 승강기 운행에 대한 지식이 풍부한 사람을 승강기 안전관리자로 선임하여 승강기를 관리하게 하여야 한다. 다만, 관리주체가 직접 승강기를 관리하는 경우에는 그러하지 아니하다. ② **승강기 안전관리자의 선임 등에 대한 통보**: 관리주체는 승강기 안전관리자(관리주체가 직접 승강기를 관리하는 경우에는 그 관리주체를 말한다)를 선임하였을 때에는 3개월 이내에 행정안전부장관에게 그 사실을 통보하여야 한다. 승강기 안전관리자나 관리주체가 변경되었을 때에도 또한 같다. ③ **관리주체의 지도·감독**: 관리주체(관리주체가 승강기 안전관리자를 선임하는 경우에만 해당)는 승강기 안전관리자가 안전하게 승강기를 관리하도록 지도·감독하여야 한다. ④ **승강기관리교육** 　㉠ **교육의 의무**: 관리주체는 승강기 안전관리자로 하여금 선임 후 3개월 이내에 행정안전부령으로 정하는 기관(아래 ㉡)이 실시하는 승강기관리에 관한 교육을 받게 하여야 한다. 다만, 관리주체가 직접 승강기를 관리하는 경우에는 그 관리주체(법인인 경우에는 그 대표자를 말한다)가 승강기관리교육을 받아야 한다. 　㉡ **교육기관**: 위 ㉠에서 '행정안전부령으로 정하는 기관'이란 공단을 말한다. 　㉢ **주기**: 승강기관리교육의 주기는 3년으로 한다.
보험가입	① **보험가입 의무**: 관리주체는 승강기의 사고로 승강기 이용자 등 다른 사람의 생명·신체 또는 재산상의 손해를 발생하게 하는 경우 그 손해에 대한 배상을 보장하기 위한 보험(이하 '책임보험'이라 한다)에 가입하여야 한다. ② **책임보험의 종류**: 책임보험의 종류는 승강기 사고배상책임보험 또는 승강기 사고배상책임보험과 같은 내용이 포함된 보험으로 한다. ③ **가입시기**: 책임보험은 다음의 어느 하나에 해당하는 시기에 가입하거나 재가입해야 한다. 　㉠ 설치검사를 받은 날 　㉡ 관리주체가 변경된 경우 그 변경된 날 　㉢ 책임보험의 만료일 이내 ④ **보상한도액**: 책임보험의 보상한도액은 다음의 기준에 해당하는 금액 이상으로 한다. 다만, 지급보험금액은 아래 ㉠의 단서의 경우를 제외하고는 실손해액을 초과할 수 없다. 　㉠ 사망의 경우에는 1인당 8천만원. 다만, 사망에 따른 실손해액이 2천만원 미만인 경우에는 2천만원으로 한다. 　㉡ 부상의 경우에는 1인당 [별표 6] 제1호에 따른 상해 등급별 보험금액에서 정하는 금액

ⓒ 부상의 경우 그 치료가 완료된 후 그 부상이 원인이 되어 신체장애(이하 '후유장애'라 한다)가 생긴 경우에는 1인당 [별표 6] 제2호에 따른 후유장애 등급별 보험금액에서 정하는 금액

ⓔ 재산피해의 경우에는 사고당 1천만원

⑤ **가입절차**: 책임보험에 가입(재가입을 포함)한 관리주체는 책임보험 판매자로 하여금 책임보험의 가입사실을 가입한 날부터 14일 이내에 승강기안전종합정보망에 입력하게 해야 한다.

| 자체점검 |

① **자체점검의 주기 및 결과입력**: 관리주체는 승강기의 안전에 관한 자체점검을 월 1회 이상 하고, 그 결과를 승강기안전종합정보망에 입력하여야 한다.

> 다음의 어느 하나에 해당하는 자에게는 500만원 이하의 과태료를 부과한다.
> ㉠ 자체점검을 하지 아니한 자
> ㉡ 자체점검 결과를 승강기안전종합정보망에 입력하지 아니하거나 거짓으로 입력한 자
> ㉢ 자체점검의 결과 승강기에 결함이 있다는 사실을 알았을 경우로서 보수가 끝날 때까지 승강기 운행을 중지하지 아니한 자 또는 운행의 중지를 방해한 자

② **자체점검을 담당할 수 있는 사람의 자격**: 관리주체는 위 ①에 따른 승강기의 안전에 관한 자체점검을 다음의 어느 하나에 해당하는 사람으로서 직무교육을 이수한 사람으로 하여금 담당하게 해야 한다.

㉠ 「국가기술자격법」에 따른 승강기 기사 자격을 취득한 사람

㉡ 「국가기술자격법」에 따른 승강기 산업기사 자격을 취득한 후 승강기의 설계·제조·설치·인증·검사 또는 유지관리에 관한 실무경력(이하 '승강기 실무경력'이라 한다)이 2개월 이상인 사람

㉢ 「국가기술자격법」에 따른 승강기 기능사 자격을 취득한 후 승강기 실무경력이 4개월 이상인 사람

㉣ 「국가기술자격법」에 따른 기계·전기 또는 전자 분야 산업기사 이상의 자격을 취득한 후 승강기 실무경력이 4개월 이상인 사람

㉤ 「국가기술자격법」에 따른 기계·전기 또는 전자 분야 기능사 자격을 취득한 후 승강기 실무경력이 6개월 이상인 사람

㉥ 「고등교육법」에 따른 학교의 승강기·기계·전기 또는 전자 학과나 그 밖에 이와 유사한 학과의 학사학위(법령에 따라 이와 같은 수준 이상이라고 인정되는 학위를 포함한다)를 취득한 후 승강기 실무경력이 6개월 이상인 사람

㉦ 「고등교육법」에 따른 학교의 승강기·기계·전기 또는 전자 학과나 그 밖에 이와 유사한 학과의 전문학사학위(법령에 따라 이와 같은 수준 이상이라고 인정되는 학위를 포함한다)를 취득한 후 승강기 실무경력이 1년 이상인 사람

◎ 「초·중등교육법」에 따른 고등학교·고등기술학교의 승강기·기계·전기 또는 전자 학과나 그 밖에 이와 유사한 학과를 졸업한 후 승강기 실무경력이 1년 6개월 이상인 사람

ⓩ 승강기 실무경력이 3년 이상인 사람

③ 자체점검을 담당하는 사람은 자체점검을 마치면 지체 없이 자체점검 결과를 양호, 주의관찰 또는 긴급수리로 구분하여 관리주체에 통보해야 하며, 관리주체는 자체점검 결과를 자체점검 후 10일 이내에 승강기안전종합정보망에 입력해야 한다.

④ **보수 및 운행정지:** 관리주체는 자체점검 결과 승강기에 결함이 있다는 사실을 알았을 경우에는 즉시 보수하여야 하며, 보수가 끝날 때까지 해당 승강기의 운행을 중지하여야 한다.

⑤ **자체점검의 면제:** 다음의 어느 하나에 해당하는 승강기에 대해서는 자체점검의 전부 또는 일부를 면제할 수 있다.

㉠ 다음의 어느 하나에 해당하여 승강기안전인증을 면제받은 승강기

ⓐ 연구·개발, 전시 또는 승강기안전인증을 위한 시험을 목적으로 제조하거나 수입하는 승강기로서 대통령령으로 정하는 승강기에 대하여 행정안전부령으로 정하는 바에 따라 행정안전부장관의 확인을 받은 경우

ⓑ 수출을 목적으로 수입하는 승강기로서 대통령령으로 정하는 승강기에 대하여 시·도의 조례로 정하는 바에 따라 해당 시·도지사의 확인을 받은 경우

ⓒ 수출을 목적으로 승강기를 제조하는 경우

㉡ 안전검사에 불합격한 승강기

㉢ 안전검사가 연기된 승강기

㉣ 그 밖에 새로운 유지관리기법의 도입 등 대통령령으로 정하는 사유에 해당하여 자체점검의 주기 조정이 필요한 승강기

⑥ **자체점검의 주기 조정:** 위 ⑤의 ㉣에 해당하는 경우 관리주체는 관리하는 승강기에 대해 3개월의 범위에서 자체점검의 주기를 조정할 수 있다. 다만, 다음의 어느 하나에 해당하는 승강기의 경우에는 그렇지 않다.

㉠ 설치검사를 받은 날부터 15년이 지난 승강기

㉡ 최근 3년 이내에 중대한 사고가 발생한 승강기

㉢ 최근 1년 이내에 중대한 고장이 3회 이상 발생한 승강기

⑦ **자체점검의 대행:** 관리주체는 자체점검을 스스로 할 수 없다고 판단하는 경우에는 승강기의 유지관리를 업으로 하기 위하여 등록을 한 자로 하여금 이를 대행하게 할 수 있다.

안전검사	① 승강기의 안전검사 종류: 관리주체는 승강기에 대하여 행정안전부장관이 실시하는 다음의 안전검사를 받아야 한다.

① 승강기의 안전검사 종류: 관리주체는 승강기에 대하여 행정안전부장관이 실시하는 다음의 안전검사를 받아야 한다.

　㉠ 정기검사: 설치검사 후 정기적으로 하는 검사. 이 경우 검사주기는 2년 이하로 하되, 다음의 사항을 고려하여 행정안전부령으로 정하는 바에 따라 승강기별로 검사주기를 다르게 할 수 있다.

　　ⓐ 승강기의 종류 및 사용 연수

　　ⓑ 중대한 사고 또는 중대한 고장의 발생 여부

　　ⓒ 그 밖에 행정안전부령으로 정하는 사항

　㉡ 수시검사: 다음의 어느 하나에 해당하는 경우에 하는 검사

　　ⓐ 승강기의 종류, 제어방식, 정격속도, 정격용량 또는 왕복운행거리를 변경한 경우('변경된 승강기에 대한 검사의 기준이 완화되는 경우 등 행정안전부령으로 정하는 경우'는 제외)

　　ⓑ 승강기의 제어반 또는 구동기를 교체한 경우

　　ⓒ 승강기에 사고가 발생하여 수리한 경우(아래 ㉢의 ⓑ의 경우는 제외)

　　ⓓ 관리주체가 요청하는 경우

　㉢ 정밀안전검사: 다음의 어느 하나에 해당하는 경우에 하는 검사. 이 경우 아래 ⓒ에 해당할 때에는 정밀안전검사를 받고, 그 후 3년마다 정기적으로 정밀안전검사를 받아야 한다.

　　ⓐ 정기검사 또는 수시검사 결과 결함의 원인이 불명확하여 사고 예방과 안전성 확보를 위하여 행정안전부장관이 정밀안전검사가 필요하다고 인정하는 경우

　　ⓑ 승강기의 결함으로 중대한 사고 또는 중대한 고장이 발생한 경우

　　ⓒ 설치검사를 받은 날부터 15년이 지난 경우

　　ⓓ 그 밖에 승강기 성능의 저하로 승강기 이용자의 안전을 위협할 우려가 있어 행정안전부장관이 정밀안전검사가 필요하다고 인정한 경우

② 정기검사의 검사주기 등

　㉠ 정기검사의 검사주기는 1년(설치검사 또는 직전 정기검사를 받은 날부터 매 1년을 말한다)으로 한다.

　㉡ 위 ㉠에도 불구하고 다음의 어느 하나에 해당하는 승강기의 경우에는 정기검사의 검사주기를 직전 정기검사를 받은 날부터 다음의 구분에 따른 기간으로 한다.

　　ⓐ 설치검사를 받은 날부터 25년이 지난 승강기: 6개월

　　ⓑ 승강기의 결함으로 중대한 사고 또는 중대한 고장이 발생한 후 2년이 지나지 않은 승강기: 6개월

ⓒ 다음의 엘리베이터: 2년

ⅰ) 화물용 엘리베이터

ⅱ) 자동차용 엘리베이터

ⅲ) 소형화물용 엘리베이터(Dumbwaiter)

ⓓ 「건축법 시행령」[별표 1] 제1호 가목에 따른 단독주택에 설치된 승강기: 2년

ⓒ 정기검사의 검사기간은 정기검사의 검사주기 도래일 전후 각각 30일 이내로 한다. 이 경우 해당 검사기간 이내에 검사에 합격한 경우에는 정기검사의 검사주기 도래일에 정기검사를 받은 것으로 본다.

ⓐ 위 ㉠ 및 ㉡의 규정에 따른 정기검사의 검사주기 도래일 전에 수시검사 또는 정밀안전검사를 받은 경우 해당 정기검사의 검사주기는 수시검사 또는 정밀안전검사를 받은 날부터 계산한다.

ⓜ 안전검사가 연기된 경우 해당 정기검사의 검사주기는 연기된 안전검사를 받은 날부터 계산한다.

③ 수시검사의 제외 대상: 위 ①의 ㉡의 ⓐ에서 '변경된 승강기에 대한 검사의 기준이 완화되는 경우 등 행정안전부령으로 정하는 경우'란 다음의 어느 하나에 해당하는 경우를 말한다.

㉠ 다음의 어느 하나에 해당하는 엘리베이터를 승객용 엘리베이터로 변경한 경우

ⓐ 장애인용 엘리베이터

ⓑ 소방구조용 엘리베이터

ⓒ 피난용 엘리베이터

㉡ 그 밖에 검사의 기준이 같은 수준으로 승강기의 종류가 변경된 경우로서 수시검사를 받지 않아도 되는 경우로 행정안전부장관이 인정하는 경우

④ 불합격 승강기의 운행금지 등

㉠ 운행금지: 관리주체는 안전검사를 받지 아니하거나 안전검사에 불합격한 승강기를 운행할 수 없으며, 운행을 하려면 안전검사에 합격하여야 한다. 이 경우 관리주체는 안전검사에 불합격한 승강기에 대하여 행정안전부령으로 정하는 기간(아래 ㉡)에 안전검사를 다시 받아야 한다.

㉡ 불합격 승강기에 대한 안전검사의 기한: 위 ㉠에서 '행정안전부령으로 정하는 기간'이란 안전검사에 불합격한 날부터 4개월 이내를 말한다.

⑤ 검사의 연기

㉠ 검사의 연기: 행정안전부장관은 행정안전부령으로 정하는 바(아래 ㉡)에 따라 안전검사를 받을 수 없다고 인정하면 그 사유가 없어질 때까지 안전검사를 연기할 수 있다.

ⓒ 승강기 안전검사의 연기 사유: 안전검사를 연기할 수 있는 사유는 다음과 같다.
　　　　ⓐ 승강기가 설치된 건축물이나 고정된 시설물에 중대한 결함이 있어 승강기를 정상적으로 운행하는 것이 불가능한 경우
　　　　ⓑ 관리주체가 승강기의 운행을 중단한 경우(다른 법령에서 정하는 바에 따라 설치가 의무화된 승강기는 제외)
　　　　ⓒ 그 밖에 천재지변 등 부득이한 사유가 발생한 경우
⑥ **안전검사의 면제**: 행정안전부장관은 다음의 구분에 따른 승강기에 대해서는 해당 안전검사를 면제할 수 있다.
　　㉠ 다음의 어느 하나에 해당하여 승강기안전인증을 면제받은 승강기: 안전검사
　　　　ⓐ 연구·개발, 전시 또는 승강기안전인증을 위한 시험을 목적으로 제조하거나 수입하는 승강기로서 대통령령으로 정하는 승강기에 대하여 행정안전부령으로 정하는 바에 따라 행정안전부장관의 확인을 받은 경우
　　　　ⓑ 수출을 목적으로 수입하는 승강기로서 대통령령으로 정하는 승강기에 대하여 시·도의 조례로 정하는 바에 따라 해당 시·도지사의 확인을 받은 경우
　　　　ⓒ 수출을 목적으로 승강기를 제조하는 경우
　　㉡ 정밀안전검사를 받았거나 정밀안전검사를 받아야 하는 승강기: 해당 연도의 정기검사

사고보고 및 사고조사	① **사고 및 고장의 통보**: 관리주체(자체점검을 대행하는 유지관리업자를 포함)는 그가 관리하는 승강기로 인하여 다음의 어느 하나에 해당하는 사고 또는 고장이 발생한 경우에는 행정안전부령으로 정하는 바에 따라 한국승강기안전공단에 통보하여야 한다. 　㉠ 사람이 죽거나 다치는 등 대통령령으로 정하는 중대한 사고(아래 ②) 　㉡ 출입문이 열린 상태에서 승강기가 운행되는 경우 등 대통령령으로 정하는 중대한 고장(아래 ③) ② **중대한 사고의 종류**: 위 ①의 ㉠에서 '사람이 죽거나 다치는 등 대통령령으로 정하는 중대한 사고'란 다음의 어느 하나에 해당하는 사고를 말한다. 　㉠ 사망자가 발생한 사고 　㉡ 사고 발생일부터 7일 이내에 실시된 의사의 최초 진단 결과 1주 이상의 입원 치료가 필요한 부상자가 발생한 사고 　㉢ 사고 발생일부터 7일 이내에 실시된 의사의 최초 진단 결과 3주 이상의 치료가 필요한 부상자가 발생한 사고

③ **중대한 고장의 종류**: 위 ①의 ㉡에서 '출입문이 열린 상태에서 승강기가 운행되는 경우 등 대통령령으로 정하는 중대한 고장'이란 다음의 구분에 따른 고장을 말한다.

㉠ 엘리베이터 및 휠체어리프트: 다음의 경우에 해당하는 고장

ⓐ 출입문이 열린 상태로 움직인 경우

ⓑ 출입문이 이탈되거나 파손되어 운행되지 않는 경우

ⓒ 최상층 또는 최하층을 지나 계속 움직인 경우

ⓓ 운행하려는 층으로 운행되지 않은 고장으로서 이용자가 운반구에 갇히게 된 경우(정전 또는 천재지변으로 인해 발생한 경우는 제외한다)

ⓔ 운행 중 정지된 고장으로서 이용자가 운반구에 갇히게 된 경우(정전 또는 천재지변으로 인해 발생한 경우는 제외한다)

ⓕ 운반구 또는 균형추(均衡鎚)에 부착된 매다는 장치 또는 보상수단(각각 그 부속품을 포함한다) 등이 이탈되거나 추락된 경우

㉡ 에스컬레이터: 다음의 경우에 해당하는 고장

ⓐ 손잡이 속도와 디딤판 속도의 차이가 행정안전부장관이 고시하는 기준을 초과하는 경우

ⓑ 하강 운행 과정에서 행정안전부장관이 고시하는 기준을 초과하는 과속이 발생한 경우

ⓒ 상승 운행 과정에서 디딤판이 하강 방향으로 역행하는 경우

ⓓ 과속 또는 역행을 방지하는 장치가 정상적으로 작동하지 않은 경우

ⓔ 디딤판이 이탈되거나 파손되어 운행되지 않은 경우

④ **사고보고**: 관리주체(자체점검을 대행하는 유지관리업자를 포함)는 위 ①에 따라 중대한 사고 또는 중대한 고장이 발생한 경우에는 결함확인장치 등에 기록된 해당 사고 또는 고장에 관한 자료를 보존하고 지체 없이 다음의 사항을 공단에 알려야 한다.

㉠ 승강기가 설치된 건축물이나 고정된 시설물의 명칭 및 주소

㉡ 승강기 고유 번호

㉢ 사고 또는 고장 발생 일시

㉣ 사고 또는 고장 내용

㉤ 피해 정도(사람이 엘리베이터 또는 휠체어리프트 내에 갇힌 경우에는 갇힌 사람의 수와 구출한 자를 포함) 및 응급조치 내용

운행정지 명령 등

① **통보**: 행정안전부장관은 승강기가 다음의 어느 하나에 해당하는 경우에는 그 사실을 특별자치시장·특별자치도지사 또는 시장·군수·구청장에게 통보하여야 한다.

㉠ 설치검사를 받지 아니하거나 설치검사에 불합격한 경우

㉡ 안전검사를 받지 아니하거나 안전검사에 불합격한 경우

② **운행정지 명령**: 특별자치시장·특별자치도지사 또는 시장·군수·구청장은 승강기가 다음의 어느 하나에 해당하는 경우에는 그 사유가 없어질 때까지 해당 승강기의 운행정지를 명할 수 있다.

ㄱ 설치검사를 받지 아니한 경우

ㄴ 자체점검을 하지 아니한 경우

ㄷ 자체점검의 결과 승강기에 결함이 있다는 사실을 알았을 경우로서 보수가 끝날 때까지 해당 승강기의 운행을 중지하지 아니하는 경우

ㄹ 안전검사를 받지 아니한 경우

ㅁ 안전검사가 연기된 경우

ㅂ 그 밖에 승강기로 인하여 중대한 위해가 발생하거나 발생할 우려가 있다고 인정하는 경우

핵심 01 환경관리

감염병의 예방 및 관리에 관한 법률	① 소독의 방법 　㉠ 소각 　㉡ 증기소독(유통증기를 사용하여 소독기 안의 공기를 빼고 1시간 이상 섭씨 　　100도 이상의 증기소독) 　㉢ 끓는 물 소독(소독할 물건을 30분 이상 섭씨 100도 이상의 물 속에 넣어 살균) 　㉣ 약물소독 　㉤ 일광소독 ② 공동주택의 관리·운영자 ⇨ 감염병 예방에 필요한 소독을 하여야 한다. 　㉠ 소독대상 공동주택 ⇨ 「공동주택관리법」에 의한 공동주택(300세대 이상) 　㉡ 공동주택의 소독횟수 　　ⓐ 4월부터 9월까지: 1회 이상/3개월 　　ⓑ 10월부터 3월까지: 1회 이상/6개월 ③ 공동주택 소독의 실시: 관리·운영자는 소독업의 신고를 한 자에게 소독하게 하 여야 한다. 다만, 「공동주택관리법」에 따른 주택관리업자가 소독장비를 갖추었 을 때에는 그가 관리하는 공동주택은 직접 소독할 수 있다. ④ 소독을 실시하지 아니한 자 ⇨ 100만원 이하의 과태료
신에너지 및 재생 에너지 개발·이 용·보급 촉진법	① 신에너지: 기존의 화석연료를 변환시켜 이용하거나 수소·산소 등의 화학 반응 을 통하여 전기 또는 열을 이용하는 에너지로서 다음의 어느 하나에 해당하는 것을 말한다. 　㉠ 수소에너지 　㉡ 연료전지 　㉢ 석탄을 액화·가스화한 에너지 및 중질잔사유(重質殘渣油)를 가스화한 에너 　　지로서 대통령령으로 정하는 기준 및 범위에 해당하는 에너지 　㉣ 그 밖에 석유·석탄·원자력 또는 천연가스가 아닌 에너지로서 대통령령으로 　　정하는 에너지

② **재생에너지**: 햇빛·물·지열(地熱)·강수(降水)·생물유기체 등을 포함하는 재생 가능한 에너지를 변환시켜 이용하는 에너지로서 다음의 어느 하나에 해당하는 것을 말한다.
ㄱ 태양에너지
ㄴ 풍력
ㄷ 수력
ㄹ 해양에너지
ㅁ 지열에너지
ㅂ 생물자원을 변환시켜 이용하는 바이오에너지로서 대통령령으로 정하는 기준 및 범위에 해당하는 에너지
ㅅ 폐기물에너지(비재생폐기물로부터 생산된 것은 제외한다)로서 대통령령으로 정하는 기준 및 범위에 해당하는 에너지
ㅇ 그 밖에 석유·석탄·원자력 또는 천연가스가 아닌 에너지로서 대통령령으로 정하는 에너지

핵심 02 실내공기질 관리법

오염물질	① 미세먼지(PM−10) ② 이산화탄소(CO_2) ③ 폼알데하이드(HCHO) ④ 총 부유세균 ⑤ 일산화탄소(CO) ⑥ 이산화질소(NO_2) ⑦ 라돈(Rn) ⑧ 휘발성유기화합물(VOC_s) ⑨ 석면 ⑩ 오존 ⑪ 초미세먼지(PM−2.5) ⑫ 곰팡이 ⑬ 벤젠 ⑭ 톨루엔 ⑮ 에틸벤젠 ⑯ 자일렌 ⑰ 스티렌
적용대상	100세대 이상으로 신축되는 아파트, 연립주택, 기숙사
실내 공기질 측정	① **실내공기질 측정 및 공고**: 공동주택의 시공자는 공동주택의 실내공기질을 측정하여 그 측정결과를 특별자치시장·특별자치도지사·시장·군수·구청장에게 제출하여야 하고, 입주 개시 전에 입주민들이 잘 볼 수 있는 장소에 공고하여야 한다. ② **측정결과의 공개**: 특별자치시장·특별자치도지사·시장·군수·구청장은 제출된 실내공기질 측정결과를 환경부장관에게 보고하여야 하며, 공보 또는 인터넷 홈페이지 등을 통하여 공개할 수 있다. ③ **측정기준**: 신축 공동주택의 시공자가 실내공기질을 측정하는 경우에는 「환경분야 시험·검사 등에 관한 법률」에 따른 환경오염공정시험기준에 따라 하여야 한다.

	④ 측정항목		
	㉠ 폼알데하이드	㉡ 벤젠	
	㉢ 톨루엔	㉣ 에틸벤젠	
	㉤ 자일렌	㉥ 스티렌	
	㉦ 라돈		

⑤ 측정결과 제출 및 공고시기

㉠ 신축 공동주택의 시공자는 실내공기질을 측정한 경우 주택 공기질 측정결과 보고(공고)를 작성하여 주민 입주 7일 전까지 특별자치시장·특별자치도지사·시장·군수·구청장에게 제출하여야 한다.

㉡ 신축 공동주택의 시공자는 주택 공기질 측정결과 보고(공고)를 주민 입주 7일 전부터 60일간 다음의 장소에 주민들이 잘 볼 수 있도록 공고하여야 한다.

ⓐ 공동주택 관리사무소 입구 게시판

ⓑ 각 공동주택 출입문 게시판

ⓒ 시공자의 인터넷 홈페이지

공동주택의 실내공기질 권고기준

① 폼알데하이드 ⇨ $210\mu g/m^3$ 이하

② 벤젠 ⇨ $30\mu g/m^3$ 이하

③ 톨루엔 ⇨ $1,000\mu g/m^3$ 이하

④ 에틸벤젠 ⇨ $360\mu g/m^3$ 이하

⑤ 자일렌 ⇨ $700\mu g/m^3$ 이하

⑥ 스티렌 ⇨ $300\mu g/m^3$ 이하

⑦ 라돈 ⇨ $148Bq/m^3$ 이하

오염물질 방출 건축자재 방출기준

오염물질 종류 / 구분	폼알데하이드	톨루엔	총 휘발성유기화합물
접착제	0.02 이하	0.08 이하	2.0 이하
페인트			2.5 이하
실란트			1.5 이하
퍼티			20.0 이하
벽지			4.0 이하
바닥재			4.0 이하
표면가공 목질판상제품	0.05 이하		0.4 이하

라돈저감 공법의 사용 등

① 라돈저감공법의 사용 등 권고: 시·도지사는 해당 시·도 내에서 라돈으로 인하여 건강상 위해가 우려되는 지역이 있는 경우에는 그 지역에서 다중이용시설 또는 공동주택 등을 설치(기존 시설 또는 주택 등의 개수 및 보수를 포함)하는 자에게 라돈의 실내 유입을 줄이기 위한 공법을 사용하는 등의 필요한 조치를 하도록 권고할 수 있다.

	② 라돈 농도가 높은 경우의 관리 권고: 시·도지사는 해당 시·도 내 라돈 농도가 높은 다중이용시설 또는 공동주택 등의 소유자등에게 실내 라돈 농도를 환경부령으로 정하는 기준(아래 ③)에 맞게 관리하도록 권고할 수 있다. ③ 실내 라돈 농도의 권고기준: 다중이용시설 또는 공동주택의 소유자등에게 권고하는 실내 라돈 농도의 기준은 다음의 구분에 따른다. 　　㉠ 다중이용시설의 소유자등: [별표 3]에 따른 라돈의 권고기준 　　㉡ 공동주택의 소유자등: 1m³당 148베크렐 이하
벌칙	① 표지를 붙이지 아니한 건축자재를 사용한 자는 1년 이하의 징역 또는 1천만원 이하의 벌금에 처한다. ② 신축되는 공동주택의 실내공기질 측정결과를 제출·공고하지 아니하거나 거짓으로 제출·공고한 자에게는 500만원 이하의 과태료를 부과한다.

핵심 03 먹는 물의 수질기준

먹는 물의 수질기준	① 미생물에 관한 기준 　　㉠ 일반세균: 1mL 중 100CFU를 넘지 않을 것 　　㉡ 총대장균군·대장균군·분원성대장균군: 100mL에서 검출되지 아니할 것 ② 건강상 유해영향 무기물질에 관한 기준 　　㉠ 수은은 0.001mg/L를 넘지 아니할 것 　　㉡ 시안은 0.01mg/L를 넘지 아니할 것 ③ 건강상 유해영향 유기물질에 관한 기준 ④ 소독제 및 소독부산물질에 관한 기준: 잔류염소(유리잔류염소)가 4.0mg/L를 넘지 아니할 것 ⑤ 심미적 영향물질에 관한 기준 　　㉠ 경도: 1,000mg/L(수돗물의 경우 300mg/L)를 넘지 아니할 것 　　㉡ 냄새와 맛: 소독으로 인한 냄새와 맛 이외의 냄새와 맛이 있어서는 아니 될 것 　　㉢ 동: 1mg/L를 넘지 아니할 것 　　㉣ 색도: 5도를 넘지 아니할 것 　　㉤ 수소이온농도: pH 5.8 이상 8.5 이하이어야 할 것. 다만, 샘물, 먹는샘물 및 먹는물공동시설의 물의 경우에는 pH 4.5 이상 pH 9.5 이하이어야 한다. 　　㉥ 염소이온: 250mg/L를 넘지 아니할 것 　　㉦ 증발잔류물: 500mg/L를 넘지 아니할 것 　　㉧ 탁도: 1NTU를 넘지 아니할 것(수돗물 ⇨ 0.5NTU) ⑥ 방사능에 관한 기준

소음방지 대책	사업주체는 공동주택을 건설하는 지점의 소음도(실외소음도)가 65dB 미만이 되도록 하되, 65dB 이상인 경우에는 방음벽·방음림(소음막이 숲) 등의 방음시설을 설치하여 해당 공동주택의 건설지점의 소음도가 65dB 미만이 되도록 소음방지대책을 수립하여야 한다. 다만, 공동주택이 「국토의 계획 및 이용에 관한 법률」에 따른 도시지역(주택단지 면적이 30만m² 미만인 경우로 한정) 또는 「소음·진동관리법」에 따라 지정된 지역에 건축되는 경우로서 다음의 기준을 모두 충족하는 경우에는 그 공동주택의 6층 이상인 부분에 대하여 본문을 적용하지 아니한다. ① 세대 안에 설치된 모든 창호를 닫은 상태에서 거실에서 측정한 소음도('실내소음도')가 45dB 이하일 것 ② 공동주택의 세대 안에 「건축법 시행령」에서 정하는 기준에 적합한 환기설비를 갖출 것
공동주택의 층간소음의 방지	① 층간소음의 방지: 공동주택의 입주자등(임대주택의 임차인을 포함한다)은 공동주택에서 뛰거나 걷는 동작에서 발생하는 소음이나 음향기기를 사용하는 등의 활동에서 발생하는 소음 등 층간소음[벽간소음 등 인접한 세대 간의 소음(대각선에 위치한 세대 간의 소음을 포함)을 포함하며, 이하 '층간소음'이라 한다]으로 인하여 다른 입주자등에게 피해를 주지 아니하도록 노력하여야 한다. ② 층간소음 발생의 중단이나 차음조치 권고 및 조사: 층간소음으로 피해를 입은 입주자등은 관리주체에게 층간소음 발생 사실을 알리고, 관리주체가 층간소음 피해를 끼친 해당 입주자등에게 층간소음 발생의 중단이나 소음차단 조치를 권고하도록 요청할 수 있다. 이 경우 관리주체는 사실관계 확인을 위하여 필요한 조사를 할 수 있다. ③ 협조: 층간소음 피해를 끼친 입주자등은 관리주체의 조치 및 권고에 협조하여야 한다. ④ 조정의 신청: 관리주체의 조치에도 불구하고 층간소음 발생이 계속될 경우에는 층간소음 피해를 입은 입주자등은 공동주택관리 분쟁조정위원회나 「환경분쟁조정법」에 따른 환경분쟁조정위원회에 조정을 신청할 수 있다. ⑤ 위임규정: 공동주택 층간소음의 범위와 기준은 국토교통부와 환경부의 공동부령(아래 ⑥ 및 ⑦)으로 한다. ⑥ 층간소음의 범위: 공동주택 층간소음의 범위는 입주자 또는 사용자의 활동으로 인하여 발생하는 소음으로서 다른 입주자 또는 사용자에게 피해를 주는 다음의 소음으로 한다. 다만, 욕실, 화장실 및 다용도실 등에서 급수·배수로 인하여 발생하는 소음은 제외한다. 　㉠ 직접충격 소음: 뛰거나 걷는 동작 등으로 인하여 발생하는 소음 　㉡ 공기전달 소음: 텔레비전, 음향기기 등의 사용으로 인하여 발생하는 소음

⑦ **층간소음의 기준**: 공동주택의 입주자 및 사용자는 공동주택에서 발생하는 층간소음이 다음의 표에 따른 기준 이하가 되도록 노력하여야 한다.

층간소음의 구분		층간소음의 기준[단위: dB(A)]	
		주간 (06:00~22:00)	야간 (22:00~06:00)
직접충격 소음	1분간 등가소음도(Leq)	39	34
	최고소음도(Lmax)	57	52
공기전달 소음	5분간 등가소음도(Leq)	45	40

○ [비고]
  1. 직접충격 소음은 1분간 등가소음도(Leq) 및 최고소음도(Lmax)로 평가하고, 공기전달 소음은 5분간 등가소음도(Leq)로 평가한다.
  2. 위 표의 기준에도 불구하고 「공동주택관리법」 제2조 제1항 제1호 가목에 따른 공동주택으로서 「건축법」 제11조에 따라 건축허가를 받은 공동주택과 2005년 6월 30일 이전에 「주택법」 제15조에 따라 사업승인을 받은 공동주택의 직접충격 소음기준에 대해서는 위 표의 기준에 5dB(A)을 더한 값을 적용한다.
  3. 층간소음의 측정방법은 「환경분야 시험·검사 등에 관한 법률」 제6조 제1항 제2호에 따른 소음·진동 분야의 공정시험기준에 따른다.
  4. 1분간 등가소음도(Leq) 및 5분간 등가소음도(Leq)는 [비고] 3.에 따라 측정한 값 중 가장 높은 값으로 한다.
  5. 최고소음도(Lmax)는 1시간에 3회 이상 초과할 경우 그 기준을 초과한 것으로 본다.

⑧ **교육**: 관리주체는 필요한 경우 입주자등을 대상으로 층간소음의 예방, 분쟁의 조정 등을 위한 교육을 실시할 수 있다.

⑨ **자치적인 조직구성**: 입주자등은 필요한 경우 층간소음에 따른 분쟁의 예방, 조정, 교육 등을 위하여 자치적인 조직을 구성하여 운영할 수 있다.

⑩ **공동주택의 층간소음 상담 등의 지원**: 지방자치단체의 장은 소규모 공동주택에서 발생하는 층간소음 분쟁의 예방 및 자율적인 조정을 위하여 조례로 정하는 바에 따라 소규모 공동주택 입주자등을 대상으로 층간소음 상담·진단 및 교육 등의 지원을 할 수 있다.

⑪ **층간소음의 실태조사**: 국토교통부장관 또는 지방자치단체의 장은 공동주택의 층간소음 예방을 위한 정책의 수립과 시행에 필요한 기초자료를 확보하기 위하여 대통령령(아래 ⑫)으로 정하는 바에 따라 층간소음에 관한 실태조사를 단독 또는 합동으로 실시할 수 있다.

⑫ **조사사항**: 국토교통부장관 또는 지방자치단체의 장은 위 ⑪에 따라 층간소음에 관한 실태조사를 하는 경우에는 국토교통부장관 또는 지방자치단체의 장이 환경부장관과 협의하여 정하는 방법에 따라 다음의 사항을 조사한다.

ⓒ 공동주택의 주거환경

ⓒ 층간소음 피해 및 분쟁조정 현황

ⓒ 그 밖에 층간소음 예방을 위한 정책의 수립과 시행에 필요한 사항

⑬ 국토교통부장관 또는 지방자치단체의 장은 위 ⑪에 따른 실태조사와 관련하여 관계 기관의 장 또는 관련 단체의 장에게 필요한 자료의 제출을 요청할 수 있다. 이 경우 자료제출을 요청받은 자는 정당한 사유가 없으면 이에 따라야 한다.

⑭ 국토교통부장관 또는 지방자치단체의 장은 위 ⑪에 따른 층간소음에 관한 실태조사 업무를 대통령령(아래 ⑮)으로 정하는 기관 또는 단체에 위탁하여 실시할 수 있다.

⑮ 위 ⑭에서 '대통령령으로 정하는 기관 또는 단체'란 다음의 기관 또는 단체를 말한다.

ⓒ 공동주택관리 지원기구

ⓒ 「정부출연연구기관 등의 설립·운영 및 육성에 관한 법률」에 따라 설립된 정부출연연구기관

ⓒ 「지방자치단체출연 연구원의 설립 및 운영에 관한 법률」에 따라 설립된 지방자치단체출연 연구원

생활소음 규제기준 [단위: dB(A)]	대산 지역		시간별 소음원	아침, 저녁 (05:00~ 07:00, 18:00~ 22:00)	낮 (07:00 ~ 18:00)	밤 (22:00 ~ 05:00)
	주거지역, 녹지지역, 관리지역 중 취락지구·주거개발진흥지구 및 관광·휴양개발진흥지구, 자연환경보전지역, 그 밖의 지역에 있는 학교·병원·공공도서관	확성기	옥외설치	60 이하	65 이하	60 이하
			옥내에서 옥외로 소음이 나오는 경우	50 이하	55 이하	45 이하
			공장	50 이하	55 이하	45 이하
		사업장	동일 건물	45 이하	50 이하	40 이하
			기타	50 이하	55 이하	45 이하
			공사장	60 이하	65 이하	50 이하

용어의 정의

① **예비인증**: 건축물의 완공 전에 설계도서 등으로 인증기관에서 건축물 에너지효율등급 인증, 제로에너지건축물 인증, 녹색건축 인증을 받는 것을 말한다.

② **본인증**: 신청건물의 완공 후에 최종설계도서 및 현장 확인을 거쳐 최종적으로 인증기관에서 건축물 에너지효율등급 인증, 제로에너지건축물 인증, 녹색건축 인증을 받는 것을 말한다.

③ **건축부문**

    ㉠ **외피**: 거실 또는 거실 외 공간을 둘러싸고 있는 벽·지붕·바닥·창 및 문 등으로서 외기에 직접 면하는 부위를 말한다.

    ㉡ **방풍구조**: 출입구에서 실내·외 공기 교환에 의한 열출입을 방지할 목적으로 설치하는 방풍실 또는 회전문 등을 설치한 방식을 말한다.

    ㉢ **기밀성 창, 기밀성 문**: 창 및 문으로서 한국산업규격(KS) F 2292 규정에 의하여 기밀성 등급에 따른 기밀성이 1~5등급(통기량 $5m^3/h \cdot m^2$ 미만)인 것을 말한다.

    ㉣ **외단열**: 건축물 각 부위의 단열에서 단열재를 구조체의 외기 측에 설치하는 단열방법으로서 모서리 부위를 포함하여 시공하는 등 열교를 차단한 경우를 말한다.

    ㉤ **방습층**: 습한 공기가 구조체에 침투하여 결로발생의 위험이 높아지는 것을 방지하기 위해 설치하는 투습도가 24시간당 $30g/m^2$ 이하 또는 투습계수 $0.28g/m^2 \cdot h \cdot mmHg$ 이하의 투습저항을 가진 층을 말한다. 다만, 단열재 또는 단열재의 내측에 사용되는 마감재가 방습층으로서 요구되는 성능을 가지는 경우에는 그 재료를 방습층으로 볼 수 있다.

    ㉥ **평균 열관류율**: 지붕(천창 등 투명 외피부위를 포함하지 않는다), 바닥, 외벽(창 및 문을 포함) 등의 열관류율 계산에 있어 세부 부위별로 열관류율 값이 다를 경우 이를 면적으로 가중평균하여 나타낸 것을 말한다. 단, 평균열관류율은 중심선 치수를 기준으로 계산한다.

    ㉦ **투광부**: 창, 문 면적의 50% 이상이 투과체로 구성된 문, 유리블록, 플라스틱패널 등과 같이 투과재료로 구성되며, 외기에 접하여 채광이 가능한 부위를 말한다.

④ **기계설비부문**

    ㉠ **위험률**: 냉(난)방기간 동안 또는 연간 총 시간에 대한 온도출현분포 중에서 가장 높은(낮은) 온도쪽으로부터 총 시간의 일정 비율에 해당하는 온도를 제외시키는 비율을 말한다.

    ㉡ **효율**: 설비기기에 공급된 에너지에 대하여 출력된 유효에너지의 비를 말한다.

ⓒ **대수분할운전**: 기기를 여러 대 설치하여 부하상태에 따라 최적 운전상태를 유지할 수 있도록 기기를 조합하여 운전하는 방식을 말한다.

ⓓ **비례제어운전**: 기기의 출력값과 목표값의 편차에 비례하여 입력량을 조절하여 최적운전상태를 유지할 수 있도록 운전하는 방식을 말한다.

ⓜ **열회수형 환기장치**: 난방 또는 냉방을 하는 장소의 환기장치로 실내의 공기를 배출할 때 급기되는 공기와 열교환하는 구조를 가진 것으로서 KS B 6879(열회수형 환기장치) 부속서 B에서 정하는 시험방법에 따른 열교환효율과 에너지계수의 최소 기준 이상의 성능을 가진 것을 말한다.

ⓗ **이코노마이저시스템**: 중간기 또는 동계에 발생하는 냉방부하를 실내 엔탈피보다 낮은 도입 외기에 의하여 제거 또는 감소시키는 시스템을 말한다.

ⓢ **중앙집중식 냉·난방설비**: 건축물의 전부 또는 냉·난방 면적의 60% 이상을 냉방 또는 난방함에 있어 해당 공간에 순환펌프, 증기난방설비 등을 이용하여 열원 등을 공급하는 설비를 말한다. 단, 산업통상자원부 고시 「효율관리기자재 운용규정」에서 정한 가정용 가스보일러는 개별 난방설비로 간주한다.

ⓞ **TAB**: Testing(시험), Adjusting(조정), Balancing(평가)의 약어로, 건물 내의 모든 설비시스템이 설계에서 의도한 기능을 발휘하도록 점검 및 조정하는 것을 말한다.

ⓩ **커미셔닝**: 효율적인 건축 기계설비 시스템의 성능 확보를 위해 설계 단계부터 공사완료에 이르기까지 전 과정에 걸쳐 건축주의 요구에 부합되도록 모든 시스템의 계획, 설계, 시공, 성능시험 등을 확인하고 최종 유지 관리자에게 제공하여 입주 후 건축주의 요구를 충족할 수 있도록 운전성능 유지 여부를 검증하고 문서화하는 과정을 말한다.

⑤ **전기설비부문**

ⓐ **역률개선용커패시터(콘덴서)**: 역률을 개선하기 위하여 변압기 또는 전동기 등에 병렬로 설치하는 커패시터를 말한다.

ⓑ **수용률**: 부하설비 용량 합계에 대한 최대수용전력의 백분율을 말한다.

ⓒ **최대수요전력**: 수용가에서 일정기간 중 사용한 전력의 최대치를 말한다.

ⓓ **가변속제어기(인버터)**: 정지형 전력변환기로서 전동기의 가변속운전을 위하여 설치하는 설비를 말한다.

ⓜ **일괄소등스위치**: 층 또는 구역단위(세대단위)로 설치되어 조명등(센서등 및 비상등 제외 가능)을 일괄적으로 끌 수 있는 스위치를 말한다.

ⓗ **회생제동장치**: 승강기가 균형추보다 무거운 상태로 하강(또는 반대의 경우)할 때 모터는 순간적으로 발전기로 동작하게 되며, 이때 생산되는 전력을 다른 회로에서 전원으로 활용하는 방식으로 전력소비를 절감하는 장치를 말한다.

ⓐ 건축물에너지관리시스템(BEMS): 「녹색건축물 조성 지원법」 제6조의2 제2항에서 규정하는 것을 말한다.

관련법령 건축물에너지관리시스템(녹색건축물 조성 지원법 제6조의2 제2항)

'건축물에너지관리시스템'이란 건축물의 쾌적한 실내환경 유지와 효율적인 에너지 관리를 위하여 에너지 사용내역을 모니터링하여 최적화된 건축물에너지 관리방안을 제공하는 계측·제어·관리·운영 등이 통합된 시스템을 말한다.

건축부문 의무사항

① 단열조치 일반사항: 외기에 직접 또는 간접 면하는 거실의 각 부위에는 건축물의 열손실방지 조치를 하여야 한다. 다만, 다음의 부위에 대해서는 그러하지 아니할 수 있다.

　㉠ 지표면 아래 2m를 초과하여 위치한 지하 부위(공동주택의 거실 부위는 제외)로서 이중벽의 설치 등 하계 표면결로 방지 조치를 한 경우

　㉡ 지면 및 토양에 접한 바닥부위로서 난방공간의 외벽 내표면까지의 모든 수평거리가 10m를 초과하는 바닥부위

　㉢ 외기에 간접 면하는 부위로서 당해 부위가 면한 비난방공간의 외기에 직접 또는 간접 면하는 부위를 [별표 1]에 준하여 단열조치하는 경우

　㉣ 공동주택의 층간바닥(최하층은 제외) 중 바닥난방을 하지 않는 현관 및 욕실의 바닥부위

　㉤ 방풍구조(외벽은 제외) 또는 바닥면적 150m² 이하의 개별 점포의 출입문

② 바닥난방에서 단열재의 설치: 바닥난방 부위에 설치되는 단열재는 바닥난방의 열이 슬래브 하부로 손실되는 것을 막을 수 있도록 온수배관(전기난방인 경우는 발열선) 하부와 슬래브 사이에 설치하고, 온수배관(전기난방인 경우는 발열선) 하부와 슬래브 사이에 설치되는 구성 재료의 열저항의 합계는 해당 바닥에 요구되는 총 열관류저항([별표 1]에서 제시되는 열관류율의 역수)의 60% 이상이 되어야 한다. 다만, 바닥난방을 하는 욕실 및 현관 부위와 슬래브의 축열을 직접 이용하는 심야전기이용 온돌 등(한국전력의 심야전력이용기기 승인을 받은 것에 한한다)의 경우에는 단열재의 위치가 그러하지 않을 수 있다.

③ 기밀 및 결로방지 등을 위한 조치

　㉠ 벽체 내표면 및 내부에서의 결로를 방지하고 단열재의 성능 저하를 방지하기 위하여 단열조치를 하여야 하는 부위(창 및 문과 난방공간 사이의 층간 바닥은 제외)에는 방습층을 단열재의 실내 측에 설치하여야 한다.

　㉡ 방습층 및 단열재가 이어지는 부위 및 단부는 이음 및 단부를 통한 투습을 방지할 수 있도록 다음과 같이 조치하여야 한다.

　　ⓐ 단열재의 이음부는 최대한 밀착하여 시공하거나, 2장을 엇갈리게 시공하여 이음부를 통한 단열성능 저하가 최소화될 수 있도록 조치할 것

ⓑ 방습층으로 알루미늄박 또는 플라스틱계 필름 등을 사용할 경우의 이음
부는 100mm 이상 중첩하고 내습성 테이프, 접착제 등으로 기밀하게 마
감할 것

ⓒ 단열부위가 만나는 모서리 부위는 방습층 및 단열재가 이어짐이 없이 시
공하거나 이어질 경우 이음부를 통한 단열성능 저하가 최소화되도록 하
며, 알루미늄박 또는 플라스틱계 필름 등을 사용할 경우의 모서리 이음부
는 150mm 이상 중첩되게 시공하고 내습성 테이프, 접착제 등으로 기밀
하게 마감할 것

ⓓ 방습층의 단부는 단부를 통한 투습이 발생하지 않도록 내습성 테이프, 접
착제 등으로 기밀하게 마감할 것

ⓒ 건축물 외피 단열부위의 접합부, 틈 등은 밀폐될 수 있도록 코킹과 가스켓
등을 사용하여 기밀하게 처리하여야 한다.

ⓔ 외기에 직접 면하고 1층 또는 지상으로 연결된 출입문은 방풍구조로 하여야
한다. 다만, 다음에 해당하는 경우에는 그러하지 않을 수 있다.

ⓐ 바닥면적 300m² 이하의 개별 점포의 출입문

ⓑ 주택의 출입문(단, 기숙사는 제외)

ⓒ 사람의 통행을 주목적으로 하지 않는 출입문

ⓓ 너비 1.2m 이하의 출입문

ⓗ 방풍구조를 설치하여야 하는 출입문에서 회전문과 일반문이 같이 설치되어
진 경우, 일반문 부위는 방풍실 구조의 이중문을 설치하여야 한다.

ⓗ 건축물의 거실의 창이 외기에 직접 면하는 부위인 경우에는 기밀성 창을 설
치하여야 한다.

| 건축부문 권장사항 | ① 배치계획: 공동주택은 인동간격을 넓게 하여 저층부의 태양열 취득을 최대한 증대 시킨다. ② 평면계획 ㉠ 거실의 층고 및 반자 높이는 실의 용도와 기능에 지장을 주지 않는 범위 내에 서 가능한 한 낮게 한다. ㉡ 건축물의 체적에 대한 외피면적의 비 또는 연면적에 대한 외피면적의 비는 가능한 한 작게 한다. ㉢ 실의 냉·난방 설정온도, 사용스케줄 등을 고려하여 에너지절약적 조닝계획 을 한다. ③ 단열계획 ㉠ 건축물 용도 및 규모를 고려하여 건축물 외벽, 천장 및 바닥으로의 열손실이 최소화되도록 설계한다. ㉡ 외벽 부위는 외단열로 시공한다. |

ⓒ 외피의 모서리 부분은 열교가 발생하지 않도록 단열재를 연속적으로 설치하고, 기타 열교부위는 외피 열교부위별 선형 열관류율 기준에 따라 충분히 단열되도록 한다.

ⓔ 건물의 창 및 문은 가능한 한 작게 설계하고, 특히 열손실이 많은 북측 거실의 창 및 문의 면적은 최소화한다.

ⓜ 발코니 확장을 하는 공동주택이나 창 및 문의 면적이 큰 건물에는 단열성이 우수한 로이(Low−E) 복층창이나 삼중창 이상의 단열성능을 갖는 창을 설치한다.

ⓗ 태양열 유입에 의한 냉·난방부하를 저감할 수 있도록 일사조절장치, 태양열취득률(SHGC), 창 및 문의 면적비 등을 고려한 설계를 한다. 건축물 외부에 일사조절장치를 설치하는 경우에는 비, 바람, 눈, 고드름 등의 낙하 및 화재 등의 사고에 대비하여 안전성을 검토하고 주변 건축물에 빛 반사에 의한 피해 영향을 고려하여야 한다.

ⓢ 건물 옥상에는 조경을 하여 최상층 지붕의 열저항을 높이고, 옥상면에 직접 도달하는 일사를 차단하여 냉방부하를 감소시킨다.

④ **기밀계획**

㉠ 틈새바람에 의한 열손실을 방지하기 위하여 외기에 직접 또는 간접으로 면하는 거실 부위에는 기밀성 창 및 문을 사용한다.

㉡ 공동주택의 외기에 접하는 주동의 출입구와 각 세대의 현관은 방풍구조로 한다.

㉢ 기밀성을 높이기 위하여 외기에 직접 면한 거실의 창 및 문 등 개구부 둘레를 기밀테이프 등을 활용하여 외기가 침입하지 못하도록 기밀하게 처리한다.

⑤ **자연채광계획**: 자연채광을 적극적으로 이용할 수 있도록 계획한다. 특히 학교의 교실, 문화 및 집회시설의 공용부분(복도, 화장실, 휴게실, 로비 등)은 1면 이상 자연채광이 가능하도록 한다.

기계부문 의무사항	난방 및 냉방설비의 용량계산을 위한 외기조건은 각 지역별로 위험률 2.5%(냉방기 및 난방기를 분리한 온도출현분포를 사용할 경우) 또는 1%(연간 총 시간에 대한 온도출현분포를 사용할 경우)로 하거나 [별표 7]에서 정한 외기 온·습도를 사용한다.
기계부문 권장사항	① **설계용 실내온도 조건**: 난방 및 냉방설비의 용량계산을 위한 설계기준 실내온도는 난방의 경우 20℃, 냉방의 경우 28℃를 기준으로 하되(목욕장 및 수영장은 제외) 각 건축물 용도 및 개별 실의 특성에 따라 [별표 8]에서 제시된 범위를 참고하여 설비의 용량이 과다해지지 않도록 한다. ② **열원설비** ㉠ 열원설비는 부분부하 및 전부하 운전효율이 좋은 것을 선정한다. ㉡ 난방기기, 냉방기기, 냉동기, 송풍기, 펌프 등은 부하조건에 따라 최고의 성능을 유지할 수 있도록 대수분할 또는 비례제어운전이 되도록 한다.

ⓒ 난방기기, 냉방기기, 급탕기기는 고효율제품 또는 이와 동등 이상의 효율을 가진 제품을 설치한다.

ⓔ 보일러의 배출수·폐열·응축수 및 공조기의 폐열, 생활배수 등의 폐열을 회수하기 위한 열회수설비를 설치한다. 폐열회수를 위한 열회수설비를 설치할 때에는 중간기에 대비한 바이패스(By-Pass)설비를 설치한다.

ⓜ 냉방기기는 전력피크 부하를 줄일 수 있도록 하여야 하며, 상황에 따라 심야전기를 이용한 축열·축냉시스템, 가스 및 유류를 이용한 냉방설비, 집단에너지를 이용한 지역냉방방식, 소형열병합발전을 이용한 냉방방식, 신·재생에너지를 이용한 냉방방식을 채택한다.

③ 공조설비

ⓐ 중간기 등에 외기도입에 의하여 냉방부하를 감소시키는 경우에는 실내 공기질을 저하시키지 않는 범위 내에서 이코노마이저시스템 등 외기냉방시스템을 적용한다. 다만, 외기냉방시스템의 적용이 건축물의 총 에너지비용을 감소시킬 수 없는 경우에는 그러하지 아니한다.

ⓑ 공기조화기 팬은 부하변동에 따른 풍량제어가 가능하도록 가변익축류방식, 흡입베인제어방식, 가변속제어방식 등 에너지절약적 제어방식을 채택한다.

④ 반송설비: 급수용 펌프 또는 급수가압펌프의 전동기에는 가변속제어방식 등 에너지절약적 제어방식을 채택한다.

⑤ 환기 및 제어설비

ⓐ 환기를 통한 에너지손실 저감을 위해 성능이 우수한 열회수형 환기장치를 설치한다.

ⓑ 기계환기설비를 사용하여야 하는 지하주차장의 환기용 팬은 대수제어 또는 풍량조절(가변익, 가변속도), 일산화탄소(CO)의 농도에 의한 자동(on-off) 제어 등의 에너지절약적 제어방식을 도입한다.

전기설비 부문 설계기준

① 전기부문의 의무사항: 조명설비

ⓐ 공동주택 각 세대 내의 현관 및 숙박시설의 객실 내부 입구, 계단실의 조명기구는 인체감지점멸형 또는 일정시간 후에 자동 소등되는 조도자동조절조명기구를 채택하여야 한다.

ⓑ 조명기구는 필요에 따라 부분조명이 가능하도록 점멸회로를 구분하여 설치하여야 하며, 일사광이 들어오는 창 측의 전등군은 부분점멸이 가능하도록 설치한다. 다만, 공동주택은 그러하지 않을 수 있다.

ⓒ 공동주택의 효율적인 조명에너지 관리를 위하여 세대별로 일괄적 소등이 가능한 일괄소등스위치를 설치하여야 한다. 다만, 전용면적 60제곱미터 이하인 주택의 경우에는 그러하지 않을 수 있다.

② 전기부문의 권장사항

　㉠ 수변전설비

　　ⓐ 변전설비는 부하의 특성, 수용률, 장래의 부하증가에 따른 여유율, 운전
　　　조건, 배전방식을 고려하여 용량을 산정한다.

　　ⓑ 부하특성, 부하종류, 계절부하 등을 고려하여 변압기의 운전대수제어가
　　　가능하도록 뱅크를 구성한다.

　　ⓒ 수전전압 25kV 이하의 수전설비에서는 변압기의 무부하손실을 줄이기
　　　위하여 충분한 안전성이 확보된다면 직접강압방식을 채택하며, 건축물의
　　　규모, 부하특성, 부하용량, 간선손실, 전압강하 등을 고려하여 손실을 최
　　　소화할 수 있는 변압방식을 채택한다.

　　ⓓ 전력을 효율적으로 이용하고 최대수용전력을 합리적으로 관리하기 위하
　　　여 최대수요전력 제어설비를 채택한다.

　　ⓔ 역률개선용커패시터(콘덴서)를 집합 설치하는 경우에는 역률자동조절장
　　　치를 설치한다.

　　ⓕ 건축물의 사용자가 합리적으로 전력을 절감할 수 있도록 층별 및 임대 구
　　　획별로 전력량계를 설치한다.

　㉡ 조명설비

　　ⓐ 옥외등은 고효율제품인 LED 조명을 사용하고, 옥외등의 조명회로는 격
　　　등 점등(또는 조도조절 기능) 및 자동점멸기에 의한 점멸이 가능하도록
　　　한다.

　　ⓑ 공동주택의 지하주차장에 자연채광용 개구부가 설치되는 경우에는 주위
　　　밝기를 감지하여 전등군별로 자동 점멸되거나 스케줄제어가 가능하도록
　　　하여 조명전력이 효과적으로 절감될 수 있도록 한다.

　　ⓒ LED 조명기구는 고효율제품을 설치한다.

　　ⓓ KS A 3011에 의한 작업면 표준조도를 확보하고 효율적인 조명설계로 전
　　　력에너지를 절약한다.

　　ⓔ 효율적인 조명에너지 관리를 위하여 층별 또는 구역별로 일괄 소등이 가
　　　능한 일괄소등스위치를 설치한다.

<table>
<tr><td rowspan="3">안전관리
계획</td><td>

① 안전관리계획의 수립: 의무관리대상 공동주택의 관리주체는 해당 공동주택의 시설물로 인한 안전사고를 예방하기 위하여 안전관리계획을 수립하고, 이에 따라 시설물별로 안전관리자 및 안전관리책임자를 지정하여 이를 시행하여야 한다.

② 안전관리계획 수립대상

㉠ 고압가스·액화석유가스 및 도시가스시설

㉡ 중앙집중식 난방시설

㉢ 발전 및 변전시설(주택 내 전기시설×)

㉣ 위험물저장시설

㉤ 소방시설

㉥ 승강기 및 인양기

㉦ 연탄가스배출기(세대별로 설치된 것은 제외)

㉧ 석축·옹벽·담장·맨홀·정화조 및 하수도

㉨ 옥상 및 계단 등의 난간

㉩ 우물 및 비상저수시설

㉪ 펌프실·전기실·기계실

㉫ 주차장·경로당 또는 어린이놀이터 시설

③ 안전관리에 관한 기준 및 진단사항
</td></tr>
</table>

구분	대상시설	점검횟수
해빙기진단	석축·옹벽·법면·교량·우물·비상저수시설	연 1회(2월 또는 3월)
우기진단	석축·옹벽·법면·담장·하수도·주차장	연 1회(6월)
월동기진단	연탄가스배출기, 중앙집중식 난방시설, 노출배관의 동파방지, 수목 보온	연 1회(9월 또는 10월)
안전진단	변전실·고압가스시설·도시가스시설·액화석유가스시설·소방시설·맨홀(정화조 뚜껑을 포함)·유류저장시설·펌프실·승강기·인양기·전기실·기계실·어린이놀이터	매분기 1회 이상. 다만, 승강기의 경우에는 「승강기제조 및 관리에 관한 법률」에서 정하는 바에 따른다.
위생진단	저수시설, 우물, 어린이놀이터	연 2회 이상

❍ 비고: 안전관리진단사항의 세부내용은 시·도지사가 정하여 고시한다.

안전점검

① **안전점검의 실시:** 의무관리대상 공동주택의 관리주체는 그 공동주택의 기능유지와 안전성 확보로 입주자등을 재해 및 재난 등으로부터 보호하기 위하여 「시설물의 안전 및 유지관리에 관한 특별법」에 따른 지침에서 정하는 안전점검의 실시방법 및 절차 등에 따라 공동주택의 안전점검을 실시하여야 한다. 다만, 16층 이상의 공동주택 및 사용연수, 세대수, 안전등급, 층수 등을 고려하여 대통령령으로 정하는 15층 이하의 공동주택(아래 ③)에 대하여는 대통령령으로 정하는 자로 하여금 안전점검을 실시하도록 하여야 한다.

② **위임규정:** 공동주택의 안전점검 방법, 안전점검의 실시 시기, 안전점검을 위한 보유 장비, 그 밖에 안전점검에 필요한 사항은 대통령령으로 정한다.

③ **실시시기:** 안전점검은 반기마다 하여야 한다.

④ **15층 이하의 공동주택의 안전점검:** 위 ①의 단서에서 '대통령령으로 정하는 15층 이하의 공동주택'이란 15층 이하의 공동주택으로서 다음의 어느 하나에 해당하는 것을 말한다.
   ㉠ 사용검사일부터 30년이 경과한 공동주택
   ㉡ 「재난 및 안전관리 기본법 시행령」에 따른 안전등급이 C등급, D등급 또는 E등급에 해당하는 공동주택

⑤ **16층 이상 공동주택에 대해 안전점검을 실시할 수 있는 자**
   ㉠ 「시설물의 안전 및 유지관리에 관한 특별법 시행령」에 따른 책임기술자로서 당해 공동주택단지의 관리직원인 자
   ㉡ 주택관리사등이 된 후 국토교통부령으로 정하는 교육기관에서 「시설물의 안전 및 유지관리에 관한 특별법 시행령」에 따른 정기안전점검교육을 이수한 자 중 관리사무소장으로 배치된 자 또는 해당 공동주택단지의 관리직원인 자
   ㉢ 안전진단전문기관
   ㉣ 국토교통부장관에게 등록한 유지관리업자

⑥ **안전점검 결과의 보고 및 조치**
   ㉠ **보고 및 조치:** 관리주체는 안전점검의 결과 건축물의 구조·설비의 안전도가 매우 낮아 재해 및 재난 등이 발생할 우려가 있는 경우에는 지체 없이 입주자대표회의(임대주택은 임대사업자)에 그 사실을 통보한 후 시장·군수·구청장에게 그 사실을 보고하고, 해당 건축물의 이용 제한 또는 보수 등 필요한 조치를 하여야 한다.
   ㉡ **보고내용 및 조치:** 관리주체는 안전점검의 결과 건축물의 구조·설비의 안전도가 매우 낮아 위해 발생의 우려가 있는 경우에는 다음의 사항을 시장·군수·구청장에게 보고하고, 그 보고내용에 따른 조치를 취하여야 한다.
      ⓐ 점검대상의 구조·설비
      ⓑ 취약의 정도
      ⓒ 발생 가능한 위해의 내용
      ⓓ 조치할 사항

	⑦ **시장·군수·구청장등의 조치:** 시장·군수·구청장은 관리주체로부터 보고받은 공동주택에 대하여 다음의 조치를 하고, 매월 1회 이상 점검을 실시하여야 한다. 　㉠ 공동주택단지별 점검책임자의 지정 　㉡ 공동주택단지별 관리카드의 비치 　㉢ 공동주택단지별 점검일지의 작성 　㉣ 관리기구와 관계행정기관 간의 비상연락체계 구성 ⑧ **예산의 확보:** 의무관리대상 공동주택의 입주자대표회의 및 관리주체는 건축물과 공중의 안전 확보를 위하여 건축물의 안전점검과 재난예방에 필요한 예산을 매년 확보하여야 한다.
소규모 공동주택의 안전관리	지방자치단체의 장은 의무관리대상에 해당하지 아니하는 공동주택의 관리와 안전사고의 예방 등을 위하여 다음의 업무를 할 수 있다. ① 시설물에 대한 안전관리계획의 수립 및 시행 ② 공동주택에 대한 안전점검 ③ 그 밖에 지방자치단체의 조례로 정하는 사항

핵심 07

시설물의 안전 및 유지관리에 관한 특별법

용어의 정의	① **시설물:** 건설공사를 통하여 만들어진 교량·터널·항만·댐·건축물 등 구조물과 그 부대시설로서 제1종 시설물, 제2종 시설물 및 제3종 시설물을 말한다. ② **관리주체:** 관계 법령에 따라 해당 시설물의 관리자로 규정된 자나 해당 시설물의 소유자를 말한다. 이 경우 해당 시설물의 소유자와의 관리계약 등에 따라 시설물의 관리책임을 진 자는 관리주체로 보며, 관리주체는 공공관리주체와 민간관리주체로 구분한다. ③ **공공관리주체:** 다음의 어느 하나에 해당하는 관리주체를 말한다. 　㉠ 국가·지방자치단체 　㉡ 「공공기관의 운영에 관한 법률」 제4조에 따른 공공기관 　㉢ 「지방공기업법」에 따른 지방공기업 ④ **민간관리주체:** 공공관리주체 외의 관리주체를 말한다. ⑤ **안전점검:** 경험과 기술을 갖춘 자가 육안이나 점검기구 등으로 검사하여 시설물에 내재(內在)되어 있는 위험요인을 조사하는 행위를 말하며, 점검목적 및 점검수준을 고려하여 국토교통부령으로 정하는 바에 따라 정기안전점검 및 정밀안전점검으로 구분한다. 　㉠ **정기안전점검:** 시설물의 상태를 판단하고 시설물이 점검 당시의 사용요건을 만족시키고 있는지 확인할 수 있는 수준의 외관조사를 실시하는 안전점검

ⓛ 정밀안전점검: 시설물의 상태를 판단하고 시설물이 점검 당시의 사용요건을 만족시키고 있는지 확인하며, 시설물 주요부재의 상태를 확인할 수 있는 수준의 외관조사 및 측정·시험장비를 이용한 조사를 실시하는 안전점검

⑥ 정밀안전진단: 시설물의 물리적·기능적 결함을 발견하고, 그에 대한 신속하고 적절한 조치를 하기 위하여 구조적 안전성과 결함의 원인 등을 조사·측정·평가하여 보수·보강 등의 방법을 제시하는 행위를 말한다.

⑦ 긴급안전점검: 시설물의 붕괴·전도 등으로 인한 재난 또는 재해가 발생할 우려가 있는 경우에 시설물의 물리적·기능적 결함을 신속하게 발견하기 위하여 실시하는 점검을 말한다.

⑧ 내진성능평가: 지진으로부터 시설물의 안전성을 확보하고 기능을 유지하기 위하여 「지진·화산재해대책법」에 따라 시설물별로 정하는 내진설계기준에 따라 시설물이 지진에 견딜 수 있는 능력을 평가하는 것을 말한다.

⑨ 유지관리: 완공된 시설물의 기능을 보전하고 시설물이용자의 편의와 안전을 높이기 위하여 시설물을 일상적으로 점검·정비하고 손상된 부분을 원상복구하며, 경과시간에 따라 요구되는 시설물의 개량·보수·보강에 필요한 활동을 하는 것을 말한다.

⑩ 성능평가: 시설물의 기능을 유지하기 위하여 요구되는 시설물의 구조적 안전성, 내구성, 사용성 등의 성능을 종합적으로 평가하는 것을 말한다.

	구분	제1종 시설물	제2종 시설물
시설물의 구분	공동주택	–	16층 이상의 공동주택
	비고	① 위 공동주택의 건축물에는 그 부대시설인 옹벽과 절토사면을 포함하며, 건축설비, 소방설비, 승강기설비 및 전기설비를 포함하지 아니한다. ② 건축물의 연면적은 지하층을 포함한 동별로 계산한다. 다만, 2동 이상의 건축물이 하나의 구조로 연결된 경우와 둘 이상의 지하도상가가 연속되어 있는 경우에는 연면적의 합계를 말한다. ③ 건축물 중 주상복합건축물은 공동주택 외의 건축물로 본다.	

시설물의 안전 및 유지관리 계획

① 기본계획의 수립·시행: 국토교통부장관은 시설물이 안전하게 유지관리될 수 있도록 하기 위하여 5년마다 시설물의 안전 및 유지관리에 관한 기본계획을 수립·시행하여야 한다.

② 시설물관리계획의 수립·시행: 관리주체는 기본계획에 따라 소관 시설물에 대한 안전 및 유지관리계획(이하 '시설물관리계획'이라 한다)을 수립·시행하여야 한다. 다만, 제3종 시설물 중 「공동주택관리법」에 따른 의무관리대상 공동주택이 아닌 공동주택 등 민간관리주체 소관 시설물 중 대통령령으로 정하는 시설물의 경우에는 특별자치시장·특별자치도지사·시장·군수 또는 구청장(구청장은 자치구의 구청장을 말하며, 이하 '시장·군수·구청장'이라 한다)이 수립하여야 한다.

③ **시설물관리계획의 수립**: 관리주체는 시설물의 안전 및 유지관리계획(이하 '시설물관리계획'이라 한다)을 소관 시설물별로 매년 수립·시행하여야 한다.

④ **중기관리계획의 수립**: 위 ③에도 불구하고 성능평가대상시설물의 관리주체는 위 ②의 본문에 따라 해당 시설물의 생애주기를 고려하여 소관 시설물별로 5년마다 중기 시설물관리계획(이하 '중기관리계획'이라 한다)을 수립·시행하고, 중기관리계획에 따라 매년 시설물관리계획을 수립·시행하여야 한다.

⑤ **민간관리주체의 제출**: 민간관리주체는 시설물관리계획을 수립한 경우 관할 시장·군수·구청장에게 제출하여야 한다.

⑥ **보고 및 제출 기한**: 민간관리주체는 위 ⑤에 따라 특별자치시장·특별자치도지사·시장·군수 또는 구청장(구청장은 자치구의 구청장을 말하며, 이하 '시장·군수·구청장'이라 한다)에게 시설물관리계획을 매년 2월 15일까지 각각 제출(전자문서에 따른 제출을 포함)하여야 한다.

⑦ **시장·군수·구청장의 보고**

ⓐ **보고**: 시설물관리계획을 제출받은 시장·군수·구청장은 국토교통부령으로 정하는 바(아래 ⓑ)에 따라 그 제출자료를 관할 시·도지사(특별자치시장·특별자치도지사는 제외)에게 보고하여야 한다.

ⓑ **보고기한**: 위 ⓐ에 따른 제출자료의 보고는 민간관리주체가 시설물관리계획 또는 중기관리계획을 제출한 날부터 15일 이내에 하여야 한다.

⑧ **시·도지사의 제출**

ⓐ **제출**: 시설물관리계획을 보고받거나 제출받은 중앙행정기관의 장과 시·도지사는 그 현황을 확인한 후 시설물관리계획에 관한 자료를 국토교통부장관에게 제출하여야 한다.

ⓑ **제출기한**: 위 ⓐ에 따른 자료의 제출은 공공관리주체 또는 시장·군수·구청장으로부터 보고받거나 제출받은 날부터 15일 이내에 하여야 한다.

안전점검 등

① **안전점검**

ⓐ **정기적 실시**: 관리주체는 소관 시설물의 안전과 기능을 유지하기 위하여 정기적으로 안전점검을 실시하여야 한다.

ⓑ **정밀안전점검의 실시**: 관리주체는 시설물의 하자담보책임기간(동일한 시설물의 각 부분별 하자담보책임기간이 다른 경우에는 시설물의 부분 중 대통령령으로 정하는 주요 부분의 하자담보책임기간을 말한다)이 끝나기 전에 마지막으로 실시하는 정밀안전점검의 경우에는 안전진단전문기관이나 국토안전관리원에 의뢰하여 실시하여야 한다.

ⓒ 관리주체 또는 시장·군수·구청장은 소관 시설물의 안전과 기능을 유지하기 위하여 정기안전점검 및 정밀안전점검을 실시해야 한다. 다만, 제3종 시설물에 대한 정밀안전점검은 정기안전점검 결과 해당 시설물의 안전등급이 D등급(미흡) 또는 E등급(불량)인 경우에 한정하여 실시한다.

ⓡ 안전점검의 실시시기

안전등급	정기안전점검	정밀안전점검		정밀안전진단	성능평가
		건축물	건축물 외 시설물		
A등급	반기에 1회 이상	4년에 1회 이상	3년에 1회 이상	6년에 1회 이상	5년에 1회 이상
B·C 등급		3년에 1회 이상	2년에 1회 이상	5년에 1회 이상	
D·E 등급	1년에 3회 이상	2년에 1회 이상	1년에 1회 이상	4년에 1회 이상	

ⓐ 제1종 및 제2종 시설물 중 D·E등급 시설물의 정기안전점검은 해빙기·우기·동절기 전 각각 1회 이상 실시한다. 이 경우 해빙기 전 점검시기는 2월·3월로, 우기 전 점검시기는 5월·6월로, 동절기 전 점검시기는 11월·12월로 한다.

ⓑ 공동주택의 정기안전점검은 「공동주택관리법」 제33조에 따른 안전점검으로 갈음한다.

ⓒ 최초로 실시하는 정밀안전점검은 시설물의 준공일 또는 사용승인일을 기준으로 3년 이내(건축물은 4년 이내)에 실시한다. 다만, 임시사용승인을 받은 경우에는 임시사용승인일을 기준으로 한다.

ⓓ 위 ⓒ에도 불구하고 정기안전점검 결과 안전등급이 D등급(미흡) 또는 E등급(불량)으로 지정된 제3종 시설물의 최초 정밀안전점검은 해당 정기안전점검을 완료한 날부터 1년 이내에 실시한다. 다만, 이 기간 내 정밀안전진단을 실시한 경우에는 해당 정밀안전점검을 생략할 수 있다.

ⓔ 최초로 실시하는 정밀안전진단은 준공일 또는 사용승인일(준공 또는 사용승인 후에 구조형태의 변경으로 제1종 시설물로 된 경우에는 최초 준공일 또는 사용승인일을 말한다) 후 10년이 지난 때부터 1년 이내에 실시한다. 다만, 준공 및 사용승인 후 10년이 지난 후에 구조형태의 변경으로 인하여 제1종 시설물로 된 경우에는 구조형태의 변경에 따른 준공일 또는 사용승인일부터 1년 이내에 실시한다.

ⓕ 최초로 실시하는 성능평가는 성능평가대상시설물 중 제1종 시설물의 경우에는 최초로 정밀안전진단을 실시하는 때, 제2종 시설물의 경우에는 「시설물의 안전 및 유지관리에 관한 특별법」 제11조 제2항에 따른 하자담보책임기간이 끝나기 전에 마지막으로 실시하는 정밀안전점검을 실시하는 때에 실시한다.

② 정밀안전진단의 실시

    ㉠ 관리주체 ⇨ 제1종 시설물은 정기적으로 정밀안전진단을 실시하여야 한다.

    ㉡ 관리주체 ⇨ 안전점검 또는 긴급안전점검을 실시한 결과 재해 및 재난을 예방하기 위하여 필요하다고 인정되는 경우에는 정밀안전진단을 실시하여야 한다. 이 경우 긴급안전점검, 안전점검 및 정밀안전진단 결과보고서 제출일부터 1년 이내에 정밀안전진단을 착수하여야 한다.

③ **안전점검 및 정밀안전진단 결과보고 등:** 안전점검 및 정밀안전진단을 실시한 자는 대통령령으로 정하는 바에 따라 그 결과보고서를 작성하고, 이를 관리주체 및 시장·군수·구청장에게 통보하여야 한다.

④ **긴급안전점검**

    ㉠ **관리주체의 긴급안전점검의 실시:** 관리주체는 시설물의 붕괴·전도 등이 발생할 위험이 있다고 판단하는 경우 긴급안전점검을 실시하여야 한다.

    ㉡ **행정기관의 긴급안전점검의 실시:** 국토교통부장관 및 관계 행정기관의 장은 시설물의 구조상 공중의 안전한 이용에 중대한 영향을 미칠 우려가 있다고 판단되는 경우에는 소속 공무원으로 하여금 긴급안전점검을 하게 하거나 해당 관리주체 또는 시장·군수·구청장에게 긴급안전점검을 실시할 것을 요구할 수 있다. 이 경우 요구를 받은 자는 특별한 사유가 없으면 이에 응하여야 한다.

    ㉢ **보수·보강 명령:** 국토교통부장관 또는 관계 행정기관의 장은 긴급안전점검을 실시한 경우 그 결과를 해당 관리주체에게 통보하여야 하며, 시설물의 안전 확보를 위하여 필요하다고 인정하는 경우에는 정밀안전진단의 실시, 보수·보강 등 필요한 조치를 취할 것을 명할 수 있다.

⑤ **시설물의 중대한 결함 통보:** 안전점검등을 실시하는 자는 해당 시설물에서 시설물 기초의 세굴(洗掘), 부등침하(不等沈下) 등 대통령령으로 정하는 중대한 결함을 발견하는 경우에는 지체 없이 대통령령으로 정하는 바에 따라 그 사실을 관리주체 및 관할 시장·군수·구청장에게 통보하여야 한다.

⑥ **중대한 결함에 대한 보수·보강조치의 이행:** 관리주체는 시설물의 중대한 결함에 대한 통보를 받은 경우에는 위 ④의 ㉢에 따른 조치명령 또는 위 ⑤에 따른 통보를 받은 날부터 2년 이내에 시설물의 보수·보강 등 필요한 조치에 착수하여야 하며, 특별한 사유가 없는 한 착수한 날부터 3년 이내에 이를 완료하여야 한다.

어린이놀이시설 안전관리법

용어의 정의	① 설치검사: 어린이놀이시설의 안전성 유지를 위하여 행정안전부장관이 정하여 고시하는 어린이놀이시설의 시설기준 및 기술기준에 따라 설치한 후에 안전검사기관으로부터 받아야 하는 검사를 말한다. ② 정기시설검사: 설치검사를 받은 어린이놀이시설이 행정안전부장관이 정하여 고시하는 시설기준 및 기술기준에 따른 적합성을 유지하고 있는지를 확인하기 위하여 안전검사기관으로부터 받아야 하는 검사를 말한다. ③ 안전점검: 어린이놀이시설의 관리주체 또는 관리주체로부터 어린이놀이시설의 안전관리를 위임받은 자가 육안 또는 점검기구 등에 의하여 검사를 하여 어린이놀이시설의 위험요인을 조사하는 행위를 말한다. ④ 안전진단: 안전검사기관이 어린이놀이시설에 대하여 조사·측정·안전성 평가 등을 하여 해당 어린이놀이시설의 물리적·기능적 결함을 발견하고, 그에 대한 신속하고 적절한 조치를 하기 위하여 수리·개선 등의 방법을 제시하는 행위를 말한다. ⑤ 유지관리: 설치된 어린이놀이시설이 기능 및 안전성을 유지할 수 있도록 정비·보수 및 개량 등을 행하는 것을 말한다.
설치검사	설치자는 설치한 어린이놀이시설을 관리주체에게 인도하기 전에 안전검사기관으로부터 설치검사를 받아야 한다.
정기시설 검사	① 검사주기: 관리주체는 설치검사를 받은 어린이놀이시설에 대하여 대통령령으로 정하는 방법 및 절차에 따라 안전검사기관으로부터 2년에 1회 이상 정기시설검사를 받아야 한다. ② 검사의 신청: 유효기간이 끝나기 1개월 전까지 신청서류 제출 ③ 검사의 확인: 안전검사기관이 신청받은 날부터 1개월 이내
유지관리	① 안전점검의 실시: 월 1회 이상 ② 안전진단의 실시: 안전점검결과 어린이에게 위해를 가할 우려가 있다고 판단되는 경우에는 그 이용을 금지하고 1개월 이내에 안전검사기관에 안전진단을 신청 ③ 안전점검실시대장 또는 안전진단실시대장을 작성하여 최종기재일부터 3년간 보관

안전교육	관리주체는 어린이놀이시설의 안전관리에 관련된 업무를 담당하는 사람으로 하여금 어린이놀이시설의 안전교육을 받도록 하여야 한다. ① **안전관리자 배치통보 및 교육이수의무의 고지**: 관리주체는 안전관리자를 배치한 경우 안전관리자의 인적사항을 포함한 자료를 배치한 날부터 15일 이내에 어린이놀이시설 안전관리시스템 등을 통해 관리감독기관의 장에게 통보하여야 하며, 관리감독기관의 장은 통보받은 즉시 해당 안전관리자에게 안전교육 이수의무에 대해 고지하여야 한다. 이 경우 관리주체가 안전관리자로서 역할을 병행하는 경우에는 관리주체를 안전관리자로 본다. ② **안전교육의 이수**: 관리주체는 다음의 구분에 따른 기간 이내에 어린이놀이시설의 안전관리에 관련된 업무를 담당하는 자(이하 '안전관리자'라 한다)로 하여금 안전교육을 받도록 하여야 한다. 　㉠ 어린이놀이시설을 인도받은 경우: 인도받은 날부터 3개월 　㉡ 안전관리자가 변경된 경우: 변경된 날부터 3개월 　㉢ 안전관리자의 안전교육 유효기간이 만료되는 경우: 유효기간 만료일 전 3개월 ③ **안전교육의 주기**: 2년에 1회 이상, 1회 안전교육시간 ⇨ 4시간 이상 ④ **안전교육의 면제**: 행정안전부장관이 고시하는 요건에 해당하는 관리주체(어린이놀이시설을 인도받은 날부터 6개월이 지나지 아니한 관리주체는 제외)는 요건에 해당하는 날 이후 최초로 실시되는 안전교육에 한하여 그 의무를 면제한다. ⑤ **안선교육 유효기간의 기산일**: 안전교육 유효기간의 기산일은 다음의 구분에 따른다. 　㉠ 위 ②의 ㉠ 및 ㉡에 따라 안전교육을 받은 경우: 안전교육을 받은 날 　㉡ 위 ②의 ㉢에 따라 안전교육을 받은 경우: 직전 안전교육 유효기간 만료일의 다음 날
보험가입	① **보험의 종류**: 어린이놀이시설 사고배상책임보험이나 사고배상책임보험과 같은 내용이 포함된 보험 ② **보험가입시기**: 관리주체가 어린이놀이시설을 인도받은 날부터 30일 이내
사고보고 의무 및 사고조사	① **중대한 사고의 보고**: 관리주체는 어린이놀이시설로 인하여 다음과 같은 중대한 사고가 발생한 때에는 즉시 사용중지 등 필요한 조치를 취하고 해당 관리감독의 장에게 통보하여야 한다. 　㉠ 사망 　㉡ 하나의 사고로 인한 3명 이상의 부상 　㉢ 사고발생일부터 7일 이내에 48시간 이상의 입원치료가 필요한 부상 　㉣ 골절상 　㉤ 수혈 또는 입원이 필요한 정도의 심한 출혈 　㉥ 신경·근육 또는 힘줄이 손상된 경우 　㉦ 2도 이상의 화상

	⊙ 부상면적이 신체표면의 5% 이상인 부상 ⓩ 내장(內臟)의 손상 ② **자료제출 명령**: 중대한 사고의 통보를 받은 관리감독기관의 장은 필요하다고 판단되는 경우에는 관리주체에게 자료의 제출을 명할 수 있다. 관리주체는 자료의 제출 명령을 받은 날부터 10일 이내에 해당 자료를 제출하여야 한다. 다만, 관리주체가 정하여진 기간에 자료를 제출하는 것이 어렵다고 사유를 소명하는 경우 관리감독기관의 장은 20일의 범위에서 그 제출기한을 연장할 수 있다.
보고·검사	① **보고사항**: 관리감독기관의 장은 어린이놀이시설의 안전관리를 위하여 필요하다고 인정하는 다음의 사항을 설치자 또는 관리주체에게 자료제출을 명하거나 보고를 하게 할 수 있다. 　㉠ **설치자의 자료제출 또는 보고사항**: 어린이놀이시설의 설치 및 설치검사 현황 　㉡ **관리주체의 자료제출 또는 보고사항** 　　ⓐ 어린이놀이시설의 정기시설검사 현황 　　ⓑ 어린이놀이시설의 안전점검 및 안전진단 현황 　　ⓒ 안전교육 및 보험가입 현황 　　ⓓ 어린이놀이시설 관련사고 발생 현황 　　ⓔ 어린이놀이시설의 유지관리 실태 ② **자료제출 기간**: 설치자 또는 관리주체는 자료제출 명령을 받거나 보고를 요구받은 날부터 20일 이내에 해당 자료를 제출하거나 해당 사항에 대하여 보고하여야 한다. 다만, 설치자 또는 관리주체가 정하여진 기간에 자료제출 또는 보고를 하는 것이 어렵다고 사유를 소명하는 경우 관리감독기관의 장은 30일의 범위에서 그 제출 또는 보고의 기한을 연장할 수 있다.

내가 꿈을 이루면
나는 누군가의 꿈이 된다.

– 이도준

memo

memo

memo

2024 에듀윌 주택관리사 2차 핵심요약집 공동주택관리실무

발 행 일	2024년 5월 27일 초판
편 저 자	김영곤
펴 낸 이	양형남
펴 낸 곳	(주)에듀윌
등록번호	제25100-2002-000052호
주　　소	08378 서울특별시 구로구 디지털로34길 55
	코오롱싸이언스밸리 2차 3층

* 이 책의 무단 인용 · 전재 · 복제를 금합니다.

www.eduwill.net
대표전화 1600-6700

여러분의 작은 소리
에듀윌은 크게 듣겠습니다.

본 교재에 대한 여러분의 목소리를 들려주세요.
공부하시면서 어려웠던 점, 궁금한 점,
칭찬하고 싶은 점, 개선할 점, 어떤 것이라도 좋습니다.

에듀윌은 여러분께서 나누어 주신 의견을
통해 끊임없이 발전하고 있습니다.

에듀윌 도서몰 book.eduwill.net
• 부가학습자료 및 정오표: 에듀윌 도서몰 → 도서자료실
• 교재 문의: 에듀윌 도서몰 → 문의하기 → 교재(내용, 출간) / 주문 및 배송

11,000여 건의 생생한 후기

한○수 합격생

에듀윌로 합격과 취업 모두 성공

저는 1년 정도 에듀윌에서 공부하여 합격하였습니다. 수많은 주택관리사 합격생을 배출해 낸 1위 기업이라는 점 때문에 에듀윌을 선택하였고, 선택은 틀리지 않았습니다. 에듀윌에서 제시하는 커리큘럼은 상대평가에 최적화되어 있으며, 나에게 맞는 교수님을 선택할 수 있었기 때문에 만족하며 공부를 할 수 있었습니다. 또한 합격 후에는 에듀윌 취업지원센터의 도움을 통해 취업까지 성공할 수 있었습니다. 에듀윌만 믿고 따라간다면 합격과 취업 모두 문제가 없을 것입니다.

박○현 합격생

20년 군복무 끝내고 주택관리사로 새 출발

육군 소령 전역을 앞두고 70세까지 전문직으로 할 수 있는 제2의 직업이 뭘까 고민하다가 주택관리사 시험에 도전하게 됐습니다. 주택관리사를 검색하면 에듀윌이 가장 먼저 올라오고, 취업까지 연결해 주는 프로그램이 잘 되어 있어서 에듀윌을 선택하였습니다. 특히, 언제 어디서나 지원되는 동영상 강의와 시험을 앞두고 진행되는 특강, 모의고사가 많은 도움이 되었습니다. 거기에 오답노트를 만들어서 틈틈이 공부했던 것까지가 제 합격의 비법인 것 같습니다.

이○준 합격생

에듀윌에서 공인중개사, 주택관리사 준비해 모두 합격

에듀윌에서 준비해 제27회 공인중개사 시험에 합격한 후, 취업 전망을 기대하고 주택관리사에도 도전하게 됐습니다. 높은 합격률, 차별화된 학습 커리큘럼, 훌륭한 교수진, 취업지원센터를 통한 취업 연계 등 여러 가지 이유로 다시 에듀윌을 선택했습니다. 에듀윌 학원은 체계적으로 학습 관리를 해 주고, 공부할 수 있는 공간이 많아서 좋았습니다. 교수님과 자기 자신을 믿고, 에듀윌에서 시작하면 반드시 합격할 수 있습니다.

다음 합격의 주인공은 당신입니다!

* 에듀윌 홈페이지 게시 건수 기준 (2024년 4월 기준)

더 많은
합격 비법

1위 에듀윌만의
체계적인 합격 커리큘럼

원하는 시간과 장소에서, 1:1 관리까지 한번에
온라인 강의

① 전 과목 최신 교재 제공
② 업계 최강 교수진의 전 강의 수강 가능
③ 교수진이 직접 답변하는 1:1 Q&A 서비스

쉽고 빠른 합격의 첫걸음 합격필독서 무료 신청

최고의 학습 환경과 빈틈 없는 학습 관리
직영학원

① 현장 강의와 온라인 강의를 한번에
② 합격할 때까지 온라인 강의 평생 무제한 수강
③ 강의실, 자습실 등 프리미엄 호텔급 학원 시설

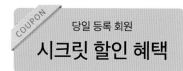

COUPON 당일 등록 회원
시크릿 할인 혜택

설명회 참석 당일 등록 시 특별 수강 할인권 제공

친구 추천 이벤트

"친구 추천하고 한 달 만에
920만원 받았어요"

친구 1명 추천할 때마다 현금 10만원 제공
추천 참여 횟수 무제한 반복 가능

※ *a*o*h**** 회원의 2021년 2월 실제 리워드 금액 기준
※ 해당 이벤트는 예고 없이 변경되거나 종료될 수 있습니다.

친구 추천 이벤트
바로가기

꿈을 현실로 만드는
에듀윌

DREAM

공무원 교육
- 선호도 1위, 신뢰도 1위!
  브랜드만족도 1위!
- 합격자 수 2,100% 폭등시킨
  독한 커리큘럼

자격증 교육
- 8년간 아무도 깨지 못한 기록
  합격자 수 1위
- 가장 많은 합격자를 배출한
  최고의 합격 시스템

직영학원
- 직영학원 수 1위
- 표준화된 커리큘럼과 호텔급 시설
  자랑하는 전국 21개 학원

종합출판
- 온라인서점 베스트셀러 1위!
- 출제위원급 전문 교수진이
  직접 집필한 합격 교재

어학 교육
- 토익 베스트셀러 1위
- 토익 동영상 강의 무료 제공
- 업계 최초 '토익 공식' 추천 AI 앱 서비스

콘텐츠 제휴 · B2B 교육
- 고객 맞춤형 위탁 교육 서비스 제공
- 기업, 기관, 대학 등 각 단체에 최적화된
  고객 맞춤형 교육 및 제휴 서비스

부동산 아카데미
- 부동산 실무 교육 1위!
- 상위 1% 고소득 창업/취업 비법
- 부동산 실전 재테크 성공 비법

학점은행제
- 99%의 과목이수율
- 16년 연속 교육부 평가 인정 기관 선정

내학 편입
- 편입 교육 1위!
- 업계 유일 500% 환급 상품 서비스

국비무료 교육
- '5년우수훈련기관' 선정
- K-디지털, 산대특 등 특화 훈련과정
- 원격국비교육원 오픈

에듀윌 교육서비스 **공무원 교육** 9급공무원/7급공무원/경찰공무원/소방공무원/계리직공무원/기술직공무원/군무원 **자격증 교육** 공인중개사/주택관리사/감정평가사/노무사/전기기사/경비지도사/검정고시/소방설비기사/소방시설관리사/사회복지사1급/건축기사/토목기사/직업상담사/전기기능사/산업안전기사/위험물산업기사/위험물기능사/유통관리사/물류관리사/행정사/한국사능력검정/한경TESAT/매경TEST/KBS한국어능력시험/실용글쓰기/ITT자격증/국제무역사/무역영어 **어학 교육** 토익 교재/토익 동영상 강의/인공지능 토익 앱 **세무/회계** 회계사/세무사/전산세무회계/ERP정보관리사/재경관리사 **대학 편입** 편입 교재/편입 영어·수학/경찰대/의치대/편입 컨설팅·면접 **직영학원** 공무원학원/소방학원/공인중개사 학원/주택관리사 학원/전기기사학원/세무사·회계사 학원/편입학원 **종합출판** 공무원·자격증 수험교재 및 단행본 **학점은행제** 교육부 평가인정기관 원격평생교육원(사회복지사2급/경영학/CPA)/교육부 평가인정기관 원격 사회교육원(사회복지사2급/심리학) **콘텐츠 제휴·B2B 교육** 교육 콘텐츠 제휴/기업 맞춤 자격증 교육/대학 취업역량 강화 교육 **부동산 아카데미** 부동산 창업CEO/부동산 경매 마스터/부동산 컨설팅 **국비무료 교육 (국비교육원)** 전기기능사/전기(산업)기사/소방설비(산업)기사/IT(빅데이터/자바프로그램/파이썬)/게임그래픽/3D프린터/실내건축디자인/웹퍼블리셔/그래픽디자인/영상편집(유튜브)디자인/온라인 쇼핑몰광고 및 제작(쿠팡, 스마트스토어)/전산세무회계/컴퓨터활용능력/ITQ/GTQ/직업상담사

교육문의 1600-6700 www.eduwill.net

업계 최초 대통령상 3관왕,
정부기관상 19관왕 달성!

2010 대통령상   2019 대통령상   2019 대통령상

대한민국 브랜드대상 국무총리상   국무총리상   문화체육관광부 장관상   농림축산식품부 장관상   과학기술정보통신부 장관상   여성가족부장관상

서울특별시장상   과학기술부장관상   정보통신부장관상   산업자원부장관상   고용노동부장관상   미래창조과학부장관상   법무부장관상

2004
서울특별시장상 우수벤처기업 대상

2006
부총리 겸 과학기술부장관 표창 국가 과학 기술 발전 유공

2007
정보통신부장관상 디지털콘텐츠 대상
산업자원부장관 표창 대한민국 e비즈니스대상

2010
대통령 표창 대한민국 IT 이노베이션 대상

2013
고용노동부장관 표창 일자리 창출 공로

2014
미래창조과학부장관 표창 ICT Innovation 대상

2015
법무부장관 표창 사회공헌 유공

2017
여성가족부장관상 사회공헌 유공
2016 합격자 수 최고 기록 KRI 한국기록원 공식 인증

2018
2017 합격자 수 최고 기록 KRI 한국기록원 공식 인증

2019
대통령 표창 범죄예방대상
대통령 표창 일자리 창출 유공
과학기술정보통신부장관상 대한민국 ICT 대상

2020
국무총리상 대한민국 브랜드대상
2019 합격자 수 최고 기록 KRI 한국기록원 공식 인증

2021
고용노동부장관상 일·생활 균형 우수 기업 공모전 대상
문화체육관광부장관 표창 근로자휴가지원사업 우수 참여 기업
농림축산식품부장관상 대한민국 사회공헌 대상
문화체육관광부장관 표창 여가친화기업 인증 우수 기업

2022
국무총리 표창 일자리 창출 유공
농림축산식품부장관상 대한민국 ESG 대상

에듀윌 주택관리사
핵심요약집
2차 공동주택관리실무 이론편

YES24 수험서 자격증 주택관리사 핵심요약 베스트셀러 1위
(2024년 3월 월별 베스트)

2023년 공동주택관리실무 시험 최고득점
2022년 공동주택관리실무 시험 최고득점
2021년, 2020년 주택관리관계법규, 공동주택관리실무 시험 과목별 최고득점
2019년 주택관리관계법규 시험 최고득점

최근 3년 주택관리사 접수인원 대비 평균 합격률
한국산업인력공단 약 12%, 에듀윌 약 47%
(에듀윌 직영학원 1차 합격생 기준)

2020년 제23회 주택관리사(보) 제2차(최종) 시험 원서접수 이벤트 및
풀서비스 시 수험번호를 입력한 수강회원 기준

2023 대한민국 브랜드만족도 주택관리사 교육 1위
(한경비즈니스)

고객의 꿈, 직원의 꿈, 지역사회의 꿈을 실현한다

에듀윌 합격 서비스
개정법령 바로가기

펴낸곳 (주)에듀윌   **펴낸이** 양형남   **출판총괄** 오용철   **에듀윌 대표번호** 1600-6700
주소 서울시 구로구 디지털로 34길 55 코오롱싸이언스밸리 2차 3층   **등록번호** 제25100-2002-000052호
협의 없는 무단 복제는 법으로 금지되어 있습니다.

에듀윌 도서몰
book.eduwill.net

• 부가학습자료 및 정오표: 에듀윌 도서몰 > 도서자료실
• 교재 문의: 에듀윌 도서몰 > 문의하기 > 교재(내용, 출간) / 주문 및 배송

2024

에듀윌
주택관리사
핵심요약집

2차 공동주택관리실무 문제편

김영곤 편저

eduwill

시작하는 방법은
말을 멈추고
즉시 행동하는 것이다.

– 월트 디즈니(Walt Disney)

공동주택
관리실무

문제편

PART 01 행정관리
PART 02 시설·방재관리

차례

PART 1 | 행정관리

CHAPTER 01 | 주택의 정의 및 종류별 요건 5

CHAPTER 02 | 공동주택관리의 기준 10

CHAPTER 03 | 공동주택의 관리방법 12

CHAPTER 04 | 공동주택의 관리조직 23

CHAPTER 05 | 주택관리사제도 38

CHAPTER 06 | 공동주택관리법상 벌칙사항 40

CHAPTER 07 | 입주자관리 43

CHAPTER 08 | 사무 및 인사관리 48

CHAPTER 09 | 대외업무관리 및 리모델링 89

CHAPTER 10 | 공동주거관리이론 98

CHAPTER 11 | 공동주택회계관리 99

PART 2 | 시설·방재관리

CHAPTER 01 | 시설관리 102

CHAPTER 02 | 환경·안전·방재관리 184

CHAPTER 01 | 주택의 정의 및 종류별 요건

▶ **연계학습** | 이론편 p.18

1 건축법령상 주택의 종류 및 요건

OX 문제

01 「건축법」상 단독주택의 종류에는 단독주택, 다세대주택 등이 있다. (○ | ×)

02 「건축법」상 공동주택의 종류에는 연립주택, 다중주택, 아파트 등이 있다. (○ | ×)

03 다중주택은 독립된 주거형태를 갖추어야 한다. (○ | ×)

04 다중주택은 1개 동의 주택으로 쓰이는 바닥면적의 합계가 330제곱미터 이하이고 (○ | ×)
주택으로 쓰는 층수가 4개 층 이하여야 한다.

05 다가구주택은 주택으로 쓰는 층수가 4개 층 이하이고, 1개 동의 주택으로 쓰이는 (○ | ×)
바닥면적의 합계가 660제곱미터 이하이다.

06 다세대주택은 주택으로 쓰는 1개 동의 바닥면적의 합계가 660제곱미터 이하이고 (○ | ×)
층수가 5개 층 이하인 주택을 말한다.

07 다세대주택은 주택으로 쓰는 1개 동의 바닥면적의 합계가 660제곱미터를 초과하 (○ | ×)
고, 층수가 4개 층 이하인 주택을 말한다.

08 일반기숙사는 학교 또는 공장 등의 학생 또는 종업원 등을 위하여 쓰는 것으로서, (○ | ×)
1개 동의 공동취사시설 이용 세대수가 전체의 40% 이상인 주택을 말한다.

정답 01 X 02 X 03 X 04 X 05 X 06 X 07 X 08 X

2 주택법 ⇨ 주택의 정의

OX 문제

01 '주택'이란 세대의 구성원이 장기간 독립된 주거생활을 할 수 있는 구조로 된 건축 (○ | ×)
물(그 부속토지는 제외)의 전부 또는 일부를 말한다.

02 주택에는 건축물에 부속되는 토지도 포함한다. (○ | ×)

03 「주택법」상 주택은 단독주택과 복합주택으로 구분한다. (○ | ×)

정답 01 X 02 O 03 X

3 주택법령상 ⇨ 단독주택, 공동주택, 준주택

OX 문제

01 주택법령상 3층의 다가구주택은 주택에 해당한다. (○ | ×)

02 주택법령상 2층의 공관은 주택에 해당한다. (○ | ×)

03 '준주택'이란 주택 외의 건축물과 그 부속토지로서 주거시설로 이용 가능한 시설 (○ | ×)
등을 말하며, 기숙사·다중생활시설·노인복지시설 중 「노인복지법」의 노인복지
주택·소형 주택이 그 종류와 범위에 해당한다.

04 주택법령상 3층의 기숙사는 주택에 해당한다. (○ | ×)

05 주택법령상 7층의 오피스텔은 주택에 해당한다. (○ | ×)

06 「건축법 시행령」에 따른 숙박시설로서 제2종 근린생활시설에 해당하지 않는 다중 (○ | ×)
생활시설은 준주택에 해당한다.

정답 01 O 02 X 03 X 04 X 05 X 06 O

4 주택법령상 ⇨ 국민주택 및 국민주택규모

OX 문제

01 지방자치단체의 재정으로부터 자금을 지원받아 건설되는 주택이 국민주택에 해 (○ | ×)
당하려면 자금의 50퍼센트 이상을 지방자치단체로부터 지원받아야 한다.

02 국민주택규모란 주거의 용도로만 쓰이는 면적이 「수도권정비계획법」에 따른 수 (○ | ×)
도권을 제외한 도시지역이 아닌 읍 또는 면 지역은 1호 또는 1세대당 주거전용면
적이 85제곱미터 이하인 주택을 말한다.

03 수도권에 소재한 읍 또는 면 지역의 경우 국민주택규모의 주택이란 1호 또는 1세 (○ | ×)
대당 주거전용면적이 100m² 이하인 주택을 말한다.

04 한국토지주택공사가 수도권에 건설한 주거전용면적이 1세대당 80제곱미터인 아 (○ㅣ×)
파트는 국민주택에 해당한다.

5 주택법령상 ⇨ 민영주택, 임대주택, 토지임대부 분양주택

OX 문제

01 '민영주택'이란 임대주택을 제외한 주택을 말한다. (○ㅣ×)

02 민영주택이라도 국민주택규모 이하로 건축되는 경우 국민주택에 해당한다. (○ㅣ×)

6 주택법령상 ⇨ 세대구분형 공동주택

OX 문제

01 세대구분형 공동주택은 주택 내부 공간의 일부를 세대별로 구분하여 생활이 가능 (○ㅣ×)
한 구조로 하며, 그 구분된 공간 일부에 대하여 구분소유를 할 수 있는 주택이다.

02 사업계획승인을 받아 건설하는 세대구분형 공동주택은 세대별로 구분된 각각의 (○ㅣ×)
공간마다 별도의 욕실, 부엌과 보일러실을 설치하여야 한다.

03 사업계획승인을 받아 건설하는 세대구분형 공동주택은 하나의 세대가 통합하여 사 (○ㅣ×)
용할 수 있도록 세대 간에 연결문 또는 중량구조의 경계벽 등을 설치하여야 한다.

04 사업계획승인을 받아 건설하는 세대구분형 공동주택은 세대수가 해당 주택단지 (○ㅣ×)
안의 공동주택 전체 세대수의 5분의 1을 넘지 아니하여야 한다.

05 사업계획승인을 받아 건설하는 세대구분형 공동주택은 세대별로 구분된 각각의 공간 (○ㅣ×)
의 주거전용면적 합계가 주택단지 전체 주거전용면적 합계의 3분의 1을 넘는 등 국토
교통부장관이 정하여 고시하는 주거전용면적의 비율에 관한 기준을 충족하여야 한다.

06 행위의 허가를 받거나 신고를 하고 설치하는 세대구분형 공동주택의 구분된 공간 (○ㅣ×)
의 세대수는 기존 세대를 제외하고 2세대 이하여야 한다.

07 행위의 허가를 받거나 신고를 하고 설치하는 세대구분형 공동주택의 세대수는 해 (○ㅣ×)
당 주택단지 안의 공동주택 전체 세대수와 해당 동의 전체 세대수의 3분의 1을
각각 넘지 않아야 한다.

08 건설 또는 설치되는 주택과 관련하여 주택건설기준 등을 적용하는 경우 세대구분 (○ㅣ×)
형 공동주택의 세대수는 그 구분된 공간마다 각각 세대수로 산정한다.

7 주택법령상 ⇨ 도시형 생활주택

01 도시형 생활주택이란 300세대 이상의 국민주택규모에 해당하는 주택을 말한다. (○ | ×)

02 500세대인 국민주택규모의 소형 주택은 도시형 생활주택에 해당한다. (○ | ×)

03 「수도권정비계획법」에 따른 수도권의 경우 도시형 생활주택은 1세대당 주거전용 (○ | ×)
면적이 85제곱미터 이하이어야 한다.

04 세대별 주거전용면적이 70제곱미터인 경우 소형 주택에 해당한다. (○ | ×)

05 소형 주택은 세대별로 독립된 주거가 가능하도록 욕실, 부엌 및 주차장을 설치하 (○ | ×)
여야 한다.

06 소형 주택은 침실이 두 개 이상인 세대수는 소형 주택 전체 세대수의 5분의 1을 (○ | ×)
초과하지 않아야 한다.

07 소형 주택은 지하층 세대를 설치할 수 있다. (○ | ×)

08 단지형 연립주택 및 단지형 다세대주택은 「건축법」에 따라 건축위원회의 심의를 (○ | ×)
받은 경우에는 주택으로 쓰이는 층수를 5개 층까지 건축할 수 있다.

09 「국토의 계획 및 이용에 관한 법률」에 따른 도시지역에 건설하는 세대별 주거전 (○ | ×)
용면적이 85제곱미터인 아파트는 도시형 생활주택에 해당하지 아니한다.

10 하나의 건축물에 단지형 연립주택 또는 단지형 다세대주택을 주거전용면적이 85 (○ | ×)
제곱미터를 초과하는 주택 1세대와 함께 건축할 수 있다.

11 준주거지역에서 하나의 건축물에는 소형 주택과 도시형 생활주택 외의 주택을 함 (○ | ×)
께 건축할 수 있다.

12 준주거지역에서는 도시형 생활주택인 소형 주택과 주거전용면적이 85제곱미터 (○ | ×)
를 초과하는 주택 1세대를 하나의 건축물에 함께 건축할 수 없다.

13 상업지역에서 하나의 건축물에는 소형 주택과 단지형 다세대주택을 함께 건축할 (○ | ×)
수 없다.

14 일반주거지역에서 하나의 건축물에는 소형 주택과 도시형 생활주택 외의 주택을 (○ | ×)
함께 건축할 수 있다.

15 하나의 건축물에 소형 주택과 단지형 다세대주택을 함께 건축할 수 있다. (○ | ×)

정답 01 X 02 X 03 ○ 04 X 05 X 06 X 07 X 08 ○ 09 ○ 10 X 11 ○ 12 X 13 ○ 14 X 15 X

8 주택법령상 ⇨ 그 밖의 주택

OX 문제

01 건강친화형 주택이란 저에너지 건물 조성기술 등 대통령령으로 정하는 기술을 이용하여 에너지 사용량을 절감하거나 이산화탄소 배출량을 저감할 수 있도록 건설된 주택을 말한다. (○ | ×)

02 건강친화형 주택이란 건강하고 쾌적한 실내환경의 조성을 위하여 이산화탄소 배출량을 저감할 수 있도록 건설된 주택을 말한다. (○ | ×)

정답 01 × 02 ×

9 민간임대주택에 관한 특별법령 ⇨ 민간임대주택

OX 문제

01 '민간임대주택'이란 임대 목적으로 제공하는 주택으로서 임대사업자가 「민간임대주택에 관한 특별법」 제5조에 따라 등록한 주택을 말하며, 민간건설임대주택과 민간매입임대주택으로 구분한다. (○ | ×)

02 임대사업자가 임대를 목적으로 건설하여 임대하는 민간임대주택은 민간건설임대주택에 해당한다. (○ | ×)

03 '공공지원민간임대주택'이란 임대사업자가 민간임대주택을 8년 이상 임대할 목적으로 취득하여 「민간임대주택에 관한 특별법」에 따른 임대료 및 임차인의 자격 제한 등을 받아 임대하는 민간임대주택을 말한다. (○ | ×)

04 '장기일반민간임대주택'이란 임대사업자가 공공지원민간임대주택이 아닌 주택을 4년 이상 임대할 목적으로 취득하여 임대하는 민간임대주택을 말한다. (○ | ×)

정답 01 ○ 02 ○ 03 × 04 ×

▶ 연계학습 | 이론편 p.26

1 공동주택관리법 ⇨ 정의 등

OX 문제

01 일반인에게 분양되는 복리시설은 공동주택관리의 대상인 공동주택에 포함된다. (○ | ×)

02 관리사무소는 공동주택 공용부분인 부대시설에 해당한다. (○ | ×)

03 100세대인 지역난방방식 공동주택은 의무관리대상 공동주택에 해당하지 않는다. (○ | ×)

04 승강기가 설치된 290세대 연립주택은 공동주택관리법령상 주택관리업자 등에 (○ | ×)
의한 의무관리대상 공동주택에 해당한다.

05 지역난방방식인 290세대 아파트는 공동주택관리법령상 주택관리업자 등에 의한 (○ | ×)
의무관리대상 공동주택에 해당한다.

06 승강기가 설치되어 있지 않고 지역난방방식을 포함하여 중앙집중식 난방방식이 (○ | ×)
아닌 150세대 아파트는 의무관리대상 공동주택에 해당한다.

07 300세대 이상으로서 승강기가 설치되어 있지 않은 공동주택이라도 의무관리대 (○ | ×)
상 공동주택에 해당한다.

08 100세대로서 승강기가 설치된 공동주택은 전체 입주자등의 과반수가 서면으로 (○ | ×)
동의하면 의무관리대상 공동주택으로 전환할 수 있다.

정답 01 × 02 ○ 03 ○ 04 ○ 05 ○ 06 × 07 ○ 08 ×

2 관리규약

OX 문제

01 국토교통부장관은 공동주택의 입주자등을 보호하고 주거생활의 질서유지를 위하 (○ | ×)
여 관리규약의 준칙을 정하여야 한다.

02 시장·군수·구청장은 공동주택의 관리 또는 사용에 관하여 준거가 되는 관리규약 (○ | ×)
의 준칙을 정하여야 한다.

03 관리규약의 준칙에는 공동주택의 입주자등이 아닌 자의 기본적인 권리를 침해하 (○ | ×)
는 사항이 포함되어서는 아니 된다.

04 관리규약의 준칙에는 위탁관리기구의 구성·운영에 관한 사항이 포함되어야 (○ | ×)
한다.

05 관리와 관련한 분쟁조정위원회의 구성·운영은 관리규약의 준칙에 포함되는 사항 (○ | ×)
이다.

06 장기수선충당금의 요율 및 사용절차는 장기수선계획에서 규정하고 있기 때문에 (○ | ×)
관리규약의 준칙에는 포함되지 않아도 된다.

07 장기수선충당금의 적립금액은 관리규약의 준칙에 포함되는 사항이다. (○ | ×)

08 공동생활의 질서를 문란하게 한 자에 대한 조치는 관리규약의 준칙에 포함되어야 (○ | ×)
한다.

09 관리규약은 시장·군수·구청장이 정한 관리규약의 준칙을 참조하여 정한다. (○ | ×)

10 입주자등이 정한 관리규약은 관리주체가 정한 관리규약의 준칙을 따라야 하고, (○ | ×)
관리규약의 준칙에 반하는 관리규약은 효력이 없다.

11 입주자등은 관리규약을 참조하여 관리규약의 준칙을 정한다. (○ | ×)

12 입주자대표회의는 관리규약의 준칙을 참조하여 관리규약을 정한다. (○ | ×)

13 사업주체가 입주자대표회의가 구성되기 전에 공동주택의 어린이집 임대계약을 (○ | ×)
체결하려는 경우에는 입주개시일 6개월 전부터 관리규약 제정안을 제안할 수 있다.

14 공동주택 분양 후 최초의 관리규약은 사업주체가 결정한다. (○ | ×)

15 의무관리대상 전환 공동주택의 관리규약 제정안은 의무관리대상 전환 공동주택 (○ | ×)
의 관리인이 제안하고, 그 내용을 전체 입주자등 과반수의 서면동의로 결정한다.

16 관리규약을 개정할 때는 입주자대표회의 의결 또는 전체 입주자등의 10분의 1 이 (○ | ×)
상이 서면동의하는 방법으로 결정한다.

17 관리규약의 개정은 전체 입주자등의 10분의 1 이상이 서면으로 제안하고 투표자 (○ | ×)
의 과반수가 찬성하는 방법에 따른다.

18 관리규약은 입주자등의 지위를 승계한 사람에 대하여 그 효력이 없다. (○ | ×)

19 입주자등의 지위를 승계한 사람이 관리규약에 동의하지 않으면 그 사람에게는 관 (○ | ×)
리규약의 효력이 미치지 않는다.

20 입주자대표회의의 회장은 관리규약을 보관하여야 하고, 입주자등이 열람을 청구 (○ | ×)
하거나 복사를 요구하면 이에 응하여야 한다.

21 입주자대표회의의 회장은 관리규약의 개정을 시·도지사에게 신고하여야 한다. (○ | ×)

22 입주자대표회의의 회장은 관리규약을 개정한 경우 시장·군수·구청장으로부터 (○ | ×)
승인을 받아야 한다.

23 시장·군수·구청장은 관리규약의 제정·개정 신고를 받은 날부터 10일 이내에 신 (○ | ×)
고수리 여부를 신고인에게 통지하여야 한다.

24 관리규약이 개정된 경우 입주자대표회의의 회장은 관리규약이 개정된 날부터 15 (○ | ×)
일 이내에 관리규약의 개정 제안서 및 그에 대한 입주자등의 동의서를 첨부한 신
고서를 시장·군수·구청장에게 제출하여야 한다.

25 입주자대표회의의 회장은 해당 공동주택의 입주자대표회의 구성을 신고하는 경 (○ | ×)
우 관리규약의 제정 및 개정 등 신고서에 임원 및 동별 대표자의 성명·주소·생년
월일 및 약력과 그 선출에 관한 증명서류를 포함한 입주자대표회의의 구성현황
서류를 첨부하여 시장·군수·구청장에게 제출하여야 한다.

26 사업주체는 시장·군수·구청장에게 관리규약의 제정을 신고하는 경우 관리규약 (○ | ×)
의 제정 제안서 및 그에 대한 입주자등의 동의서를 첨부하여야 한다.

27 공동체 생활의 활성화에 필요한 경비의 일부를 공동주택을 관리하면서 부수적으 (○ | ×)
로 발생하는 수입에서 지원하는 경우, 그 경비의 지원은 관리규약으로 정하거나
관리규약에 위배되지 아니하는 범위에서 입주자대표회의의 의결로 정한다.

정답	01 X 02 X 03 ○ 04 X 05 X 06 X 07 X 08 ○ 09 X 10 X 11 X 12 X 13 X 14 X 15 ○
	16 X 17 X 18 X 19 X 20 X 21 X 22 X 23 X 24 X 25 ○ 26 ○ 27 ○

CHAPTER 03 | 공동주택의 관리방법

▶ **연계학습** | 이론편 p.33

1 공동주택관리법령상 공동주택의 관리방법

OX 문제

01 300세대 이상 공동주택은 입주자등이 자치관리하는 경우 이외에는 주택관리업 (○ | ×)
자로 하여금 관리하게 하여야 한다.

02 의무관리대상 공동주택으로 전환되는 공동주택의 관리인은 시장·군수·구청장에 (○ | ×)
게 의무관리대상 공동주택 전환 신고를 하여야 한다. 다만, 관리인이 신고하지 않
는 경우에는 입주자등 과반수가 연서하여 신고하여야 한다.

03 의무관리대상 공동주택 전환 신고를 하려는 자는 입주자등의 동의를 받은 날부터 (○ | ×)
15일 이내에 관할 특별자치시장·특별자치도지사·시장·군수·구청장(구청장은 자
치구의 구청장을 말한다)에게 국토교통부령으로 정하는 신고서를 제출해야 한다.

04 의무관리대상 전환 공동주택의 입주자등은 의무관리대상 공동주택 전환 신고가 (○ | ×)
수리된 날부터 3개월 이내에 입주자대표회의를 구성하여야 한다.

05 의무관리대상 전환 공동주택의 입주자등은 관리규약의 제정 신고가 수리된 날부 (○ | ×)
터 3개월 이내에 공동주택의 관리방법을 결정하여야 한다.

06 의무관리대상 전환 공동주택의 입주자등은 입주자대표회의의 구성 신고가 수리 (○ | ×)
된 날부터 6개월 이내에 공동주택의 관리방법을 결정하여야 한다.

07 의무관리대상 전환 공동주택의 입주자등이 공동주택을 위탁관리할 것을 결정한 (○ | ×)
경우 입주자대표회의는 입주자대표회의의 구성 신고가 수리된 날부터 3개월 이
내에 「공동주택관리법」의 기준에 따라 주택관리업자를 선정하여야 한다.

08 의무관리대상 전환 공동주택의 입주자등이 공동주택을 위탁관리할 것을 결정한 (○ | ×)
경우 입주자대표회의는 관리규약의 제정 신고가 수리된 날부터 6개월 이내에 「공
동주택관리법」의 기준에 따라 주택관리업자를 선정하여야 한다.

09 시장·군수·구청장은 의무관리대상 공동주택 전환 신고 및 의무관리대상 공동주택 제외 신고를 받은 날부터 7일 이내에 신고수리 여부를 신고인에게 통지하여야 한다. (○ | ×)

10 300세대 이상 공동주택을 건설한 사업주체는 입주예정자의 3분의 2가 입주한 때에는 입주자등에게 그 사실을 통지하고 해당 공동주택을 법령에 의하여 관리할 것을 요구하여야 한다. (○ | ×)

11 의무관리대상 공동주택의 경우, 입주자등은 사업주체로부터 공동주택의 관리를 요구받은 때에는 그 요구를 받은 날로부터 1개월 이내에 입주자대표회의를 구성하여야 한다. (○ | ×)

12 공동주택의 관리방법의 결정은 입주자대표회의의 10분의 1 이상이 서면으로 제안하고 전체 입주자등의 3분의 1 이상의 서면동의가 있어야 한다. (○ | ×)

13 입주자등은 전체 입주자등의 3분의 2 이상이 찬성하는 방법으로 공동주택의 관리방법을 결정하여야 한다. (○ | ×)

14 입주자등이 의무관리대상 공동주택의 관리방법을 변경하는 경우에는 전체 입주자등의 과반수 찬성과 국토교통부장관의 인가를 받아야 한다. (○ | ×)

15 입주자대표회의의 회장은 입주자등이 해당 공동주택의 관리방법을 결정한 경우에는 이를 사업주체에게 통지하고, 관할 시·도지사에게 신고하여야 한다. (○ | ×)

16 시장·군수·구청장은 관리방법의 결정 및 변경결정신고를 받은 날부터 10일 이내에 신고수리 여부를 신고인에게 통지하여야 한다. (○ | ×)

17 입주자대표회의의 회장은 공동주택 관리방법의 결정 또는 변경결정에 관한 신고를 하려는 경우에는 그 결정일 또는 변경결정일부터 15일 이내에 신고서를 시장·군수·구청장에게 제출하여야 한다. (○ | ×)

정답 01 ○ 02 × 03 × 04 × 05 × 06 × 07 × 08 × 09 × 10 × 11 × 12 × 13 × 14 × 15 × 16 × 17 ×

② 사업주체의 관리

OX 문제

01 의무관리대상 공동주택의 경우, 사업주체는 입주자대표회의의 구성 여부와 관계없이 입주가능일로부터 1년간 관리하여야 한다. (○ | ×)

02 의무관리대상 공동주택을 건설한 사업주체가 그 공동주택에 대하여 관리하여야 하는 기간은 입주예정자의 3분의 1이 입주할 때까지이다. (○ | ×)

03 사업주체가 공동주택을 직접 관리해야 하는 경우에는 입주예정자와 관리계약을 체결하여야 한다. (○ | ×)

04 시장·군수·구청장은 입주자대표회의가 구성되기 전에 어린이집 임대계약의 체 결이 필요하다고 인정하는 경우에는 사업주체로 하여금 입주예정자 과반수의 서 면동의를 받아 어린이집 임대계약을 체결하도록 할 수 있다. (○ | ×)

05 사업주체는 자치관리기구가 구성된 경우 3개월 이내에 해당 관리주체에게 공동 주택의 관리업무를 인계하여야 한다. (○ | ×)

06 기존 관리주체는 새로운 관리주체가 기존 관리의 종료일까지 공동주택관리기구 를 구성하면 해당 관리의 종료일부터 1개월 이내에 새로운 관리주체에게 공동주 택의 관리업무를 인계하여야 한다. (○ | ×)

07 기존 관리의 종료일까지 인계·인수가 이루어지지 아니한 경우 기존 관리주체는 기존 관리의 종료일부터 3개월 이내에 새로운 관리주체에게 공동주택의 관리업 무를 인계하여야 한다. (○ | ×)

08 관리규약은 사업주체가 관리업무를 자치관리기구 또는 주택관리업자에게 인계하 는 때에 인계해야 할 서류에 해당하지 않는다. (○ | ×)

09 입주자대표회의의 회의록은 관리업무의 인수·인계 시 인계해야 할 서류이다. (○ | ×)

10 사업주체가 관리업무를 주택관리업자에게 인계하는 때에는 인수·인계서를 작성 하여야 한다. 이 경우 장기수선충당금의 사용내역 및 하자보수충당금의 적립현황 은 인계할 서류에 해당한다. (○ | ×)

정답 **01** X **02** X **03** ○ **04** ○ **05** X **06** X **07** X **08** X **09** X **10** X

3 자치관리

OX 문제

01 의무관리대상 공동주택을 입주자등이 자치관리할 것을 정한 경우 자치관리기구 의 대표자는 입주자대표회의의 회장이 겸임한다. (○ | ×)

02 입주자등이 자치관리할 것을 정한 경우, 입주자대표회의는 입주자대표회의 임원 을 대표자로 한 자치관리기구를 구성하여야 한다. (○ | ×)

03 입주자대표회의는 사업주체로부터 해당 공동주택에 대한 관리요구가 있었던 날 부터 3개월 이내에 공동주택의 관리사무소장을 자치관리기구의 대표자로 선임하 여야 한다. (○ | ×)

04 의무관리대상 공동주택으로 전환되는 경우에는 관리규약의 제정 신고가 수리된 날부터 6개월 이내에 자치관리기구를 구성하여야 한다. (○ | ×)

05 주택관리업자에게 위탁관리하다가 자치관리로 관리방법을 변경하는 경우 입주자 대표회의는 그 위탁관리의 종료일의 다음 날부터 6개월 이내에 대통령령으로 정 하는 기술인력 및 장비를 갖춘 자치관리기구를 구성하여야 한다. (○ | ×)

06 자치관리기구의 관리사무소장은 입주자등이 과반수의 찬성으로 선임한다. (○ | ×)

07 자치관리는 입주자대표회의가 관리사무소장을 그 구성원 3분의 2 이상의 찬성으로 선임할 수 있어 타 관리방식에 비해 그 통제권한을 강화할 수 있다. (○ | ×)

08 입주자대표회의 구성원 10명 중 6명의 찬성으로 자치관리기구의 관리사무소장을 선임한다. (○ | ×)

09 입주자대표회의는 해당 입주자대표회의 구성원 3분의 2 이상이 선출되었을 때에는 그 선출된 인원의 과반수 찬성으로 자치관리기구의 관리사무소장을 선임할 수 있다. (○ | ×)

10 B아파트의 입주자대표회의는 관리사무소장이 해임된 날부터 20일째 되는 날에 새로운 관리사무소장을 선임할 수 있다. (○ | ×)

11 입주자대표회의는 관리사무소장을 해임한 날부터 15일 이내에 새로운 관리사무소장을 선임하여야 한다. (○ | ×)

12 관리주체가 입주자대표회의의 동의를 받아 관리업무의 일부를 해당 법령에서 인정하는 전문용역업체에 용역하는 경우에도 해당 기술인력을 갖추어야 한다. (○ | ×)

13 관리주체가 입주자등의 동의를 받아 관리업무의 일부를 해당 법령에서 인정하는 전문용역업체에 용역하는 경우에는 해당 기술인력을 갖추지 아니할 수 있다. (○ | ×)

14 공동주택관리기구는 망원경, 카메라 등 건축물의 안전점검을 위한 보유장비를 갖추어야 한다. (○ | ×)

15 자치관리기구는 5마력 이상 양수기 1대 이상을 갖추어야 한다. (○ | ×)

16 관리사무소장은 자치관리기구가 갖추어야 하는 기술인력을 겸직할 수 있다. (○ | ×)

17 자치관리기구는 입주자대표회의의 감독을 받지 않는다. (○ | ×)

18 자치관리기구 직원은 입주자대표회의 구성원 중에서 선임할 수 있다. (○ | ×)

정답 01 X 02 X 03 X 04 X 05 X 06 X 07 X 08 ○ 09 ○ 10 ○ 11 X 12 X 13 X 14 ○ 15 X 16 X 17 X 18 X

4 위탁관리

OX 문제

01 '주택관리업자'란 주택관리업을 하는 자로서 신고한 자를 말한다. (○ | ×)

02 위탁관리의 경우 「공동주택관리법」에 따른 전자입찰방식의 세부기준, 절차 및 방법 등은 의무관리대상 공동주택 소재지의 시장·군수·구청장이 정하여 고시한다. (○ | ×)

03 입주자대표회의는 경쟁입찰에 대하여 입찰의 종류 및 방법, 낙찰 방법, 참가자격 제한 등 입찰과 관련한 중요사항은 전체 입주자등의 3분의 2 이상의 동의를 얻어야 한다. (○ | ×)

04 입주자대표회의는 수의계약에 대하여 계약상대자 선정, 계약 조건 등 계약과 관련한 중요사항은 입주자대표회의 구성원 과반수의 동의를 얻어야 한다. (○ | ×)

05 주택관리업자를 선정하는 경우 입주자대표회의의 감사는 입찰과정에 참관하여야 한다. (○ | ×)

06 입주자등이 관리방법을 주택관리업자에게 위탁하여 관리하기로 결정하고, 입주자대표회의가 주택관리업자를 선정하는 경우에는 그 계약기간은 하자담보책임기간을 고려하여야 한다. (○ | ×)

07 주택관리업자를 선정하는 경우에는 그 계약기간은 3년으로 한다. (○ | ×)

08 새로운 주택관리업자 선정을 위한 입찰에서 기존 주택관리업자의 참가를 제한하도록 입주자대표회의에 요구하려면 전체 입주자등의 3분의 2 이상의 서면동의가 있어야 한다. (○ | ×)

09 새로운 주택관리업자 선정을 위한 입찰에서 기존 주택관리업자의 참가를 제한하도록 요구하려면 입주자대표회의 구성원 과반수의 서면동의가 있어야 한다. (○ | ×)

10 주택관리업을 하려는 자는 국토교통부장관에게 등록을 하여야 한다. (○ | ×)

11 주택관리업을 하려는 자는 시장·군수·구청장에게 신고를 하여야 한다. (○ | ×)

12 주택관리업자가 그 등록이 말소된 후 3년이 지나지 아니한 때에는 다시 등록할 수 없다. (○ | ×)

13 주택관리업자가 그 등록이 말소된 후 3년이 지난 때에는 다시 등록할 수 있다. (○ | ×)

14 주택관리업의 등록은 임원 또는 사원의 5분의 1 이상이 주택관리사인 상사법인이 신청할 수 있다. (○ | ×)

15 주택관리업의 등록을 하려는 자는 자본금(법인이 아닌 경우 자산평가액을 말한다)이 1억원 이상이어야 한다. (○ | ×)

16 주택관리업을 등록하고자 하는 자가 반드시 확보해야 할 기술인력에 해당하는 기술자의 기준으로 전기분야 기술자는 전기기능사 1명 이상이다. (○ | ×)

17 주택관리업을 등록하고자 하는 자는 기술인력으로 연료사용기기 취급 관련 기술자로 에너지관리기능사 1명 이상을 등록할 수 있다. (○ | ×)

18 주택관리업의 등록을 하려는 자는 전자문서에 의한 신청서를 제출할 수 없다. (○ | ×)

19 주택관리업 등록사항 변경신고를 하는 자는 변경사유가 발생한 날부터 30일 이내에 주택관리업 등록사항 변경신고서를 시장·군수·구청장에게 제출하여야 한다. (○ | ×)

20 주택관리업자의 지위에 관하여 「공동주택관리법」에 규정이 있는 것 외에는 「상법」을 준용한다. (○ | ×)

21 주택관리업자의 지위에 관하여 「공동주택관리법」에 규정이 있는 것 외에는 「민법」 중 사무관리에 관한 규정을 준용한다. (○ | ×)

22 입주자대표회의는 주택관리업자가 공동주택을 관리하는 경우에 주택관리업자의 인사노무관리에 대하여 관리규약에서 정한 의결절차만 거치면 인사·노무관리에 적극적으로 개입할 수 있는 권한이 있다. (○ | ×)

23 주택관리업자는 관리하는 공동주택에 배치된 주택관리사등이 해임으로 결원이 (○ | ×) 된 때에는 그 사유가 발생한 날부터 30일 이내에 새로운 주택관리사등을 배치하여야 한다.

24 甲주택관리업자는 배치된 주택관리사를 해임한 날부터 20일째 되는 날에 새로운 (○ | ×) 주택관리사를 배치하였다.

정답 01 × 02 × 03 × 04 × 05 × 06 × 07 × 08 × 09 × 10 × 11 × 12 × 13 ○ 14 × 15 ×
16 × 17 ○ 18 × 19 × 20 × 21 × 22 × 23 × 24 ×

---

5 주택관리업자의 행정처분 ⇨ 시장·군수·구청장

OX 문제

01 최근 3년간 2회 이상의 영업정지처분을 받은 자로서 그 정지처분을 받은 기간이 (○ | ×) 합산하여 12개월을 초과한 경우에는 등록을 말소하거나 영업의 전부 또는 일부의 정지를 명할 수 있다.

02 매년 12월 31일을 기준으로 최근 3년간 공동주택의 관리실적이 없는 경우에는 (○ | ×) 등록을 말소하여야 한다.

03 장기수선충당금을 「공동주택관리법」에 따른 용도 외의 목적으로 사용한 경우에 (○ | ×) 는 등록을 말소하거나 영업의 전부 또는 일부의 정지를 명할 수 있다.

04 고의 또는 과실로 공동주택을 잘못 관리하여 소유자 및 사용자에게 재산상의 손 (○ | ×) 해를 입힌 경우에는 1년 이내의 기간을 정하여 영업의 전부 또는 일부의 정지를 명하여야 한다.

05 위반행위의 횟수에 따른 행정처분의 기준은 최근 3년간 같은 위반행위로 처분을 (○ | ×) 받은 경우에 적용한다.

06 같은 주택관리업자가 둘 이상의 위반행위를 한 경우로서 그에 해당하는 각각의 (○ | ×) 처분기준이 다른 경우에 가장 무거운 위반행위에 대한 처분기준이 영업정지인 경우에는 등록말소 처분을 한다.

07 시장·군수·구청장은 위반행위의 동기·내용·횟수 및 위반의 정도 등을 고려하 (○ | ×) 여 주택관리업자가 최근 3년간 2회 이상의 영업정지처분을 받은 자로서 그 정지처분을 받은 기간이 합산하여 12개월을 초과한 경우의 등록말소인 경우에는 6개월 이상의 영업정지처분으로 감경할 수 있다.

08 위반행위자가 처음 위반행위를 한 경우로서 2년 이상 해당 사업을 모범적으로 해 (○ | ×) 온 사실이 인정되는 경우에는 행정처분의 감경사유에 해당한다.

09 주택관리업자가 해당 위반행위로 법원으로부터 집행유예의 판결을 받은 경우에 (○ | ×) 는 행정처분의 감경사유에 해당한다.

10 시장·군수·구청장은 주택관리업자에 대하여 등록말소 또는 영업정지처분을 하려는 때에는 처분일 15일 전까지 해당 주택관리업자가 관리하는 공동주택의 입주자대표회의에 그 사실을 통보하여야 한다. (○ㅣ×)

11 시장·군수·구청장은 주택관리업자가 과실로 공동주택을 잘못 관리하여 소유자 및 사용자에게 재산상의 손해를 입힌 경우에는 영업정지를 갈음하여 2천만원 이하의 과징금을 부과할 수 있다. (○ㅣ×)

12 최근 3년간 2회 이상의 영업정지처분을 받은 주택관리업자로서 그 정지처분을 받은 기간이 합산하여 12개월을 초과한 경우에는 영업정지를 갈음하여 2천만원 이하의 과징금을 부과받을 수 있다. (○ㅣ×)

13 주택관리업자가 관리비·사용료·장기수선충당금을 「공동주택관리법」에 따른 용도 외의 목적으로 사용한 경우에는 영업정지를 갈음하여 2천만원 이하의 과징금을 부과받을 수 있다. (○ㅣ×)

14 시장·군수·구청장은 주택관리업자에게 영업정지의 행정처분에 갈음하여 영업정지기간 1일당 5만원의 과징금을 부과하되, 영업정지 1개월은 30일을 기준으로 과징금을 부과할 수 있다. 이 경우 과징금은 1천만원을 초과할 수 없다. (○ㅣ×)

15 과징금 부과 통지를 받은 자는 통지를 받은 날부터 7일 이내에 과징금을 시장·군수·구청장이 정하는 수납기관에 납부하여야 한다. 다만, 천재지변 그 밖의 부득이한 사유로 인하여 그 기간 내에 과징금을 납부할 수 없는 때에는 그 사유가 없어진 날부터 30일 이내에 납부하여야 한다. (○ㅣ×)

정답 01 X 02 X 03 X 04 X 05 X 06 X 07 X 08 X 09 X 10 X 11 ○ 12 X 13 X 14 X 15 X

6 공동관리 및 구분관리

OX 문제

01 입주자대표회의는 해당 공동주택의 관리에 필요하다고 인정하는 경우에는 인접한 임대주택단지와 공동으로 관리하게 할 수 있다. (○ㅣ×)

02 입주자대표회의는 해당 공동주택의 관리에 필요하다고 인정하는 경우에는 300세대 이상의 단위로 나누어 관리하게 할 수 있다. (○ㅣ×)

03 입주자등에게 서면동의를 받을 때에는 공동관리 또는 구분관리의 필요성 등에 대하여 입주자등에게 통지해야 한다. (○ㅣ×)

04 입주자대표회의가 인접한 공동주택단지와 공동으로 관리하고자 하는 경우 전체 입주자등의 3분의 1 이상의 동의를 받아야 한다. (○ㅣ×)

05 구분관리의 경우에는 구분관리 단위별 입주자등의 3분의 2 이상의 서면동의를 받아야 한다. (○ㅣ×)

06 공동관리의 기준으로 총 세대수는 원칙적으로 2천 세대 이하이다. (○ | ×)

07 의무관리대상 공동주택단지와 인접한 300세대 미만의 공동주택단지를 공동으로 (○ | ×)
관리하는 경우 총 세대수는 1,500세대 이하의 기준에 적합하여야 한다.

08 공동관리하는 경우에는 단지별로 공동주택관리기구를 구성하여야 한다. (○ | ×)

09 공동주택을 공동관리하거나 구분관리할 것을 결정한 경우에는 지체 없이 그 내용 (○ | ×)
을 사업주체에게 통보하여야 한다.

10 입주자대표회의는 공동주택을 공동관리할 것을 결정한 경우에는 10일 이내에 그 (○ | ×)
내용을 시·도지사에게 신고해야 한다.

정답 01 ○ 02 × 03 ○ 04 × 05 × 06 × 07 × 08 × 09 × 10 ×

7 혼합주택단지의 관리

OX 문제

01 혼합주택단지의 관리에 관한 사항은 장기수선계획의 조정에 관한 사항을 포함하 (○ | ×)
여 입주자대표회의가 시장·군수·구청장과 협의하여 결정한다.

02 입주자대표회의와 임차인대표회의는 혼합주택단지의 관리에 관한 사항을 공동으 (○ | ×)
로 결정하여야 한다.

03 장기수선계획의 조정에 관한 사항은 분양을 목적으로 한 공동주택과 임대주택이 (○ | ×)
구분하여 관리가 가능한 경우로서 입주자대표회의와 임대사업자가 공동으로 결
정하지 아니하고 각자 결정하기로 합의할 수 있다.

04 관리방법의 결정 및 변경에 관한 사항을 공동으로 결정하는 경우로서 입주자대표 (○ | ×)
회의와 임대사업자 간의 합의가 이루어지지 아니하는 경우에는 해당 혼합주택단
지 공급면적의 3분의 2 이상을 관리하는 입주자대표회의 또는 임대사업자가 결
정한다.

05 장기수선계획의 조정에 관한 사항을 공동으로 결정하는 경우로서 입주자대표회 (○ | ×)
의와 임대사업자 간의 합의가 이루어지지 아니하는 경우에는 해당 혼합주택단지
공급면적의 2분의 1을 초과하는 면적을 관리하는 입주자대표회의 또는 임대사업
자가 결정하는 것이 원칙이다.

06 입주자대표회의 또는 임대사업자는 혼합주택단지의 관리에 관한 결정이 이루어 (○ | ×)
지지 아니하는 경우에는 임대주택분쟁조정위원회에 분쟁의 조정을 신청할 수
있다.

정답 01 × 02 × 03 × 04 × 05 × 06 ×

8 공동주택관리기구의 구성

01 입주자대표회의 또는 관리주체는 공동주택 전유부분과 공용부분의 유지·보수 및   (○ | ×)
관리 등을 위하여 공동주택관리기구를 구성하여야 한다.

정답   01 ×

9 민간임대주택의 관리

01 임대사업자는 민간임대주택이 300세대 이상의 공동주택에 해당하는 경우에는   (○ | ×)
「공동주택관리법」에 따른 주택관리업자에게 관리를 위탁하여야 하며, 자체관리할
수는 없다.

02 임대사업자는 민간임대주택이 승강기가 설치된 150세대 이상 공동주택인 경우에   (○ | ×)
는 「공동주택관리법」의 규정에 의한 주택관리업자에게 관리를 위탁하거나 자체
관리하여야 한다.

03 임대사업자가 민간임대주택을 자체관리하려면 대통령령으로 정하는 기술인력 및   (○ | ×)
장비를 갖추고 국토교통부령으로 정하는 바에 따라 시장·군수·구청장에게 신고
하여야 한다.

04 민간임대주택을 공동으로 관리하는 경우 기술인력 및 장비기준을 적용할 때에는   (○ | ×)
둘 이상의 민간임대주택단지를 각각의 민간임대주택단지로 본다.

정답   01 ×   02 ○   03 ×   04 ×

10 주택임대관리업

01 주택임대관리업은 주택의 소유자로부터 주택을 임차하여 자기책임으로 전대하는   (○ | ×)
형태의 위탁관리형 주택임대관리업과 주택의 소유자로부터 수수료를 받고 임대
료 부과·징수 및 시설물 유지·관리 등을 대행하는 형태의 자기관리형 주택임대
관리업으로 구분한다.

02 주택임대관리업을 하려는 자는 국토교통부장관에게 등록할 수 있다.   (○ | ×)

03 「지방공기업법」상 지방공사가 단독주택 100호 이상으로 자기관리형 주택임대관   (○ | ×)
리업을 할 경우에는 등록하지 않아도 된다.

04 「지방공기업법」에 따라 설립된 지방공사가 주택임대관리업을 하려는 경우에는 신청서에 대통령령으로 정하는 서류를 첨부하여 시장·군수·구청장에게 제출하여야 한다. (○ | ×)

05 자기관리형 주택임대관리업 등록 시 자본금은 1억 5천만원 이상이어야 한다. (○ | ×)

06 주택임대관리업의 등록기준으로 자본금은 자기관리형 주택임대관리업인 경우 1억원 이상, 위탁관리형 주택임대관리업인 경우 1억 5천만원 이상이다. (○ | ×)

07 주택임대관리업의 등록기준으로 전문인력은 자기관리형 주택임대관리업인 경우 1명 이상, 위탁관리형 주택임대관리업인 경우 2명 이상이다. (○ | ×)

08 주택임대관리업을 등록하려는 자는 자기관리형 주택임대관리업과 위탁관리형 주택임대관리업을 구분하여 등록하여야 한다. (○ | ×)

09 위탁관리형 주택임대관리업을 등록한 경우에는 자기관리형 주택임대관리업도 등록한 것으로 본다. (○ | ×)

10 주택임대관리업 등록을 한 자는 등록한 사항 중 자본금이 증가한 경우 시장·군수·구청장에게 변경신고를 하여야 한다. (○ | ×)

11 주택임대관리업을 등록한 자는 전문인력 수가 증가한 경우 이를 시장·군수·구청장에게 신고하여야 한다. (○ | ×)

12 주택임대관리업을 등록한 자는 등록사항 중에서 자본금 또는 전문인력의 수가 증가한 경우 시장·군수·구청장에게 신고하여야 한다. (○ | ×)

13 주택임대관리업자는 등록한 사항이 변경된 경우에는 변경사유가 발생한 날부터 30일 이내에 시장·군수·구청장에게 신고하여야 하며, 주택임대관리업을 폐업하려면 폐업일 15일 이전에 시장·군수·구청장에게 말소신고를 하여야 한다. (○ | ×)

14 주택임대관리업을 등록한 자가 등록한 사항을 변경하고자 신고를 하는 경우 시장·군수·구청장은 신고를 받은 날부터 10일 이내에 신고수리 여부를 신고인에게 통지하여야 한다. (○ | ×)

15 주택임대관리업의 등록이 말소된 후 3년이 지난 자는 주택임대관리업을 등록할 수 있다. (○ | ×)

16 주택임대관리업의 등록이 말소된 후 3년이 지나지 아니한 자는 주택임대관리업의 등록을 할 수 없다. (○ | ×)

17 「민간임대주택에 관한 특별법」을 위반하여 금고 이상의 실형을 선고받고 그 집행이 종료된 날부터 3년이 지나지 아니한 사람은 주택임대관리업을 등록할 수 없다. (○ | ×)

18 「민간임대주택에 관한 특별법」을 위반하여 금고 이상의 실형을 선고받고 집행이 종료(집행이 종료된 것으로 보는 경우를 포함한다)되거나 그 집행이 면제된 날부터 3년이 지난 사람은 주택임대관리업의 결격사유에 해당한다. (○ | ×)

19 「민간임대주택에 관한 특별법」을 위반하여 형의 집행유예를 선고받고 그 유예기간이 종료된 날부터 3년이 지나지 아니한 사람은 주택임대관리업의 등록을 할 수 없다. (○ | ×)

20 주택임대관리업자는 임대를 목적으로 하는 주택에 대하여 「공인중개사법」에 따   (○ | ×)
    른 중개업에 관한 업무를 수행할 수 있다.

21 주택임대관리업자는 임대를 목적으로 하는 주택에 대하여 부수적으로 시설물 유   (○ | ×)
    지보수·개량 및 그 밖의 주택관리 업무를 수행할 수 있다.

22 주택임대관리업자는 분기마다 그 분기가 끝나는 달의 말일까지 자본금, 전문인   (○ | ×)
    력, 관리 호수 등 대통령령으로 정하는 정보를 시장·군수·구청장에게 신고하여
    야 한다.

23 주택임대관리업자는 주택임대관리업자의 현황 중 전문인력의 경우 1개월마다 시   (○ | ×)
    장·군수·구청장에게 신고하여야 한다.

24 주택임대관리업자는 반기마다 그 반기가 끝나는 달의 다음 달 말일까지 위탁받아   (○ | ×)
    관리하는 주택의 호수·세대수 및 소재지를 시장·군수·구청장에게 신고하여야
    한다.

25 위탁관리형 주택임대관리업자는 보증보험 가입사항을 시장·군수·구청장에게 신   (○ | ×)
    고하여야 한다.

26 자기관리형 주택임대관리업자는 관리수수료를 포함한 위·수탁계약서를 작성하   (○ | ×)
    여 주택의 소유자에게 교부하여야 한다.

27 위탁관리형 주택임대관리업자는 임대료를 포함한 위·수탁계약서를 작성하여 주   (○ | ×)
    택의 소유자에게 교부하여야 한다.

28 자기관리형 주택임대관리업자는 전대료 및 전대보증금을 포함한 위·수탁계약서   (○ | ×)
    를 작성하여 주택의 소유자에게 교부하여야 한다.

29 위탁관리형 주택임대관리업자는 전대료 및 전대보증금을 포함한 위·수탁계약서   (○ | ×)
    를 작성하여 주택의 소유자에게 교부하여야 한다.

30 위탁관리형 주택임대관리업을 하는 주택임대관리업자는 임대인 및 임차인의 권   (○ | ×)
    리보호를 위하여 보증상품에 가입하여야 한다.

31 자기관리형 주택임대관리업자는 임대인의 권리보호를 위하여 약정한 임대료를   (○ | ×)
    지급하지 아니하는 경우에 약정한 임대료의 6개월분 이상의 지급을 책임지는 보
    증을 할 수 있는 보증상품에 가입하여야 한다.

32 시장·군수·구청장은 주택임대관리업자가 거짓이나 그 밖의 부정한 방법으로 등   (○ | ×)
    록을 한 경우에는 해당 주택임대관리업자의 등록을 말소하거나 1년 이내의 기간
    을 정하여 영업의 전부 또는 일부의 정지를 명할 수 있다.

33 시장·군수·구청장은 주택임대관리업자가 정당한 사유 없이 최종 위탁계약 종료   (○ | ×)
    일의 다음 날부터 1년 이상 위탁계약 실적이 없는 경우에는 해당 주택임대관리업
    자의 등록을 말소하여야 한다.

34 시장·군수·구청장은 주택임대관리업자가 정당한 사유 없이 최종 위탁계약 종료   (○ | ×)
    일의 다음 날부터 1년 이상 위탁계약 실적이 없어 영업정지 처분을 하여야 할 경
    우에는 이에 갈음하여 1천만원 이하의 과징금을 부과할 수 있다.

35 시장·군수·구청장은 주택임대관리업자가 영업정지기간 중에 주택임대관리업을 영위한 경우 또는 최근 3년간 2회 이상의 영업정지처분을 받은 자로서 그 정지처분을 받은 기간이 합산하여 12개월을 초과한 경우에는 영업정지에 갈음하여 1천만원 이하의 과징금을 부과할 수 있다. (○ | ×)

정답 01 X 02 X 03 ○ 04 X 05 ○ 06 X 07 X 08 ○ 09 X 10 X 11 X 12 X 13 X 14 X 15 ○
16 X 17 ○ 18 X 19 X 20 X 21 ○ 22 X 23 X 24 X 25 X 26 X 27 X 28 ○ 29 X 30 X
31 X 32 X 33 X 34 ○ 35 X

CHAPTER 04 | 공동주택의 관리조직

▶ **연계학습** | 이론편 p.52

1 입주자대표회의 ⇨ 구성

OX 문제

01 300세대인 공동주택의 입주자대표회의는 3명 이상으로 구성하되, 동별 세대수에 비례하여 관리규약으로 정한 선거구에 따라 선출된 대표자로 구성한다. (○ | ×)

02 입주자대표회의는 4명 이상으로 구성하되, 동별 세대수에 비례하여 시장·군수·구청장이 정한 선거구에 따라 선출된 대표자로 구성한다. (○ | ×)

03 동별 대표자 선거구는 2개 동 이상으로 묶어서 정할 수 있으나, 통로나 층별로 구획하여 정할 수는 없다. (○ | ×)

04 하나의 공동주택단지를 여러 개의 공구로 구분하여 순차적으로 건설하는 경우, 먼저 입주한 공구의 입주자등이 입주자대표회의를 구성하면 다음 공구의 입주예정자 3분의 2가 입주한 때에는 다시 입주자대표회의를 구성하여야 한다. (○ | ×)

05 동별 대표자는 보통·평등·직접·비밀선거를 통하여 선출한다. (○ | ×)

06 사용자는 입주자인 동별 대표자 후보자가 있는 선거구라도 해당 공동주택단지 안에서 주민등록을 마친 후 계속하여 3개월 이상 거주하고 있으면 동별 대표자로 선출될 수 있다. (○ | ×)

07 동별 대표자는 서류 제출 마감일을 기준으로 해당 선거구에서 주민등록을 마친 후 계속하여 6개월 이상 거주하고 있는 입주자 중에서 선출하는 것이 원칙이다. (○ | ×)

08 최초 입주자대표회의의 동별 대표자는 서류 제출 마감일을 기준으로 해당 선거구에서 주민등록을 마친 후 계속하여 3개월 이상 거주하고 있는 입주자이어야 한다. (○ | ×)

09 최초의 입주자대표회의를 구성하기 위한 동별 대표자를 선출하는 경우, 해당 선거구에 주민등록을 마친 후 계속하여 동별 대표자 선출공고에서 정한 각종 서류 제출 마감일을 기준으로 2개월째 거주하고 있는 공동주택의 소유자는 동별 대표자가 될 수 없다. (○ | ×)

10 동별 대표자는 후보자가 2명 이상인 경우에는 해당 선거구 전체 입주자등 10분의 (○ | ×)
1 이상이 투표하고 후보자 중 최다득표자를 선출한다.

11 동별 대표자는 후보자가 1명인 경우에는 해당 선거구 전체 입주자등의 과반수 찬 (○ | ×)
성으로 선출한다.

12 동별 대표자는 후보자가 1명인 경우에는 해당 선거구 전체 입주자등 10분의 1 이 (○ | ×)
상이 투표하고 투표자 과반수의 찬성으로 선출한다.

13 피성년후견인 및 피한정후견인은 동별 대표자가 될 수 없다. (○ | ×)

14 미성년자는 동별 대표자가 될 수 없다. (○ | ×)

15 파산자였으나 동별 대표자 선출공고에서 정한 각종 서류 제출 마감일 기준 1개월 (○ | ×)
전에 복권된 공동주택의 소유자는 동별 대표자가 될 수 없다.

16 서류 제출 마감일을 기준으로 「공동주택관리법」을 위반한 범죄로 금고 8월의 실 (○ | ×)
형선고를 받고 그 집행이 끝난 날부터 16개월이 지난 사람은 동별 대표자로 선출
될 수 있다.

17 금고 이상의 형의 집행유예선고를 받고 그 유예기간이 끝난 날로부터 2년이 지나 (○ | ×)
지 아니한 사람은 동별 대표자가 될 수 없다.

18 「주택법」을 위반한 범죄로 징역 1년, 집행유예 2년을 선고받고 동별 대표자 선출 (○ | ×)
공고에서 정한 각종 서류 제출 마감일 기준 그 집행유예기간 중인 공동주택의 소
유자는 동별 대표자가 될 수 없다.

19 「주택법」을 위반한 범죄로 징역 6개월의 집행유예 1년의 선고를 받고 그 유예기 (○ | ×)
간이 종료한 때로부터 2년이 지난 사람은 동별 대표자가 될 수 없다.

20 「공동주택관리법」을 위반한 범죄로 50만원의 벌금을 선고받은 후 7년이 지난 사 (○ | ×)
람은 동별 대표자가 될 수 있다.

21 「공동주택관리법」을 위반하여 과태료 100만원을 부과받은 후 1년이 지난 사람은 (○ | ×)
동별 대표자가 될 수 없다.

22 동별 대표자 선거관리위원회 위원을 사퇴하였더라도 동별 대표자 선출공고에서 (○ | ×)
정한 서류 제출 마감일을 기준으로 할 때 그 남은 임기 중에 있는 사람은 동별
대표자가 될 수 없다.

23 동별 대표자를 선출하기 위해 입주자등에 의해 구성된 선거관리위원회 위원이었 (○ | ×)
으나 1개월 전에 사퇴하였고 남은 임기 중에 있는 사람은 동별 대표자가 될 수
있다.

24 공동주택의 소유자가 서면으로 위임한 대리권이 있는 소유자의 배우자나 직계존 (○ | ×)
비속은 동별 대표자가 될 수 있다.

25 공동주택의 소유자의 조카(3촌)로서 해당 주택에 거주하고 있으면서 소유자가 서 (○ | ×)
면으로 위임한 대리권이 있는 자는 동별 대표자가 될 수 없다.

26 공동주택의 소유자가 서면으로 위임한 대리권이 있는 사용자는 동별 대표자가 될 (○ | ×)
수 있다.

27 해당 공동주택의 동별 대표자를 사퇴한 날로부터 1년이 지난 사람은 동별 대표자 (○ | ×)
가 될 수 있다.

28 해당 공동주택의 동별 대표자에 대한 해임이 요구된 후 사퇴한 경우, 사퇴한 날부 (○ | ×)
터 1년이 지난 사람은 동별 대표자가 될 수 있다.

29 해당 공동주택의 동별 대표자에서 해임된 날부터 2년이 지난 사람은 동별 대표자 (○ | ×)
가 될 수 있다.

30 관리비등을 2개월을 연속하여 체납한 사람도 동별 대표자가 될 수 있다. (○ | ×)

31 동별 대표자로서 임기 중에 관리비등을 최근 3개월 이상 연속하여 체납하여 퇴임 (○ | ×)
한 사람으로, 서류 제출 마감일을 기준으로 남은 임기가 끝나고 1년이 지나지 아
니한 사람은 동별 대표자가 될 수 없다.

32 동별 대표자가 임기 중에 동별 대표자의 결격사유에 해당하게 된 경우에는 당연 (○ | ×)
히 퇴임한다.

33 동별 대표자가 임기 중에 관리비를 3개월 이상 연속하여 체납한 경우에는 해당 (○ | ×)
선거구 전체 입주자등의 과반수의 찬성으로 해임한다.

34 공동주택 소유자의 결격사유는 그를 대리하는 자에게 미치지 않는다. (○ | ×)

35 공동주택을 임차하여 사용하는 사람의 동별 대표자 결격사유는 그를 대리하는 자 (○ | ×)
에게 미치지 않는다.

36 동별 대표자의 임기나 그 제한에 관한 사항, 동별 대표자 또는 입주자대표회의 (○ | ×)
임원의 선출이나 해임 방법 등 입주자대표회의의 구성 및 운영에 필요한 사항과
입주자대표회의의 의결 방법은 대통령령으로 정한다.

37 「공동주택관리법 시행령」은 동별 대표자의 임기를 관리규약으로 정하도록 규정 (○ | ×)
하고 있다.

38 보궐선거로 선출된 동별 대표자의 임기는 모든 동별 대표자의 임기가 동시에 시 (○ | ×)
작하는 경우 전임자 임기의 남은 기간으로 한다.

39 동별 대표자의 임기는 3년 단임으로 한다. (○ | ×)

40 동별 대표자의 임기는 2년으로 하되, 연임할 수 있다. (○ | ×)

41 보궐선거 또는 재선거로 선출된 동별 대표자의 임기가 1년 미만인 경우에는 임기 (○ | ×)
의 횟수에 포함하지 아니한다.

42 동별 대표자를 중임한 사람은 해당 선거구 입주자등의 3분의 2 이상의 찬성이 있 (○ | ×)
어야 다시 동별 대표자로 선출될 수 있다.

43 입주자인 동별 대표자 중에서 회장 후보자가 있는 경우에도 사용자인 동별 대표 (○ | ×)
자는 회장이 될 수 있다.

44 사용자인 동별 대표자는 회장이 될 수 없으나, 입주자인 동별 대표자 중에서 회장 (○ | ×)
후보자가 없는 경우로서 선출 전에 전체 입주자등의 과반수의 동의를 얻은 경우
에는 회장이 될 수 있다.

45 입주자대표회의에는 회장 1명, 감사 3명 이상, 이사 2명 이상의 임원을 두어야 한다. (○ | ×)

46 입주자대표회의의 회장 후보자가 3명인 경우, 전체 입주자등의 10분의 1 이상이 투표하고 후보자 중 최다득표를 한 동별 대표자 1명을 입주자대표회의 회장으로 선출한다. (○ | ×)

47 회장 후보자가 2명 이상인 경우에는 전체 입주자등의 과반수가 투표하고 후보자 중 최다득표자를 선출한다. (○ | ×)

48 회장 후보자가 1명인 경우에는 전체 입주자등의 과반수가 투표하고 투표자 과반수 찬성으로 선출한다. (○ | ×)

49 500세대 이상 공동주택에서 회장은 관리규약으로 정하는 경우에는 입주자대표회의 구성원 과반수 찬성으로 선출한다. (○ | ×)

50 500세대 미만 공동주택에서 회장은 관리규약으로 정한 바가 없으면 입주자대표회의 구성원 과반수 찬성으로 선출하고, 입주자대표회의 구성원 과반수 찬성으로 선출할 수 없는 경우로서 최다득표자가 2인 이상인 경우에는 추첨으로 선출한다. (○ | ×)

51 500세대 이상 공동주택의 감사는 관리규약으로 정하는 경우에는 입주자대표회의 구성원 과반수 찬성으로 선출한다. (○ | ×)

52 감사 후보자가 선출인원을 초과하는 경우에는 전체 입주자등 과반수가 투표하고 후보자 중 다득표자 순으로 선출한다. (○ | ×)

53 500세대 이상 공동주택의 감사 후보자가 선출필요인원과 같거나 미달하는 경우에는 후보자별로 전체 입주자등의 과반수가 투표하고 투표자 과반수의 찬성으로 선출한다. (○ | ×)

54 감사로 선출된 자가 선출필요인원에 미달하여 추가선출이 필요한 경우에는 입주자등의 보통·평등·직접·비밀선거를 통하여 선출한다. (○ | ×)

55 500세대 미만 공동주택에서 감사는 입주자대표회의 구성원 과반수 찬성으로 선출하며, 관리규약으로 정하는 경우에는 입주자등의 보통·평등·직접·비밀선거를 통하여 선출한다. (○ | ×)

56 이사는 입주자대표회의 구성원 과반수의 찬성으로 선출하며, 입주자대표회의 구성원 과반수 찬성으로 선출할 수 없는 경우로서 최다득표자가 2인 이상인 경우에는 추첨으로 선출한다. (○ | ×)

57 이사는 입주자등의 보통·평등·직접·비밀선거를 통하여 선출한다. (○ | ×)

58 500세대 미만의 공동주택의 이사는 관리규약으로 정한 경우 입주자등의 보통·평등·직접·비밀선거를 통하여 선출할 수 있다. (○ | ×)

59 입주자대표회의는 입주자등의 소통 및 화합의 증진을 위하여 그 감사 중 공동체 생활의 활성화에 관한 업무를 담당하는 감사를 선임할 수 있다. (○ | ×)

60 감사는 입주자대표회의에서 의결한 안건이 관계 법령 및 관리규약에 위반된다고 판단되는 경우에는 입주자대표회의에 재심의를 요청할 수 있다. (○ | ×)

61 감사는 감사를 한 경우에는 감사보고서를 작성하여 입주자대표회의와 관리주체 (○ㅣ×) 에게 제출하고 인터넷 홈페이지 및 동별 게시판 등에 공개하여야 한다.

62 동별 대표자는 관리규약으로 정한 사유가 있는 경우 관리규약으로 정하는 절차에 (○ㅣ×) 따라 해임한다.

63 동별 대표자는 관리규약으로 정한 사유가 있는 경우 해당 선거구 전체 입주자등 (○ㅣ×) 의 10분의 1 이상이 투표하고 투표자 과반수의 찬성으로 해임한다.

64 동별 대표자는 관리규약으로 정한 사유가 있는 경우 해당 선거구 전체 입주자등 (○ㅣ×) 의 과반수 찬성으로 해임한다.

65 회장과 감사는 관리규약으로 정하는 절차에 따라 해임한다. (○ㅣ×)

66 전체 입주자등의 선거를 통하여 선출된 입주자대표회의의 회장과 감사는 전체 입 (○ㅣ×) 주자등의 과반수가 투표하고 투표자 과반수 찬성으로 해임한다.

67 500세대 미만 공동주택 단지에서 관리규약으로 정해 입주자대표회의 구성원 과 (○ㅣ×) 반수 찬성으로 선출된 입주자대표회의의 회장과 감사는 입주자대표회의 구성원 과반수 찬성으로 해임한다.

68 이사는 전체 입주자등의 10분의 1 이상이 투표하고 투표자 과반수의 찬성으로 해 (○ㅣ×) 임한다.

정답 01 X 02 X 03 X 04 X 05 ○ 06 X 07 X 08 X 09 X 10 X 11 X 12 X 13 ○ 14 ○ 15 X
16 X 17 X 18 ○ 19 X 20 ○ 21 X 22 ○ 23 X 24 ○ 25 ○ 26 X 27 ○ 28 X 29 ○ 30 ○
31 X 32 ○ 33 X 34 X 35 X 36 ○ 37 X 38 X 39 X 40 X 41 X 42 X 43 X 44 X 45 X
46 ○ 47 X 48 X 49 X 50 X 51 X 52 X 53 X 54 X 55 X 56 ○ 57 X 58 X 59 X 60 ○
61 ○ 62 X 63 X 64 X 65 X 66 X 67 X 68 X

2 선거관리위원회

OX 문제

01 입주자대표회의는 동별 대표자나 입주자대표회의 임원을 선출하거나 해임하기 (○ㅣ×) 위하여 선거관리위원회를 구성한다.

02 동별 대표자 및 선거관리위원회 위원을 사퇴하거나 그 지위에서 해임 또는 해촉된 (○ㅣ×) 사람으로서 그 남은 임기 중에 있는 사람은 선거관리위원회 위원이 될 수 있다.

03 동별 대표자 또는 그 후보자는 선거관리위원회의 위원이 될 수 없으나, 그 배우자 (○ㅣ×) 나 직계존비속은 선거관리위원회의 위원이 될 수 있다.

04 사용자는 동별 대표자를 선출하기 위한 선거관리위원회 위원이 될 수 있다. (○ㅣ×)

05 500세대 이상인 공동주택의 선거관리위원회는 입주자등 중에서 위원장을 포함 (○ㅣ×) 하여 3명 이상 9명 이하의 위원으로 구성한다.

06 500세대 미만인 공동주택의 선거관리위원회는 입주자등 중에서 위원장을 포함 (○ㅣ×) 하여 5명 이상 9명 이하의 위원으로 구성한다.

07 선거관리위원회 위원장은 위원 중에서 호선한다. (○ | ×)

08 300세대인 공동주택은 「선거관리위원회법」에 따른 선거관리위원회 소속 직원 (○ | ×)
1명을 위원으로 위촉하여야 한다.

09 500세대 미만인 공동주택은 「선거관리위원회법」에 따른 선거관리위원회 소속 (○ | ×)
직원 1명을 관리규약으로 정하는 바에 따라 위원으로 위촉한다.

10 500세대 이상의 공동주택은 「선거관리위원회법」에 따른 선거관리위원회의 소속 (○ | ×)
직원 1명을 선거관리위원회 위원으로 위촉하여야 한다.

11 선거관리위원회의 구성·운영·업무·경비, 위원의 선임·해임 및 임기 등에 관한 (○ | ×)
사항은 국토교통부령으로 정한다.

12 입주자대표회의의 회장은 동별 대표자 후보자에 대하여 동별 대표자의 자격요건 (○ | ×)
충족 여부와 결격사유 해당 여부를 확인하여야 한다.

13 선거관리위원회의 위원장은 동별 대표자의 결격사유 확인에 관한 사무를 수행하 (○ | ×)
기 위하여 불가피한 경우라도 「개인정보 보호법 시행령」에 따른 주민등록번호가
포함된 자료는 처리할 수 없다.

정답 01 X 02 X 03 X 04 O 05 X 06 X 07 O 08 X 09 X 10 X 11 X 12 X 13 X

3 입주자대표회의 ⇨ 운영

OX 문제

01 입주자대표회의는 그 구성원의 3분의 2 이상의 찬성으로 의결한다. (○ | ×)

02 입주자대표회의의 의결사항은 관리규약, 관리비, 시설의 운영에 관한 사항 등으 (○ | ×)
로 한다.

03 입주자대표회의는 관리규약 제정안의 제안은 의결할 수 없다. (○ | ×)

04 입주자대표회의는 관리규약 제정안을 제안한다. (○ | ×)

05 동별 대표자의 선출절차를 정한 관리규약의 개정의 확정은 입주자대표회의 구성 (○ | ×)
원 과반수 찬성으로 의결하는 사항이다.

06 입주자대표회의는 관리규약에서 위임한 사항과 그 시행에 필요한 규정의 제정· (○ | ×)
개정 및 폐지를 그 구성원 3분의 2의 찬성으로 의결한다.

07 입주자대표회의는 관리규약의 제정·개정 및 폐지를 의결한다. (○ | ×)

08 공동주택 관리방법의 제안은 입주자대표회의의 구성원 과반수 찬성으로 의결한다. (○ | ×)

09 공동주택 관리방법 변경의 확정은 입주자대표회의 구성원 과반수 찬성으로 의결 (○ | ×)
하는 사항이다.

10 관리비등 집행을 위한 사업계획 및 예산의 승인은 입주자대표회의 구성원 과반수 (○ | ×)
찬성으로 의결하는 사항이다.

11 관리비등의 집행을 위한 사업계획 및 예산의 승인은 관리주체의 업무에 속한다. (○ ㅣ ×)

12 공용시설물의 이용료 부과기준의 결정은 입주자대표회의의 구성원 과반수 찬성으로 의결한다. (○ ㅣ ×)

13 입주자대표회의는 위탁관리를 하는 경우 위탁관리기구 직원의 임면에 관한 사항을 결정한다. (○ ㅣ ×)

14 자치관리를 하는 공동주택의 입주자대표회의는 구성원 과반수 찬성으로 자치관리기구 직원의 임면을 의결한다. (○ ㅣ ×)

15 자치관리를 하는 경우 자치관리기구의 직원의 임면은 관리사무소장의 업무이다. (○ ㅣ ×)

16 공동주택의 전유부분의 보수·교체 및 개량은 관리규약으로 따로 정하는 바가 없더라도 입주자대표회의 의결사항에 포함된다. (○ ㅣ ×)

17 장기수선계획에 따른 공동주택의 공용부분의 개량은 입주자대표회의 구성원 과반수 찬성으로 의결하는 사항이다. (○ ㅣ ×)

18 공동주택 전유부분 및 공용부분의 행위허가 또는 신고행위의 제안은 입주자대표회의의 의결사항이다. (○ ㅣ ×)

19 입주자대표회의는 공동주택 전유부분의 담보책임의 종료 확인을 의결한다. (○ ㅣ ×)

20 어린이집을 포함한 주민공동시설 위탁 운영의 제안은 입주자대표회의 의결사항이다. (○ ㅣ ×)

21 인근 공동주택단지 입주자등의 주민공동시설 이용에 대한 허용 결정은 입주자대표회의 의결사항이다. (○ ㅣ ×)

22 비용지출을 수반하지 아니하는 장기수선계획 및 안전관리계획의 수립 또는 조정은 입주자대표회의 의결사항이다. (○ ㅣ ×)

23 입주자등 상호간에 이해가 상반되는 사항의 조정은 관리주체의 업무이다. (○ ㅣ ×)

24 공동체 생활의 활성화 및 질서유지에 관한 사항은 입주자대표회의 구성원 과반수의 찬성으로 의결한다. (○ ㅣ ×)

25 공동주택의 발코니 난간에 돌출물을 설치하는 행위는 입주자대표회의 의결사항에 해당한다. (○ ㅣ ×)

26 계약기간이 만료된 주택관리업자를 관리주체로 다시 선정하는 경우 입주자대표회의 구성원 과반수의 찬성으로 의결할 수 있다. (○ ㅣ ×)

27 장기수선계획에 따른 공동주택의 공용부분의 보수·교체 및 개량은 관리주체의 업무이다. (○ ㅣ ×)

28 입주자대표회의에서 의결한 장기수선계획에 따른 공동주택의 공용부분의 보수·교체 및 개량사항의 집행은 관리주체의 업무이다. (○ ㅣ ×)

29 입주자대표회의의 구성원 중 사용자인 동별 대표자가 과반수인 경우 공동주택 공용부분의 담보책임 종료 확인에 관한 사항은 전체 입주자 과반수의 서면동의를 받아 그 동의 내용대로 의결한다. (○ ㅣ ×)

30 입주자대표회의의 구성원 중 사용자인 동별 대표자가 과반수인 경우 장기수선계획 （○ㅣ×）
의 수립 또는 조정에 관한 사항은 전체 입주자등 과반수의 서면동의를 받아 그
동의 내용대로 의결한다.

31 입주자대표회의가 자치관리기구 직원의 임면에 관한 사항을 의결할 때 공동주택 （○ㅣ×）
의 입주자등이 아닌 자로서 해당 공동주택의 관리에 이해관계를 가진 자의 권리
를 침해해도 된다.

32 입주자대표회의는 주택관리업자가 공동주택을 관리하는 경우에 주택관리업자의 （○ㅣ×）
인사ㆍ노무관리에 대하여 관리규약에서 정한 의결절차만 거치면 인사ㆍ노무관리
에 적극적으로 개입할 수 있는 권한이 있다.

33 회장은 입주자대표회의 구성원 4분의 1의 청구가 있는 경우에는 청구일부터 14 （○ㅣ×）
일 이내에 입주자대표회의를 소집해야 한다.

34 입주자대표회의의 회장은 입주자등의 10분의 1 이상이 요청하는 때에는 해당일 （○ㅣ×）
부터 7일 이내에 입주자대표회의를 소집하여야 한다.

35 회장은 장기수선계획의 수립 또는 조정에 관한 사항에 대하여 전체 입주자등의 （○ㅣ×）
10분의 1 이상이 요청하는 경우에 해당일부터 14일 이내에 입주자대표회의를 소
집하여야 한다.

36 300세대 전체가 입주한 공동주택에서 2023년 4월 10일에 35세대의 입주자가 （○ㅣ×）
요청하여 회장이 2023년 5월 9일에 입주자대표회의를 소집하였다.

37 입주자대표회의는 그 회의를 개최한 때에는 회의록을 작성하여 입주자대표회의 （○ㅣ×）
회장에게 보관하게 하여야 한다.

38 관리주체는 입주자대표회의의 회의록을 작성하여 보관하여야 한다. （○ㅣ×）

39 300세대 이상인 공동주택의 관리주체는 관리규약으로 정하는 바에 따라 회의록 （○ㅣ×）
을 입주자등에게 공개할 수 있다.

40 300세대 미만인 공동주택의 관리주체는 관리규약으로 정하는 범위ㆍ방법 및 절 （○ㅣ×）
차 등에 따라 회의록을 입주자등에게 공개하여야 한다.

정답 01 X 02 ○ 03 ○ 04 X 05 X 06 X 07 X 08 ○ 09 X 10 ○ 11 X 12 ○ 13 X 14 ○ 15 X
16 X 17 ○ 18 X 19 X 20 X 21 X 22 X 23 X 24 ○ 25 X 26 X 27 X 28 ○ 29 X 30 X
31 X 32 X 33 X 34 X 35 X 36 X 37 X 38 X 39 X 40 X

4 관리주체

OX 문제

01 입주자대표회의는 관리주체로서 공동주택을 「공동주택관리법」 또는 「공동주택관 （○ㅣ×）
리법」에 따른 명령에 따라 관리하여야 하며, 이를 위반한 경우에는 5백만원 이하
의 과태료를 부과한다.

02 관리주체는 업무에 필요한 범위 안에서 공동주택의 공용부분을 사용할 수 있다. (○ | ×)

03 공동주택의 전유부분의 유지·보수 및 안전관리는 관리주체의 관리활동 내용에 (○ | ×)
해당한다.

04 하자보수보증금의 징수·적립은 관리주체의 업무에 해당한다. (○ | ×)

05 관리주체는 관리규약으로 정한 사항을 의결한다. (○ | ×)

06 관리주체는 입주자대표회의에서 의결한 사항을 집행한다. (○ | ×)

07 관리비등의 집행을 위한 사업계획 및 예산의 승인은 관리주체의 업무에 속한다. (○ | ×)

08 입주자등 상호간에 이해가 상반되는 사항의 조정은 관리주체의 업무이다. (○ | ×)

09 입주자대표회의에서 의결한 입주자등 상호간에 이해가 상반되는 사항의 조정의 (○ | ×)
집행은 관리주체의 업무이다.

10 관리주체의 업무를 정하고 있는 「공동주택관리법 시행령」은 '지방자치단체의 조 (○ | ×)
례로 정하는 사항'도 그 업무로 규정하고 있다.

11 관리주체는 입주자대표회의 회의록을 작성하여 보관한다. (○ | ×)

12 의무관리대상 공동주택의 관리주체는 주택관리업자 및 사업자 선정 관련 증빙서 (○ | ×)
류를 해당 계약 체결일부터 3년간 보관하여야 한다.

13 관리주체는 모든 거래행위에 관하여 월별로 작성한 장부 및 그 증빙서류를 해당 (○ | ×)
회계연도 종료일부터 3년간 보관하여야 한다.

14 의무관리대상 공동주택의 관리주체는 관리비등 징수·보관·예치·집행 등 모든 (○ | ×)
거래 행위에 관하여 월별로 작성한 장부 및 그 증빙서류를 작성일부터 5년간 보
관하여야 한다.

15 관리주체는 「전자문서 및 전자거래 기본법」에 따른 정보처리시스템을 통하여 장 (○ | ×)
부 및 증빙서류를 작성하여 보관하여야 한다.

16 관리주체는 공동주택의 입주자등이 관리비등의 징수와 보관 등에 대한 장부의 열 (○ | ×)
람을 요구하는 때에는 관리규약으로 정하는 바에 따라 이에 응하여야 한다.

17 관리주체는 공동주택의 입주자등이 관리주체의 업무에 관한 정보의 열람을 요구 (○ | ×)
하는 경우에는 개인의 사생활의 비밀 또는 자유를 침해할 우려가 있는 정보는 관
리규약이 정하는 바에 따라 이에 응하여야 한다.

18 의무관리대상 공동주택의 관리주체는 다음 회계연도에 관한 관리비등의 사업계 (○ | ×)
획 및 예산안을 매 회계연도 개시 2개월 전까지 입주자대표회의에 제출하여 승인
을 받아야 한다.

19 사업주체로부터 공동주택의 관리업무를 인계받은 관리주체는 인계받은 날부터 (○ | ×)
1개월 이내 다음 회계연도가 시작되기 전까지의 기간에 대한 사업계획 및 예산안
을 수립하여 입주자대표회의의 승인을 받아야 한다.

20 사업주체로부터 공동주택의 관리업무를 인계받은 관리주체는 다음 회계연도가 (○ | ×)
시작되기 전까지의 기간이 6개월 미만인 경우로서 입주자대표회의 의결이 있는
경우에는 사업계획 및 예산안의 수립을 생략할 수 있다.

21 의무관리대상 공동주택의 관리주체는 회계연도마다 사업실적서 및 결산서를 작 (○ | ×)
성하여 회계연도 종료 후 3개월 이내에 입주자대표회의에 제출하여야 한다.

22 관리주체는 청소를 위한 용역 및 공사를 위해 시·도지사가 고시하는 경쟁입찰의 (○ | ×)
방법으로 사업자를 선정하고 집행하여야 한다.

23 입주자대표회의는 주민공동시설의 위탁, 물품의 구입과 매각, 잡수입의 취득에 (○ | ×)
대한 사업자를 선정하고, 관리주체는 이를 집행하여야 한다.

24 관리주체가 청소, 경비, 소독, 승강기 유지, 지능형 홈네트워크, 수선·유지를 위 (○ | ×)
한 용역 및 공사 사업자를 선정하는 경우에 입주자대표회의의 감사는 입찰과정에
참관하여야 한다.

25 어린이집 임대에 따른 잡수입의 취득은 관리주체가 국토교통부장관이 고시하는 (○ | ×)
경쟁입찰로 사업자를 선정하여 집행하는 사항이다.

26 하자보수보증금을 사용하여 보수하는 공사는 관리주체가 사업자를 선정하고 집 (○ | ×)
행하는 사항이다.

27 하자보수보증금을 사용하여 보수하는 공사는 입주자대표회의가 사업자를 선정하 (○ | ×)
고 관리주체가 집행하는 사항이다.

28 장기수선충당금을 사용하는 공사는 관리주체가 사업자를 선정하고 집행한다. (○ | ×)

29 입주자대표회의는 전기안전관리를 위한 용역의 사업자를 선정하고 집행하여야 (○ | ×)
한다.

30 기존 용역사업자에 대하여 새로운 사업자 선정을 위한 입찰에서 기존 사업자의 (○ | ×)
참가를 제한하도록 요구하려면 전체 입주자등의 3분의 2 이상 서면동의가 있어
야 한다.

31 의무관리대상 공동주택의 관리주체는 선정한 공사, 용역 등을 수행하는 사업자와 (○ | ×)
계약을 체결하는 경우 계약 체결일부터 15일 이내에 그 계약서를 해당 공동주택
단지의 인터넷 홈페이지 및 동별 게시판에 공개하여야 한다.

32 관리주체는 관리비의 세대별 부과내역을 대통령령으로 정하는 바에 따라 공동주 (○ | ×)
택단지의 인터넷 홈페이지 및 동별 게시판과 공동주택관리정보시스템에 공개하
여야 한다.

33 의무관리대상이 아닌 공동주택으로서 50세대 이상인 공동주택의 관리인이 관리 (○ | ×)
비 등의 내역을 공개하는 경우, 공동주택관리정보시스템 공개는 생략할 수 있다.

34 관리비등을 입주자등에게 부과한 관리주체는 그 명세를 다음 달 말일까지 해당 (○ | ×)
공동주택단지의 인터넷 홈페이지 및 동별 게시판과 공동주택관리정보시스템에
공개하여야 하지만 잡수입의 경우에는 공개하지 않아도 된다.

35 관리주체는 관리비등의 명세를 매월 말일까지 해당 공동주택단지의 인터넷 홈페 (○ | ×)
이지 및 동별 게시판과 공동주택관리정보시스템에 공개해야 한다.

36 의무관리대상 공동주택의 관리주체는 대통령령으로 정하는 바에 따라 「주식회사 (○ | ×)
의 외부감사에 관한 법률」에 따른 감사인의 회계감사를 매년 2회 이상 받아야
한다.

37 300세대 이상인 공동주택의 관리주체는 해당 공동주택 입주자등의 3분의 1 이 (○ | ×)
상이 서면으로 회계감사를 받지 아니하는 데 동의한 연도에는 회계감사를 받지
아니할 수 있다.

38 200세대인 의무관리대상 공동주택의 관리주체는 회계감사를 받지 않기 위해서 (○ | ×)
는 해당 공동주택 입주자등의 3분의 2 이상의 서면동의를 받아야 한다.

39 감사인의 회계감사를 받아야 하는 관리주체는 매년 12월 31일까지 재무제표에 (○ | ×)
대하여 회계감사를 받아야 한다.

40 회계감사를 받아야 하는 공동주택의 관리주체는 매 회계연도 종료 후 6개월 이내 (○ | ×)
에 회계감사를 받아야 한다.

41 재무제표를 작성하는 회계처리기준은 기획재정부장관이 정하여 고시한다. (○ | ×)

42 회계감사는 공동주택 회계의 특수성을 고려하여 제정된 회계감사기준에 따라 실 (○ | ×)
시되어야 한다.

43 감사인은 관리주체가 회계감사를 받은 날부터 1개월 이내에 관리주체에게 감사 (○ | ×)
보고서를 제출하여야 한다.

44 감사인은 관리주체가 회계감사를 받은 날부터 3개월 이내에 관리주체에게 감사 (○ | ×)
보고서를 제출하여야 한다.

45 감사인은 관리주체가 회계감사를 받은 날부터 1개월 이내에 입주자대표회의에 감 (○ | ×)
사보고서를 제출하여야 한다.

46 회계감사의 감사인은 회계감사 완료일부터 1개월 이내에 회계감사 결과를 관리주 (○ | ×)
체에게 제출하고, 제출받은 관리주체는 공동주택관리정보시스템에 공개하여야
한다.

47 관리주체는 회계감사를 받은 경우에는 감사보고서의 결과를 제출받은 다음 날부 (○ | ×)
터 2개월 이내에 입주자대표회의에 보고하고 해당 공동주택단지의 인터넷 홈페
이지에 공개하여야 한다.

48 관리주체는 회계감사를 받은 경우에는 감사보고서 등 회계감사의 결과를 제출받 (○ | ×)
은 날부터 1개월 이내에 시장·군수·구청장에게 보고하고, 해당 공동주택단지의
인터넷 홈페이지 및 동별 게시판에 공개하여야 한다.

49 관리주체는 회계감사를 받은 경우에는 감사보고서 등 회계감사의 결과를 제출받 (○ | ×)
은 날부터 1개월 이내에 입주자대표회의에 보고하고, 공동주택관리정보시스템에
공개하여야 한다.

50 관리주체는 회계감사의 감사인을 선정하여야 한다. (○ | ×)

51 입주자등의 5분의 1 이상이 연서하여 감사인의 추천을 요구하는 경우 입주자대표 (○ | ×)
회의는 감사인의 추천을 의뢰한 후 추천을 받은 자 중에서 감사인을 선정하여야
한다.

52 관리주체는 입주자등의 세대별 사용명세 및 연체자의 동·호수 등을 그 공동주택 (○ | ×)
단지 인터넷 홈페이지에 공개하거나 입주자등에게 개별 통지하여야 한다.

53 입주자대표회의는 입주자등의 이용을 방해하지 아니하는 한도에서 주민공동시설 (○ | ×)
을 관리주체가 아닌 자에게 위탁하여 운영할 수 있다.

54 입주자대표회의는 입주자등의 이용을 방해하지 아니하는 한도에서 주민공동시설 (○ | ×)
을 인근 공동주택단지 입주자등도 이용할 수 있도록 허용할 수 있다.

55 입주자등이 시설물의 파손·철거에 해당하는 세대 내 난방설비의 교체를 하고자 (○ | ×)
하는 경우에는 관리주체의 동의를 받아야 한다.

56 입주자등이 공동주택을 사업계획에 따른 용도 외의 용도에 사용하는 행위를 하고 (○ | ×)
자 하는 경우에는 관리주체의 동의를 받아야 한다.

57 입주자등이 「소방시설 설치 및 관리에 관한 법률」 제16조 제1항에 위배되는 범위 (○ | ×)
에서 공용부분에 물건을 적재하여 통행·피난 및 소방을 방해하는 행위를 하고자
하는 경우에는 관리주체의 동의를 받아야 한다.

58 입주자등이 장애인 보조견을 사육하는 행위를 하고자 하는 경우에는 관리주체의 (○ | ×)
동의를 받아야 한다.

59 입주자등이 공동주택의 발코니 난간에 돌출물을 설치하는 행위를 하고자 하는 경 (○ | ×)
우에는 입주자대표회의의 의결을 받아야 한다.

60 입주자등이 「주택건설기준 등에 관한 규정」에 따라 세대 안에 냉방설비의 배기장 (○ | ×)
치를 설치할 수 있는 공간이 마련된 공동주택의 경우 입주자등이 냉방설비의 배
기장치를 설치하기 위하여 발코니에 돌출물을 설치하는 행위를 하고자 하는 경우
에는 관리주체의 동의를 받아야 한다.

정답	01 ×	02 ○	03 ×	04 ×	05 ×	06 ○	07 ×	08 ×	09 ○	10 ×	11 ×	12 ×	13 ×	14 ×	15 ×
	16 ○	17 ×	18 ×	19 ×	20 ×	21 ×	22 ×	23 ×	24 ×	25 ×	26 ×	27 ×	28 ×	29 ×	30 ×
	31 ×	32 ×	33 ○	34 ×	35 ×	36 ×	37 ×	38 ×	39 ×	40 ×	41 ×	42 ○	43 ○	44 ×	45 ×
	46 ×	47 ×	48 ×	49 ×	50 ×	51 ×	52 ×	53 ×	54 ×	55 ×	56 ×	57 ×	58 ×	59 ×	60 ×

5 관리사무소장

OX 문제

01 위탁관리 시에는 입주자대표회의가 관리사무소장을 선임하지 않는다. (○ | ×)

02 甲주택관리업자는 700세대인 A아파트의 관리사무소장으로 주택관리사보를 배 (○ | ×)
치하였다.

03 300세대의 공동주택에는 주택관리사를 갈음하여 주택관리사보를 해당 공동주택 (○ | ×)
의 관리사무소장으로 배치할 수 있다.

04 400세대의 의무관리대상 공동주택에는 주택관리사보를 해당 공동주택의 관리사 (○ | ×)
무소장으로 배치할 수 없다.

05 A아파트의 관리사무소장은 입주자대표회의에서 의결한 공동주택의 운영·관리· (○ | ×)
유지·보수·교체·개량에 관한 업무를 집행하였다.

06 관리사무소장은 장기수선계획의 수립 및 조정에 관한 업무를 집행한다. (○ | ×)

07 관리사무소장은 하자의 발견 및 하자보수의 청구, 장기수선계획의 조정, 시설물 (○ | ×)
안전관리계획의 수립 및 안전점검업무가 비용지출을 수반하는 경우 입주자대표
회의의 의결 없이 이를 집행할 수 있다.

08 관리사무소장은 공동주택관리업무의 공개·홍보업무를 지휘·총괄할 수 있다. (○ | ×)

09 관리사무소장은 입주자대표회의 및 선거관리위원회의 운영에 필요한 업무를 지 (○ | ×)
휘·총괄할 수 있다.

10 관리사무소장은 안전관리계획을 5년마다 조정하되, 입주자대표회의 구성원 과반 (○ | ×)
수의 서면동의를 얻은 경우에는 5년이 지나기 전에 조정할 수 있다.

11 관리사무소장은 입주자대표회의 구성원 과반수의 서면동의를 얻은 경우에는 안 (○ | ×)
전관리계획을 3년이 지난 후에 조정할 수 있다.

12 관리사무소장은 관리비등이 예치된 금융기관으로부터 매월 말일을 기준으로 발 (○ | ×)
급받은 잔고증명서의 금액과 관리비등의 징수·보관·예치·집행 등 모든 거래
행위에 관하여 월별로 작성한 장부상 금액이 일치하는지 여부를 관리비등이 부
과된 달의 다음 달 15일까지 확인하는 업무를 집행한다.

13 관리사무소장은 입주자대표회의에서 의결하는 공동주택의 유지 업무와 관련하여 (○ | ×)
입주자대표회의를 대리하여 재판상의 행위를 할 수 없다.

14 A아파트의 관리사무소장은 선량한 관리자의 주의로 그 직무를 수행하였다. (○ | ×)

15 관리사무소장은 업무의 집행에 사용할 직인을 시·도지사에게 신고하여야 한다. (○ | ×)

16 관리사무소장은 업무의 집행에 사용하기 위해 신고한 직인을 변경할 경우 변경신 (○ | ×)
고를 하여야 한다.

17 관리사무소장은 배치내용과 업무의 집행에 사용할 직인을 시장·군수·구청장에 (○ | ×)
게 신고하여야 하며, 배치된 날부터 30일 이내에 '관리사무소장 배치 및 직인신
고서'를 시장·군수·구청장에게 제출하여야 한다.

18 관리사무소장으로 배치된 자는 관리사무소장 배치 및 직인신고서에 학력 및 경력 (○ | ×)
을 입증하는 사본을 첨부하여 제출하여야 한다.

19 배치된 공동주택의 전임 관리사무소장이 배치종료 신고를 하지 아니한 경우에는 (○ | ×)
공동주택의 관리방법이 위탁관리인 경우 관리사무소장 배치 및 직인신고서에 배
치를 증명하는 근로계약서 사본을 임명장 사본과 함께 제출하여야 한다.

20 주택관리사단체는 관리사무소장이 배치신고 또는 변경신고에 대한 증명서 발급 (○ | ×)
을 요청하면 7일 이내에 관리사무소장의 배치 및 직인(변경신고증명서)신고증명
서를 발급하여야 한다.

21 입주자대표회의가 관리사무소장의 업무에 대하여 「공동주택관리법」 또는 관계 (○ | ×)
법령에 위반되는 지시를 하거나 명령을 하는 등 부당하게 간섭하는 행위를 하는
경우 관리사무소장은 시장·군수·구청장에게 이를 보고하고, 사실 조사를 의뢰할
수 있다.

22 주택관리사등이 관리사무소장의 업무를 집행하면서 입주자등에게 재산상의 손해를 입힌 경우에 그 손해를 배상할 책임을 지는 것은 고의 또는 중대한 과실이 있는 경우에 한한다. (○ | ×)

23 주택관리사등은 관리사무소장의 업무를 집행하면서 과실로 입주자등에게 재산상의 손해를 입힌 경우에는 그 손해를 배상할 책임이 없다. (○ | ×)

24 관리사무소장은 그 업무를 집행하면서 고의로 입주자등에게 재산상의 손해를 입힌 경우에만 그 손해를 배상할 책임이 있다. (○ | ×)

25 임대주택의 경우 주택관리사등은 손해배상책임을 보장하기 위한 보증보험 또는 공제에 가입하거나 공탁을 한 후 해당 공동주택의 관리사무소장으로 배치된 날에 임대사업자에게 보증보험 등에 가입한 사실을 입증하는 서류를 제출하여야 한다. (○ | ×)

26 주택관리사등은 손해배상책임을 보장하기 위한 보증보험 등에 가입한 후 해당 공동주택의 관리사무소장으로 배치된 날부터 15일 이내에 보증보험 등에 가입한 사실을 입증하는 서류를 제출하여야 한다. (○ | ×)

27 주택관리사등은 손해배상책임을 보장하기 위한 보증보험 등에 가입한 후 해당 공동주택의 관리사무소장으로 배치된 날에 시장·군수·구청장에게 보증보험 등에 가입한 사실을 입증하는 서류를 제출하여야 한다. (○ | ×)

28 손해배상책임을 보장하기 위한 공탁금은 주택관리사등이 해당 공동주택의 관리사무소장의 직책을 사임하거나 그 직에서 해임된 날 또는 사망한 날부터 5년 이내에는 회수할 수 없다. (○ | ×)

29 500세대 이상 공동주택의 관리사무소장으로 배치된 주택관리사는 손해배상책임을 보장하기 위하여 3천만원을 보장하는 보증보험 또는 공제에 가입하거나 공탁을 하여야 한다. (○ | ×)

30 주택관리사등은 관리사무소장의 손해배상책임을 보장하기 위하여 가입한 보증보험을 공탁으로 변경하려는 경우에는 보증설정의 효력이 소멸한 후에 할 수 있다. (○ | ×)

31 보증보험 또는 공제에 가입한 주택관리사등으로서 보증기간이 만료되어 다시 보증설정을 하려는 자는 그 보증기간 만료 후 30일 이내에 다시 보증설정을 하여야 한다. (○ | ×)

32 보증보험 또는 공제에 가입한 주택관리사등으로서 보증기간이 만료되어 다시 보증설정을 하려는 자는 그 보증기간 만료일 다음 날까지 다시 보증설정을 하여야 한다. (○ | ×)

33 주택관리사등은 보증보험금·공제금 또는 공탁금으로 손해배상을 한 때에는 지체 없이 보증보험 또는 공제에 다시 가입하거나 공탁금 중 부족하게 된 금액을 보전하여야 한다. (○ | ×)

34 주택관리사등은 공제금·보증보험금 또는 공탁금으로 손해배상을 한 때에는 30일 이내에 보증보험 또는 공제에 다시 가입하거나 공탁금 중 부족하게 된 금액을 보전하여야 한다. (○ | ×)

정답　01 ○　02 ×　03 ○　04 ×　05 ○　06 ×　07 ×　08 ○　09 ×　10 ×　11 ×　12 ×　13 ×　14 ○　15 ×
16 ○　17 ×　18 ×　19 ×　20 ×　21 ○　22 ×　23 ×　24 ×　25 ○　26 ×　27 ×　28 ×　29 ×　30 ×
31 ×　32 ×　33 ×　34 ×

6 공제사업

OX 문제

01 주택관리사단체는 공제사업을 하려면 공제규정을 제정하여 시·도지사의 승인을 받아야 한다. (○ | ×)

02 공제규정에는 공제사고 발생률 및 공제금 지급액 등을 종합적으로 고려하여 정한 공제료 수입액의 100분의 5에 해당하는 책임준비금의 적립비율을 포함하여야 한다. (○ | ×)

03 주택관리사단체는 공제사업을 다른 회계와 구분하지 않고 동일한 회계로 관리하여야 한다. (○ | ×)

04 「금융위원회의 설치 등에 관한 법률」에 따른 금융감독원 원장은 시장·군수 또는 구청장이 요청한 경우에는 협회의 공제사업에 관하여 감사를 할 수 있다. (○ | ×)

정답　01 ×　02 ×　03 ×　04 ×

7 임차인대표회의

OX 문제

01 임대사업자는 임차인으로부터 민간임대주택을 관리하는 데 필요한 경비를 받을 수 없다. (○ | ×)

02 임대사업자가 20세대 이상의 범위에서 대통령령으로 정하는 세대 이상의 민간임대주택을 공급하는 공동주택단지에 입주하는 임차인은 임차인대표회의를 구성하여야 한다. (○ | ×)

03 임대사업자가 150세대 이상의 민간임대주택을 공급하는 공동주택단지 중 대통령령으로 정하는 공동주택단지에 입주하는 임차인은 임차인대표회의를 구성할 수 있다. (○ | ×)

04 승강기가 설치된 공동주택으로서 100세대인 공동주택단지에 입주하는 임차인은 임차인대표회의를 구성하여야 한다. (○ | ×)

05 승강기가 설치되어 있지 아니하고 지역난방방식을 포함하여 중앙집중식 난방방식이 아닌 150세대 이상인 공동주택단지에 입주하는 임차인은 임차인대표회의를 구성하여야 한다. (○ | ×)

06 임대사업자는 입주예정자의 과반수가 입주한 때에는 과반수가 입주한 날부터 15일 이내에 입주현황과 임차인대표회의를 구성할 수 있다는 사실을 입주한 임차인에게 통지하여야 한다. (○ | ×)

07 임대사업자는 300세대 이상의 공동주택단지에 입주하는 임차인이 임차인대표회의를 구성하지 않는 경우에 임차인대표회의를 구성하여야 한다는 사실과 협의사항 및 임차인대표회의의 구성·운영에 관한 사항을 연 1회 이상 임차인에게 통지해야 한다. (○ | ×)

08 임대주택조합의 설립에 관한 사항은 임차인대표회의가 임대사업자와 협의할 수 있는 사항이다. (○ | ×)

09 특별수선충당금에 관한 사항은 임차인대표회의가 임대사업자와 협의할 수 있는 사항이다. (○ | ×)

10 임대사업자는 임차인대표회의와 협의하여 결정한 임차인 외의 자에게 민간임대주택 주차장을 개방하는 사항에 대해 전체 임차인 과반수의 서면동의를 받은 경우 지방자치단체와 협약을 체결하여 주차장을 개방할 수 있다. (○ | ×)

11 최초로 임차인대표회의를 구성하는 경우가 아닌 한, 동별 대표자가 될 수 있는 사람은 해당 민간임대주택단지에서 1년 이상 계속 거주하고 있는 임차인으로 한다. (○ | ×)

12 임차인대표회의는 필수적으로 회장 1명, 부회장 1명, 이사 1명 및 감사 1명을 동별 대표자 중에서 선출하여야 한다. (○ | ×)

13 임차인대표회의를 소집하려는 경우에는 소집일 3일 전까지 회의의 목적·일시 및 장소 등을 임차인에게 알리거나 공고하여야 한다. (○ | ×)

14 임차인대표회의는 그 회의에서 의결한 사항, 임대사업자와의 협의결과 등 주요 업무의 추진 상황을 지체 없이 임차인에게 알리거나 공고하여야 한다. (○ | ×)

15 임차인대표회의는 회의를 개최하였을 때에는 회의록을 작성하여 임대사업자로 하여금 보관하게 하여야 한다. (○ | ×)

정답 01 X 02 X 03 X 04 X 05 X 06 X 07 X 08 X 09 X 10 ○ 11 X 12 X 13 X 14 ○ 15 X

CHAPTER 05 | 주택관리사제도

▶ 연계학습 | 이론편 p.77

OX 문제

01 주택관리사보 시험에 합격한 후에 「주택법」에 따른 사업계획승인을 받아 건설한 100세대인 공동주택의 관리사무소장으로 근무한 경력이 3년인 자는 주택관리사 자격증을 발급받을 수 있는 주택 관련 실무 경력기준을 충족하지 못한다. (○ | ×)

02 주택관리사보 중 사업계획승인을 받아 건설한 50세대 이상 공동주택의 관리사무소의 소독원으로 5년간 종사한 자는 주택관리사 자격증을 교부받을 수 있다. (○ | ×)

03 주택관리사보 중 법령에 따라 등록한 주택관리업자의 임직원으로서 주택관리업 $(\bigcirc | \times)$
무에 5년간 종사한 자는 주택관리사 자격증을 교부받을 수 있다.

04 주택관리사보 중 지방공사의 직원으로서 주택관리업무에 3년간 종사한 자는 주 $(\bigcirc | \times)$
택관리사 자격증을 교부받을 수 있다.

05 주택관리사보가 공무원으로 주택 관련 인·허가 업무에 3년 9개월 종사한 경력이 $(\bigcirc | \times)$
있다면 주택관리사 자격을 취득할 수 있다.

06 주택관리사보 중 국토교통부장관이 정하여 고시하는 공동주택 관리와 관련된 단 $(\bigcirc | \times)$
체의 임직원으로서 주택 관련 업무에 3년간 종사한 자는 주택관리사 자격증을 교
부받을 수 있다.

07 주택관리사보 중 법령에 따라 등록한 주택관리업자의 임직원으로서 주택관리업 $(\bigcirc | \times)$
무에 3년간 종사한 후 지방공사의 직원으로서 주택관리업무에 2년간 종사한 자
는 주택관리사 자격증을 교부받을 수 있다.

08 시장·군수·구청장은 주택관리사보 시험에 합격한 자 중 한국토지주택공사의 직 $(\bigcirc | \times)$
원으로서 주택관리업무에 종사한 경력이 5년 이상인 자에 대하여 주택관리사 자
격증을 교부한다.

09 주택관리사보 시험에 합격하기 전에 「공동주택관리법」에 따른 주택관리사단체의 $(\bigcirc | \times)$
직원으로 주택 관련 업무에 종사한 경력이 2년이고, 주택관리사보 시험에 합격한
후에 지방공사의 직원으로 주택관리업무에 종사한 경력이 3년인 자는 주택관리
사 자격증을 발급받을 수 있는 주택 관련 실무 경력기준을 충족한다.

10 파산선고를 받은 후 복권되어 3년이 지나지 아니한 사람은 주택관리사등이 될 수 $(\bigcirc | \times)$
없다.

11 금고 이상의 형의 집행유예를 선고받고 그 유예기간이 끝난 날부터 1년 6개월이 $(\bigcirc | \times)$
지난 사람은 주택관리사가 될 수 없다.

12 주택관리사등이 자격정지기간 중에 공동주택관리업무를 수행하여 자격이 취소된 $(\bigcirc | \times)$
후 3년이 지난 사람은 주택관리사등이 될 수 있다.

13 의무관리대상 공동주택에 취업한 주택관리사등이 다른 공동주택 및 상가·오피 $(\bigcirc | \times)$
스텔 등 주택 외의 시설에 취업한 경우, 주택관리사등의 자격취소 사유에 해당
한다.

14 주택관리사등이 업무와 관련하여 금품수수 등 부당이득을 취한 경우에는 반드시 $(\bigcirc | \times)$
그 자격을 취소하여야 한다.

15 주택관리사등이 다른 사람에게 자기의 명의를 사용하여 「공동주택관리법」에서 $(\bigcirc | \times)$
정한 업무를 수행하게 하거나 자격증을 대여한 경우에는 그 자격을 취소하거나
1년 이내의 기간을 정하여 그 자격을 정지시킬 수 있다.

16 공동주택의 관리업무와 관련하여 벌금을 선고받은 경우에는 주택관리사등의 자 $(\bigcirc | \times)$
격취소사유에 해당한다.

17 위반행위의 횟수에 따른 행정처분의 기준은 최근 3년간 같은 위반행위로 처분을 $(\bigcirc | \times)$
받은 경우에 적용한다.

18 같은 주택관리사등이 둘 이상의 위반행위를 한 경우 가장 무거운 위반행위에 대 (○ | ×)
한 처분기준이 자격정지인 경우라도 자격취소처분을 한다.

19 동일한 주택관리사등이 둘 이상의 위반행위를 한 경우로서 각 위반행위에 대한 (○ | ×)
처분기준이 자격정지인 경우에는 가장 중한 처분을 2배까지 가중할 수 있다.

20 시·도지사는 위반행위의 동기·내용·횟수 등을 고려하여 행정처분을 가중하거나 (○ | ×)
감경할 수 있다. 이 경우 그 처분이 자격정지인 경우에는 그 처분기준의 2분의
1의 범위에서 가중하거나 감경할 수 있다.

21 시·도지사는 주택관리사등이 공동주택의 관리업무와 관련하여 금고 이상의 형의 (○ | ×)
선고를 받아 자격취소 사유가 된 경우 행정처분의 감경사유를 고려하여 6개월 이
상의 자격정지처분으로 감경할 수 있다.

22 위반행위자가 처음 위반행위를 한 경우로서 주택관리사로서 2년 이상 관리사무 (○ | ×)
소장을 모범적으로 해 온 사실이 인정되는 경우는 행정처분의 감경사유에 해당
한다.

23 위반행위자가 해당 위반행위로 인해 법원으로부터 집행유예의 판결을 받은 경우 (○ | ×)
에는 행정처분의 감경사유에 해당한다.

24 고의로 공동주택을 잘못 관리하여 소유자 및 사용자에게 재산상의 손해를 입힌 (○ | ×)
경우에 따른 자격정지처분을 하려는 경우로써 위반행위자가 손해배상책임을 보
장하는 금액을 2배 이상 보장하는 보증보험가입·공제가입 또는 공탁을 한 경우
에는 행정처분의 감경사유에 해당한다.

정답 01 X 02 X 03 ○ 04 X 05 X 06 X 07 ○ 08 X 09 ○ 10 X 11 X 12 ○ 13 ○ 14 X 15 X
16 X 17 X 18 X 19 X 20 ○ 21 X 22 X 23 X 24 X

CHAPTER 06 | 공동주택관리법상 벌칙사항

▶ 연계학습 | 이론편 p.80

1 공동주택관리법 ⇨ 행정형벌

OX 문제

01 공동주택의 관리와 관련하여 입주자대표회의와 관리사무소장이 공모(共謀)하여 (○ | ×)
부정하게 재물 또는 재산상의 이익을 취득하거나 제공한 경우에는 2년 이하의 징
역 또는 2천만원 이하의 벌금에 처한다.

02 등록을 하지 아니하고 주택관리업을 운영한 자 또는 거짓이나 그 밖의 부정한 방 (○ | ×)
법으로 등록한 자는 1년 이하의 징역 또는 1천만원 이하의 벌금형에 처한다.

03 공동주택의 관리와 관련하여 입주자등·관리주체·입주자대표회의·선거관리위원 (○ | ×)
회(위원을 포함한다)가 부정하게 재물 또는 재산상의 이익을 취득하거나 제공하
면 3년 이하의 징역 또는 3천만원 이하의 벌금에 처한다.

04 용도 외 사용 등 신고대상 행위를 신고하지 아니하고 행한 자는 1년 이하의 징역 또는 1천만원 이하의 벌금에 처한다. (○ | ×)

05 주택관리업의 영업정지기간에 영업을 한 자나 주택관리업의 등록이 말소된 후 영업을 한 자는 2년 이하의 징역 또는 2천만원 이하의 벌금에 처한다. (○ | ×)

06 주택관리사등의 자격을 취득하지 아니하고 관리사무소장의 업무를 수행한 자 또는 해당 자격이 없는 자에게 이를 수행하게 한 자는 1천만원 이하의 벌금에 처한다. (○ | ×)

07 국토교통부장관 또는 지방자치단체의 장의 보고·검사를 거부·방해 또는 기피한 자는 1천만원 이하의 과태료를 부과한다. (○ | ×)

08 회계감사를 받지 아니하거나 부정한 방법으로 받은 자는 1천만원 이하의 과태료를 부과한다. (○ | ×)

09 회계장부 및 증빙서류를 작성 또는 보관하지 아니하거나 거짓으로 작성한 자는 5백만원 이하의 과태료를 부과한다. (○ | ×)

10 주택관리사등의 배치규정을 위반하여 주택관리사등을 배치하지 아니한 자는 과태료 부과대상이다. (○ | ×)

11 주택관리사등의 배치규정을 위반하여 주택관리사등을 배치하지 아니한 자는 1년 이하의 징역 또는 1천만원 이하의 벌금에 처한다. (○ | ×)

> **정답** 01 ✕ 02 ✕ 03 ✕ 04 ✕ 05 ✕ 06 ✕ 07 ✕ 08 ✕ 09 ✕ 10 ✕ 11 ✕

2 공동주택관리법 ⇨ 과태료

OX 문제

01 하자보수보증금을 「공동주택관리법」에 따른 용도 외의 목적으로 사용한 자에게는 1천만원 이하의 과태료를 부과한다. (○ | ×)

02 하자보수보증금의 사용내역 신고를 하지 아니하거나 거짓으로 신고한 자에게는 2천만원 이하의 과태료를 부과한다. (○ | ×)

03 주택관리업자가 아닌 자가 주택관리업 또는 이와 유사명칭을 사용한 자는 1년 이하의 징역 또는 1천만원 이하의 벌금에 처한다. (○ | ×)

04 회계감사를 받는 관리주체로서 정당한 사유 없이 감사인의 자료열람·등사·제출 요구 또는 조사를 거부·방해·기피하는 행위, 감사인에게 거짓 자료를 제출하는 등 부정한 방법으로 회계감사를 방해하는 행위를 한 자에 대해서는 500만원 이하의 과태료를 부과한다. (○ | ×)

05 회계감사의 결과를 보고 또는 공개하지 아니하거나 거짓으로 보고 또는 공개한 자는 1년 이하의 징역 또는 1천만원 이하의 벌금에 처한다. (○ | ×)

06 수립되거나 조정된 장기수선계획에 따라 주요 시설을 교체하거나 보수하지 아니 한 자에 대해서는 500만원 이하의 과태료를 부과한다. (○ | ×)

07 장기수선계획을 수립하지 아니하거나 검토하지 아니한 자에 대해서는 1천만원 이 하의 과태료를 부과한다. (○ | ×)

08 관리비·사용료와 장기수선충당금을 「공동주택관리법」에 따른 용도 외의 목적으 로 사용한 자는 2천만원 이하의 과태료를 부과한다. (○ | ×)

09 장기수선충당금을 적립하지 아니한 자는 1천만원 이하의 과태료를 부과한다. (○ | ×)

10 지방자치단체의 장의 공동주택관리의 효율화와 입주자등의 보호를 위한 보고 또 는 자료 제출 등의 명령을 위반한 자는 500만원 이하의 과태료를 부과한다. (○ | ×)

11 국토교통부장관 또는 지방자치단체의 장은 필요하다고 인정할 때에는 「공동주택 관리법」에 따라 허가를 받거나 신고·등록 등을 한 자에게 필요한 보고를 하게 하 거나, 관계 공무원으로 하여금 사업장에 출입하여 필요한 검사를 실시하게 할 수 있다. 이 경우 보고 또는 검사의 명령을 위반한 자는 1천만원 이하의 과태료를 부 과한다. (○ | ×)

12 입주자대표회의 운영 및 윤리교육을 받지 아니한 자는 500만원 이하의 과태료를 부과한다. (○ | ×)

13 주택관리업의 등록사항의 변경신고를 하지 아니한 자는 1년 이하의 징역 또는 1천만원 이하의 벌금형에 해당된다. (○ | ×)

14 위반행위 횟수에 따른 과태료 부과기준은 최근 3년간 같은 위반행위로 과태료를 부과받은 경우에 적용한다. (○ | ×)

15 과태료 부과 시 2 이상의 질서위반행위가 경합하는 경우에는 그 위반행위 중 가 장 중한 과태료의 2분의 1 범위에서 그 금액을 늘려 부과한다. (○ | ×)

16 과태료를 늘려 부과하는 경우 개별기준에 따른 과태료 금액의 2배까지 부과할 수 있다. (○ | ×)

17 위반행위자가 위반행위를 바로 정정하거나 시정하여 해소한 경우, 개별기준에 따 른 과태료 금액의 2분의 1 범위에서 그 금액을 줄일 수 있다. (○ | ×)

18 감경 사유가 여러 개 있는 경우 감경의 범위는 과태료 금액의 2분의 1을 넘을 수 있다. (○ | ×)

19 과태료를 체납하고 있는 위반행위자의 경우에는 그 금액을 줄일 수 없다. (○ | ×)

정답 01 × 02 × 03 × 04 × 05 × 06 × 07 × 08 × 09 × 10 × 11 × 12 × 13 × 14 × 15 × 16 × 17 ○ 18 × 19 ○

▶ 연계학습 | 이론편 p.85

1 공동주택관리 분쟁조정위원회

OX 문제

01 공동주택관리 분쟁을 조정하기 위하여 시·도에 중앙 공동주택관리 분쟁조정위원 (○ I ×)
회를 둔다.

02 국토교통부에 중앙분쟁조정위원회를 두고, 시·도에 지방분쟁조정위원회를 둔다. (○ I ×)

03 공동주택의 하자담보책임 및 하자보수 등과 관련한 분쟁을 조정하기 위하여 국토 (○ I ×)
교통부에 중앙 공동주택관리 분쟁조정위원회를 두고, 시·군·구에 지방 공동주택
관리 분쟁조정위원회를 둔다.

04 하자보수보증금의 사용에 관한 사항은 공동주택관리 분쟁조정위원회의 심의·조 (○ I ×)
정사항이다.

05 분쟁조정위원회는 공동주택 전유부분의 유지·보수·개량 등에 관한 사항을 심 (○ I ×)
의·조정한다.

06 공동주택의 재건축에 관한 사항은 공동주택관리 분쟁조정위원회의 심의·조정사 (○ I ×)
항이다.

07 공동주택의 층간소음에 관한 사항은 공동주택관리 분쟁조정위원회의 심의사항에 (○ I ×)
해당하지 않는다.

08 공동주택의 하자담보책임 및 하자보수 등과 관련한 분쟁에 관한 사항은 공동주택 (○ I ×)
관리 분쟁조정위원회의 심의·조정사항이다.

09 분쟁당사자 쌍방이 합의하여 중앙 공동주택관리 분쟁조정위원회에 조정을 신청 (○ I ×)
하는 분쟁은 중앙 공동주택관리 분쟁조정위원회의 심의·조정사항에 해당한다.

10 300세대 이상의 공동주택단지에서 발생한 분쟁은 중앙분쟁조정위원회의 관할 (○ I ×)
이다.

11 둘 이상의 시·군·구의 관할 구역에 걸친 분쟁으로서 300세대의 공동주택단지에 (○ I ×)
서 발생한 분쟁은 지방분쟁조정위원회에서 관할한다.

12 지방 공동주택관리 분쟁조정위원회는 해당 특별자치시·특별자치도·시·군·자 (○ I ×)
치구의 관할 구역에서 발생한 분쟁 중 중앙 공동주택관리 분쟁조정위원회의 심
의·조정 대상인 분쟁 외의 분쟁을 심의·조정한다.

13 중앙분쟁조정위원회는 위원장 1명을 포함한 10명 이내의 위원으로 구성한다. (○ I ×)

14 중앙분쟁조정위원회는 위원장 1명을 제외한 15명 이내의 위원으로 구성한다. (○ I ×)

15 중앙분쟁조정위원회를 구성할 때에는 성별을 고려하여야 한다. (○ I ×)

16 1급부터 5급까지의 공무원은 중앙분쟁조정위원회의 위원으로 임명 또는 위촉할 (○ I ×)
수 있다.

17 공인된 대학이나 연구기관에서 조교수 이상 또는 이에 상당하는 직에 재직한 사 (○ | ×) 람은 중앙분쟁조정위원회의 위원으로 임명 또는 위촉할 수 있다.

18 판사·검사 또는 변호사의 직에 5년 이상 재직한 사람은 중앙분쟁조정위원회의 (○ | ×) 위원으로 임명 또는 위촉할 수 있다.

19 공인회계사·세무사·건축사·감정평가사 또는 공인노무사의 자격이 있는 사람으 (○ | ×) 로서 6년 이상 근무한 사람은 중앙분쟁조정위원회의 위원으로 임명 또는 위촉할 수 있다.

20 주택관리사로서 공동주택의 관리사무소장으로 5년 이상 근무한 사람은 중앙분쟁 (○ | ×) 조정위원회의 위원으로 임명 또는 위촉할 수 있다.

21 국가, 지방자치단체, 「공공기관의 운영에 관한 법률」에 따른 공공기관 및 「비영리 (○ | ×) 민간단체 지원법」에 따른 비영리민간단체에서 공동주택관리 관련 업무에 3년 이 상 종사한 사람은 중앙분쟁조정위원회의 위원으로 임명 또는 위촉할 수 있다.

22 중앙분쟁조정위원회에는 공인회계사·세무사·건축사의 자격이 있는 사람으로서 (○ | ×) 10년 이상 근무한 사람이 3명 이상 포함되어야 한다.

23 중앙분쟁조정위원회의 위원장과 공무원이 아닌 위원의 임기는 3년으로 하되 연 (○ | ×) 임할 수 있다.

24 위원이 해당 사건의 당사자와 친족관계에 있거나 있었던 경우에는 그 사건의 조 (○ | ×) 정등에서 제척된다.

25 당사자는 위원에게 공정한 조정등을 기대하기 어려운 사정이 있는 경우에는 중앙 (○ | ×) 분쟁조정위원회에 회피신청을 할 수 있다.

26 위원은 제척사유에 해당하는 경우에는 스스로 그 사건의 조정등에서 기피하여야 (○ | ×) 한다.

27 중앙분쟁조정위원회의 회의는 재적위원 과반수의 찬성으로 의결한다. (○ | ×)

28 중앙분쟁조정위원회의 위원장은 위원회의 회의를 소집하려면 특별한 사정이 있 (○ | ×) 는 경우를 제외하고는 회의 개최 5일 전까지 회의의 일시·장소 및 심의안건을 각 위원에게 서면으로 알려야 한다.

29 중앙분쟁조정위원회는 해당 사건들을 분리하거나 병합한 경우에는 조정의 당사 (○ | ×) 자로부터 지체 없이 동의를 받아야 한다.

30 중앙분쟁조정위원회는 당사자나 이해관계인을 중앙분쟁조정위원회에 출석시켜 (○ | ×) 의견을 들으려면 회의 개최 3일 전까지 서면으로 출석을 요청하여야 한다.

31 신청한 조정등의 사건 중에서 여러 사람이 공동으로 조정등의 당사자가 되는 사 (○ | ×) 건의 경우에는 그중에서 5명 이하의 사람을 대표자로 선정할 수 있다.

32 분쟁조정위원회는 여러 사람이 공동으로 조정의 당사자가 되는 사건의 당사자들 (○ | ×) 에게 3명 이하의 사람을 대표자로 선정하도록 권고할 수 있다.

33 분쟁신청내용의 통지를 받은 상대방은 신청내용에 대한 답변서를 특별한 사정이 (○ | ×) 없으면 30일 이내에 중앙분쟁조정위원회에 제출하여야 한다.

34 중앙분쟁조정위원회로부터 분쟁조정 신청에 관한 통지를 받은 입주자대표회의와 관리주체는 분쟁조정에 응할 수 있다. (○ | ✕)

35 중앙분쟁조정위원회는 조정절차를 개시한 날부터 60일 이내에 그 절차를 완료한 후 조정안을 작성하여 지체 없이 이를 각 당사자에게 제시하여야 한다. 다만, 부득이한 사정으로 60일 이내에 조정절차를 완료할 수 없는 경우 중앙분쟁조정위원회는 그 기간을 연장할 수 있다. (○ | ✕)

36 중앙분쟁조정위원회는 조정절차를 개시한 날부터 30일 이내에 그 절차를 완료한 후 조정서를 작성하여 지체 없이 이를 각 당사자에게 제시하여야 한다. (○ | ✕)

37 조정안을 제시받은 당사자는 그 제시를 받은 날부터 60일 이내에 그 수락 여부를 중앙 공동주택관리 분쟁조정위원회에 서면으로 통보하여야 하며, 60일 이내에 의사표시가 없는 때에는 수락한 것으로 본다. (○ | ✕)

38 조정안을 제시받은 당사자는 그 제시를 받은 날부터 30일 이내에 그 수락 여부를 중앙분쟁조정위원회에 서면으로 통보하여야 한다. 이 경우 30일 이내에 의사표시가 없는 때에는 수락한 것으로 보지 않는다. (○ | ✕)

39 분쟁당사자가 중앙분쟁조정위원회의 조정결과를 수락한 경우에는 당사자간에 조정조서(調停調書)와 같은 내용의 합의가 성립된 것으로 본다. (○ | ✕)

40 중앙분쟁조정위원회는 분쟁의 조정등의 절차에 관하여 「공동주택관리법」에서 규정하지 아니한 사항 및 소멸시효의 중단에 관하여는 「민사소송법」을 준용한다. (○ | ✕)

41 중앙분쟁조정위원회가 수행하는 조정등의 절차 및 의사결정과정은 공개한다. 다만, 중앙분쟁조정위원회에서 공개할 것을 의결한 경우에는 그러하지 아니하다. (○ | ✕)

42 지방분쟁조정위원회의 구성에 필요한 사항은 시·군·구의 조례로 정한다. (○ | ✕)

43 지방분쟁조정위원회의 회의·운영 등에 필요한 사항은 대통령령으로 정한다. (○ | ✕)

44 지방 공동주택관리 분쟁조정위원회는 위원장 1명을 포함하여 15명 이내의 위원으로 구성한다. (○ | ✕)

45 지방분쟁조정위원회의 위원으로 위촉하거나 임명할 수 있는 사람은 법학·경제학·부동산학 등 주택분야와 관련된 학문을 전공한 사람으로 대학이나 공인된 연구기관에서 부교수 이상 또는 이에 상당하는 직(職)에 있거나 있었던 사람이어야 한다. (○ | ✕)

46 공동주택 관리사무소장으로 3년 이상 근무한 경력이 있는 주택관리사는 지방분쟁조정위원회의 위원으로 위촉하거나 임명할 수 있다. (○ | ✕)

47 지방분쟁조정위원회의 위원장은 위원 중에서 국토교통부장관이 지명하는 사람이 된다. (○ | ✕)

48 지방분쟁조정위원회의 공무원이 아닌 위원의 임기는 3년으로 한다. 다만, 보궐위원의 임기는 전임자의 남은 임기로 한다. (○ | ✕)

49 분쟁당사자가 지방분쟁조정위원회의 조정결과를 수락한 경우에는 조정서의 내용은 재판상 화해와 동일한 효력을 갖는다. (○ | ✕)

50 분쟁당사자가 지방분쟁조정위원회의 조정결과를 수락한 경우에는 조정서의 내용 (○ | ×)
은 조정조서와 같은 내용의 합의가 성립된 것으로 추정한다.

51 지방분쟁조정위원회의 조정결과는 분쟁당사자의 수락 여부에 관계없이 적용 (○ | ×)
된다.

정답 01 X 02 X 03 X 04 X 05 X 06 X 07 X 08 X 09 ○ 10 X 11 X 12 ○ 13 X 14 X 15 ○
16 X 17 X 18 X 19 X 20 X 21 X 22 X 23 X 24 ○ 25 X 26 X 27 X 28 X 29 X 30 X
31 X 32 ○ 33 X 34 X 35 X 36 X 37 X 38 X 39 X 40 X 41 X 42 X 43 X 44 X 45 X
46 X 47 X 48 X 49 X 50 X 51 X

2 임대주택분쟁조정위원회

OX 문제

01 시·도지사는 임대주택에 관한 학식 및 경험이 풍부한 자 등으로 임대주택분쟁조 (○ | ×)
정위원회를 구성한다.

02 임대주택분쟁조정위원회는 위원장 1명을 포함하여 20명 이내로 구성한다. (○ | ×)

03 임대주택분쟁조정위원회의 위원장은 해당 지방자치단체의 장이 지명하는 위원이 (○ | ×)
된다.

04 임대주택분쟁조정위원회는 위원 중에 호선하는 위원장 1명을 포함하여 10명 이 (○ | ×)
내로 구성한다.

05 임대주택분쟁조정위원회는 공무원이 아닌 위원이 3명 이상이 되어야 한다. (○ | ×)

06 임대주택분쟁조정위원회의 위원으로 임명하거나 위촉하는 사람은 법학, 경제학 (○ | ×)
이나 부동산학 등 주택 분야와 관련된 학문을 전공한 사람으로서 부교수 이상으
로 1년 이상 재직한 사람이어야 한다.

07 임대주택분쟁조정위원회의 위원으로 임명하거나 위촉하는 사람은 「공동주택관리 (○ | ×)
법」에 따른 주택관리사가 된 후 관련 업무에 5년 이상 근무한 사람이어야 한다.

08 조정위원회의 부위원장은 위원 중에서 지방자치단체장이 지명한다. (○ | ×)

09 공무원이 아닌 위원의 임기는 2년으로 하되, 한 차례만 연임할 수 있다. (○ | ×)

10 임대주택분쟁조정위원회의 위원장은 회의 개최일 3일 전까지 회의와 관련된 사 (○ | ×)
항을 위원에게 알려야 한다.

11 조정위원회의 회의는 재적위원 과반수 찬성으로 의결한다. (○ | ×)

12 위원장은 조정위원회의 사무를 처리하도록 하기 위하여 위원 중 1명을 간사로 임 (○ | ×)
명하여야 한다.

13 분쟁조정은 임대사업자와 임차인대표회의의 신청 또는 위원회의 직권으로 개시 (○ | ×)
한다.

14 임대료의 증액에 대한 분쟁에 관해서는 조정위원회가 직권으로 조정을 하여야 한다. (○ | ×)

15 임차인대표회의는 이 법에 따른 민간임대주택의 관리에 대한 분쟁에 관하여 조정위원회에 조정을 신청할 수 없다. (○ | ×)

16 임대사업자는 민간임대주택 관리규약의 개정에 대한 분쟁에 관하여 임대주택분쟁조정위원회에 조정을 신청할 수 있다. (○ | ×)

17 임대사업자와 임차인대표회의는 특별수선충당금에 관한 협의사항에 관하여 조정위원회에 조정을 신청할 수 있다. (○ | ×)

18 공공주택사업자는 관리비를 둘러싼 분쟁에 관하여 임대주택분쟁조정위원회에 조정을 신청할 수 없다. (○ | ×)

19 공공주택사업자 또는 임차인대표회의는 공공임대주택의 분양전환가격에 관한 사항의 분쟁에 관하여 조정위원회에 조정을 신청할 수 없다. (○ | ×)

20 공공주택사업자와 임차인대표회의는 공공임대주택의 분양전환승인에 관하여 조정위원회에 조정을 신청할 수 있다. (○ | ×)

21 공공주택사업자 또는 임차인대표회의는 공공임대주택의 분양전환승인에 관한 사항의 분쟁에 관하여 조정위원회에 조정을 신청할 수 없다. (○ | ×)

22 임차인은 공공임대주택의 분양전환가격에 대한 분쟁에 관하여 조정위원회에 조정을 신청할 수 없다. (○ | ×)

23 임차인은 「공공주택 특별법」 제50조의3에 따른 우선 분양전환 자격에 대한 분쟁에 관하여 조정위원회에 조정을 신청할 수 없다. (○ | ×)

24 공공주택사업자 또는 임차인대표회의는 「공공주택 특별법」 제50조의3에 따른 우선 분양전환 자격에 대한 분쟁에 관하여 조정위원회에 조정을 신청할 수 없다. (○ | ×)

25 임대사업자와 임차인대표회의가 조정위원회의 조정안을 받아들이면 당사자간에 조정조서와 같은 내용의 합의가 성립된 것으로 추정한다. (○ | ×)

26 임대주택분쟁조정위원회가 제시한 조정안에 대하여 임차인대표회의가 동의하는 경우에는 임대사업자의 이의가 있더라도 조정조서와 같은 내용의 합의가 성립된 것으로 본다. (○ | ×)

정답 01 X 02 X 03 X 04 X 05 X 06 X 07 X 08 X 09 X 10 X 11 X 12 X 13 X 14 X 15 X
16 ○ 17 X 18 X 19 X 20 X 21 ○ 22 ○ 23 X 24 X 25 X 26 X

▶ 연계학습 | 이론편 p.94

1 문서보존기간

OX 문제

01 「남녀고용평등과 일·가정 양립 지원에 관한 법률」에 의하면 직장 내 성희롱 예방 교육을 실시해야 하는 사업주는 직장 내 성희롱 예방 교육을 실시하였음을 확인할 수 있는 서류를 1년간 보관하여야 한다. (○ | ×)

02 공동주택관리법령상 의무관리대상 공동주택 관리주체의 관리비등의 징수·보관·예치·집행 등 모든 거래행위에 관한 장부 및 그 증빙서류의 보존기간은 해당 회계연도 종료일부터 3년이다. (○ | ×)

03 소방시설 설치 및 관리에 관한 법령상 소방시설 자체점검 실시결과 보고서는 1년간 보관하여야 한다. (○ | ×)

04 근로기준법령상 근로자 명부는 근로자가 해고되거나 퇴직 또는 사망한 날부터 2년간 보존하여야 한다. (○ | ×)

05 수도법령상 저수조의 수질검사 기록은 6개월간 보관하여야 한다. (○ | ×)

06 「공동주택관리법 시행규칙」에 의하면 공동주택단지에 설치된 영상정보처리기기의 촬영된 자료는 20일 이상 보관하여야 한다. (○ | ×)

07 어린이놀이시설 안전관리법령상 어린이놀이시설의 안전점검실시대장은 최종 기재일부터 2년간 보관하여야 한다. (○ | ×)

정답 01 X 02 X 03 X 04 X 05 X 06 X 07 X

2 근로기준법의 총칙

OX 문제

01 동거의 친족만을 사용하는 사업에도 「근로기준법」이 적용된다. (○ | ×)

02 가사사용인에 대해서도 「근로기준법」이 적용된다. (○ | ×)

03 「근로기준법」에서 근로자라 함은 직업의 종류를 불문하고 임금·급료 기타 이에 준하는 수입에 의하여 생활하는 자를 말한다. (○ | ×)

04 사용자란 사업주 또는 사업 경영 담당자, 그 밖에 사용자의 이익을 대표하여 행동하는 자를 말한다. (○ | ×)

05 평균임금이란 이를 산정하여야 할 사유가 발생한 날 이전 3개월 동안에 그 근로자에게 지급된 임금의 총액을 말한다. (○ | ×)

06 평균임금이란 이를 산정하여야 할 사유가 발생한 날 이전 3개월 동안에 전체 근로자에게 지급된 임금의 총액을 그 기간의 총일수로 나눈 금액을 말한다. (○ | ×)

07 산출된 평균임금액이 그 근로자의 통상임금보다 적으면 그 통상임금액을 평균임금으로 한다. (○ | ×)

08 단시간근로자란 4주 동안의 총 근로시간이 그 사업장에서 같은 종류의 업무에 종사하는 통상근로자의 4주 동안의 총 근로시간에 비하여 짧은 근로자를 말한다. (○ | ×)

09 단시간근로자란 1일의 소정근로시간이 통상근로자의 1일의 소정근로시간에 비하여 짧은 근로자를 말한다. (○ | ×)

10 근로관계 당사자는 「근로기준법」에서 정하는 근로조건의 기준을 이유로 근로조건을 낮출 수 있다. (○ | ×)

11 근로조건은 근로자와 사용자가 동등한 지위에서 자유의사에 따라 결정되어서는 아니 된다. (○ | ×)

12 사용자뿐만 아니라 근로자에게도 근로계약을 지키고 성실하게 이행할 의무가 있다. (○ | ×)

13 사용자는 근로자가 공(公)의 직무를 집행하기 위하여 근로시간 중에 필요한 시간을 청구하면 이를 거부할 수 있다. (○ | ×)

14 사용자는 근로자가 근로시간 중에 선거권 행사를 위해 필요한 시간을 청구한 경우, 그 행사에 지장이 없으면 청구한 시간을 변경할 수 있다. (○ | ×)

정답 01 × 02 × 03 × 04 × 05 × 06 × 07 ○ 08 × 09 × 10 × 11 × 12 ○ 13 × 14 ○

3 근로계약 및 취업규칙

OX 문제

01 근로계약 체결 시 임금, 근로시간 그 밖의 근로조건을 명시하여야 한다. (○ | ×)

02 명시해야 할 근로조건에는 취업의 장소에 관한 사항도 포함된다. (○ | ×)

03 취업의 장소에 관한 사항은 서면으로 명시하여 교부하여야 할 근로조건에 해당한다. (○ | ×)

04 소정근로시간은 사용자가 근로계약을 체결할 때에 근로자에게 명시하여야 할 사항에 해당한다. (○ | ×)

05 단체협약 또는 취업규칙의 변경으로 서면으로 명시해야 되는 사항이 변경되는 경우에는 근로자의 요구가 없더라도 서면명시 사항을 근로자에게 교부하여야 한다. (○ | ×)

06 단시간근로자에게는 휴일과 연차유급휴가에 관한 규정이 적용되지 않는다. (○ | ×)

07 4주 동안을 평균하여 1주 동안의 소정근로시간이 15시간 미만인 근로자의 경우 사용자는 통상 근로자의 근로시간을 기준으로 산정한 비율에 따라 연차유급휴가를 주어야 한다. (○ | ×)

08 4주 동안을 평균하여 1주 동안의 소정근로시간이 15시간 미만인 근로자에 대하 (○ | ×)
여는 「근로기준법」 제54조(휴게)를 적용하지 아니한다.

09 4주 동안을 평균하여 1주 동안의 소정근로시간이 15시간 미만인 근로자에 대하 (○ | ×)
여는 「근로기준법」 제55조(휴일)가 적용된다.

10 사용자는 단시간근로자에게 적용되는 취업규칙을 통상 근로자에게 적용되는 취 (○ | ×)
업규칙과 별도로 작성할 수 있다.

11 근로계약서에 명시된 근로조건이 사실과 다를 경우에 근로자는 근로조건 위반을 (○ | ×)
이유로 손해의 배상을 청구할 수 있으나 즉시 근로계약을 해제할 수는 없다.

12 「근로기준법」 제17조에 따라 근로계약서에 명시된 근로조건이 사실과 다를 경우 (○ | ×)
에 근로자는 근로조건 위반을 이유로 고용노동부장관에게 손해배상의 청구를 신
청하여야 한다.

13 사용자는 근로계약 불이행에 대한 손해배상액을 예정하는 계약을 체결할 수 있다. (○ | ×)

14 사용자는 전차금(前借金)이나 그 밖에 근로할 것을 조건으로 하는 전대(前貸)채권 (○ | ×)
과 임금을 상계할 수 있다.

15 사용자는 근로계약에 덧붙여 강제 저축 또는 저축금의 관리를 규정하는 계약을 (○ | ×)
체결할 수 있다.

16 「근로기준법」에서 정하는 기준에 미치지 못하는 근로조건을 정한 근로계약은 그 (○ | ×)
계약 전부를 무효로 한다.

17 취업규칙에서 정한 기준보다 유리한 내용의 근로조건을 정한 근로계약은 그 부분 (○ | ×)
에 관하여는 무효로 한다.

18 사용자는 근로자가 사망 또는 퇴직한 경우에는 그 지급 사유가 발생한 날부터 14 (○ | ×)
일 이내에 임금, 보상금, 그 밖에 모든 금품을 지급하여야 하며, 특별한 사정이
있는 경우에도 당사자 사이의 합의에 의하여 기일을 연장할 수 없다.

19 최우선변제되는 임금채권은 최종 3년분의 임금에 한정된다. (○ | ×)

20 사용자는 근로자가 퇴직 후 사용증명서를 청구한 때에는 즉시 교부하여야 하며, (○ | ×)
근로자가 요구하지 않은 사항일지라도 사실대로 정확하게 기입하여야 한다.

21 사용기간이 50일 미만인 일용근로자에 대하여는 근로자 명부를 작성하지 아니할 (○ | ×)
수 있다.

22 임금대장은 근로계약에 관한 중요한 서류이므로 5년간 보존하여야 한다. (○ | ×)

23 상시 5명 이상의 근로자를 사용하는 사용자는 「근로기준법」에서 정한 사항에 관 (○ | ×)
한 취업규칙을 작성하여 고용노동부장관에게 신고하여야 한다.

24 상시 10명 이상의 근로자를 사용하는 사용자는 취업규칙을 작성할 수 있다. (○ | ×)

25 사용자는 취업규칙을 작성하는 경우 노동위원회에 신고하여야 한다. (○ | ×)

26 사용자가 취업규칙을 작성하여 고용노동부장관에게 신고하여야 하는 경우, 해당 (○ | ×)
취업규칙에는 업무상과 업무 외의 재해부조(災害扶助)에 관한 사항이 포함되어야
한다.

27 취업규칙의 작성은 근로자 과반수로 조직된 노동조합이 있는 경우 그 노동조합의 (○ | ×)
　 의견을 들어야 한다.

28 취업규칙에서 근로자에 대하여 감급(減給)의 제재를 정할 경우에 그 감액은 1회 (○ | ×)
　 의 금액이 통상임금의 1일분의 2분의 1을, 총액이 1임금지급기의 임금 총액의 10
　 분의 1을 초과하지 못한다.

29 취업규칙에서 근로자에 대하여 감급(減給)의 제재를 정할 경우에 그 감액은 1회 (○ | ×)
　 의 금액이 평균임금의 1일분의 10분의 1을, 총액이 1임금지급기의 임금 총액의
　 2분의 1을 초과하지 못한다.

30 고용노동부장관은 법령 또는 단체협약에 어긋나는 취업규칙의 변경을 명할 수 (○ | ×)
　 있다.

31 고용노동부장관은 법령 또는 단체협약에 어긋나는 취업규칙에 대하여 노동위원 (○ | ×)
　 회의 의결을 받아 그 변경을 명하여야 한다.

32 근로계약에 정한 기준에 미달하는 근로조건을 정한 취업규칙은 그 부분에 관하여 (○ | ×)
　 는 무효로 한다.

33 취업규칙에서 정한 기준에 미달하는 근로조건을 정한 근로계약은 전부 무효로 (○ | ×)
　 한다.

정답 01 ○　02 ○　03 ✕　04 ○　05 ✕　06 ✕　07 ✕　08 ✕　09 ✕　10 ○　11 ✕　12 ✕　13 ✕　14 ✕　15 ✕
16 ✕　17 ✕　18 ✕　19 ✕　20 ✕　21 ✕　22 ✕　23 ✕　24 ✕　25 ✕　26 ○　27 ○　28 ✕　29 ✕　30 ○
31 ✕　32 ✕　33 ✕

4 근로기준법상 해고제도

OX 문제

01 사용자는 출산전후휴가의 기간과 그 후 90일 동안은 해고하지 못한다. (○ | ×)

02 경영악화를 방지하기 위한 사업의 합병은 긴박한 경영상의 필요가 있는 것으로 (○ | ×)
　 볼 수 없다.

03 경영악화를 방지하기 위한 사업의 양도는 긴박한 경영상의 필요가 있는 것으로 (○ | ×)
　 보지 않는다.

04 사용자는 해고를 피하기 위한 방법 등에 관하여 해고를 하려는 날의 30일 전까지 (○ | ×)
　 근로자대표에게 통보하고 성실하게 협의하여야 한다.

05 사용자가 경영상 이유에 의하여 일정한 규모 이상의 인원을 해고하려면 고용노동 (○ | ×)
　 부장관에게 지체 없이 통보하여야 한다.

06 대통령령으로 정하는 일정규모 이상의 인원을 해고하려면 최초 해고하려는 날의 (○ | ×)
　 30일 전까지 고용노동부장관에게 신고하여야 한다.

07 일정 규모의 인원을 해고하고자 할 때에는 노동위원회에 신고하여야 한다. (○ | ×)

08 상시 근로자 수가 99명 이하인 사업 또는 사업장의 사용자는 1개월 동안에 10명 이상의 인원을 경영상의 이유에 의하여 해고하려면 최초로 해고하려는 날의 30일 전까지 고용노동부장관에게 신고하여야 한다. (○ㅣ×)

09 사용자는 근로자를 해고한 날부터 3년 이내에 해고된 근로자가 해고 당시 담당하였던 업무와 같은 업무를 할 근로자를 채용하려고 할 경우 해고된 근로자가 원하면 그 근로자를 우선적으로 고용하도록 노력하여야 한다. (○ㅣ×)

10 사용자는 경영상 이유에 의하여 해고된 근로자에 대하여 생계안정, 재취업, 직업훈련 등 필요한 조치를 우선적으로 취하여야 한다. (○ㅣ×)

11 경영상 이유에 의한 해고를 하는 때에도 해고의 예고 규정은 적용된다. (○ㅣ×)

12 사용자는 근로자를 해고하려면 적어도 20일 전에 예고를 하여야 한다. (○ㅣ×)

13 사용자는 계속 근로한 기간이 3개월 미만인 근로자를 경영상의 이유에 의해 해고하려면 적어도 15일 전에 예고를 하여야 한다. (○ㅣ×)

14 해고예고수당은 30일분 이상의 평균임금을 지급하여야 한다. (○ㅣ×)

15 근로자가 계속 근로한 기간이 6개월 미만인 경우에는 해고예고를 하지 아니하고 해고할 수 있다. (○ㅣ×)

16 천재·사변, 그 밖의 부득이한 사유로 사업을 계속하는 것이 불가능한 경우 해고의 예고를 하지 아니하고 해고할 수 있다. (○ㅣ×)

17 근로자가 고의로 사업에 막대한 지장을 초래한 경우라도 해고예고는 하여야 한다. (○ㅣ×)

18 근로자가 과실로 사업에 막대한 지장을 초래하거나 재산상 손해를 끼친 경우에는 사용자는 즉시 해고를 할 수 있다. (○ㅣ×)

19 근로자에 대한 해고사유와 해고시기를 밝히면 서면이 아닌 유선으로 통지하여도 효력이 있다. (○ㅣ×)

20 부당해고등의 구제신청은 해고된 근로자가 할 수 있고 노동조합은 할 수 없다. (○ㅣ×)

21 사용자가 근로자에게 부당해고등을 하면 근로자 및 노동조합은 노동위원회에 구제를 신청할 수 있다. (○ㅣ×)

22 부당해고등에 대한 구제신청은 부당해고등이 있었던 날부터 6개월 이내에 하여야 한다. (○ㅣ×)

23 노동위원회는 부당해고 구제신청에 대한 심문을 할 때에 직권으로 증인을 출석하게 하여 필요한 사항을 질문할 수 없다. (○ㅣ×)

24 노동위원회는 사용자에게 구제명령을 하는 때에는 사용자가 구제명령서를 통지받은 날부터 15일 이내의 이행기한을 정하여야 한다. (○ㅣ×)

25 노동위원회는 부당해고에 대한 구제명령을 할 때 해당 근로자의 복직을 사용자가 원하지 않으면 금전으로 보상하고 근로관계를 청산하도록 명령할 수 있다. (○ㅣ×)

26 노동위원회는 부당해고가 성립한다고 판정하면 정년의 도래로 근로자가 원직복직이 불가능한 경우에도 사용자에게 구제명령을 하여야 한다. (○ㅣ×)

27 중앙노동위원회에의 재심신청은 지방노동위원회의 결정이 있는 날부터 10일 이 내에 하여야 한다. (○ | ×)

28 지방노동위원회의 구제명령이나 기각결정에 불복하는 사용자나 근로자는 구제명 령서나 기각결정서를 통지받은 날부터 15일 이내에 중앙노동위원회에 재심을 신 청할 수 있다. (○ | ×)

29 행정소송은 중앙노동위원회의 재심판정이 있는 날부터 15일 이내에 법원에 행정 소송을 제기하여야 한다. (○ | ×)

30 중앙노동위원회의 재심판정에 대하여 사용자나 근로자는 재심판정서를 송달받은 날부터 20일 이내에 「행정소송법」의 규정에 따라 소(訴)를 제기할 수 있다. (○ | ×)

31 부당해고 구제명령은 중앙노동위원회에 대한 재심신청으로 그 효력이 정지된다. (○ | ×)

32 노동위원회의 구제명령, 기각결정 또는 재심판정은 중앙노동위원회에 대한 재심 신청이나 행정소송 제기에 의하여 그 효력이 정지된다. (○ | ×)

33 노동위원회는 구제명령을 받은 후 이행기한까지 구제명령을 이행하지 아니한 사 용자에게 2천만원 이하의 이행강제금을 부과한다. (○ | ×)

34 노동위원회는 이행강제금을 부과하기 40일 전까지 이행강제금을 부과·징수한다 는 뜻을 사용자에게 미리 문서로써 알려 주어야 한다. (○ | ×)

35 노동위원회가 이행강제금을 부과할 때에는 이행강제금의 액수, 부과 사유 등을 구두로 통보하여야 한다. (○ | ×)

36 이행강제금은 3년을 초과하여 부과, 징수하지 못한다. (○ | ×)

37 노동위원회는 구제명령을 이행하지 아니한 사용자에게 최초 구제명령을 한 날을 기준으로 최대 2년 동안 이행강제금을 부과할 수 있으며, 그 총 금액의 한도는 1억원이다. (○ | ×)

38 노동위원회는 천재·사변, 그 밖의 부득이한 사유로 구제명령을 이행하기 어려운 경우에는 직권 또는 사용자의 신청에 따라 그 사유가 없어진 뒤에 이행강제금을 부과할 수 있다. (○ | ×)

39 노동위원회는 구제명령을 받은 자가 구제명령을 이행하면 새로운 이행강제금을 부과하지 아니하되, 구제명령을 이행하기 전에 이미 부과된 이행강제금은 징수하 지 아니한다. (○ | ×)

40 노동위원회는 구제명령을 받은 자가 구제명령을 이행하면 구제명령을 이행하기 전에 이미 부과된 이행강제금을 징수할 수 없다. (○ | ×)

41 노동위원회는 법원의 확정판결에 따라 노동위원회의 구제명령이 취소되는 경우 에도 이미 징수한 이행강제금은 반환하지 아니한다. (○ | ×)

42 노동위원회는 이행강제금 납부의무자가 납부기한까지 이행강제금을 내지 아니하 면 기간을 정하여 독촉을 하고 지정된 기간에 이행강제금을 내지 아니하면 국세 체납처분의 예에 따라 징수할 수 있다. (○ | ×)

43 근로자는 구제명령을 받은 사용자가 이행기한까지 구제명령을 이행하지 아니 　(○ | ×)
하면 이행기한이 지난 때부터 30일 이내에 그 사실을 노동위원회에 알려줄 수
있다.

5 　근로기준법상 근로조건

OX 문제

01 평균임금 산정기간 중에 업무 외 질병을 사유로 사용자의 승인을 받아 휴업한 기 　(○ | ×)
간이 있는 경우에는 그 기간과 그 기간 중에 지급된 임금은 평균임금 산정기준이
되는 기간과 임금의 총액에서 각각 뺀다.

02 「예비군법」에 따른 의무이행을 위하여 근로하지 못하였지만 임금을 지급받은 기 　(○ | ×)
간은 평균임금의 계산에서 제외한다.

03 일용근로자의 통상임금은 고용노동부장관이 사업이나 직업에 따라 근로시간을 　(○ | ×)
고려하여 정하는 금액으로 한다.

04 임금은 단체협약에 특별한 규정이 있는 경우에는 근로자에게 직접 지급하지 않을 　(○ | ×)
수 있다.

05 취업규칙에 특별한 규정이 있는 경우에는 임금을 통화 이외의 것으로 지급할 수 　(○ | ×)
있다.

06 사용자는 근로자에게 매월 1회 이상 일정한 기일을 정하여 임금을 지급하여야 한 　(○ | ×)
다. 따라서 매 3월마다 상여금을 지급하는 것은 허용되지 않는다.

07 고용노동부장관은 임금등을 지급하지 아니한 사업주가 명단 공개 기준일 이전 　(○ | ×)
3년 이내 임금등을 체불하여 2회 이상 유죄가 확정된 자로서 명단 공개 기준일
이전 3년 이내 임금등의 체불 총액이 2천만원 이상인 경우에는 그 인적사항 등을
공개할 수 있다.

08 고용노동부장관은 체불사업주의 명단 공개를 할 경우에 체불사업주에게 1개월 이 　(○ | ×)
상의 기간을 정하여 소명 기회를 주어야 한다.

09 사용자는 근로자가 출산, 질병, 재해 등 비상한 경우의 비용에 충당하기 위하여 　(○ | ×)
임금 지급을 청구하면 지급기일 전이라도 향후 제공할 근로에 대한 임금을 지급
하여야 한다.

10 휴업수당은 원칙적으로 통상임금의 50% 이상을 지급해야 한다. 　(○ | ×)

11 사용자는 평균임금의 100분의 70에 해당하는 금액이 통상임금을 초과하는 경우 　(○ | ×)
통상임금을 휴업수당으로 지급할 수 있다.

12 부득이한 사유로 사업계속이 불가능한 경우에는 고용노동부장관의 승인을 얻어 기준미달의 휴업수당을 지급할 수 있다. (○ | ×)

13 임금채권은 1년간 행사하지 아니하면 시효로 소멸한다. (○ | ×)

14 임금대장 등 근로계약에 관한 중요한 서류의 보존기간은 1년이며, 임금채권의 소멸시효는 3년이다. (○ | ×)

15 대기시간은 근로자가 사용자의 지휘·감독 아래에 있다 하더라도 근로시간으로 보지 않는다. (○ | ×)

16 15세 이상 18세 미만인 자의 근로시간은 1일에 6시간, 1주일에 30시간을 초과하지 못한다. (○ | ×)

17 2주 이내 단위기간의 탄력적 근로시간제는 사용자와 근로자대표 사이에 서면합의가 있어야 한다. (○ | ×)

18 3월 이내 단위기간의 탄력적 근로시간제는 취업규칙 또는 이에 준하는 것으로 시행할 수 있다. (○ | ×)

19 3개월 이내의 단위기간을 정하여 탄력적 근로시간제를 실시하려면 당해 근로자와 서면합의가 있어야 한다. (○ | ×)

20 취업규칙에 의한 2주 단위 탄력적 근로시간제의 경우 특정일에 12시간, 특정 주에 52시간을 초과하지 않아야 된다. (○ | ×)

21 3개월 이내 탄력적 근로시간제에서 특정한 주의 근로시간 한도는 56시간이다. (○ | ×)

22 15세 이상 18세 미만의 근로자에게는 탄력적 근로시간제가 적용되지 않는다. (○ | ×)

23 사용자는 탄력적 근로시간제를 적용할 경우 기존의 임금수준이 저하되지 않도록 임금보전 방안을 강구하여야 한다. (○ | ×)

24 특별한 사정이 없더라도 당사자간의 합의만으로 1주간에 12시간까지는 연장근로를 시킬 수 있다. (○ | ×)

25 사용자는 연장근로에 대하여는 평균임금의 100분의 70 이상을 가산하여 근로자에게 지급하여야 한다. (○ | ×)

26 사용자는 8시간을 초과한 연장근로에 대하여는 통상임금의 100분의 100 이상을 가산하여 지급하여야 한다. (○ | ×)

27 사용자는 8시간을 초과하는 휴일근로에 대하여는 통상임금의 100분의 50 이상을 가산하여 근로자에게 지급하여야 한다. (○ | ×)

28 야간근로란 자정부터 오전 6시 사이의 근로를 말한다. (○ | ×)

29 사용자는 근로자대표와의 서면합의에 따라 야간근로에 대하여 임금을 지급하는 것을 갈음하여 휴가를 줄 수 있다. (○ | ×)

30 사용자는 18세 이상의 여성에게 야간근로나 휴일근로를 시키고자 하는 경우에는 고용노동부장관의 인가를 받아야 한다. (○ | ×)

31 사용자는 산후 1년이 지나지 아니한 여성에 대하여 단체협약이 있는 경우에는 1일에 2시간, 1주일에 6시간, 1년에 150시간을 초과하는 시간외근로를 시킬 수 있다. (○ | ×)

32 사용자는 산후 1년이 경과되지 아니한 여성에 대하여 단체협약의 규정이 있더라도 1일에 2시간, 1주일에 6시간, 1년에 120시간을 초과하는 시간외근로를 시키지 못한다. (○ | ×)

33 근로시간이 3시간인 경우 휴게시간을 주지 않아도 된다. (○ | ×)

34 휴게시간은 근로시간 종료 후에 주어도 무방하다. (○ | ×)

35 휴게시간은 근로시간에 합산한다. (○ | ×)

36 사용자는 모든 근로자에게 근로시간이 8시간인 경우에는 30분의 휴게시간을 근로시간 도중에 주어야 한다. (○ | ×)

37 「근로기준법」 제55조에 따른 유급휴일은 1주 동안의 소정근로일을 개근한 자에게 주어야 한다. (○ | ×)

38 사용자는 근로자에게 매월 평균 1회 이상의 유급휴일을 보장해야 한다. (○ | ×)

39 사용자는 1년간 80퍼센트 이상 출근한 근로자에게 10일의 유급휴가를 주어야 한다. (○ | ×)

40 연차유급휴가를 부여받기 위해서는 1년간 90퍼센트 이상 출근해야 한다. (○ | ×)

41 사용자는 계속하여 근로한 기간이 1년 미만인 근로자에게 1개월간 80퍼센트 이상 출근 시 1일의 유급휴가를 주어야 한다. (○ | ×)

42 계속하여 근로한 기간이 1년 미만인 근로자가 80퍼센트 이상 출근한 경우 사용자는 그 근로자에게 15일의 유급휴가를 주어야 한다. (○ | ×)

43 3년 이상 계속 근로한 근로자에 대하여는 최초 1년을 초과하는 계속 근로연수 매 2년에 대하여 1일의 가산휴가를 주어야 한다. (○ | ×)

44 7년 이상 계속 근로하였고 그 7년째에 모두 출근한 근로자의 8년째의 연차유급휴가일수는 18일 이상이어야 한다. (○ | ×)

45 연차유급휴가 일수는 어떠한 경우에도 20일을 초과할 수 없다. (○ | ×)

46 사용자는 근로자가 청구한 시기에 연차유급휴가를 주는 것이 사업운영에 막대한 지장이 있는 경우에는 그 시기를 변경할 수 있다. (○ | ×)

47 연차유급휴가수당은 반드시 평균임금을 기초임금으로 하여 지급하여야 한다. (○ | ×)

48 연차유급휴가 일수의 산정 시 근로자가 업무상의 질병으로 휴업한 기간은 출근한 것으로 보지 않는다. (○ | ×)

49 연차유급휴가 규정을 적용하는 경우 육아휴직으로 휴업한 기간은 출근한 것으로 보지 않는다. (○ | ×)

50 연차유급휴가는 사용자의 귀책사유로 사용하지 못한 경우를 제외하고 3년간 행사하지 아니하면 소멸한다. (○ | ×)

51 사용자의 귀책사유로 유급휴가를 1년간 사용하지 못한 경우 연차휴가권은 소멸하지만, 미사용 휴가에 대하여는 보상해야 한다. (○ | ×)

52 사용자는 고용노동부장관의 승인을 받으면 「근로기준법」 제60조에 따른 연차유 (○ | ×)
급휴가일을 갈음하여 특정한 근로일에 근로자를 휴무시킬 수 있다.

53 사용자는 여성 근로자가 청구하면 월 1일의 유급생리휴가를 주어야 한다. (○ | ×)

54 사용자는 임신 중의 여성에게 출산 전과 출산 후를 통하여 60일의 출산전후휴가 (○ | ×)
를 주어야 한다. 이 경우 휴가기간의 배정은 출산 후에 30일 이상이 되어야 한다.

55 사용자는 임신 중의 여성에게 「근로기준법」 제74조 제1항에 따른 출산전후휴가 (○ | ×)
를 주는 경우 휴가 기간의 배정은 출산 전에 45일 이상이 되어야 한다.

56 사용자는 한 번에 둘 이상 자녀를 임신한 여성에게 출산 전과 출산 후를 통하여 (○ | ×)
120일의 출산전후휴가를 주어야 한다.

57 한 번에 둘 이상 자녀를 임신한 경우 출산전후휴가 기간의 배정은 출산 후에 60 (○ | ×)
일 이상이 되어야 한다.

58 여성의 출산전후휴가 90일은 유급으로 하여야 한다. (○ | ×)

59 사용자가 한 번에 둘 이상 자녀를 임신한 여성에게 출산전후휴가를 부여할 경우 (○ | ×)
최초 90일은 유급으로 한다.

60 사용자는 임신 중인 여성근로자에게 시간외근로를 하게 할 수 있다. (○ | ×)

61 사용자는 생후 1년 미만의 유아를 가진 여성 근로자가 청구하면 1일 2회 각각 1시 (○ | ×)
간 이상의 유급 수유 시간을 주어야 한다.

62 누구든지 직장 내 괴롭힘 발생사실을 알게 된 경우 그 사실을 사용자에게 신고하 (○ | ×)
여야 한다.

63 직장 내 괴롭힘의 발생 사실을 알게 된 경우 그 피해근로자의 동의가 없으면 누구 (○ | ×)
든지 그 사실을 사용자에게 신고할 수 없다.

64 사용자는 조사 결과 직장 내 괴롭힘 발생 사실이 확인된 때에는 피해근로자의 요 (○ | ×)
청과 무관하게 피해근로자의 근무장소 변경, 배치전환 등 적절한 조치를 하여야
한다.

65 직장 내 괴롭힘 발생 사실을 조사한 사람은 조사와 관련된 내용을 사용자에게 보 (○ | ×)
고하여서는 아니 된다.

66 감시 또는 단속적으로 근로에 종사하는 자의 경우 사용자가 근로자대표와 서면합 (○ | ×)
의하면 고용노동부장관의 승인 없이 근로시간, 휴게, 휴일에 관한 「근로기준법」
의 규정을 적용하지 아니할 수 있다.

67 감시 또는 단속적으로 근로에 종사하는 자로서 고용노동부장관에게 신고한 근로 (○ | ×)
자의 경우 근로시간, 휴게, 휴일에 관한 「근로기준법」의 규정을 적용하지 아니할
수 있다.

68 감시 또는 단속적으로 근로에 종사하는 자의 경우 사용자가 고용노동부장관의 승 (○ | ×)
인을 받은 경우에는 휴일을 부여하여야 한다.

69 사용자가 근로자대표와 서면합의를 한 경우 단속적(斷續的)으로 근로에 종사하는 (○ | ×)
자에게는 휴일에 관한 규정을 적용하지 아니한다.

6 최저임금법

OX 문제

01 상시 5명 미만의 근로자를 사용하는 사업 또는 사업장에는 적용되지 아니한다. (O | X)

02 「최저임금법」은 동거하는 친족만을 사용하는 사업에는 적용되지만 가사(家事) 사용인에게는 적용되지 아니한다. (O | X)

03 「최저임금법」은 「선원법」의 적용을 받는 선원에게도 적용된다. (O | X)

04 최저임금은 근로자의 생계비, 유사근로자의 임금, 노동생산성 및 기업의 지불능력을 고려하여 사업의 종류별로 구분하여 정한다. (O | X)

05 최저임금은 사업의 종류별로 구분하여 정할 수 있다. (O | X)

06 최저임금의 사업 종류별 구분은 최저임금위원회가 정한다. (O | X)

07 최저임금액은 시간·일(日)·주(週)·월(月) 또는 연(年)을 단위로 하여 정한다. (O | X)

08 일·주 또는 월을 단위로 하여 최저임금액을 정할 때에는 시간급으로도 표시하여야 한다. (O | X)

09 1년 미만의 기간을 정하여 근로계약을 체결하고 수습 사용 중에 있는 근로자로서 수습을 시작한 날부터 6개월 이내인 사람에 대하여는 고용노동부장관에 의해 고시된 최저임금액보다 적은 최저임금액을 정할 수 있다. (O | X)

10 1년 이상의 기간을 정하여 근로계약을 체결하고 수습 사용 중에 있는 근로자로서 수습을 시작한 날부터 3개월 이내인 자는 최저임금을 적용하지 아니한다. (O | X)

11 1년 미만의 기간을 정하여 근로계약을 체결한 근로자에 대하여는 고용노동부장관에 의해 고시된 최저임금액보다 적은 최저임금액을 정할 수 있다. (O | X)

12 임금이 도급제나 그 밖에 이와 비슷한 형태로 정해진 경우에 근로시간을 파악하기 어렵다고 인정되면 해당 근로자의 생산고(生産高) 또는 업적의 일정단위에 의하여 최저임금액을 정한다. (O | X)

13 사용자는 「최저임금법」에 의한 최저임금을 이유로 종전의 임금을 낮출 수 있다. (O | X)

14 최저임금의 적용을 받는 근로자와 사용자 사이의 근로계약 중 최저임금액에 미치지 못하는 금액을 임금으로 정한 부분은 무효이다. (O | X)

15 최저임금액에 미달하여 무효로 된 근로계약 부분은 최저임금액과 동일한 임금을 지급하기로 정한 것으로 본다. (O | X)

16 최저임금의 적용을 받는 근로자가 자기의 사정으로 소정의 근로일의 근로를 하지 아니한 경우 근로하지 아니한 일에 대하여 사용자는 최저임금액의 2분의 1에 해당하는 임금을 지급하여야 한다. (○ | ×)

17 도급으로 사업을 행하는 경우 도급인이 책임져야 할 사유로 수급인이 근로자에게 최저임금액에 미치지 못하는 임금을 지급한 경우 도급인이 책임을 져야 하며 수급인에게 책임을 물을 수 없다. (○ | ×)

18 정신장애나 신체장애로 근로능력이 현저히 낮은 자의 경우 당연히 최저임금의 적용을 받지 아니하므로, 근로계약 중 최저임금액에 미치지 못하는 금액을 임금으로 정한 부분은 유효하다. (○ | ×)

19 신체장애로 근로능력이 현저히 낮은 사람에 대해서는 사용자가 고용노동부장관의 인가를 받은 경우 최저임금의 효력을 적용하지 아니한다. (○ | ×)

20 최저임금위원회는 매년 8월 5일까지 최저임금을 결정하고 이를 지체 없이 고시하여야 한다. (○ | ×)

21 고용노동부장관은 최저임금위원회가 심의하여 의결한 최저임금안에 따라 최저임금을 결정하여야 한다. (○ | ×)

22 최저임금은 매년 12월 31일까지 결정하여 고시한다. (○ | ×)

23 사용자를 대표하는 자는 고시된 최저임금안에 대하여 이의를 제기할 수 없다. (○ | ×)

24 최저임금의 효력은 고용노동부장관이 고시한 때부터 발생한다. (○ | ×)

25 고용노동부장관이 고시한 최저임금은 당해 연도 1월 1일부터 효력이 발생한다. (○ | ×)

26 고시된 최저임금은 다음 연도 3월 1일부터 효력이 발생하나, 고용노동부장관은 사업의 종류별로 임금교섭 시기 등을 고려하여 필요하다고 인정하면 효력발생 시기를 따로 정할 수 있다. (○ | ×)

27 최저임금에 관한 심의와 그 밖에 최저임금에 관한 중요 사항을 심의하기 위하여 고용노동부에 근로감독위원회를 둔다. (○ | ×)

28 최저임금에 관한 중요 사항을 심의하기 위하여 대통령 직속의 최저임금위원회를 둔다. (○ | ×)

정답 01 X 02 X 03 X 04 X 05 ○ 06 X 07 X 08 ○ 09 X 10 X 11 X 12 ○ 13 X 14 ○ 15 ○
16 X 17 X 18 X 19 ○ 20 X 21 ○ 22 X 23 X 24 X 25 X 26 X 27 X 28 X

7 근로자퇴직급여 보장법

OX 문제

01 급여란 퇴직급여제도나 개인형 퇴직연금제도에 의하여 근로자에게 지급되는 연금을 말하며, 일시금은 제외한다. (○ | ×)

02 확정급여형 퇴직연금제도란 급여의 지급을 위하여 사용자가 부담하여야 할 부담 （○ㅣ×）
금의 수준이 사전에 결정되어 있는 퇴직연금제도를 말한다.

03 확정기여형 퇴직연금제도란 근로자가 지급받을 급여의 수준이 사전에 결정되어 （○ㅣ×）
있는 퇴직연금제도를 말한다.

04 개인형 퇴직연금제도란 가입자의 선택에 따라 가입자가 납입한 일시금이나 사용 （○ㅣ×）
자 또는 가입자가 납입한 부담금을 적립·운용하기 위하여 설정한 퇴직연금제도
로서 급여의 수준이나 부담금의 수준이 확정된 퇴직연금제도를 말한다.

05 가입자란 퇴직연금제도를 설정한 사용자를 말한다. （○ㅣ×）

06 가입자란 퇴직연금제도에 가입한 근로자를 말하며, 개인형 퇴직연금제도에 가입 （○ㅣ×）
한 근로자는 포함되지 않는다.

07 「근로자퇴직급여 보장법」은 상시 5명 미만의 근로자를 사용하는 사업 또는 사업 （○ㅣ×）
장에는 적용하지 아니한다.

08 「근로자퇴직급여 보장법」은 동거하는 친족만을 사용하는 사업 및 가구 내 고용활 （○ㅣ×）
동에는 적용하지 아니한다.

09 사용자는 4주간을 평균하여 1주간의 소정근로시간이 15시간 미만인 근로자에 대 （○ㅣ×）
하여도 퇴직급여제도를 설정하여야 한다.

10 사용자는 계속근로기간이 1년 미만인 근로자에 대하여 퇴직급여제도 중 하나 이 （○ㅣ×）
상의 제도를 설정하여야 한다.

11 사용자가 퇴직급여제도의 종류를 설정하거나 설정된 퇴직급여제도를 다른 종류 （○ㅣ×）
의 퇴직급여제도로 변경하려는 경우에는 근로자대표의 의견을 들어야 한다.

12 사용자가 설정되거나 변경된 퇴직급여제도의 내용을 변경하고자 하는 경우에는 （○ㅣ×）
근로자대표의 동의를 받아야 한다.

13 사용자가 설정되거나 변경된 퇴직급여제도의 내용을 근로자에게 불리하게 변경 （○ㅣ×）
하려는 경우에는 근로자대표의 의견을 들어야 한다.

14 새로 성립된 사업의 사용자는 근로자대표의 동의를 받아 사업이 성립된 후 1년 이 （○ㅣ×）
내에 확정급여형 퇴직연금제도나 확정기여형 퇴직연금제도를 설정하여야 한다.

15 퇴직연금제도의 급여를 받을 권리는 양도할 수 있지만 담보로 제공할 수 없다. （○ㅣ×）

16 퇴직연금제도의 급여를 받을 권리는 양도하거나 담보로 제공할 수 없다. 따라서 （○ㅣ×）
주택구입 등의 경우에도 담보로 제공할 수 없다.

17 사용자는 계속근로기간 1년에 대하여 30일분 이상의 통상임금을 퇴직하는 근로 （○ㅣ×）
자에게 퇴직금으로 지급할 수 있는 제도를 설정하여야 한다.

18 사용자는 근로자의 요구가 있는 경우에는 퇴직하기 전이라도 퇴직금을 미리 정산 （○ㅣ×）
하여 지급하여야 한다.

19 근로자가 휴직을 하여 수입이 줄어드는 경우에는 퇴직금을 중간 정산할 수 있다. （○ㅣ×）

20 경영 악화를 방지하기 위한 사업의 합병을 위하여 근로자의 과반수 동의를 얻은 （○ㅣ×）
경우는 퇴직금의 중간 정산 사유에 해당한다.

21 부양가족의 대학등록금, 혼례비 또는 장례비를 근로자가 부담하는 경우는 퇴직금 (○ ㅣ ✕)
  의 중간정산 사유에 해당한다.

22 사업주의 휴업 실시로 근로자의 임금이 감소하는 경우는 퇴직금의 중간정산 사유 (○ ㅣ ✕)
  에 해당한다.

23 퇴직금의 중간정산 지급 후의 퇴직금 산정을 위한 계속근로기간은 정산시점부터 (○ ㅣ ✕)
  새로이 계산한다.

24 사용자가 퇴직금을 미리 정산하여 지급한 경우에는 근로자의 퇴직금청구권 소멸 (○ ㅣ ✕)
  시효가 완성되는 날까지 관련 증명서류를 보존하여야 한다.

25 사용자는 그 지급사유가 발생한 날부터 30일 이내에 퇴직금을 지급하여야 한다. (○ ㅣ ✕)

26 사용자는 근로자가 퇴직한 경우에는 그 지급사유가 발생한 날부터 14일 이내에 (○ ㅣ ✕)
  퇴직금을 지급하여야 하며, 특별한 사정이 있는 경우에도 당사자간의 합의로 그
  지급기일을 연장할 수 없다.

27 「근로자퇴직급여 보장법」에 따른 퇴직금을 받을 권리는 1년간 행사하지 아니하면 (○ ㅣ ✕)
  시효로 인하여 소멸한다.

28 사용자가 퇴직급여제도나 개인형 퇴직연금제도를 설정하지 아니한 경우에는 퇴 (○ ㅣ ✕)
  직금제도를 설정한 것으로 본다.

29 최종 5년간의 퇴직금은 사용자의 총 재산에 대한 질권 또는 저당권에 의하여 담 (○ ㅣ ✕)
  보된 채권, 조세·공과금 및 다른 채권에 우선하여 변제되어야 한다.

30 확정급여형 퇴직연금제도를 설정하려는 사용자는 근로자대표의 동의를 얻어 확 (○ ㅣ ✕)
  정급여형 퇴직연금규약을 작성하여 고용노동부장관의 허가를 받아야 한다.

31 확정급여형 퇴직연금제도의 설정 전에 해당 사업에서 제공한 근로기간에 대하여 (○ ㅣ ✕)
  도 퇴직금을 미리 정산한 기간을 포함하여 가입기간으로 할 수 있다.

32 확정급여형 퇴직연금제도의 급여의 수준은 가입자의 퇴직일을 기준으로 산정한 (○ ㅣ ✕)
  일시금이 계속근로기간 1년에 대하여 30일분 이상의 통상임금에 상당하는 금액
  이상이 되도록 하여야 한다.

33 확정급여형 퇴직연금제도의 경우 55세 이상으로서 가입기간이 10년 이상인 가입 (○ ㅣ ✕)
  자에게 연금으로 지급하되 연금의 지급기간은 10년 이상이어야 한다.

34 확정급여형 퇴직연금제도의 일시금은 연금수급요건을 갖추지 못한 근로자에게 (○ ㅣ ✕)
  지급되며, 연금수급요건을 갖춘 근로자에게는 일시금을 지급할 수 없다.

35 퇴직연금사업자는 매분기당 1회 이상 적립금액 및 운용수익률 등을 고용노동부령 (○ ㅣ ✕)
  으로 정하는 바에 따라 가입자에게 알려야 한다.

36 퇴직연금사업자는 매년 2회 이상 적립금액 및 운용수익률 등을 고용노동부령으 (○ ㅣ ✕)
  로 정하는 바에 따라 가입자에게 알려야 한다.

37 확정기여형 퇴직연금제도를 설정한 사용자는 가입자의 연간 임금총액의 12분의 (○ ㅣ ✕)
  1 이상에 해당하는 부담금을 현금으로 가입자의 확정기여형 퇴직연금 계정에 납
  입하여야 한다.

38 확정기여형 퇴직연금의 경우 가입자는 사용자가 부담하는 부담금 외에 스스로 부 담하는 추가 부담금을 가입자의 확정기여형 퇴직연금 계정에 납입할 수 없다. (○ | ×)

39 확정급여형 퇴직연금의 경우 가입자는 사용자가 부담하는 부담금 외에 스스로 부 담하는 추가 부담금을 가입자의 확정급여형 퇴직연금 계정에 납입할 수 없다. (○ | ×)

40 확정기여형 퇴직연금의 경우 사용자는 매월 1회 이상 정기적으로 부담금을 납부 하여야 한다. (○ | ×)

41 확정급여형 퇴직연금제도의 가입자는 적립금의 운용방법을 스스로 선정할 수 있 고, 반기마다 1회 이상 적립금의 운용방법을 변경할 수 있다. (○ | ×)

42 확정기여형 퇴직연금제도의 가입자는 적립금의 운용방법을 스스로 선정할 수 있 고, 분기마다 1회 이상 적립금의 운용방법을 변경할 수 있다. (○ | ×)

43 퇴직연금사업자는 연 1회 이상 위험과 수익구조가 서로 다른 세 가지 이상의 적립 금 운용방법을 제시하여야 한다. (○ | ×)

44 확정급여형 퇴직연금제도에 가입한 근로자는 주택구입 등 대통령령으로 정하는 사유가 발생하면 적립금을 중도인출할 수 있다. (○ | ×)

45 확정기여형 퇴직연금제도에 가입한 근로자는 중도인출을 신청한 날부터 거꾸로 계산하여 5년 이내에 「채무자 회생 및 파산에 관한 법률」에 따라 파산선고를 받 은 경우 적립금을 중도인출할 수 있다. (○ | ×)

46 퇴직급여제도의 일시금을 수령한 사람은 개인형 퇴직연금제도를 설정할 수 없다. (○ | ×)

47 확정급여형 퇴직연금제도 또는 확정기여형 퇴직연금제도의 가입자는 개인형 퇴 직연금제도를 추가로 설정할 수 없다. (○ | ×)

48 상시 10명 미만의 근로자를 사용하는 사업의 경우 사용자가 근로자대표의 동의를 받아 개인형 퇴직연금제도를 설정하는 경우에는 해당 근로자에 대하여 퇴직급여 제도를 설정한 것으로 본다. (○ | ×)

49 상시 10명 미만의 근로자를 사용하는 사업의 경우에는 개별근로자의 동의나 요구 와 관계없이 개인형 퇴직연금제도를 설정할 수 있으며, 이 경우 해당 근로자에 대하여 퇴직급여제도를 설정한 것으로 본다. (○ | ×)

50 퇴직연금제도를 설정한 사용자는 자산관리업무의 수행을 내용으로 하는 계약을 개별근로자와 체결하여야 한다. (○ | ×)

정답 01 X 02 X 03 X 04 X 05 X 06 X 07 X 08 ○ 09 X 10 X 11 X 12 X 13 X 14 X 15 X
16 X 17 X 18 X 19 X 20 X 21 X 22 X 23 ○ 24 X 25 X 26 X 27 X 28 ○ 29 X 30 X
31 X 32 X 33 X 34 X 35 X 36 X 37 ○ 38 X 39 ○ 40 X 41 X 42 X 43 X 44 X 45 ○
46 X 47 X 48 X 49 X 50 X

8 남녀고용평등과 일·가정 양립 지원에 관한 법률

OX 문제

01 「남녀고용평등과 일·가정 양립 지원에 관한 법률」은 상시 5명 이상의 근로자를 사용하는 사업 또는 사업장에 적용한다. (○ | ×)

02 적극적 고용개선조치란 현존하는 남녀 간의 고용차별을 없애거나 고용평등을 촉진하기 위하여 잠정적으로 특정 성을 우대하는 조치를 말한다. (○ | ×)

03 사업주는 동일한 사업 내의 동일한 가치의 노동에 대하여는 동일한 임금을 지급하여야 하며, 사업주가 임금차별을 목적으로 설립한 별개의 사업은 동일한 사업으로 보지 않는다. (○ | ×)

04 사업주는 근로여성이 혼인, 임신 또는 출산을 퇴직사유로 예정하는 근로계약을 체결할 수 있다. (○ | ×)

05 사업주는 성희롱 예방 교육의 내용을 근로자가 자유롭게 열람할 수 있는 장소에 항상 게시하거나 갖추어 두어 근로자에게 널리 알려야 한다. (○ | ×)

06 사업주가 마련해야 하는 성희롱 예방 지침에는 직장 내 성희롱 조사절차가 포함되어야 한다. (○ | ×)

07 사업주가 해야 하는 직장 내 성희롱 예방을 위한 교육에는 직장 내 성희롱에 관한 법령이 포함되어야 한다. (○ | ×)

08 사업주는 직장 내 성희롱 예방을 위한 교육을 분기별 1회 이상 하여야 한다. (○ | ×)

09 사업주는 직장 내 성희롱 예방 교육을 연 2회 이상 받아야 한다. (○ | ×)

10 사업주 및 근로자 모두가 남성 또는 여성 중 어느 한 성으로 구성된 사업의 사업주는 성희롱 예방 교육자료의 내용을 근로자가 알 수 있도록 홍보물을 게시하거나 배포하는 방법으로 직장 내 성희롱 예방 교육을 할 수 있다. (○ | ×)

11 상시 30명 미만의 근로자를 고용하는 사업의 사업주는 성희롱 예방 교육자료의 내용을 근로자가 알 수 있도록 홍보물을 게시하거나 배포하는 방법으로 직장 내 성희롱 예방 교육을 할 수 있다. (○ | ×)

12 사업주는 성희롱 예방 교육을 여성가족부장관이 지정하는 기관에 위탁하여 실시할 수 있다. (○ | ×)

13 성희롱 예방 교육기관은 고용노동부령으로 정하는 기관 중에서 지정하되, 고용노동부령으로 정하는 강사를 1명 이상 두어야 한다. (○ | ×)

14 고용노동부장관은 성희롱 예방 교육기관이 정당한 사유 없이 고용노동부령으로 정하는 강사를 6개월 이상 계속하여 두지 아니한 경우 그 지정을 취소하여야 한다. (○ | ×)

15 고용노동부장관은 성희롱 예방 교육기관이 1년 동안 직장 내 성희롱 예방 교육 실적이 없는 경우 그 지정을 취소하여야 한다. (○ | ×)

16 누구든지 직장 내 성희롱 발생 사실을 알게 된 경우 그 사실을 해당 사업주에게 신고하여야 한다. (○ | ×)

17 사업주는 직장 내 성희롱 발생 사실이 확인된 때에는 지체 없이 직장 내 성희롱 행위를 한 사람에 대하여 징계, 근무장소의 변경 등 필요한 조치를 할 수 있다. (○ | ×)

18 직장 내 성희롱 발생 사실을 조사한 사람은 해당 조사와 관련된 내용을 사업주에게 보고해서는 아니 된다. (○ | ×)

19 사업주는 근로자가 배우자의 출산을 이유로 휴가를 청구하는 경우에 5일의 유급 휴가를 주어야 한다. (○ | ×)

20 배우자 출산휴가 기간 중 3일은 유급으로 한다. (○ | ×)

21 배우자 출산휴가는 근로자의 배우자가 출산한 날부터 30일이 지나면 청구할 수 없다. (○ | ×)

22 출산휴가급여가 지급되더라도 배우자 출산휴가에 대한 급여는 전액 지급되어야 한다. (○ | ×)

23 배우자 출산휴가는 2회에 한정하여 나누어 사용할 수 있다. (○ | ×)

24 사업주는 근로자가 인공수정 또는 체외수정 등 난임치료를 받기 위하여 휴가를 청구하는 경우에 연간 5일 이내의 휴가를 주어야 하며, 이 경우 최초 3일은 유급으로 한다. (○ | ×)

25 사업주는 임신 중인 여성 근로자가 모성을 보호하기 위하여 육아휴직을 신청하는 경우에 이를 허용하여야 한다. (○ | ×)

26 사업주는 근로자가 초등학교 2학년 이하의 자녀(입양한 자녀를 제외한다)를 양육하기 위하여 휴직을 신청하는 경우에 이를 허용하여야 한다. (○ | ×)

27 사업주는 육아휴직을 시작하려는 날의 전날까지 해당 사업에서 계속 근로한 기간이 5개월인 근로자가 육아휴직을 신청한 경우에 이를 허용하여야 한다. (○ | ×)

28 사업주는 정상적인 사업 운영에 중대한 지장을 초래하는 경우에는 육아휴직 및 육아기 근로시간 단축을 허용하지 아니할 수 있다. (○ | ×)

29 육아휴직의 기간은 6개월 이내로 한다. (○ | ×)

30 사업주는 사업을 계속할 수 없는 경우에도 육아휴직기간에 해고하지 못한다. (○ | ×)

31 육아기 근로시간 단축 기간은 근속기간에 포함되나, 육아휴직기간은 근속기간에 포함되지 않는다. (○ | ×)

32 기간제근로자 또는 파견근로자의 육아휴직기간은 「기간제 및 단시간근로자 보호 등에 관한 법률」에 따른 사용기간 또는 「파견근로자보호 등에 관한 법률」에 따른 근로자파견기간에 포함한다. (○ | ×)

33 사업주는 임신 중인 여성 근로자가 모성을 보호하기 위하여 근로시간 단축을 신청하는 경우 이를 허용하여야 한다. (○ | ×)

34 사업주는 근로자가 만 8세 이하 또는 초등학교 2학년 이하의 자녀를 양육하기 위하여 근로시간의 단축을 신청하는 경우에 이를 허용할 수 있다. (○ | ×)

35 사업주가 해당 근로자에게 육아기 근로시간 단축을 허용하는 경우 단축 후 근로시간은 주당 10시간 이상이어야 하고 30시간을 넘어서는 아니 된다. (○ | ×)

36 사업주는 육아기 근로시간 단축을 하고 있는 근로자에게 단축된 근로시간 외에   (○ | ×)
연장근로를 요구할 수 없다.

37 사업주는 육아기 근로시간 단축을 하고 있는 근로자가 단축된 근로시간 외에 연장   (○ | ×)
근로를 명시적으로 청구하는 경우 주 15시간 이내에서 연장근로를 시킬 수 있다.

38 육아기 근로시간 단축의 기간은 1년 이내로 하고, 평균임금을 산정하는 경우에는   (○ | ×)
육아기 근로시간 단축기간은 산정기간에 포함한다.

39 육아기 근로시간 단축을 한 근로자에 대하여 「근로기준법」에 따른 평균임금을 산   (○ | ×)
정하는 경우에는 그 근로자의 육아기 근로시간 단축 기간을 평균임금 산정기간에
포함한다.

40 근로자는 육아휴직을 1회에 한정하여 나누어 사용할 수 있다.   (○ | ×)

41 임신 중인 여성 근로자가 모성보호를 위하여 육아휴직을 사용한 횟수는 육아휴직   (○ | ×)
을 나누어 사용한 횟수에 포함한다.

42 가족돌봄휴직기간은 연간 최장 180일로 하며, 이를 나누어 사용할 수 있다.   (○ | ×)

43 가족돌봄휴직기간은 연간 최장 120일로 하며, 이를 나누어 사용할 경우 그 1회의   (○ | ×)
기간은 30일 이상이 되어야 한다.

44 가족돌봄휴직기간은 연간 최장 90일로 하며, 이를 나누어 사용할 수 있다. 이 경   (○ | ×)
우 나누어 사용하는 1회의 기간은 45일 이상이 되어야 한다.

45 가족돌봄휴가기간은 연간 최장 30일로 한다.   (○ | ×)

46 가족돌봄휴가기간은 가족돌봄휴직기간에서 제외된다.   (○ | ×)

47 가족돌봄휴직 및 가족돌봄휴가기간은 「근로기준법」상 평균임금 산정기간에서는   (○ | ×)
제외되고 근속기간에는 포함된다.

48 근로자가 가족의 질병, 사고, 노령으로 인하여 그 가족을 돌보기 위한 경우로서   (○ | ×)
사업주가 해당 근로자에게 근로시간 단축을 허용하는 경우, 단축 후 근로시간은
주당 15시간 이상이어야 하고 35시간을 넘어서는 아니 된다.

49 근로자는 사업주로부터 차별적 처우등을 받은 경우 「노동위원회법」에 따른 노동   (○ | ×)
위원회에 그 시정을 신청할 수 있다. 다만, 차별적 처우등을 받은 날부터 3개월이
지난 때에는 그러하지 아니하다.

50 차별적 처우등에 관한 시정신청은 차별적 처우등을 받은 날부터 3개월, 계속되는   (○ | ×)
경우에는 그 종료일부터 6개월 이내에 신청을 하여야 한다.

51 노동위원회는 차별적 처우등 시정신청에 대한 심문을 할 때에 직권으로 증인을   (○ | ×)
출석하게 하여 필요한 사항을 질문할 수 없다.

52 노동위원회는 심문 과정에서 관계 당사자 쌍방 또는 일방의 신청이나 직권으로   (○ | ×)
중재를 할 수 있다.

53 조정 또는 중재의 신청은 시정신청을 한 날부터 15일 이내에 하여야 한다. 다만,   (○ | ×)
노동위원회가 정당한 사유로 그 기간에 신청할 수 없었다고 인정하는 경우에는
15일 후에도 신청할 수 있다.

54 노동위원회는 특별한 사유가 없으면 조정절차를 개시하거나 중재신청을 받은 날 부터 30일 이내에 조정안을 제시하거나 중재결정을 하여야 한다. (○ | ×)

55 노동위원회는 관계 당사자 쌍방이 중재안을 받아들이기로 한 경우에는 중재결정 서를 작성하여야 한다. (○ | ×)

56 노동위원회는 조정결정을 한 경우에는 조정조서를 작성하여야 한다. (○ | ×)

57 노동위원회는 사업주의 차별적 처우등에 명백한 고의가 인정되거나 차별적 처우 등이 반복되는 경우에는 그 손해액을 기준으로 2배를 넘지 아니하는 범위에서 배상을 명령할 수 있다. (○ | ×)

58 지방노동위원회의 시정명령 또는 기각결정에 불복하는 관계 당사자는 시정명령서 또는 기각결정서를 송달받은 날부터 15일 이내에 중앙노동위원회에 재심을 신청할 수 있다. (○ | ×)

59 중앙노동위원회의 재심결정에 불복하는 관계 당사자는 재심결정서를 송달받은 날부터 10일 이내에 행정소송을 제기할 수 있다. (○ | ×)

60 노동위원회는 확정된 시정명령에 대하여 사업주에게 이행상황을 제출할 것을 요구할 수 있다. (○ | ×)

61 시정신청을 한 근로자는 사업주가 확정된 시정명령을 이행하지 아니하는 경우 이를 노동위원회에 신고할 수 있다. (○ | ×)

62 노동위원회는 사업주가 차별적 처우를 한 경우에는 그 시정을 요구할 수 있다. (○ | ×)

63 「남녀고용평등과 일·가정 양립 지원에 관한 법률」과 관련한 분쟁에서 입증책임은 사업주와 근로자가 각각 부담한다. (○ | ×)

64 「남녀고용평등과 일·가정 양립 지원에 관한 법률」과 관련한 분쟁 해결에서의 입증책임은 근로자가 부담한다. (○ | ×)

65 남녀고용평등과 일·가정 양립 지원에 관한 법령상 직장 내 성희롱 예방 교육을 하였음을 확인할 수 있는 서류는 2년간 보존하여야 한다. (○ | ×)

정답 01 × 02 ○ 03 × 04 × 05 ○ 06 ○ 07 ○ 08 × 09 × 10 ○ 11 × 12 × 13 ○ 14 × 15 ×
16 × 17 × 18 × 19 × 20 × 21 × 22 × 23 × 24 × 25 ○ 26 × 27 × 28 × 29 × 30 ×
31 × 32 × 33 × 34 × 35 × 36 ○ 37 × 38 × 39 × 40 × 41 × 42 × 43 × 44 × 45 ×
46 × 47 ○ 48 × 49 × 50 × 51 × 52 × 53 × 54 × 55 × 56 × 57 × 58 × 59 × 60 ×
61 × 62 × 63 × 64 × 65 ×

9 노동조합 및 노동관계조정법

OX 문제

01 경비의 일부를 노동조합 연합단체로부터 지원받는 경우에는 노동조합으로 보지 아니한다. (○ | ×)

02 경비의 일부를 사용자로부터 원조받는 경우에는 노동조합으로 보지 아니한다. (○ | ×)

03 최소한의 규모라 하더라도 사용자로부터 노동조합사무소를 제공받은 경우에는 노동조합으로 보지 아니한다. (○ | ×)

04 공제사업만을 목적으로 하는 경우에는 노동조합으로 보지 아니한다. (○ | ×)

05 복리사업만을 목적으로 하는 경우에는 노동조합으로 보지 아니한다. (○ | ×)

06 근로자가 아닌 자의 가입을 허용하는 경우에는 노동조합으로 보지 아니한다. (○ | ×)

07 정치운동을 부수적인 목적으로 하는 경우에는 노동조합으로 보지 아니한다. (○ | ×)

08 노동쟁의라 함은 파업·태업·직장폐쇄 기타 노동관계 당사자가 그 주장을 관철할 목적으로 행하는 행위와 이에 대항하는 행위로서 업무의 정상적인 운영을 저해하는 행위를 말한다. (○ | ×)

09 노동쟁의라 함은 근로자와 사용자 또는 사용자단체 간에 임금·근로시간·복지·해고 기타 대우 등 근로조건의 결정에 관한 주장의 불일치로 인하여 발생한 분쟁상태를 말한다. (○ | ×)

10 쟁의행위라 함은 노동조합과 사용자 또는 사용자단체 간에 임금·근로시간·복지·해고 기타 대우 등 근로조건의 결정에 관한 주장의 불일치로 인하여 발생한 분쟁상태를 말한다. (○ | ×)

11 근로자는 원칙적으로 자유로이 노동조합을 조직하고 가입할 수 있다. (○ | ×)

12 노동조합 및 노동관계조정법령에 의하여 설립된 노동조합은 규약이 정하는 바에 의하여 법인으로 할 수 있다. (○ | ×)

13 노동조합 및 노동관계조정법령에 의하여 설립된 노동조합은 노동위원회에 노동쟁의의 조정 및 부당노동행위 구제를 신청할 수 있다. (○ | ×)

14 「노동조합 및 노동관계조정법」에 의하여 설립된 노동조합이 아니더라도 노동위원회에 부당노동행위의 구제를 신청할 수 있다. (○ | ×)

15 노동조합의 설립신고서에는 조합원의 명부를 첨부하여야 한다. (○ | ×)

16 2 이상의 시·군·구에 걸치는 단위노동조합은 규약을 첨부한 신고서를 고용노동부장관에게 제출하여야 한다. (○ | ×)

17 행정관청은 설립신고서를 접수한 때에는 7일 이내에 신고증을 교부하여야 한다. (○ | ×)

18 행정관청은 설립신고서 또는 규약이 기재사항의 누락 등으로 보완이 필요한 경우에는 대통령령이 정하는 바에 따라 30일 이내의 기간을 정하여 보완을 요구하여야 한다. (○ | ×)

19 행정관청은 설립신고서에 규약이 첨부되어 있지 아니한 경우 보완을 요구함이 없이 반려하여야 한다. (○ | ×)

20 행정관청은 설립신고서에 규약이 첨부되어 있지 아니한 경우에는 설립신고서를 반려하여야 한다. (○ | ×)

21 행정관청은 접수한 노동조합 설립신고서의 기재사항이 누락된 경우에는 설립신고서를 반려하여야 한다. (○ | ×)

22 행정관청은 설립신고서 기재사항 중 허위사실이 있는 경우에는 설립신고서를 즉시 반려하여야 한다. (○ | ×)

23 행정관청은 설립하고자 하는 노동조합이 복리사업만을 목적으로 하는 경우에는 설립신고서를 반려하여야 한다. (○ | ×)

24 행정관청은 설립하고자 하는 노동조합이 항상 사용자의 이익을 대표하여 행동하는 자의 참가를 허용하는 경우에는 설립신고의 보완을 요구하여야 한다. (○ | ×)

25 노동조합은 신고증을 교부받은 시점에 설립된 것으로 본다. (○ | ×)

26 행정관청이 노동조합의 설립신고서를 접수한 때부터 3일 이내에 설립신고서의 반려 또는 보완지시가 없는 경우에는 설립신고증의 교부가 없어도 노동조합이 설립된 것으로 본다. (○ | ×)

27 노동조합은 그 명칭 등 법정사항에 변경이 있는 때에는 그날부터 60일 이내에 행정관청에 변경신고를 하여야 한다. (○ | ×)

28 노동조합은 매년 2회 이상 총회를 개최하여야 한다. (○ | ×)

29 임원의 선거는 노동조합 총회에서 재적조합원 과반수의 출석과 출석조합원 3분의 2 이상의 찬성으로 의결한다. (○ | ×)

30 임원의 해임은 재적조합원 과반수의 출석과 출석 조합원 과반수의 찬성이 있어야 한다. (○ | ×)

31 총회의 결의로 노동조합을 해산하기 위해서는 재적조합원 과반수의 출석과 출석조합원 과반수의 찬성이 있어야 한다. (○ | ×)

32 규약의 변경에 관한 총회의 의결은 재적조합원 과반수의 출석과 출석조합원 과반수의 찬성이 있어야 한다. (○ | ×)

33 임원의 선거에 있어서 출석조합원 과반수의 찬성을 얻은 자가 없는 경우에는 규약이 정하는 바에 따라 결선투표를 실시하여 다수의 찬성을 얻은 자를 임원으로 선출할 수 있다. (○ | ×)

34 노동조합의 대표자는 조합원의 4분의 1 이상이 회의의 소집을 요구한 때에는 지체 없이 임시총회를 소집하여야 한다. (○ | ×)

35 총회는 회의개최일 5일 전까지 그 회의에 부의할 사항을 공고하고 규약에 정한 방법에 의하여 소집하여야 한다. (○ | ×)

36 노동조합이 특정 조합원에 관한 사항을 표결할 때 그 조합원은 표결권이 없다. (○ | ×)

37 행정관청은 노동조합의 규약이 노동관계법령에 위반한 경우에는 직권으로 그 시정을 명할 수 있다. (○ | ×)

38 노동조합은 조합비를 납부하지 아니한 경우에도 규약으로 그 조합원의 권리를 제한할 수 없다. (○ | ×)

39 임원의 임기는 규약으로 정하되 2년을 초과할 수 없다. (○ | ×)

40 노동조합의 대표자는 그 회계감사원으로 하여금 1년에 1회 이상 당해 노동조합의 (○ | ×)
모든 재원 및 용도 등에 대한 회계감사를 실시하게 하고 그 내용과 감사결과를
전체 조합원에게 공개하여야 한다.

41 노동조합의 대표자는 회계감사의 내용과 감사결과를 전체 조합원에게 공개할 의 (○ | ×)
무가 없다.

42 노동조합의 회계감사원은 필요하다고 인정할 경우에는 당해 노동조합의 회계감 (○ | ×)
사를 실시하되 그 결과를 공개해서는 아니 된다.

43 노동조합의 임원이 없고 노동조합으로서의 활동을 1년 이상 하지 아니한 경우에 (○ | ×)
노동조합은 해산한다.

44 노동조합이 규약에서 정한 해산사유가 발생하여 해산한 때에는 그 대표자는 해산 (○ | ×)
한 날부터 30일 이내에 행정관청에 이를 신고하여야 한다.

45 단체협약의 당사자는 단체협약의 체결일부터 30일 이내에 그 단체협약을 행정관 (○ | ×)
청에 신고하여야 한다.

46 단체협약의 당사자는 체결일부터 15일 이내에 노동위원회에 신고하여야 한다. (○ | ×)

47 행정관청은 단체협약 중 위법한 내용이 있는 경우에는 노동위원회의 의결을 얻어 (○ | ×)
그 시정을 명하여야 한다.

48 단체협약의 유효기간은 3년을 초과하지 않는 범위에서 규약으로 정할 수 있다. (○ | ×)

49 단체협약에는 2년을 초과하는 유효기간을 정할 수 없다. (○ | ×)

50 단체협약에 유효기간을 정하지 아니한 경우 그 유효기간은 2년이다. (○ | ×)

51 단체협약의 유효기간이 만료되는 때를 전후하여 당사자 쌍방이 새로운 단체협약 (○ | ×)
을 체결하고자 단체교섭을 계속하였음에도 불구하고 새로운 단체협약이 체결되
지 아니한 경우에는 별도의 약정이 있는 경우를 제외하고는 종전의 단체협약은
그 효력만료일부터 6월까지 계속 효력을 갖는다.

52 단체협약에 그 유효기간이 경과한 후에도 새로운 단체협약이 체결되지 아니한 때 (○ | ×)
에는 새로운 단체협약이 체결될 때까지 종전 단체협약의 효력을 존속시킨다는 취
지의 별도의 약정이 있는 경우에는 당사자 일방은 종전의 단체협약을 해지할 수
없다.

53 단체협약에 그 유효기간이 경과한 후에도 새로운 단체협약이 체결되지 아니한 때 (○ | ×)
에는 새로운 단체협약이 체결될 때까지 종전 단체협약의 효력을 존속시킨다는 취
지의 별도의 약정이 있는 경우에는 그에 따른다.

54 단체협약에 이른바 종전 단체협약의 자동연장조항을 두었다고 하더라도 당사자 (○ | ×)
일방은 해지하고자 하는 날의 3개월 전까지 상대방에게 통고하여 종전 협약을 해
지할 수 있다.

55 취업규칙 또는 근로계약의 일부분이 단체협약에 정한 근로조건 기타 근로자의 대 (○ | ×)
우에 관한 기준에 위반하는 경우 취업규칙 또는 근로계약 전부를 무효로 한다.

56 취업규칙에 정한 근로조건에 관한 기준에 위반하는 단체협약의 부분은 무효로 (○ | ×)
한다.

57 단체협약에 정한 근로조건 기타 근로자의 대우에 관한 기준에 위반하는 취업규칙 (○ | ×)
또는 근로계약의 부분은 무효로 하고, 무효로 된 부분은 노동조합 규약에 정한
기준에 의한다.

58 단체협약의 해석에 관하여 관계 당사자간에 의견의 불일치가 있는 때에는 당사자 (○ | ×)
쌍방은 고용노동부에 그 해석에 관한 견해의 제시를 요청할 수 있다.

59 단체협약의 해석에 관하여 단체협약 당사자 어느 일방이 노동위원회에 견해의 제 (○ | ×)
시를 요청한 경우, 노동위원회는 요청받은 그날부터 15일 이내에 명확한 견해를
제시해야 한다.

60 사업장 단위의 일반적 구속력이 발생하기 위해서는 하나의 사업 또는 사업장에 (○ | ×)
상시 사용되는 동종의 근로자 과반수가 하나의 단체협약의 적용을 받는 경우이어
야 한다.

61 하나의 지역에 있어서 종업하는 동종의 근로자 반수 이상이 하나의 단체협약의 (○ | ×)
적용을 받게 된 때에는 당해 지역에서 종업하는 다른 동종의 근로자에 대하여도
당해 단체협약이 적용된다.

62 하나의 지역에 있어서 종업하는 동종의 근로자 3분의 2 이상이 하나의 단체협약 (○ | ×)
의 적용을 받게 된 때에는 노동위원회는 그 직권으로 당해 지역에서 종업하는 다
른 동종의 근로자와 그 사용자에 대하여도 당해 단체협약을 적용한다는 결정을
할 수 있다.

63 행정관청은 직권으로 노동위원회의 의결을 얻어 단체협약의 지역적 구속력 적용 (○ | ×)
결정을 할 수 없다.

64 단체협약의 당사자 쌍방의 신청으로 행정관청이 단체협약의 지역적 구속력 적용 (○ | ×)
결정을 하는 경우에는 노동위원회의 의결을 얻지 아니할 수 있다.

65 노동조합의 쟁의행위는 그 조합원의 직접·비밀·무기명투표에 의한 조합원 3분 (○ | ×)
의 2 이상의 찬성으로 결정하지 아니하면 이를 행할 수 없다.

66 사용자는 쟁의행위기간 중 그 쟁의행위로 중단된 업무의 수행을 위하여 당해 사 (○ | ×)
업과 관계없는 자를 채용 또는 대체할 수 있다.

67 사용자는 쟁의행위기간 중 그 쟁의행위로 중단된 업무를 도급 또는 하도급 줄 수 (○ | ×)
있다.

68 사용자는 쟁의행위에 참가하여 근로를 제공하지 아니한 근로자에 대하여는 그 기 (○ | ×)
간 중의 임금을 지급할 의무가 없다.

69 노동조합은 쟁의행위기간에 대한 임금의 지급을 요구하여 이를 관철할 목적으로 (○ | ×)
쟁의행위를 할 수 있다.

70 사용자는 노동조합의 쟁의행위에 대응하기 위하여 노동조합이 쟁의행위를 개시 (○ | ×)
하기 전에 직장폐쇄를 할 수 있다.

71 사용자는 직장폐쇄를 할 경우에는 미리 행정관청 및 노동위원회에 각각 통보하여 (○ | ×)
야 한다.

72 노동위원회는 관계 당사자의 일방만이 노동쟁의의 조정을 신청한 때에는 조정을 개시할 수 없다. (○ | ×)

73 조정은 조정의 신청이 있는 날부터 일반사업에 있어서는 15일 이내에 종료하여야 한다. (○ | ×)

74 노동위원회는 필요하다고 인정하는 경우 조정기간을 연장할 수 있다. (○ | ×)

75 조정기간은 관계 당사의 일방의 신청으로 공익사업에 있어서는 15일 이내에서 연장할 수 있다. (○ | ×)

76 노동위원회는 관계 당사자 쌍방의 신청이 있는 경우에는 조정위원회에 갈음하여 단독조정인에게 조정을 행하게 할 수 있다. (○ | ×)

77 조정서의 내용은 중재재정과 동일한 효력을 가진다. (○ | ×)

78 노동위원회는 노동쟁의에 대한 조정이 실패한 경우에 한하여 중재를 행할 수 있다. (○ | ×)

79 노동위원회는 관계 당사자의 쌍방이 함께 중재를 신청한 때 중재를 행하며, 단체 협약에 따라 관계 당사자의 일방이 중재를 신청한 경우에는 중재를 행할 수 없다. (○ | ×)

80 노동쟁의가 중재에 회부된 때에는 그날부터 10일간은 쟁의행위를 할 수 없다. (○ | ×)

81 관계 당사자는 지방노동위원회의 중재재정이 월권에 의한 것이라고 인정하는 경우에는 중앙노동위원회에 재심을 신청할 수 없다. (○ | ×)

82 지방노동위원회의 중재재정에 대한 재심신청은 중재재정서를 송달받은 날부터 15일 이내에 중앙노동위원회에 하여야 한다. (○ | ×)

83 중재재정의 내용은 취업규칙과 동일한 효력을 가진다. (○ | ×)

84 노동위원회의 중재재정은 중앙노동위원회에의 재심신청에 의하여 그 효력이 정지된다. (○ | ×)

85 노동조합이 당해 사업장에 종사하는 근로자의 3분의 2 이상을 대표하고 있을 때 근로자가 그 노동조합의 조합원이 될 것을 고용조건으로 하는 단체협약의 체결은 부당노동행위가 아니다. (○ | ×)

86 사용자가 근로자의 후생자금 또는 경제상의 불행 기타 재해의 방지와 구제 등을 위한 기금의 기부를 하는 것은 부당노동행위에 해당하지 아니한다. (○ | ×)

87 사용자가 노동조합에 최소한의 규모의 조합사무소를 제공하는 것은 부당노동행위의 예외에 해당한다. (○ | ×)

88 사용자의 부당노동행위로 인하여 그 권리를 침해당한 근로자는 노동위원회에 그 구제를 신청할 수 없다. (○ | ×)

89 노동위원회는 부당노동위원회에 대하여 관계당사자의 신청 이외에도 직권으로 구제절차를 개시할 수 있다. (○ | ×)

90 사용자도 부당노동행위의 구제신청을 할 수 있다. (○ | ×)

91 부당노동행위 구제신청은 부당노동행위가 있은 날(계속하는 행위는 그 종료일)부터 6월 이내에 행하여야 한다. (○ | ×)

92 부당노동행위 구제의 신청은 부당노동행위가 있은 날부터 3월 이내, 계속하는 행 (○ | ×)
위는 그 종료일로부터 6월 이내에 각각 이를 행하여야 한다.

93 부당노동행위 구제의 신청은 계속하는 부당노동행위의 경우 그 종료일부터 3월 (○ | ×)
이내에 행하여야 한다.

94 노동위원회는 구제신청을 받은 경우 10일 이내에 필요한 조사와 관계 당사자의 (○ | ×)
심문을 하여야 한다.

95 노동위원회는 관계 당사자의 신청이 없는 경우에는 증인을 출석하게 하여 필요한 (○ | ×)
사항을 질문할 수 없다.

96 노동위원회는 부당노동행위 구제신청의 심문을 할 때에 증인의 출석과 질문은 관 (○ | ×)
계 당사자의 신청에 의하여야 하며 그 직권으로는 할 수 없다.

97 지방노동위원회의 기각결정에 불복이 있는 관계 당사자는 그 결정이 있은 날부터 (○ | ×)
10일 이내에 중앙노동위원회에 그 재심을 신청할 수 있다.

98 지방노동위원회의 구제명령 또는 기각결정에 불복이 있는 관계 당사자는 그 명령 (○ | ×)
서 또는 결정서의 송달을 받은 날부터 15일 이내에 중앙노동위원회에 그 재심을
신청할 수 있다.

99 중앙노동위원회의 구제명령에 대하여 「행정소송법」상 취소소송을 제기할 수 없다. (○ | ×)

100 중앙노동위원회의 재심판정에 대하여 관계 당사자는 그 재심판정서의 송달을 (○ | ×)
받은 날부터 20일 이내에 「행정소송법」이 정하는 바에 의하여 소를 제기할 수
있다.

101 사용자가 중앙노동위원회 재심판정에 불복하여 행정소송을 제기한 경우에 중앙 (○ | ×)
노동위원회는 법원의 판결이 확정될 때까지 중앙노동위원회의 구제명령의 전부
또는 일부를 이행하도록 명할 수 있다.

102 사용자가 중앙노동위원회의 판정에 불복하여 행정소송을 제기한 경우 관할 법원 (○ | ×)
은 직권으로 중앙노동위원회의 구제명령의 전부 또는 일부를 이행하도록 명할 수
있다.

103 사용자가 행정소송을 제기한 경우에 관할 법원은 노동조합의 신청에 의하여 결정 (○ | ×)
으로써, 판결이 확정될 때까지 중앙노동위원회의 구제명령의 전부 또는 일부를
이행하도록 명할 수 있다.

104 관할 법원은 당사자의 신청이나 직권으로 중앙노동위원회 구제명령의 이행을 명 (○ | ×)
한 결정을 취소할 수 있다.

105 노동위원회의 구제명령·기각결정 또는 재심판정은 중앙노동위원회에의 재심신 (○ | ×)
청이나 행정소송의 제기에 의하여 그 효력이 정지될 수 있다.

106 중앙노동위원회의 재심판정은 행정소송의 제기에 의하여 그 효력이 정지된다. (○ | ×)

107 확정된 부당노동행위 구제명령에 위반한 자는 형벌에 처한다. (○ | ×)

10 고용보험 및 산업재해보상보험의 보험료징수 등에 관한 법률

OX 문제

01 「산업재해보상보험법」과 「고용보험법」의 보험사업으로서 보험관계의 성립·소멸, (○ | ×)
보험료의 납부·징수 등에 관한 사무는 「고용보험 및 산업재해보상보험의 보험료
징수에 관한 법률」에서 별도로 정하고 있다.

02 '근로자'란 「근로기준법」에 따른 근로자를 말한다. (○ | ×)

03 '보수'란 「근로기준법」에 따른 임금을 말한다. (○ | ×)

04 고용보험료를 징수하는 경우 근로자가 휴직기간 중에 사업주 외의 자로부터 지급 (○ | ×)
받는 금품 일체는 보수로 보지 않는다.

05 사업이 여러 차례의 도급에 의하여 행하여지는 경우에 최초로 사업을 도급받아 (○ | ×)
행하는 자를 원수급인이라 한다.

06 원수급인으로부터 사업의 전부를 도급받은 자로부터 그 사업의 전부를 도급받아 (○ | ×)
하는 자는 하수급인에 해당한다.

07 원수급인으로부터 사업의 전부를 도급받아 하는 자는 하수급인에 해당하지 않는다. (○ | ×)

08 '하수급인'이란 원수급인으로부터 그 사업의 전부 또는 일부를 도급받아 하는 (○ | ×)
자를 말하고, 그 자로부터 그 사업의 전부 또는 일부를 도급받아 하는 자는 제외
한다.

09 국민건강보험공단은 고용보험 및 산업재해보상보험사업의 보험료등에 대한 고 (○ | ×)
지·수납·체납관리업무를 근로복지공단으로부터 위탁받아 수행한다.

10 보험료등의 체납관리업무는 근로복지공단이 고용노동부장관으로부터 위탁을 받 (○ | ×)
아 수행한다.

11 고용보험의 적용을 받는 사업의 당연가입자는 사업주와 근로자이다. (○ | ×)

12 산업재해보상보험의 적용을 받는 사업의 당연가입자는 사업주와 근로자이다. (○ | ×)

13 「산업재해보상보험법」을 적용받는 사업의 사업주는 근로복지공단의 승인을 받아 (○ | ×)
산업재해보상보험에 가입할 수 있다.

14 「산업재해보상보험법」 적용제외 사업의 사업주는 근로자의 과반수 동의를 받고 (○ | ×)
근로복지공단의 승인을 받아 산업재해보상보험에 가입할 수 있다.

15 고용보험에 임의가입한 사업주가 고용보험을 해지할 때에는 미리 근로복지공단 (○ | ×)
의 승인을 받아야 한다.

16 임의가입한 사업주의 보험계약 해지는 그 보험계약이 성립한 보험연도가 끝난 후 (○ | ×)
에 하여야 한다.

17 산업재해보상보험에 임의가입한 사업주가 보험계약을 해지할 때에는 근로자 과 (○ | ×)
반수의 동의와 근로복지공단의 승인을 받아야 한다.

18 근로복지공단은 사업의 실체가 없는 등의 사유로 계속하여 보험관계를 유지할 수 (○ | ×)
없다고 인정하는 경우에도 그 보험관계를 소멸시킬 수 없다.

19 사업주가 그 사업을 운영하다가 근로자를 고용하지 아니하게 되었을 때에는 그날 (○ | ×)
부터 3년의 범위에서 근로자를 사용하지 아니한 기간에도 보험에 가입한 것으로
본다.

20 보험관계는 사업주가 산재보험의 당연가입자가 되는 사업의 경우에는 그 사업이 (○ | ×)
시작된 날의 다음 날에 성립한다.

21 보험관계는 임의가입에 따라 보험에 가입한 사업의 경우에는 근로복지공단이 그 (○ | ×)
사업의 사업주로부터 보험가입승인신청서를 접수한 날에 성립한다.

22 보험에 가입한 하수급인의 경우에는 그 하도급공사의 착공일의 다음 날에 성립 (○ | ×)
한다.

23 보험관계는 사업이 폐업되거나 끝난 날에 소멸한다. (○ | ×)

24 보험관계는 근로복지공단의 승인을 얻어 가입한 보험계약을 해지하는 경우에는 (○ | ×)
그 해지에 관하여 공단의 승인을 받은 날에 소멸한다.

25 사업주는 당연히 보험가입자가 된 경우에는 그 보험관계가 성립한 날부터 15일 (○ | ×)
이내에 근로복지공단에 보험관계의 성립신고를 하여야 한다.

26 보험에 가입한 사업주는 그 이름, 사업의 소재지 등 대통령령으로 정하는 사항이 (○ | ×)
변경된 경우에는 그날부터 7일 이내에 그 변경사항을 근로복지공단에 신고하여
야 한다.

27 보험사업에 드는 비용에 충당하기 위하여 보험가입자로부터 고용안정·직업능력 (○ | ×)
개발사업 및 실업급여의 보험료, 육아휴직 급여 및 출산전후휴가급여의 보험료,
산재보험의 보험료를 징수한다.

28 고용안정·직업능력개발사업의 보험료는 사업주와 근로자가 각각 1/2을 부담한다. (○ | ×)

29 실업급여의 보험료는 사업주가 전액을 부담한다. (○ | ×)

30 65세 전부터 피보험자격을 유지하던 사람이 65세 이후에 계속하여 고용되는 자 (○ | ×)
에 대하여는 고용보험료 중 실업급여의 보험료를 징수하지 아니한다.

31 산업재해보상보험료는 사업주와 근로자가 각각 1/2을 부담한다. (○ | ×)

32 고용보험료율은 고용안정 및 직업능력개발사업의 보험료율 및 실업급여의 보험 (○ | ×)
료율로 구분하여 정한다.

33 산재보험료율은 매년 6월 30일 현재 과거 2년 동안의 보수총액에 대한 산재보험 급여총액의 비율을 기초로 하여 정한다. (○ | ×)

34 고용노동부장관은 특정 사업 종류의 산재보험료율이 전체 사업의 평균 산재보험 료율의 10배를 초과하지 아니하도록 하여야 한다. (○ | ×)

35 월별보험료는 근로복지공단이 매월 부과한다. (○ | ×)

36 월별보험료는 국민건강보험공단이 징수한다. (○ | ×)

37 월별보험료는 근로복지공단이 부과하고 이를 징수한다. (○ | ×)

38 근로자가 동일한 사업주의 하나의 사업장에서 다른 사업장으로 전근되는 경우 그 근로자에 대한 그 월별보험료는 해당 월의 다음 달부터 산정한다. (○ | ×)

39 사업주는 그 달의 월별보험료를 다음 달 15일까지 납부하여야 한다. (○ | ×)

40 근로복지공단은 사업주에게 납부기한 20일 전까지 월별보험료의 납입을 고지하 여야 한다. (○ | ×)

41 사업주는 전년도에 근로자에게 지급한 보수총액 등을 매년 3월 31일까지 근로복 지공단에 문서로 신고하여야 한다. (○ | ×)

42 사업주는 전년도에 근로자에게 지급한 보수총액 등을 매년 1월 31일까지 근로복 지공단에 신고하여야 한다. (○ | ×)

43 사업주는 근로자를 새로 고용한 경우 그 근로자의 성명 등을 그 근로자를 고용한 날이 속하는 달의 말일까지 근로복지공단에 신고하여야 한다. (○ | ×)

44 사업주는 사업의 폐지·종료 등으로 보험관계가 소멸한 때에는 그 보험관계가 소 멸한 날이 속하는 달의 다음 달 15일까지 근로자에게 지급한 보수총액 등을 근로 복지공단에 신고하여야 한다. (○ | ×)

45 사업주는 근로자가 휴직하는 경우에는 그 사유 발생일이 속하는 달의 다음 달 15 일까지 그 사실을 근로복지공단에 신고하여야 한다. (○ | ×)

46 사업주는 근로자와 고용관계를 종료한 때에는 그 근로자에게 지급한 보수총액, 고용관계 종료일 등을 그 근로자의 고용관계가 종료한 날이 속하는 달의 다음 달 15일까지 근로복지공단에 신고하여야 한다. (○ | ×)

47 보험료율이 인상된 경우 국민건강보험공단은 개산보험료를 증액 조정한다. (○ | ×)

48 보험료율이 인하된 경우 근로복지공단은 개산보험료를 감액 조정한다. (○ | ×)

49 보험료율이 인상된 경우 국민건강보험공단은 월별보험료를 증액 조정한다. (○ | ×)

50 월별보험료가 증액된 때에는 근로복지공단이, 개산보험료가 증액된 때에는 국민 건강보험공단이 각각 징수한다. (○ | ×)

51 근로복지공단은 보험료를 감액 조정한 경우에는 보험료율의 인하를 결정한 날부 터 20일 이내에 그 감액 조정 사실을 사업주에게 알려야 한다. (○ | ×)

52 사업종류의 변경으로 보험료 납부방법이 변경되는 경우에는 사업종류의 변경일 전일을 변경 전 사업의 폐지일로 본다. (○ | ×)

53 공동사업에 관계되는 보험료, 「고용보험 및 산업재해보상보험의 보험료징수 등에 관한 법률」에 따른 그 밖의 징수금과 체납처분비는 공동사업자가 연대하여 낼 의무를 진다. (○ | ×)

54 근로복지공단은 소멸시효가 완성된 경우에는 고용노동부장관의 승인을 받아 보험료와 「고용보험 및 산업재해보상보험의 보험료징수 등에 관한 법률」에 따른 그 밖의 징수금을 결손처분할 수 있다. (○ | ×)

55 국민건강보험공단은 근로복지공단의 승인을 받아 소멸시효가 완성된 보험료의 결손처분을 할 수 있다. (○ | ×)

56 건강보험공단은 경매가 개시된 경우에는 고용노동부장관의 승인을 받아 보험료와 「고용보험 및 산업재해보상보험의 보험료징수 등에 관한 법률」에 따른 그 밖의 징수금을 결손처분힐 수 있다. (○ | ×)

> **정답** 01 ○ 02 ○ 03 × 04 × 05 ○ 06 ○ 07 × 08 × 09 × 10 × 11 ○ 12 × 13 × 14 × 15 ○
> 16 ○ 17 × 18 ○ 19 × 20 × 21 × 22 × 23 × 24 × 25 × 26 × 27 × 28 × 29 × 30 ×
> 31 × 32 ○ 33 × 34 × 35 ○ 36 ○ 37 × 38 ○ 39 × 40 × 41 × 42 × 43 × 44 × 45 ×
> 46 ○ 47 × 48 ○ 49 × 50 × 51 ○ 52 ○ 53 ○ 54 × 55 × 56 ×

11 산업재해보상보험법

OX 문제

01 '업무상 사고'란 업무상의 사유에 따른 근로자의 부상, 질병, 장해 또는 사망을 말한다. (○ | ×)

02 「산업재해보상보험법」상 '유족'이란 사망한 사람의 배우자(사실상 혼인 관계에 있는 자를 제외한다)·자녀·부모·손자녀·조부모 또는 형제자매를 말한다. (○ | ×)

03 '장해'란 업무상의 부상 또는 질병에 따른 정신적 또는 육체적 훼손으로 노동능력이 상실되거나 감소된 상태로서 그 부상 또는 질병이 치유되지 아니한 상태를 말한다. (○ | ×)

04 '장해'란 부상 또는 질병이 완치되거나 치료의 효과를 더 이상 기대할 수 없고 그 증상이 고정된 상태에 이르게 된 것을 말한다. (○ | ×)

05 산업재해보상보험 및 예방에 관한 중요사항을 심의하게 하기 위하여 고용노동부에 산업재해보상보험심사위원회를 둔다. (○ | ×)

06 상병보상연금은 「산업재해보상보험법」상 보험급여에 해당하지 않는다. (○ | ×)

07 「산업재해보상보험법」상 보험급여의 종류에는 상병수당이 포함된다. (○ | ×)

08 진폐에 따른 보험급여에는 휴업급여와 상병보상연금이 포함된다. (○ | ×)

09 장해급여는 근로자가 업무상의 사유로 부상을 당하거나 질병에 걸린 경우에 그 근로자에게 지급한다. (○ | ×)

10 요양급여는 근로자가 업무상의 사유로 부상을 당하거나 질병에 걸린 경우에 그 (○ | ×)
보험가입자에게 지급한다.

11 부상 또는 질병이 7일 이내의 요양으로 치유될 수 있으면 요양급여를 지급하지 (○ | ×)
아니한다.

12 요양급여는 소정의 산재보험 의료기관에서 요양을 하게 하는 것이고 부득이한 경 (○ | ×)
우에는 요양을 갈음하여 요양비를 지급할 수 있다.

13 근로자가 업무상의 사유로 부상을 당하거나 질병에 걸린 경우에는 현금으로 요양 (○ | ×)
비를 지급하여야 한다. 다만, 부득이한 경우에는 요양비에 갈음하여 법령에서 정
하는 산재보험 의료기관에서 요양을 하게 할 수 있다.

14 간호 및 간병, 재활치료도 요양급여의 범위에 포함된다. (○ | ×)

15 근로자를 진료한 산재보험 의료기관은 그 근로자의 재해가 업무상의 재해로 판단 (○ | ×)
되면 그 근로자의 동의 없이 요양급여의 신청을 대행할 수 있다.

16 근로자를 진료한 산재보험 의료기관은 요양급여의 신청을 대행할 수 없다. (○ | ×)

17 요양급여의 신청을 한 사람은 근로복지공단이 요양급여에 관한 결정을 하기 전에 (○ | ×)
는 「국민건강보험법」상 요양급여를 받을 수 있다.

18 업무상 재해로 요양 중인 근로자는 그 업무상의 재해로 발생한 부상이나 질병이 (○ | ×)
원인이 되어 새로운 질병이 발생하여 요양이 필요한 경우에는 그 부상 또는 질병
에 대하여 요양급여를 신청할 수 있다.

19 요양급여를 받은 자가 치유 후 치유 당시보다 상태가 악화되어 이를 치유하기 위 (○ | ×)
한 적극적인 치료가 필요하다는 의학적 소견이 있으면 재요양을 받을 수 있다.

20 휴업급여는 통상임금의 100분의 50에 상당하는 금액으로 한다. (○ | ×)

21 취업하지 못한 기간이 5일 이내이면 휴업급여를 지급하지 아니한다. (○ | ×)

22 휴업급여의 1일당 지급액은 평균임금의 100분의 70에 상당하는 금액으로 하며 (○ | ×)
취업하지 못한 기간이 5일 이내이면 지급하지 아니한다.

23 요양 근로자가 요양기간 중 일정기간 또는 단시간 취업을 하는 경우에는 부분휴 (○ | ×)
업급여를 지급할 수 있다.

24 요양 또는 재요양을 받고 있는 근로자가 그 요양기간 중 일정기간 취업을 하는 (○ | ×)
경우에는 그 취업한 날의 평균임금에서 그 취업한 날에 대한 임금을 뺀 금액의
100분의 70에 상당하는 금액을 지급할 수 있다.

25 휴업급여를 받는 근로자가 60세가 되면 그 이후의 휴업급여는 감액하여 지급한다. (○ | ×)

26 재요양을 받는 자에 대하여는 재요양 당시의 임금을 기준으로 산정한 평균임금의 (○ | ×)
100분의 90에 상당하는 금액을 1일당 휴업급여 지급액으로 한다.

27 재요양을 받은 자에 대하여 산정한 1일당 휴업급여 지급액이 최저임금액보다 적 (○ | ×)
거나 재요양 당시 평균임금 산정의 대상이 되는 임금이 없으면 최저임금액을 1일
당 휴업급여 지급액으로 한다.

28 장해급여는 근로자가 업무상의 사유에 의하여 부상을 당하거나 질병에 걸린 경우 (○ | ×)
에 그 근로자에게 지급한다.

29 장해급여는 근로자가 업무상의 사유로 질병에 걸려 치유된 후 신체 등에 장해가 (○ | ×)
있는 경우에 한국장애인고용공단에서 지급한다.

30 2급 장해등급 근로자에게는 장해보상연금 또는 장해보상일시금을 근로자의 선택 (○ | ×)
에 따라 지급한다.

31 장해급여 청구사유 발생 당시 대한민국 국민이 아닌 사람으로서 외국에서 거주하 (○ | ×)
고 있는 근로자에게는 장해보상일시금을 지급한다.

32 장해보상연금은 선지급이 허용될 수 없다. (○ | ×)

33 장해보상연금의 수급권자가 재요양을 받는 경우에는 그 연금의 지급을 정지한다. (○ | ×)

34 간병급여는 실제로 간병을 실시한 사람에게 직접 지급한다. (○ | ×)

35 「산업재해보상보험법」상 유족보상연금의 수급권자인 자녀가 19세가 된 경우에는 (○ | ×)
수급자격을 잃는다.

36 유족보상연금 수급자격자인 손자녀 또는 형제자매가 25세가 된 때에는 그 자격 (○ | ×)
을 잃는다.

37 산업재해로 사망한 근로자의 배우자가 재혼한 때 유족보상연금 수급자격을 잃 (○ | ×)
는다.

38 「산업재해보상보험법」상 유족보상연금의 수급권자가 3개월 이상 행방불명된 경 (○ | ×)
우에는 수급자격을 상실한다.

39 요양급여를 받는 근로자가 요양을 시작한 지 1년이 지난 이후에 취업하지 못하면 (○ | ×)
휴업급여 대신 상병보상연금을 그 근로자에게 지급한다.

40 상병보상연금은 요양급여를 받는 근로자가 요양을 시작한 지 2년이 지난 날 이후 (○ | ×)
일정한 요건에 해당하는 상태가 계속되면 요양급여 대신 상병보상연금을 그 근로
자에게 지급한다.

41 장례비는 유족이 아닌 자가 장제를 지낸 경우에는 평균임금의 120일분을 그 장례 (○ | ×)
를 지낸 자에게 지급한다.

42 진폐유족연금의 지급은 그 지급사유가 발생한 달의 다음 달 첫날부터 시작된다. (○ | ×)

43 장해보상연금의 지급은 그 지급사유가 발생한 달의 첫날부터 시작된다. (○ | ×)

44 유족보상연금의 지급은 그 지급사유가 발생한 달의 첫날부터 시작된다. (○ | ×)

45 유족보상연금의 지급은 그 지급받을 권리가 소멸한 달의 다음 달 말일에 끝난다. (○ | ×)

46 장해보상연금은 그 지급을 정지할 사유가 발생한 때에는 그 사유가 발생한 달의 (○ | ×)
다음 달 첫날부터 그 사유가 소멸한 달의 말일까지 지급하지 아니한다.

47 진폐유족연금은 그 지급을 정지할 사유가 발생한 때에는 그 사유가 발생한 달의 (○ | ×)
다음 달 초일부터 그 사유가 소멸한 달의 말일까지 지급하지 아니한다.

48 진폐보상연금은 매년 이를 12등분하여 매달 25일에 그 달 치의 금액을 지급하되, (○ | ×)
지급일이 토요일이거나 공휴일이면 그 다음 날에 지급한다.

49 수급권자가 「산업재해보상보험법」에 따라 보험급여를 받으면 보험가입자는 동일   (○ | ×)
한 사유에 대하여 「근로기준법」에 따른 재해보상책임이 면제된다.

50 수급권자가 동일한 사유에 대하여 「산업재해보상보험법」에 따른 보험급여를 받   (○ | ×)
으면 보험가입자는 「민법」에 따른 손해배상책임이 전부 면제된다.

51 보험급여의 수급권자가 사망한 경우에 아직 지급되지 아니한 보험급여가 있으면   (○ | ×)
그 수급권자의 유족의 청구와 관계없이 그 보험급여를 지급한다.

52 보험급여는 지급 신청일부터 14일 이내에 지급하여야 한다.   (○ | ×)

53 보험급여는 지급 결정일부터 30일 이내에 지급하여야 한다.   (○ | ×)

54 장해보상연금 수급권자가 장해등급 재판정 전에 고의로 장해 상태를 악화시킨 경   (○ | ×)
우 보험급여의 전부 또는 일부를 지급하지 아니한다.

55 근로복지공단은 보험급여를 받은 사람이 거짓이나 그 밖의 부정한 방법으로 보험   (○ | ×)
급여를 받은 경우 그 급여액에 해당하는 금액을 징수한다.

56 거짓이나 그 밖의 부정한 방법으로 진료비나 약제비를 지급받은 경우는 보험급여   (○ | ×)
의 일시 중지 사유에 해당한다.

57 근로복지공단은 제3자의 행위에 따른 재해로 보험급여를 지급한 경우에는 손해   (○ | ×)
배상청구권을 대위할 수 없다.

58 요양급여가 지급된 후 그 지급결정이 취소된 경우 국민건강보험공단은 그 건강보   (○ | ×)
험 요양급여액을 근로복지공단에 청구할 수 있다.

59 근로자의 보험급여를 받을 권리는 퇴직하면 소멸한다.   (○ | ×)

60 근로자의 보험급여를 받을 권리는 퇴직하여도 소멸되지 않으며, 양도할 수 없다.   (○ | ×)

61 보험급여로서 지급된 금품에 대하여는 국가나 지방자치단체의 공과금을 부과하   (○ | ×)
지 아니한다.

62 보험료 부과에 관한 사항에 대한 근로복지공단의 결정에 불복하는 자는 심사청구   (○ | ×)
를 할 수 있다.

63 보험급여에 관한 결정에 불복하는 자는 산업재해보상보험심사위원회에 심사청구   (○ | ×)
를 할 수 있다.

64 근로복지공단의 보험급여 결정등에 불복하는 자는 그 보험급여 결정등을 한 근로   (○ | ×)
복지공단의 소속 기관을 거쳐 산업재해보상보험심사위원회에 심사청구를 할 수
있다.

65 보험급여 결정 등에 관한 심사청구는 보험급여 결정이 있은 날부터 90일 이내에   (○ | ×)
하여야 한다.

66 심사청구는 보험급여 결정 등이 있음을 안 날로부터 180일 이내에 하여야 한다.   (○ | ×)

67 심사청구서를 받은 근로복지공단의 소속 기관은 10일 이내에 의견서를 첨부하여   (○ | ×)
근로복지공단에 보내야 한다.

68 근로복지공단의 보험급여 결정에 대하여는 「행정심판법」에 따른 행정심판을 제   (○ | ×)
기할 수 있다.

69 심사청구를 심의하기 위하여 고용노동부에 관계 전문가 등으로 구성되는 산업재 (○ㅣ✕)
해보상보험심사위원회를 둔다.

70 산업재해보상보험심사위원회는 위원장 1명을 포함하여 150명 이내의 위원으로 (○ㅣ✕)
구성하되, 위원 중 2명은 상임으로 한다.

71 근로복지공단은 심사청구서를 받은 날부터 90일 이내에 산업재해보상보험심사 (○ㅣ✕)
위원회의 심의를 거쳐 심사청구에 대한 결정을 하여야 한다.

72 근로복지공단의 보험급여 결정에 대하여 심사청구기간이 지난 후에 제기된 심사 (○ㅣ✕)
청구는 산업재해보상보험심사위원회의 심의를 거치지 아니할 수 있다.

73 근로복지공단이 심사청구에 대한 결정을 연장할 때에는 최초의 결정기간이 끝나 (○ㅣ✕)
기 5일 전까지 심사청구인 및 보험급여 결정등을 한 근로복지공단의 소속 기관에
알려야 한다.

74 업무상질병판정위원회의 심의를 거친 보험급여에 관한 결정에 불복하는 자는 근 (○ㅣ✕)
로복지공단에 심사청구를 하지 아니하고는 산업재해보상보험재심사위원회에 재
심사청구를 할 수 없다.

75 재심사청구는 심사청구에 대한 산업재해보상보험심사위원회의 결정이 있음을 안 (○ㅣ✕)
날부터 90일 이내에 제기하여야 한다.

76 재심사위원회의 재결은 근로복지공단을 기속하지 아니한다. (○ㅣ✕)

77 산업재해보상보험심사위원회는 근로복지공단에 두며, 산업재해보상보험재심사 (○ㅣ✕)
위원회는 고용노동부에 둔다.

78 재심사청구의 제기는 시효의 중단에 관하여 「민법」에 따른 재판상의 청구로 본다. (○ㅣ✕)

79 심사청구 및 재심사청구에 관하여 「산업재해보상보험법」에서 정하고 있지 아니 (○ㅣ✕)
한 사항에 대하여는 「행정소송법」에 따른다.

80 수급권의 대위 규정에 따른 보험가입자의 권리는 5년간 행사하지 아니하면 시효 (○ㅣ✕)
로 말미암아 소멸한다.

81 장례비를 받을 권리는 3년간 행사하지 아니하면 시효로 말미암아 소멸한다. (○ㅣ✕)

정답 01 ✕ 02 ✕ 03 ✕ 04 ✕ 05 ✕ 06 ✕ 07 ✕ 08 ✕ 09 ✕ 10 ✕ 11 ✕ 12 ○ 13 ✕ 14 ○ 15 ✕
16 ✕ 17 ○ 18 ○ 19 ○ 20 ✕ 21 ✕ 22 ✕ 23 ○ 24 ✕ 25 ✕ 26 ✕ 27 ○ 28 ✕ 29 ✕ 30 ✕
31 ○ 32 ✕ 33 ✕ 34 ✕ 35 ✕ 36 ✕ 37 ○ 38 ✕ 39 ✕ 40 ✕ 41 ✕ 42 ○ 43 ✕ 44 ✕ 45 ✕
46 ○ 47 ○ 48 ✕ 49 ○ 50 ✕ 51 ✕ 52 ✕ 53 ✕ 54 ✕ 55 ✕ 56 ✕ 57 ✕ 58 ✕ 59 ✕ 60 ○
61 ○ 62 ✕ 63 ✕ 64 ✕ 65 ✕ 66 ✕ 67 ✕ 68 ✕ 69 ✕ 70 ○ 71 ✕ 72 ○ 73 ✕ 74 ✕ 75 ✕
76 ✕ 77 ○ 78 ○ 79 ✕ 80 ✕ 81 ✕

12 고용보험법

OX 문제

01 고용보험은 고용노동부장관이 관장하여, 고용보험공단에 위탁하여 처리하고 있다. (○ | ×)

02 '피보험자'란 「근로기준법」상 근로자와 사업주를 말한다. (○ | ×)

03 '이직'이란 피보험자가 사업주와의 고용관계를 종료한 후, 신규사업주와 근로계약을 체결하는 것을 말한다. (○ | ×)

04 '이직'이란 근로계약이 당사자의 합의에 의해 해지되는 것을 말하며, 정년퇴직은 포함되지 아니한다. (○ | ×)

05 '실업'이란 근로의 의사와 능력이 있음에도 불구하고 취업하지 못한 상태에 있는 것을 말한다. (○ | ×)

06 '실업의 인정'이란 직업안정기관의 장이 「고용보험법」에 따른 수급자격자가 실업한 상태에서 적극적으로 직업을 구하기 위하여 노력하고 있다고 인정하는 것을 말한다. (○ | ×)

07 '보수'란 사용자로부터 받는 일체의 금품을 말한다. (○ | ×)

08 '일용근로자'란 3개월 미만 동안 고용된 사람을 말한다. (○ | ×)

09 '일용근로자'란 1일 단위로 근로계약이 체결되는 근로자를 말한다. (○ | ×)

10 1개월간 소정근로시간이 60시간 미만인 사람은 「고용보험법」의 적용을 받을 수 없다. (○ | ×)

11 3개월 이상 계속하여 근로를 제공하는 사람과 1개월 미만 동안 고용되는 일용근로자는 「고용보험법」의 적용을 받을 수 없다. (○ | ×)

12 65세 전부터 피보험 자격을 유지하던 사람이 65세 이후에 계속하여 고용되는 근로자에게는 제4장(실업급여) 및 제5장(육아휴직 급여 등)을 적용하지 아니한다. (○ | ×)

13 「고용보험법」의 적용제외 근로자였던 사람이 「고용보험법」의 적용을 받게 된 경우에는 해당 사업에 고용된 날에 피보험자격을 취득한다. (○ | ×)

14 적용제외 근로자였던 자가 「고용보험법」의 적용을 받게 된 경우에는 그 적용을 받게 된 날의 다음 날에 피보험자격을 취득한 것으로 본다. (○ | ×)

15 「고용보험법」에 따른 적용제외 근로자였던 사람이 「고용보험법」의 적용을 받게 된 경우에는 그 적용을 받게 된 날에 피보험자격을 취득한 것으로 본다. (○ | ×)

16 「고용보험 및 산업재해보상보험의 보험료징수 등에 관한 법률」(이하 '고용산재보험료징수법'이라 한다)에 따른 보험관계 성립일 전에 고용된 근로자의 경우에는 그 보험관계가 성립한 날의 다음 날에 피보험자격을 취득한 것으로 본다. (○ | ×)

17 피보험자는 「고용보험법」이 적용되는 사업에 고용된 날의 다음 날에 피보험자격을 취득한다. (○ | ×)

18 근로자인 피보험자가 「고용보험법」에 따른 적용제외 근로자에 해당하게 된 경우에는 그 적용제외 대상자가 된 날에 그 피보험자격을 상실한다. (○ | ×)

19 보험관계가 소멸한 경우에는 그 보험관계가 소멸한 날의 다음 날에 피보험자격을 상실한다. (○ | ×)

20 근로자인 피보험자가 이직한 경우에는 이직한 날에 피보험자격을 상실한 것으로 행정처리한다. (○ | ×)

21 근로자인 피보험자가 사망한 경우에는 사망한 날에 그 피보험자격을 상실한다. (○ | ×)

22 사업주는 그 사업에 고용된 근로자의 피보험자격의 취득 및 상실 등에 관한 사항을 대통령령으로 정하는 바에 따라 고용노동부장관에게 신고하여야 한다. (○ | ×)

23 사업주가 피보험자격에 관한 사항을 신고하지 아니하면 근로자가 신고할 수 있다. (○ | ×)

24 사업주가 그 사업에 고용된 근로자의 피보험자격의 취득에 관한 사항을 신고하지 아니하면 근로자가 근로계약서 등 고용관계를 증명할 수 있는 서류를 제출하여 신고할 수 있다. (○ | ×)

25 자영업자인 피보험자는 피보험자격의 취득 및 상실에 관한 신고를 하지 아니한다. (○ | ×)

26 고용보험의 피보험자격의 취득 및 상실 등에 관한 신고는 그 사유가 발생한 날로부터 14일 이내에 하여야 한다. (○ | ×)

27 사업주는 그 사업에 고용된 피보험자격 취득에 관한 사항을 신고하려는 경우 그 사유가 발생한 날이 속하는 달의 다음 달 말일까지 고용노동부장관에게 신고해야 한다. (○ | ×)

28 피보험자는 언제든지 고용노동부장관에게 피보험자격의 취득 또는 상실에 관한 확인을 청구할 수 있다. (○ | ×)

29 근로자가 보험관계가 성립되어 있는 둘 이상의 사업에 동시에 고용되어 있는 경우에는 각 사업의 근로자로서의 피보험자격을 모두 취득한다. (○ | ×)

30 근로자가 보험관계가 성립되어 있는 두 개의 사업에 동시에 고용되어 있는 경우에는 두 개의 피보험자격을 취득한다. (○ | ×)

31 구직급여는 실업급여에 포함된다. (○ | ×)

32 취업촉진수당에 이주비는 포함되지만 조기재취업수당은 포함되지 않는다. (○ | ×)

33 실업급여수급계좌의 해당 금융기관은 「고용보험법」에 따른 실업급여만이 실업급여수급계좌에 입금되도록 관리하여야 한다. (○ | ×)

34 실업급여로서 지급된 금품에 대하여는 국가나 지방자치단체의 공과금(국세기본법 또는 지방세기본법에 따른 공과금을 말한다)을 부과하지 아니한다. (○ | ×)

35 「고용보험법」상 구직급여의 수급요건으로 기준기간 동안의 피보험 단위기간은 합산하여 150일 이상이어야 한다. (○ | ×)

36 「고용보험법」상 구직급여의 수급요건으로 최종 이직 당시 일용근로자였던 자는 수급자격 인정일 이전 1개월 동안의 근무일수가 10일 이상이어야 한다. (○ | ×)

37 「고용보험법」상 구직급여를 받기 위한 요건으로 일용근로자는 수급자격 인정신 (○ | ×)
청일 이전 30일 동안의 근로일수가 10일 이하이어야 한다.

38 최종 이직 당시 건설일용근로자였던 피보험자가 구직급여를 받으려는 경우에는 (○ | ×)
건설일용근로자로서 수급자격 인정신청일 이전 14일간 연속하여 근로내역이 없
어야 한다.

39 구직급여의 수급요건으로 근로의 의사와 능력을 필요로 한다. (○ | ×)

40 구직급여의 기준기간은 이직일 이전 24개월로 하는 것이 원칙이다. (○ | ×)

41 피보험 단위기간을 계산할 때 최후로 피보험자격을 취득한 날 이전에 구직급여를 (○ | ×)
받은 사실이 있는 경우에는 그 구직급여와 관련된 피보험자격 상실일 이전의 피
보험 단위기간을 넣는다.

42 구직급여를 지급받으려는 사람은 이직 후 지체 없이 직업안정기관에 출석하여 실 (○ | ×)
업을 신고하여야 한다.

43 직업안정기관의 장은 수급자격 인정신청서를 제출한 사람이 구직급여의 수급자 (○ | ×)
격이 인정되지 아니하는 경우에는 그 신청인과 사업주에게 해당 사실을 알려야
한다.

44 구직급여는 수급자격자가 실업한 상태에 있는 날 중에서 직업안정기관의 장으로 (○ | ×)
부터 실업의 인정을 받은 날에 대하여 지급한다.

45 실업의 인정을 받으려는 수급자격자는 「고용보험법」에 따라 실업의 신고를 한 날 (○ | ×)
부터 계산하기 시작하여 1주부터 4주의 범위에서 직업안정기관의 장이 지정한 날
에 출석하여 재취업을 위한 노력을 하였음을 신고하여야 한다.

46 수급자가 질병이나 부상으로 직업안정기관에 출석할 수 없었던 경우로서 그 기간 (○ | ×)
이 계속하여 7일 미만인 경우에는 직업안정기관에 출석할 수 없었던 사유를 적은
증명서를 제출하여 실업의 인정을 받을 수 있다.

47 구직급여의 산정 기초가 되는 임금일액은 수급자격자의 인정과 관련된 마지막 이 (○ | ×)
직 당시 「근로기준법」에 따라 산정된 통상임금으로 한다.

48 구직급여의 산정 기초가 되는 임금일액(기초일액)의 상한액은 10만원이다. (○ | ×)

49 구직급여일액은 수급자격자의 기초일액에 100분의 80을 곱한 금액으로 한다. (○ | ×)

50 직업안정기관의 장은 필요하다고 인정하면 수급자격자의 실업인정대상기간 중의 (○ | ×)
취업 사실에 대하여 조사할 수 있다.

51 실업의 신고일부터 계산하기 시작하여 5일간은 대기기간으로 보아 구직급여를 (○ | ×)
지급하지 아니한다. 다만, 최종 이직 당시 건설일용근로자였던 사람에 대해서는
실업의 신고일부터 계산하여 구직급여를 지급한다.

52 소정급여일수는 피보험 단위기간 및 연령을 기준으로 정해진다. (○ | ×)

53 이직일 현재 연령이 50세 미만인 자로서 피보험 단위기간이 3년 이상 5년 미만 (○ | ×)
인 경우 구직급여의 소정급여일수는 210일이다.

54 이직일 현재 연령이 50세 이상인 자로서 피보험 단위기간이 5년 이상 10년 미만 (○ | ×)
인 경우 구직급여의 소정급여일수는 210일이다.

55 직업안정기관의 장은 거짓으로 구직급여를 지급받는 자에게 지급받은 전체 구직 (○ | ×)
급여의 전부 또는 일부의 반환을 명할 수 있다.

56 육아휴직 급여의 지급요건으로 피보험 단위기간은 육아휴직을 시작한 날 이전까 (○ | ×)
지 합산하여 150일 이상이어야 한다.

57 육아휴직 급여의 지급요건으로 피보험 단위기간은 육아휴직이 끝난 날 이전까지 (○ | ×)
합산하여 180일 이상이어야 한다.

58 육아휴직 급여는 육아휴직 시작일부터 3개월까지는 육아휴직 시작일을 기준으로 (○ | ×)
한 월 통상임금의 100분의 50에 해당하는 금액으로 한다. 다만, 해당 금액이
120만원을 넘는 경우에는 120만원으로 하고, 해당 금액이 70만원보다 적은 경
우에는 70만원으로 한다.

59 육아휴직 급여는 육아휴직 4개월부터 종료일까지는 육아휴직 시작일을 기준으로 (○ | ×)
한 월 통상임금의 100분의 80에 해당하는 금액으로 한다. 다만, 해당 금액이
150만원을 넘는 경우에는 150만원으로 하고, 해당 금액이 70만원보다 적은 경
우에는 70만원으로 한다.

60 피보험자가 육아휴직 급여 기간 중에 그 사업에서 이직한 경우에도 육아휴직 급 (○ | ×)
여를 지급한다.

61 피보험자가 사업주로부터 육아휴직을 이유로 금품을 지급받은 경우 그 지급받은 (○ | ×)
때부터 육아휴직 급여를 지급하지 아니한다.

62 직업안정기관의 장은 필요하다고 인정하면 직권으로 그 자에게 행하는 육아휴직 (○ | ×)
급여에 관한 사무를 다른 직업안정기관의 장에게 위탁하여 처리할 수 있다.

63 출산전후휴가 급여를 지급받기 위해서는 피보험 단위기간이 휴가가 시작한 날 이 (○ | ×)
전에 180일 이상이어야 한다.

64 피보험자격의 취득·상실에 대한 확인, 실업급여 및 육아휴직 급여와 출산전후휴 (○ | ×)
가 급여등에 관한 처분에 이의가 있는 자는 고용보험심사위원회에 심사를 청구할
수 있다.

65 고용보험의 심사청구의 결정에 이의가 있는 자는 고용보험심사관에게 재심사를 (○ | ×)
청구할 수 있다.

66 심사의 청구는 확인 또는 처분이 있는 날부터 90일 이내에, 재심사의 청구는 심 (○ | ×)
사청구에 대한 결정이 있는 날부터 90일 이내에 각각 제기하여야 한다.

67 심사청구인 또는 재심사청구인은 법정대리인 외에 청구인인 법인의 임원 또는 직 (○ | ×)
원을 대리인으로 선임할 수 있다.

68 재심사청구인은 법정대리인 외에 자신의 형제자매를 대리인으로 선임할 수 없다. (○ | ×)

69 심사청구의 심사를 행하게 하기 위하여 고용보험심사위원회를 둔다. (○ | ×)

70 심사관은 심사청구를 받으면 60일 이내에 그 심사청구에 대한 결정을 하여야 한 (○ | ×)
다. 다만, 부득이한 사정으로 그 기간에 결정할 수 없을 때에는 1차에 한하여 20
일을 넘지 아니하는 범위에서 그 기간을 연장할 수 있다.

71 심사를 청구하는 경우 피보험자격의 취득·상실 확인에 대한 심사의 청구는 직업 (○ | ×)
안정기관의 장을, 실업급여 및 육아휴직 급여와 출산전후휴가 급여등에 관한 처
분에 대한 심사의 청구는 근로복지공단을 거쳐 심사관에게 하여야 한다.

72 고용보험심사관은 심사청구인의 신청에 의하여 원처분등의 집행을 정지시킬 수 (○ | ×)
있다.

73 고용보험심사관은 원처분등의 집행에 의하여 발생하는 중대한 위해(危害)를 피하 (○ | ×)
기 위하여 긴급한 필요가 있다고 인정하면 직권으로 그 집행을 정지시킬 수 있다.

74 결정은 심사청구인 및 직업안정기관의 장 또는 근로복지공단이 결정서의 정본을 (○ | ×)
받은 날부터 효력이 발생한다.

75 재심사를 하게 하기 위하여 고용노동부에 고용보험심사관을 둔다. (○ | ×)

정답 01 × 02 × 03 × 04 × 05 ○ 06 ○ 07 × 08 × 09 × 10 ○ 11 × 12 × 13 × 14 × 15 ○
16 × 17 × 18 ○ 19 × 20 × 21 × 22 ○ 23 ○ 24 ○ 25 ○ 26 × 27 × 28 ○ 29 × 30 ×
31 ○ 32 × 33 ○ 34 ○ 35 × 36 × 37 × 38 ○ 39 ○ 40 × 41 × 42 ○ 43 × 44 ○ 45 ○
46 ○ 47 × 48 × 49 × 50 ○ 51 × 52 ○ 53 × 54 × 55 ○ 56 × 57 × 58 × 59 × 60 ×
61 × 62 × 63 × 64 × 65 ○ 66 × 67 ○ 68 × 69 × 70 × 71 × 72 × 73 ○ 74 × 75 ×

---

13 국민연금법

OX 문제

01 국민연금사업의 주무관청은 보건복지부장관이고 국민연금공단 및 건강보험공단 (○ | ×)
에서 위탁받아 수행한다.

02 사실상의 혼인관계에 있는 배우자는 유족연금을 지급받을 수 있는 유족에 해당하 (○ | ×)
지 않는다.

03 「사립학교교직원 연금법」을 적용받는 사립학교 교직원은 국민연금 가입대상에서 (○ | ×)
제외된다.

04 사업의 종류, 근로자의 수 등을 고려하여 당연적용사업장의 18세 이상 60세 미 (○ | ×)
만인 근로자와 사용자는 예외 없이 「국민연금법」상 사업장가입자가 된다.

05 사업장가입자는 당연적용사업장에 고용된 때의 다음 날에 그 자격을 취득한다. (○ | ×)

06 「국민연금법」상 사업장가입자는 사용관계가 끝난 때 가입자격을 상실한다. (○ | ×)

07 「국민연금법」상 사업장가입자는 국민연금 가입대상 제외자에 해당하게 된 때의 (○ | ×)
다음 날에 자격을 상실한다.

08 사업장가입자가 6개월 이상 계속하여 연금보험료를 체납한 경우 가입자 자격을 (○ | ×)
상실한다.

09 「국민연금법」상 급여의 종류는 노령연금, 장애연금, 유족연금의 3가지로 구분한다. (○ㅣ×)

10 급여는 노령연금과 장애연금 두 종류로 나뉜다. (○ㅣ×)

11 수급권자의 청구가 없더라도 급여원인이 발생하면 국민연금공단은 급여를 지급한다. (○ㅣ×)

12 연금액은 지급사유에 따라 기본연금액과 부양가족연금액을 기초로 산정한다. (○ㅣ×)

13 연금은 매월 25일에 그달의 금액을 지급하되, 지급일이 공휴일이면 그 다음 날에 지급한다. (○ㅣ×)

14 급여수급전용계좌에 입금된 급여와 이에 관한 채권은 압류할 수 있다. (○ㅣ×)

15 국민연금공단은 장애연금 수급권자의 장애 정도를 심사하여 장애등급에 해당되지 아니하면 장애연금액을 변경한다. (○ㅣ×)

16 수급권자가 「산업재해보상보험법」에 의한 유족급여를 받는 경우에는 유족연금을 지급하지 않는다. (○ㅣ×)

17 자녀인 수급권자가 다른 사람에게 입양된 때에는 그에 해당하게 된 때부터 유족연금의 지급을 정지한다. (○ㅣ×)

18 부모, 손자녀 또는 조부모인 유족의 유족연금 수급권은 가입자 또는 가입자였던 사람이 사망할 당시에 그 가입자 또는 가입자였던 사람의 태아가 출생하여 수급권을 갖게 되면 소멸한다. (○ㅣ×)

19 가입자 또는 가입자였던 자가 고의로 질병·부상 또는 그 원인이 되는 사고를 일으켜 그로 인하여 장애를 입은 경우에는 그 장애를 지급 사유로 하는 장애연금을 지급하지 아니한다. (○ㅣ×)

20 유족연금등의 수급권자가 될 수 있는 자를 고의로 사망하게 한 유족에게는 사망에 따라 발생되는 유족연금의 일부를 지급하지 아니할 수 있다. (○ㅣ×)

21 장애연금의 수급권자가 정당한 사유 없이 「국민연금법」에 따른 공단의 진단 요구에 응하지 아니한 때에는 급여의 전부의 지급을 정지한다. (○ㅣ×)

22 국민연금공단은 국민연금사업에 드는 비용에 충당하기 위하여 가입자와 사용자에게 가입기간 동안 매월 연금보험료를 부과하고 이를 징수한다. (○ㅣ×)

23 사업장가입자의 연금보험료 중 기여금은 사업장가입자 본인이, 부담금은 사용자가 각각 부담하되, 그 금액은 각각 기준소득월액의 1천분의 45에 해당하는 금액으로 한다. (○ㅣ×)

24 국민연금공단 또는 건강보험공단의 처분에 이의가 있는 자는 국민연금심사위원회 또는 징수심사위원회에 심사청구를 할 수 있다. (○ㅣ×)

25 「국민연금법」상 심사청구는 그 처분이 있음을 안 날부터 180일 이내에 문서로 하여야 한다. (○ㅣ×)

26 「국민연금법」상 심사청구는 처분이 있은 날부터 90일을 경과하면 이를 제기하지 못한다. (○ㅣ×)

27 심사청구에 대한 결정에 불복하는 자는 그 결정이 있음을 안 날부터 90일 이내에 국민연금재심사위원회에 재심사를 청구할 수 있다. (○ | ×)

28 연금보험료, 환수금, 그 밖의 「국민연금법」에 따른 징수금을 징수하거나 환수할 권리는 5년간 행사하지 아니하면 각각 소멸시효가 완성된다. (○ | ×)

29 급여(반환일시금은 제외)를 받거나 과오납금을 반환받을 수급권자 또는 가입자 등의 권리는 3년간 행사하지 아니하면 각각 소멸시효가 완성된다. (○ | ×)

30 반환일시금을 지급받을 권리는 5년간 행사하지 아니하면 각각 소멸시효가 완성된다. (○ | ×)

정답 01 ○ 02 × 03 ○ 04 × 05 × 06 × 07 × 08 × 09 × 10 × 11 × 12 ○ 13 × 14 × 15 ×
16 × 17 ○ 18 ○ 19 × 20 × 21 × 22 × 23 ○ 24 × 25 × 26 × 27 × 28 × 29 × 30 ×

14 국민건강보험법

OX 문제

01 국민건강보험은 보건복지부장관이 관장하며, 보험사업의 주체로서 보험을 인수한 자, 즉 보험자는 국민건강보험공단으로 한다. (○ | ×)

02 「의료급여법」에 따라 의료급여를 받는 자는 「국민건강보험법」의 적용대상자가 아니다. (○ | ×)

03 직장가입자 형제의 배우자는 피부양자가 될 수 있다. (○ | ×)

04 직장가입자의 형제·자매의 직계비속은 피부양자가 될 수 있다. (○ | ×)

05 1월 미만의 기간 동안 고용되는 일용근로자는 직장가입자에서 제외된다. (○ | ×)

06 고용기간이 3개월 미만인 일용근로자나 「병역법」에 따른 현역병(지원에 의하지 아니하고 임용된 하사를 포함한다), 전환복무된 사람 및 군간부후보생은 직장가입자에서 제외된다. (○ | ×)

07 「병역법」의 규정에 의한 군간부후보생은 직장가입자가 된다. (○ | ×)

08 소재지가 일정하지 아니한 사업장의 근로자 및 사용자는 직장가입자에서 제외된다. (○ | ×)

09 비상근 근로자 등 사업장에서 상시 근로에 종사할 목적으로 고용되지 아니한 근로자는 국민건강보험의 직장가입자에서 제외된다. (○ | ×)

10 직장가입자의 피부양자이었던 사람은 그 자격을 잃은 날의 다음 날에 직장가입자의 자격 또는 지역가입자의 자격을 얻는다. (○ | ×)

11 가입자는 국적을 잃은 날, 직장가입자의 피부양자가 된 날, 수급권자가 된 날 건강보험자격을 상실한다. (○ | ×)

12 직장가입자의 자격을 잃은 경우 직장가입자의 사용자는 그 명세를 자격을 잃은 날이 속하는 달의 다음 달 15일까지 보험자에게 신고하여야 한다. (○ | ×)

13 보험급여를 받을 수 있는 자가 고의 또는 중대한 과실로 사고를 발생시킨 때에는 　(○ㅣ×)
　 보험급여를 하지 아니한다.

14 보험급여를 받을 수 있는 자가 업무상 질병·부상·재해로 인하여 다른 법령에 의 　(○ㅣ×)
　 한 보험급여를 받게 되는 때에는 보험급여를 하지 아니한다.

15 공단은 보험급여를 제한하는 경우에는 지체 없이 구두로 그 내용과 사유를 가입 　(○ㅣ×)
　 자에게 알려야 한다.

16 보험급여를 받을 수 있는 자가 국외에 체류하는 경우에는 그 기간 중 보험급여를 　(○ㅣ×)
　 하지 아니한다.

17 국민건강보험료는 가입자의 자격을 취득한 날이 속하는 달의 다음 달부터 가입자 　(○ㅣ×)
　 의 자격을 잃은 날의 전날이 속하는 달까지 징수하며, 가입자의 자격을 매월 1일
　 에 취득한 경우에는 그 달부터 징수한다.

18 보험료는 가입자의 자격을 매월 1일에 취득한 경우에는 다음 달부터 가입자의 자 　(○ㅣ×)
　 격을 잃은 날의 전날이 속하는 달까지 징수한다.

19 직장가입자의 보수월액은 직장가입자가 지급받는 보수를 기준으로 하여 산정한다. 　(○ㅣ×)

20 휴직으로 보수의 전부 또는 일부가 지급되지 아니하는 가입자의 보수월액보험료 　(○ㅣ×)
　 는 해당 사유가 생기기 전 달의 보수월액을 기준으로 산정한다.

21 근로자가 근로를 제공하고 사용자로부터 지급받는 금품 중 퇴직금은 보수에서 제 　(○ㅣ×)
　 외한다.

22 보수의 전부 또는 일부가 현물(現物)로 지급되는 경우에는 그 지역의 시가(時 　(○ㅣ×)
　 價)를 기준으로 국민건강보험공단이 정하는 가액(價額)을 그에 해당하는 보수
　 로 본다.

23 보수 관련 자료가 없거나 불명확한 경우에 해당하면 고용노동부장관이 정하여 고 　(○ㅣ×)
　 시하는 금액을 보수로 본다.

24 국내에 거주하는 피부양자가 있는 직장가입자가 1개월 이상의 기간으로 대통령령 　(○ㅣ×)
　 으로 정하는 기간 이상 국외에 체류하는 경우에는 보험료를 면제한다.

25 피부양자가 없는 직장가입자가 1개월 이상의 기간으로 대통령령으로 정하는 기간 　(○ㅣ×)
　 이상 국외에 체류하는 경우 그 기간에 대해서는 보험급여를 정지하고 당해 가입
　 자의 보험료를 경감한다.

26 직장가입자가 현역병으로 입영한 경우 그 기간 중 당해 가입자의 보험료는 면제 　(○ㅣ×)
　 한다.

27 직장가입자가 교도소에 수용되어 있는 경우 그 기간 중 당해 가입자의 보험료는 　(○ㅣ×)
　 면제한다.

28 직장가입자의 보수월액보험료는 직장가입자가 납부한다. 　(○ㅣ×)

29 직장가입자의 소득월액보험료는 직장가입자가 전액 부담한다. 　(○ㅣ×)

30 가입자 및 피부양자의 자격에 관한 국민건강보험공단의 처분에 이의가 있는 자는 　(○ㅣ×)
　 건강보험분쟁조정위원회에 이의신청을 할 수 있다.

31 요양급여의 적정성 평가에 관한 심사평가원의 처분에 이의가 있는 요양기관은 심 사평가원에 심판청구를 할 수 있다. (○ | ×)

32 이의신청은 처분이 있음을 안 날부터 180일 이내에 제기하여야 한다. (○ | ×)

33 건강보험의 이의신청은 처분이 있은 날부터 90일이 지나면 제기하지 못한다. (○ | ×)

34 이의신청은 처분이 있음을 안 날부터 60일 이내, 처분이 있은 날부터 180일 이 내에 하여야 한다. (○ | ×)

35 이의신청에 대한 결정에 불복하는 자는 건강보험심사평가원에 심판청구를 할 수 있다. (○ | ×)

36 이의신청에 불복하는 자는 심판청구를 거치지 아니하고는 행정소송을 제기할 수 없다. (○ | ×)

37 과다납부된 본인일부부담금을 돌려받을 권리는 5년 동안 행사하지 아니하면 시 효로 소멸한다. (○ | ×)

정답 01 ○ 02 ○ 03 × 04 × 05 ○ 06 × 07 × 08 ○ 09 ○ 10 × 11 × 12 × 13 × 14 ○ 15 ×
16 ○ 17 ○ 18 × 19 ○ 20 ○ 21 ○ 22 ○ 23 × 24 × 25 × 26 ○ 27 ○ 28 × 29 ○ 30 ×
31 × 32 × 33 × 34 × 35 × 36 × 37 ×

CHAPTER 09 | 대외업무관리 및 리모델링

▶ **연계학습** | 이론편 p.168

1 공동주택관리에 관한 감독 등

OX 문제

01 국토교통부장관 또는 지방자치단체의 장은 「공동주택관리법」에 따라 허가를 받 거나 신고·등록 등을 한 자에 대하여 관계 공무원으로 하여금 사업장에 출입하여 필요한 검사를 하게 할 때에는 검사 5일 전까지 검사 일시, 검사 이유 및 검사 내용 등 검사계획을 검사를 받을 자에게 알려야 한다. (○ | ×)

02 공동주택의 입주자등이 감사를 요청하려면 전체 입주자등의 과반수의 동의를 받 아야 한다. (○ | ×)

03 입주자대표회의가 공동주택관리규약을 위반한 경우 공동주택의 관리주체는 전체 입주자등의 10분의 3 이상의 동의를 받아 지방자치단체의 장에게 감사를 요청할 수 있다. (○ | ×)

04 지방자치단체의 장으로부터 명령, 조사 또는 검사, 감사의 결과를 통보받은 관리 주체는 통보를 받은 날부터 7일 이내에 그 내용을 공동주택단지의 인터넷 홈페이 지 및 동별 게시판에 10일 이상 공개해야 한다. (○ | ×)

05 국토교통부장관은 공동주택 관리비리와 관련된 불법행위 신고의 접수·처리 등에 관한 업무를 효율적으로 수행하기 위하여 공동주택 관리비리 신고센터를 설치·운영할 수 있다. (○ | ×)

06 시·도지사는 해당 지방자치단체에 공동주택 관리비리 신고센터를 설치하여야 한다. (○ | ×)

07 공동주택 관리비리 신고센터의 장은 시·도지사로 하고, 구성원은 공동주택 관리와 관련된 업무를 담당하는 공무원으로 한다. (○ | ×)

08 공동주택 관리와 관련한 불법행위를 인지한 자는 익명으로 공동주택 관리비리 신고센터에 구두로 그 사실을 신고할 수 있다. (○ | ×)

09 공동주택 관리비리 신고센터는 공동주택 관리비리 신고를 확인한 결과 신고서가 신고내용의 특정에 필요한 사항을 갖추지 못한 경우에는 접수된 신고를 종결한다. (○ | ×)

10 신고센터는 확인 결과 신고서가 신고자의 인적사항이나 신고내용의 특정에 필요한 사항을 갖추지 못한 경우에는 신고자로 하여금 10일 이내의 기간을 정하여 이를 보완하게 할 수 있다. (○ | ×)

11 신고센터로부터 신고사항에 대한 조사 및 조치 요구를 받은 지방자치단체의 장은 신속하게 해당 요구에 따른 조사 및 조치를 완료하고, 완료한 날부터 15일 이내에 그 결과를 국토교통부장관에게 통보하여야 하며, 국토교통부장관은 통보를 받은 경우 즉시 신고자에게 그 결과의 요지를 알려야 한다. (○ | ×)

12 신고센터는 신고서를 받은 날부터 15일 이내에 해당 지방자치단체의 장에게 신고사항에 대한 조사 및 조치를 요구하고, 그 사실을 신고자에게 통보하여야 한다. (○ | ×)

13 신고센터로부터 신고사항에 대한 조사 및 조치를 요구받은 지방자치단체의 장은 요구를 받은 날부터 30일 이내에 조사 및 조치를 완료하고, 조사 및 조치를 완료한 날부터 15일 이내에 국토교통부장관에게 통보하여야 한다. (○ | ×)

14 공동주택관리법령에 따라 신고사항에 대한 조사 및 조치를 요구받은 지방자치단체의 장은 요구를 받은 날부터 60일 이내에 조사 및 조치를 완료하여야 한다. 다만, 60일 이내에 처리가 곤란한 경우에는 한 차례만 30일 이내의 범위에서 그 기간을 연장할 수 있다. (○ | ×)

15 신고센터로부터 신고사항에 대한 조사 및 조치를 요구받은 지방자치단체의 장은 요구를 받은 날부터 60일 이내에 처리가 곤란한 경우에는 한 차례만 10일 이내의 범위에서 그 기간을 연장할 수 있다. (○ | ×)

16 국토교통부장관 또는 지방자치단체의 장으로부터 공사의 중지 등의 통보를 받은 관리주체는 통보를 받은 날부터 7일 이내에 그 내용을 공동주택단지의 인터넷 홈페이지 및 동별 게시판에 10일 이상 공개해야 한다. (○ | ×)

정답 01 X 02 X 03 X 04 X 05 ○ 06 X 07 X 08 X 09 X 10 X 11 X 12 X 13 X 14 ○ 15 X 16 X

2 협회

01 협회를 설립하려면 주택관리사단체는 공동주택의 관리사무소장으로 배치된 자의 (○ | ×) 10분의 1 이상을 발기인으로 하여 정관을 마련한 후 창립총회의 의결을 거쳐 국토교통부장관의 인가를 받아야 한다.

정답 01 ×

3 공동주택관리법령상 법정교육

OX 문제

01 입주자대표회의는 장기수선계획을 검토하기 전에 해당 공동주택의 관리사무소장 (○ | ×) 으로 하여금 장기수선계획의 비용산출 및 공사방법 등에 관한 교육을 받게 할 수 있다.

02 관리주체는 장기수선계획을 검토하기 전에 해당 공동주택의 입주자대표회의의 (○ | ×) 회장으로 하여금 장기수선계획의 비용산출 및 공사방법 등에 관한 교육을 받게 할 수 있다.

03 관리주체는 장기수선계획을 검토하기 전에 해당 공동주택의 관리사무소장으로 (○ | ×) 하여금 시장·군수·구청장이 실시하는 비용산출 및 공사방법 등에 관한 교육을 받게 할 수 있다.

04 관리주체는 장기수선계획을 검토하기 전에 해당 공동주택의 관리사무소장으로 하 (○ | ×) 여금 장기수선계획의 비용산출 및 공사방법 등에 관한 교육을 받게 하여야 한다.

05 장기수선계획을 조정하기 전에 받아야 하는 교육의 교육기관은 공동주택 사용검 (○ | ×) 사권자인 시장·군수·구청장이 지정하는 교육수탁기관이다.

06 장기수선계획의 조정교육에 관한 업무를 위탁받은 기관은 교육실시 5일 전에 교 (○ | ×) 육의 일시·장소·기간·내용·대상자 그 밖에 교육에 관하여 필요한 사항을 공고 하거나 관리주체에게 통보하여야 한다.

07 조정교육수탁기관은 해당 연도의 교육 종료 후 1개월 이내에 교육결과보고서를 (○ | ×) 작성하여 시·도지사에게 보고하여야 한다.

08 주택관리사등의 자격을 취득한 자는 공동주택관리에 관한 교육과 윤리교육을 받 (○ | ×) 아야 한다.

09 관리사무소장으로 배치받으려는 주택관리사등은 공동주택관리에 관한 교육과 윤 (○ | ×) 리교육을 받아야 한다.

10 주택관리업자와 관리사무소장으로 배치받은 주택관리사등은 시장·군수·구청장 (○ | ×) 이 실시하는 공동주택관리에 관한 교육과 윤리교육을 받아야 한다.

11 관리사무소장으로 배치받으려는 주택관리사등이 배치예정일부터 직전 3년 이내   (○ | ×)
   에 관리사무소장·공동주택관리기구의 직원 또는 주택관리업자의 임직원으로서
   종사한 경력이 없는 경우에는 국토교통부령으로 정하는 바에 따라 시장·군수·구
   청장이 실시하는 공동주택관리에 관한 교육과 윤리교육을 이수하여야 관리사무
   소장으로 배치받을 수 있다.

12 공동주택의 관리사무소장으로 배치받아 근무 중인 주택관리사등은 공동주택관리   (○ | ×)
   에 관한 교육과 윤리교육을 받은 후 5년마다 국토교통부령으로 정하는 바에 따라
   공동주택관리에 관한 교육과 윤리교육을 받아야 한다.

13 교육대상자는 주택관리사보의 자격을 취득한 날부터 3개월 이내에 공동주택관리   (○ | ×)
   에 관한 교육과 윤리교육을 받아야 한다.

14 관리사무소장으로 배치받은 주택관리사는 배치받은 날부터 6개월 이내에 시·도   (○ | ×)
   지사로부터 공동주택관리에 관한 교육을 받아야 한다.

15 B아파트의 관리사무소장은 관리사무소장으로 배치된 날의 다음 달에 공동주택관   (○ | ×)
   리에 관한 교육업무를 위탁받은 기관에서 시행한 교육을 3일간 받았다.

16 공동주택관리에 관한 교육과 윤리교육의 교육기간은 4일로 한다.   (○ | ×)

17 관리사무소장은 입주자대표회의의 구성원에게 입주자대표회의의 운영과 관련하   (○ | ×)
   여 필요한 교육 및 윤리교육을 실시하여야 한다.

18 시·도지사는 입주자대표회의의 구성원에게 입주자대표회의의 운영과 관련하여   (○ | ×)
   필요한 교육 및 윤리교육을 실시하여야 한다.

19 시장·군수·구청장은 입주자대표회의의 구성원에게 입주자대표회의의 운영과 관   (○ | ×)
   련하여 필요한 교육 및 윤리교육을 실시할 수 있다.

20 시장·군수·구청장은 입주자등이 희망하는 경우에는 입주자대표회의의 운영과   (○ | ×)
   관련하여 필요한 교육 및 윤리교육을 입주자등에게 실시할 수 있다.

21 甲구청장은 A아파트의 동별 대표자에게 실시할 입주자대표회의 운영교육 내용으   (○ | ×)
   로 하자보수에 관한 사항 등을 포함하여 실시하기로 하였다.

22 甲구청장은 2023년 10월 15일에 실시할 운영과 관련하여 필요한 교육 및 윤리   (○ | ×)
   교육에 관한 교육일시, 교육기간 및 교육장소 등을 2023년 10월 10일에 공고하
   기로 하였다.

23 甲동별 대표자는 2021년 10월 15일에 이수한 운영·윤리교육의 다음 교육을   (○ | ×)
   2023년 10월 15일에 이수하였다.

24 甲동별 대표자는 2023년 10월 15일에 이수한 운영·윤리교육을 오후 1시부터   (○ | ×)
   오후 5시까지 받았다.

25 甲구청장은 운영·윤리교육의 수강비용을 필요하다고 인정하여 그 비용의 전부를   (○ | ×)
   지원하기로 하였다.

26 입주자대표회의 구성원의 운영·윤리교육 수강비용은 수강생 본인이 부담한다.   (○ | ×)

27 입주자대표회의 구성원의 운영·윤리교육 수강비용은 일반관리비의 교육훈련비   (○ | ×)
   에서 부담한다.

28 관리주체는 필요하다고 인정하는 경우에는 운영·윤리교육의 수강비용의 전부 또 (○ | ×)
는 일부를 지원할 수 있다.

29 관리사무소장은 공동주택단지의 각종 안전사고의 예방과 방범을 위하여 시장·군 (○ | ×)
수·구청장이 실시하는 방범교육 및 안전교육을 받아야 한다.

30 경비업무에 종사하는 사람 등은 공동주택단지의 각종 안전사고의 예방과 방범을 (○ | ×)
위하여 시·도지사가 실시하는 방범교육 및 안전교육을 받아야 한다.

31 방범교육 및 안전교육의 교육시간은 연 2회 이상에서 시장·군수·구청장이 실시 (○ | ×)
하는 횟수, 매회별로 2시간이다.

32 경비책임자는 방범교육 대상자이다. (○ | ×)

33 「화재의 예방 및 안전관리에 관한 법률 시행규칙」에 따른 소방안전교육 또는 소 (○ | ×)
방안전관리자 실무교육을 이수한 사람은 소방에 관한 안전교육을 이수한 것으로
본다.

정답 01 X 02 X 03 X 04 X 05 X 06 X 07 ○ 08 X 09 X 10 X 11 X 12 X 13 X 14 X 15 ○
16 X 17 X 18 X 19 X 20 ○ 21 ○ 22 X 23 X 24 ○ 25 ○ 26 X 27 X 28 X 29 X 30 X
31 X 32 ○ 33 ○

4 용도 외 사용 등의 행위 허가 등 기준 등

OX 문제

01 시설물의 파손·철거를 포함한 세대 내 난방설비의 교체는 허가 및 신고를 요하지 (○ | ×)
않는다.

02 창틀·문틀의 제거는 공동주택의 입주자등 또는 관리주체가 허가 또는 신고 없이 (○ | ×)
할 수 있는 행위이다.

03 창틀·문틀을 교체하는 경우 허가 또는 신고를 요하지 아니한다. (○ | ×)

04 급·배수관 등 배관설비를 교체하는 경우 허가 또는 신고를 요한다. (○ | ×)

05 축대의 교체는 허가 또는 신고를 요하지 아니한다. (○ | ×)

06 조경시설 중 수목의 일부 제거 및 교체는 허가 또는 신고를 요한다. (○ | ×)

07 주민운동시설을 다른 운동종목을 위한 시설로 변경하는 경우에는 허가 또는 신고 (○ | ×)
를 요한다.

08 주민운동시설의 면적이 변경되는 경우는 허가 또는 신고를 요하지 아니한다. (○ | ×)

09 입주자 공유가 아닌 복리시설의 비내력벽의 철거는 허가 또는 신고를 요한다. (○ | ×)

정답 01 X 02 X 03 ○ 04 X 05 X 06 X 07 X 08 X 09 X

OX 문제

01 대수선은 리모델링에 포함되지 않는다. (○ | ×)

02 주택법령상 리모델링은 건축물의 노후화 억제 또는 기능향상 등을 위하여 개축을 (○ | ×)
   하는 행위도 포함된다.

03 사용검사를 받은 후 15년 미만의 기간이 경과된 공동주택에 대하여는 리모델링 (○ | ×)
   시에 증축하는 행위를 할 수 없다.

04 리모델링에는 주택건설산업 완료일부터 15년이 경과된 공동주택을 각 세대의 주 (○ | ×)
   거전용면직의 30퍼센트 이내에서 증축하는 행위도 포함된다.

05 사용검사를 받은 후 10년 된 공동주택은 리모델링의 증축이 가능하다. (○ | ×)

06 증축을 위한 리모델링은 각 세대의 주거전용면적이 85제곱미터 이상인 경우에는 (○ | ×)
   주거전용면적의 40퍼센트 이내에서 증축이 가능하다.

07 세대수 증가형 리모델링이란 각 세대의 증축 가능 면적을 합산한 면적의 범위에 (○ | ×)
   서 기존 세대수의 15퍼센트 이내에서 세대수를 증가하는 증축 행위를 말한다.

08 리모델링을 하는 경우 각 세대의 증축 가능 면적을 합산한 면적의 범위에서 기존 (○ | ×)
   세대수의 30퍼센트 이내로 세대수를 증가하는 행위가 가능하다.

09 수직증축형 리모델링이란 건축물의 노후화 억제 또는 기능 향상 등을 위해 수직 (○ | ×)
   으로 증축하는 행위를 말한다.

10 수직증축형 리모델링을 하는 경우 기존 건축물의 층수가 15층 이상인 경우 2개 (○ | ×)
   층 범위에서 증축을 하여야 한다.

11 세대별로 주거전용면적이 85제곱미터 미만인 12층의 기존 건축물을 리모델링주 (○ | ×)
   택조합을 설립하여 수직증축형 리모델링을 하는 경우, 3개 층까지 리모델링을 할
   수 있다.

12 수직증축형이 아닌 세대수 증가형 리모델링의 경우 리모델링의 대상이 되는 건축 (○ | ×)
   물의 신축 당시 구조도를 보유하고 있어야 한다.

13 국민주택에 대한 리모델링을 위하여 리모델링주택조합을 설립하려는 자는 관할 (○ | ×)
   시장·군수·구청장에게 신고하여야 한다.

14 주택단지 전체를 리모델링하고자 리모델링 주택조합을 설립하는 경우에는 주택 (○ | ×)
   단지 전체 및 각 동의 구분소유자와 의결권의 각 3분의 2 이상의 결의를 증명하
   는 서류를 첨부하여 관할 시장·군수·구청장의 인가를 받아야 한다.

15 주택단지 전체를 리모델링하고자 주택조합을 설립하기 위해서는 주택단지 전체 (○ | ×)
   의 구분소유자와 의결권의 각 과반수의 결의가 필요하다.

16 동을 리모델링하고자 리모델링 주택조합을 설립하는 경우에는 그 동의 구분소유 (○ | ×)
   자와 의결권의 각 과반수의 결의를 증명하는 서류를 첨부하여 관할 시장·군수·
   구청장의 인가를 받아야 한다.

17 동(棟)을 리모델링하기 위하여 리모델링 주택조합을 설립하려는 경우에는 그 동의 구분소유자 및 의결권의 각 과반수의 결의를 얻어야 한다. (○ | ×)

18 리모델링 주택조합이 대수선인 리모델링을 하려면 해당 주택이 「주택법」에 따른 사용검사일 또는 「건축법」에 따른 사용승인일부터 15년 이상이 경과되어야 한다. (○ | ×)

19 리모델링 주택조합 설립에 동의한 자로부터 건축물을 취득하였더라도 리모델링 주택조합 설립에 동의한 것으로 보지는 않는다. (○ | ×)

20 주택조합은 설립인가를 받은 날부터 3년 이내에 30세대 이상 세대수가 증가하는 리모델링의 경우에는 「주택법」에 따른 사업계획승인을 신청하여야 한다. (○ | ×)

21 주택종합관리계획이란 세대수 증가형 리모델링으로 인한 도시과밀, 이주수요 집중 등을 체계적으로 관리하기 위하여 수립하는 계획을 말한다. (○ | ×)

22 국토교통부장관은 리모델링 기본계획을 10년 단위로 수립하여야 한다. (○ | ×)

23 특별시장·광역시장 및 대도시의 시장은 관할구역에 대하여 리모델링 기본계획을 5년 단위로 수립하여야 한다. (○ | ×)

24 리모델링 기본계획에는 도시과밀 방지 등을 위한 계획적 관리와 리모델링의 원활한 추진을 지원하기 위한 사항으로서 특별시·광역시 또는 대도시의 조례로 정하는 사항이 포함되어야 한다. (○ | ×)

25 리모델링 기본계획의 작성기준 및 작성방법 등은 국토교통부장관이 정한다. (○ | ×)

26 특별시장·광역시장 및 대도시의 시장은 리모델링 기본계획을 수립하거나 변경하려면 30일 이상 주민에게 공람하고, 지방의회의 의견을 들어야 한다. 이 경우 지방의회는 의견제시를 요청받은 날부터 14일 이내에 의견을 제시하여야 하며, 14일 이내에 의견을 제시하지 아니하는 경우에는 이의가 없는 것으로 본다. (○ | ×)

27 리모델링 기본계획을 수립하거나 변경하려는 경우 세대수 증가형 리모델링 수요 예측 결과에 따른 세대수 증가형 리모델링 수요가 15퍼센트 범위에서 증가하는 경우에는 주민공람 및 지방의회 의견청취 절차를 거치지 아니할 수 있다. (○ | ×)

28 특별시장·광역시장 및 대도시의 시장은 리모델링 기본계획을 수립하거나 변경하려면 시·도도시계획위원회 또는 시·군·구도시계획위원회의 심의를 거친 후 관계 행정기관의 장과 협의를 하여야 한다. (○ | ×)

29 시장·군수·구청장으로부터 리모델링 기본계획과 관련하여 협의를 요청받은 관계 행정기관의 장은 특별한 사유가 없으면 그 요청을 받은 날부터 20일 이내에 의견을 제시하여야 한다. (○ | ×)

30 특별시장·광역시장 및 대도시의 시장은 10년마다 리모델링 기본계획의 타당성 여부를 검토하여 그 결과를 리모델링 기본계획에 반영하여야 한다. (○ | ×)

31 30세대 이상으로 세대수가 증가하는 리모델링을 허가하려는 경우에는 「국토의 계획 및 이용에 관한 법률」에 따라 설치된 시·군·구도시계획위원회의 심의를 거쳐야 한다. (○ | ×)

32 세대수가 증가되는 리모델링을 하는 경우에는 권리변동계획을 수립하여 사업계 (○ | ×)
획승인 또는 행위허가를 받아야 한다.

33 면적이 증가되는 리모델링을 하는 경우에는 기존 주택의 권리변동, 비용분담 등 (○ | ×)
에 대한 권리변동계획을 수립하여 사업계획승인 또는 행위허가를 받아야 한다.

34 세대수가 증가되는 리모델링을 하는 경우 수립되어야 할 권리변동계획의 내용에 (○ | ×)
는 안전진단결과보고서가 포함되어야 한다.

35 증축형 리모델링을 하려는 자는 시장·군수·구청장에게 안전진단을 요청하여야 (○ | ×)
하며, 안전진단을 요청받은 시장·군수·구청장은 해당 건축물의 증축 가능 여부
의 확인 등을 위하여 안전진단을 실시하여야 한다.

36 시장·군수·구청장이 안전진단으로 건축물 구조의 안전에 위험이 있다고 평가하 (○ | ×)
여 재건축사업의 시행이 필요하다고 결정한 건축물에 대하여는 증축형 리모델링
을 하여서는 아니 된다.

37 시장·군수·구청장은 증축형 리모델링을 허가한 후에 해당 건축물의 구조안전성 (○ | ×)
등에 대한 상세 확인을 위하여 안전진단을 실시하여야 한다.

38 시장·군수·구청장은 수직증축형 리모델링을 하려는 자가 「건축법」에 따른 건축 (○ | ×)
위원회의 심의를 요청하는 경우 구조계획상 증축범위의 적정성 등에 대하여 대통
령령으로 정하는 전문기관에 안전성 검토를 의뢰하여야 한다.

39 시·도지사는 리모델링의 원활한 추진을 지원하기 위하여 리모델링 지원센터를 (○ | ×)
설치하여 운영할 수 있다.

40 공동주택 리모델링의 허가는 시·도지사가 한다. (○ | ×)

41 공동주택의 관리주체가 리모델링을 하려는 경우 공사기간, 공사방법 등이 적혀 (○ | ×)
있는 동의서에 입주자 전체의 동의를 받아야 한다.

42 공동주택의 리모델링 시에 입주자·사용자 또는 관리주체의 경우 공사기간, 공사 (○ | ×)
방법 등이 적혀 있는 동의서에 전체 입주자 75퍼센트 이상의 동의를 받아야 한다.

43 리모델링 주택조합이 주택단지 전체를 리모델링하는 경우에는 주택단지 전체 구 (○ | ×)
분소유자 및 의결권 전체의 동의를 받아야 한다.

44 공동주택의 리모델링 시에 리모델링 주택조합은 결의서에 주택단지 전체를 리모 (○ | ×)
델링하는 경우에는 주택단지 전체 및 각 동별로 구분소유자 및 의결권의 각 75퍼
센트 이상의 동의를 받아야 한다.

45 리모델링주택조합이 동을 리모델링하는 경우 리모델링 설계의 개요, 공사비, 조 (○ | ×)
합원의 비용분담 명세가 적혀 있는 결의서에 그 동의 구분소유자 및 의결권의 각
50퍼센트 이상의 동의를 받아야 한다.

46 공동주택의 리모델링 시에 입주자대표회의 경우 결의서에 주택단지의 소유자 75 (○ | ×)
퍼센트 이상의 동의를 받아야 한다.

47 주택의 소유자 3분의 2 이상의 동의를 받은 경우 「공동주택관리법」에 따른 입주 (○ | ×)
자대표회의는 리모델링을 할 수 있다.

48 주택단지 소유자가 100명인 경우, 입주자대표회의(공동주택관리법 제2조 제1항 제8호에 따른 입주자대표회의를 말한다)가 주택법령에 따라 공동주택 리모델링을 하려면 소유자의 비용분담 명세 등이 적혀 있는 결의서에 주택단지 소유자 100명의 동의를 받아야 한다.   (○ | ×)

49 공동주택의 리모델링은 동별로 할 수 있다.   (○ | ×)

50 리모델링의 행위허가 기준에 따르면 복리시설을 분양하기 위한 행위를 할 수 있다.   (○ | ×)

51 1층을 필로티 구조로 전용하여 세대의 일부 또는 전부를 부대시설 및 복리시설 등으로 이용하는 경우 수직증축 허용범위를 초과하여 증축을 할 수 있다.   (○ | ×)

52 구조안전에 이상이 없다고 판단되는 경우, 내력벽을 철거하여 세대를 합칠 수 있다.   (○ | ×)

53 리모델링에서 아파트의 행위허가기준에 따르면 내력벽의 철거에 의하여 세대를 합치는 행위가 가능하다.   (○ | ×)

54 입주자 공유가 아닌 복리시설의 리모델링은 사용검사를 받은 후 15년 이상 지난 복리시설로서 공동주택과 동시에 리모델링을 하는 경우로서 시장·군수·구청장이 구조안전에 지장이 없다고 인정하는 경우로 한정한다.   (○ | ×)

55 입주자 공유가 아닌 복리시설의 리모델링의 증축은 기존 건축물 연면적 합계의 10분의 3 이내여야 한다.   (○ | ×)

56 리모델링의 허가기준에 따르면 주택과 주택 외의 시설을 동일 건축물로 건축한 경우의 주택은 주택 외의 시설의 증축 면적비율의 범위 안에서 증축할 수 있다.   (○ | ×)

57 리모델링주택조합이 리모델링을 하려면 관할 시장·군수·구청장의 허가를 받아야 한다.   (○ | ×)

58 리모델링에 동의한 소유자는 리모델링 주택조합 또는 입주자대표회의가 허가신청서를 제출하기 전까지 서면으로 동의를 철회할 수 있다.   (○ | ×)

59 증축형 리모델링이 아닌 경우에는 허가받은 리모델링 공사를 완료하였을 때 따로 사용검사를 받지 않아도 된다.   (○ | ×)

60 리모델링에 의해 전유부분의 면적이 늘거나 줄어드는 경우에도 소유자의 대지사용권은 변하지 않는 것으로 본다.   (○ | ×)

61 리모델링에 의하여 전유부분의 면적이 늘거나 줄어드는 경우 공동주택의 소유자의 대지사용권은 권리변동계획에 따른다.   (○ | ×)

62 구조체가 철골구조 또는 목구조로 구성되어 있는 것은 건축법령상 공동주택에서 리모델링에 대비한 특례와 관련하여 리모델링이 쉬운 구조에 해당한다.   (○ | ×)

63 각 세대를 인접한 세대와 수직방향으로 통합할 수 없는 구조는 건축법령상 공동주택에서 리모델링에 대비한 특례와 관련하여 리모델링이 쉬운 구조에 해당한다.   (○ | ×)

64 각 층에 시공된 보, 기둥 등의 구조부재의 개수 또는 위치를 변경할 수 있는 구조는 건축법령상 공동주택에서 리모델링에 대비한 특례와 관련하여 리모델링이 쉬운 구조에 해당한다.   (○ | ×)

CHAPTER 10 | 공동주거관리이론

▶ **연계학습** | 이론편 p.194

OX 문제

01 주택은 인간이 주체가 되어 생활을 수용하고 영위하는 장소로서 인간의 정서적인 내면과 함께 물리적 객체인 공간 사이에서 맺어진 심리적·문화적인 측면도 같이 포함되는 것을 말하며, 주거는 물리적 객체로서 공간 그 자체를 의미한다. (○ | ×)

02 주거관리는 관리주체가 주택을 대상으로 전개하는 관리적 측면의 총체적 행위로, 주택의 기능을 유지하고 유용성을 발휘할 수 있도록 하며, 나아가 이웃과의 관계까지 개선하는 행위이다. (○ | ×)

03 공동주거관리자는 주거문화 향상을 위하여 주민, 관리회사, 지방자치단체와 상호 협력체계가 원만하게 이루어지도록 하는 하드웨어의 관리가 필요하다. (○ | ×)

04 소프트웨어관리에는 자산관리라는 적극적인 개념 도입, 공동주택의 관리를 배려한 디자인 계획이 필수적이며, 지속가능한 유지관리기술 도입과 정보 네트워크를 적극적으로 활용한 관리가 요구된다. (○ | ×)

05 주민들이 참여하고 협조하는 공동체 규범을 효율적으로 관리하고 공동체 의식 고취를 위해서 커뮤니케이션 능력이 강화되어야 하며, 커뮤니티 활성화 프로그램 개발과 운영 등의 하드웨어관리가 적극적으로 이루어져야 한다. (○ | ×)

06 공동주거관리는 주택의 수명을 연장시켜 오랫동안 이용하고 거주할 수 있게 함으로써 자원낭비를 방지하고 환경을 보호하기 위해 필요하다. (○ | ×)

07 자연재해로부터의 안전성 확보 측면에서 주민들이 생활변화에 대응하면서 쾌적하게 오랫동안 살 수 있는 주택 스톡(Stock) 대책으로 공동주택이 적절히 유지관리되어야 한다. (○ | ×)

08 공동주거관리자는 입주민 간 또는 동대표 간 분쟁이 발생하였을 때 무엇보다도 법적 분쟁절차에 의해 해결하는 것을 최우선으로 하여야 한다. (○ | ×)

09 입주자 간에 분쟁이 발생했을 경우에는 무엇보다도 관리규약에 의거한 충분한 의사소통과 합의의 노력을 최우선으로 해야 한다. (○ | ×)

10 노무·인사 등과 관련된 법적 분쟁은 대체로 계약에 의한 관계성립을 기반으로 하기 때문에 법원이 판결을 내리는 데 있어서 이에 관한 절차의 합리성을 중요하게 보는 편이다. (○ | ×)

11 정해진 관리규약 이외에 주민회의에서 결정된 사항들도 기록으로 남겨서 문제가 생겼을 때 이를 근거로 조정해야 분쟁을 줄일 수 있다. (○ | ×)

12 분쟁을 줄이기 위해서는 주민 모두가 관리규약을 준수하도록 노력하여야 한다. (○ | ×)

13 분쟁해결을 위한 법적 소송은 공동체가 겪게 되는 각종 분쟁의 선행적 해결방법 (○ | ×)
임을 인식하고 모든 문제를 합의로 해결하는 방법보다 먼저 활용되어야 한다.

14 모든 관리사안 결정에 주민이 참여하는 경우에는 운영과정상의 효율성이 증대된다. (○ | ×)

15 「건축법」에 의한 공동주택 중 10세대로 구성된 건축물 또는 업무시설 중 연면적 (○ | ×)
3,000m²인 건축물은 초고속 정보통신 건물 인증대상이다.

16 공동주거자산관리란 공동주택 소유자의 자산적 목표가 달성되도록 대상 공동주 (○ | ×)
택의 관리기능을 수행하는 것을 말한다.

17 공동주거자산관리에 있어 입주자관리는 공동주택시설을 운영하여 유지하는 것으 (○ | ×)
로서 그 업무는 설비운전 및 보수, 외주관리, 에너지관리, 환경안전관리 등이다.

18 공동주거자산관리에 있어 입주자관리의 업무에는 인력관리, 회계업무, 임대료 책 (○ | ×)
정을 위한 적절한 기준과 계획, 보험 및 세금에 대한 업무 등이다.

19 공동주거자산관리에 있어 부동산자산관리의 업무에는 관리직원의 친절함은 물론 (○ | ×)
이고 우편물관리, 민원대행, 주차안내, 자동차관리, 이사 서비스, 임대차계약 후
사후관리 서비스 등이 있다.

정답 01 X 02 ○ 03 X 04 X 05 X 06 ○ 07 X 08 X 09 ○ 10 ○ 11 ○ 12 ○ 13 X 14 X 15 X
16 ○ 17 X 18 X 19 X

CHAPTER 11 | 공동주택회계관리

▶ **연계학습** | 이론편 p.197

1 관리비등 회계관리

OX 문제

01 교육훈련비는 일반관리의 인건비에 해당한다. (○ | ×)

02 소화기충약비는 일반관리비로 부과한다. (○ | ×)

03 공동으로 사용하는 시설물의 전기료는 일반관리비로 부과한다. (○ | ×)

04 공동주택 단지의 건물과 부대시설에 대한 화재보험료를 일반관리비에 포함하지 (○ | ×)
않고 별도 계정으로 회계처리하고 있다.

05 고용보험료 납부금액 전부는 관리비에 부과할 계정으로 처리한다. (○ | ×)

06 공동주택관리법령상 관리비의 구성내역 중 관리용품구입비·회계감사비 등은 일 (○ | ×)
반관리비에 포함되어 있다.

07 입주자대표회의 운영경비는 일반관리비의 구성내역에 포함된다. (○ | ×)

08 승강기 전기료는 승강기유지비에 포함된다. (○ | ×)

09 지능형 홈네트워크 설비의 유지 및 관리에 직접 소요되는 비용은 관리비에 포함하여 징수할 수 있는 구성내역이다.　　　　　(○ | ×)

10 난방비는 난방 및 급탕에 소요된 원가(유류대·난방비 및 급탕용수비)에서 급탕비를 뺀 금액이며, 급탕비는 급탕용 유류대 및 급탕용수비로 구성된다.　　(○ | ×)

11 장기수선계획에 따른 공동주택 공용부분의 수선·보수에 소요되는 비용은 수선유지비에 포함된다.　　　　　(○ | ×)

12 냉난방시설의 청소비는 청소비의 구성내역이다.　　　　　(○ | ×)

13 건축물의 안전점검비용은 관리주체가 관리비와 구분하여 징수하는 비용이다.　(○ | ×)

14 하자의 원인이 사업주체 외의 자에게 있는 경우 안전진단실시비용은 수선유지비의 구성내역에 포함된다.　　　　　(○ | ×)

15 위탁관리수수료는 관리주체가 입주자등을 대행하여 납부하는 사용료 항목이다.　(○ | ×)

16 위탁관리수수료는 일반관리비의 구성내역에 포함된다.　　　　　(○ | ×)

17 장기수선충당금은 관리비에 포함하여 징수할 수 없다.　　　　　(○ | ×)

18 하자의 원인이 사업주체 외의 자에게 있는 경우의 안전진단 실시비용은 관리주체가 입주자등을 대행하여 납부할 수 있는 사용료이다.　　　　　(○ | ×)

19 관리주체는 입주자등이 납부하는 공동주택단지 내 각 세대의 개별보험료를 입주자등을 대행하여 그 사용료 등을 받을 자에게 납부할 수 있다.　　　(○ | ×)

20 관리주체는 입주자등이 납부하는 경비비를 입주자등을 대행하여 그 사용료 등을 받을 자에게 납부할 수 있다.　　　　　(○ | ×)

21 지역난방방식인 공동주택의 난방비와 급탕비는 관리비 비목에 해당한다.　(○ | ×)

22 선거관리위원회의 운영경비는 일반관리비의 구성내역에 포함된다.　　(○ | ×)

23 공동주택관리법령상 관리주체는 입주자등이 납부하는 관리기구가 사용한 전기료를 입주자등을 대행하여 그 사용료를 받을 자에게 납부할 수 있다.　　(○ | ×)

24 관리주체는 주민공동시설, 인양기 등 공용시설물의 이용료를 해당 시설의 이용자에게 따로 부과할 수 있다.　　　　　(○ | ×)

25 관리주체가 주민공동시설을 위탁한 때에는 주민공동시설의 이용료는 주민공동시설의 위탁에 따른 수수료, 주민공동시설의 관리비용 등의 범위에서 정하여야 한다.　　　　　(○ | ×)

26 관리주체는 관리비등을 시장·군수·구청장이 지정하는 금융기관에 예치하여 관리하되, 장기수선충당금은 별도의 계좌로 예치·관리하여야 한다.　　(○ | ×)

27 관리주체는 관리비, 사용료 및 장기수선충당금을 입주자대표회의가 지정하는 금융기관의 동일한 계좌에 예치하여 관리하여야 한다.　　　　　(○ | ×)

28 의무관리대상 공동주택의 관리주체는 관리비, 장기수선충당금을 은행, 상호저축은행, 보험회사 중 입주자대표회의가 지정하는 동일한 계좌로 예치·관리하여야 한다.　　　　　(○ | ×)

29 국가 또는 지방자치단체가 관리주체인 경우 장기수선충당금 또는 관리비가 체납 (○ | ×)
된 경우에는 국가 또는 지방자치단체가 국세 또는 지방세 체납처분의 예에 따라
강제징수할 수 있다.

30 관리주체는 해당 공동주택의 공용부분의 관리 또는 운영 등에 필요한 경비(관리 (○ | ×)
비예치금)를 공동주택의 사용자로부터 징수한다.

31 관리주체는 해당 공동주택의 공용부분의 관리 및 운영 등에 필요한 경비를 공동 (○ | ×)
주택의 소유자와 사용자로부터 징수할 수 있다.

32 관리주체는 관리비예치금을 납부한 소유자가 공동주택의 소유권을 상실하면 미 (○ | ×)
납한 관리비·사용료가 있더라도 징수한 관리비예치금 전액을 반환하여야 한다.

33 공동주택의 입주 초기에 관리주체가 관리계약에 의하여 공동주택 공용부분의 관 (○ | ×)
리 및 운영에 필요하여 징수하는 금액을 관리비예치금으로 계상하고 있다.

34 민간임대주택에 관한 특별법령상 회계감사비는 일반관리비의 구성내역에 해당 (○ | ×)
한다.

35 민간임대주택에 관한 특별법령상 위탁관리수수료는 임대사업자가 임차인에게 청 (○ | ×)
구할 수 있는 관리비 항목이다.

36 임차인 또는 임차인대표회의는 시장·군수·구청장에게 공인회계사등의 선정을 (○ | ×)
의뢰할 수 있고, 회계감사 비용도 시장·군수·구청장이 부담한다.

정답 01 × 02 × 03 × 04 ○ 05 × 06 ○ 07 × 08 × 09 ○ 10 ○ 11 × 12 × 13 × 14 × 15 ×
16 × 17 ○ 18 × 19 × 20 × 21 × 22 × 23 × 24 ○ 25 ○ 26 × 27 × 28 × 29 ○ 30 ×
31 × 32 × 33 ○ 34 × 35 × 36 ×

▶ **연계학습** | 이론편 p.204

1 장기수선계획

OX 문제

01 관리주체는 승강기가 설치된 공동주택에 대하여 장기수선계획을 수립하여야 한다. (○ | ×)

02 200세대의 지역난방방식의 공동주택을 건설·공급하는 사업주체 또는 리모델링 (○ | ×)
을 하는 자는 그 공동주택의 공용부분에 대한 장기수선계획을 수립하여야 한다.

03 400세대의 중앙집중식 난방방식의 공동주택을 건설·공급하는 사업주체 또는 리 (○ | ×)
모델링을 하는 자는 그 공동주택의 공용부분에 대한 장기수선계획을 수립하여야
한다.

04 사업주체는 장기수선계획을 수립하여 그 공동주택의 관리주체에게 인계하여야 (○ | ×)
한다.

05 관리주체는 사업주체 또는 리모델링을 하는 자에게 장기수선계획의 보완을 요구 (○ | ×)
할 수 있다.

06 장기수선계획을 수립하는 경우 해당 공동주택의 건설비용을 고려하여야 한다. (○ | ×)

07 장기수선계획 수립기준에 따른 가스설비 배관의 전면교체 수선주기는 15년이다. (○ | ×)

08 장기수선계획 수립기준에 따른 보안·방범시설 중 영상정보처리기기 및 침입탐지 (○ | ×)
시설의 전면교체 수선주기는 10년이다.

09 장기수선계획 수립기준에 따른 건물 외부 고분자도막방수 전면수리 수선주기는 (○ | ×)
20년이다.

10 장기수선계획 수립기준에 따른 건물 내부 천장의 수성도료칠 전면도장 수선주기 (○ | ×)
는 15년이다.

11 장기수선계획 수립기준에 따른 승강기 및 인양기 설비 중 도어개폐장치의 전면교 (○ | ×)
체 수선주기는 10년이다.

12 장기수선계획 수립기준에 따른 소화설비의 소화수관(강관)과 급수설비의 급수펌 (○ | ×)
프는 수선주기가 동일하다.

13 장기수선계획은 5년마다 검토한다. (○ | ×)

14 사업주체는 장기수선계획을 3년마다 검토하고, 필요한 경우 이를 조정하여야 (○ | ×)
한다.

15 입주자대표회의와 관리주체는 주요 시설을 신설하는 등 관리여건상 필요하여 전 (○ | ×)
체 입주자 과반수의 서면동의를 받은 경우에는 5년이 지나기 전에 장기수선계획
을 조정할 수 있다.

16 입주자대표회의와 관리주체는 주요 시설을 신설하는 등 관리여건상 필요하여 전 (○ | ×)
체 입주자 3분의 1 이상의 서면동의를 받은 경우에는 장기수선계획을 조정할 수
있다.

17 입주자대표회의가 의결하는 경우에는 3년이 지나기 전에 장기수선계획을 조정할 (○ | ×)
수 있다.

정답 01 X 02 ○ 03 ○ 04 X 05 X 06 ○ 07 X 08 X 09 X 10 X 11 X 12 X 13 X 14 X 15 X
16 X 17 X

2 장기수선충당금

OX 문제

01 관리주체가 장기수선충당금을 적립하지 아니한 경우에는 과태료를 부과받는다. (○ | ×)

02 관리주체는 장기수선충당금을 해당 주택의 소유자 또는 사용자로부터 징수하여 (○ | ×)
적립해야 한다.

03 분양되지 아니한 공동주택에 대한 장기수선충당금은 별도로 적립할 필요가 없다. (○ | ×)

04 장기수선충당금의 사용은 관리규약에 따른다. (○ | ×)

05 해당 공동주택의 입주자 과반수의 서면동의가 있더라도 장기수선충당금을 하자 (○ | ×)
진단 및 감정에 드는 비용으로 사용할 수 없다.

06 장기수선충당금의 사용은 장기수선계획에 따르지만, 입주자대표회의의 의결을 (○ | ×)
거쳐 하자진단 및 감정에 드는 비용의 용도로 사용할 수 있다.

07 장기수선충당금의 요율은 해당 공동주택의 공용부분의 내구연한 등을 고려하여 (○ | ×)
정한다.

08 장기수선충당금의 요율은 해당 공동주택의 공용부분의 내구연한 등을 고려하여 (○ | ×)
장기수선계획으로 정한다.

09 장기수선충당금의 적립금액은 관리규약으로 정한다. (○ | ×)

10 장기수선충당금의 요율 및 적립금액은 해당 공동주택 공용부분의 내구연한을 고 (○ | ×)
려하여 관리규약으로 정한다.

11 장기수선충당금은 관리주체가 수선공사의 명칭과 공사내용 등이 포함된 장기수 (○ | ×)
선충당금 사용계획서를 관리규약에 따라 작성하고 입주자대표회의의 의결을 거
쳐 사용한다.

12 장기수선충당금 사용계획서에는 수선공사(공동주택의 전유부분의 보수·교체 및 (○ | ×)
개량을 말한다)의 명칭과 공사내용에 관한 사항이 포함되어야 한다.

13 장기수선충당금은 해당 공동주택의 사용검사 후 즉시 매달 적립하는 것이 원칙이다. (○ | ×)

14 장기수선충당금은 해당 공동주택의 사용검사일(단지 안의 공동주택의 전부에 대하여 임시사용승인을 얻은 경우에는 임시사용승인일을 말한다)이 속하는 달부터 매달 적립한다. (○ | ×)

15 장기수선충당금은 해당 공동주택의 사용검사일부터 1년이 경과한 날부터 매달 적립한다. (○ | ×)

16 장기수선충당금은 건설임대주택에서 분양전환된 공동주택의 경우에는 임대사업자가 관리주체에게 관리업무를 인수인계하는 날이 속하는 달의 다음 달부터 적립한다. (○ | ×)

17 장기수선충당금은 건설임대주택에서 분양전환된 공동주택의 경우에는 임대사업자가 관리주체에게 공동주택의 관리업무를 인계한 날부터 1년이 경과한 날이 속하는 달부터 매달 적립한다. (○ | ×)

18 공동주택의 사용자는 그 소유자를 대신하여 장기수선충당금을 납부한 경우에는 해당 주택의 소유자에게 그 납부금액의 지급을 청구할 수 있다. (○ | ×)

정답 01 ○ 02 × 03 × 04 × 05 × 06 × 07 ○ 08 × 09 × 10 × 11 × 12 × 13 × 14 × 15 ×
16 × 17 × 18 ○

3 특별수선충당금

OX 문제

01 임대사업자가 민간임대주택을 양도하는 경우에는 특별수선충당금을 「공동주택관리법」에 따라 최초로 구성되는 관리사무소장에게 넘겨주어야 한다. (○ | ×)

02 특별수선충당금은 임대사업자와 해당 민간임대주택의 임차인대표회의 회장의 공동 명의로 금융회사 등에 예치하여 따로 관리하여야 한다. (○ | ×)

03 임대사업자는 특별수선충당금을 사용하려면 미리 임차인대표회의와 협의하여야 한다. (○ | ×)

04 임대사업자는 특별수선충당금을 사용하려면 미리 해당 민간임대주택이 있는 곳을 관할하는 시장·군수·구청장의 승인을 받아야 한다. (○ | ×)

05 임대사업자는 특별수선충당금 적립 여부, 적립금액 등을 관할 시·도지사에게 보고하여야 한다. (○ | ×)

06 관리사무소장은 국토교통부령으로 정하는 방법에 따라 임대사업자의 특별수선충당금 적립 여부, 적립금액 등을 관할 시·도지사에게 보고하여야 한다. (○ | ×)

07 시장·군수·구청장은 임대사업자의 특별수선충당금 적립 여부, 적립금액 등을 국토교통부장관에게 보고하여야 한다. (○ | ×)

08 관리사무소장은 특별수선충당금 적립 현황 보고서를 매 1년 단위로 연 1회 적립 (○ | ×)
기간 종료 후 다음 달 말일까지 시·도지사에게 제출하여야 한다.

09 시장·군수·구청장은 특별수선충당금 적립 현황 보고서를 매년 2월 31일과 8월 (○ | ×)
31일까지 관할 특별시장·광역시장·특별자치시장·도지사 또는 특별자치도지사
에게 제출하여야 한다.

10 1997년 3월 1일 전에 주택건설사업계획의 승인을 받은 공공임대주택이라도 (○ | ×)
300세대 이상의 공동주택이라면 특별수선충당금을 적립하여야 한다.

11 특별수선충당금은 사용검사일이 속하는 달부터 매달 적립한다. (○ | ×)

12 국민임대주택의 경우 특별수선충당금의 적립요율은 국토교통부장관이 고시하는 (○ | ×)
표준 건축비의 1만분의 1이다.

13 특별수선충당금의 적립요율은 시장·군수 또는 구청장의 허가를 받아 변경할 수 (○ | ×)
있다.

14 공공주택사업자는 특별수선충당금을 사용하려면 미리 해당 공공임대주택의 주소 (○ | ×)
지를 관할하는 시장·군수 또는 구청장과 협의하여야 한다.

정답 01 X 02 X 03 X 04 X 05 X 06 X 07 X 08 X 09 X 10 X 11 X 12 X 13 X 14 O

4 하자보수제도

OX 문제

01 「주택법」 제66조에 따른 리모델링을 수행한 시공자는 수급인의 담보책임을 진다. (○ | ×)

02 하자보수에 대한 담보책임을 지는 사업주체에는 「건축법」에 따른 건축허가를 받 (○ | ×)
아 분양을 목적으로 하는 공동주택을 건축한 건축주도 포함된다.

03 「공공주택 특별법」에 따라 임대한 후 분양전환을 목적으로 공급하는 공동주택을 (○ | ×)
공급한 사업주체의 분양전환이 되기 전까지의 공용부분에 대한 하자담보책임기
간은 임차인에게 인도한 날부터 기산한다.

04 내력구조부별(건축법 제2조 제1항 제7호에 따른 건물의 주요구조부) 하자에 대한 (○ | ×)
담보책임기간은 5년이다.

05 마감공사의 담보책임기간은 2년이다. (○ | ×)

06 태양광설비공사 등 신재생에너지 설비공사의 담보책임기간은 1년이다. (○ | ×)

07 전기기기공사의 하자담보책임기간은 2년이다. (○ | ×)

08 조명설비공사의 하자담보책임기간은 2년이다. (○ | ×)

09 창호공사 중 창호철물공사는 하자담보책임기간이 2년이다. (○ | ×)

10 급·배수 및 위생설비공사 중 온수공급설비공사는 하자담보책임기간이 2년이다. (○ | ×)

11 온돌공사(세대매립배관 포함)의 하자담보책임기간은 2년이다. (○ | ×)

12 지능형 홈네트워크 설비 공사의 하자담보책임기간은 2년이다. (○ | ×)

13 철근콘크리트공사 중 일반철근콘크리트공사의 하자담보책임기간은 3년이다. (○ | ×)

14 철골공사 중 일반철골공사의 하자담보책임기간은 3년이다. (○ | ×)

15 지붕공사 중 홈통 및 우수관공사의 하자담보책임기간은 3년이다. (○ | ×)

16 목공사 중 구조체 또는 바탕재공사의 하자담보책임기간은 2년이다. (○ | ×)

17 가스설비공사의 하자담보책임기간은 5년이다. (○ | ×)

18 방수공사의 담보책임기간은 3년이다. (○ | ×)

19 사업주체는 해당 공동주택의 전유부분을 입주자에게 인도한 때에는 국토교통부령으로 정하는 바에 따라 주택인도증서를 작성하여 입주자에게 인계하여야 한다. (○ | ×)

20 사업주체는 해당 공동주택의 전유부분을 입주자에게 인도한 때에는 국토교통부령으로 정하는 바에 따라 주택인도증서를 작성하여 관리주체에게 인계하여야 한다. 이 경우 관리주체는 15일 이내에 공동주택관리정보시스템에 전유부분의 인도일을 공개하여야 한다. (○ | ×)

21 사업주체는 주택의 미분양 등으로 인하여 인계·인수서에 인도일의 현황이 누락된 세대가 있는 경우에는 주택의 인도일부터 30일 이내에 인도일의 현황을 관리주체에게 인계하여야 한다. (○ | ×)

22 사업주체에 대한 하자보수청구는 입주자 단독으로 할 수 없으며 입주자대표회의를 통하여야 한다. (○ | ×)

23 사업주체에 대한 하자보수청구는 사용자 단독으로 할 수 있다. (○ | ×)

24 공공임대주택의 임차인대표회의는 전유부분의 하자에 대해 하자보수의 청구를 할 수 있다. (○ | ×)

25 하자보수청구 등에 관하여 입주자대표회의를 대행하는 관리주체는 공용부분의 하자에 대해 하자보수의 청구를 할 수 있다. (○ | ×)

26 입주자는 전유부분에 대한 하자보수청구를 입주자대표회의가 대행하도록 할 수 있다. (○ | ×)

27 관리주체는 하자보수청구 내용이 적힌 서류를 문서 또는 전자문서의 형태로 보관해야 하며, 그 내용을 공동주택관리정보시스템에 등록해야 한다. (○ | ×)

28 하자보수청구 문서 또는 전자문서와 하자관리정보시스템에 등록한 내용은 관리주체가 사업주체에게 하자보수를 청구한 날부터 5년간 보관해야 한다. (○ | ×)

29 사업주체는 하자보수를 청구받은 날부터 30일 이내에 그 하자를 보수하거나 하자 부위 등을 명시한 하자보수계획을 입주자대표회의등에 서면으로 통보하여야 한다. (○ | ×)

30 사업주체는 담보책임기간이 만료되기 15일 전까지 그 만료예정일을 해당 공동주택의 입주자대표회의에 서면으로 통보하여야 한다. (○ | ×)

31 전유부분에 대한 하자보수가 끝난 때에는 사업주체와 입주자는 담보책임기간이 만료되기 전에 공동으로 담보책임 종료확인서를 작성할 수 있다. (○ | ×)

32 입주자대표회의의 구성원 중 사용자인 동별 대표자가 과반수인 경우 공용부분의 담보책임 종료확인서는 사업주체와 5분의 3 이상인 입주자가 공동으로 작성해야 한다. (○ㅣ×)

33 입주자대표회의의 회장은 공용부분의 담보책임 종료확인서를 작성하려면 입주자대표회의의 의결을 거쳐야 한다. 이 경우 전체 입주자의 10분의 1 이상이 서면으로 반대하면 입주자대표회의는 의결을 할 수 없다. (○ㅣ×)

34 사업주체는 담보책임기간에 공동주택의 구조안전에 중대한 하자가 있다고 인정하는 경우에는 안전진단기관에 의뢰하여 안전진단을 할 수 있다. (○ㅣ×)

35 공동주택의 구조안전에 중대한 하자가 있다고 인정하는 경우에 관리주체는 안전진단을 의뢰할 수 있다. (○ㅣ×)

36 사업주체등은 입주자대표회의등의 하자보수청구에 이의가 있는 경우, 시장·군수·구청장과 협의하여 대통령령으로 정하는 안전진단기관에 보수책임이 있는 하자범위에 해당하는지 여부 등 감정을 요청할 수 있다. (○ㅣ×)

37 입주자대표회의등은 사업주체와 협의하여 안전진단기관에 하자진단을 의뢰할 수 있다. (○ㅣ×)

38 사업주체는 하자보수청구에 대한 이의가 있을 때에는 국립 또는 공립의 주택 관련 시험·검사기관에 하자진단을 의뢰할 수 있다. (○ㅣ×)

39 시장·군수·구청장은 하자진단 결과를 다투는 사건의 경우에는 안전진단기관에 그에 따른 감정을 요청할 수 있다. (○ㅣ×)

40 안전진단기관은 하자진단을 의뢰받은 날부터 30일 이내에 그 결과를 사업주체등과 입주자대표회의등에 제출하여야 한다. (○ㅣ×)

41 안전진단기관은 하자감정을 의뢰받은 날부터 30일 이내에 그 결과를 하자분쟁조정위원회에 제출하여야 한다. (○ㅣ×)

정답 01 ○ 02 ○ 03 × 04 × 05 ○ 06 × 07 × 08 × 09 × 10 × 11 × 12 × 13 × 14 × 15 ×
16 × 17 × 18 × 19 × 20 × 21 × 22 × 23 × 24 × 25 ○ 26 × 27 × 28 × 29 × 30 ×
31 × 32 × 33 × 34 × 35 × 36 × 37 × 38 × 39 × 40 × 41 ×

5 하자보수보증금

OX 문제

01 한국토지주택공사가 사업주체인 경우에도 하자보수보증금을 담보책임기간 동안 「은행법」에 따른 은행에 현금으로 예치하여야 한다. (○ㅣ×)

02 한국토지주택공사가 사업주체인 경우에는 공동주택관리법령에 따른 하자보수보증금을 예치하지 않아도 된다. (○ㅣ×)

03 지방공사인 사업주체는 대통령령으로 정하는 바에 따라 하자보수를 보장하기 위 (○ | ×)
하여 하자보수보증금을 담보책임기간 동안 예치하여야 한다.

04 사업주체는 하자보수보증금을 「은행법」에 따른 은행에 현금으로 예치할 수 있다. (○ | ×)

05 사업주체가 예치하는 하자보수보증금의 예치명의 또는 가입명의는 입주자대표회 (○ | ×)
의로 하여야 한다.

06 사용검사권자는 입주자대표회의가 구성된 때에는 지체 없이 하자보수보증금의 (○ | ×)
예치명의 또는 가입명의를 해당 관리주체로 변경하고 관리주체에 현금 예치증서
또는 보증서를 인계하여야 한다.

07 의무관리대상 공동주택의 경우에는 하자보수보증금의 사용 후 15일 이내에 그 사 (○ | ×)
용내역을 국토교통부령으로 정하는 바에 따라 시장·군수·구청장에게 신고하여
야 한다.

08 의무관리대상 공동주택의 경우에는 하자보수보증금의 사용 후 30일 이내에 그 (○ | ×)
사용내역을 국토교통부령으로 정하는 바에 따라 하자심사·분쟁조정위원회에 신
고하여야 한다.

09 입주자대표회의등은 하자보수보증금을 하자심사·분쟁조정위원회의 하자 여부 (○ | ×)
판정 등에 따른 하자보수비용 등 대통령령으로 정하는 용도로만 사용하여야
한다.

10 하자보수보증금의 지급청구를 받은 하자보수보증서 발급기관은 청구일부터 15일 (○ | ×)
이내에 하자보수보증금을 지급해야 한다.

11 하자보수보증금을 예치받은 자는 하자보수보증금을 의무관리대상 공동주택의 입 (○ | ×)
주자대표회의에 지급한 날부터 15일 이내에 지급내역을 국토교통부령으로 정하
는 바에 따라 관할 시장·군수·구청장에게 신고하여야 한다.

12 입주자대표회의는 하자보수보증금을 지급받기 전에 미리 하자보수를 하는 사업 (○ | ×)
자를 선정해야 한다.

13 입주자대표회의는 하자보수보증서 발급기관으로부터 하자보수보증금을 지급받 (○ | ×)
기 전에 미리 하자보수를 하는 사업자를 선정해서는 아니 된다.

14 입주자대표회의는 하자보수보증금을 사용한 때에는 그날부터 15일 이내에 그 사 (○ | ×)
용명세를 사업주체에게 통보하여야 한다.

15 입주자대표회의는 하자보수보증금을 사용한 때에는 그날부터 30일 이내에 그 사 (○ | ×)
용명세를 사업주체에게 통보하여야 한다.

16 입주자대표회의는 사용검사일부터 10년이 경과하면 하자보수보증금을 일시에 반 (○ | ×)
환하여야 한다.

17 입주자대표회의는 사용검사일부터 2년이 경과된 때에는 사업주체가 예치한 하 (○ | ×)
자보수보증금의 100분의 40을 사업주체에게 반환하여야 한다.

18 입주자대표회의는 사용검사일부터 10년이 경과된 때에는 사업주체가 예치한 (○ | ×)
하자보수보증금의 100분의 25를 사업주체에게 반환하여야 한다.

6 하자심사·분쟁조정 및 분쟁재정

OX 문제

01 담보책임 및 하자보수 등과 관련한 사무를 관장하기 위하여 시·도에 하자심사· (O | X)
분쟁조정위원회를 둔다.

02 하자 여부의 판정은 하자분쟁조정위원회의 사무에 포함된다. (O | X)

03 하자심사·분쟁조정 또는 분쟁재정 사건 중에서 여러 사람이 공동으로 조정 등의 (O | X)
당사자가 되는 사건의 경우에는 그중에서 3명 이하의 사람을 대표자로 선정할 수
있다.

04 하자 여부의 조사는 현장실사 등을 통하여 하자가 주장되는 부위와 설계도서를 (O | X)
비교하여 측정하는 등의 방법으로 한다.

05 공동주택의 하자보수비용은 실제 하자보수에 소요되는 공사비용으로 산정하되, (O | X)
하자보수에 필수적으로 수반되는 비용을 추가할 수 있다.

06 하자분쟁조정위원회는 위원장 1명을 포함한 50명 이내의 위원으로 구성한다. (O | X)

07 하자분쟁조정위원 중에는 공동주택 하자에 관한 학식과 경험이 풍부한 사람으로 (O | X)
서 공인된 대학이나 연구기관에서 부교수 이상 또는 이에 상당하는 직에 재직한
사람이 9명 이상 포함되어야 한다.

08 1급부터 5급까지 상당의 공무원 또는 고위공무원단에 속하는 공무원은 하자분쟁 (O | X)
조정위원회의 위원이 될 수 있다.

09 공인된 대학의 조교수로 재직 중인 사람은 하자분쟁조정위원회 위원이 될 수 있다. (O | X)

10 주택관리사로서 공동주택의 관리사무소장으로 12년 근무한 사람은 하자분쟁조정 (O | X)
위원회의 위원으로 위촉될 수 없다.

11 공무원이 아닌 위원의 임기는 3년으로 하되 연임할 수 있다. (O | X)

12 위원장이 부득이한 사유로 직무를 수행할 수 없는 경우에는 국토교통부장관이 미 (O | X)
리 지명한 분과위원장 순으로 그 직무를 대행한다.

13 하자 여부 판정 또는 분쟁조정을 다루는 분과위원회는 하자분쟁조정위원회의 위 (O | X)
원장이 지명하는 3명 이상 5명 이하의 위원으로 구성한다.

14 하자 여부 판정 또는 분쟁조정을 다루는 분과위원회는 하자분쟁조정위원회의 위 (O | X)
원장이 지명하는 5명의 위원으로 구성한다.

15 분쟁재정을 다루는 분과위원회는 위원장이 지명하는 9명 이상 15명 이하의 위원 (O | X)
으로 구성한다.

16 분쟁재정을 다루는 분과위원회의 위원 중에는 공인된 대학이나 연구기관에서 부 (O | X)
교수 이상 또는 이에 상당하는 직에 재직한 사람이 1명 이상 포함되어야 한다.

17 국토교통부장관은 위원의 전문성과 경력 등을 고려하여 각 분과위원회별 위원을 지명하여야 한다. (○ | ×)

18 위원장은 분과위원회별로 사건의 심리 등을 위하여 전문분야 등을 고려하여 9명 이상 15명 이하의 위원으로 소위원회를 구성할 수 있다. (○ | ×)

19 위원장은 분과위원회별로 사건의 심리 등을 위하여 전문분야 등을 고려하여 3명 이상 5명 이하의 위원으로 소위원회를 구성한다. (○ | ×)

20 당사자는 위원에게 공정한 조정등을 기대하기 어려운 사정이 있는 경우에는 하자분쟁조정위원회에 회피신청을 할 수 있다. (○ | ×)

21 위원은 제척의 사유에 해당하는 경우에는 스스로 그 사건의 조정등에서 기피하여야 한다. (○ | ×)

22 하자 여부 판정 결과에 대한 재심의사건 및 청구금액이 10억원인 분쟁조정사건에 대한 분과위원회의 회의는 분과위원장이 의장이 된다. (○ | ×)

23 하자 여부 판정, 분쟁조정을 다루는 분과위원회의 회의는 그 구성원 전원의 출석으로 개의하고 출석위원 과반수의 찬성으로 의결한다. (○ | ×)

24 분쟁재정을 다루는 분과위원회의 회의는 그 구성원 과반수 출석으로 개의하고 출석위원 과반수 찬성으로 의결한다. (○ | ×)

25 소위원회는 2천만원 미만의 소액사건을 심의·의결한다. (○ | ×)

26 소위원회의 회의는 그 구성원 과반수의 출석으로 개의하고 출석위원 과반수의 찬성으로 의결한다. (○ | ×)

27 소위원회의 회의는 그 구성원 전원의 출석으로 개의하고 출석위원 과반수의 찬성으로 의결한다. (○ | ×)

28 하자분쟁조정위원회 위원장은 전체위원회, 분과위원회 또는 소위원회 회의를 소집하려면 특별한 사정이 있는 경우를 제외하고는 회의 개최 2일 전까지 회의의 일시·장소 및 안건을 각 위원에게 알려야 한다. (○ | ×)

29 조정등을 신청하는 자는 6촌 이내의 친족을 대리인으로 선임할 수 있다. (○ | ×)

30 하자 여부 판정서에 기재하는 보수기한은 송달일부터 30일 이내의 범위에서 정하여야 한다. (○ | ×)

31 하자 여부 판정 결과에 대하여 이의가 있는 자는 하자 여부 판정서를 송달받은 날부터 60일 이내에 안전진단기관 또는 관계 전문가가 작성한 의견서를 첨부하여 이의신청을 할 수 있다. (○ | ×)

32 재심의를 하는 분과위원회가 당초의 하자 여부 판정을 변경하기 위하여는 재적위원 과반수의 출석으로 개의하고 출석위원 과반수의 찬성으로 의결하여야 한다. (○ | ×)

33 재심의를 하는 분과위원회에서 재적위원 3분의 2 이상이 찬성하지 아니한 경우에는 당초의 판정을 하자분쟁조정위원회의 최종 판정으로 본다. (○ | ×)

34 재심의를 하는 분과위원회에서 출석위원 과반수가 찬성하지 아니한 경우에는 당초의 판정을 하자분쟁조정위원회의 최종 판정으로 본다. (○ | ×)

35 조정안을 제시받은 당사자는 그 제시를 받은 날부터 60일 이내에 그 수락 여부를 하자분쟁조정위원회에 통보하여야 한다. (○ | ×)

36 조정안을 제시받은 당사자는 그 제시를 받은 날부터 30일 이내에 그 수락 여부를 하자분쟁조정위원회에 통보하여야 한다. 이 경우 수락 여부에 대한 답변이 없는 때에는 그 조정안을 수락한 것으로 보지 않는다. (○ | ×)

37 하자분쟁조정위원회는 심문기일의 5일 전까지 당사자에게 심문기일을 통지해야 한다. (○ | ×)

38 재정문서는 그 정본이 당사자에게 송달된 날부터 90일 이내에 당사자 양쪽 또는 어느 한쪽이 그 재정의 대상인 공동주택의 하자담보책임을 원인으로 하는 소송을 제기하지 아니하거나 그 소송을 취하한 경우 재판상 화해와 동일한 효력이 있다. (○ | ×)

39 하자분쟁조정위원회는 하자심사 및 분쟁조정을 신청받은 날부터 150일(공용부분의 경우 180일) 이내에 그 절차를 완료하여야 한다. (○ | ×)

40 하자분쟁조정위원회는 하자심사 및 분쟁조정을 신청받은 날부터 공용부분의 경우 60일 이내에 그 절차를 완료하여야 한다. (○ | ×)

41 하자분쟁조정위원회는 분쟁재정을 신청받은 날부터 60일(공용부분의 경우 90일) 이내에 그 절차를 완료하여야 한다. (○ | ×)

42 하자분쟁조정위원회는 분쟁재정을 신청받은 날부터 공용부분의 경우 150일 이내에 그 절차를 완료하여야 한다. (○ | ×)

43 기간 이내에 조정등을 완료할 수 없는 경우에는 해당 사건을 담당하는 분과위원회 또는 소위원회의 의결로 그 기간을 1회에 한하여 연장할 수 있으나, 그 기간은 60일 이내로 한다. (○ | ×)

44 신청내용의 통지를 받은 상대방은 신청내용에 대한 답변서를 특별한 사정이 없으면 15일 이내에 하자분쟁조정위원회에 제출하여야 한다. (○ | ×)

45 하자분쟁조정위원회로부터 조정등의 신청에 관한 통지를 받은 사업주체등, 설계자, 감리자 및 입주자대표회의등 및 임차인등은 분쟁조정에 응할 수 있다. (○ | ×)

46 조정등의 신청에 관한 통지를 받은 입주자가 조정기일에 출석하지 아니한 경우에는 하자분쟁조정위원회가 직권으로 조정안을 결정하고, 이를 각 당사자 또는 그 대리인에게 제시할 수 있다. (○ | ×)

47 하자분쟁조정위원회는 분쟁의 조정등의 절차에 관하여 이 법에서 규정하지 아니한 사항 및 소멸시효의 중단에 관하여는 「민사소송법」을 준용한다. (○ | ×)

48 하자분쟁조정위원회가 수행하는 조정등의 절차 및 의사결정과정은 공개한다. 다만, 분과위원회 및 소위원회에서 공개하지 아니할 것을 의결한 경우에는 그러하지 아니하다. (○ | ×)

정답 01 × 02 ○ 03 ○ 04 ○ 05 ○ 06 × 07 × 08 × 09 × 10 × 11 × 12 × 13 × 14 × 15 ×
16 × 17 × 18 × 19 × 20 × 21 × 22 × 23 × 24 × 25 × 26 × 27 × 28 × 29 × 30 ×
31 × 32 × 33 × 34 × 35 × 36 × 37 × 38 × 39 × 40 ○ 41 × 42 × 43 × 44 × 45 ×
46 ○ 47 × 48 ×

7 균열

01 벽돌벽에서 온도 및 습기에 따른 재료의 신축성으로 인한 균열은 계획·설계상 미비로 인한 균열이다.　(○ | ×)

02 과도한 적재하중으로 인한 균열은 시공과 관련한 균열이다.　(○ | ×)

03 상하 개구부의 수직선상 배치는 균열의 원인이다.　(○ | ×)

04 건축물의 자중을 크게 하면 균열을 방지할 수 있다.　(○ | ×)

05 벽돌벽의 길이 및 높이에 비해서 두께가 부족한 경우 균열이 발생한다.　(○ | ×)

06 벽돌벽에서 벽돌 및 모르타르의 강도부족으로 균열이 발생한다.　(○ | ×)

07 벽돌벽에서 벽돌보다 모르타르의 강도가 강한 경우는 균열이 발생하는 원인이 된다.　(○ | ×)

08 벽돌벽의 공간쌓기는 벽돌벽의 균열원인이다.　(○ | ×)

09 벽돌 벽면에 신축줄눈이나 조절줄눈이 설치된 경우에는 균열이 발생한다.　(○ | ×)

10 콘크리트의 소성수축 및 소성침하에 인한 균열은 콘크리트의 경화 전에 발생하는 균열의 원인이다.　(○ | ×)

11 거푸집 변형, 진동 또는 충격으로 인한 균열은 콘크리트의 경화 전에 발생하는 균열의 원인이다.　(○ | ×)

12 건조수축균열은 콘크리트 경화 전 수분의 증발에 의한 체적 증가로 발생한다.　(○ | ×)

13 건축수축균열은 물시멘트비가 낮을수록 증가한다.　(○ | ×)

14 콘크리트의 건조·수축에 의한 균열을 제어하기 위해서는 배합수량을 증대시켜야 하며, 팽창시멘트 등을 사용해서는 안 된다.　(○ | ×)

15 침하균열은 콘크리트 표면에서 물의 증발 속도보다 블리딩 속도가 빠른 경우에 발생한다.　(○ | ×)

16 콘크리트의 재료분리는 입경이 작고 표면이 거친 구형의 골재를 사용한 경우 발생한다.　(○ | ×)

17 소성수축균열은 굵은 철근 아래의 공극으로 콘크리트가 침하하여 철근 위에 발생한다.　(○ | ×)

18 철근콘크리트의 구조물에서 콘크리트의 침하 및 블리딩으로 인한 균열은 시공상 하자에 의한 균열의 원인에 해당한다.　(○ | ×)

19 철근콘크리트의 구조물에서 혼화재의 불균일한 분산으로 인한 균열은 시공상 하자에 의한 균열의 원인에 해당한다.　(○ | ×)

20 콘크리트의 건조·수축에 의한 균열은 설계상 미비로 인한 균열 발생원인이다.　(○ | ×)

21 콘크리트의 균열은 철근을 부식시키며 공동주택의 내구성을 저하시키므로 균열폭을 제어하여야 한다.　(○ | ×)

22 주입공법은 작업의 신속성을 위하여 균열부위에 주입파이프를 설치하여 보수재 (○ | ×)
를 고압고속으로 주입하는 공법이다.

정답 01 × 02 × 03 × 04 × 05 ○ 06 ○ 07 × 08 × 09 × 10 ○ 11 ○ 12 × 13 × 14 × 15 ×
16 × 17 × 18 × 19 ○ 20 × 21 ○ 22 ×

8 백화현상

OX 문제

01 시멘트는 수산화칼슘의 주성분인 생석회(CaO)의 다량 공급원으로서 백화의 주 (○ | ×)
요 원인이다.

02 백화는 모르타르에 분말도가 높은 시멘트를 사용하는 경우 발생한다. (○ | ×)

03 백화는 주로 여름철에 많이 발생하며, 기온이 높고 습도가 낮을 때 많이 발생한다. (○ | ×)

04 겨울철보다 여름철의 높은 온도에서 백화발생의 빈도가 높다. (○ | ×)

05 백화는 습도가 비교적 낮을 때 발생한다. (○ | ×)

06 벽돌에 생기는 백화를 방지하기 위해 줄눈 모르타르에 석회를 넣어 바른다. (○ | ×)

07 백화현상을 방지하기 위해서는 줄눈에 분말도가 작은 시멘트를 사용한다. (○ | ×)

08 백화를 방지하기 위해서는 물시멘트(W/C)비를 증가시킨다. (○ | ×)

09 백화를 방지하기 위해서는 조립률이 작은 골재를 사용한다. (○ | ×)

10 타일을 붙이는 모르타르에 백화방지를 위하여 시멘트 가루를 뿌리는 것이 좋다. (○ | ×)

정답 01 ○ 02 × 03 × 04 × 05 × 06 × 07 × 08 × 09 × 10 ×

9 결로

OX 문제

01 건물의 벽체나 천장 등에서 발생하는 결로현상은 내부결로이다. (○ | ×)

02 실내의 습기부족은 결로의 발생원인이다. (○ | ×)

03 생활습관에 의한 잦은 환기 실시는 결로의 원인이 된다. (○ | ×)

04 실내 수증기 발생을 억제하면 결로의 원인이 된다. (○ | ×)

05 주택의 환기횟수를 감소시키면 결로의 감소가 가능하다. (○ | ×)

06 열전도율이 낮을수록 실내의 결로현상이 심하다. (○ | ×)

07 부실한 단열로 결로현상이 유발된다. (○ | ×)

08 결로의 발생원인은 건물의 표면온도가 접촉하고 있는 공기의 노점온도보다 높을 경우 그 표면에 발생한다. (○ | ×)

09 실내 표면결로 현상은 실내의 공기온도가 높을수록 심해진다. (○ | ×)

10 실내 표면결로 현상은 벽체 열저항이 클수록 심해진다. (○ | ×)

11 표면결로를 방지하기 위해서는 공기와의 접촉면을 노점온도 이상으로 유지해야 한다. (○ | ×)

12 결로를 방지하기 위해서는 냉방을 하여 건물 내부의 표면온도를 노점온도 이하로 해야 한다. (○ | ×)

13 표면결로를 방지하기 위해서는 실내 측 표면온도를 실내공기의 노점온도보다 낮게 유지한다. (○ | ×)

14 표면결로를 방지하기 위해서는 실내 수증기압을 낮추어 실내공기의 노점온도를 낮게 한다. (○ | ×)

15 표면결로를 방지하기 위해서 외벽의 단열강화로 실내 측 표면온도를 저하시킨다. (○ | ×)

16 표면결로를 방지하기 위해서 실내 공기의 유동을 적게 한다. (○ | ×)

17 표면결로를 방지하기 위해서는 벽체의 실내 측 표면에 열전도성이 좋은 재료로 방습층을 시공한다. (○ | ×)

18 단열이 잘 된 벽체에서는 내부결로는 발생하지 않으나 표면결로가 발생하기 쉽다. (○ | ×)

19 내부결로는 벽체 내부의 온도가 노점온도보다 높을 때 발생한다. (○ | ×)

20 구조체의 내부결로를 방지하기 위해서는 단열재의 실내 측보다 실외 측에 방습막을 설치하는 것이 효과적이다. (○ | ×)

21 내부결로를 방지하기 위해서는 단열재를 가능한 한 벽의 내측에 설치한다. (○ | ×)

22 일반적으로 방습층은 온도가 낮은 단열재의 실내 측에 위치하도록 한다. (○ | ×)

23 결로를 방지하기 위해서는 적절한 투습저항을 갖춘 방습층을 단열재의 저온 측에 설치한다. (○ | ×)

24 표면결로를 방지하기 위해서는 방습재는 저온 측(실외)에, 단열재는 고온 측(실내)에 배치한다. (○ | ×)

25 내측 단열을 하면 표면결로는 발생하지 아니하나 내부결로가 발생한다. (○ | ×)

26 내부결로가 발생하면 함수율이 낮아지며 열전도율은 커진다. (○ | ×)

27 열교현상을 방지하기 위해서는 일반적으로 외단열보다 내단열이 유리하다. (○ | ×)

28 내단열은 외단열에 비해 열교현상의 가능성이 크다. (○ | ×)

29 열교현상을 줄이기 위해서는 콘크리트 라멘조의 경우 가능한 한 내단열로 시공한다. (○ | ×)

30 열교현상이 발생하는 부위에는 열저항 값을 감소시키는 설계 및 시공이 요구된다. (○ | ×)

정답 01 X 02 X 03 X 04 X 05 X 06 X 07 ○ 08 X 09 X 10 X 11 ○ 12 X 13 X 14 ○ 15 X 16 X 17 X 18 X 19 X 20 X 21 X 22 X 23 X 24 X 25 ○ 26 X 27 X 28 ○ 29 X 30 X

10 방수공사

OX 문제

01 시멘트액체방수는 얇은 막상의 방수층을 형성하는 멤브레인 방수공법에 속한다.   (○ | ×)

02 시일재방수는 멤브레인 방수공법에 속한다.   (○ | ×)

03 오일 스테인은 방수층의 종류에 속한다.   (○ | ×)

04 아스팔트방수는 아스팔트 펠트 및 루핑 등을 용융아스팔트로 여러 겹 적층하여 방수층을 형성하는 공법이다.   (○ | ×)

05 아스팔트방수공법은 아스팔트 용융공정이 필요하다.   (○ | ×)

06 아스팔트방수는 여러 층의 방수재를 적층하여 하자를 감소시킬 수 있다.   (○ | ×)

07 방수공사 시 아스팔트 품질시험 항목에는 마모도와 비표면적시험이 포함된다.   (○ | ×)

08 한랭지에서 사용하는 아스팔트는 침입도가 작은 것이 좋다.   (○ | ×)

09 일정한 침입도의 아스팔트일지라도 연화점이 낮으면서 신도가 좋아야 한다.   (○ | ×)

10 아스팔트 컴파운드는 바탕콘크리트 면에 도포하여 방수지의 접착력을 높이는 액상재료이다.   (○ | ×)

11 아스팔트방수공사 시 방수층은 모르타르가 완전 건조하기 전에 프라이머를 뿜칠 혹은 솔칠하여 침투시킨 다음 액상의 아스팔트를 균일하게 도포하고 펠트를 덧붙인다.   (○ | ×)

12 아스팔트 프라이머는 스트레이트 아스팔트를 용제에 녹여 만든 액상의 물질이다.   (○ | ×)

13 스트레이트 아스팔트의 경우 신축이 좋고 내구력이 좋아 옥외방수에도 사용 가능하다.   (○ | ×)

14 블로운 아스팔트에 내열성·내한성·내후성 등을 개량하기 위하여 동물성유나 식물성유를 혼합하여 유동성을 부여한 것은 아스팔트 프라이머이다.   (○ | ×)

15 아스팔트방수층 시공 시 가장 신축이 크고 최우량품인 재료는 블로운 아스팔트이다.   (○ | ×)

16 아스팔트 루핑은 펠트의 양면에 스트레이트 아스팔트를 가열 용융시켜 피복한 것이다.   (○ | ×)

17 아스팔트방수공사의 시공은 '바탕면 처리 및 청소 ⇨ 아스팔트 프라이머 바르기 ⇨ 아스팔트 바르기 ⇨ 아스팔트방수지 붙이기 ⇨ 방수층 누름'의 순서이다.   (○ | ×)

18 아스팔트방수공사 시 바탕면은 충분히 건조시키고 거칠게 한다.   (○ | ×)

19 지붕방수 재료는 침입도가 크고 연화점이 높은 것이 좋다.   (○ | ×)

20 옥상방수 재료는 지하실 방수보다 아스팔트 침입도가 작고 연화점이 낮은 것을 사용한다.   (○ | ×)

21 시멘트 액체 방수는 시공이 용이하고 경제적이지만 방수층 자체에 균열이 생기기 쉽기 때문에 건조수축이 심한 노출환경에서는 사용을 피한다.   (○ | ×)

22 시멘트액체방수의 시공 시 방수층의 부착력을 위해 방수할 콘크리트 바탕면은 충분히 건조시키는 것이 좋다. (○ | ×)

23 시멘트액체방수 공사 시 바탕의 상태가 습하거나 수분이 함유되어 있더라도 시공할 수 있다. (○ | ×)

24 시멘트액체방수 공사에서 방수모르타르 바탕면은 최대한 매끄럽게 처리해야 한다. (○ | ×)

25 시멘트액체방수는 결함부의 발견이 어렵고 보수범위가 광범위하다. (○ | ×)

26 시멘트모르타르 방수는 가격이 저렴하고 습윤바탕에 시공이 가능하다. (○ | ×)

27 시멘트액체방수는 값이 저렴하고 시공 및 보수가 용이한 편이다. (○ | ×)

28 시멘트액체방수는 모재 콘크리트의 균열 발생 시에도 방수성능이 우수하다. (○ | ×)

29 시멘트액체방수는 모체에 균열이 발생하여도 방수층 손상이 효과적으로 방지된다. (○ | ×)

30 시멘트액체방수는 아스팔트방수에 비해 방수 품질의 지속성이 비교적 길다. (○ | ×)

31 시멘트액체방수는 옥상 등 실외에서 효력의 지속성을 기대할 수 없다. (○ | ×)

32 시멘트액체방수는 모재 콘크리트의 균열 발생 시에도 방수성능이 우수하다. (○ | ×)

33 시멘트액체방수는 바탕콘크리트의 침하, 경하 후의 건조수축, 균열 등 구조적 변형이 심한 부분에도 사용할 수 있다. (○ | ×)

34 아스팔트방수는 방수층 보호를 위해 보호누름 처리가 필요하다. (○ | ×)

35 아스팔트방수는 시멘트액체방수보다 방수층의 신축성이 크다. (○ | ×)

36 아스팔트방수공법은 결함부 발견이 용이하다. (○ | ×)

37 아스팔트방수층의 부분적 보수를 위해서는 일반적으로 시멘트 모르타르가 사용된다. (○ | ×)

38 아스팔트방수는 모체의 신축에 불리하다. (○ | ×)

39 합성고분자 시트방수는 신장력과 내후성, 접착성이 우수하며, 여러 겹 적층하여 방수층을 형성하는 공법이다. (○ | ×)

40 시트의 너비와 길이에는 제한이 없고, 3겹 이상 적층하여 방수하는 것이 원칙이다. (○ | ×)

41 시트방수의 결함 발생 시에는 부분적 교체 및 보수가 가능하다. (○ | ×)

42 시트방수는 바탕의 균열에 대한 저항성이 약하다. (○ | ×)

43 시트방수는 아스팔트방수보다 바탕균열저항성이 작고, 경제적이다. (○ | ×)

44 도막방수란 액상형 방수재료를 콘크리트 바탕에 바르거나 뿜칠하여 방수층을 형성하는 공법이다. (○ | ×)

45 우레탄 고무계 도막방수는 수용성이므로 함수율 25% 전후 정도에서도 시공이 가능하다. (○ | ×)

46 아크릴 고무계 도막방수는 방수제에 포함된 수분의 증발 및 건조에 의해 도막을 형성하는 공법이다. (○ | ×)

47 아크릴 고무계 도막방수는 함수상태 10% 이하인 건조된 현장에서 시공하여야 하 (○ | ×)
고, 그 이상의 상태에서 시공 시 수분증발로 인한 압력으로 도막이 뜨는 하자가
발생할 수 있다.

48 도막방수는 일반적으로 시공 및 보수가 어렵다. (○ | ×)

49 도막방수는 누수사고가 생기면 아스팔트방수에 비해 보수가 어려운 단점이 있다. (○ | ×)

50 도막방수는 균일시공이 우수하고 결함부 발견이 어렵다. (○ | ×)

51 도막방수는 균일한 시공이 어려우나 복잡한 형상의 시공에는 유리하다. (○ | ×)

52 도막방수는 단열을 필요로 하는 옥상층에 유리하고 핀홀이 생길 우려가 없다. (○ | ×)

53 도막방수공법은 이음매가 있어 일체성이 좋지 않다. (○ | ×)

54 실링방수는 접합부, 줄눈, 균열부위 등에 적용하는 방식이다. (○ | ×)

55 복합방수는 시트재와 도막재를 복합적으로 사용하여 단일 방수재의 단점을 보완 (○ | ×)
한 공법이다.

56 시트 도막 복합방수는 기존 시트 또는 도막을 이용한 단층 방수공법의 단점을 보 (○ | ×)
완한 복층 방수공법이다.

정답 01 X 02 X 03 X 04 ○ 05 ○ 06 ○ 07 X 08 X 09 X 10 X 11 X 12 X 13 X 14 X 15 X
16 X 17 ○ 18 X 19 ○ 20 X 21 ○ 22 X 23 ○ 24 ○ 25 X 26 ○ 27 ○ 28 X 29 X 30 X
31 ○ 32 X 33 ○ 34 ○ 35 ○ 36 X 37 X 38 ○ 39 X 40 X 41 ○ 42 X 43 X 44 ○ 45 X
46 ○ 47 X 48 X 49 X 50 X 51 ○ 52 X 53 X 54 ○ 55 ○ 56 ○

11 단열공사

OX 문제

01 알루미늄박(Foil)은 저항형 단열재이다. (○ | ×)

02 단열원리상 벽체에는 저항형이 반사형보다 유리하다. (○ | ×)

03 내측 단열은 실내에 가까운 부분에 단열재를 정착하는 방법으로, 실내에서 시공 (○ | ×)
하기 때문에 편리하다.

04 외측 단열은 벽 등에 시공할 경우 실외에 가까운 부분에 단열재를 정착하는 방법 (○ | ×)
으로, 결로현상이 발생할 우려가 적다.

05 내단열은 외단열에 비해 실온변동이 작다. (○ | ×)

06 내단열은 외단열에 비해 열교현상의 가능성이 크다. (○ | ×)

07 단시간 간헐난방을 하는 공간은 외단열보다는 내단열이 유리하다. (○ | ×)

08 내단열을 하게 되면 표면결로는 발생하지 아니하나 내부결로가 발생한다. (○ | ×)

09 설치 위치에 따른 단열공법 중 내단열공법은 단열성능이 떨어지고 내부 결로가 (○ | ×)
발생할 우려가 있다.

10 벽체 구성재료의 열전도율이 높을수록 열관류율은 커진다. (○ | ×)

11 열관류율이 높을수록 단열성능이 좋다. (○ | ×)

12 건물 에너지 절약을 위하여 열전도율이 높은 단열재를 사용한다. (○ | ×)

13 단열재는 열전도율이 낮은 것일수록 단열성능이 좋다. (○ | ×)

14 단열재의 열저항은 재료의 두께가 두꺼울수록 커진다. (○ | ×)

15 벽체에 사용되는 단열재의 두께가 두꺼울수록 열관류율이 낮아진다. (○ | ×)

16 섬유질계 단열재는 밀도가 큰 것일수록 단열성능이 좋다. (○ | ×)

17 다공질계 단열재는 기포가 미세하고 균일한 것일수록 열전도율이 높다. (○ | ×)

18 열전도율이 같으면 밀도 및 흡수성이 작은 재료일수록 단열효과가 적다. (○ | ×)

19 단열재는 투기성이 큰 것이 좋다. (○ | ×)

20 공기층은 기밀성이 떨어져도 단열효과에는 영향이 없다. (○ | ×)

21 열관류율 값이 클수록 열저항력이 작아지므로 단열성능은 떨어진다. (○ | ×)

22 단열재료의 관류열량은 재료표면에 생기는 대류현상에 영향을 받는다. (○ | ×)

정답 01 ✕ 02 ○ 03 ○ 04 ○ 05 ✕ 06 ○ 07 ○ 08 ○ 09 ○ 10 ○ 11 ✕ 12 ✕ 13 ○ 14 ○ 15 ○
16 ○ 17 ✕ 18 ✕ 19 ✕ 20 ✕ 21 ○ 22 ○

12 주택단지 · 부대시설 · 복리시설의 정의

OX 문제

01 폭 8미터 이상인 일반도로에 의해 분리된 토지는 각각 별개의 주택단지로 본다. (○ | ×)

02 「국토의 계획 및 이용에 관한 법률」에 따른 도시 · 군계획시설인 도로로서 폭 4미 (○ | ×)
터 이상인 국지도로에 의해 분리된 토지는 각각 별개의 주택단지로 본다.

03 주택단지 안의 도로는 복리시설에 해당한다. (○ | ×)

04 관리사무소는 공동주택 공용부분인 부대시설에 해당된다. (○ | ×)

05 '복리시설'이란 주택단지의 입주자 등의 생활복리를 위한 어린이 놀이터, 근린생 (○ | ×)
활시설, 주차장, 관리사무소 등을 말한다.

06 주택법령상 주택에 딸린 시설로서 경로당은 부대시설에 해당한다. (○ | ×)

07 주택단지 안의 기간시설인 가스시설 · 통신시설 및 지역난방시설은 간선시설에 포 (○ | ×)
함된다.

08 벽돌조로서 두께가 19cm 이상인 벽은 내화구조에 해당한다. (○ | ×)

09 작은 지름이 20cm 이상인 철근콘크리트조 기둥은 내화구조에 해당한다. (○ | ×)

10 철근콘크리트조로서 두께가 10cm 이상인 내력벽은 내화구조에 해당한다. (○ | ×)

11 철골조의 계단은 내화구조에 해당한다. (○ | ×)

12 바닥의 경우 철재로 보강된 콘크리트블록조·벽돌조 또는 석조로서 철재에 덮은 (○ | ×)
    콘크리트블록 등의 두께가 4센티미터 이상인 것은 내화구조에 해당한다.

13 두께 8cm인 철근콘크리트조의 바닥은 내화구조에 해당한다. (○ | ×)

14 '방화구조'란 화재에 견딜 수 있는 성능을 가진 구조로서 국토교통부령으로 정하 (○ | ×)
    는 기준에 적합한 구조를 말한다.

15 '난연재료'란 불에 타지 아니하는 성질을 가진 재료로서 국토교통부령으로 정하는 (○ | ×)
    기준에 적합한 재료를 말한다.

16 60분 방화문이란 연기 및 불꽃을 차단할 수 있는 시간이 60분 이상이고, 열을 (○ | ×)
    차단할 수 있는 시간이 30분 이상인 방화문을 말한다.

17 60분 + 방화문은 연기 및 열을 차단할 수 있는 시간이 60분 이상인 방화문을 말 (○ | ×)
    한다.

18 60분 방화문은 연기 및 열을 차단할 수 있는 시간이 60분이고, 불꽃을 차단할 (○ | ×)
    수 있는 시간이 30분인 방화문을 말한다.

19 60분 + 방화문이란 연기 및 불꽃을 차단할 수 있는 시간이 60분 이상인 방화문 (○ | ×)
    을 말한다.

20 30분 방화문이란 열을 차단할 수 있는 시간이 30분 이상 60분 미만인 방화문을 (○ | ×)
    말한다.

정답 01 X 02 X 03 X 04 ○ 05 X 06 X 07 ○ 08 ○ 09 X 10 ○ 11 ○ 12 X 13 X 14 X 15 X
     16 X 17 X 18 X 19 X 20 X

13 주택의 구조

OX 문제

01 공동주택 세대 간 경계벽은 철근콘크리트조 또는 철골·철근콘크리트조일 경우 (○ | ×)
    두께를 12센티미터 이상으로 하여야 한다.

02 라멘구조인 공동주택의 세대 내의 층간바닥은 콘크리트 슬래브 두께를 210밀리 (○ | ×)
    미터 이상으로 하여야 한다.

03 공동주택의 세대 내 층간바닥의 바닥충격음은 경량충격음이 50데시벨 이하의 구 (○ | ×)
    조가 되어야 한다.

04 공동으로 사용하는 계단의 유효폭은 90센티미터 이상이어야 한다. (○ | ×)

05 공동으로 사용하는 계단의 단높이는 20센티미터 이하이어야 한다. (○ | ×)

06 높이 3미터를 넘는 계단에는 3미터 이내마다 당해 계단의 유효폭 이상의 폭으로 (○ | ×)
    너비 120센티미터 이상인 계단참을 설치하여야 한다.

07 중복도에는 채광 및 통풍이 원활하도록 50미터 이내마다 1개소 이상 외기에 면하 (○ | ×)
는 개구부를 설치하여야 한다.

정답   01 X   02 X   03 X   04 X   05 X   06 X   07 X

14 발코니 ⇨ 대피공간

OX 문제

01 아파트로서 3층 이상인 층의 각 세대가 2개 이상의 직통계단을 사용할 수 없는 (○ | ×)
경우에는 발코니에 인접 세대와 공동으로 또는 각 세대별로 건축법령의 요건을
모두 갖춘 피난안전구역을 하나 이상 설치하여야 한다.

02 대피공간은 바깥의 공기와 접하지 아니하여야 한다. (○ | ×)

03 대피공간의 바닥면적은 인접 세대와 공동으로 설치하는 경우에는 2제곱미터 이 (○ | ×)
상이어야 한다.

04 대피공간의 바닥면적은 각 세대별로 설치하는 경우 1.5제곱미터 이상으로 한다. (○ | ×)

정답   01 X   02 X   03 X   04 X

15 부대시설의 설치기준

OX 문제

01 주택단지의 총 세대수가 300세대 이상 500세대 미만인 경우 기간도로와 접하는 (○ | ×)
폭 또는 진입도로의 폭은 8m 이상으로 한다.

02 공동주택을 건설하는 주택단지에는 폭 2미터 이상의 보도를 포함한 폭 6미터 이 (○ | ×)
상의 도로를 설치하여야 한다.

03 공동주택을 건설하는 주택단지에 설치하는 도로는 해당 도로를 이용하는 공동주 (○ | ×)
택의 세대수가 100세대 미만이고 막다른 도로인 경우로서 그 길이가 50미터 미
만인 경우에는 그 폭을 4미터 이상으로 할 수 있다.

04 주택단지 안의 도로는 유선형 도로로 설계하거나 도로 노면의 요철 포장 또는 과 (○ | ×)
속방지턱의 설치 등을 통하여 도로의 설계속도가 시속 30킬로미터 이하가 되도
록 하여야 한다.

05 300세대 이상의 공동주택을 건설하는 주택단지 안의 도로에는 어린이 통학버스 (○ | ×)
의 정차가 가능하도록 국토교통부령으로 정하는 기준에 적합한 어린이 안전보호
구역을 1개소 이상 설치하여야 한다.

06 보도는 보행자의 안전을 위하여 차도면보다 5센티미터 이상 높게 하거나 도로에 (○ | ×)
   화단, 짧은 기둥, 그 밖에 이와 유사한 시설을 설치하여 차도와 구분되도록 설치
   하여야 한다.

07 지하주차장의 출입구, 경사형·유선형 차도 등 차량의 속도를 제한할 필요가 있는 (○ | ×)
   곳에 설치하는 과속방지턱에는 운전자에게 그 시설의 위치를 알릴 수 있도록 반
   사성 도료로 도색한 노면표지를 설치하여야 한다.

08 지하주차장의 출입구, 경사형·유선형 차도 등 차량의 속도를 제한할 필요가 있는 (○ | ×)
   곳에는 높이 5센티미터 이상 15센티미터 이하, 너비 1미터 이상인 과속방지턱을
   설치하여야 한다.

09 노외주차장 내부 공간의 일산화탄소 농도는 주차장을 이용하는 차량이 가장 빈번 (○ | ×)
   한 시각의 앞뒤 8시간의 평균치가 100피피엠 이하로 유지되어야 한다.

10 자주식주차장으로서 지하식 노외주차장에서 주차구획(벽면에서부터 50센티미터 (○ | ×)
   이내를 제외한 바닥면)의 최소 조도는 10럭스 이상, 최대 조도는 최소 조도의 10
   배 이내이어야 한다.

11 자주식주차장으로서 지하식 노외주차장에서 사람이 출입하는 통로(벽면에서부터 (○ | ×)
   50센티미터 이내를 제외한 바닥면)의 최소 조도는 50럭스 이상이어야 한다.

12 주차대수 50대를 초과하는 규모의 자주식주차장으로서 지하식 노외주차장에는 (○ | ×)
   관리사무소에서 주차장 내부 전체를 볼 수 있는 폐쇄회로 텔레비전(녹화장치를
   포함한다) 또는 네트워크 카메라를 포함하는 방범설비를 설치·관리하여야 한다.

13 주차장 내부 전체를 볼 수 있는 방범설비를 설치·관리하여야 하는 주차장에서 촬 (○ | ×)
   영된 자료는 컴퓨터보안시스템을 설치하여 3개월 이상 보관하여야 한다.

14 50세대 이상의 공동주택을 건설하는 주택단지에는 20제곱미터에 50세대를 넘 (○ | ×)
   는 매 세대마다 0.05제곱미터를 더한 면적 이상의 관리사무소 및 경비원 등 공동
   주택 관리업무에 종사하는 근로자를 위한 휴게시설을 설치한다.

15 옹벽의 기초보다 그 기초가 낮은 건축물인 경우 옹벽 등으로부터 건축물 외곽부 (○ | ×)
   분까지를 3층 이하인 건축물은 1미터 이상 띄어야 한다.

16 옹벽보다 낮은 쪽에 위치한 건축물 지하부분 및 땅으로부터 높이 1미터 이하인 (○ | ×)
   건축물 부분은 그 옹벽으로부터 건축물 외곽부분까지를 당해 옹벽의 높이만큼 띄
   우지 않아도 된다.

17 비탈면의 높이가 2미터를 넘는 경우에는 높이 2미터 이내마다 그 비탈면의 면적 (○ | ×)
   의 5분의 1 이상에 해당하는 면적의 단을 만들어야 한다.

18 비탈면 윗부분에 옹벽 등이 있는 경우에는 그 옹벽 등과 비탈면 사이에 너비 1.5 (○ | ×)
   미터 이상으로서 당해 옹벽 등의 높이의 3분의 1 이상에 해당하는 너비 이상의
   단을 만들어야 한다.

19 비탈면 아랫부분에 옹벽 등이 있는 경우에는 그 옹벽 등과 비탈면 사이에 너비 (○ | ×)
   1.5미터 이상으로서 당해 옹벽 등의 높이의 2분의 1 이상에 해당하는 너비 이상
   의 단을 만들어야 한다.

20 주택단지 안의 도로에 설치하는 보안등의 간격은 60미터 이내로 하여야 한다.　　　(○ | ×)

21 주택단지에는 승강기, 어린이놀이터, 주차장 및 각 동의 출입구마다 「개인정보 보　　　(○ | ×)
호법 시행령」에 따른 영상정보처리기기의 카메라를 설치하여야 한다.

22 공동주택단지에 「개인정보 보호법 시행령」에 따른 영상정보처리기기를 설치하거　　　(○ | ×)
나 설치된 영상정보처리기기를 보수 또는 교체하려는 경우에는 장기수선계획에
반영하여야 한다.

23 영상정보처리기기의 촬영된 자료는 컴퓨터보안시스템을 설치하여 60일 이상 보　　　(○ | ×)
관하여야 한다.

24 영상정보처리기기가 고장 난 경우에는 30일 이내 수리하여야 한다.　　　(○ | ×)

25 관리주체는 입주자대표회의의 요청이 있는 경우에는 영상정보처리기기의 촬영자　　　(○ | ×)
료를 타인에게 열람하게 하거나 제공할 수 있다.

정답　01 ○　02 ×　03 ×　04 ×　05 ×　06 ×　07 ○　08 ×　09 ×　10 ○　11 ○　12 ×　13 ×　14 ×　15 ×
16 ○　17 ×　18 ×　19 ×　20 ×　21 ×　22 ○　23 ×　24 ×　25 ×

16 복리시설의 설치기준

OX 문제

01 1천 세대 이상의 주택을 건설하는 주택단지에는 유치원을 설치할 수 있는 대지를　　　(○ | ×)
확보하여 그 시설의 설치희망자에게 분양하여 건축하게 하거나 유치원을 건축하
여 이를 운영하고자 하는 자에게 공급하여야 한다.

02 1,000세대 이상의 주택을 건설하는 주택단지에는 500제곱미터에 세대당 2.5제　　　(○ | ×)
곱미터를 더한 면적 이상의 주민공동시설을 설치하여야 한다.

정답　01 ×　02 ×

17 공동주택성능등급 등

OX 문제

01 주택법령상 입주자 모집공고에 표시하여야 하는 공동주택성능 등급에는 자재성　　　(○ | ×)
능 관련 등급이 있다.

02 주택법령상 입주자 모집공고에 표시하여야 하는 공동주택성능 등급에는 인근　　　(○ | ×)
초·중등학교, 구청·동사무소와의 거리 등 사회 관련 등급이 있다.

03 공동주택 바닥충격음 차단구조의 성능등급 인정의 유효기간은 그 성능등급 인정　　　(○ | ×)
을 받은 날부터 3년으로 한다.

04 공동주택 바닥충격음 차단구조의 성능등급 인정을 받은 자는 유효기간이 끝나기 (○ | ×)
전에 유효기간을 연장할 수 있다. 이 경우 연장되는 유효기간은 연장될 때마다
5년을 초과할 수 없다.

정답 01 X　02 X　03 X　04 X

18 에너지절약형 친환경주택 등

OX 문제

01 에너지절약형 친환경주택의 건설기준에는 고단열·고기능 외피구조, 기밀설계, (○ | ×)
일조확보 및 친환경자재 사용 등 고에너지 건물 조성기술이 포함된다.

02 에너지절약형 친환경주택의 건설기준에는 저효율 열원설비, 제어설비 및 저효율 (○ | ×)
환기설비 등 에너지 저효율 설비기술이 포함된다.

정답 01 X　02 X

19 물에 관한 일반사항

OX 문제

01 열전도율의 단위는 W/m·K이다. (○ | ×)

02 열관류율의 단위는 $W/m^2 \cdot K$이다. (○ | ×)

03 단위 질량당 체적을 비체적이라 한다. (○ | ×)

04 비체적이란 체적을 질량으로 나눈 것이다. (○ | ×)

05 물은 1기압 4℃에서 비체적이 가장 작다. (○ | ×)

06 순수한 물은 1기압하에서 4℃일 때 가장 무겁고 부피는 최대가 된다. (○ | ×)

07 순수한 물은 1기압하에서 4℃일 때 밀도가 가장 작다. (○ | ×)

08 4℃ 물을 가열하여 100℃ 물이 되면 그 부피가 팽창한다. (○ | ×)

09 4℃ 물을 냉각하여 0℃ 얼음이 되면 그 부피가 수축한다. (○ | ×)

10 순수한 물이 얼게 되면 약 4%의 체적감소가 발생한다. (○ | ×)

11 기구로부터 고가수조까지의 높이가 25m일 때, 기구에 발생하는 수압은 2.5MPa이다. (○ | ×)

12 레이놀즈 수는 동점계수 및 관경에 비례하고 유속에 반비례한다. (○ | ×)

13 층류에서 난류로 천이할 때의 유속을 평균 유속이라고 한다. (○ | ×)

14 유체의 운동에너지는 배관 내 어느 지점에서나 일정하다. (○ | ×)

15 배관에 흐르는 유체의 마찰손실수두는 관의 마찰(손실)계수가 클수록 작아진다. (○ | ×)

16 관 내에 흐르는 유속을 높이면 마찰손실이 감소한다. (○ | ×)

17 배관의 마찰저항은 관의 길이에 반비례한다. (○ | ×)

18 배관 길이가 2배가 되면 마찰손실은 8배가 된다. (○ | ×)

19 관 내 유속이 2배가 되면 마찰손실은 4배가 된다. (○ | ×)

20 배관에 흐르는 유체의 마찰손실수두는 유속에 비례한다. (○ | ×)

21 마찰손실수두는 속도수두에 반비례한다. (○ | ×)

22 마찰손실수두는 관지름에 정비례한다. (○ | ×)

23 배관에 흐르는 마찰손실수두는 관의 내경이 클수록 커진다. (○ | ×)

24 배관에 흐르는 마찰손실수두는 중력가속도에 비례한다. (○ | ×)

25 유체의 밀도가 클수록 관로의 마찰손실은 작아진다. (○ | ×)

26 급수배관 내부의 압력손실은 유체의 점성이 커질수록 증가한다. (○ | ×)

27 유체의 마찰저항은 유체의 점성이 클수록 감소한다. (○ | ×)

28 급수배관 내부의 압력손실은 직관보다 곡관의 경우가 증가한다. (○ | ×)

29 급수배관 내부의 압력손실은 배관 내 유속이 느릴수록 증가한다. (○ | ×)

30 배관 내경이 2배 증가하면 마찰저항의 크기는 1/4로 감소한다. (○ | ×)

31 배관 길이가 2배 증가하면 마찰저항의 크기는 1.4배 증가한다. (○ | ×)

32 배관 내 유체 속도가 2배 증가하면 마찰저항의 크기는 4배 증가한다. (○ | ×)

33 배관 내 마찰손실계수가 2배 증가하면 마찰저항의 크기는 4배 증가한다. (○ | ×)

34 배관 내 유체 밀도가 2배 증가하면 마찰저항의 크기는 1/2로 감소한다. (○ | ×)

35 물의 경도는 물속에 녹아 있는 칼슘, 마그네슘 등의 염류의 양을 탄산마그네슘의 (○ | ×)
   농도로 환산하여 나타낸 것이다.

36 경도가 큰 물을 경수, 경도가 낮은 물을 연수라고 한다. (○ | ×)

37 연수는 총경도 120ppm 이상의 물이다. (○ | ×)

38 경수는 단물이라고 하며, 경도가 70ppm 이상인 물을 말한다. (○ | ×)

39 연수는 경수보다 비누가 잘 풀린다. (○ | ×)

40 경수는 연관이나 황동관을 부식시키며, 연수는 배관 내에 스케일을 발생시킨다. (○ | ×)

41 경도가 높은 물을 보일러 용수로 사용하면 스케일이 생성되어 전열효율을 감소시킨다. (○ | ×)

42 보급수의 경도가 높을수록 보일러 내면에 스케일 발생 가능성이 커진다. (○ | ×)

43 일반적으로 물이 접하고 있는 지층의 종류와 관계없이 지표수는 경수, 지하수는 (○ | ×)
   연수로 간주된다.

정답 01 ○ 02 ○ 03 ○ 04 ○ 05 ○ 06 × 07 × 08 ○ 09 × 10 × 11 × 12 × 13 × 14 × 15 ×
16 × 17 × 18 × 19 ○ 20 × 21 × 22 × 23 × 24 × 25 × 26 ○ 27 × 28 ○ 29 × 30 ×
31 × 32 ○ 33 × 34 × 35 × 36 ○ 37 × 38 × 39 ○ 40 × 41 ○ 42 ○ 43 ×

OX 문제

01 공동주택에는 세대별 수도계량기 및 세대마다 최소 3개소 이상의 급수전을 설치 (○ | ×)
하여야 한다.

02 저수조의 맨홀부분은 건축물(천장 및 보 등)로부터 60센티미터 이상 떨어져야 (○ | ×)
한다.

03 물의 유입구는 유출구의 반대편 밑부분에 설치하되, 침전물이 유입되지 아니하도 (○ | ×)
록 저수조의 바닥에서 띄워서 설치하고, 물칸막이 등을 설치하여 저수조 안의 물
이 고이지 아니하도록 하여야 한다.

04 물의 유출구는 유입구의 윗부분에 설치하여야 한다. (○ | ×)

05 저수조에는 각 변의 길이가 60센티미터 이상인 사각형 맨홀 또는 지름이 60센티 (○ | ×)
미터 이상인 원형 맨홀을 1개 이상 설치하여 청소를 위한 사람이나 장비의 출입이
원활하도록 하여야 한다.

06 5세제곱미터 이하의 소규모 저수조의 맨홀은 각 변 또는 지름을 90센티미터 이 (○ | ×)
상으로 하여야 한다.

07 저수조에는 침전찌꺼기의 배출구를 저수조의 맨 밑부분에 설치하고, 저수조의 바 (○ | ×)
닥은 배출구를 향하여 150분의 1 이상의 경사를 두어 설치하는 등 배출이 쉬운
구조로 한다.

08 3세제곱미터인 저수조는 청소·위생점검 및 보수 등 유지관리를 위하여 1개의 저 (○ | ×)
수조를 둘 이상의 부분으로 구획하거나 저수조를 2개 이상 설치하여야 한다.

09 건축물 또는 시설 외부의 땅 밑에 저수조를 설치하는 경우에는 부득이한 경우 (○ | ×)
를 제외하고는 분뇨·쓰레기 등의 유해물질로부터 3미터 이상 띄어서 설치하여
야 한다.

10 부득이하게 저수조를 유해물질로부터 3미터 이상 띄어서 설치하지 못하는 경우 (○ | ×)
에는 저수조의 주위에 차단벽을 설치하여야 한다.

11 저수조의 유출배관에는 단수 후 통수과정에서 들어간 오수나 이물질이 유출되는 (○ | ×)
것을 방지하기 위하여 배수용 밸브를 설치하여야 한다.

12 저수조를 설치하는 곳에는 분진 등으로 인한 2차 오염을 방지하기 위하여 암·석 (○ | ×)
면을 사용하여야 한다.

13 저수조 내부의 높이는 최소 1미터 50센티미터 이상으로 하여야 한다. (○ | ×)

14 옥상에 설치하는 저수조의 내부 높이는 최소 1미터 80센티미터 이상으로 하여야 (○ | ×)
한다.

15 저수조를 상수용으로 사용할 때 넘침관과 배수관을 직접배수방식으로 배관해야 (○ | ×)
한다.

16 저수조 넘침관은 일반배수계통에 직접 연결한다. (○ | ×)

17 스위치 고장으로 고가수조에 양수가 계속될 경우 수조에서 넘쳐흐르는 물을 배수 (○ | ×)
하는 넘침관은 양수관 직경의 2배 크기이다.

18 수조의 급수 유입구와 유출구의 거리는 가능한 한 짧게 하여 정체에 의한 오염이 (○ | ×)
발생하지 않도록 한다.

19 별도의 부속기기나 기기를 추가로 장착하지 아니하고도 일반 제품에 비하여 물을 (○ | ×)
적게 사용하도록 생산된 수도꼭지 및 변기를 절수설비라고 한다.

20 절수형 수도꼭지는 공급수압 98kPa에서 최대토출수량이 1분당 6리터 이하인 것이 (○ | ×)
어야 한다. 다만, 공중용 화장실에 설치하는 수도꼭지는 1분당 5리터 이하인 것이
어야 한다.

21 절수형 대변기는 공급수압 98kPa에서 사용수량이 8리터 이하인 것이어야 한다. (○ | ×)

22 절수형 소변기는 물을 사용하지 않는 것이거나, 공급수압 98kPa에서 사용수량 (○ | ×)
이 3리터 이하인 것이어야 한다.

23 위생기구의 동시사용률은 기구 수가 증가하면 작아진다. (○ | ×)

24 급수량 산정 시 시간최대 예상급수량은 시간평균 예상급수량의 1.5~2.0배로 (○ | ×)
한다.

25 세정밸브식 대변기의 최저필요압력은 세면기 수전의 최저필요압력보다 크다. (○ | ×)

26 수도직결방식은 도로에 있는 수도본관에 수도 인입관을 연결하여 건물 내의 필요 (○ | ×)
개소에 직접 급수하는 방식이다.

27 수도직결방식은 상수도관의 공급압력에 의해 급수하는 방식으로 주로 대규모 및 (○ | ×)
고층 건물에 사용된다.

28 수도직결식은 3층 이상의 고층으로의 급수가 용이하다. (○ | ×)

29 수도직결방식은 일반적으로 하향급수 배관방식을 사용한다. (○ | ×)

30 수도직결방식은 시설비 및 위생적인 측면에서 유리하나, 단수 시에 급수가 불가 (○ | ×)
능하다.

31 수도직결방식은 기계실 및 옥상탱크가 불필요하고, 건물 내 정전 시 급수가 불가 (○ | ×)
능하다.

32 수도직결식은 저수조가 있으므로 단수 시에도 급수가 가능하다. (○ | ×)

33 수도직결방식은 설비비가 타 방식에 비해 저렴하고, 수도본관의 압력에 따라 급 (○ | ×)
수압력이 변한다.

34 수도직결식은 수도본관의 영향을 그대로 받으므로 수압 변화가 심하다. (○ | ×)

35 수도직결식 급수방식은 수도본관의 압력이 변동되어도 급수압력이 일정하다. (○ | ×)

36 수도직결식 급수방식은 고가수조방식에 비해 수질오염 가능성이 낮고, 설비비가 (○ | ×)
저렴하다.

37 고가수조방식은 저수조에 저장된 물을 펌프로 고가수조에 양수하고, 여기서 급수 (○ | ×)
관을 통해 건물의 필요개소에 급수하는 방식이다.

38 고가탱크방식에서는 중력식으로 각 기구에 급수가 이루어진다. (○ | ×)

39 고가수조의 필요높이를 산정할 때는 가장 수압이 높은 지점을 기준으로 최소 필 (○ | ×)
요높이를 산정하여야 한다.

40 고가수조방식은 건물 내 모든 층의 위생기구에서 압력이 동일하다. (○ | ×)

41 고가수조방식은 고층으로의 급수가 불가능하다는 단점이 있다. (○ | ×)

42 고가수조방식은 단수 시에도 지속적인 급수가 가능하다. (○ | ×)

43 고가수조방식은 단수 시에도 일정량의 급수가 가능하다. (○ | ×)

44 고가수조방식은 위생성 측면에서 가장 바람직한 방식이다. (○ | ×)

45 고가수조 급수방식은 압력이 거의 일정하여 관이나 밸브류가 파손될 염려가 상대 (○ | ×)
적으로 적다.

46 고가수조방식에서의 급수압력은 항상 변동한다. (○ | ×)

47 고가탱크방식은 급수공급압력의 변화가 심하고 취급이 까다롭다. (○ | ×)

48 고가수조방식은 고층부 수전과 저층부 수전의 토출압력이 동일하다. (○ | ×)

49 고가탱크방식은 고가탱크 수위면과 사용기구의 낙차가 클수록 토출압력이 증가 (○ | ×)
한다.

50 고가탱크방식은 대규모 급수수요에 대응이 불가능하다. (○ | ×)

51 고가탱크방식은 급수압력의 변동이 심하다. (○ | ×)

52 고가탱크방식은 수도 본관의 영향을 그대로 받아 수압 변화가 심하다. (○ | ×)

53 고가수조방식은 수전에 미치는 압력의 변동이 적으며 취급이 간단하고 고장이 (○ | ×)
적다.

54 고가탱크방식은 3층 이상의 고층으로의 급수가 불가능하다. (○ | ×)

55 압력탱크방식은 밀폐용기 내에 펌프로 물을 보내 공기를 압축시켜 압력을 올린 (○ | ×)
후 그 압력으로 필요 장소에 급수하는 방식이다.

56 압력탱크방식은 저수조가 필요하다. (○ | ×)

57 압력수조방식은 수조를 건물 상부에 설치해야 하므로 건축 구조상 부담이 된다. (○ | ×)

58 압력수조방식은 수수조를 설치하지 않는다. (○ | ×)

59 압력탱크방식은 국부적으로 고압을 필요로 할 때 적합하다. (○ | ×)

60 압력탱크 급수방식은 급수압력을 일정하게 유지할 수 있다. (○ | ×)

61 압력탱크 급수방식은 급수압력에 변동이 없는 것이 특징이다. (○ | ×)

62 압력탱크방식은 최고·최저의 압력차가 작아 급수압이 일정하다. (○ | ×)

63 압력탱크방식은 정전 시에도 급수가 가능하다. (○ | ×)

64 압력수조방식은 전력 차단 시에도 지속적인 급수가 가능하다. (○ | ×)

65 압력탱크방식의 압력수조는 압력용기이므로 제작비가 싸다. (○ | ×)

66 압력수조 급수방식은 고가수조방식에 비해 수조의 설치위치에 제한이 많다. (○ | ×)

67 압력수조식 급수방식은 상향식 급수방식이므로 압력수조의 설치위치에 제한을 받는다. (○ | ×)

68 압력탱크방식은 취급이 비교적 쉽고 고장도 없다. (○ | ×)

69 압력탱크방식은 고가수조방식에 비해 관리비용이 저렴하고 저양정의 펌프를 사용한다. (○ | ×)

70 펌프직송방식은 저수조에 저장된 물을 펌프로 고가수조에 양수하고, 여기서 급수관을 통해 건물의 필요개소에 급수하는 방식이다. (○ | ×)

71 탱크가 없는 부스터방식은 펌프의 동력을 이용하여 급수하는 방식으로, 저수조가 필요 없다. (○ | ×)

72 펌프직송방식은 주택과 같은 소규모 건물(2~3층 이하)에 주로 이용된다. (○ | ×)

73 펌프를 병렬로 연결하여 운전대수를 변화시켜 양수량 및 토출압력을 조절하는 것을 변속운전방식이라 한다. (○ | ×)

74 펌프직송방식에서 변속방식은 펌프의 회전수를 제어하는 방식이다. (○ | ×)

75 펌프직송방식은 적정한 수압과 수량을 확보하기 위해서 정교한 제어장치 및 내구성 있는 제품의 선정이 필요하다. (○ | ×)

76 펌프직송방식은 건축적으로 건물의 외관 디자인이 용이해지고 구조적 부담이 경감된다. (○ | ×)

77 펌프직송방식과 압력탱크방식은 고가수조를 설치하지 않아도 급수가 가능하다. (○ | ×)

78 펌프직송방식은 고가수조방식에 비해 옥상탱크 면적이 크다. (○ | ×)

79 펌프직송방식에서는 펌프의 회전수 제어를 위해서 인버터 제어방식 등이 이용된다. (○ | ×)

80 부스터펌프방식은 압력변동 폭이 작고 수질오염 가능성이 낮다. (○ | ×)

81 펌프직송방식이 고가수조방식에 비해 수질오염 가능성이 크다. (○ | ×)

82 펌프직송방식은 정전이 될 경우 비상발전기가 없어도 일정량의 급수가 가능하다. (○ | ×)

83 펌프직송방식에는 하향급수 배관방식이 주로 이용된다. (○ | ×)

84 펌프직송방식에는 급수관 내의 압력 또는 유량을 탐지하여 펌프의 대수를 제어하는 정속방식과 회전수를 제어하는 변속방식이 있으며, 이를 병용하기도 한다. (○ | ×)

85 펌프직송방식은 자동제어에 필요한 설비비가 적고, 유지관리가 간단하다. (○ | ×)

86 펌프직송방식은 유지관리가 가장 용이한 방식이다. (○ | ×)

87 펌프직송방식 중 변속방식은 정속방식에 비해 압력변동이 심하기 때문에 아파트에서는 사용할 수 없다. (○ | ×)

88 고층건물의 급수배관은 단일계통으로 하면 하층부보다 상층부의 급수압력이 높아진다. (○ | ×)

89 초고층 건물은 과대한 급수압으로 인한 피해를 줄이기 위해 급수조닝을 행한다. (○ | ×)

90 초고층 건물에서는 급수압이 최고사용압력을 넘지 않도록 급수조닝을 한다. (○ | ×)

91 초고층 공동주택의 경우 급수압을 조절하기 위해 중간수조 방식이나 감압밸브 방식을 사용한다. (○ | ×)

92 급수설비에서 수압이 지나치게 높으면 유수 소음이 발생하고 물의 낭비가 많아진다. (○ | ×)

93 수압이 0.4MPa을 초과하는 층이나 구간에는 감압밸브를 설치하여 적정압력으로 감압이 이루어지도록 하여야 한다. (○ | ×)

94 고층건물의 급수 조닝방법으로 안전밸브를 설치하는 것이 있다. (○ | ×)

95 물탱크에 물이 오래 있으면 잔류염소가 증가하면서 오염 가능성이 커진다. (○ | ×)

96 상수 탱크의 천장·바닥 또는 주변 벽은 건축물의 구조부분과 겸용하도록 한다. (○ | ×)

97 음료용 급수의 오염원인인 조류의 증식을 방지하기 위해서는 투광성 재료로 탱크를 제작한다. (○ | ×)

98 토수구 공간을 두는 것은 물의 역류를 방지하기 위함이다. (○ | ×)

99 역사이펀 작용 방지를 위한 토수구 공간은 최소화한다. (○ | ×)

100 세정탱크식 대변기에는 역류방지를 위해 진공방지기를 설치해야 한다. (○ | ×)

101 토수구 공간이 확보되지 않을 경우에는 버큠브레이커(Vacuum Breaker)를 설치한다. (○ | ×)

102 버큠브레이커(Vacuum Breaker)는 이미 사용한 물이 자기사이펀 작용에 의해 상수계통(급수관)으로 역류하는 것을 방지하기 위한 기구이다. (○ | ×)

103 역류를 방지하여 오염으로부터 상수계통을 보호하기 위하여 수압이 0.4MPa을 초과하는 계통에는 감압밸브를 부착한다. (○ | ×)

104 급수설비의 오염원인으로 상수와 상수 이외의 물질이 혼합되는 캐비테이션(Cavitation)이 있다. (○ | ×)

105 급수설비에서 급수압력이 과대하게 설계된 경우 크로스커넥션이 발생한다. (○ | ×)

106 크로스커넥션이란 관로 내의 유체가 급격히 변화하여 압력변화를 일으키는 것이다. (○ | ×)

107 크로스커넥션(Cross Connection)은 급수, 급탕배관을 함께 묶어 필요에 따라 급수와 급탕을 동시에 공급할 목적으로 하는 배관이다. (○ | ×)

108 크로스커넥션이란 상수로부터 급수계통(배관)과 그 외의 계통이 직접 접속되어 있는 것을 말한다. (○ | ×)

109 수질오염을 방지하기 위해 크로스커넥션이 되도록 배관을 구성한다. (○ | ×)

110 음용수용 배관설비는 다른 용도의 배관설비와 직접 연결하지 않아야 한다. (○ | ×)

111 배관설치 공간을 줄이기 위하여 음용수와 음용수 이외의 배관이 크로스커넥션이 되도록 한다. (○ | ×)

112 크로스커넥션 발생 방지를 위해서 급수배관에서 유속을 제한한다. (○ | ×)

113 급수관과 배수관이 교차될 경우 배수관은 급수관 위에 매설한다. (○ | ×)

114 급수관경을 결정할 때 관균등표 또는 유량선도가 일반적으로 이용된다. (○ | ×)

115 세정밸브식 대변기의 급수관 관경은 15mm 이상으로 한다. (○ | ×)

116 세정밸브식과 세정탱크식의 대변기에서 급수관의 최소 관경은 10mm로 동일하다. (○ | ×)

117 대규모 건물의 급수주관이나 급수지관의 관경을 결정할 때는 주로 관균등표가 이용된다. (○ | ×)

118 소규모 건물에는 유량선도에 의한 방법이, 중규모 이상의 건물에는 관균등표에 의한 방법이 주로 이용된다. (○ | ×)

119 기구급수부하단위는 각 급수기구의 표준토출량, 사용빈도, 사용시간을 고려하여 1개의 급수기구에 대한 부하의 정도를 예상하여 단위화한 것이다. (○ | ×)

120 같은 급수기구 중에서도 개인용과 공중용에 대한 기구급수부하단위는 공중용이 개인용보다 값이 크다. (○ | ×)

121 관지름을 결정하기 위하여 기구급수부하단위를 이용하여 동시사용 유량을 산정한다. (○ | ×)

122 유량선도에 의한 방법으로 관지름을 결정하고자 할 때의 부하유량(급수량)은 기구급수부하단위로 산정한다. (○ | ×)

123 급수관의 기울기는 상향 기울기로 한다. 그러나 옥상탱크식에서 수평주관은 하향 기울기로 한다. (○ | ×)

124 급수관은 수리 시에 관 속의 물을 완전히 뺄 수 있도록 기울기를 주어야 하며, 일반적으로 하향 기울기로 한다. (○ | ×)

125 하향식 급수방식에서 수평주관은 상향 기울기로 하고, 각 층의 수평주관은 하향 기울기로 한다. (○ | ×)

126 각 층의 수평주관은 앞올림 구배로 하고, 하향 수직관의 최하부에는 배수 밸브를 설치한다. (○ | ×)

127 급수관의 모든 기울기는 1/100을 표준으로 한다. (○ | ×)

128 하향 급수배관 방식의 경우 수평배관은 진행방향에 따라 내려가는 기울기로 한다. (○ | ×)

129 상향 급수배관 방식의 경우 수평배관은 진행방향에 따라 올라가는 기울기로 한다. (○ | ×)

130 배관 현장의 여건상 ㄷ자형의 배관이 되어 공기가 찰 우려가 있는 곳은 공기실을 설치한다. (○ | ×)

131 수평배관에는 오물이 정체하지 않도록 하며, 어쩔 수 없이 각종 오물이 정체하는 곳에는 공기빼기밸브를 설치한다. (○ | ×)

132 수평배관에서 물이 고일 수 있는 부분에는 진공방지밸브를 설치한다. (○ | ×)

133 급수배관에서 수직배관에는 체크밸브를 설치하지 않는다. (○ | ×)

134 급수주관으로부터 배관을 분기하는 경우는 엘보를 사용하여야 한다. (○ | ×)

135 공동현상(Cavitation)은 유속이 큰 흐름을 급정지시킬 때 발생하는 현상이다. (○ | ×)

136 수격작용이 발생하면 수질이 오염된다. (○ | ×)

137 급수설비에서 수격작용은 배관 내의 상용압력이 낮을수록 일어나기 쉽다. (○ | ×)

138 수격압은 관 내의 유속과 반비례한다. (○ | ×)

139 급수설비에서 수격작용은 배관 내 유속의 변동이 심할수록 일어나기 쉽다. (○ | ×)

140 급수배관시스템에서 수격작용 발생에 따른 압력 상승은 유속에 반비례한다. (○ | ×)

141 급수설비에서 수격작용은 동일 유량인 경우 배관의 지름이 작을수록 일어나기 쉽다. (○ | ×)

142 급수배관시스템에서 수격작용 발생에 따른 압력 상승은 배관의 지름에 비례한다. (○ | ×)

143 급수배관시스템에서 수격작용 발생에 따른 압력 상승은 압력파의 전달속도에 비례한다. (○ | ×)

144 수격작용은 양정이 높은 펌프를 사용할 때 발생하기 쉽다. (○ | ×)

145 수격작용을 방지하기 위해서는 펌프의 수평주관 길이를 증가시킨다. (○ | ×)

146 수격작용은 밸브를 급히 열어 정지 중인 배관 내의 물을 급격히 유동시킨 경우에도 발생한다. (○ | ×)

147 워터해머를 방지하기 위해서 수압이 0.4MPa을 초과하는 계통에는 감압밸브를 부착하여 적절한 압력으로 감압한다. (○ | ×)

148 수격작용을 방지하기 위해서는 관 내 유속을 크게 한다. (○ | ×)

149 수격작용을 방지하기 위해서는 공기빼기밸브를 설치한다. (○ | ×)

150 워터해머를 방지하기 위해서는 급폐쇄형 수도꼭지를 사용한다. (○ | ×)

151 수격작용을 방지하기 위해서는 기구류 가까이에 통기관을 설치한다. (○ | ×)

152 워터해머를 방지하기 위해서는 대기압식 또는 가압식 진공브레이커를 설치한다. (○ | ×)

153 워터해머를 방지하기 위해서 배관은 가능한 한 직선이 되지 않고 우회하도록 계획한다. (○ | ×)

154 급수배관이 바닥이나 벽을 관통하는 부위에는 콘크리트를 칠 때 미리 슬리브를 넣어 두어야 한다. (○ | ×)

155 벽체를 관통하는 배관은 구조체에 직접 고정하여 일체화되도록 시공한다. (○ | ×)

156 배관공사가 끝나기 전 수압시험을 실시하여 누수의 유무를 파악한다. (○ | ×)

157 배관계통의 수압시험은 가장 정확도가 높은 시험으로, 모든 배관공사를 완료한 후에 실시하는 것이 원칙이다. (○ | ×)

21 급수설비의 위생조치

OX 문제

01 아파트의 관리자는 저수조를 분기 1회 이상 청소해야 한다. (○ | ×)

02 아파트의 관리자는 저수조의 위생상태를 월 1회 이상 점검하여야 한다. (○ | ×)

03 아파트의 관리자는 반기 1회 이상 지정된 먹는물 수질검사기관에 의뢰하여 수질 (○ | ×)
검사를 하여야 한다.

04 수질검사의 시료 채취방법은 저수조나 해당 저수조로부터 가장 먼 수도꼭지에서 (○ | ×)
채수한다.

05 수도법령상 저수조의 수질검사결과 기록은 3년간 보관하여야 한다. (○ | ×)

06 급수관의 상태검사로 최초 일반검사는 해당 건축물 또는 시설의 준공검사(급수관 (○ | ×)
의 갱생·교체 등의 조치를 한 경우를 포함한다)를 실시한 날부터 3년이 경과한
날을 기준으로 6개월 이내에 실시한다.

07 소유자등은 급수관에 대하여 세척·갱생·교체 등의 조치를 하였을 때에는 그 결 (○ | ×)
과를 일반수도사업자에게 보고하고, 그와 관련된 자료를 2년 이상 보존하여야
한다.

08 급수관 내 정체수 수질검사 중 시료 채취방법은 건물 내 임의의 냉수 수도꼭지 (○ | ×)
하나 이상에서 물 0.5리터를 채취한다.

09 현장조사 중 유량은 건물 안의 가장 낮은 층의 냉수 수도꼭지 하나 이상에서 측정 (○ | ×)
한다.

정답 01 X 02 O 03 X 04 X 05 X 06 X 07 X 08 X 09 X

22 펌프

01 용적형 펌프에는 벌(볼)류트 펌프와 터빈 펌프가 있다. (○ | ×)

02 급탕설비에는 피스톤 펌프와 사류 펌프가 주로 사용된다. (○ | ×)

03 워싱톤 펌프는 왕복동식 펌프이다. (○ | ×)

04 볼류트 펌프와 터빈 펌프는 원심식 펌프이다. (○ | ×)

05 원심식 펌프에는 피스톤 펌프와 로터리 펌프 등이 있다. (○ | ×)

06 볼류트 펌프는 임펠러 주위에 안내날개를 갖고 있기 때문에 고양정을 얻을 수 있다. (○ | ×)

07 터빈 펌프는 임펠러의 외주에 안내날개(Guide Vane)가 달려 있지 않다. (○ | ×)

08 터빈 펌프는 디퓨저 펌프라고도 하며, 임펠러 주위에 가이드 베인을 갖고 있다. (○ | ×)

09 터빈 펌프에 안내날개를 설치하는 이유는 속도 에너지를 압력 에너지로 효율이 좋게 변환하기 위해서이다. (○ | ×)

10 흡입양정이 큰 경우 다단 펌프를 사용한다. (○ | ×)

11 펌프의 흡상높이는 수온이 높을수록 높아진다. (○ | ×)

12 물을 높은 곳으로 보내는 경우, 흡수면으로부터 토출수면까지의 수직거리를 실양정이라고 한다. (○ | ×)

13 펌프의 실양정은 흡입양정, 토출양정, 배관 손실수두의 합이다. (○ | ×)

14 흡수면으로부터 토출수면까지의 거리만큼 물이 올라가는 데 필요한 에너지를 전양정이라고 한다. (○ | ×)

15 물이 흐를 때는 유속에 상당하는 에너지가 필요하며, 이 에너지를 속도수두라 한다. (○ | ×)

16 펌프의 축동력을 산정하기 위해서는 양정, 양수량, 여유율이 필요하다. (○ | ×)

17 양정과 동력은 반비례하여 변화한다. (○ | ×)

18 펌프의 양정과 양수량은 펌프의 회전수가 변하여도 항상 일정하다. (○ | ×)

19 펌프의 축동력은 회전수에 반비례한다. (○ | ×)

20 펌프의 회전수를 1.2배로 하면 양수량은 1.44배가 된다. (○ | ×)

21 펌프의 양수량은 펌프의 회전수에 반비례한다. (○ | ×)

22 회전수를 줄이면 양수량은 비례하여 감소한다. (○ | ×)

23 펌프의 양수량은 회전수의 제곱에 비례한다. (○ | ×)

24 펌프의 양수량은 펌프의 회전수에 비례한다. (○ | ×)

25 펌프의 전양정은 회전수에 반비례한다. (○ | ×)

26 양정은 회전비의 제곱에 비례한다. (○ | ×)

27 회전수 변화의 3승에 비례하여 양정이 변한다. (○ | ×)

28 펌프의 회전수를 1.2배로 하면 양정은 1.73배가 된다. (○ | ×)

29 급수펌프의 회전수를 2배로 하면 양정은 8배가 된다. (○ | ×)

30 동일 펌프로 동일 송수계통에 양수하고 있는 경우 펌프의 회전수가 2배가 되면 양정은 4배가 된다. (○ | ×)

31 회전수 변화의 2승에 비례하여 동력이 변한다. (○ | ×)

32 펌프의 회전수를 20% 증가시켰을 경우 유량도 이와 비례하여 20% 증가한다. (○ | ×)

33 임펠러를 직렬로 장치하면 고양정을 얻을 수 있다. (○ | ×)

34 동일 특성을 갖는 펌프를 직렬로 연결하면 유량은 2배로 증가한다. (○ | ×)

35 동일 성능의 펌프 2대를 직렬운전하면 1대 운전 시보다 양정은 커지나 배관계 저항 때문에 2배가 되지는 않는다. (○ | ×)

36 동일 특성을 갖는 펌프를 병렬로 연결하면 양정은 2배로 증가한다. (○ | ×)

37 급수펌프를 1대에서 2대로 병렬 연결하여 운전 시 유량이 2배로 증가하며 양정은 0.5배 감소한다. (○ | ×)

38 급수펌프를 1대에서 2대로 병렬 연결하여 운전 시 양정이 2배로 증가하며 유량은 변화가 없다. (○ | ×)

39 급수펌프를 1대에서 2대로 병렬 연결하여 운전 시 유량이 1.5배로 증가하며 양정은 0.8배로 감소한다. (○ | ×)

40 급수펌프를 1대에서 2대로 병렬 연결하여 운전 시 유량과 양정이 모두 증가하나 증가폭은 배관계 저항조건에 따라 달라진다. (○ | ×)

41 급수펌프를 1대에서 2대로 병렬 연결하여 운전 시 배관계 저항조건에 따라 유량 또는 양정이 감소되는 경우도 있다. (○ | ×)

42 서징현상은 배관 내를 흐르는 유체의 압력이 그 온도에서의 유체의 포화증기압보다 낮아질 경우 그 일부가 증발하여 기포가 발생하는 것이다. (○ | ×)

43 배관계 구성이 동일한 경우 배관 내 물의 온도가 높을수록 캐비테이션의 발생가능성이 커진다. (○ | ×)

44 캐비테이션이 진행되면 비정상적인 소음과 진동이 발생한다. (○ | ×)

45 캐비테이션이 진행되면 펌프의 양수량, 양정 및 효율이 저하된다. (○ | ×)

46 펌프의 공동현상을 방지하기 위해서는 흡입배관의 마찰손실을 줄인다. (○ | ×)

47 캐비테이션을 방지하기 위해서는 흡수관을 가능한 한 길게 하고 관경을 작게 한다. (○ | ×)

48 캐비테이션을 방지하기 위해서는 흡수관을 가능한 한 길고 가늘게 함과 동시에 관 내에 공기가 체류할 수 있도록 배관한다. (○ | ×)

49 공동현상을 방지하기 위해 흡입양정을 높인다. (○ | ×)

50 캐비테이션을 방지하기 위해 펌프의 흡입양정을 크게 한다. (○ | ×)

51 펌프의 공동현상을 방지하기 위해서는 펌프의 설치높이를 높여 흡입양정을 크게 한다. (○ | ×)

52 펌프의 공동현상(Cavitation)을 방지하기 위하여 펌프의 설치 위치를 수조의 수 (○ | ×)
위보다 높게 하는 것이 바람직하다.

53 펌프 설치 시 캐비테이션을 방지하기 위해서 유효흡입양정을 고려한다. (○ | ×)

54 펌프의 공동현상을 방지하기 위해서는 설계상의 펌프 운전범위 내에서 항상 필요 (○ | ×)
NPSH가 유효 NPSH보다 크게 되도록 배관계획을 한다.

55 공동현상을 방지하기 위해서는 동일한 양수량일 경우 회전수를 높여서 운전한다. (○ | ×)

56 펌프의 흡입관에서 발생하는 공동현상을 방지하기 위해서는 펌프의 회전수를 증 (○ | ×)
가시킨다.

57 서징현상이란 펌프와 송풍기 등이 운전 중에 한숨을 쉬는 것과 같은 상태가 되며 (○ | ×)
송출압력과 송출유량 사이에 주기적인 변동이 일어나는 현상을 말한다.

58 서징현상은 산형 특성의 양정곡선을 갖는 펌프의 산형 왼쪽 부분에서 유량과 양 (○ | ×)
정이 주기적으로 변동하는 현상이다.

59 서징현상은 펌프의 양정 특성 곡선이 산형 특성이고, 그 사용범위가 오른쪽으로 (○ | ×)
감소하는 특성을 갖는 범위에서 사용하는 경우에 주로 발생한다.

60 서징현상은 토출량을 조절하는 밸브의 위치가 수조 또는 공기가 체류하는 곳보다 (○ | ×)
상류에 있는 경우에 주로 발생한다.

61 동일한 배관계에서는 순환하는 물의 온도가 낮을수록 서징(surging)의 발생 가 (○ | ×)
능성이 커진다.

62 펌프의 흡입양정이 작을수록 서징현상 방지에 유리하다. (○ | ×)

63 서징현상을 방지하기 위해 관로에 있는 불필요한 잔류 공기를 제거한다. (○ | ×)

정답 01 ✕ 02 ✕ 03 ○ 04 ○ 05 ✕ 06 ✕ 07 ✕ 08 ○ 09 ○ 10 ✕ 11 ✕ 12 ○ 13 ✕ 14 ○ 15 ○
16 ✕ 17 ✕ 18 ✕ 19 ✕ 20 ✕ 21 ✕ 22 ○ 23 ✕ 24 ○ 25 ✕ 26 ○ 27 ✕ 28 ✕ 29 ✕ 30 ○
31 ✕ 32 ○ 33 ○ 34 ✕ 35 ○ 36 ✕ 37 ✕ 38 ○ 39 ✕ 40 ○ 41 ✕ 42 ✕ 43 ○ 44 ○ 45 ✕
46 ○ 47 ✕ 48 ✕ 49 ✕ 50 ✕ 51 ✕ 52 ✕ 53 ○ 54 ✕ 55 ✕ 56 ✕ 57 ○ 58 ○ 59 ✕ 60 ✕
61 ✕ 62 ✕ 63 ○

23 급탕설비

OX 문제

01 국소식 급탕법은 배관에 의해 필요 개소 어디든지 급탕할 수 있다. (○ | ×)

02 국소식 급탕방식은 배관길이가 길어 열손실이 크다. (○ | ×)

03 국소식 급탕방식은 배관 및 기기로부터의 열손실이 중앙식보다 크다. (○ | ×)

04 개별식(국소식) 급탕방식은 건물 완공 후에도 급탕개소의 증설이 중앙식보다 쉽다. (○ | ×)

05 국소식 급탕방식은 기구의 동시이용률을 고려하므로 가열장치의 총용량을 적게 (○ | ×)
할 수 있다.

06 스팀 사일렌서(Steam Silencer)는 가스 순간온수기의 소음을 줄이기 위해 사용 (○ | ×)
한다.

07 급탕설비의 부속기기 중 서모스탯의 주된 용도는 소음제거이다. (○ | ×)

08 기수혼합식은 증기를 열원으로 하는 급탕방식으로 열효율이 낮다. (○ | ×)

09 기수혼합식은 물을 열원으로 사용한다. (○ | ×)

10 기수혼합식은 소음이 적어 사일렌서를 사용할 필요가 없다. (○ | ×)

11 중앙식 급탕방식은 가열기, 배관 등 설비규모가 작다. (○ | ×)

12 중앙식 급탕방식은 급탕 개소가 적은 경우에 주로 채용된다. (○ | ×)

13 중앙식 급탕방식은 국소식 급탕방식보다 열원기기의 효율이 낮다. (○ | ×)

14 중앙식 급탕방식은 열원장치의 공조설비와 겸용하여 설치할 수 없기 때문에 열원 (○ | ×)
단가가 비싸다.

15 중앙급탕법은 급탕 개소가 적기 때문에 설비 규모가 작고 열손실이 적다. (○ | ×)

16 간접가열식의 경우 급탕배관의 길이가 짧고 탕을 순환할 필요가 없는 소규모 급 (○ | ×)
탕설비에 주로 이용한다.

17 중앙급탕법은 시공 후 기구 증설에 따른 배관 변경공사를 하기 어렵다. (○ | ×)

18 중앙식 급탕법은 급탕 개소마다 가열기의 설치 스페이스가 필요하다. (○ | ×)

19 중앙식 급탕방식은 국소식에 비해 기기가 집중되어 있으므로 설비의 유지관리가 (○ | ×)
용이하다.

20 중앙식 급탕방식에서 직접가열식은 보일러에서 만들어지는 증기나 고온수를 가 (○ | ×)
열코일을 통해서 저탕탱크 내의 물과 열교환하는 방식이다.

21 직접가열식에서 가열보일러는 난방용 보일러와 일반적으로 겸용하여 사용된다. (○ | ×)

22 직접가열식은 열효율이 간접가열식에 비해 떨어지나 안정된 급탕을 할 수 있다. (○ | ×)

23 직접가열식은 증기 또는 온수를 열원으로 하여 열교환기를 통해 물을 가열하는 (○ | ×)
방식이다.

24 고층건물에 직접가열식을 사용하는 경우 수두에 의해 가열장치의 내압이 증가하 (○ | ×)
게 된다.

25 직접가열식은 건물높이에 관계없이 저압보일러가 사용된다. (○ | ×)

26 직접가열식은 대형 건축물의 급탕설비에 가장 적합하다. (○ | ×)

27 직접가열식은 간접가열식보다 대규모 설비에 적합하다. (○ | ×)

28 직접가열식은 급수의 경도가 높을 경우 스케일 발생으로 보일러의 효율이 감소한다. (○ | ×)

29 직접가열식은 간접가열식보다 수처리를 적게 한다. (○ | ×)

30 간접가열식은 저탕조 내에 설치한 코일을 통해서 관 내의 물을 간접적으로 가열 (○ | ×)
한다.

31 간접가열식에 사용되는 가열 보일러는 난방용 보일러와 겸용할 수 있다. (○ | ×)

32 간접가열식은 난방용 보일러의 열원을 이용할 수 있다. (○ | ×)

33 간접가열식은 저압보일러를 사용할 수 없으며 중압 또는 고압보일러를 사용하여 (○ | ×)
    야 한다.

34 간접가열식의 열매로는 증기만이 사용된다. (○ | ×)

35 간접가열식은 저탕조에는 가열코일을 사용하지 않는다. (○ | ×)

36 중앙식 급탕법에서 간접가열식은 보일러 내에 스케일이 부착될 염려가 크기 때문 (○ | ×)
    에 소규모 건물의 급탕설비에 적합하다.

37 간접가열식은 직접가열식보다 수처리를 더 자주 해야 한다. (○ | ×)

38 간접가열식은 보일러 내부에 스케일의 발생 가능성이 높다. (○ | ×)

39 간접가열식은 대규모의 급탕설비에 사용할 수 없다. (○ | ×)

40 간접가열식 급탕방식은 직접가열식에 비해 소규모 급탕설비에 적합하다. (○ | ×)

41 간접가열식은 고압용 보일러를 사용해야 하므로 대규모 급탕설비에 부적합하다. (○ | ×)

42 간접가열식은 직접가열식에 비해 열효율이 높다. (○ | ×)

43 간접가열식은 직접가열식에 비해 구조가 약간 복잡해진다. (○ | ×)

44 급탕량 산정은 건물의 사용 인원수에 의한 방법과 급탕기구수에 의한 방법이 있다. (○ | ×)

45 중앙식 급탕방식은 설비비가 많이 소요되나, 기구의 동시 이용률을 고려하여 가 (○ | ×)
    열장치의 총용량을 적게 할 수 있다.

46 급탕사용량을 기준으로 급탕순환펌프의 유량을 산정한다. (○ | ×)

47 팽창관은 보일러, 저탕조 등 밀폐 가열장치 내의 압력 상승을 도피시키는 역할을 (○ | ×)
    한다.

48 수온변화에 의한 배관의 신축을 흡수하기 위하여 팽창탱크를 설치한다. (○ | ×)

49 팽창관은 가열장치의 과도한 수온 상승을 방지하기 위해 설치한다. (○ | ×)

50 팽창관은 보일러의 자동 급수조절 장치이다. (○ | ×)

51 팽창관은 안전밸브와 같은 역할을 한다. (○ | ×)

52 팽창관은 보일러 내의 공기나 증기를 배출시킨다. (○ | ×)

53 보일러 내의 온수 체적 팽창과 이상 압력을 흡수하기 위해 설치하는 팽창관에는 (○ | ×)
    안전을 위해 감압밸브와 차단밸브를 설치한다.

54 팽창관의 도중에는 체크밸브를 설치하여 개폐를 원활하게 한다. (○ | ×)

55 점검에 대비하여 팽창관에는 게이트밸브를 설치한다. (○ | ×)

56 팽창관에는 소음이 발생하므로 사일렌서를 설치한다. (○ | ×)

57 팽창관의 배수는 직접 배수로 한다. (○ | ×)

58 개방식 팽창탱크는 급수방식이 고가탱크방식일 경우에 적합하며 급탕 보급탱크 (○ | ×)
    와 겸용할 수 있다.

59 급수방식이 압력탱크방식이나 펌프직송방식인 중앙식 급탕설비에는 밀폐식 팽창 (○ | ×)
탱크를 사용한다.

60 밀폐식 팽창탱크는 급수방식이 압력탱크방식이나 펌프직송방식인 중앙식 급탕설 (○ | ×)
비에는 사용할 수 없다.

61 밀폐식 팽창탱크는 탱크 내의 기체를 압축하여 팽창량을 흡수하므로 급탕계통 내 (○ | ×)
의 압력은 급수압력보다 상승한다.

62 안전밸브는 가열장치 내의 압력이 설정압력을 넘는 경우에 압력을 도피시키기 위 (○ | ×)
해 탕을 방출하는 밸브이다.

63 안전밸브와 팽창탱크 및 배관 사이에는 차단밸브를 설치한다. (○ | ×)

64 안전밸브와 팽창탱크 및 배관 사이에는 차단밸브나 체크밸브 등 어떠한 밸브도 (○ | ×)
설치해서는 안 된다.

65 온수탱크 상단에는 배수밸브를, 하부에는 진공방지밸브를 설치해야 한다. (○ | ×)

66 온수탱크의 보급수관에는 급수관의 압력변화에 의한 환탕의 유입을 방지하도록 (○ | ×)
역류방지밸브를 설치한다.

67 밀폐형 가열장치에는 일정 압력 이상이면 압력을 도피시킬 수 있도록 도피밸브나 (○ | ×)
안전밸브를 설치한다.

68 급탕배관 방식은 단관식과 순환식으로 구분되며, 단관식은 설비비가 적게 소요되 (○ | ×)
므로 중·소규모 급탕에 사용된다.

69 단관식 급탕공급 방식은 배관길이가 길어지면 급탕수전에서 온수를 얻기까지의 (○ | ×)
시간이 길어진다.

70 급탕배관을 복관식(2관식)으로 하는 이유는 수전을 열었을 때 바로 온수가 나오 (○ | ×)
게 하기 위해서이다.

71 배관 방법에서 복관식은 단관식 배관법보다 뜨거운 물이 빨리 나온다. (○ | ×)

72 급탕배관 계통에서 급탕관과 반탕관의 마찰손실을 같게 하여 균등한 유량이 공급 (○ | ×)
되도록 하는 배관방식은 직접환수방식이다.

73 중앙식 급탕방식에서 수평배관의 길이가 가능한 한 길게 되도록 수직관을 배치하 (○ | ×)
며, 반탕관의 길이도 길게 되도록 계획한다.

74 급탕배관에서 일반적으로 환탕관의 관경은 급탕관 관경의 1/2 ~ 2/3 정도로 한다. (○ | ×)

75 일반적으로 급탕관의 관경을 환탕관(반탕관)의 관경보다 크게 한다. (○ | ×)

76 급탕부하 단위수는 일반적으로 급수부하 단위수의 3/4을 기준으로 한다. (○ | ×)

77 강제순환식 급탕배관의 구배는 최소 1/300 이상으로 한다. (○ | ×)

78 급탕배관은 하향구배로 하는 것이 원칙이다. (○ | ×)

79 상향배관인 경우 급탕관 및 반탕관은 모두 하향구배로 한다. (○ | ×)

80 상향식 공급방식에서 급탕 수평주관은 선상향구배로 하고 반탕(복귀)관은 선하향 (○ | ×)
구배로 한다.

81 하향배관의 경우 급탕관은 하향구배, 반탕관은 상향구배로 한다. (○ | ×)

82 순환펌프에 의한 강제순환은 물의 밀도차에 따른 순환이다. (○ | ×)

83 중앙식 급탕설비는 원칙적으로 중력식 순환방식으로 한다. (○ | ×)

84 배관거리가 30미터를 초과하는 중앙급탕방식에서는 배관으로부터 열 손실을 보상하고 일정한 급탕온도를 유지를 위하여 환탕관과 순환펌프를 사용한다. (○ | ×)

85 급탕규모가 큰 곳에는 환탕관에 순환펌프를 설치한다. (○ | ×)

86 역환수배관 방식으로 배관을 구성할 경우 유량이 균등하게 분배되지 않으므로 각 계통마다 차압밸브를 설치한다. (○ | ×)

87 온도강하 및 급탕수전에서의 온도 불균형을 방지하기 위해 단관식으로 한다. (○ | ×)

88 배관은 신축에 견디도록 가능하면 요철부위가 많도록 배관하는 것이 원칙이다. (○ | ×)

89 물이 뜨거워지면 수증기에 포함된 공기가 분리되기 쉽고, 이 공기는 배관의 상부에 모여서 급탕의 순환을 원활하게 한다. (○ | ×)

90 ㄷ자형의 배관 시에는 배관 도중에 공기의 정체를 방지하기 위하여 에어쳄버를 설치한다. (○ | ×)

91 볼 조인트는 방열기에 주로 사용되는 신축이음이다. (○ | ×)

92 스위블형은 2개 이상의 엘보를 조합한 것으로 신축량이 큰 배관에 주로 사용된다. (○ | ×)

93 급탕배관의 신축이음에서 벨로즈형은 2개 이상의 엘보를 사용하여 나사 부분의 회전에 의하여 신축을 흡수한다. (○ | ×)

94 슬리브형은 관의 신축을 슬리브의 변형으로 흡수하도록 한 것으로서 곡선배관 부위에도 사용이 가능하다. (○ | ×)

95 벨로즈형은 고압배관에 주로 사용되며 설치공간을 많이 차지한다. (○ | ×)

96 루프형은 관의 구부림과 관 자체의 가용성을 이용해서 배관의 신축을 흡수한다. (○ | ×)

97 스위블형 신축이음쇠는 고온 고압의 옥외 배관에 많이 사용된다. (○ | ×)

98 강관의 경우 신축이음쇠는 20미터 이내마다 1개소씩 설치한다. (○ | ×)

99 동일 재질의 관을 사용하였을 경우 급탕배관은 급수배관보다 관의 부식이 발생하기 쉽다. (○ | ×)

100 급탕수도꼭지는 위생기구의 오른쪽에 설치한다. (○ | ×)

101 급탕배관에는 보온재를 사용해야 하나 환탕배관은 보온하지 않는다. (○ | ×)

102 배관의 보온재는 보온 및 방로효과를 높이기 위하여 사용온도에 견디고 열관류율이 되도록 높은 재료를 사용한다. (○ | ×)

정답 01 X 02 X 03 X 04 ○ 05 X 06 X 07 X 08 X 09 X 10 X 11 X 12 X 13 X 14 X 15 X
16 X 17 ○ 18 X 19 ○ 20 X 21 X 22 X 23 X 24 ○ 25 X 26 X 27 ○ 28 ○ 29 X 30 ○
31 ○ 32 ○ 33 X 34 X 35 X 36 X 37 X 38 X 39 X 40 X 41 X 42 X 43 ○ 44 ○ 45 X
46 X 47 ○ 48 X 49 X 50 X 51 ○ 52 ○ 53 X 54 X 55 X 56 X 57 X 58 ○ 59 ○ 60 X
61 ○ 62 ○ 63 X 64 ○ 65 X 66 X 67 ○ 68 ○ 69 X 70 ○ 71 ○ 72 X 73 X 74 ○ 75 ○
76 ○ 77 X 78 X 79 X 80 ○ 81 X 82 X 83 X 84 ○ 85 ○ 86 X 87 X 88 X 89 X 90 X
91 X 92 X 93 X 94 X 95 X 96 ○ 97 X 98 X 99 ○ 100 X 101 X 102 X

24 배수·통기설비

01 승강기의 승강로 안에는 배수용 배관설비를 설치할 수 있다. (○ | ×)

02 배관설비의 오수에 접하는 부분은 방수재료를 사용하여야 한다. (○ | ×)

03 우수관과 오수관은 연결하여 배관하여야 한다. (○ | ×)

04 급수탱크의 배수방식은 간접식보다 직접식으로 해야 한다. (○ | ×)

05 세면기의 배수는 간접 배수로 한다. (○ | ×)

06 냉장고, 식기세척기, 탈수기 등은 직접 배수로 한다. (○ | ×)

07 간접 배수관이란 기구와 배수관을 직결시키지 않고 중간에 공간을 설치하는 것으로, 트랩은 불필요하다. (○ | ×)

08 중수도는 냉각용수, 상수용수, 음용수로 주로 사용된다. (○ | ×)

09 트랩은 배수의 동결을 방지할 목적으로 설치한다. (○ | ×)

10 트랩은 각종 위생기구들로부터 유출되는 오수의 원활한 배출을 주목적으로 한다. (○ | ×)

11 배수관에 트랩을 설치하는 이유는 통기관을 보호하기 위해서이다. (○ | ×)

12 배수트랩을 설치하면 배수능력이 향상된다. (○ | ×)

13 배수트랩은 자정작용이 없는 구조가 되어야 한다. (○ | ×)

14 트랩은 구조가 간단하며 자기 세정작용을 할 수 있어야 한다. (○ | ×)

15 트랩은 유수면이 평활하여 오수가 정체하지 않아야 한다. (○ | ×)

16 배수트랩은 가동부분이 있으며, 가동부분에 봉수를 형성하여야 한다. (○ | ×)

17 트랩은 자기사이펀 작용이 발생하기 쉬운 구조가 되어야 한다. (○ | ×)

18 트랩의 봉수깊이란 딥(Top Dip)과 웨어(Crown Weir)와의 수직거리를 의미한다. (○ | ×)

19 배수관 트랩 봉수의 유효깊이는 주로 50~100cm 정도로 해야 한다. (○ | ×)

20 트랩의 유효봉수깊이는 일반적으로 10mm 이상 50mm 이하이다. (○ | ×)

21 트랩의 봉수를 보호하기 위하여 봉수의 깊이가 깊을수록 좋다. (○ | ×)

22 봉수깊이를 너무 깊게 하면 유수의 저항이 감소된다. (○ | ×)

23 트랩의 봉수깊이는 보통 50~100mm 정도지만, 이보다 더 깊게 할수록 좋다. (○ | ×)

24 P트랩은 봉수 수면이 디프(Dip)보다 낮은 위치에 있으면 하수 가스의 침입을 방지할 수 없다. (○ | ×)

25 트랩의 형식 중 2중 트랩은 설치가 간편하고 성능이 우수하다. (○ | ×)

26 트랩은 이중으로 설치하면 효과적이다. (○ | ×)

27 세면기에는 봉수 파괴를 방지하기 위해 이중트랩을 설치한다. (○ | ×)

28 봉수부에는 금속제 이음 등의 이음을 사용하지 않는다. (○ | ×)

29 S트랩의 경우 내부 치수가 동일해야 한다. (○ㅣ×)

30 관 트랩에는 드럼트랩, 기구트랩이 있으며, 사이펀 작용을 일으키기 쉽기 때문에 (○ㅣ×)
사이펀트랩이라고도 불린다.

31 S트랩은 욕실 및 다용실의 바닥배수에 주로 이용된다. (○ㅣ×)

32 P트랩은 세면기, 대변기, 소변기에 부착하여 바닥 밑의 배수횡지관에 접속할 때 (○ㅣ×)
사용되며, 사이펀 작용을 일으키기 쉬운 형태로 봉수가 쉽게 파괴된다.

33 S트랩이 P트랩보다 자기사이펀 작용을 일으키기 쉽다. (○ㅣ×)

34 위생기구 중 세면기에는 U트랩이 가장 널리 이용된다. (○ㅣ×)

35 U트랩은 가옥트랩이라고 하며 배수수직관에 설치한다. (○ㅣ×)

36 드럼트랩은 트랩부의 수량(水量)이 많기 때문에 트랩의 봉수는 파괴되기 어렵지 (○ㅣ×)
만 침전물이 고이기 쉽다.

37 기구트랩은 바닥 배수의 용도로 이용한다. (○ㅣ×)

38 헤어조집기는 세탁소 등에 설치하여 실이나 천조각을 제거하는 역할을 한다. (○ㅣ×)

39 론더리 포집기는 주방에서 사용한다. (○ㅣ×)

40 그리스트랩은 자동차 공장에서 사용한다. (○ㅣ×)

41 배수트랩은 배수수직관 가까이에 설치하여 원활한 배수가 이루어지도록 한다. (○ㅣ×)

42 자기사이펀 작용은 위층의 기구로부터 배수가 배수수직관 내를 급속히 흘러 하층 (○ㅣ×)
기구의 유출관 부분을 통과할 때 수평주관 내부의 공기를 감압시켜 봉수가 파괴
되는 현상이다.

43 자기사이펀 작용에 의한 봉수파괴를 방지하기 위하여 S트랩을 설치한다. (○ㅣ×)

44 자기사이펀 작용에 의한 봉수파괴를 방지하기 위해서는 기구배수관의 관경을 기 (○ㅣ×)
구의 트랩 구경 이상으로 하여야 한다.

45 S트랩에서 자기사이펀 작용에 의한 봉수의 파괴를 방지하기 위해서는 트랩과 위 (○ㅣ×)
생기구가 연결되는 관의 관지름을 트랩의 관경보다 더 크게 한다.

46 S트랩에서 자기사이펀 작용에 의한 봉수의 파괴를 방지하기 위해서는 트랩의 유 (○ㅣ×)
출부분 단면적이 유입부분 단면적보다 더 큰 것을 설치한다.

47 배수의 수평지관 또는 수직배수관에서 일시에 다량의 배수가 흘러내려가는 경우, (○ㅣ×)
이 배수의 압력에 의해 하류 또는 하층 기구에 설치된 트랩의 봉수가 파괴되는
것을 분출작용이라 한다.

48 유도사이펀 작용에 의한 봉수파괴를 방지하기 위하여 도피통기관을 설치한다. (○ㅣ×)

49 역압에 의한 봉수파괴 현상은 상층부 기구에서 자주 발생한다. (○ㅣ×)

50 가장 높은 층의 주호에서는 부엌의 배수가 한꺼번에 흘러나오면 배수관 내 압력 (○ㅣ×)
이 높아져 트랩의 봉수가 실내로 뿜어져 나와 파봉하는 경우가 있다.

51 역압에 의한 분출작용을 방지하기 위하여 배수수직관의 하단부에 통기관을 설치 (○ㅣ×)
한다.

52 트랩은 오버플로 부근에 머리카락이나 헝겊이 걸린 경우에는 흡인작용에 의해 봉수가 파괴될 수 있다. (○ | ×)

53 배수계통에서 트랩의 봉수가 파괴되는 원인 중 액체의 응집력과 액체와 고체 사이의 부착력에 의해 발생하는 것은 증발현상이다. (○ | ×)

54 장기간 사용하지 않을 때, 모세관 현상이나 증발에 의해 트랩의 봉수가 파괴될 수 있다. (○ | ×)

55 증발현상에 의한 봉수파괴를 방지하기 위하여 트랩 봉수 보급수 장치를 설치한다. (○ | ×)

56 통기관은 배관의 소음을 감소하는 기능을 한다. (○ | ×)

57 통기관은 배수관이 막혔을 때에 예비로 사용하기 위해서 설치한다. (○ | ×)

58 통기관은 배수관에 해로운 영향을 미칠 물질이 배수관에 들어가지 않도록 한다. (○ | ×)

59 통기관은 배수관 내 공기압력을 조절한다. (○ | ×)

60 통기관은 세정 배수 중의 유지분을 포집하여 배수관이 막히는 것을 방지한다. (○ | ×)

61 통기관은 모세관현상으로부터 봉수를 보호하기 위해서 설치한다. (○ | ×)

62 통기관은 관 내의 압력을 높여 악취를 배출한다. (○ | ×)

63 통기관은 배수트랩의 봉수부에 가해지는 압력과 배수관 내의 압력차를 크게 하여 배수작용을 돕는다. (○ | ×)

64 수격작용을 방지하기 위하여 통기관을 설치한다. (○ | ×)

65 5개 이상의 횡지관이 있는 배수입상관에는 통기수직관을 설치한다. (○ | ×)

66 통기수직관의 상부는 관지름의 축소 없이 단독으로 대기 중에 개구하거나 신정통기관에 접속한다. (○ | ×)

67 통기수직관의 하부는 배수수평주관에는 접속할 수 없으며, 최저 위치에 있는 배수수평지관보다 낮은 위치에서 배수수직관에 접속한다. (○ | ×)

68 통기수직관의 하부는 배수수평주관에 접속하거나 최저 위치에 있는 배수수평지관보다 높은 위치에서 배수수직관에 접속한다. (○ | ×)

69 통기수직관의 하단은 배수수직관에 60° 이상의 각도로 접속한다. (○ | ×)

70 통기관은 넘침선까지 올려 세운 다음 배수수직관에 접속한다. (○ | ×)

71 통기관은 위생기구의 넘치는 부분보다 15cm 이하의 높이로 배관한다. (○ | ×)

72 각개통기관은 기구의 넘침선 아래에서 배수수평주관에 접속한다. (○ | ×)

73 통기관을 수평으로 설치하는 경우에는 그 층의 최고 위치에 있는 위생기구의 오버플로면으로부터 100mm 낮은 위치에서 수평배관한다. (○ | ×)

74 신정통기관은 가장 높은 곳에 위치한 기구의 물넘침선보다 150mm 이상에서 배수수직관에 연결한다. (○ | ×)

75 통기수평지관은 기구의 물넘침선보다 150mm 이상 높은 위치에서 수직통기관에 연결한다. (○ | ×)

76 신정통기관은 모든 위생기구마다 설치하는 통기관이다. (○ | ×)

77 신정통기관은 최상부의 배수수평관이 배수수직관에 접속된 위치보다 더욱 위로 배수수직관을 끌어올려 대기 중에 개구하여 통기관으로 사용하는 부분이다. (○ | ×)

78 신정통기관의 관지름을 배수수직관의 관지름보다 크게 해서는 안 된다. (○ | ×)

79 신정통기관은 배수수직관의 상부를 그대로 연장하여 대기에 개방하는 것으로, 배수수직관의 관지름보다 작게 해서는 안 된다. (○ | ×)

80 신정통기관의 관지름은 배수수직관 관지름의 1/2 이상으로 한다. (○ | ×)

81 100mm 관지름의 배수수직관에 접속하는 신정통기관의 관지름은 100mm로 한다. (○ | ×)

82 위생기구의 오버플로관은 기구트랩의 유출 측에 접속하여야 한다. (○ | ×)

83 통기관은 항상 트랩의 바로 앞에 접속한다. (○ | ×)

84 각개통기관의 배수관 접속점은 기구의 최고 수면과 배수수평지관이 수직관에 접속되는 점을 연결한 동수구배선보다 상위에 있도록 배관한다. (○ | ×)

85 각개통기관은 회로통기방식에 비하여 그 기능이 불확실하다. (○ | ×)

86 위생기구가 여러 개일 경우 각개통기관보다 환상통기관을 설치하는 것이 통기효과가 더 좋다. (○ | ×)

87 각개통기방식은 반드시 통기수직관을 설치한다. (○ | ×)

88 50mm 관지름의 기구배수관에 접속하는 각개통기관의 관지름은 32mm로 한다. (○ | ×)

89 통기관의 최소 관지름은 45mm로 한다. (○ | ×)

90 각개통기방식은 회로통기방식이라고도 하는데, 통기수직관을 설치한 배수·통기 계통에 이용되며, 2개 이상의 기구트랩에 공통으로 하나의 통기관을 설치하는 방식이다. (○ | ×)

91 루프통기관은 고층건물에서 배수수직관과 통기수직관을 연결하여 설치한 것이다. (○ | ×)

92 회로통기관은 통기방식 중 가장 이상적인 통기방식이다. (○ | ×)

93 배수수직관으로부터 분기 입상하여 통기수직관에 접속하는 통기관을 회로통기관이라 한다. (○ | ×)

94 회로통기관은 배수수평지관의 최상류 배수기구의 상단에 설치한다. (○ | ×)

95 신정통기방식은 환상통기방식과 회로통기방식으로 세분할 수 있다. (○ | ×)

96 루프통기관의 인출 위치는 배수수평지관 최상류 기구의 하단 측으로 한다. (○ | ×)

97 회로통기관 하나가 감당할 수 있는 기구수는 10개이다. (○ | ×)

98 회로통기관의 관지름은 배수수평지관과 통기수직주관 중에서 큰 쪽 관지름의 2분의 1 이상으로 한다. (○ | ×)

99 50mm 관지름의 배수수평지관과 100mm 관지름의 통기수직관에 접속하는 루프통기관의 관지름은 32mm로 한다. (○ | ×)

100 회로통기관에 연결되는 기구수가 많을 경우 도피통기관을 추가로 설치한다. (○ | ×)

101 회로통기관은 배수·통기 양 계통 간의 공기의 유통을 원활히 하기 위해 설치하는 통기관이다. (○ | ×)

102 도피통기관은 배수수직관 상부를 연장하여 대기 중에 개방한 통기관이다. (○ | ×)

103 도피통기관은 각개통기방식에서 담당하는 기구수가 많을 경우 발생하는 하수가 (○ | ×)
스를 도피시키기 위하여 통기수직관에 연결하는 관이다.

104 도피통기관은 배수수평지관의 최하류에서 통기수직관과 연결한다. (○ | ×)

105 도피통기관은 루프통기관과 배수수평지관을 연결하여 설치하는 통기관이다. (○ | ×)

106 도피통기관은 배수수평지관과 배수수직관이 접속되는 부위에 설치한다. (○ | ×)

107 도피통기관은 배수수평지관의 최상류에 있는 기구배수관 바로 하류 측에 세운 통 (○ | ×)
기관이다.

108 도피통기관은 배수수평지관의 최상류에서 분기하여 통기지관에 연결한다. (○ | ×)

109 배수수평지관의 도피통기관의 관지름은 그것에 접속하는 배수수평지관의 관지름 (○ | ×)
보다 작게 해서는 안 된다.

110 도피통기관의 관지름은 그것에 접속하는 배수수평지관의 관지름의 최소 1/3 이 (○ | ×)
상이어야 한다.

111 도피통기관은 배수수평지관의 관지름 이상으로 하되 최소 75mm 이상으로 한다. (○ | ×)

112 75mm 관지름의 배수수평지관에 접속하는 도피통기관의 관지름은 50mm로 한다. (○ | ×)

113 습통기관은 2대 이상의 트랩을 보호하기 위해 기구배수관과 통기관을 겸용한 부 (○ | ×)
분이다.

114 공용통기관은 기구가 반대방향(좌우분기) 또는 병렬로 설치된 기구배수관의 교점 (○ | ×)
에 접속하여 입상하며, 그 양쪽 기구의 트랩 봉수를 보호하기 위한 1개의 통기관
을 말한다.

115 공용통기관은 통기관과 배수관의 역할을 겸용하는 관이다. (○ | ×)

116 크로스커넥션은 배수수직관과 통기수직관을 연결하여 배수의 흐름을 원활하게 (○ | ×)
하기 위한 접속법이다.

117 결합통기관은 2개의 통기관을 서로 연결하는 통기관이다. (○ | ×)

118 배수수직관과 통기수직관을 접속하는 통기관은 회로통기관이다. (○ | ×)

119 결합통기관은 배수수직관 내의 압력변화를 완화하기 위하여 배수수직관과 통기 (○ | ×)
수직관을 연결하는 통기관이다.

120 결합통기관은 배수수직관과 통기수직관을 접속하는 것으로 배수수직관 내의 압 (○ | ×)
력변동을 완화하기 위해 설치한다.

121 결합통기관은 2개 이상의 기구트랩의 봉수를 하나의 통기관으로 모두 보호하기 (○ | ×)
위하여 설치하는 통기관이다.

122 결합통기관의 지름은 접속되는 통기수직관 지름의 1/2로 한다. (○ | ×)

123 결합통기관의 관지름은 통기수직관과 배수수직관 중 큰 쪽 관지름 이상으로 한다. (○ | ×)

124 결합통기관의 관지름은 배수수직주관과 통기수직주관의 작은 쪽 관지름의 1/2 (○ | ×)
이상으로 한다.

125 100mm 통기수직관과 150mm 배수수직관에 접속하는 결합통기관의 관지름은 75mm로 한다. (○ | ×)

126 섹스티아 방식에서는 공기혼합이음과 공기분리이음을 사용한다. (○ | ×)

127 섹스티아 통기관에는 배수수평주관에 배수가 원활하게 유입되도록 공기분리 이음쇠가 설치된다. (○ | ×)

128 소벤트 시스템은 특수통기방식으로 통기수직관을 사용한 루프통기방식의 일종이다. (○ | ×)

129 소벤트 시스템, 섹스티아 시스템은 신정통기 방식을 변형한 것이다. (○ | ×)

130 특수통기방식의 일종인 소벤트 방식, 섹스티아 방식은 신정통기 방식을 변형시킨 것이다. (○ | ×)

131 배수수직주관의 최상부에는 청소구를 설치한다. (○ | ×)

132 배수수직관과 신정통기관의 접속 부분에는 청소구를 설치한다. (○ | ×)

133 배수수직관의 하단부에는 청소구가 없어도 관계가 없다. (○ | ×)

134 청소구는 배수수평지관의 최하단부에 설치해야 한다. (○ | ×)

135 길이가 긴 배수수평주관 중간으로서 배수관의 관지름이 100mm 이하인 경우는 30m 이내마다 청소구를 설치한다. (○ | ×)

136 배수수평관이 긴 경우, 배수관의 관지름이 100mm 이하인 경우에는 20m 이내, 100mm를 넘는 경우에는 35m마다 청소구를 설치한다. (○ | ×)

137 길이가 긴 배수수평관의 중간 부분에는 청소구를 설치한다. (○ | ×)

138 배수관이 30° 이상으로 구부러지는 곳에는 청소구를 설치한다. (○ | ×)

139 청소구는 배수의 흐름과 반대 또는 직각방향으로 열 수 있도록 설치한다. (○ | ×)

140 배수관경이 125mm이면 직경이 125mm인 청소구를 설치한다. (○ | ×)

141 발포 존에는 기구배수관이나 배수수평지관이 접속하지 않도록 한다. (○ | ×)

142 배수수평주관의 길이를 길게 하여 발포 존의 발생을 줄일 수 있다. (○ | ×)

143 발포 존의 발생 방지를 위하여 저층부와 고층부의 배수수직관을 분리하지 않는다. (○ | ×)

144 간접배수계통의 통기관은 다른 통기계통에 접속하여 대기 중에 개구한다. (○ | ×)

145 간접배수계통 및 특수통기계통의 통기관은 통기헤더에 접속하여 설치한다. (○ | ×)

146 통기수직관과 빗물수직관은 겸용하는 것이 경제적이며 이상적이다. (○ | ×)

147 배수 및 통기수직관은 되도록 수리 및 점검을 용이하게 하기 위하여 파이프 샤프트 바깥에 배관한다. (○ | ×)

148 배수수평지관으로부터 배수수직관에 배수가 유입되면 배수량이 적을 때에는 배수가 수직관 관벽을 따라 지그재그로 강하한다. (○ | ×)

149 배수관 내에 유입된 배수가 상층부에서 하층부로 낙하하면서 증가하던 속도가 더이상 증가하지 않을 때의 속도를 종국유속이라 한다. (○ | ×)

150 배수수직관의 관지름이 작을수록 종국길이가 짧다. (○ | ×)

151 일반적으로 배수수직관의 허용유량은 30% 정도를 한도로 하고 있다. (○ | ×)

152 배수수직관 내를 배수가 관벽을 따라 나선형의 상태로 하강하는 현상을 수력도약 (○ | ×)
현상(도수현상)이라고 한다.

153 배수수평관에는 배수와 그것에 포함되어 있는 고형물을 신속하게 배출하기 위하 (○ | ×)
여 구배를 두어야 한다.

154 배수관의 구배를 크게 하면 할수록 오물을 반송하기 위한 능력이 커진다. (○ | ×)

155 배관의 구배가 너무 크면 유수가 빨리 흘러 고형물이 남게 된다. (○ | ×)

156 배관의 구배가 작으면 고형물을 밀어낼 수 있는 힘이 작아진다. (○ | ×)

157 배수관 관지름이 클수록 자기세정작용이 커진다. (○ | ×)

158 배수관 관지름이 필요 이상으로 크면 오히려 배수능력이 저하된다. (○ | ×)

159 옥내 배수관의 관지름은 기구배수부하단위법 등에 의하여 결정할 수 있다. (○ | ×)

160 기구배수부하단위는 각 기구의 최대 배수유량을 소변기 최대 배수유량으로 나눈 (○ | ×)
값에 동시사용률 등을 고려하여 결정한다.

161 배수관의 관지름 결정을 위해 사용되는 기구배수부하단위는 대변기를 기준으로 (○ | ×)
하여 정해진다.

162 배수관의 관지름 결정을 위해 사용되는 기구배수부하단위가 가장 큰 위생기구는 (○ | ×)
대변기이다.

163 지중 또는 지하층의 바닥 밑에 매설하는 배수관의 관지름은 32mm 이상으로 하 (○ | ×)
는 것이 바람직하다.

164 세면기 배수관의 최소 관지름은 25mm이다. (○ | ×)

165 통기관은 배관길이가 길어지면 저항이 작아지므로 관지름을 줄일 수 있다. (○ | ×)

166 배수관의 관지름이 크면 클수록 오히려 배수 능률은 감퇴될 수 있다. (○ | ×)

167 배수수평지관의 관지름은 그것에 접속하는 트랩구경과 기구배수관의 관지름과 (○ | ×)
같거나 커야 한다.

168 배수수직관의 관지름은 이것에 접속하는 배수수평지관의 최대 관지름보다 작게 (○ | ×)
한다.

169 배수수직관의 관지름은 최하부부터 최상부까지 동일하게 한다. (○ | ×)

170 배수수직관의 관지름은 가장 큰 배수부하를 담당하는 최하층 관지름을 최상층까 (○ | ×)
지 동일하게 적용한다.

171 배수관은 배수의 유하방향으로 관지름을 축소해서는 안 된다. (○ | ×)

172 배수수평지관은 배수가 흐르는 방향으로 관지름을 축소하지 않는다. (○ | ×)

173 배수는 기구배수, 배수수평주관, 배수수직주관의 순서로 이루어지며, 이 순서대 (○ | ×)
로 관지름은 작아져야 한다.

25 위생기구

OX 문제

01 위생기구는 흡수성이 커야 한다. (○ | ×)

02 위생기구는 청소가 용이하도록 흡수성, 흡습성이 없어야 한다. (○ | ×)

03 위생기구로서 도기는 다른 재질들에 비해 흡수성이 큰 장점을 가지고 있어 가장 많이 사용되고 있다. (○ | ×)

04 로우탱크식 세정의 경우 탱크로의 급수압력에 관계없이 대변기로의 공급수량이나 압력이 일정하다. (○ | ×)

05 하이탱크식과 로우탱크식은 탱크로의 급수수압이 다소 낮아도 사용이 가능하다. (○ | ×)

06 세정밸브식과 세정탱크식 대변기에서 급수관의 최소 관경은 25mm로 동일하다. (○ | ×)

07 로우탱크식은 단시간에 다량의 물이 필요하기 때문에 일반 가정용으로는 사용하지 않는다. (○ | ×)

08 로우탱크식은 사용빈도가 많거나 일시적으로 많은 사람들이 연속하여 사용하는 장소에 적합하다. (○ | ×)

09 로우탱크식과 하이탱크식은 연속 사용이 가능하다. (○ | ×)

10 로우탱크식은 하이탱크식에 비해 세정 소음이 크나, 화장실 면적을 넓게 사용할 수 있는 장점이 있다. (○ | ×)

11 플러시밸브식은 레버의 조작에 의해 낙차에 의한 수압으로 대변기를 세척하는 방식이다. (○ | ×)

12 세정탱크식 대변기에서 세정 시 소음은 로우(Low) 탱크식이 하이(High) 탱크식보다 크다. (○ | ×)

13 플러시밸브식 대변기는 연속 사용이 불가능하다. (○ | ×)

14 플러시밸브식 대변기는 급수관경과 급수압력에 제한이 없다. (○ | ×)

15 플러시밸브식 대변기는 로우탱크방식에 비해 최저 필요 수압이 작다. (○ | ×)

16 세정밸브식 대변기의 최저 필요 압력은 세면기 수전의 최저 필요 압력보다 크다. (○ | ×)

17 플러시밸브식 대변기는 우리나라에서는 일반 주택을 중심으로 널리 이용되고 있다. (○ | ×)

18 플러시밸브식 대변기는 소음이 적으며 급수압력에 제한을 받지 않는다. (○ | ×)

19 플러시밸브식 대변기는 급수관경에 제한이 없어 일반 가정용으로 주로 사용된다. (○ | ×)

20 블로아웃식 대변기는 사이펀볼텍스식 대변기에 비해 세정소음이 작아 주택이나 (○ | ×)
호텔 등에 적합하다.

21 플러시밸브식은 급수관경 및 수압과 관계없이 사용 가능하다. (○ | ×)

22 세정밸브식 대변기는 급수관경이 최소 20mm 이상 필요하다. (○ | ×)

23 세정탱크식 대변기에는 역류방지를 위해 진공방지기를 설치해야 한다. (○ | ×)

24 플러시밸브의 2차 측(하류 측)에는 버큠브레이커(Vacuum Breaker)를 설치한다. (○ | ×)

25 버큠브레이커(Vacuum Breaker)는 이미 사용한 물이 자기사이펀 작용에 의해 (○ | ×)
상수계통(급수관)으로 역류하는 것을 방지하기 위한 기구이다.

26 세정밸브식 대변기에는 급수 소음을 줄이기 위하여 진공방지기를 설치한다. (○ | ×)

27 위생설비 유닛화의 이점은 공장 작업 공정이 단축되는 것이다. (○ | ×)

28 위생기구를 유닛화하는 목적은 현장작업의 증가이다. (○ | ×)

29 욕실 유닛화는 공사가 복잡하여 공기가 길어진다. (○ | ×)

30 위생기구 설비의 유닛(Unit)화는 공기단축, 시공정밀도 향상 등의 장점이 있다. (○ | ×)

정답 01 × 02 ○ 03 × 04 ○ 05 ○ 06 × 07 × 08 × 09 × 10 × 11 × 12 × 13 × 14 × 15 ×
16 ○ 17 × 18 × 19 × 20 × 21 × 22 × 23 × 24 ○ 25 × 26 × 27 × 28 × 29 × 30 ○

26 배관재료

OX 문제

01 주철관은 강관에 비해 내식성이 우수하다. (○ | ×)

02 주철관은 내식, 내마모성이 우수하여 급수, 오·배수 배관용 등으로 사용된다. (○ | ×)

03 강관은 주철관에 비해 부식되기 쉽다. (○ | ×)

04 탄소강관은 주철관에 비해 가볍고 인장강도가 커서 고압용으로 사용된다. (○ | ×)

05 강관의 접합에는 납땜 접합이 가장 많이 이용된다. (○ | ×)

06 강관의 스케줄 번호는 관의 길이로 결정한다. (○ | ×)

07 강관의 스케줄 번호가 작을수록 관의 살두께가 두껍다. (○ | ×)

08 탄소강관은 내식성 및 가공성이 우수하며, 관 두께에 따라 K, L, M형으로 구분된다. (○ | ×)

09 연관은 연성이 풍부하여 가공성이 우수하다. (○ | ×)

10 연관은 내식성이 작아 배수용보다는 난방배관에 주로 사용된다. (○ | ×)

11 연관은 열에 강하여 급탕배관에 적합하며 부식도 잘 되지 않는다. (○ | ×)

12 동관은 가소성소다, 가성칼리 등 알칼리성에 심하게 침식된다. (○ | ×)

13 동관은 연수에 내식성이 크다. (○ | ×)

14 동관은 증기관으로 사용된다. (○ | ×)

15 동관은 강관에 비해 가벼워서 운반, 취급이 용이하다. (○ | ×)

16 동관의 두께는 스케줄 번호로 표시한다. (○ | ×)

17 동관은 동일 관경에서 K타입의 두께가 가장 얇다. (○ | ×)

18 동관은 열전도성이 높고 유연성이 우수하다. (○ | ×)

19 염화비닐관은 선팽창계수가 크므로 온도변화에 따른 신축에 유의해야 한다. (○ | ×)

20 경질 염화비닐관은 내식성은 우수하나 충격에 약하다. (○ | ×)

21 경질 염화비닐관은 온도의 변화가 심한 곳에 주로 사용된다. (○ | ×)

22 경질 염화비닐관은 열팽창성이 강관에 비해 작으며, 온도 변화에 따른 신축이 거의 없다. (○ | ×)

23 경질 염화비닐관은 저온에 약하며, 한랭지에서는 외부로부터 조금만 충격을 주어도 파괴되기 쉽다. (○ | ×)

24 경질 염화비닐관은 저온에서 충격에 강하므로 한랭지에서 주로 사용된다. (○ | ×)

25 염화비닐관은 산, 알칼리 및 염류에 대한 내식성이 작다. (○ | ×)

26 염화비닐관은 내식성이 크고 염산, 황산, 가성소다 등의 부식성 약품에 의해 거의 부식되지 않는다. (○ | ×)

27 염화비닐관은 전기적 저항이 크고 전식작용이 없다. (○ | ×)

28 플라스틱관은 흔히 PVC관이라고 불리는 것으로, 배관 두께별로 K형, L형, M형이 있다. (○ | ×)

29 스테인리스 강관은 내식성이 작아 부식되기 쉽다. (○ | ×)

30 스테인리스 강관은 급수용 배관으로 사용할 수 없다. (○ | ×)

31 스테인리스 강관은 단위길이당 중량이 가벼워 취급, 운반이 용이하다. (○ | ×)

32 스테인리스 강관은 저온 충격성이 작아 한랭지 배관이 곤란하다. (○ | ×)

33 스테인리스 강관은 열전도율이 동관에 비해 크다. (○ | ×)

34 스테인리스 강관은 두께에 따라 L, M, N형으로 분류할 수 있다. (○ | ×)

35 라이닝 관은 경량이면서 산, 알칼리에 대한 내식성이 낮고 마찰이 커 특수용 배관으로 사용된다. (○ | ×)

36 소켓은 같은 관경의 배관을 직선으로 접속할 때 사용한다. (○ | ×)

37 급수주관으로부터 배관을 분기하는 경우는 엘보를 사용하여야 한다. (○ | ×)

38 니플은 배관의 방향을 바꿀 때 사용한다. (○ | ×)

39 리듀서(Reducer)는 하나의 배관이 두 개로 분기되거나 두 개의 배관이 하나로 합쳐질 때 사용되는 이음이다.　　　　　　　　　　　　　　　　　　(○ | ×)

40 강관에서 배관의 말단부에는 이경소켓, 부싱을 사용한다.　　　　　　　　(○ | ×)

41 강관에서 분기관을 뽑을 때 부싱을 사용한다.　　　　　　　　　　　　　(○ | ×)

42 지름이 다른 주철관을 직선으로 연결하기 위해서는 이경소켓을 사용한다.　(○ | ×)

43 방향전환에는 유니온, 이경소켓을 사용한다.　　　　　　　　　　　　　　(○ | ×)

44 유니온과 플랜지는 배관조립이나 관의 수리 등 관의 교체를 손쉽게 할 목적으로 이용되는 이음이다.　　　　　　　　　　　　　　　　　　　　　　(○ | ×)

45 플러그는 배관의 분기에 사용된다.　　　　　　　　　　　　　　　　　　(○ | ×)

46 플러그는 관경이 다른 관을 연결할 때 사용된다.　　　　　　　　　　　　(○ | ×)

47 플러그와 캡은 동일 관경의 관을 직선 연결할 때 사용된다.　　　　　　　(○ | ×)

48 슬루스밸브는 밸브를 완전히 열면 배관경과 밸브의 구경이 동일하므로 유체의 저항이 작지만 부분개폐 상태에서는 밸브판이 침식되어 완전히 닫아도 누설될 우려가 있다.　　　　　　　　　　　　　　　　　　　　　　　　　　　(○ | ×)

49 슬루스밸브를 일명 게이트밸브라 한다.　　　　　　　　　　　　　　　　(○ | ×)

50 게이트밸브는 유체를 일정한 방향으로만 흐르게 하고 역류를 방지하는 데 주로 사용된다.　　　　　　　　　　　　　　　　　　　　　　　　　　　　(○ | ×)

51 슬루스밸브는 유체의 흐름이 90°로 바뀌기 때문에 유체에 대한 저항이 크다.　(○ | ×)

52 슬루스밸브는 밸브를 일부만 열고 사용하여도 유체의 저항손실이 작기 때문에 유량조절용으로 적합하다.　　　　　　　　　　　　　　　　　　　　　(○ | ×)

53 게이트밸브는 주로 유량조절에 사용하며 글로브밸브에 비해 유체에 대한 저항이 큰 단점을 가지고 있다.　　　　　　　　　　　　　　　　　　　　　(○ | ×)

54 글로브밸브는 유체저항이 비교적 작으며, 슬루스밸브라고 불린다.　　　　(○ | ×)

55 슬루스밸브는 스톱밸브라고도 하며, 유체에 대한 저항이 큰 것이 결점이다.　(○ | ×)

56 글로브밸브는 유체가 밸브 내의 아래에서 위로 흐르도록 설치된다.　　　　(○ | ×)

57 글로브밸브는 밸브를 완전히 열고 사용하는 경우에는 유체의 저항손실이 없으나 일부만 열고 사용하는 경우에는 저항손실이 크다.　　　　　　　　　　(○ | ×)

58 글로브밸브는 유로의 폐쇄나 계속적인 변화에 의한 유량조절에 적합한 것으로, 스톱밸브라고 불린다.　　　　　　　　　　　　　　　　　　　　　　(○ | ×)

59 글로브밸브는 밸브를 완전히 열면 유체 흐름의 단면적 변화가 없어서 마찰저항이 없다.　　　　　　　　　　　　　　　　　　　　　　　　　　　　　(○ | ×)

60 글로브밸브는 스톱밸브의 일종으로, 유체의 흐름방향을 바꾸어 유량을 차단하는 데 사용하는 밸브이다.　　　　　　　　　　　　　　　　　　　　　　(○ | ×)

61 버터플라이밸브는 밸브 내부에 있는 원판을 회전시킴으로써 유체의 흐름을 조절한다.　　　　　　　　　　　　　　　　　　　　　　　　　　　　　(○ | ×)

62 버터플라이밸브는 기밀성이 좋아서 고압유체의 흐름 단속용으로 주로 사용된다. (○ | ×)

63 콕은 90° 범위에서 유량 조절을 할 수 있다. (○ | ×)

64 볼밸브는 콕의 일종으로 구조가 간단하나 밸브를 완전히 열고 사용할 때 저항손실이 크다. (○ | ×)

65 볼탭밸브는 밸브 중간에 위치한 볼의 회전에 의해 유체의 흐름을 조절한다. (○ | ×)

66 글로브밸브는 배관 내 유체 흐름의 역류를 방지하여 흐름방향을 일정하게 유지하는 목적으로 사용되는 밸브이다. (○ | ×)

67 체크밸브는 유체의 흐름을 한 방향으로 흐르게 하며, 리프트형 체크밸브는 수평배관에 사용된다. (○ | ×)

68 체크밸브는 수직배관에만 사용된다. (○ | ×)

69 스윙형 체크밸브는 수평배관에 사용할 수 없다. (○ | ×)

70 리프트형 체크밸브는 수평배관에 사용된다. (○ | ×)

71 체크밸브에서 리프트형은 수평배관 및 흐름방향이 상향인 수직배관에 사용되며, 스윙형은 수평배관에만 사용된다. (○ | ×)

72 리프트형 체크밸브는 글로브밸브와 같은 밸브 시트의 구조로서 유체의 압력에 밸브가 수직으로 올라가게 되어 있다. (○ | ×)

73 체크밸브는 역류방지밸브로서 스윙형은 저항손실이 작고 수평·수직배관 모두 사용이 가능하다. (○ | ×)

74 스윙형 체크밸브는 유수에 대한 마찰저항이 리프트형보다 작다. (○ | ×)

75 체크밸브는 유량조절이 가능하다. (○ | ×)

76 배관 중에 먼지 또는 토사·쇠부스러기 등이 들어가면 배관이 막힐 우려가 있으므로 이를 방지하기 위하여 배관에 스트레이너를 부착한다. (○ | ×)

77 체크밸브는 밸브류 앞에 설치하여 배관 내의 흙, 모래 등의 이물질을 제거하기 위한 장치이다. (○ | ×)

78 배관 속을 흐르는 물질의 종류를 구분하기 위해서 가스관은 적색으로 표시한다. (○ | ×)

79 배관 속을 흐르는 물질의 종류를 구분하기 위해서 급수관은 황색으로 표시한다. (○ | ×)

정답 01 ○ 02 ○ 03 ○ 04 ○ 05 × 06 × 07 × 08 × 09 ○ 10 × 11 × 12 × 13 × 14 × 15 ○
16 × 17 ○ 18 ○ 19 ○ 20 ○ 21 × 22 × 23 ○ 24 × 25 × 26 ○ 27 ○ 28 × 29 × 30 ×
31 ○ 32 × 33 × 34 × 35 × 36 ○ 37 × 38 × 39 × 40 × 41 × 42 ○ 43 × 44 ○ 45 ×
46 × 47 × 48 ○ 49 ○ 50 × 51 × 52 × 53 × 54 × 55 × 56 ○ 57 × 58 ○ 59 × 60 ×
61 ○ 62 × 63 ○ 64 × 65 × 66 × 67 ○ 68 × 69 × 70 ○ 71 × 72 ○ 73 ○ 74 ○ 75 ×
76 ○ 77 × 78 × 79 ×

01 '하수'라 함은 사람의 생활이나 경제활동으로 인하여 액체성 또는 고체성의 물질 (○ | ×)
   이 섞이어 오염된 물을 말하며, 건물·도로 그 밖의 시설물의 부지로부터 하수도
   로 유입되는 빗물·지하수는 제외한다.

02 '오수'란 수거식 화장실에서 수거되는 액체성 또는 고체성의 오염물질을 말 (○ | ×)
   한다.

03 '분뇨'란 수세식 화장실에서 수거되는 액체성 또는 고체성의 오염물질을 말 (○ | ×)
   한다.

04 '분뇨'란 수거식 화장실에서 수거되는 액체성 또는 고체성의 오염물질을 말하며, (○ | ×)
   개인하수처리시설의 청소과정에서 발생하는 찌꺼기는 제외한다.

05 '공공하수도'라 함은 지방자치단체가 설치 또는 관리하는 하수도를 말하며, 개인 (○ | ×)
   하수도를 포함한다.

06 '합류식하수관로'란 오수와 하수도로 유입되는 빗물·지하수가 함께 흐르도록 하 (○ | ×)
   기 위한 하수관로를 말한다.

07 'BOD'란 생물학적 산소요구량을 말하며, 오수 중의 분해 가능한 유기물의 함유 (○ | ×)
   정도를 간접적으로 측정하는 데 이용된다.

08 'DO'는 용존산소량으로, DO 값이 작을수록 오수의 정화능력이 우수하다. (○ | ×)

09 'COD'란 화학적 산소요구량을 말하며, COD 값은 미생물에 의하여 분해되지 (○ | ×)
   않은 유기질까지 화학적으로 산화되기 때문에 일반적으로 BOD 값보다 높게 나
   타난다.

10 'COD'란 화학적 산소요구량을 의미하며, 배수 중에 산화되기 쉬운 유기물이 과 (○ | ×)
   망간산칼륨 등과 같은 산화제에 의해 산화될 때 소비되는 산화제의 양에 상당하
   는 산소량을 말한다.

11 'COD'는 화학적 산소요구량, 'SS'는 부유물질을 말한다. (○ | ×)

12 COD 값이 클수록 오염도가 작다. (○ | ×)

13 용존산소량은 오수 중에 포함되어 있는 고형물질로, 물에 용해되지 않는 것을 말 (○ | ×)
   한다.

14 수질오염의 지표로서 물속에 용존하고 있는 산소를 의미하는 것은 DO이다. (○ | ×)

15 'DO'란 수중 용존산소량을 나타낸 것이며, 이것이 클수록 정화능력도 크다고 할 (○ | ×)
   수 있다.

16 'DO'란 오수 중의 산소요구량을 말하며, 오염도가 높을수록 산소요구량이 적다. (○ | ×)

17 '스컴'이란 유기물질 분해에 작용하는 미생물군을 뜻하거나 오수 중의 고형분을 (○ | ×)
   통칭한다.

18 수질오염의 지표로서 식물성 플랑크톤이나 부유점토 입자 등에 의한 물의 혼탁 (○ | ×)
정도를 나타내는 지표는 용존산소량이다.

19 'SS'란 물 1세제곱미터 중의 대장균군 수를 개수로 표시한 것이다. (○ | ×)

20 'SS'는 증발잔류물로서 부유물과 용해성 물질의 합계를 말한다. (○ | ×)

21 'SS'는 오수 중의 용존산소량을 ppm으로 나타낸 것이다. (○ | ×)

22 'SS'란 오수 중에 떠 있는 부유물질을 말하며, 탁도의 원인이 되기도 한다. (○ | ×)

23 부유물질로서 오수 중에 현탁되는 물질은 SS이다. (○ | ×)

24 'SS'란 입경 2mm 이하의 불용성 물질을 말한다. (○ | ×)

25 SS 값이 클수록 탁도가 작다. (○ | ×)

26 'pH'란 물이 산성인가 알칼리성인가를 나타내는 것이다. (○ | ×)

27 'BOD 제거율'이란 오물정화조의 유입수 BOD와 유출수 BOD의 차이를 유출수 (○ | ×)
BOD로 나눈 값이다.

28 BOD 제거율이 높을수록 정화조의 성능이 우수하다. (○ | ×)

29 오수정화조의 성능은 BOD 제거율이 높을수록, 유출수의 BOD가 낮을수록 우수 (○ | ×)
하다.

30 ppm은 농도 단위로서 10만분의 1의 양을 말한다. (○ | ×)

정답 01 ✕ 02 ✕ 03 ✕ 04 ✕ 05 ✕ 06 ○ 07 ○ 08 ✕ 09 ○ 10 ○ 11 ○ 12 ✕ 13 ✕ 14 ○ 15 ○
16 ✕ 17 ✕ 18 ✕ 19 ✕ 20 ✕ 21 ✕ 22 ○ 23 ○ 24 ✕ 25 ✕ 26 ○ 27 ✕ 28 ○ 29 ○ 30 ✕

28 난방설비

OX 문제

01 개별난방설비의 기준으로 보일러는 거실 외의 곳에 설치하되, 보일러를 설치하는 (○ | ×)
곳과 거실 사이의 경계벽은 출입구를 제외하고는 방화구조의 벽으로 구획한다.

02 보일러를 설치하는 곳과 거실 사이의 경계벽은 출입구를 포함하여 내화구조의 벽 (○ | ×)
으로 구획한다.

03 개별난방설비의 기준으로 보일러실의 윗부분에는 그 면적이 1제곱미터 이상인 환 (○ | ×)
기창을 설치한다.

04 개별난방설비의 기준으로 보일러실의 윗부분과 아랫부분에는 지름 5센티미터 이 (○ | ×)
상의 공기흡입구 및 배기구를 설치한다.

05 전기보일러의 경우, 보일러실의 윗부분에 지름 10cm 이상의 공기흡입구를 설치 (○ | ×)
한다.

06 보일러실 윗부분과 아랫부분에는 공기흡입구 및 배기구를 항상 닫혀있도록 설치 (○ | ×)
한다.

07 기름보일러를 설치하는 경우에는 기름저장소를 보일러실 내에 설치해야 한다. (○ | ×)

08 개별난방설비의 기준으로 공동주택은 난방구획을 방화구획으로 구획한다. (○ | ×)

09 보일러의 연도는 방화구조로서 개별연도를 설치한다. (○ | ×)

10 바닥난방을 위한 열이 바탕층 아래 및 측벽으로 손실되는 것을 막을 수 있도록 단열재를 바탕층 아래에 설치하는 것을 원칙으로 한다. (○ | ×)

11 열손실을 막기 위해 방열면 반대 측에 단열층 설치가 필요하다. (○ | ×)

12 온수온돌 설치 시에 배관층과 바탕층 사이의 열저항은 층간바닥인 경우에는 해당 바닥에 요구되는 열관류저항의 50% 이상이 되도록 하는 것을 원칙으로 한다. (○ | ×)

13 바탕층이 지면에 접하는 경우에는 바탕층 아래와 주변 벽면에 높이 5센티미터 이상의 방수처리를 하여야 한다. (○ | ×)

14 바탕층이 지면에 접하는 경우에는 단열재의 윗부분에 방수처리를 하여야 한다. (○ | ×)

15 바탕층이 지면에 접하는 경우에는 단열재의 아랫부분에 방습처리를 하여야 한다. (○ | ×)

16 온수온돌 설치 시에 배관층은 방열관에서 방출된 열이 마감층 부위로 전달되지 않는 높이와 구조를 갖추어야 한다. (○ | ×)

17 증기난방은 증기의 잠열을 이용하는 방식이다. (○ | ×)

18 증기난방은 증발잠열을 이용하기 때문에 열의 운반능력이 작다. (○ | ×)

19 증기난방은 예열시간이 길고 간헐운전에 사용할 수 없다. (○ | ×)

20 증기난방은 온수난방에 비해 예열시간이 길어서 충분히 난방감을 느끼는 데 시간이 걸린다. (○ | ×)

21 증기난방은 온수난방에 비하여 열용량이 커 예열시간이 길게 소요된다. (○ | ×)

22 증기난방은 온수난방에 비하여 배관경이나 방열기가 작아진다. (○ | ×)

23 증기난방은 온수난방에 비하여 소요방열면적과 배관경이 크므로 설비비가 높다. (○ | ×)

24 증기난방은 온수난방에 비하여 배관경이나 방열기가 크지만 시공이 용이하여 설비비가 싸다. (○ | ×)

25 증기난방은 설비비, 유지비가 비싸다. (○ | ×)

26 증기난방은 온수난방에 비해 비교적 고온이므로 실내온도차가 발생하지 않는다. (○ | ×)

27 증기난방은 극장, 영화관 등 천장고가 높은 건물에 주로 사용된다. (○ | ×)

28 증기난방은 방열기의 표면온도가 높아 쾌적성이 온수난방보다 좋지 않다. (○ | ×)

29 증기난방은 온도조절이 용이하다. (○ | ×)

30 증기난방은 온수난방에 비해 부하변동에 따른 실내방열량의 제어가 용이하다. (○ | ×)

31 증기난방은 온수난방보다 열매체의 온도가 높아 열매량 차이에 따른 열량조절이 쉬우므로 부하변동에 대한 대응이 쉽다. (○ | ×)

32 증기난방은 열용량이 크므로 보일러를 정지시켜도 실내난방이 어느 정도 지속된다. (○ | ×)

33 증기난방은 온수난방에 비해 한랭지방에서 운전 정지 시 동결의 위험이 크다. (○ | ×)

34 증기난방은 응축수의 환수관 내에서 부식이 발생하기 쉽다. (○ | ×)

35 온수난방은 온수의 잠열을 이용하여 난방하는 방식이다. (○ | ×)

36 온수난방은 증기난방에 비해 보일러 취급이 어렵고, 배관에서 소음이 많이 발생한다. (○ | ×)

37 온수난방은 증기난방에 비해 난방부하의 변동에 따라 방열량 조절이 어렵고 쾌감도가 낮다. (○ | ×)

38 온수난방은 동일 방열량인 경우 증기난방보다 관지름을 작게 할 수 있다. (○ | ×)

39 온수난방은 증기난방에 비하여 소요방열면적과 배관경이 작으므로 설비비가 낮다. (○ | ×)

40 온수난방은 현열을 이용한 난방이므로 증기난방에 비해 쾌감도가 낮고 열용량이 작아 온수 순환시간이 짧다. (○ | ×)

41 온수난방은 관내 보유수량 및 열용량이 커서 증기난방보다 예열시간이 길다. (○ | ×)

42 온수난방은 방열온도가 높으며 장치의 열용량이 적다. (○ | ×)

43 온수난방은 실내온도의 상승이 빠르고 예열손실이 적어 간헐난방에 적합하다. (○ | ×)

44 증기난방에 비해 고온수난방은 예열시간이 짧은 장점이 있다. (○ | ×)

45 온수난방은 겨울철 난방을 정지하였을 경우에도 동결의 우려가 없다. (○ | ×)

46 증기난방에 비해 고온수난방은 배관 내 부식이 발생할 가능성이 높다. (○ | ×)

47 온수난방은 용량제어가 어렵고 응축수에 의한 열손실이 크다. (○ | ×)

48 복사난방은 바닥구조체를 방열체로 사용할 수 있다. (○ | ×)

49 복사난방은 방 높이에 따른 실온의 변화가 적다. (○ | ×)

50 복사난방은 천장고가 높은 공간에 적합하다. (○ | ×)

51 복사난방은 온풍난방방식보다 천장이 높은 대공간에서도 난방효과가 좋다. (○ | ×)

52 복사난방은 대류난방에 비해 실내온도 분포가 균등하다. (○ | ×)

53 복사난방방식은 실내 상하의 온도차가 큰 단점이 있다. (○ | ×)

54 복사난방은 온도분포가 불균일하다. (○ | ×)

55 복사난방은 증기난방과 비교하여 실내층고와 관계없이 상하 온도차가 항상 크다. (○ | ×)

56 복사난방은 실내의 상하 온도분포 차이가 커서 대류난방방식보다 쾌적성이 좋지 않다. (○ | ×)

57 복사난방은 천장이 높은 실의 난방에는 사용할 수 없다. (○ | ×)

58 동일 방열량에 대하여 바닥 복사난방은 대류난방보다 실의 평균온도가 높기 때문에 손실열량이 많다. (○ | ×)

59 복사난방은 대류난방에 비해서 설비비는 비싸나 쾌적도가 좋은 방식이다. (○ | ×)

60 복사난방은 방열기의 설치로 인해 실의 바닥면의 이용도가 낮다. (○ | ×)

61 복사난방은 대류난방, 온풍난방방식보다 실의 예열시간이 길다. (○ | ×)

62 복사난방은 대류난방방식에 비해 방열면의 열용량이 크기 때문에 난방부하 변동에 대한 대응이 빠르다. (○ | ×)

63 바닥 복사난방은 대류난방에 비해 외기온도 변화에 따른 방열량 조절이 쉽다. (○ | ×)

64 복사난방은 증기난방에 비하여 열용량이 작아 방열량 조절이 쉽다. (○ | ×)

65 복사난방은 구조체를 따뜻하게 하므로 예열시간이 길어 일시적인 난방에는 바람직하지 않다. (○ | ×)

66 복사난방은 열용량이 커서 예열시간이 짧다. (○ | ×)

67 복사난방은 열용량이 작아 간헐난방에 적합하다. (○ | ×)

68 복사난방은 실내 공기의 온도분포가 고르지 못하지만 증기난방방식에 비하여 설비비가 낮다. (○ | ×)

69 복사난방은 고장수리 및 점검이 쉽다. (○ | ×)

70 바닥 복사난방은 각 방으로 연결된 난방코일의 길이가 달라지면 그 저항 손실도 달라진다. (○ | ×)

71 복사난방은 열손실을 막기 위해 방열면의 배면에 단열층이 필요하다. (○ | ×)

72 난방코일의 간격은 열손실이 많은 측에는 넓게, 적은 측에는 좁게 해야 한다. (○ | ×)

73 지역난방은 열병합발전인 경우에 미활용 에너지를 이용할 수 있어 에너지절약 효과가 있다. (○ | ×)

74 지역난방의 주된 목적 중의 하나는 대기오염 방지에 있다. (○ | ×)

75 지역난방의 경우 건설 초기에 설비투자비용이 크다. (○ | ×)

76 지역난방은 배관 열손실을 줄일 수 있는 장점이 있다. (○ | ×)

77 지역난방은 시설이 대규모이므로 설비비와 연료비가 증가한다. (○ | ×)

78 지역난방은 단지 자체에 중앙난방 보일러를 설치하는 경우와 비교하여 단지의 난방 운용 인원수를 줄일 수 있다. (○ | ×)

79 지역난방방식은 각 건물의 이용시간 차이를 이용하면 보일러의 용량을 크게 줄일 수 있다. (○ | ×)

80 지역난방은 건물이 밀집되어 있을수록 배관매설비용이 줄어든다. (○ | ×)

81 지역난방은 초기투자비는 싸지만 사용요금의 분배가 곤란하다. (○ | ×)

82 지역난방은 각 건물마다 유효면적이 증대되고 화재의 위험이 적다. (○ | ×)

83 지역난방은 단지에 중앙난방 보일러를 설치하지 않으므로 기계실 면적을 줄일 수 있다. (○ | ×)

84 지역난방은 건물이 플랜트로부터 멀리 떨어질수록 열매 반송 동력이 감소한다. (○ | ×)

85 고온수를 사용하는 지역난방설비는 장치의 열용량이 작으므로 간헐운전에 유리하다. (○ | ×)

86 고온수를 사용하는 지역난방설비는 부하변동에 따라 적정수온의 열매를 보내주므로 효율이 높다. (○ | ×)

87 고온수를 사용하는 지역난방설비는 배관의 부식이 적다. (○ | ×)

88 주철제 보일러는 조립식이므로 용량을 쉽게 증가시킬 수 있으며, 분할 반입이 용 (○ | ×)
이하다.

89 주철제 보일러는 재질이 주철이므로 내식성이 약하여 수명이 짧다. (○ | ×)

90 주철제 보일러는 사용 내압이 높아 고압용으로 주로 사용되며 용량도 크다. (○ | ×)

91 주철제 보일러는 재질이 강하여 고압용으로 주로 사용된다. (○ | ×)

92 주철제 보일러는 규모가 비교적 작은 건물의 난방용으로 사용된다. (○ | ×)

93 노통연관식 보일러는 부하변동에 대한 안전성이 없다. (○ | ×)

94 노통연관 보일러는 부하변동의 적응성이 낮으나 예열시간은 짧다. (○ | ×)

95 연관 보일러는 부하변동에 적응하기 어렵고 보유수면이 적어서 급수용량제어가 (○ | ×)
어렵다.

96 노통연관 보일러는 분할반입이 용이하다. (○ | ×)

97 노통연관 보일러는 수처리가 비교적 간단하다. (○ | ×)

98 노통연관 보일러는 증기나 고온수 공급이 가능하다. (○ | ×)

99 연관 보일러는 예열시간이 길고 수명이 짧다. (○ | ×)

100 수관 보일러는 소용량으로 소규모 건물에 적합하며, 지역난방으로는 사용이 불가 (○ | ×)
능하다.

101 수관 보일러는 노통연관식보다 수처리가 용이하다. (○ | ×)

102 수관 보일러는 사용압력이 연관식보다 낮아 부하변동에 대한 추종성이 낮다. (○ | ×)

103 수관 보일러는 사용압력이 연관식보다 낮으며 예열시간이 길다. (○ | ×)

104 수관 보일러는 연관식보다 설치면적이 작고 초기 투자비가 적게 든다. (○ | ×)

105 관류 보일러는 하나의 관 내를 흐르는 동안에 예열, 가열, 증발, 과열이 행해져 (○ | ×)
과열증기를 얻을 수 있다.

106 관류 보일러는 수관 보일러와 같이 수관으로 되어 있으나 드럼이 없다. (○ | ×)

107 관류 보일러는 드럼이 설치되어 있어 부하변동에 대한 응답이 느리다. (○ | ×)

108 관류 보일러는 보유수량이 많아 예열시간이 길다. (○ | ×)

109 관류 보일러는 보유수량이 많으므로 일반 공조용으로 많이 이용된다. (○ | ×)

110 관류 보일러는 보유수량이 많으므로 가열시간이 길어 부하변동에 대한 추종성이 (○ | ×)
나쁘다.

111 대형건물 또는 병원이나 호텔 등과 같이 고압증기를 다량 사용하는 곳 또는 지역 (○ | ×)
난방 등에는 주로 입형 보일러가 사용된다.

112 입형 보일러는 사용압력이 높아 규모가 큰 건물에 주로 사용된다. (○ | ×)

113 입형 보일러는 설치 면적이 작고 취급이 용이하나 사용압력이 낮다. (○ | ×)

114 입형 보일러는 설치 면적이 넓고 취급이 복잡하나 대용량으로 효율이 좋다. (○ | ×)

115 정격출력은 일반적으로 보일러 선정 시 기준이 된다. (○ | ×)

116 정미출력은 보일러의 능력을 나타내며, 출력의 표시 방법 중 정격출력에서 예열 부하를 뺀 값이다. (○ | ×)

117 상용출력은 정격출력에서 급탕부하를 뺀 값이다. (○ | ×)

118 보일러의 정격출력은 난방부하와 급탕부하의 합이다. (○ | ×)

119 정격출력은 난방부하, 급탕부하, 예열부하의 합이다. (○ | ×)

120 보일러의 정격출력은 난방부하 + 급탕부하 + 배관(손실)부하이다. (○ | ×)

121 온수방열기의 표준방열량 산정 시 실내온도는 18.5℃를 기준으로 한다. (○ | ×)

122 표준상태에서 증기방열기의 표준방열량은 약 756W/m²이다. (○ | ×)

123 온수용 방열기의 표준방열량은 0.756kW/m²이다. (○ | ×)

124 방열기의 상당방열면적은 표준상태에서 전 방열량을 표준 방열량으로 나눈 값이다. (○ | ×)

125 물의 경도는 배관 내 유체의 흐름 저항 감소의 원인이 된다. (○ | ×)

126 보일러에 스케일이 발생하면 워터해머를 일으킨다. (○ | ×)

127 스케일 현상은 보일러 전열면의 파열 원인이 된다. (○ | ×)

128 보일러에 스케일이 발생하면 배기가스 온도가 낮아진다. (○ | ×)

129 보일러에 스케일이 발생하면 연료소비량이 증가한다. (○ | ×)

130 보일러 용수로는 연수에 비해 경수가 적합하다. (○ | ×)

131 경수를 사용하면 스케일 발생을 방지할 수 있다. (○ | ×)

132 압궤는 전열면이 과열에 의해 내압을 견디지 못하고 밖으로 부풀어 오르는 현상이다. (○ | ×)

133 팽출은 전열면이 과열에 의해 외압을 견디지 못하고 안쪽으로 오목하게 찌그러지는 현상이다. (○ | ×)

정답 01 × 02 × 03 × 04 × 05 × 06 × 07 × 08 × 09 × 10 × 11 ○ 12 × 13 × 14 × 15 ×
16 × 17 ○ 18 × 19 × 20 × 21 × 22 ○ 23 × 24 × 25 × 26 × 27 × 28 ○ 29 × 30 ×
31 × 32 × 33 × 34 ○ 35 × 36 × 37 × 38 × 39 × 40 × 41 ○ 42 × 43 × 44 × 45 ×
46 × 47 × 48 × 49 ○ 50 ○ 51 ○ 52 × 53 × 54 × 55 × 56 × 57 × 58 × 59 ○ 60 ×
61 ○ 62 × 63 × 64 × 65 ○ 66 × 67 × 68 × 69 × 70 ○ 71 ○ 72 × 73 ○ 74 ○ 75 ○
76 × 77 × 78 ○ 79 ○ 80 ○ 81 × 82 ○ 83 ○ 84 × 85 × 86 ○ 87 ○ 88 ○ 89 × 90 ×
91 × 92 ○ 93 × 94 × 95 × 96 × 97 ○ 98 ○ 99 ○ 100 × 101 × 102 × 103 × 104 ×
105 ○ 106 ○ 107 × 108 × 109 × 110 × 111 × 112 × 113 ○ 114 × 115 ○ 116 × 117 ×
118 × 119 × 120 × 121 ○ 122 ○ 123 × 124 ○ 125 × 126 × 127 ○ 128 × 129 ○ 130 ×
131 × 132 × 133 ×

29 냉동설비

OX 문제

01 일반적으로 압축식 냉동기는 전기, 흡수식 냉동기는 가스 또는 증기와 같은 열을 (○ | ×)
주에너지원으로 사용한다.

02 압축식 냉동기의 냉동사이클은 '압축 → 응축 → 팽창 → 증발' 순이다. (○ | ×)

03 증발기에서 냉매는 주변 물질로부터 열을 흡수하여 그 물질을 냉각시킨다. (○ | ×)

04 압축식 냉동기에서는 냉매가 팽창밸브를 통과하면서 고온고압이 된다. (○ | ×)

05 터보식 냉동기는 기계적 에너지가 아닌 열에너지에 의해 냉동효과를 얻는다. (○ | ×)

06 흡수식 냉동기는 열에너지가 아닌 기계적 에너지에 의해 냉동효과를 얻는다. (○ | ×)

07 2중 효용 흡수식 냉동기는 기계적 에너지에 의해 냉동효과를 얻는다. (○ | ×)

08 흡수식 냉동기는 증발기, 압축기, 재생기, 응축기 등으로 구성되어 있다. (○ | ×)

09 흡수식 냉동기의 냉동 사이클은 '흡수 → 증발 → 재생 → 응축'의 순서이다. (○ | ×)

10 증발기 및 응축기는 압축식 냉동기와 흡수식 냉동기를 구성하는 공통 요소이다. (○ | ×)

11 흡수식 냉동기는 냉매로 리튬브로마이드(LiBr)을 사용하고, 흡수제로 물을 사용 (○ | ×)
한다.

12 흡수식 냉동기의 냉매로 R-12가 사용된다. (○ | ×)

13 2중 효용 흡수식 냉동기는 냉매로 LiBr 수용액을 사용한다. (○ | ×)

14 2중 효용 흡수식 냉동기에는 응축기가 2개 있다. (○ | ×)

15 2중 효용 흡수식 냉동기는 발생기가 저온, 고온 발생기로 분리되어 있다. (○ | ×)

16 2중 효용 흡수식 냉동기는 증발기가 2중으로 되어 있다. (○ | ×)

17 2중 효용 흡수식 냉동기는 저압팽창밸브와 고압팽창밸브가 필요하다. (○ | ×)

18 1중 효용 흡수식 냉동기가 2중 효용 흡수식 냉동기보다 효율이 좋다. (○ | ×)

19 흡수식 냉동기에서 냉동이 이루어지는 부분은 응축기이다. (○ | ×)

20 압축식 냉동기와 흡수식 냉동기에서 냉수의 냉각이 이루어지는 부분은 증발기 (○ | ×)
이다.

21 LiBr 수용액의 농축을 위하여 증발기를 사용한다. (○ | ×)

22 용액으로부터 냉매인 수증기과 흡수제인 LiBr로 분리시키는 작용을 하는 곳은 응 (○ | ×)
축기이다.

23 흡수식 냉동기는 연간 냉동기 운전비를 적게 하고자 할 때 적합하다. (○ | ×)

24 흡수식 냉동기는 옥상 등에 냉동기를 설치하여 운전 시 정숙성이 요구될 때 적합하다. (○ | ×)

25 흡수식 냉동기는 압축식 냉동기에 비해 소음·진동이 작다. (○ | ×)

26 흡수식 냉동기는 압축식 냉동기에 비해 많은 전력을 소비한다. (○ | ×)

27 흡수식 냉동기는 특별 고압수전을 필요로 할 때 적합하다. (○ | ×)

28 흡수식 냉동기의 설치면적은 압축식 냉동기에 비해 크다. (○ | ×)

29 히트펌프는 흡수식 냉동기의 원리를 이용한 열펌프이다. (○ | ×)

30 냉동기와 히트펌프는 본질적으로 같지만 그 사용목적에 따라 호칭이 달라진다. (○ | ×)

31 열펌프는 공기조화에서 주로 냉방용으로 응용된다. (○ | ×)

32 히트펌프는 1대의 기기로 냉방과 난방을 겸용할 수 있다. (○ | ×)

33 열펌프는 냉동사이클에서 응축기의 발열량을 이용하기 위한 것이다. (○ | ×)

34 히트펌프는 보일러에서와 같은 연소를 수반하지 않으므로 대기오염물질의 배출이 없다. (○ | ×)

35 냉동기의 성적계수는 그 값이 작을수록 에너지 효율이 좋다. (○ | ×)

36 히트펌프의 성적계수는 냉방 시보다 난방 시가 낮다. (○ | ×)

37 냉동기를 냉각 목적으로 할 경우의 성적계수보다 열펌프로 사용될 경우의 성적계수가 작다. (○ | ×)

38 냉동기의 성적계수는 히트펌프의 성적계수보다 1만큼 크다. (○ | ×)

39 히트펌프는 운전에 소비된 에너지보다 대량의 열에너지가 얻어져 일반적으로 성적계수(COP)가 1 이하의 값을 유지한다. (○ | ×)

정답 01 ○ 02 ○ 03 ○ 04 × 05 × 06 × 07 × 08 × 09 × 10 ○ 11 × 12 × 13 × 14 × 15 ○
16 × 17 × 18 × 19 × 20 ○ 21 × 22 × 23 ○ 24 ○ 25 ○ 26 × 27 × 28 ○ 29 × 30 ○
31 × 32 ○ 33 ○ 34 ○ 35 × 36 × 37 × 38 × 39 ×

30 배기 및 배연설비

OX 문제

01 배기구는 반자 또는 반자 아래 1m 이내의 높이에 설치하고, 항상 개방될 수 있는 구조로 한다. (○ | ×)

02 부엌에 설치하는 배기구에는 전동환기설비를 설치한다. (○ | ×)

03 배기통에는 그 최상부 및 배기구를 제외하고 개구부를 두지 아니한다. (○ | ×)

04 세대 간 배기통을 서로 연결하고 직접 외기에 개방되도록 설치하여 연기나 냄새의 역류를 방지한다. (○ | ×)

05 관련 규정에 따라 건축물이 방화구획으로 구획된 경우 그 구획마다 2개소 이상의 배연창을 설치한다. (○ | ×)

06 배연창의 유효면적은 최소 2제곱미터 이상으로 한다. (○ | ×)

07 배연구는 손으로 열고 닫을 수 없도록 한다. (○ | ×)

08 배연구 및 배연풍도는 난연재료로 하고, 화재가 발생한 경우 원활하게 배연시킬 수 있는 규모로서 외기 또는 평상시에 사용하지 아니하는 굴뚝에 연결한다. (○ | ×)

09 배연구는 평상시에 사용하는 굴뚝에 연결한다.   (○ | ×)

10 배연구는 평상시에는 열린 상태를 유지하고, 배연에 의한 기류로 인하여 닫히지   (○ | ×)
    아니하도록 한다.

11 배연기는 배연구의 열림에 따라 자동적으로 작동하지 않도록 한다.   (○ | ×)

12 배연구가 외기에 접하는 경우에는 배연기를 설치한다.   (○ | ×)

정답 01 X   02 ○   03 ○   04 X   05 X   06 X   07 X   08 X   09 X   10 X   11 X   12 X

31 환기설비

OX 문제

01 환기횟수란 창문을 열고 닫는 횟수이다.   (○ | ×)

02 환기횟수란 실내면적을 소요공기량으로 나눈 값이다.   (○ | ×)

03 환기횟수란 하루 동안의 환기량을 실의 용적으로 나눈 값이다.   (○ | ×)

04 자연환기에는 중력환기와 풍력환기가 있으며, 자연환기는 이 두 가지 방법 중 한   (○ | ×)
    방법으로만 이루어진다.

05 실내외의 온도차에 의한 공기밀도의 차이가 원동력이 되는 환기방식은 풍력환기   (○ | ×)
    이다.

06 일반적으로 환기는 실내외의 온도차에 의한 것보다 압력차에 의해 더 많이 발생   (○ | ×)
    한다.

07 자연환기는 정확히 계획된 환기량을 유지하기가 곤란하다.   (○ | ×)

08 자연환기에서 개구부를 주풍향에 직각이 되게 계획하면 환기량이 많아진다.   (○ | ×)

09 실내에 바람이 없을 때 실내외의 온도차가 클수록 환기량이 적어진다.   (○ | ×)

10 중력환기량은 실내외의 온도차가 클수록 감소한다.   (○ | ×)

11 자연환기는 실내외의 온도차가 작을수록 환기량이 많아진다.   (○ | ×)

12 자연환기가 잘 이루어지려면 위치에 관계없이 개구부가 2개소 있으면 된다.   (○ | ×)

13 자연환기량은 일반적으로 공기유입구와 유출구의 높이 차가 클수록 감소한다.   (○ | ×)

14 중력환기에 의한 환기량은 공기의 입구와 출구가 되는 두 개구부의 수직거리에   (○ | ×)
    반비례한다.

15 중력환기에서 환기량은 개구부 면적에 비례하여 증가한다.   (○ | ×)

16 자연환기는 실외의 풍속이 작을수록 환기량이 많아진다.   (○ | ×)

17 풍력환기에 의한 환기량은 풍속에 반비례한다.   (○ | ×)

18 실외온도가 실내온도보다 낮으면 상부에서는 실외공기가 유입되고 하부에서는   (○ | ×)
    실내공기가 유출된다.

19 실내온도가 외기온도보다 높을 경우 공기는 건물 상부의 개구부에서 들어와서 하부의 개구부로 나간다. (○ | ×)

20 중력환기에서 어떤 경우에서도 중성대의 하부가 공기의 유입 측, 상부가 공기의 유출 측이 된다. (○ | ×)

21 하나의 창을 한쪽 벽에 배치하는 것이 절반 크기의 두 개의 창을 마주보게 배치하는 것보다 환기에 효과적이다. (○ | ×)

22 고단열, 고기밀 건축물은 자연환기량의 확보가 용이하고 에너지도 절약된다. (○ | ×)

23 기밀성이 높은 주택의 경우 잦은 기계환기를 통해 실내공기의 오염을 낮추는 것이 바람직하다. (○ | ×)

24 일반적으로 목조주택이 콘크리트조 주택보다 환기량이 적다. (○ | ×)

25 병원의 수술실은 오염공기가 실내로 들어오는 것을 방지하기 위해 실내압력을 주변공간보다 높게 설정한다. (○ | ×)

26 제2종 환기란 급기팬과 배기팬이 모두 설치되는 것을 말한다. (○ | ×)

27 배기용 송풍기만을 설치하여 실내공기를 강제적으로 배출시키는 기계환기법은 화장실, 욕실에 적합하다. (○ | ×)

28 화장실은 송풍기(급기팬)와 배풍기(배기팬)를 설치하는 것이 일반적이다. (○ | ×)

29 급기팬과 배기팬의 조합은 정확한 환기량과 급기량 변화에 의해 실내압을 정압(+) 또는 부압(−)으로 유지할 수 있는 환기방식이다. (○ | ×)

30 리모델링하는 30세대 이상의 공동주택에 환기설비를 설치할 경우 세대당 요구되는 최소 환기횟수는 시간당 0.3회이다. (○ | ×)

31 신축하는 30세대 이상의 공동주택의 각 세대의 환기량은 시간당 0.7회로 환기할 수 있는 풍량을 확보하여야 한다. (○ | ×)

32 콜드 드래프트는 기류의 속도가 낮을 때 발생한다. (○ | ×)

33 자연환기설비의 공기여과기는 한국산업표준에 따른 입자 포집률이 질량법으로 측정하여 60퍼센트 이상이어야 한다. (○ | ×)

34 자연환기설비의 공기여과기는 한국산업표준에 따른 입자 포집률이 계수법으로 측정하여 70퍼센트 이상이어야 한다. (○ | ×)

35 한국산업표준의 시험 조건하에서 자연환기설비로 인하여 발생하는 소음은 대표길이 1미터에서 측정하여 50dB 이하가 되어야 한다. (○ | ×)

36 자연환기설비는 설치되는 실의 바닥부터 수직으로 1미터 이상의 높이에 설치하여야 하며, 2개 이상의 자연환기설비를 상하로 설치하는 경우 1.2미터 이상의 수직간격을 확보하여야 한다. (○ | ×)

37 기계환기설비의 시간당 실내공기 교환횟수는 실내 총 체적을 환기설비에 의한 최종 공기흡입구에서 세대의 실내로 공급되는 공기량의 합인 총체적 풍량으로 나눈 환기횟수를 말한다. (○ | ×)

38 하나의 기계환기설비로 세대 내 2 이상의 실에 바깥공기를 공급할 경우의 필요   (○ | ×)
    환기량은 그중 체적이 가장 큰 실에 필요한 환기량 이상이 되도록 하여야 한다.

39 하나의 기계환기설비로 세대 내 2 이상의 바깥공기를 공급할 경우의 필요 환기량   (○ | ×)
    은 각 실에 필요한 환기량의 평균 이상이 되도록 하여야 한다.

40 세대의 환기량 조절을 위하여 환기설비의 정격풍량을 최소·최대의 2단계 또는   (○ | ×)
    그 이하로 조절할 수 있는 체계를 갖추어야 한다.

41 적정단계의 필요환기량은 신축공동주택 등의 세대를 시간당 0.3회 환기할 수 있   (○ | ×)
    는 풍량을 확보하여야 한다.

42 최소 단계의 필요 환기량은 신축공동주택등의 세대를 시간당 0.5회 환기할 수 있   (○ | ×)
    는 풍량을 확보하여야 한다.

43 기계환기설비의 공기여과기의 경우 한국산업표준에 따른 입자 포집률이 계수법   (○ | ×)
    으로 측정하여 70% 이상이어야 한다.

44 기계환기설비의 공기여과기의 경우 한국산업표준에 따른 입자 포집률이 질량법   (○ | ×)
    으로 측정하여 60% 이상이어야 한다.

45 기계환기설비는 주방 가스대 위의 공기배출장치, 화장실의 공기배출송풍기 등   (○ | ×)
    국소환기설비와 함께 설치하여서는 안 된다.

46 기계환기설비에서 발생하는 소음의 측정 위치는 대표길이 1미터(수직 또는 수평   (○ | ×)
    하단)에서 측정하여 소음이 50dB 이하가 되어야 하는 것이 원칙이다.

47 기계환기설비는 환기설비 본체(소음원)가 거주공간 외부에 설치될 경우에는 대표   (○ | ×)
    길이 1미터(수직 또는 수평 하단)에서 측정하여 40dB 이하가 되거나, 거주공간
    내부의 중앙부 바닥으로부터 1.0 ~ 1.2미터 높이에서 측정하여 50dB 이하가 되
    어야 한다.

48 외부에 면하는 공기흡입구와 배기구는 교차오염을 방지할 수 있도록 1.5미터 이   (○ | ×)
    상의 이격거리를 확보하고, 공기흡입구와 배기구의 방향이 서로 90도 이상 되는
    위치에 설치해야 한다.

49 에너지 절약을 위하여 열회수형 환기장치를 설치할 경우, 열회수형 환기장치의   (○ | ×)
    유효환기량이 표시용량의 85% 이상이어야 한다.

정답 01 ✕ 02 ✕ 03 ✕ 04 ✕ 05 ✕ 06 ○ 07 ○ 08 ○ 09 ✕ 10 ✕ 11 ✕ 12 ✕ 13 ✕ 14 ✕ 15 ○
16 ✕ 17 ✕ 18 ✕ 19 ✕ 20 ✕ 21 ✕ 22 ✕ 23 ○ 24 ✕ 25 ○ 26 ✕ 27 ○ 28 ✕ 29 ○ 30 ✕
31 ✕ 32 ✕ 33 ✕ 34 ✕ 35 ✕ 36 ✕ 37 ✕ 38 ✕ 39 ✕ 40 ✕ 41 ✕ 42 ✕ 43 ✕ 44 ✕ 45 ✕
46 ✕ 47 ✕ 48 ✕ 49 ✕

OX 문제

01 방화설비는 소방시설에 해당한다. (○ | ×)

02 소화설비로는 옥내소화전설비, 스프링클러설비, 자동화재속보설비, 물분무소화 (○ | ×)
설비 등이 있다.

03 무선통신보조설비는 경보설비에 포함된다. (○ | ×)

04 제연설비는 피난구조설비에 포함된다. (○ | ×)

05 유도등은 경보설비에 포함된다. (○ | ×)

06 옥내소화전설비는 소화활동설비에 포함된다. (○ | ×)

07 소화활동설비로는 제연설비, 연결살수설비, 연소방지설비, 비상콘센트설비 등이 (○ | ×)
있다.

08 비상구는 피난구조설비에 포함된다. (○ | ×)

09 무창층에서 개구부 면적의 합계는 해당 층 바닥 면적의 30분의 1 이하를 기준으 (○ | ×)
로 한다.

10 무창층에서 개구부는 해당 층의 바닥면으로부터 개구부 밑부분까지의 높이가 1.5 (○ | ×)
미터 이내이어야 한다.

11 무창층에서 개구부의 요건은 내부 또는 외부에서 쉽게 부수거나 열 수 없어야 한다. (○ | ×)

12 무창층에서 개구부의 요건은 개구부에 창살이 설치되어 있어야 한다. (○ | ×)

13 피난층이란 곧바로 옥상으로 갈 수 있는 출입구가 있는 층을 말한다. (○ | ×)

14 소화기구를 설치하여야 하는 특정소방대상물의 연면적 기준은 33제곱미터 이상 (○ | ×)
이다.

15 아파트등에는 주거용 주방자동소화장치를 모든 층에 설치하여야 한다. (○ | ×)

16 옥내소화전설비는 특정소방대상물로서 연면적 3천 제곱미터 이상인 것은 모든 (○ | ×)
층에 설치한다.

17 연결살수설비는 국민주택규모 이하인 아파트의 지하층의 경우에는 150제곱미터 (○ | ×)
이상인 경우에 설치하여야 한다.

18 스프링클러설비를 설치하여야 하는 특정소방대상물에 연결살수설비를 화재안전 (○ | ×)
기준에 적합하게 설치한 경우에는 그 설비의 유효범위 안의 부분에서 설치가 면
제된다.

19 자체점검실시 결과보고를 마친 관계인은 소방시설등 자체점검실시 결과보고서를 (○ | ×)
점검이 끝난 날부터 1년간 자체 보관하여야 한다.

정답 01 × 02 × 03 × 04 × 05 × 06 × 07 ○ 08 × 09 ○ 10 × 11 × 12 × 13 × 14 ○ 15 ○
16 ○ 17 × 18 × 19 ×

OX 문제

01 '소형소화기'란 능력단위가 1단위 이상이고 대형소화기의 능력단위 미만인 소화 　(○ㅣ×)
기를 말한다.

02 소형소화기의 능력단위는 1단위 이하이다. 　(○ㅣ×)

03 대형소화기의 능력단위는 A급 20단위 이상이다. 　(○ㅣ×)

04 대형소화기의 능력단위는 B급 10단위 이상이다. 　(○ㅣ×)

05 소화약제 외의 것을 이용한 간이소화용구의 능력단위는 0.5단위이다. 　(○ㅣ×)

06 '가스자동소화장치'란 열, 연기 또는 불꽃 등을 감지하여 분말의 소화약제를 방사 　(○ㅣ×)
하여 소화하는 소화장치를 말한다.

07 '주방화재(C급 화재)'란 주방에서 동식물유를 취급하는 조리기구에서 일어나는 　(○ㅣ×)
화재를 말한다. 주방화재에 대한 소화기의 적응 화재별 표시는 'C'로 표시한다.

08 소화기구(자동확산소화기를 제외한다)는 거주자 등이 손쉽게 사용할 수 있는 장 　(○ㅣ×)
소에 바닥으로부터 높이 1.6m 이하의 곳에 비치한다.

09 '고가수조'란 소화용수와 공기를 채우고 일정압력 이상으로 가압하여 그 압력으로 　(○ㅣ×)
급수하는 수조를 말한다.

10 '압력수조'란 구조물 또는 지형지물 등에 설치하여 자연낙차 압력으로 급수하는 　(○ㅣ×)
수조를 말한다.

11 '압력수조'란 가압원인 압축공기 또는 불연성 고압기체에 따라 소방용수를 가압시 　(○ㅣ×)
키는 수조를 말한다.

12 '진공계'라 함은 대기압 이상의 압력과 대기압 이하의 압력을 측정할 수 있는 계측 　(○ㅣ×)
기를 말한다.

13 '체절운전'이란 펌프의 성능시험을 목적으로 펌프토출 측의 개폐밸브를 개방한 상 　(○ㅣ×)
태에서 펌프를 운전하는 것을 말한다.

14 옥내소화전설비의 수원은 그 저수량이 옥내소화전의 설치개수가 가장 많은 층의 　(○ㅣ×)
설치개수(2개 이상 설치된 경우에는 2개)에 1.3m³를 곱한 양 이상이 되도록 하
여야 한다.

15 옥내소화전설비의 수원은 그 저수량이 옥내소화전의 설치개수가 가장 많은 층의 　(○ㅣ×)
설치개수(5개 이상 설치된 경우에는 5개)에 2.6m³(호스릴옥내소화전설비를 포
함한다)를 곱한 양 이상이 되도록 하여야 한다.

16 옥내소화전의 수원은 규정에 따라 산출된 유효수량의 6분의 1 이상을 옥상에 설 　(○ㅣ×)
치하여야 한다.

17 옥내소화전설비의 수원을 수조로 설치하는 경우에는 소방설비의 전용수조로 　(○ㅣ×)
한다.

18 수조의 내측에 수위계를 설치하여야 한다. (○ | ×)

19 수조의 상단에는 청소용 배수밸브 또는 배수관을 설치한다. (○ | ×)

20 옥내소화전설비의 각 노즐선단에서 방수압력은 0.12MPa 이상으로 한다. (○ | ×)

21 소방대상물의 어느 층에 있어서도 당해 층의 옥내소화전(2개 이상 설치된 경우에 (○ | ×)
는 2개의 옥내소화전)을 동시에 사용할 경우 각 소화전의 노즐선단에서의 방수압
력이 0.1MPa 이상이고, 방수량이 260L/min 이상이 되는 성능이 되는 것으로
하여야 한다.

22 옥내소화전용 펌프의 토출량은 옥내소화전이 가장 많이 설치된 층의 설치개수에 (○ | ×)
100L를 곱한 양 이상이어야 한다.

23 펌프의 토출량은 옥내소화전이 가장 많이 설치된 층의 설치개수를 기준으로 하 (○ | ×)
며, 옥내소화전이 2개 이상 설치된 경우에는 2개를 기준으로 한다.

24 펌프는 전기에너지를 절약하기 위하여 성능에 관계없이 급수용과 겸용으로 한다. (○ | ×)

25 펌프의 토출 측에는 연성계 또는 진공계를 체크밸브 이전에 펌프토출 측 플랜지 (○ | ×)
에서 가까운 곳에 설치하고, 흡입 측에는 압력계를 설치한다.

26 옥내소화전설비의 펌프에는 체절운전 시 수온상승을 방지하기 위하여 냉각수배 (○ | ×)
관을 설치한다.

27 기동용수압개폐장치 중 압력챔버를 사용할 경우 그 용적은 100L 이상의 것으로 (○ | ×)
한다.

28 옥내소화전설비에서 수원의 수위가 펌프보다 낮은 위치에 있는 경우 물올림장치 (○ | ×)
를 설치하지 않는다.

29 옥내소화전설비에서 펌프가 수원의 수위보다 높은 위치에 있는 경우에는 유효수 (○ | ×)
량이 10L 이상 되는 물올림 탱크를 설치한다.

30 펌프의 토출 측 주배관의 구경은 유속이 초속 1.5m 이하가 될 수 있는 크기 이상 (○ | ×)
으로 하여야 한다.

31 옥내소화전방수구와 연결되는 가지배관의 구경은 40mm 이상, 주배관 중 수직 (○ | ×)
배관의 구경은 50mm 이상으로 하여야 한다.

32 펌프의 토출 측 주배관의 구경은 유속이 초속 4m 이하가 될 수 있는 크기 이상으 (○ | ×)
로 하여야 하고, 옥내소화전 방수구와 연결되는 가지배관의 구경은 40mm 이상
으로 하여야 한다.

33 옥내소화전설비의 배관 중 연결송수관설비의 배관과 겸용할 경우의 주배관은 구 (○ | ×)
경 65mm 이상으로 하여야 한다.

34 옥내소화전 펌프의 성능은 체절운전 시 정격토출압력의 150%를 초과하지 않아 (○ | ×)
야 한다.

35 옥내소화전설비에서 영하 10℃ 이하의 추운 곳에서의 배관은 습식으로 한다. (○ | ×)

36 송수구로부터 주배관에 이르는 연결배관에는 개폐밸브를 설치한다. (○ | ×)

37 옥내소화전설비의 송수구는 지면으로부터 높이 1.5m 이하의 위치에 설치한다. (○ | ×)

38 옥내소화전설비의 송수구는 지면으로부터 높이 0.8m 이상 1.5m 이하의 위치에 설치한다. (○ | ×)

39 송수구는 지름 50mm의 쌍구형 또는 단구형으로 한다. (○ | ×)

40 송수구의 가까운 부분에 자동배수밸브(또는 직경 5밀리미터의 배수공) 및 체크밸브를 설치한다. (○ | ×)

41 옥내소화전의 방수구는 특정소방대상물의 층마다 설치하되, 해당 특정소방대상물의 각 부분으로부터 하나의 옥내소화전 방수구까지의 수평거리가 40미터(호스릴옥내소화전설비를 포함한다) 이하가 되도록 한다. (○ | ×)

42 옥내소화전설비의 방수구는 바닥으로부터의 높이가 1.8m 이하가 되도록 한다. (○ | ×)

43 옥내소화전의 방수구는 바닥으로부터의 높이가 0.5미터 이상 1미터 이하가 되도록 한다. (○ | ×)

44 옥내소화전의 호스는 구경 65밀리미터 이상의 것으로서 특정소방대상물의 각 부분에 물이 유효하게 뿌려질 수 있는 길이로 설치한다. (○ | ×)

45 옥내소화전함의 상부 또는 그 직근에 설치하는 가압송수장치의 기동을 표시하는 표시등은 적색등으로 한다. (○ | ×)

46 옥외소화전설비의 수원은 그 저수량이 옥외소화전의 설치개수(옥외소화전이 2개 이상 설치된 경우에는 2개)에 5m³를 곱한 양 이상이 되도록 하여야 한다. (○ | ×)

47 해당 소방대상물에 설치된 옥외소화전(2개 이상 설치된 경우에는 2개의 옥외소화전)을 동시에 사용할 경우 각 옥외소화전의 노즐선단에서의 방수압력이 0.17MPa 이상이고, 방수량이 130L/min 이상이 되는 성능의 것으로 할 것 (○ | ×)

48 옥외소화전설비의 호스접결구는 지면으로부터 높이가 0.5m 이상 1m 이하의 위치에 설치하고 특정소방대상물의 각 부분으로부터 하나의 호스접결구까지의 수평거리가 50m 이하가 되도록 설치하여야 한다. (○ | ×)

49 옥외소화전설비에는 옥외소화전마다 그로부터 3m 이내의 장소에 소화전함을 설치하여야 한다. (○ | ×)

50 옥외소화전이 10개 설치된 때에는 옥외소화전마다 10m 이내의 장소에 1개 이상의 소화전함을 설치하여야 한다. (○ | ×)

51 옥외소화전설비 호스의 구경은 40mm의 것으로 한다. (○ | ×)

52 '압력수조'란 구조물 또는 지형지물 등에 설치하여 자연낙차 압력으로 급수하는 수조를 말한다. (○ | ×)

53 '충압펌프'란 배관 내 압력손실에 따른 주펌프의 빈번한 기동을 방지하기 위하여 충압역할을 하는 펌프를 말한다. (○ | ×)

54 '진공계'란 대기압 이상의 압력과 대기압 이하의 압력을 측정할 수 있는 계측기를 말한다. (○ | ×)

55 '체절운전'이란 펌프의 성능시험을 목적으로 펌프토출 측의 개폐밸브를 개방한 상태에서 펌프를 운전하는 것을 말한다. (○ | ×)

56 폐쇄형 스프링클러설비의 헤드는 개별적으로 화재를 감지하여 개방하는 구조로 되어 있다. (○ | ×)

57 '일제개방밸브'란 건식 스프링클러설비에 설치되는 유수검지장치를 말한다. (○ | ×)

58 교차배관은 스프링클러헤드가 설치되어 있는 배관이며, 가지배관은 교차배관에 급수하는 배관이다. (○ | ×)

59 '주배관'이란 수원 및 송수구 등으로부터 소화설비에 급수하는 배관을 말한다. (○ | ×)

60 폐쇄형 건식스프링클러설비는 헤드가 화재의 열을 감지하면 헤드를 막고 있던 감열체가 녹으면서 헤드까지 차 있던 물이 곧바로 뿌려지는 구조로 되어 있다. (○ | ×)

61 폐쇄형 준비작동식스프링클러설비는 헤드가 화재의 열을 감지하여 헤드를 막고 있던 감열체가 녹으면 압축공기 등이 빠져나가면서 배관계 도중에 있는 유수검지장치가 개방되어 물이 분출되는 구조로 되어 있다. (○ | ×)

62 폐쇄형 습식스프링클러설비는 헤드가 화재의 열을 감지하면 헤드를 막고 있던 감열체가 녹으면서 헤드까지 차 있던 물이 곧바로 뿌려지는 구조로 되어 있다. (○ | ×)

63 배관 내에 헤드까지 물이 항상 차 있어 가압된 상태에 있는 스프링클러설비는 준비작동식이다. (○ | ×)

64 스프링클러설비에서 건식은 습식에 비하여 설비비가 적게 든다. (○ | ×)

65 건식은 습식에 비하여 구조가 간단하다. (○ | ×)

66 스프링클러설비에서 습식은 건식에 비하여 화재 시 작동이 빠르다. (○ | ×)

67 준비작동식은 1차 및 2차 측 배관에서 헤드까지 가압수가 충만되어 있다. (○ | ×)

68 스프링클러설비의 수원을 수조로 설치하는 경우에는 다른 설비와 겸용하여 설치한다. (○ | ×)

69 스프링클러헤드의 방수압력은 0.1 ~ 1.2MPa이고, 방수량은 80L/min 이상이어야 한다. (○ | ×)

70 가압송수장치의 정격토출압력은 하나의 헤드선단에 0.1MPa 이상, 2.0MPa 이하의 방수압력이 될 수 있게 하여야 한다. (○ | ×)

71 주차장에 설치되는 스프링클러는 습식 이외의 방식으로 하여야 한다. (○ | ×)

72 현관 또는 로비 등으로서 바닥으로부터 높이가 10m인 장소에는 스프링클러헤드를 설치하지 아니할 수 있다. (○ | ×)

73 스프링클러설비의 송수구는 구경 65mm의 단구형으로 한다. (○ | ×)

정답 01 ○ 02 × 03 × 04 × 05 ○ 06 × 07 × 08 × 09 × 10 × 11 × 12 × 13 × 14 × 15 ×
16 × 17 ○ 18 × 19 × 20 × 21 × 22 × 23 ○ 24 × 25 × 26 × 27 ○ 28 × 29 × 30 ×
31 ○ 32 ○ 33 × 34 × 35 × 36 × 37 × 38 × 39 × 40 ○ 41 × 42 × 43 × 44 × 45 ○
46 × 47 × 48 × 49 × 50 × 51 × 52 × 53 ○ 54 × 55 × 56 ○ 57 × 58 × 59 × 60 ×
61 × 62 ○ 63 × 64 × 65 × 66 ○ 67 × 68 × 69 ○ 70 × 71 ○ 72 × 73 ×

OX 문제

01 '자동화재탐지설비의 수신기'란 화재 시 발생하는 열, 연기, 불꽃 또는 연소생성물 (○ | ×)
을 자동적으로 감지하여 중계기기에 발신하는 장치를 말한다.

02 '발신기'란 수동누름버튼 등의 작동으로 화재 신호를 수신기에 발신하는 장치를 (○ | ×)
말한다.

03 하나의 경계구역의 면적은 600m² 이하로 하고, 한 변의 길이는 60m 이하로 할 (○ | ×)
것. 다만, 해당 특정소방대상물의 주된 출입구에서 그 내부 전체가 보이는 것에
있어서는 한 변의 길이가 60m의 범위 내에서 1,200m² 이하로 할 수 있다.

04 수신기의 조작스위치는 바닥으로부터의 높이가 1.6m 이상인 장소에 설치해야 (○ | ×)
한다.

05 정온식 감지기는 주위온도가 일정한 온도 이상이 되었을 때 동작하는 것으로 보 (○ | ×)
일러실 등에 설치한다.

06 차동식 감지기는 주위온도가 일정한 온도 상승률 이상이 되었을 때 작동하는 감 (○ | ×)
지기이다.

07 차동식 분포형 감지기에는 스포트식, 공기관식, 열전대식, 열반도체식이 있다. (○ | ×)

08 광전식 감지기는 차동식 감지기와 정온식 감지기의 기능을 합친 것이다. (○ | ×)

09 보상식 감지기는 광전식과 이온화식의 겸용 감지기이다. (○ | ×)

10 보상식 열감지기는 차동식의 기능과 정온식의 기능을 혼합한 것으로, 두 기능이 (○ | ×)
모두 만족되었을 경우에만 작동한다.

11 감지기는 소화활동설비 중의 하나이다. (○ | ×)

12 정온식 보상식 감지기는 실내로의 공기유입구로부터 0.5m 이상 떨어진 위치에 (○ | ×)
설치한다.

13 보상식 스포트형 감지기는 정온점이 감지기 주위의 평상시 최고온도보다 20℃ (○ | ×)
이상 높은 것으로 설치한다.

14 정온식 감지기는 주방·보일러실 등으로서 다량의 화기를 취급하는 장소에 설치 (○ | ×)
하되, 공칭작동온도가 최고 주위온도보다 20℃ 이상 높은 것으로 설치한다.

15 음향장치는 정격전압의 90% 전압에서 음향을 발할 수 있는 것으로 해야 하며, (○ | ×)
음향의 크기는 부착된 음향장치의 중심으로부터 1m 떨어진 위치에서 80dB 이
상이 되는 것으로 해야 한다.

16 자동화재탐지설비의 비상전원은 자가발전기로 한다. (○ | ×)

17 음량조정기를 설치하는 경우 음량조정기의 배선은 4선식으로 하여야 한다. (○ | ×)

18 간이완강기란 사용자의 몸무게에 따라 자동적으로 내려올 수 있는 기구 중 사용 (○ | ×)
자가 교대하여 연속적으로 사용할 수 있는 것을 말한다.

19 '복도통로유도등'이란 거주, 집무, 작업, 집회, 오락 그 밖에 이와 유사한 목적을 위하여 계속적으로 사용하는 거실, 주차장 등 개방된 통로에 설치하는 유도등으로 피난의 방향을 명시하는 것을 말한다. (○ㅣ×)

20 피난구유도등은 피난통로를 안내하기 위한 유도등으로 복도통로유도등, 거실통로유도등, 계단통로유도등을 말한다. (○ㅣ×)

21 복도통로유도등은 복도에 설치하며, 구부러진 모퉁이 및 「유도등 및 유도표지의 화재안전기술기준」에 따라 설치된 통로유도등을 기점으로 보행거리 20m마다 설치하여야 한다. (○ㅣ×)

22 복도통로유도등은 바닥으로부터 높이 1.2m의 위치에 설치해야 한다. (○ㅣ×)

23 계단통로유도등은 각 층의 경사로 참 또는 계단참마다(1개 층에 경사로 참 또는 계단참이 2 이상 있는 경우에는 2개의 계단참마다) 설치하며, 바닥으로부터 높이 1.5m 이하의 위치에 설치하여야 한다. (○ㅣ×)

24 피난구유도표지는 출입구 상단에 설치하고, 통로유도표지는 바닥으로부터 높이 1.5m 이하의 위치에 설치하여야 한다. (○ㅣ×)

25 피난구유도등은 바닥면적이 1,000m² 미만인 층으로서 옥내로부터 직접 지상으로 통하는 출입구(외부의 식별이 용이한 경우에 한한다)에 설치하여야 한다. (○ㅣ×)

26 유도등의 비상전원은 비상발전기로 하여야 한다. (○ㅣ×)

27 연결송수관설비의 송수구는 지면으로부터 1m 이상 1.5미터 이하의 위치에 설치한다. (○ㅣ×)

28 연결송수관설비의 송수구는 쌍구형으로 하며 구경은 최소 50mm 이상으로 한다. (○ㅣ×)

29 연결송수관설비의 송수구는 건축물마다 1개씩 설치하는 것이 원칙이다. (○ㅣ×)

30 연결송수관설비의 주배관의 구경은 80mm 이상의 것으로 한다. (○ㅣ×)

31 지상 11층 이상인 특정소방대상물의 연결송수관설비의 배관은 건식설비로 설치해야 한다. (○ㅣ×)

32 배관은 지면으로부터의 높이가 31m 이상인 특정소방대상물 또는 지상 11층 이상인 특정소방대상물에 있어서 습식설비로 한다. (○ㅣ×)

33 수직배관은 내화구조로 구획되지 않은 계단실 또는 파이프덕트 등에 설치한다. (○ㅣ×)

34 연결송수관설비의 방수구는 특정소방대상물의 층마다 설치하되, 공동주택과 업무시설의 1층, 2층에는 설치하지 않는다. (○ㅣ×)

35 연결송수관설비의 방수구는 10층 이상의 층에는 쌍구형으로 설치하여야 한다. (○ㅣ×)

36 연결송수관설비의 방수구는 아파트가 아닌 11층 이상의 건축물에는 단구형으로 할 수 있다. (○ㅣ×)

37 방수구는 연결송수관설비의 전용방수구로서 구경 50mm의 것으로 설치한다. (○ㅣ×)

38 연결송수관설비에서 방수구의 호스접결구는 바닥으로부터 높이 0.5m 이상 1m 이하의 위치에 설치한다. (○ㅣ×)

39 연결송수관설비 펌프의 양정은 최상층에 설치된 노즐선단의 압력이 0.17MPa 이상의 압력이 되도록 한다. (○ | ×)

40 연결송수관설비에서 수원의 수위가 펌프보다 높은 위치에 있는 가압송수장치에는 반드시 물올림장치를 설치한다. (○ | ×)

41 가압송수장치는 방수구가 개방될 때 자동으로 가동되거나 수동수위치의 조작에 따라 가동되도록 한다. (○ | ×)

42 연결살수설비의 송수구는 32mm의 쌍구형으로 한다. (○ | ×)

43 전원으로부터 각 층의 비상콘센트에 분기되는 경우에는 분기배선용 차단기를 보호함 안에 설치하여야 한다. (○ | ×)

44 콘센트마다 배선용 차단기(KS C 8321)를 설치하여야 하며, 충전부가 노출되도록 하여야 한다. (○ | ×)

45 하나의 전용회로에 설치하는 비상콘센트는 15개 이하로 하여야 한다. (○ | ×)

46 하나의 제연구역은 직경 80m의 원내에 들어갈 수 있도록 한다. (○ | ×)

47 하나의 제연구역의 면적은 1,000m^2 이내로 한다. (○ | ×)

48 통로(복도 포함)상의 제연구역은 보행중심선의 길이가 60m를 초과하지 않도록 한다. (○ | ×)

49 거실과 통로(복도 포함)는 상호 제연구획한다. (○ | ×)

정답 01 X 02 ○ 03 X 04 X 05 ○ 06 ○ 07 X 08 X 09 X 10 X 11 X 12 X 13 ○ 14 ○ 15 X
16 X 17 X 18 X 19 X 20 X 21 ○ 22 X 23 X 24 X 25 X 26 X 27 X 28 X 29 X 30 X
31 X 32 ○ 33 X 34 X 35 X 36 X 37 X 38 ○ 39 X 40 X 41 ○ 42 X 43 ○ 44 X 45 X
46 X 47 ○ 48 ○ 49 ○

35 화재의 예방 및 안전관리에 관한 법률

OX 문제

01 30층 이상(지하층을 포함한다)이거나 지상으로부터 높이가 120미터 이상인 아파트는 특급 소방대상물에 포함된다. (○ | ×)

02 50층 이상(지하층을 포함한다)이거나 지상으로부터 높이가 200미터 이상인 아파트는 소방안전관리자를 선임하여야 하는 특급 소방안전관리대상물에 해당한다. (○ | ×)

03 연면적 1만5천 제곱미터 이상인 아파트는 1급 소방안전관리대상물에 포함된다. (○ | ×)

04 30층 이상(지하층을 포함한다)이거나 지상으로부터 높이가 120미터 이상인 아파트는 소방안전관리자를 선임하여야 하는 1급 소방안전관리대상물에 해당한다. (○ | ×)

05 소방안전관리자를 두어야 하는 특정소방대상물 중 300세대 이상인 아파트는 소방안전관리보조자를 선임하여야 한다. (○ | ×)

06 특정소방대상물의 관계인은 소방안전관리자를 해임한 경우 소방안전관리자를 해임한 날부터 15일 이내에 소방안전관리자를 선임하여야 한다. (○ | ×)

07 특정소방대상물의 관계인은 소방안전관리자를 해임한 경우 소방안전관리자를 해임한 날의 다음 날부터 30일 이내에 소방안전관리자를 선임하여야 한다. (○ | ×)

08 소방안전관리대상물의 관계인이 소방안전관리자를 선임한 경우에는 선임한 날부터 30일 이내에 소방본부장이나 소방서장에게 신고하여야 한다. (○ | ×)

09 특정소방대상물의 관계인은 화재에 관한 위험 경보에 관한 안전관리 업무를 수행하여야 한다. (○ | ×)

10 특정소방대상물 소방안전관리자의 업무에는 의용소방대의 조직이 포함된다. (○ | ×)

11 소방안전관리자의 업무에는 소방안전 특별관리시설물의 소방안전 특별관리가 포함된다. (○ | ×)

12 특정소방대상물의 관계인은 소방안전관리보조자를 해임한 경우 소방안전관리보조자를 해임한 날의 다음 날부터 30일 이내에 소방안전관리보조자를 선임하여야 한다. (○ | ×)

13 소방안전관리자는 그 선임된 날부터 3개월 이내에 실무교육을 받아야 하며, 그 후에는 3년마다 1회 이상 실무교육을 받아야 한다. (○ | ×)

14 특정소방대상물의 관계인은 소방훈련과 교육을 연 2회 이상 실시하여야 한다. (○ | ×)

15 소방안전관리대상물의 관계인은 소방훈련과 교육을 실시한 때에는 관련 규정에 의하여 그 실시결과를 소방훈련 교육실시결과기록부에 기록하고, 이를 소방훈련과 교육을 실시한 날의 다음 날부터 3년간 보관하여야 한다. (○ | ×)

정답 01 X 02 X 03 X 04 X 05 ○ 06 X 07 X 08 X 09 X 10 X 11 X 12 X 13 X 14 X 15 X

36 가스설비

OX 문제

01 LPG는 액화천연가스를 말한다. (○ | ×)

02 LPG는 공기보다 가벼워서 누설 시 천장에 떠오른다. (○ | ×)

03 LPG는 공기보다 가벼워서 위험성이 크다. (○ | ×)

04 기화된 LPG는 대기압 상태에서 공기보다 비중이 낮다. (○ | ×)

05 LPG의 가스누출검지기는 반드시 천장에 설치해야 한다. (○ | ×)

06 LPG는 인체에 유해한 일산화탄소가 함유되어 있어 적은 양을 흡입하더라도 중추신경마비현상을 일으킨다. (○ | ×)

07 LPG는 상압에서는 액체이지만 압력을 가하면 기화된다. (○ | ×)

08 LPG 용기는 50℃ 이하로 보관한다. (○ | ×)

09 LP가스는 발열량이 LNG보다 작다. (○ | ×)

10 액화천연가스(LNG)의 주요성분은 프로판, 부탄이다. (○ | ×)

11 LNG의 주성분은 탄소수 3 ~ 4의 탄화수소이다. (○ | ×)

12 LPG의 주성분은 메탄이다. (○ | ×)

13 액화천연가스(LNG)는 자연발화나 착화온도가 높기 때문에 안전성이 높다. (○ | ×)

14 LNG는 무공해, 무독성 가스이다. (○ | ×)

15 액체 상태의 LNG 비점은 액체 상태의 LPG보다 낮다. (○ | ×)

16 LNG는 천연가스를 −162℃까지 냉각하여 액화시킨 것이다. (○ | ×)

17 가스의 사용량 표시는 LNG는 kg/h, LPG는 m³/h이다. (○ | ×)

18 LN가스는 배관을 통해서 공급할 수 없으며 작은 용기에 담아서 사용해야 한다. (○ | ×)

19 액화천연가스는 작은 용기에 담아 간단히 사용할 수 있다. (○ | ×)

20 액화천연가스(LNG)는 발열량이 액화석유가스(LPG)보다 크다. (○ | ×)

21 일반적으로 LNG의 발열량은 LPG의 발열량보다 크다. (○ | ×)

22 기화된 LNG의 표준상태 용적당 발열량은 기화된 LPG보다 크다. (○ | ×)

23 액화천연가스(LNG)의 비중은 공기보다 크므로 누설되었을 때 하부에 체류하기 쉽다. (○ | ×)

24 가스계량기와 화기 사이에 유지하여야 하는 거리는 1.5m 이상이어야 한다. (○ | ×)

25 가스계량기는 동파의 위험이 있으므로 옥내에 설치하는 것을 원칙으로 한다. (○ | ×)

26 공동주택의 경우 가스계량기는 일반적으로 대피공간이나 주방에 설치한다. (○ | ×)

27 가스계량기는 공동주택의 대피공간, 방·거실 및 주방 등으로서 사람이 거처하는 곳 및 가스계량기에 나쁜 영향을 미칠 우려가 있는 장소에 설치를 금한다. (○ | ×)

28 30m³/hr 미만인 가스계량기의 설치높이는 바닥으로부터 1.6m 이상 2m 이내에 수직·수평으로 설치한다. (○ | ×)

29 가스계량기의 설치높이는 바닥으로부터 1m 이상 2m 이내에 수직·수평으로 설치한다. (○ | ×)

30 가스계량기를 격납상자 내에 설치하는 경우에는 설치높이의 제한을 받지 않는다. (○ | ×)

31 가스계량기는 절연조치를 하지 아니한 전선과 30cm 이상의 거리를 유지하여야 한다. (○ | ×)

32 가스계량기와 전기계량기 및 전기개폐기와의 거리는 30cm 이상을 유지하여야 한다. (○ | ×)

33 입상관의 밸브를 보호상자에 설치하는 경우에는 바닥으로부터 1.6m 이상 2m 이내에 설치한다. (○ | ×)

34 입상관의 밸브는 바닥으로부터 1m 이상 2m 이내에 설치한다. (○ | ×)

35 입상관은 당해 시설 안에서 사용되는 자체화기를 제외한 화기와 2m 이상의 우회 거리를 유지하고 환기가 양호한 장소에 설치하여야 한다. (○ | ×)

36 배관은 지하에 매설하는 경우에는 지면으로부터 0.5m 이상의 거리를 유지하여 야 한다. (○ | ×)

37 배관은 움직이지 않도록 고정·부착하는 조치를 하되, 그 호칭지름이 13mm 미만 의 것에는 2m마다, 13mm 이상 33mm 미만의 것에는 3m마다 고정 장치를 설 치한다. (○ | ×)

38 지상배관은 부식방지도장 후 표면색상을 붉은색으로 도색하여야 한다. (○ | ×)

39 지하매설배관은 최고사용압력이 저압인 배관은 붉은색으로, 중압 이상인 배관은 황색으로 도색하여야 한다. (○ | ×)

40 지상배관은 부식방지도장 후 표면 색상을 황색으로 도색하고, 최고사용압력이 저 압인 지하매설배관도 황색으로 하여야 한다. (○ | ×)

41 지상배관의 경우 건축물의 내·외벽에 노출된 것으로서 바닥에서 1m의 높이에 폭 3cm의 황색띠를 2중으로 표시한 경우에는 표면색상을 황색으로 하지 아니할 수 있다. (○ | ×)

42 가스사용시설에 설치된 압력조정기는 매 2년에 1회 이상 압력조정기의 유지·관 리에 적합한 방법으로 안전점검을 실시한다. (○ | ×)

정답 01 X 02 X 03 X 04 X 05 X 06 X 07 X 08 X 09 X 10 X 11 X 12 X 13 ○ 14 ○ 15 ○
16 ○ 17 X 18 X 19 X 20 X 21 X 22 X 23 X 24 X 25 X 26 X 27 ○ 28 ○ 29 X 30 X
31 X 32 X 33 X 34 X 35 ○ 36 X 37 X 38 X 39 X 40 ○ 41 ○ 42 X

37 전기설비

OX 문제

01 변전설비는 약전설비이다. (○ | ×)

02 인터폰설비는 강전설비이다. (○ | ×)

03 대지면적이 500제곱미터 이상인 건축물에는 「전기사업법」에 따른 전기사업자가 전기를 배전하는 데 필요한 전기설비를 설치할 수 있는 공간을 확보하여야 한다. (○ | ×)

04 주택에 설치하는 전기시설의 용량은 원칙적으로 각 세대별 3킬로와트 이상이어 야 한다. (○ | ×)

05 세대당 전용면적이 60제곱미터 미만인 주택에 설치하는 전기시설의 용량은 각 세대별로 3킬로와트 이상이어야 한다. (○ | ×)

06 공동주택의 세대당 부하용량은 단위세대의 전용면적이 85m^2 이하인 경우 3킬로 와트로 한다. (○ | ×)

07 공동주택에서 세대별 전기사용량을 측정하는 전력량계는 전기사용량을 자동으로 검침하는 원격검침방식을 적용하는 경우 각 세대 전용부분 안에 설치할 수 없다. (○ | ×)

08 주택단지의 옥외에 설치하는 전선은 지하에 매설하여야 한다. 다만, 세대당 전용 면적이 85제곱미터 이하인 주택을 전체 세대수의 2분의 1 이상 건설하는 단지에서 폭 8미터 이상의 도로에 가설하는 전선은 가공선으로 할 수 있다. (○ | ×)

> **정답** 01 X 02 X 03 X 04 ○ 05 ○ 06 X 07 X 08 X

38 전기설비 일반

OX 문제

01 최대전력의 산출 시에 이용되는 수요율이란 최대사용전력과 설비용량의 비이다. (○ | ×)

02 최대전력의 산출 시에 이용되는 수요율이란 실효전력과 피상전력의 비이다. (○ | ×)

03 수전용량 산출에 사용되는 부하율이란 평균수용전력을 부하밀도로 나눈 것이다. (○ | ×)

04 부등률이란 수용 설비 각각의 최대수용전력의 합을 합성 최대수용전력으로 나눈 것이다. (○ | ×)

05 부등률은 부하종별 최대수요전력이 생기는 시간차에 의한 값이다. (○ | ×)

06 부등률이 높을수록 설비이용률이 낮다. (○ | ×)

07 역률은 무효전력에 대한 유효전력의 비를 말한다. (○ | ×)

08 역률 산정 시에 필요한 피상전력은 유효전력과 무효전력의 산술합이다. (○ | ×)

09 역률은 부하의 종류와 관계가 없다. (○ | ×)

10 백열전등이나 전기히터의 역률은 100%에 가깝다. (○ | ×)

11 전동기의 역률을 개선하기 위해 콘덴서를 설치한다. (○ | ×)

12 역률을 개선하면 선로에 흐르는 전류가 증가한다. (○ | ×)

13 수변전실은 부하의 가장자리에 배치하여 전원의 인입이 편리해야 한다. (○ | ×)

14 변전실은 도난 방지를 위하여 전기 기기의 반출입이 불가능하여야 한다. (○ | ×)

15 수전점에서 변압기 1차 측까지의 기기 구성을 배전설비라 하고, 변압기에서 전력 부하설비의 배전반까지를 수전설비라 한다. (○ | ×)

16 변전실은 방화구조로 하여야 한다. (○ | ×)

17 변전실은 특고압인 경우 천장높이가 보 아래 3m 이상인 장소여야 한다. (○ | ×)

18 자가발전설비 용량은 수전설비용량의 20% 정도로 한다. (○ | ×)

19 발전기실은 내화 및 방음구조로 하여야 하며, 가능한 한 부하의 중심에서 멀리 떨어져야 한다. (○ | ×)

20 발전기실은 변전실에서 멀고 침수의 우려가 없어야 한다. (○ | ×)

21 발전기실은 습도가 높으며 배기배출구와 떨어진 곳이어야 한다. (○ | ×)

22 축전지실의 천장높이는 1.8m 이상으로 한다. (○ | ×)

23 축전지실은 개방형 축전지를 사용할 경우 조명기구는 내알칼리성으로 한다. (○ | ×)

24 간선의 배선방식 중 평행식은 설비비가 저렴하다. (○ | ×)

25 간선의 배선방식 중 평행식은 사고의 영향을 최소화할 수 있다. (○ | ×)

26 나뭇가지식은 대규모 건축물에 적당하다. (○ | ×)

27 평행식은 배전반으로부터 각 층의 분전반까지 단독으로 배선되므로 전압 강하가 평균화된다. (○ | ×)

28 평행식은 나뭇가지식에 비해 사고발생 시 파급되는 범위가 넓다. (○ | ×)

29 경질비닐관 공사는 절연성과 내식성이 강하다. (○ | ×)

30 합성수지관 공사는 열적 영향을 받기 쉬운 곳에 사용된다. (○ | ×)

31 합성수지관 공사는 열적 영향이나 기계적 외상을 받기 쉬운 곳에서는 사용이 곤란하다. (○ | ×)

32 경질비닐관 공사는 자성체이며 금속관보다 시공이 어렵다. (○ | ×)

33 합성수지관 공사는 옥내의 점검이 불가능한 은폐장소에는 사용할 수 없다. (○ | ×)

34 경질비닐관 공사는 부식성 가스가 발생하는 곳에는 사용할 수 없다. (○ | ×)

35 경질비닐관 공사는 관 자체가 우수한 절연성을 가지고 있으며, 중량이 가볍고 시공이 용이하나 열에 약하고 기계적 강도가 낮은 단점이 있다. (○ | ×)

36 경질비닐관 공사는 온도 변화에 따라 기계적 강도가 변하지 않는다. (○ | ×)

37 금속관 공사는 외부적 응력에 대해 전선보호의 신뢰성이 높다. (○ | ×)

38 금속관 배선공사는 옥내의 습기가 많은 은폐장소에서는 사용이 불가능하다. (○ | ×)

39 금속관 공사는 철근콘크리트 건물의 매입 배선으로는 사용할 수 없다. (○ | ×)

40 금속관 공사는 증설공사가 쉬워 주로 대형건축물에 사용된다. (○ | ×)

41 금속몰드 공사는 매립공사용으로 적합하고, 기계실 등에서 전동기로 배선하는 경우에 사용된다. (○ | ×)

42 가요전선관 공사는 주로 철근콘크리트 건물의 배립배선 등에 사용된다. (○ | ×)

43 금속덕트 공사는 다수회선의 절연전선이 동일경로에 부설되는 간선 부분에 사용된다. (○ | ×)

44 버스덕트 공사는 공장, 빌딩 등에서 비교적 큰 전류가 통하는 간선을 시설하는 경우에 사용된다. (○ | ×)

45 플로어덕트 공사는 옥내의 건조한 콘크리트 바닥면에 매입 사용되나 강·약전을 동시에 배선할 수 없다. (○ | ×)

46 감시제어반에서 운전표시는 오렌지색 램프로 표시한다. (○ | ×)

47 감시제어반에서 정지표시는 녹색 램프로 표시한다. (○ | ×)

39 피뢰설비

OX 문제

01 피뢰설비를 설치하여야 하는 대상 건축물의 높이 기준은 10m 이상이다. (○ | ×)

02 위험물 저장 및 처리시설에 설치하는 피뢰설비는 한국산업규격에 따른 피뢰시스템레벨Ⅱ 이상이어야 한다. (○ | ×)

03 돌침은 건축물의 맨 윗부분으로부터 50센티미터 이상 돌출시켜 설치한다. (○ | ×)

04 피뢰설비의 재료는 최소 단면적이 피복이 없는 동선을 기준으로 수뢰부, 인하도선, 접지극은 100제곱밀리미터 이상이거나 이와 동등 이상의 성능을 갖추어야 한다. (○ | ×)

05 피뢰설비의 인하도선을 대신하여 철골조의 철골구조물과 철근콘크리트조의 철근구조체 등을 사용하는 경우에는 전기적 연속성이 보장되어야 한다. (○ | ×)

06 전기적 연속성이 있다고 판단되기 위하여는 건축물 금속구조체의 최상단부와 지표레벨 사이의 전기저항이 0.5옴 이하이어야 한다. (○ | ×)

07 피뢰설비의 인하도선을 대신하여 철골조의 철골구조물과 철근콘크리트조의 철근구조체를 사용할 수 없다. (○ | ×)

08 측면 낙뢰를 방지하기 위하여 높이가 60m를 초과하는 건축물 등에는 지면까지 건축물 높이의 5분의 3이 되는 지점부터 상단부분까지의 측면에 수뢰부를 설치한다. (○ | ×)

09 전기설비의 접지계통과 건축물의 피뢰설비 및 통신설비 등의 접지극을 공용하는 통합접지공사를 하는 경우에는 낙뢰 등으로 인한 과전압으로부터 전기설비 등을 보호하기 위하여 한국산업표준에 적합한 배선용 차단기를 설치한다. (○ | ×)

40 지능형 홈네트워크 설비

OX 문제

01 홈네트워크망 중 단지망은 집중구내통신실에서 세대까지를 연결하는 망을 말한다. (○ | ×)

02 홈게이트웨이는 홈네트워크장비에 포함된다. (○ | ×)

03 단지서버는 홈네트워크사용기기에 포함된다. (○ | ×)

04 홈게이트웨이는 세대 내 세대단말기와 단지서버 간의 통신 및 보안을 수행하는 장비로서, 백본, 방화벽, 워크그룹스위치 등 단지망을 구성하는 장비를 말한다. (○ | ×)

05 단지서버는 홈네트워크 설비를 총괄적으로 관리하는 장비이다. (○ | ×)

06 세대단말기는 홈네트워크사용기기에 포함된다. (○ | ×)

07 '집중구내통신실(TPS실)'이란 통신용 파이프 샤프트 및 통신단자함을 설치하기 위한 공간을 말한다. (○ | ×)

08 홈게이트웨이는 세대단자함에 설치하여야 하며, 세대단말기에 포함하여 설치할 수 없다. (○ | ×)

09 단지네트워크장비는 집중구내통신실 또는 방재실에 설치하여야 한다. (○ | ×)

10 단지네트워크장비는 집중구내통신실실 또는 통신배관실에 설치하여야 한다. (○ | ×)

11 단지서버는 집중구내통신실 또는 통신배관실에 설치하여야 한다. (○ | ×)

12 가스감지기는 LNG인 경우에는 바닥 쪽에, LPG인 경우에는 천장 쪽에 설치하여야 한다. (○ | ×)

13 무인택배함의 설치수량은 소형 주택의 경우 세대수의 20~30% 정도 설치하도록 의무화한다. (○ | ×)

14 무인택배함의 설치수량은 소형 주택의 경우 세대수의 약 15~20% 정도 설치할 것을 권장한다. (○ | ×)

15 무인택배함의 설치수량은 중형 주택의 경우 세대수의 약 10~15% 정도 설치할 것을 권장한다. (○ | ×)

16 중형 주택 이상의 무인택배함 설치수량은 세대수의 15~20% 정도 설치할 것을 권장한다. (○ | ×)

17 세대단자함은 500mm × 400mm × 80mm(깊이) 크기로 설치할 것을 권장한다. (○ | ×)

18 통신배관실의 출입문은 폭 0.6m, 높이 1.8m 이상이어야 한다. (○ | ×)

19 통신배관실의 출입문은 폭 0.9미터, 높이 2미터 이상(문틀의 내측치수)이어야 한다. (○ | ×)

20 통신배관실은 외부의 청소 등에 의한 먼지, 물 등이 들어오지 않도록 40밀리미터 이상의 문턱을 설치하여야 한다. (○ | ×)

21 차수판 또는 차수막을 설치하지 않은 통신배관실에는 최소 30mm 이상의 문턱을 설치하여야 한다. (○ | ×)

22 통신배관실 내의 트레이(Tray) 또는 배관, 덕트 등의 설치용 개구부는 화재 시 층간 확대를 방지하도록 방화처리제를 사용하여야 한다. (○ | ×)

23 통신배관실에는 적정온도의 유지를 위한 냉방시설 또는 흡배기용 환풍기를 설치하여야 한다. (○ | ×)

24 집중구내통신실의 출입문은 폭 0.7미터, 높이 1.8미터 이상(문틀의 내측치수)이어야 한다. (○ | ×)

25 집중구내통신실에는 외부의 청소 등에 의한 먼지, 물 등이 들어오지 않도록 50밀 (○ | ×)
리미터 이상의 문턱을 설치하여야 한다.

26 홈네트워크사용기기는 단지서버와 상호 연동할 수 있어야 하며, 각 기기 간 호환 (○ | ×)
성을 고려하여 설치하여야 한다.

27 홈네트워크사용기기의 예비부품은 10% 이상 3년간 확보할 것을 권장한다. (○ | ×)

28 시·도지사는 지능형 건축물의 건축을 활성화하기 위하여 지능형 건축물 인증제 (○ | ×)
도를 실시하여야 한다.

29 지능형 건축물로 인증을 받은 건축물에 대해서는 조경설치면적을 100분의 50까 (○ | ×)
지 완화하여 적용할 수 있다.

30 지능형 건축물로 인증을 받은 건축물에 대해서는 용적률 및 건축물의 높이를 (○ | ×)
100분의 115를 초과하는 범위로 완화하여 적용할 수 있다.

정답 01 ○ 02 ○ 03 × 04 × 05 ○ 06 × 07 × 08 × 09 × 10 ○ 11 × 12 × 13 × 14 × 15 ×
16 ○ 17 ○ 18 × 19 × 20 × 21 × 22 ○ 23 × 24 × 25 × 26 × 27 × 28 × 29 × 30 ×

41 승강기 설치기준

OX 문제

01 계단실형 공동주택의 승용승강기 탑승인원수는 동일한 계단실을 사용하는 4층 (○ | ×)
이상인 층의 매 세대당 0.2명의 비율로 산정한 인원수 이상이어야 한다.

02 한 층에 3세대 이상 조합된 계단실형 공동주택에는 2대 이상의 승용승강기를 설 (○ | ×)
치해야 한다.

03 계단실형 공동주택이 22층 이상인 경우에는 2대 이상의 승용승강기를 설치해야 (○ | ×)
한다.

04 계단실형 공동주택의 승용승강기는 1대에 100세대를 넘는 80세대마다 1대를 더 (○ | ×)
한 대수 이상 설치하여야 한다.

05 복도형 공동주택의 승용승강기는 1대에 100세대를 넘는 100세대마다 1대를 더 (○ | ×)
한 대수 이상 설치하여야 한다.

06 복도형 공동주택의 승용승강기의 탑승인원수는 4층 이상인 층의 매 세대당 0.3 (○ | ×)
명 비율로 산정한 인원수 이상이 되어야 한다.

07 10층 이상인 공동주택의 경우에는 승용승강기 이외에 비상용승강기를 추가로 설 (○ | ×)
치하여야 한다.

08 6층 이상인 공동주택의 경우에는 승용승강기를 비상용승강기의 구조로 하여야 한다. (○ | ×)

09 7층 이상인 공동주택에는 이삿짐 등을 운반할 수 있는 기준에 적합한 구조의 화 (○ | ×)
물용승강기를 설치하여야 한다.

10 10층 이상인 계단실형 공동주택에는 100세대까지 1대를 설치하되, 100세대를 넘는 경우에는 100세대마다 1대를 추가로 화물용승강기를 설치하여야 한다. (○ | ×)

11 화물용승강기는 복도형인 공동주택의 경우에는 200세대까지 1대를 설치하되, 200세대를 넘는 경우 100세대마다 1대를 추가로 설치하여야 한다. (○ | ×)

12 화물용승강기는 복도형인 공동주택의 경우에는 100세대까지 1대를 설치하되, 100세대를 넘는 경우 80세대마다 1대를 추가로 설치하여야 한다. (○ | ×)

13 높이 31미터인 8층의 건축물에는 비상용승강기를 1대 이상 설치하여야 한다. (○ | ×)

14 높이 31미터를 넘는 각 층의 바닥면적의 합계가 200제곱미터 이하인 건축물에는 비상용승강기를 설치하지 아니할 수 있다. (○ | ×)

15 높이 31미터를 넘는 층수가 4개 층 이하로서 당해 각 층의 바닥면적의 합계 500 제곱미터 이내마다 방화구획으로 구획한 건축물에는 비상용승강기를 설치하지 아니할 수 있다. (○ | ×)

16 비상용승강기는 높이 31m를 넘는 각 층의 바닥면적 중 최대바닥면적이 3천 제곱 미터를 넘는 건축물에는 1대에 3천 제곱미터를 넘는 매 3천 제곱미터 이내마다 1대씩 가산한 대수 이상으로 설치하여야 한다. (○ | ×)

17 비상용승강기의 승강장 벽 및 반자가 실내에 접하는 부분의 마감재료는 난연재료 로 한다. (○ | ×)

18 승강장의 바닥면적은 비상용승강기 1대에 대하여 5제곱미터 이상으로 한다. (○ | ×)

19 옥외에 승강장을 설치하는 경우 승강장의 바닥면적은 비상용승강기 1대에 대하여 6제곱미터 이상으로 한다. (○ | ×)

20 피난층이 있는 승강장의 출입구로부터 도로 또는 공지에 이르는 거리가 50미터 이하여야 한다. (○ | ×)

21 승강로는 당해 건축물의 다른 부분과 방화구조로 구획한다. (○ | ×)

22 승강장은 각 층의 내부와 연결될 수 있도록 하되, 그 출입구(승강로의 출입구를 제외한다)에는 을종방화문을 설치한다. 다만, 피난층에는 갑종방화문을 설치하여 야 한다. (○ | ×)

23 각 층으로부터 피난층까지 이르는 승강로는 화재대피의 효율성을 위해 단일구조 로 연결하지 않는다. (○ | ×)

정답 01 X 02 X 03 X 04 X 05 X 06 X 07 X 08 X 09 X 10 X 11 X 12 X 13 X 14 X 15 X
16 X 17 X 18 X 19 X 20 X 21 X 22 X 23 X

OX 문제

01 승강기 소유자와의 계약에 따라 승강기를 안전하게 관리할 책임과 권한을 부여받 (○ | ×)
은 자는 승강기의 관리주체에 해당한다.

02 제조·수입업자는 승강기 유지관리용 부품 및 장비 또는 소프트웨어의 원활한 제 (○ | ×)
공을 위해 동일한 형식의 유지관리용 부품 및 장비등을 최종 판매하거나 양도한
날부터 5년 이상 제공할 수 있도록 해야 하는 것이 원칙이다.

03 승강기의 품질보증기간은 5년으로 한다. (○ | ×)

04 품질보증기간에 구매인 또는 양수인이 사용설명서에 따라 정상적으로 사용·관리 (○ | ×)
했음에도 불구하고 발생한 고장은 제조·수입업자가 실비만 받고 정비하여야 한다.

05 제조·수입업자는 관리주체로부터 승강기 유지관리용 부품의 제공을 요청받은 경 (○ | ×)
우에는 특별한 이유가 없으면 3일 이내에 그 요청에 따라야 한다.

06 설치공사업자는 승강기의 설치를 끝냈을 때에는 행정안전부장관에게 그 사실을 (○ | ×)
신고하여야 한다.

07 설치공사업자는 승강기의 설치를 끝낸 날부터 15일 이내에 공단에 승강기의 설치 (○ | ×)
신고를 해야 한다.

08 승강기의 제조·수입업자 또는 관리주체는 설치검사를 받지 아니하거나 설치검사 (○ | ×)
에 불합격한 승강기를 운행하게 하거나 운행하여서는 아니 된다.

09 관리주체가 직접 승강기를 관리하는 경우에는 관리주체가 승강기 운행에 대한 지 (○ | ×)
식이 풍부한 사람을 안전관리자로 선임하여 승강기를 관리하게 하여야 한다.

10 관리주체는 승강기의 안전관리자를 선임하였을 때에는 행정안전부령으로 정하는 (○ | ×)
바에 따라 1개월 이내에 행정안전부장관에게 그 사실을 통보하여야 한다.

11 관리주체는 승강기의 안전관리자를 선임하였을 때에는 행정안전부령으로 정하는 (○ | ×)
바에 따라 3개월 이내에 행정안전부장관에게 그 사실을 신고하여야 한다.

12 관리주체는 승강기 안전관리자로 하여금 선임 후 6개월 이내에 행정안전부령으 (○ | ×)
로 정하는 기관이 실시하는 승강기관리에 관한 교육을 받게 하여야 한다.

13 승강기관리교육의 주기는 2년으로 한다. (○ | ×)

14 책임보험의 보상한도액은 사망의 경우에는 1인당 5천만원이다. 다만, 사망에 따 (○ | ×)
른 실손해액이 3천만원 미만인 경우에는 3천만원으로 한다.

15 책임보험의 보상한도액은 재산피해의 경우에는 사고당 2천만원 이상으로 한다. (○ | ×)

16 관리주체는 승강기 안전에 관한 자체점검을 월 2회 이상 하고, 그 결과를 승강기 (○ | ×)
안전종합정보망에 입력하여야 한다.

17 승강기관리주체는 자체점검을 월 1회 이상 실시하고, 그 점검결과를 작성하여 (○ | ×)
시·도지사에게 보고하여야 한다.

18 승강기 실무경력이 2년 이상이고 법규에 따른 직무교육을 이수한 사람이 자체점 (○ | ×)
검을 담당할 수 있다.

19 자체점검을 담당하는 사람은 자체점검을 마치면 지체 없이 자체점검 결과를 양호 (○ | ×)
또는 긴급수리로 구분하여 관리주체에게 통보해야 한다.

20 관리주체는 승강기의 자체점검을 월 1회 이상 하고, 자체점검 결과를 자체점검 (○ | ×)
후 5일 이내에 승강기안전종합정보망에 입력하여야 한다.

21 자체점검을 담당하는 사람은 자체점검을 마치면 지체 없이 자체점검 결과를 양 (○ | ×)
호, 주의관찰 또는 긴급수리로 구분하여 관리주체에게 통보해야 하며, 관리주
체는 자체점검 결과를 자체점검 후 7일 이내에 승강기안전종합정보망에 입력
해야 한다.

22 관리주체는 자체점검 결과 승강기에 결함이 있다는 사실을 알았을 경우에는 3일 (○ | ×)
이내에 보수하여야 한다.

23 관리주체는 자체점검 결과 승강기에 결함이 있다는 사실을 알았을 경우에는 보수 (○ | ×)
가 끝날 때까지 임시운행필증을 교부받아 제한적으로 운행할 수 있다.

24 새로운 유지관리기법 도입 등 대통령령이 정하는 사유에 해당하여 자체점검의 주 (○ | ×)
기 조정이 필요한 승강기는 자체점검의 전부 또는 일부를 면제할 수 있다.

25 관리주체는 행정안전부장관이 실시하는 안전검사에서 불합격한 승강기에 대해서 (○ | ×)
는 자체점검의 전부 또는 일부를 면제할 수 있다.

26 원격점검 및 실시간 고장 감시 등 행정안전부장관이 정하여 고시하는 원격관리기 (○ | ×)
능이 있는 승강기를 관리하는 경우는 새로운 유지관리기법의 도입 등 대통령령으
로 정하는 사유에 해당한다.

27 원격점검 및 실시간 고장 감시 등 행정안전부장관이 정하여 고시하는 원격관리기 (○ | ×)
능이 있는 승강기를 관리하는 경우에는 6개월의 범위에서 자체점검의 주기를 조
정할 수 있다.

28 관리주체는 자체점검을 스스로 할 수 없다고 판단하는 경우에는 승강기의 유지관 (○ | ×)
리를 업으로 하기 위하여 등록을 한 자로 하여금 이를 대행하게 할 수 있다.

29 관리주체는 해당 승강기에 대하여 산업통상자원부장관이 실시하는 안전검사를 (○ | ×)
받아야 한다.

30 정기검사는 설치 검사 후 정기적으로 하는 검사로 검사유효기간은 3년 이하로 하 (○ | ×)
되, 행정안전부령으로 정하는 바에 따라 승강기별로 검사주기를 다르게 할 수 있다.

31 정기검사의 검사주기는 2년(설치검사 또는 직전 정기검사를 받은 날부터 매 2년 (○ | ×)
을 말한다)으로 한다.

32 설치검사를 받은 날부터 15년이 지난 승강기의 경우에는 정기검사 주기를 직전 (○ | ×)
정기검사를 받은 날부터 6개월로 한다.

33 설치검사를 받은 날부터 25년이 지난 승강기의 경우에는 정기검사 주기를 직전 (○ | ×)
정기검사를 받은 날부터 1년으로 한다.

34 승강기의 결함으로 중대한 사고 또는 중대한 고장이 발생한 후 3년이 지나지 않 　(○ | ×)
　은 승강기의 경우 정기검사 주기를 직전 정기검사를 받은 날부터 6개월로 한다.

35 화물용 엘리베이터의 경우에는 정기검사 주기를 직전 정기검사를 받은 날부터 　(○ | ×)
　1년으로 한다.

36 정기검사의 검사기간은 정기검사의 검사주기 도래일 전후 각각 15일 이내로 한 　(○ | ×)
　다. 이 경우 해당 검사기간 이내에 검사에 합격한 경우에는 정기검사의 검사주기
　도래일에 정기검사를 받은 것으로 본다.

37 정기검사의 검사주기 도래일 전에 수시검사 또는 정밀안전검사를 받은 경우 해당 　(○ | ×)
　정기검사의 검사주기는 수시검사 또는 정밀안전검사를 받은 날부터 계산한다.

38 안전검사가 연기된 경우 해당 정기검사의 검사주기는 연기된 안전검사를 받은 날 　(○ | ×)
　부터 계산한다.

39 승강기의 종류, 제어방식, 정격속도, 정격용량 또는 왕복운행거리를 변경한 경우 　(○ | ×)
　에는 정밀안전검사를 받아야 한다.

40 승강기의 제어반 또는 구동기를 교체한 경우 수시검사를 받아야 한다. 　(○ | ×)

41 승강기의 결함으로 중대한 사고 또는 중대한 고장이 발생한 경우 수시검사를 받 　(○ | ×)
　아야 한다.

42 피난용 엘리베이터를 승객용 엘리베이터로 변경한 경우에는 수시검사를 받아야 　(○ | ×)
　한다.

43 관리주체는 설치검사를 받은 날부터 10년이 지난 경우 정밀안전검사를 받아야 　(○ | ×)
　한다.

44 승강기 설치검사를 받은 날부터 20년이 지난 경우 정밀안전검사를 받아야 　(○ | ×)
　한다.

45 관리주체는 설치검사를 받은 날부터 15년이 지난 경우 정밀안전검사를 받아야 하 　(○ | ×)
　며, 그 후 2년마다 정기적으로 정밀안전검사를 받아야 한다.

46 관리주체는 설치검사를 받은 날부터 15년이 지난 경우에 해당할 때에는 행정안전 　(○ | ×)
　부장관이 실시하는 정밀안전검사를 받고, 그 후 3년마다 정기적으로 정밀안전검
　사를 받아야 한다.

47 승강기 성능의 저하로 승강기 이용자의 안전을 위협할 우려가 있어 시·도지사가 　(○ | ×)
　정밀안전검사가 필요하다고 인정하는 경우 정밀안전검사를 받아야 한다.

48 승강기관리주체는 안전검사에 불합격한 승강기에 대하여 안전검사에 불합격한 　(○ | ×)
　날부터 2개월 이내에 안전검사를 다시 받아야 한다.

49 관리주체는 안전검사에 불합격한 승강기에 대하여 3개월 이내에 안전검사를 다 　(○ | ×)
　시 받아야 한다.

50 승강기가 설치된 건축물이나 고정된 시설물에 중대한 결함이 있어 승강기를 정상 　(○ | ×)
　적으로 운행하는 것이 불가능한 경우에는 안전검사를 연기할 수 있다.

51 다른 법령에서 정하는 바에 따라 설치가 의무화된 승강기는 관리주체가 승강기의 　(○ | ×)
　운행을 중단하는 경우 안전검사를 연기할 수 있다.

52 정밀안전검사를 받아야 하는 승강기에 대해서는 해당 연도의 정기검사를 면제할 수 있다.   (○ | ×)

53 정밀안전검사를 받았거나 정밀안전검사를 받아야 하는 승강기에 대해서는 해당 연도의 정기검사를 면제할 수 있다.   (○ | ×)

54 관리주체가 안전검사를 받고 자체점검을 한 경우에는 「건축물관리법」 제12조에 따른 승강기의 유지·관리를 한 것으로 본다.   (○ | ×)

55 관리주체는 그가 관리하는 승강기로 인하여 중대한 사고가 발생하거나 중대한 고장이 발생한 경우에는 행정안전부장관에게 통보하여야 한다.   (○ | ×)

56 승강기의 중대한 사고란 사고 발생일부터 7일 이내에 실시된 의사의 최초 진단 결과 1주 이상의 치료가 필요한 부상자가 발생한 사고를 포함한다.   (○ | ×)

57 운행 중 정전으로 인하여 정지된 엘리베이터에 이용자가 갇히게 된 경우는 관리주체가 한국승강기안전공단에 통보하여야 하는 중대한 고장에 해당한다.   (○ | ×)

58 행정안전부장관은 승강기 자체점검을 하지 아니한 경우 그 사유가 없어질 때까지 해당 승강기의 운행정지를 명할 수 있다.   (○ | ×)

정답 01 ○ 02 × 03 × 04 × 05 × 06 × 07 × 08 ○ 09 × 10 × 11 × 12 × 13 × 14 × 15 ×
16 × 17 × 18 × 19 × 20 × 21 × 22 × 23 × 24 ○ 25 ○ 26 ○ 27 × 28 ○ 29 × 30 ×
31 × 32 × 33 × 34 × 35 × 36 × 37 ○ 38 ○ 39 × 40 ○ 41 × 42 × 43 × 44 × 45 ×
46 ○ 47 × 48 × 49 × 50 ○ 51 × 52 ○ 53 ○ 54 ○ 55 × 56 × 57 × 58 ×

CHAPTER 02 | 환경·안전·방재관리

▶ **연계학습** | 이론편 p.370

1 환경관리

OX 문제

01 증기소독의 방법은 유통증기를 사용하여 소독기 안의 공기를 빼고 30분 이상 섭씨 100도 이상으로 증기소독을 해야 한다. 다만, 증기소독을 할 경우 더럽혀지고 손상될 우려가 있는 물건은 다른 방법으로 소독을 해야 한다.   (○ | ×)

02 끓는 물 소독의 방법은 소독할 물건을 1시간 이상 섭씨 100도 이상의 물속에 넣어 살균해야 한다.   (○ | ×)

03 100세대 이상 공동주택의 관리·운영자는 감염병 예방에 필요한 소독을 하여야 한다.   (○ | ×)

04 300세대 이상인 공동주택은 10월부터 3월까지는 3개월에 1회 이상 감염병 예방에 필요한 소독을 하여야 한다.   (○ | ×)

05 300세대 이상인 공동주택은 4월부터 9월까지는 6개월에 1회 이상 감염병 예방 (○ | ×)
에 필요한 소독을 하여야 한다.

06 소독업자가 소독하였을 때에는 소독실시대장에 소독에 관한 사항을 기록하고, 이 (○ | ×)
를 3년간 보존하여야 한다.

정답 01 × 02 × 03 × 04 × 05 × 06 ×

2 실내공기질 관리법

OX 문제

01 「실내공기질 관리법」의 적용대상이 되는 공동주택은 아파트, 연립주택, 다세대주 (○ | ×)
택으로서 300세대 이상으로 신축되는 것으로 한다.

02 신축되는 공동주택의 시공자는 시공이 완료된 공동주택의 실내공기질을 측정 (○ | ×)
하여 그 측정결과를 입주 개시 후에 입주민이 잘 볼 수 있는 장소에 공고하여
야 한다.

03 신축 공동주택의 시공자가 실내공기질을 측정하는 항목에는 폼알데하이드와 휘 (○ | ×)
발성유기화합물이 포함된다.

04 주택 공기질 측정결과 보고(공고)는 주민 입주 7일 전부터 30일간 주민들에게 공 (○ | ×)
고하여야 한다.

05 신축 공동주택의 시공자는 주택 공기질 측정결과 보고(공고)를 주민 입주 7일 후 (○ | ×)
부터 60일간 주민들이 잘 볼 수 있도록 공고하여야 한다.

06 신축 공동주택의 실내공기질 유지기준은 규정되어 있지 않다. (○ | ×)

07 신축 공동주택의 실내공기질 권고기준으로 벤젠 $60\mu g/m^3$ 이하이다. (○ | ×)

08 신축 공동주택의 실내공기질 권고기준으로 에틸벤젠 $400\mu g/m^3$ 이하이다. (○ | ×)

09 신축 공동주택의 실내공기질 권고기준으로 자일렌 $900\mu g/m^3$ 이하이다. (○ | ×)

10 신축 공동주택의 실내공기질 권고기준으로 스티렌 $500\mu g/m^3$ 이하이다. (○ | ×)

11 신축 공동주택의 실내공기질 권고기준은 폼알데하이드 $120\mu g/m^3$ 이하, VOCs (○ | ×)
(총휘발성유기화합물) $500\mu g/m^3$ 이하이다.

12 신축 공동주택의 실내공기질 권고기준으로 벤젠은 $300\mu g/m^3$ 이하, 스티렌은 (○ | ×)
$500\mu g/m^3$ 이하, 톨루엔은 $1,200\mu g/m^3$ 이하이다.

정답 01 × 02 × 03 × 04 × 05 × 06 ○ 07 × 08 × 09 × 10 × 11 × 12 ×

3 먹는물의 수질기준

01 수은은 0.01mg/L를 넘지 아니할 것 (○ | ×)

02 시안은 0.01mg/L를 넘지 아니할 것 (○ | ×)

03 경도는 수돗물의 경우 1,000mg/L를 넘지 아니할 것 (○ | ×)

04 「먹는물 수질기준 및 검사 등에 관한 규칙」상 먹는물의 수질기준 중 수돗물의 경 (○ | ×)
도는 200mg/L를 넘지 않아야 한다.

05 동은 1mg/L를 넘지 아니할 것 (○ | ×)

06 색도는 5도를 넘지 아니할 것 (○ | ×)

07 염소이온은 350mg/L를 넘지 아니할 것 (○ | ×)

08 수소이온농도는 pH 5.8 이상 pH 8.5 이하이어야 한다. (○ | ×)

09 증발잔류량은 800mg/L를 넘지 아니할 것 (○ | ×)

10 수돗물에 있어서 탁도는 1NTU를 넘지 아니할 것 (○ | ×)

정답 01 ✕ 02 ○ 03 ✕ 04 ✕ 05 ○ 06 ○ 07 ✕ 08 ○ 09 ✕ 10 ✕

4 소음관리

OX 문제

01 대각선에 위치한 인접한 세대 간의 소음은 층간소음에 포함되지 않는다. (○ | ×)

02 층간소음 피해를 끼친 입주자등은 입주자대표회의 권고에 따라 층간소음 발생을 (○ | ×)
중단하는 등 협조하여야 한다.

03 관리주체의 조치에도 불구하고 층간소음 발생이 계속될 경우에는 층간소음 피해를 (○ | ×)
입은 입주자등은 「공동주택관리법」에 따른 공동주택관리 분쟁조정위원회가 아니
라 「환경분쟁 조정법」에 따른 환경분쟁조정위원회에 조정을 신청하여야 한다.

04 관리주체는 필요한 경우 층간소음에 따른 분쟁의 예방, 조정, 교육 등을 위하여 (○ | ×)
자치적인 조직을 구성하여 운영할 수 있다.

05 직접충격 소음은 뛰거나 걷는 동작 등으로 인하여 발생하는 층간소음이다. (○ | ×)

06 공기전달 소음은 텔레비전, 음향기기 등의 사용으로 인하여 발생하는 층간소음이다. (○ | ×)

07 욕실, 화장실 및 다용도실 등에서 급수·배수로 인하여 발생하는 소음도 층간소음 (○ | ×)
에 포함한다.

08 직접충격 소음의 1분간 등가소음도는 주간 47dB(A), 야간 43dB(A)이다. (○ | ×)

09 직접충격 소음의 최고소음도는 주간 59dB(A), 야간 54dB(A)이다. (○ | ×)

10 공기전달 소음의 5분간 등가소음도는 주간 45dB(A), 야간 40dB(A)이다. (○ | ×)

11 층간소음의 기준 시간대는 주간은 06시부터 22시까지, 야간은 22시부터 06시 (○ | ×)
까지로 구분한다.

12 공기전달 소음은 1분간 등가소음도(Leq) 및 최고소음도(Lmax)로 평가한다. (○ | ×)

13 1분간 등가소음도 및 5분간 등가소음도는 측정한 값 중 가장 낮은 값으로 한다. (○ | ×)

14 최고소음도는 1시간에 2회 이상 초과할 경우 그 기준을 초과한 것으로 본다. (○ | ×)

정답 01 × 02 × 03 × 04 × 05 ○ 06 ○ 07 × 08 × 09 × 10 ○ 11 ○ 12 × 13 × 14 ×

5 건축물의 에너지절약설계기준

OX 문제

01 평균 열관류율은 내부 마감 치수를 기준으로 계산한다. (○ | ×)

02 '투광부'라 함은 창, 문 면적의 30% 이상이 투과체로 구성된 문, 유리블록, 플라 (○ | ×)
스틱패널 등과 같이 투과재료로 구성되며 외기에 접하여 채광이 가능한 부위를
말한다.

03 '비례제어운전'이라 함은 기기를 여러 대 설치하여 부하상태에 따라 최적 운전상 (○ | ×)
태를 유지할 수 있도록 기기를 조합하여 운전하는 방식을 말한다.

04 '중앙집중식 냉·난방설비'라 함은 건축물의 전부 또는 냉·난방 면적의 50% 이상 (○ | ×)
을 냉방 또는 난방함에 있어 해당 공간에 순환펌프, 증기난방설비 등을 이용하여
열원 등을 공급하는 설비를 말한다.

05 '역률개선용 커패시터(콘덴서)'는 역률을 개선하기 위하여 변압기 또는 전동기 등 (○ | ×)
에 직렬로 설치하는 커패시터를 말한다.

06 '수용률'이라 함은 부하설비 용량 합계에 대한 최대수용전력의 백분율을 말한다. (○ | ×)

07 공동주택의 층간바닥 중 바닥난방을 하지 않는 현관 및 욕실의 바닥부위에는 건 (○ | ×)
축물의 열손실방지 조치를 하지 아니할 수 있다.

08 외기에 직접 면하고 1층 또는 지상으로 연결된 너비 1.0m의 출입문은 방풍구조 (○ | ×)
로 하여야 한다.

09 외기에 직접 면하고 1층 또는 지상으로 연결된 주택의 출입문은 방풍구조로 하여 (○ | ×)
야 한다.

10 방풍구조로 설치하여야 하는 출입문에서 회전문과 일반문이 같이 설치된 경우, (○ | ×)
일반문 부위는 방풍실 구조의 이중문을 설치하여야 한다.

11 공동주택은 인동간격을 좁게 하여 저층부의 태양열 취득을 최대한 증대시킨다. (○ | ×)

12 거실의 층고 및 반자 높이는 실의 용도와 기능에 지장을 주지 않는 범위 내에서 (○ | ×)
가능한 한 높게 한다.

13 공동주택은 인동간격을 넓게 하여 저층부의 태양열 취득을 최대한 증대시킨다. (○ | ×)

14 건축물의 체적에 대한 외피면적의 비 또는 연면적에 대한 외피면적의 비는 가능한 한 크게 한다. (○ | ×)

15 건물의 창 및 문은 가능한 한 작게 설계하고, 특히 열손실이 많은 북측 거실의 창 및 문의 면적은 최소화한다. (○ | ×)

16 벽체 내부의 결로를 방지하기 위하여 단열재의 실외 측에 방습층을 설치한다. (○ | ×)

17 외벽 부위는 내단열로 시공한다. (○ | ×)

18 외피의 모서리 부분은 열교가 발생하지 않도록 단열재를 연속적으로 설치한다. (○ | ×)

19 태양열 유입에 의한 냉·난방부하를 저감할 수 있도록 일사조절장치, 태양열취득률(SHGC), 창 및 문의 면적비 등을 고려한 설계를 한다. (○ | ×)

20 외기냉방시스템의 적용이 건축물의 총에너지비용을 감소시킬 수 없는 경우에는 이코노마이저시스템을 도입한다. (○ | ×)

21 단열재의 이음부는 최대한 밀착하여 시공하거나, 2장을 엇갈리게 시공하여 이음부를 통한 단열성능 저하가 최소화될 수 있도록 조치한다. (○ | ×)

22 방습층으로 알루미늄박 또는 플라스틱계 필름 등을 사용할 경우의 이음부는 100mm 이상 중첩하고 내습성 테이프, 접착제 등으로 기밀하게 마감한다. (○ | ×)

23 알루미늄박 또는 플라스틱계 필름 등을 사용할 경우의 모서리 이음부는 150mm 이상 중첩되게 시공하고 내습성 테이프, 접착제 등으로 기밀하게 마감한다. (○ | ×)

24 난방설비의 용량계산을 위한 설계기준 실내온도는 22℃를 기준으로 한다. (○ | ×)

25 지하주차장의 환기용 팬은 이산화탄소(CO_2)농도에 의한 자동(on-off) 제어방식을 도입한다. (○ | ×)

26 급수가압펌프의 전동기에는 가변속제어방식 등 에너지절약적 제어방식을 채택한다. (○ | ×)

27 부하특성, 부하 종류, 계절부하 등을 고려하여 변압기의 운전대수제어가 가능하도록 뱅크를 구성한다. (○ | ×)

28 수전전압 25kV 이하의 수전설비에서는 변압기의 무부하손실을 줄이기 위하여 충분한 안전성이 확보된다면 직접강압방식을 채택한다. (○ | ×)

29 역률개선용 커패시터(콘덴서)를 집합설치하는 경우에는 역률자동조절장치를 설치한다. (○ | ×)

30 옥외등은 고효율 제품인 LED 조명을 사용한다. (○ | ×)

정답 01 × 02 × 03 × 04 × 05 × 06 ○ 07 ○ 08 × 09 × 10 ○ 11 × 12 × 13 ○ 14 × 15 ○ 16 × 17 × 18 ○ 19 ○ 20 × 21 ○ 22 ○ 23 ○ 24 × 25 × 26 ○ 27 ○ 28 ○ 29 ○ 30 ○

6 공주법령상 안전관리

OX 문제

01 주차장 및 입주자집회소는 안전관리계획 수립대상 시설물이다. (○ | ×)

02 세대별로 설치된 연탄가스배출기는 안전관리계획 수립대상 시설물이다. (○ | ×)

03 주택 내 전기시설은 관리주체가 수립해야 할 안전관리계획에 포함되는 시설물이다. (○ | ×)

04 안전관리계획 수립대상 시설에는 도시가스시설, 중앙집중식 난방시설, 발전 및 (○ | ×)
   변전시설 등이 포함된다.

05 공동주택시설물에 대한 안전관리진단기준으로 우기진단은 연 1회 실시한다. (○ | ×)

06 노출배관의 동파방지 월동기진단은 연 1회 실시한다. (○ | ×)

07 석축, 옹벽의 우기진단은 연 1회 실시한다. (○ | ×)

08 법면의 해빙기진단은 연 1회 실시한다. (○ | ×)

09 저수시설의 위생진단 점검횟수는 연 2회 이상이다. (○ | ×)

10 소방시설은 매분기 1회 이상 안전진단을 요하는 시설이다. (○ | ×)

11 변전실의 안전진단은 매 분기 1회 이상 점검을 실시한다. (○ | ×)

12 어린이놀이터의 안전진단은 연 2회 실시한다. (○ | ×)

13 저수시설의 위생진단은 연 1회 점검을 실시한다. (○ | ×)

14 석축·옹벽·법면은 해빙기진단과 월동기진단을 실시해야 하는 시설이다. (○ | ×)

15 연탄가스배출기·중앙집중식난방시설·노출배관의 동파방지, 수목보온은 해빙기 (○ | ×)
   진단 대상 시설이다.

16 관리주체는 연 1회 안전점검을 실시하여야 하며, 16층 이상인 공동주택의 안전점 (○ | ×)
   검은 해당 공동주택의 관리사무소장으로 배치된 주택관리사등 중 안전점검교육
   을 이수한 자가 실시하여야 한다.

17 16층 이상인 공동주택의 안전점검은 기술사 또는 건축사가 실시할 수 있다. (○ | ×)

18 관리주체는 안전점검의 결과 건축물의 구조·설비의 안전도가 매우 낮아 위해 발 (○ | ×)
   생의 우려가 있는 경우에는 점검대상 구조·설비를 시장·군수·구청장에게 보고
   하고, 그 보고내용에 따른 조치를 취하여야 한다.

19 관리주체는 안전점검의 결과 건축물의 구조·설비의 안전도가 매우 낮아 위해 발 (○ | ×)
   생의 우려가 있는 경우에는 비상연락체계를 시장·군수·구청장에게 보고하고, 그
   보고내용에 따른 조치를 취하여야 한다.

20 시장·군수·구청장은 관리주체로부터 안전점검의 결과 위해가 발생할 우려가 있 (○ | ×)
   다고 보고받은 공동주택에 대하여는 매분기 1회 이상 점검을 실시하여야 한다.

정답 01 X 02 X 03 X 04 ○ 05 ○ 06 ○ 07 ○ 08 ○ 09 ○ 10 ○ 11 ○ 12 X 13 X 14 X 15 X
16 X 17 X 18 ○ 19 X 20 X

7 어린이놀이시설 안전관리법

OX 문제

01 관리주체는 설치검사를 받은 어린이놀이시설에 대하여 안전검사기관으로부터 (○ | ×)
3년에 1회 이상 정기시설검사를 받아야 한다.

02 정기시설검사를 받으려는 자는 정기시설검사의 유효기간이 끝나기 1개월 전까지 (○ | ×)
정기시설검사신청서를 안전검사기관에 제출하여야 한다.

03 정기시설검사의 결과에 대하여 이의가 있는 자는 검사 결과를 통보받은 날부터 (○ | ×)
1개월 이내에 재검사를 신청할 수 있다.

04 관리주체는 안전점검을 반기 1회 이상 실시하여야 한다. (○ | ×)

05 관리주체는 안전점검 결과 해당 어린이놀이시설이 어린이에게 위해를 가할 우려 (○ | ×)
가 있다고 판단되는 경우에는 그 이용을 금지하고 3개월 이내에 안전검사기관에
안전진단을 신청하여야 한다.

06 관리주체는 안전점검 또는 안전진단을 한 결과에 대하여 안전점검실시대장 또는 (○ | ×)
안전진단실시대장을 작성하여 최종 기재일부터 2년간 보관하여야 한다.

07 관리주체는 어린이놀이시설을 인도받은 경우에는 인도받은 날부터 6개월 이내에 (○ | ×)
어린이놀이시설의 안전관리에 관련된 업무를 담당하는 자로 하여금 안전교육을
받도록 하여야 한다.

08 관리주체는 안전관리자가 변경된 경우에는 변경된 날부터 6개월 이내에 어린이 (○ | ×)
놀이시설의 안전관리에 관련된 업무를 담당하는 자로 하여금 안전교육을 받도록
하여야 한다.

09 관리주체는 안전관리자의 안전교육 유효기간이 만료되는 경우에는 유효기간 만 (○ | ×)
료일 전 6개월 이내에 어린이놀이시설의 안전관리에 관련된 업무를 담당하는 자
로 하여금 안전교육을 받도록 하여야 한다.

10 안전교육의 주기는 3년에 1회 이상으로 하고, 1회 안전교육 시간은 8시간 이상으 (○ | ×)
로 한다.

11 관리주체는 어린이놀이시설을 인도받은 날부터 2개월 이내에 사고배상책임보험 (○ | ×)
이나 사고배상책임보험과 같은 내용이 포함된 보험에 가입하여야 한다.

정답 01 X 02 ○ 03 X 04 X 05 X 06 X 07 X 08 X 09 X 10 X 11 X

내가 꿈을 이루면
나는 누군가의 꿈이 된다.

– 이도준

여러분의 작은 소리
에듀윌은 크게 듣겠습니다.

본 교재에 대한 여러분의 목소리를 들려주세요.
공부하시면서 어려웠던 점, 궁금한 점,
칭찬하고 싶은 점, 개선할 점, 어떤 것이라도 좋습니다.

에듀윌은 여러분께서 나누어 주신 의견을
통해 끊임없이 발전하고 있습니다.

에듀윌 도서몰 book.eduwill.net
• 부가학습자료 및 정오표: 에듀윌 도서몰 → 도서자료실
• 교재 문의: 에듀윌 도서몰 → 문의하기 → 교재(내용, 출간) / 주문 및 배송

2024 에듀윌 주택관리사 2차 핵심요약집 공동주택관리실무

발 행 일	2024년 5월 27일 초판
편 저 자	김영곤
펴 낸 이	양형남
펴 낸 곳	(주)에듀윌
등록번호	제25100-2002-000052호
주 소	08378 서울특별시 구로구 디지털로34길 55
	코오롱싸이언스밸리 2차 3층

www.eduwill.net
대표전화 1600-6700